带着感情扶贫运用科技促进经济发展依靠政策实现脱贫向共同富裕迈进

为吴树兰同志新书出版题

庚子年夏 董雷书

陕西省委原副书记董雷为本书题词

著名书法家杨杰为本书作者题词

著名画家李新国为本书作者赠画

今日的胡屯村荷塘遍地，船影摇曳，鲜花盛开，一片生机

2016年10月17日，在全国首届脱贫攻坚表彰大会上同著名劳动模范申纪兰合影

2018年5月30日参加中国科协成立60周年暨"双百"科技座谈会，同施一公、王杜娟合影

2019年10月1日在中华人民共和国成立70周年庆祝大会上同著名小麦专家茹振刚、优秀女企业家薛荣合影

到呼和浩特市清河县学习、看望全国扶贫模范武汉鼎老人

2016年7月，作者在获"全国优秀共产党员"荣誉称号后，回老家与六叔吴庚周合影

与豫剧《驻村第一书记》创作组成员齐飞、王慧、任宏恩、汤玉英、李其祥、王香云等合影

与省扶贫办老干部党支部成员史献志等在范县调研时合影

与村民实地考察研究黄河滩区发展问题

在田间询问贫困户生产情况

到李贵平老人家中调研，道别时依依不舍

与养羊贫困户胡洪彬在地头交谈

寻问残疾人孙金和家的养牛情况

了解因残致贫的张凤云家庭情况

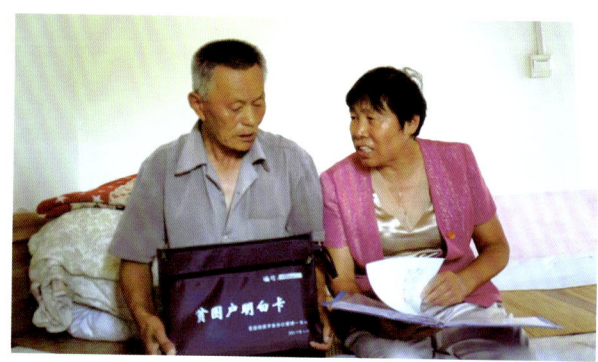
了解贫困户胡同居的帮扶资金落实情况

在村敬老院看望五保户胡同刚老人

和村干部一起为泥鳅场排忧解难

与村民一起在田间劳作

分享贫困户胡全贵西瓜丰收的喜悦

在敬老院为残疾老人梳头

和濮阳市政协副主席、范县县委书记王秋芳探讨滩区扶贫模式

思考黄河滩区发展之路

研究电商扶贫工作

在村里召开扶贫攻坚座谈会

在胡屯村党群服务中心调研

同胡屯村大学生胡燕长一起给电商产品打包发货

吴树兰89岁的母亲吴张氏为胡屯村敬老院捐款

带领小学生参观清华大学

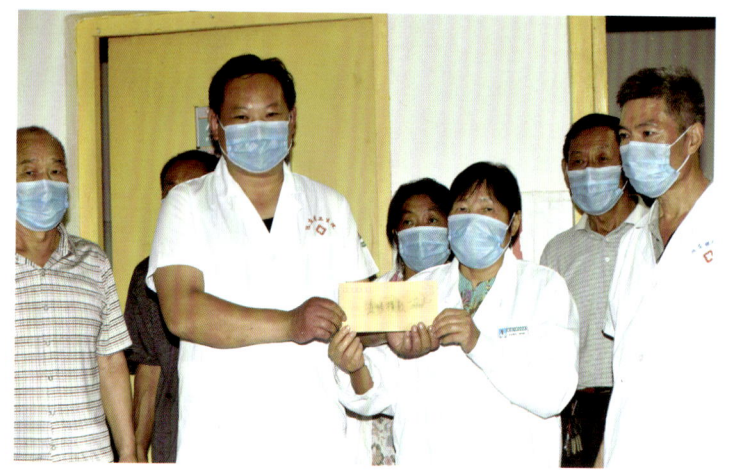

2020年1月，在抗击新冠肺炎疫情期间向村卫生所捐款1万元，作为全村防疫资金

与专家研究胡屯村建设规划

爱心人士和顺利等为胡屯村贫困大学生捐款、送书

胡屯村新貌

图为胡屯村太阳能电站。全村贫困户每月可以从电站收入中分红

昔日村中土路　　　　　　　　今日村中新路

昔日的荒野滩地

今日遍地荷塘

胡屯村旧民房

胡屯村新建住房

与专家、学者共游荷园

与高级编辑王忠民（左二）、米景忠（右一）等在村头合影留念

农作物长势喜人

村头一角

目 录

2017 年 …………………………………………………… 1
2018 年 …………………………………………………… 124
2019 年 …………………………………………………… 323
2020 年 …………………………………………………… 536
后　记 …………………………………………………… 603

2017 年

2017年6月22日　星期四　阴　范县

范县人很实干

范县位于黄河中下游北岸，四周分别与台前县、濮阳县以及山东省鄄城县、莘县、阳谷县接壤。这里不仅文化深厚、历史悠久，人也非常厚道、朴实、勤劳。历史名人郑板桥曾在范县任过五年县令，官风清廉。范县民风纯朴，和蔼包容，很适合干事业。

昨天我[①]同省农科院乔鹏程院长一起来范县，看了陈庄的荷花、郑板桥纪念馆及杨集镇，越走越觉得范县土地辽阔，越看范县人越像山东人。在全中国的地域中，我最敬佩和推崇的就是山东人。山东人我认为有10种精神：

1. 吃亏精神。山东人厚道，遇事先人后己，很能吃亏。
2. 吃苦精神。泰山挑夫最能代表山东人的吃苦精神。
3. 迎难而上精神。山东人总有一种泰山压顶不弯腰的精神，在困难面前出成绩、显英雄。
4. 英雄主义精神。从被逼上梁山的108名好汉到孔繁森、焦裕禄。
5. 爱国主义精神。在国家和人民最需要时总能以大局为重。
6. 仁义信精神。孔子、梁山好汉、沂蒙老区等都以仁义信著称。
7. 团结合作精神。不论国内国外，凡是来山东的人，都说山东好。
8. 文化追求精神。
9. 硬汉子精神。
10. 敢为人先精神。

山东人的十种精神，范县人都有，我决定来范县当驻村第一书记和扶贫顾问是来对了，好好学习范县人的十种精神，做一个清政廉洁的好官。县委书记王秋芳给我介绍了陈庄镇胡屯村。我本想在郑板桥纪念馆附近找一个贫困村当驻村第一书记，但没有找到合适的村，只有在胡屯了。我要好好地向当地干部群众学习，为群众做点实事、好事。

[①] 本书以吴树兰第一人称口吻叙述。

2017年6月23日　星期五　多云　南阳

人的目标不可能都实现

前几年,我听了一个外国残疾人尼克·胡哲的演讲《人生不设限》。他从没手没脚的普通残疾人成长为一名世界级优秀培训讲师,一堂课能有380万元的丰厚收入。那次他到郑州讲课,是薛景霞(郑州市工商联合会主席)请的。他很励志,口才又好,所以现场效果很好。他的那堂课给我留下深刻印象,一直鼓励我到今天。

我原以为人生就是不设限。通过这次调整扶贫村,没能再下去当第一书记(但是被范县聘用了),我才深刻地体会到,人生是设了许多限制的。特别是在公务员队伍中,设限更多。一个人就像在一个设定好的圈子里,不能出圈,不能违规。只能站在规定的位子上,老老实实,规规矩矩,走一步看四周,不能走错一步,不能掉队一回。如果掉队一回,可能一辈子就跟不上。在这个队伍里走真难呀!

我选择了当驻村第一书记,本来想一直干到退休,但是由于个别原因却没能实现,很是遗憾。这个遗憾我一定在退休后补回来。

人的目标很多很大,不可能都实现。有的人一生连一个目标都不能实现。如贫困农民,连吃饱饭、穿暖衣的目标都实现不了;有的人很有学识,却连一个发挥的机会都没有。我虽然普普通通,总还是实现了几个目标。

一是实现了改变家庭贫困的面貌,不但让姊妹4个人都走出了农村,也使父母晚年过上了幸福的生活。

二是最大限度地实现了为贫困人口办事目标,用自己的力量帮助了二十多万贫困人口脱贫,得到了党和人民的肯定。

三是用自己的专业和生存能力养好了两家人,一是我们老吴家一家人,二是丈夫家的父母和表妹7人,并把11名后辈培养成大学生,家里的大人孩子都非常尊敬我。季羡林讲:不完美就是人生。可见每一个人都不可能全部实现自己的目标。

2017年6月24日　星期六　阴　南阳

南阳菊花和文化

南阳我来过多次,但都没有这次感觉好,感受深。我们工作组一来南阳检查扶贫工作,市委副书记和市扶贫办主任就来接我们。迎面而来的就是大路小路和满城满市的菊花。菊花生长在路旁、沟旁、水旁。水映着花,花围着城,满城、满街、满路、满院都是菊花。偌大的一个南阳城,被鲜艳美丽的各种各样的菊花包着、围着、映着,菊花盛开的南阳城,显得特别美丽、精神、干净、高贵。整个南阳城也在花中、水中映着、建着、立着,水中有花影,有花卉,有美景,有人影,美不胜收,花可以提升城市的品位和水平,花可以美化城市的环境,可以衬托美丽的山水,可以净化人们的心灵,提升文化的档次和幸福生活的指数。

南阳文化厚重,有历史上的智圣诸葛亮、科圣张衡、商圣范蠡、医圣张仲景等,他们都出在南阳。而新圣也很多,像孙耀智、二月河、张玉滚。南阳玉、南阳黄牛、南阳旅游也很有名。市委书记张文深是一个非常有水平的书记,对扶贫工作很重视。市长霍好胜务实、直率,特别能给群众办实事、好事,擅长解决群众热点和难点问题,我特别佩服他。

这次来南阳的主要任务是巡检淅川。淅川扶贫工作做得很好、很实、很细、很到位。这个县的县委书记卢捍卫是一个很务实的领导,各项工作都做得很好。扶贫办石成宝主任是个文人,写了一本搬迁志,反映出淅川南水北调为全国作出的巨大贡献。我们在检查扶贫之余,好好看看和学习一下南阳的厚重文化,研究一下南阳这块宝地为什么会出现那么多文人、名人和历史人物,怎么利用这块厚重的文化来发展河南。今后我也多来南阳看一看,多学习历史和文化。

2017年6月25日 星期日 多云 南阳

从南阳市淅川县巡检回来的思考与汇报

这次省扶贫办抽我到南阳淅川县检查督导扶贫工作,在整个县检查了4天。主要是看农户(60个农户)、查资金、了解党的建设工作。前三天都是看、检、听,今天进行总结打分,总结我写了一整夜,与刘志华一起,从晚上9点到凌晨5点钟,写得我晕头转向。很艰辛。县扶贫办石主任也跟着我写。我写完改完后他打字。到了早晨5点我休息了一会儿,吃罢早饭又向县里的领导简单进行了反馈。反馈后就吃了中午饭,晚上9点钟才回到家。这次在淅川4天,有三个方面感受。

1. 淅川人民在搬迁移民方面,为国家作出了巨大的贡献。我认真思考一下,从一个地方搬到另一个地方近百万人,多难呀,淅川人民和各级党委真伟大呀!为国家立大功!

2. 淅川扶贫工作做得很实。我们在淅川看了4个乡镇,12个村,36个贫困户,工作做得还是很实的。市县乡领导同志都很重视,霍好胜、王智慧(市委副书记)、张富治(市委宣传部部长)、庹军(市政协副主席)、卢捍卫(县委书记)、石成宝(县扶贫办主任)都很实,很拼。工作做得很好、很细、很实。贫困农民也得到了很多实惠。群众的满意度很高,也有很多好的做法。卢捍卫和杨洪忠都是实干家,让人敬佩。

3.认识了一批人。来淅川不但见到了霍好胜、王智慧、徐彪等一批老朋友,还认识了庹军等一批新朋友。庹军几个女同志素质很高,石成宝主任写了移民工作的日记和搬迁日志,很好。一个县扶贫办主任能坚持写作,总结经验,真是不简单呀!

2017年6月26日　星期一　晴　郑州

省科协给了10万元的科技经费搞扶贫模式研究

对全省扶贫模式的战略研究,我探索了7年。现在给了经费,同农科院、发展研究中心、农办、河南科技大学、河南牧业经济学院一起研究。大家积极性很高,是我牵的头。省科协曹奎书记很支持,主动给了10万元钱。有了钱我们就可以认认真真地研究这事了。在三个平原县、三个山区县、三个滩区县进行研究。先把基本情况搞清楚,再研究模式,力争两年时间搞出来。这样我7年的努力就有了结果,有了成果就好说话了。前几年太拼命做实事了,现在该是做科研的时候了。做好了对河南、国家都有好处。10万元钱不多,但这都是纳税人的钱,一定要用好。研究出成果来,造福贫困人口,造福全国农民。

没钱要创造条件办事,有钱了更要办好事。现在有了10万元钱,我要组织好大专院校与科研单位,从基层的具体数据中把扶贫走什么样的路子、用什么样的谋略、采取什么样的方法来解决,研究出来一个结果。最后想找出一个科学实用的方法和结果,走出一个加强基层组织建设,紧紧依靠群众进行精准扶贫精准脱贫,凭借自己所在村的发展经验,实现农业节约循环、山庄发展及养老扶贫发展集体经济的路子,推广到一个乡、一个县、一个市,乃至全国。

2017年6月27日　星期二　晴　郑州

《人民日报》表扬我了

今天一天参加了省直工委组织的"庆七一、迎十九大、走在最前头"的排练活动。虽然我很忙，但我还是参加了一天。因为这是省直工委搞的，我是嘉宾，有一个特别的镜头，一定要做好，所以认真地记着词，演好戏。天气很热，前几天下县里检查，很累。现在又排节目，怎么也记不住词，我要克服困难，把这个任务完成好。人这一生，不管做什么，不管在哪里，都要踏踏实实、兢兢业业，更应当与人为善，厚道诚恳。不管你水平高低，能力大小，只要你尽心尽力，一心一意为群众做好事，群众就不会忘记你。做好事想盖都盖不住，做坏事想瞒也瞒不住。只要你心里充满阳光，你的温暖总会一路撒落大地，人们总会感受到你的温暖。这就够了，不要求回报，不要求名声，要视人民的事业如泰山重，视个人名利淡如水，做一个甘为人民奉献的老黄牛，兢兢业业、勤勤恳恳一辈子。

今天听到一件很高兴的事。《人民日报》刊登了一篇文章——《第一书记：不是一个人在战斗》，报道了我做扶贫工作的事。老局长钱大方先看到给我打的电话。听了以后十分高兴，很久没有和媒体打交道，忽听自己上了报纸，心里还真有点高兴。再干一段吧，这段时间单位事情太多了，每个人都很忙。虽然自己身体不好，我也不能闲着。有多大力出多大力吧。

2017年6月28日　星期三　晴　郑州

参加省直工委庆七一活动

七一即将到来，省直工委策划了一场大型先进党员、先进党组织展示演出。我是访谈嘉宾，主持人向我提出了三个问题：一个问题是，你认为这个第一书记是什么意义，你是怎么理解的；第二个问题是你是怎样取得群众信任的；第三个问题是什么信念支撑着你坚持在农村一干就是七年。

第一，我认为这个"第一"就意味着在加强基层组织党建、抓好精准脱贫、落实基础制度、促进民生工程上承担第一责任，在走进农村、融入基层、奉献自己、干出实事方面走在最前头。

第二，你是怎样取得群众信任的？

我认为：信任是从一件一件实事中积累出来的，从一点一滴的温暖中体会出来的。得到群众的信任我很高兴，我觉得最重要的有三条：

首先,要带着小学生的心态进村子。与群众相处必须用真心、真情、真干,拜群众为师,把根深深扎在群众的这块厚土中。做到站着像一道墙,为群众遮风挡雨,蹲下像一头牛,有"吃的是草,挤的是奶"的为民做事的精神。

其次,真心实意踢好"头三脚"。从群众最困难、最关心、最需要的问题入手。比如我刚到村子抓的第一件事就是贫困农民的"出行难、吃水难、上学难和看病难"问题。第二件事是抓产业发展,把农民的腰包鼓起来。第三件事是一碗水端平,一把尺子衡量人。

再次,立足长远,探索一个好路子,建设一个好班子,制定一套好制度,使村子向制度化、规范化发展,逐步迈向科学化。

第三,什么力量支持你坚持这么久?

信念。把帮助人民群众追求美好生活作为自己的奋斗目标。我有一个座右铭:"人在弹指一挥间,名利地位值几钱?人品事业泰山重,服务群众立人间。"没有省委下派第一书记的好政策,没有省扶贫办、省直工委、省委组织部和新蔡县、确山县党委和人民的支持、关心和帮助我也是做不好的。没有他们多年以来对我的关心、帮助、支持,我就不会坚持到今天,更不会有我晚年"出山"的机会。再过4个月我就退休了,工作有退休之时,党员永无退休之日。我会永远记着人民群众是自己的衣食父母,当一名永远服务群众的合格党员。

今天天气很热,我们几个第一书记在8号演播厅,排练了一天。节目从晚上7点半到晚上9点。演出时我上台了三次,一次是当采访嘉宾上台,一次是宣誓,一次是领导接见。我见到了省委副书记王炯,组织部部长孔昌生,省委秘书长穆为民,还有四大班子的领导。王炯副书记同我握手时说:"吴树兰,向你学习。"孔昌生部长说:"我同郝修振部长本要抽个时间看你,现在见到你就不用看了。"

2017年6月29日　星期四　晴　郏县

出差去郏县

今天一天从早上5点到晚上12点,工作了19个小时,感到很累很累。在扶贫的关键时刻,大家都在拼命干,我也只能做表率了。

由于昨天去电视台录制节目了,今天要下乡,早上起来把东西收拾一下,把地打扫一下,到了上午8点我就坐车去郏县了。到了郏县上午10点半,先听了县里汇报,与各个有关部门接头,匆匆吃个中午饭;下午到安良镇三叉村抽查贫困村情况,看了牛聚宝等(因病因残致贫的3人)、张轻顺(因缺劳动力致贫的)、杨祺祺(父母出问题致贫的)、良晓让(非贫困户)、岳国宝(因病致贫的)、李水林(因病致贫的)。看了以后,一是觉得这个村的最大问题是帮扶措施不到位,还浮在皮毛上,慰问式扶贫。二是贫困农民增收项目少,贫困农民没有增收的项目。三是宣传力度不到位,群众对贫困政策知晓度低。四是群众满意度低。

看了郏县的扶贫工作,我心里很沉重,主动给杨祺祺拿了1000元钱。因为她的父亲坐牢了,母亲也跑了,跟着她伯伯过日子。女孩才9岁,很是可怜。

工作结束时,我还专门到郏县"广阔天地,大有作为"人民公社旧址去看一看,很有感慨。那个年代毛主席一声令下,知识青年就上山下乡了,广大的青年在农村多受锻炼呀!通过参观我才知道,知识青年上山下乡是因为李大桥的32名小学、初中、高中学生到农村合作社当会计、记工员等,在那里发挥作用才引起毛主席重视的,写下了"广阔天地、大有作为"的名言。

市、县领导对这次检查十分重视。市政府派专人专门来看我,并陪工作组吃饭,为的就是让我们能松一点。县农业局主事的人,是通过考试考上来的干部,像个书生,在扶贫工作上力度不够,我得重重地击打一下。县委韩书记让我在建党96周年时给他的干部讲一讲,讲什么呢?我打算讲一讲党员怎样发挥先锋模范作用;怎样加强基层党的组织建设;怎样用强烈的事业心和满腔的热情对待群众工作。

2017年6月30日　星期五　晴　郏县

今天很忙,过得很有意义

今天考察了安良镇的任度村,看了30户贫困农民。第一个村工作做得好一点。第二个村是个非贫困村,17个贫困户,看了10户。其中一户4口人,两户3口人,全有病人。其余7户都是"五保"户,也都没有"低保",都在70岁以上,也都愿意去乡敬老院。现在还有一个问题就是不熟悉扶贫任务,生人多,热情高,但不知道怎么干、从哪干。下面的通知急需培训。晚上县里又安排我给他们的人员讲一课:迎七一、抓党建、促脱贫。

从晚上7点半到9点,讲了一个半小时,大家多次响起掌声。我主要讲怎样识别贫困户,怎样帮助贫困户,怎样带领贫困户发展经济。

2017年7月1日　星期六　多云　郏县

今天又过了一个很有意义的七一

每到七一我都非常兴奋,因为这是党的生日。在这个生日里,我过得特别有意义。今天我带领考察组到郏县长桥镇前凌堂村检查了贫困户王建青("五保"户)、郑小付("五保"户)、凌发阳("五保"户)、王茹金("五保"户)、韩振华("五保"户)、吴国销(一般农户)、吴书申("五保"户)、王自召等。通过这十户的抽查考核,更进一步了解到贫困农户的看病难、住房难、收入难的突出问题,深感任务艰巨。我们只有继续努力,一刻不松懈地奋斗,千方百计地解决他们的实际问题,才能保证2020年一个贫困人口不落下,任务真是艰巨呀!上午看得很辛苦,天气很热,我感到胸口闷,就到吴国锁家里休息一会儿,也没敢吱声,怕惊动大家。

下午从郏县出发,我们到宝丰县的大黄村去看一看。马豹子是大黄村的支部书记,原来是魔术团的团长。他在8年前回来当支书,现在村子里有魔术剧团,有图书大市场,有文化中心,有2000多亩苗圃。我最为感兴趣的是文化产业。他做图书市场没有一分钱的资金,把村子里的3500亩地租回来,拿出1000亩用来招商盖市场,把市场租给经销商进行图书批发。现在光一个图书批发就有9个物流公司,发往全国各地,业绩好得很。小马才47岁,真是不简单。我本来想做文化产业,不知道从什么地方下手,这下找到了秘诀。基层真有人才。晚上周斌市长给我们几个接风,我们和宝丰的张书记、郏县的韩书记、石龙区的王玉香书记在一起吃饭,大家非常高兴。在吃饭时,谈到了发展郏县红牛,周市长十分高兴,请我当他的顾问。韩宏亮也十分高兴,同县长一起给我敬酒。

今年的七一过得既充实又高兴,并给贫困农民解决了许多实际问题,感觉很好。虽然累点,但心里很愉快。

2017年7月2日　星期日　晴　平顶山

到石龙区看望贫困户

今天检查了石龙区龙河街道办事处的大庄社区和刘庄社区。

大庄社区抽了15户农民。其中5户贫困户,5户脱贫户,5户一般农户。这个村的贫困户有57户,152人,125个党员。贫困户李国清因病致贫,公公得癌症花了34万多元,现在死了,账也还得差不多了,去年脱了贫;陈花敏,因病致贫,有一个智障儿子,每月1000多元不够吃药的;康红清,癌症,2016年成了贫困户,爱人也是癌症,生活十分困难,药费报65%;康章会,三个孩子上学。

今天看的贫困户一个比一个困难,越看心情越沉重。听王玉香书记(女)讲,这个地方原来是个矿区,生产石灰,现在矿挖完了,农民的地不但种不成,而且经常塌陷。过去矿上有人,还能做点小生意,现在矿上人少了,也没生意可做。农民生活很艰辛,贫困户就更加困难,不知道该怎么生活,希望我回去抓紧反应老矿区贫困农民生活困难的问题。这里的农民过得苦。干部也过得很苦,前一段,干部们几个月都拿不到工资,很艰辛,在基层工作真是难呀!

2017年7月3日　星期一　晴　平顶山

今天又看了一天贫困户

今天又看了一天的贫困户。看了石龙区的龙兴街道许场社区,抽检了贫困户李桂花、谭秋、李延芳、于明清、王大留,脱贫户李长栓、于瑞轻、王秀、张建文、景大伟。

下午又抽检了石龙区人民路街道南顾社区。看了师强、王茹、张花、李巧云、郭留占、刘冻乐、刘大刺、李淑芹、王莲芳共9户。贫困户仍然贫困,但档案做得很好。截至今天,室外的作业基本做完,室内还有一段距离。从明天开始,做完室内工作,收集资料,写材料,统计材料。

这次检查,认识了郏县韩宏亮书记、丁国营县长、石龙区王玉香书记、甘区长,看望了老朋友周斌、李萍,认识了张市长,结识了一大批新老朋友,收获很多,工作很累,学到很多,走访了多名贫困户,真是生活丰富得很。通过大量走访贫困户,感觉最苦的还是矿区人民群众。他们为国家奉献了土地,又得了肺病。现在扶持的政策又非常少,得肺病的又特别多。我要尽快地向上面反映这一问题,希望能早日得到解决。

2017年7月4日　星期二　晴　郏县

王大留家的悲惨情况

石门村的村民王大留已去世,他老伴儿领着两个呆儿子过日子。其中一个患有严重的神经病,母亲也只能天天给两个儿子做饭吃。我到她家里,她说由于没有钱,一天只能吃两顿饭,看着他们穿得那么脏,我心里感到很心酸,比这心酸的事还多着呢!

李小里是大庄村的农民。本来自己的女儿是1987年的人,由于户口搞错了,给人家写成1978年的。一个小小的粗心,一个小小的不负责任,就造成了人民群众的极大痛苦,一个姑娘因为年龄,嫁不出去,当父母的有多难呀。我们真的不能在工作上马虎呀。贫困户怎样脱贫、残疾人怎样生活、怎样帮助他们,都是我们的责任呀!

我在郏县看了一个村,10户贫困农民有6户都是独居的"五保"户,但他们并没有应保尽保,他们都愿意去敬老院。这些问题,一定要解决呀。石龙区矿区人的艰辛、无奈、贫穷、疾病等都让我心痛。这两天在石龙区任庄社区、刘庄社区,龙兴街道许场社区和人民路街道南顾庄社区,最难的是王大留家和谭秋家,还有许多的困难户,看了这四个社区,群众生活艰辛,得癌症的很多,肺癌、胃癌最多,不知道与煤矿有无关系。可有直接关系的是煤挖完了,底层空了,上面的地不能种了,群众也没事干了。一个月能挣1千元就不错了,这里的群众因为煤为国家付出了代价,现在国家必须要管他们。

这里的干部也很艰辛,最基本的保障就解决不了。听王玉香书记讲,这里的干部有时三个月都发不下来工资,现在车补和经费都发不下来。一个区县有7万人左右,每天为了工资发愁,真不知道怎样生活呀!

2017年7月5日　星期三　阵雨　平顶山

今天一天很忙

凌晨两点钟就起来了,写平顶山市反馈意见。在写材料时发现平顶山市的整改台账出了问题:一是针对性不强;二是在违纪违规当中,从第1到第27个问题都是同一个内容,是同一件事,是一样的整改方式。这样搞起来,一看就是不负责任,没有认真地看,认真地做造成的,现在的干部不知道为什么这样马虎。如果国家验收看到了,非处理人不行。反馈了一个多小时,效果很好。平顶山市委、市政府专门给我发了一个聘书,让我当他们的扶贫顾问。我也欣然接受了,因为这样可以为贫困人口做点事。

下午3点钟,我又到平顶山市石龙区给干部讲了一课:《迎难而上,坚决打赢脱贫攻坚战》。讲了一个半小时,效果很好。讲了课后,我坐陈总的车回郑州了。

这次来平顶山检查评估郏县和石龙区有四点启发:

一是领导真重视扶贫工作。我来了6天,胡莹莹(市委书记)书记来县区看我们5次,周斌来看了6次,两个县的书记、县长一直跟着,重视得很呀。郏县韩书记在立整立改上下了大功夫,这次拿了1000万元用于贫困农民身上。还把"五保"户集中起来,解决了大问题。能检查出问题也是对贫困户的帮助。

二是贫困农民真是贫得很。看了120户贫困农民,越看越困难,越看心越寒,现在还有一天吃不上三顿饭的人。老人的日子没法过,小孩儿连上学都没有钱,真是难呀!

三是平顶山的文化底蕴很厚重。利用检查,我去看了宝丰的大黄村图书市场——马豹子是这里的书记,感动中原的十大人物,做得好得很。还看了宝丰的马街书会,每年全国各地说书名角都定期来这里说书,热闹得很。看了这两个事,我更感到高手在民间。

四是基层干部真辛苦。现在打扶贫攻坚战,责任一级压一级,任务重得很。郏县一个乡的党委书记,丈夫在家瘫着,自己在乡里住,一住就是几十天,事业心强得很呀!我从6月24日以来,去了淅川、郏县和石龙区,每天都工作14个小时以上。7月2日在大庄社区,上午9点钟,感到胸口发闷,难受得很,怕惊动大家,我就在一个非贫困户家访问。当时县委书记也在场,我赶紧用点救心丸。这次任务这么重,每个人的压力都非常大。单位的同志每天都加班加点,能活着走完这段路就算幸运的了。战役真是难打呀!

2017年7月6日　星期四　晴　郑州

王炯副书记一个月来扶贫办召开3次会议

今天所有工作组都来单位三楼会议室听汇报。台上坐着王炯副书记及各厅局的负责人,汇报了一个上午。大家下去查得很认真,汇报得也很认真。每个组在这么炎热的情况下,都走访了多位贫困户,翻阅了大量的档案和文件,林瑛和新乡统计局的一位同志还累倒在工作岗位上。襄县的一位扶贫办副主任还在岗位上去世了。想想已经离去的同志,为了贫困户们干部付出了生命的代价;再想想一个月领导来办公室3次,领导多重视呀!我拼上这条老命,也要和大家站在一起,多做事,少说话,多服务,少指挥,多教方法,少找毛病,尽最大努力做,一心一意地做。我有半个月没回家休息了,即使在郑州,也是睡在办公室。因为大家都在办公室休息,陈仁辉和他处室的同志、史秉锐和全办的同志,包括王炯副书记也是没日没夜地在干呀。我看到省政府胡向阳同志整个人都瘦了一圈,又黑又瘦,真是心疼人呀!

领导在6月4日、6月26日、7月6日3次来办听取考察督导的汇报。这些活动都可以在省委或政府开会,为什么要来扶贫办开呢?领导是放下身子深入单位解决实际问题,宁可自己跑也不能让大家跑;宁可自己付出,也得多腾出时间让大家干事,真是用心良苦呀!

2017年7月7日　星期五　多云　郑州

今天做了3件事

今天做了3件事:

一、和李洪军、崔海成二位正、副处长认真筛选了上报国家各种奖项人员名单。从110位上报扶贫先进人员中筛选出16人给史秉锐主任。下午5点钟上报给他的,他很快落实。这次范战标、张鹰、刘江、李瑞都在筛选之列。

二、同省农科院认真研究了我做的《扶贫模式的战略性研究》,研究了省科协给的10万元怎样分配,送哪些县,任务怎么领导,等等。中午也没休息,同乔鹏程、田建民几个人在一块儿商定。从下午12点多到下午3点。

三、同范县县委书记王秋芳到河南电视台说我胡屯村搞荷花节节目录制的事。

晚上回来,下着雨,我在丁玲的指导下,去中医三附院电烤了40分钟膝盖,这几天去县里很累,腿都肿得像象腿一样,脚肿得鞋子也穿不上,身上每个关节都疼,回家也不敢同家人说,怕他们心疼。真是太累了,赶紧回去睡一觉。

2017年7月8日　星期六　多云　郑州

今天星期六,做了4件事

一、用了一个上午去中医三附院理疗四肢的关节。这是第8次,再有2次就够10次了,一个疗程结束了。花几天再做一个疗程,看效果怎样。随后去中医三附院找李鲍主任开了中药。

二、同郏县韩宏亮书记商量怎么发展郏县红牛问题。通过提纯来保种,通过繁育来办场,通过办场来发展郏县红牛,通过10年的努力把郏县红牛发展起来!

三、同省委组织部一处商量郭秀丽到范县当第一书记和让第一书记参加荷花节的事。

开车去退平顶山石龙区的讲课费3000元,开车转了1个小时。现在老了,开车老走错路,人不服老是不行的。

明天开市、县领导会,排查各县情况,指导各县(市)迎接国家验收。看来省委、省政府对习近平总书记布置的任务重视极了,整天没日没夜在干,全省300多万的贫困人口,一个人都不能落下,干部真是都扑下身子在干!从近期走访的群众看,真有一批干事创业的好干部!县里担子也真重得很呀!

四、今天帮西王楼的孤儿寇小宝填写考大学的志愿书。搞了两个多小时,看得眼都花了,站起来腰疼背酸。这个孩子很苦,在选学校上不能错了呀!

2017年7月9日　星期日　多云　郑州

参加全省第四次脱贫攻坚推进会

这几天办公室的同志忙得很,白天黑夜连着干。统计分数,进行130个县、区的扶贫工作的筛查;统计报表,看还有什么问题;总结材料,拿到召开全省脱贫攻坚会上讲。我也忙着把我们组的材料搞出来,等着交上去,完成任务。多少人为了完成任务,加班加点,没日没夜地干。有的人累病了,有的人累倒了,有的人甩家丢孩儿就是为了完成任务。

今天省委召开全省脱贫攻坚第四次推进会。参加会议的人有县、市区党政"一把手",各市书记、市长、副书记、副市长,抓扶贫的领导和扶贫办主任,省直各部门的"一把手",规格高极了,领导也重视极了。参加会议的人不是领导就是巡视组的,省扶贫办副处以上的人,也参加了会议。我当然也参加了会议,参加这个会议有三点感觉:

第一,贫困人口的事省委太重视了。自从4月份国家就河南扶贫工作倒数第4名,约谈谢伏瞻书记和陈润儿省长之后,第二届推荐会以来,各级各部门,从省到市到县到乡到村,一级比一级重视,一个人比一个人严格,一点小事儿大家都重视得很。这期间我知道了党的干部对群众的事太关心了,对上级的安排太重视了。今天是个星期天,没一个人请假,也没一个人缺席。省委真是心系群众呀!

第二,共产党的干部真是太有责任心了。坐在人民会堂的这些干部都是干部中的极品,论人品、能力及学问都是极好的。我认识的确山县委书记路耕、新蔡县委书记王兆军、平舆县委书记张怀德、范县县委书记王秋芳、郏县县委书记韩宏亮、淅川县委书记卢捍卫等,个个都是很有本事的人,这次搞扶贫就像小学生,谦虚得很,踏实得很。对群众的事,对贫困人口的事责任心强得很,拿材料、研整体、做整改、定政策、解问题、帮穷人。我下去检查的那几天,县委书记、市委书记整天往贫困户家里跑,一天能干十几个小时,有的能干二十多个小时,说有一点问题,立整立改。如郏县,说他们为贫困人口投入少,宣传力度不够,他们立整立改。我们还没走,县财政就追加1000万元解决贫困人口的问题,把全县的"五保"户65人都集中起来帮扶,共产党的基层干部真是太有责任心了。

第三,谢伏瞻书记、陈润儿省长和王炯副书记进行了讲话,个个都讲得很好,很实在,很关心群众。谢书记讲,扶贫工作要增加贫困农民收入;陈省长讲大力发展扶贫产业,做好小额信贷;王炯副书记讲前段成绩、存在问题和整改意见,很好很实。上级要求进行总结,回去抓紧干。今天谢伏瞻书记点名表扬了我,只有拼命干呀。

2017年7月10日　星期一　晴　郑州

我想做好扶贫大事记

上午去三附院理疗后回单位了,下午本来想去省委宣传部,结果拍电影的来了。我们说了很长时间的拍电影的事,我主要想以驻村第一书记为题材,拍一部影片记录这段历史。

我下村7年了,现在回到单位,大家都忙得很。我不知道自己该做点什么。想来想去,我觉得有一件事我应当努力做,那就是扶贫大事记。现在扶贫这么重要,从省委领导到一般工作人员,上下重视得很,每天都有大事发生,把这些事记下来,是一段历史的记忆。同主任史秉锐讲了这个事,他同意了,我就准备着手做。

历史必须用文字记录下来,才能更好地保存。一个人、一个家庭、一个民族、一个国家都需要记录历史,特别是有意义的东西,共产党为穷人办事,应当记下来呀!

晚上我去洗了个澡,回来都夜里12点了,很舒服,很累,睡得很香。丈夫睡了,房间很静。回家真好,丈夫把我房间的空调打开了,从心里很感谢他。

2017年7月11日　星期二　晴　郑州

谢伏瞻书记表扬了我

6月30日和7月9日,谢伏瞻书记在县委书记讲党课和第四次扶贫推进会上,两次对我进行了表扬。《人民日报》和《河南日报》社论也两次对我进行表扬。我坐在台下听着谢书记的表扬,很感慨。7年多的驻村工作,收获很多,学习了很多。为了贫困人口,数以万计的基层干部下派为第一书记。各级领导,全省上百万人参加了这一工作,扶贫干部、第一书记中病倒、累倒、牺牲的无法计算。比比牺牲的,比比没有得到表扬的"功臣",我心中无喜悦,有的只是压力。

最近到范县、淅川、郏县和石龙区考核扶贫工作,走进300户贫困农民家庭,心里面很沉重。那些无人照顾的独居"五保"户,困难得很,还有患有神经病的人、痴呆病人,破衣烂衫,有的一天只吃两顿饭,有的有病没钱看,看得心里发寒,全省真是任务重呀!我拼着这条老命也要把这项工作干好呀!

表扬是一种鼓励,自己要把表扬当动力,鼓足力量加油干,每解决一个贫困农民的实际问题,就是替政府减少一份负担,我不但要自己做好,还要动员社会力量来做;也要动员家人来做,愿聚所有力量。让爱温暖贫困人口,温暖所有农民的心。

2017年7月12日　星期三　晴　郑州

做事一定要赶上时间点

这段时间比较忙,一直在县检查工作,把申报"五个一工程奖"的事给耽误了。我写了一本《进山日记》,用了3年的时间,66万字,记录了我在西王楼的点点滴滴,想着能赶上今年宣传部的评奖,没想到赶不上了,还得等上两年多才能评。从这个事中体会到,做什么事都不能错过时间,一旦错过了就赶不上了。

比如说,这次我还想下到黄河滩区担任一个支部书记,如果能去,我还可以做很多事。我一定要积极争取,这个事做完了,我就可以坐下来写东西了,真正把河南省的滩区、山区、平原都走一遍,研究起来也好做,明年就可以申报成果了。今年曹奎书记(省科协)还给了一个科研课题,给了10万元钱,我一定把它充分利用好,发挥好,1元钱当100元钱用,真正找一个使农民脱贫致富的好路子。

现在大家都在做事,怎样把事做得再高一点,掌握规律性的东西再多一点,这就要借抢时间,找规律性的东西了。

2017 年 7 月 13 日　星期四　晴　嵩县

在嵩县讲课

来嵩县桥北村看看,他们让给该县驻村干部讲一课。
讲什么呢？就讲怎样当好第一书记吧。
一、踢好头三脚。
1. 赢得群众信任。
2. 发展经济。
3. 主持正道,做好群众的主心骨。
二、一个目标两手抓,四个轮子一起转。
1. 以经济目标为中心。
2. 坚持组织建设和经济发展一起抓。
三、加强学习,研究政策,让政策给贫困农民带来更大的实惠。
我个人还有以下几点体会：
1. 紧紧依靠群众是做好扶贫工作的根本。
2. 调动一切积极因素,是做好扶贫的重要渠道。
3. 做好政治思想工作,就能发挥巨大的作用。
4. 把任务当作事业做,才能给党和人民交一份满意的答卷。
讲课关键要看对象,要讲出解决问题真经验、真办法,让听课的能明白道理,知道工作上遇到困难怎么办,群众路线怎么走,经济如何搞,党员队伍怎么带,基层班子怎么建,这些都要讲清楚。今天的课我感觉不错,有 50 多次掌声,会场 1000 多人,3 个多小时没人走动,对我鼓励很大。

2017 年 7 月 14 日　星期五　多云　嵩县

在桥北村访问贫困户

今天同曾凡学、孟国建、吴立富、小闫(机关党委)几个人在省扶贫办派驻的第一书记苏宏波所在的桥北村待了一天,主要是访问贫困户,对接帮扶的贫困户,帮助填写档卡资料。大家都忙了一天,工作紧紧张张。我和县委宣传部魏书记看了一天,看了十几户贫困农民,有 1 个得癌症的,1 个股骨头坏死的,还有 8

个是独孤老人的。调查中肖刚老人说,想积极争取一个"五保"户名额,但县民政局说不行。我还没有具体问,怎么就不行了呢?

检查中发现两类问题:一类问题是群众对扶贫政策、信息知晓度低(所有贫困户都说不清自己什么时间当的贫困户,怎样当上的贫困户,享受到了哪些优惠政策);二类问题是帮扶人停留在慰问式扶贫上。

另外档卡资料前后矛盾,理解政策不全面。如肖老汉,64岁,资料显示的致贫原因是缺资金,但实际上是无劳动能力。还有一户仍是贫困户,但户档中却填了2016年脱贫。

还有些村干部工作不认真,不虚心。一个村本来没有多少贫困户,也都填了几个月的档卡了,到现在还有那么多错的。

2017年7月15日　星期六　阵雨　嵩县

在嵩县讲课:《知难而上,打赢脱贫攻坚战》

来嵩县桥北村扶贫,县委书记徐虎非让给讲一课。讲什么,怎样讲,讲多长时间,我得好好规划下。过去讲东西,都讲两三个小时,太长了,今天不能讲太长了。天太热,讲的大家不一定愿意听。

就讲两个问题,一个是做扶贫工作,怎样走好群众路线;二是加强学习。

我写了四个题目,一是知难而上,克服一切困难,赢得群众信任;二是制订任务日程,一个一个去完成。三是加强学习,研究政策,建设班子。四是几点体会。提纲如下:

1. 走好群众路线。

(1)①调查研究;②确定贫困户;③按程序进行;④运用好监督;⑤增加透明度。

(2)制定目标,发展经济。

(3)紧紧依靠群众,选好村、组干部。

(4)总结群众经验,制定激励、奖罚政策。

(5)宣传典型,树立典型,弘扬正气。

2. 加强学习,让群众从政策上得到更多的实惠。

(1)①专业知识的学习;②政策的学习;③工作方法的学习。

(2)办好群众的事情:①解决民生问题;②发展经济问题;③组织建设问题;④村风问题。

3. 制定目标,实现一个目标两手抓,四个轮子一起转。目标是:人均收入,三年翻一番。两手抓:加强组织建设和发展经济。四个轮子:①招商引资;②全民创业;③争取项目;④劳动力转出。

4. 体会:以贫困人口为中心,以解决问题为半径,以增加农民收入为目标,以优质服务为宗旨,一切信任群众,一切依靠群众,用激励制约、奖罚结合的机制调动大家的积极性、主动性。总之,要依靠群众做好扶贫工作。

(1)紧紧依靠群众是做好扶贫工作的根本。

(2)调动一切积极因素,是做好扶贫工作的重要力量。

(3)做好思想工作,就能充分调动群众的积极性、创造性。

(4)把任务当事业做,才能不使一个贫困人口落下。

2017年7月16日　星期日　多云　郑州

今天帮助素不相识的贫困户解决了一个大问题

杨孟源,17岁,高二学生,是河南省南阳市西峡县城区白羽街道人,残疾,贫困户,患有强直性脊柱炎,已有十年病史了,每年都得花几万元钱。这次因为我到中医三附院理疗膝盖,在病房门口排队碰见他,闲谈时才知道他家的情况。他父母都是农民,还有一个妹妹,生活艰辛得很。我当下就给南阳市市长霍好胜和扶贫办齐主任打了电话,请求他帮助。随后又让王艺书记(团省委书记)帮助,正好她开展了一次为强直性脊柱炎患者解决五万元的资助项目。他们很热情,让秦倩(驻村第一书记)落实解决。最后说好,下周一带着杨孟源去人民医院进行检查。如果符合条件,就可以做手术,不但能解决5万元的手术费,而且能救好一位年轻人。我虽然忙一下午,但心里特别高兴,又解决了一件贫困农民无法解决的难事,给一个家庭找到了解决贫困的办法。我们就是帮助一个又一个贫困农民解决实际问题,帮助更多的人摆脱贫困,过上和城市人一样的生活。

2017年7月17日　星期一　雷阵雨　郑州

为西王楼贫困大学生寇金宝筹学费

寇金宝是确山县竹沟镇西王楼的贫困生。他今年高中毕业,报考了本科农牧林专业。随后我又帮助他联系了省希望工程办公室,解决他的学费问题。这一块工作是武浩副书记管的,他记着了这个学生,这样寇金宝不但有学上,还能解决今年的学费问题。

昨天解决了贫困生杨孟源看病的事儿，今天又解决了一个贫困生读书的问题，一天能解决一个贫困家庭的实际困难，一年就能解决365个家庭的困难，这个作用也不小呀！积少成多，长年累月，无数个家庭就能被爱心串起来，党在群众中的威信不就提高了吗？党员的先进性不就起到作用了吗？一个党员一定要做实事儿，做好事儿，实现群众追求美好生活的愿望。寇金宝是一个孤儿，如果我不管他，他会遇到许多困难。古人曰："勿以善小而不为，勿以恶小而为之。"我一定要从一件一件小事实事做起。此前，我已直接推动了10多万贫困人口脱贫。

2017年7月18日　星期二　多云　郑州

参加河南大学生志愿者启动仪式

中央来河南验收扶贫工作，领导们都去迎接验收组的人了，派我来参加团省委召开的青年志愿者启动仪式。我早上7点半就出发了，由于时间早就去看了徐春伫老师。她正好去看病，我们说句话就走了。

到了团校刚好8点半。100名志愿者都是年轻的大学生，朝气蓬勃、青春焕发，可爱得很。看到他们，就想到了当年的自己，浑身有使不完的劲儿，干了一场轰轰烈烈的养牛大事，获得了"全国劳动模范"称号。这次当第一书记7年，又获得了"全国优秀共产党员"和"脱贫攻坚贡献奖"称号，这是国家首次评这类奖，全国只有10人。人只要好好干，只要给人民做贡献，人民和党是会记着自己的。想想自己现在老了，但这批学生还这么年轻。他们当志愿者，思想纯净，积极向上，今后一定会大有作为。

我一看到年轻人，心里就高兴。年轻人思想活跃，敢闯敢干。领导好了，对社会、对国家作用很大，世界是年轻人的。

2017年7月19日　星期三　多云　范县

准备参加范县荷花节

范县种了4600多公顷荷花。我驻的陈庄镇胡屯村，全村都是荷花。这两年莲藕价格低，对农民收入影响大。我现在当了范县的扶贫顾问，又准备当第一书记，所以积极帮助筹备这次会议。一是积极帮助请记者，如请河南电视台、中央电视台、人民日报社、新华社的记者们。二是积极请领导，请到乔鹏程（农科院)、曹奎书记(科协)、申延平等。三是帮助引项目,引来广东牧业有限公司来养猪,公司董事长张胜勋也到荷花节参加会议。四是力争项目,争取到了重大教育项目。干什么事,努什么力,县里对自己信任,自己就尽力为全县做事。我要认真研究范滩区发展的路子,把范县的经济发展起来,为滩区人民造富。

范县荷塘

虽然我现在老了,但做事的心还不老。因此,要心不老,多做事,让农民的日子好起来,让范县的扶贫做出亮点,让经济发展起来。

2017 年 7 月 20 日　星期四　晴　范县

知识是帮助贫困农民致富的钥匙

范县在河南省的最北边,隶属濮阳市,紧邻山东。这里的农民贫,我认为主要还是缺少知识。如他们一个县种 4600 多公顷莲藕,却没有销售的渠道,我准备同广东、上海、北京对接,让莲藕能卖个好价格。怎么对接?同谁对接?就需要好好做点文章了。先做市场分析、市场调查、市场布点,再去卖东西。这么好的莲藕,一定要卖好的价格。农民要增收,必须种植优质的莲藕,必须提高科技含量。科技含量提高,莲藕的价格等一切问题都可以解决了。如钟立的农业公司的辣椒,每斤能卖上15元。我有以下几点想法:

第一,提高农民科技培训,让农民掌握1—2门技术。

第二,科学种藕,一定要有好的品种,并进行科学栽培。

第三,再好的东西,没有推销就卖不出去,必须建立强大的销售队伍,从大学生中招。

这次我和乔鹏程副院长、陈萍副巡视员(省科协)、省"三农"杂志社杨秋意、河南师范大学侯博士及人民日报社史记者等,一起来到范县参加该县组织的"我和第一书记坚决打赢扶贫攻坚战"活动。吃饭的时候,谈到范县的荷花,感觉到很好,饭桌上就学了很多东西。吃饭时还帮助陈桥乡推荐了一个田园综合体的项目,并同财政厅王长进处长讲了,好好地争取一下这个项目,在该村建立一个田园综合体。

2017年7月21日　星期五　晴　范县

第一书记邀您来看看

上午,我和乔鹏程副院长、陈萍副巡视员、吴新普(濮阳市副市长)参加了"范县第一书记邀您来看看"的节目,这个节目是由河南电视台新农村频道搞的,内容非常丰富。一是范县荷花节开幕,来了很多第一书记和乡、村干部群众。二是请来了新闻界的许多朋友,有中央的媒体和省里的媒体。三是很好地推荐范县的特色,如范县大米、范县荷花芋、范县旅游。从早上8点开始到上午11点,活动搞得很好,办得十分热闹,效果也非常好。明天还要请豫剧名家来唱大戏,为期一个月的范县荷花节搞得真是热闹非凡,组织得很好。这个活动现场采访、现场直播、现场买卖东西,真是好极了。

参加完启动仪式,我到陈庄乡胡屯村去看了看。给党员干部开了个会,一直开到中午12点多。下午我去看了胡英杰,他四十来岁,做泥鳅生意,每年盈利200多万元,他同意带10户贫困户。村子37户贫困户,胡支书带12户,村主任带11户,胡英杰再带10户,这些人就可以脱贫了。这个村搞得很卫生,民风很好,还有不少湿地,发展很有前景。

2017年7月22日　星期六　晴　范县

李树建、虎美玲、贾文潮来范县陈庄为贫困人口献艺

应县委书记王秋芳的邀请,省豫剧团团长李树建、梅花奖获得者虎美玲、省青年艺术团团长贾文潮来给贫困人口唱戏。这些大家同台演艺,唱得特别精彩。每个艺术家都唱了两段戏,李树建老师唱的《赵氏救孤》《三哭殿》,虎美玲唱的《大祭桩》《李铁梅》,贾文潮唱的《苍娃》等。演员们唱得十分投入,十分下劲儿,十分精彩,让范县人民群众享受到一场文艺大餐。吸引了广大的群众来听戏,真可谓热闹非凡。今天阴天,天气凉爽,我和王秋芳书记坐在前排,万亩荷花迎风吹,满鼻香味随风来,好戏连台入耳听,田园风光无限好,生活最美在农村。

这次来荷花节,我还为范县引来了广东东莞张英总经理。准备让他们在范县搞服装加工,就在陈庄乡胡屯村。这个村有一个服装加工点,但搞得不是很好,我们要想法把它搞活搞大。

能在扶贫大决战中参加战斗,真是高兴极了。既能服务贫困农民,又能战斗在第一线,感觉真好。现在舞台很大,就是自己本领不够。艺术家都这么卖劲儿,作为扶贫人更要加倍努力了。

2017年7月23日　星期日　多云　范县

今天一天很忙

早上5点起来(昨晚在陈庄乡胡屯村村部住),我就直接去找农户了。一个早上看了10户:有6户房子有点漏雨;1户是"五保"户,想喂几只羊;1个农妇丈夫死了,想开个农家乐,我们要尽力帮助她;还有1户因学致贫,有4个孩子上学,其中3个大学生,今年就可以脱贫了;还有1户是"五保"户,想养几头牛,我们也要帮助解决。

这个村还有37户贫困户,胡支书帮10户,村主任胡同力帮11户,既养又卖泥鳅的胡英杰也想帮10户。这样一个贫困户每年就可以收益1万元,这一下37个贫困农民的问题就解决了一大半。6户农民的危房问题我到县城建局找一找危房指标,让其帮助解决。这样,贫困户最大的困难就没有了。上大学的问题就更好解决,找几个爱心人士帮助就可以了。

下午接待了广东东莞来的张英总经理，陪她看了几个服装加工厂，又陪她看了荷花园，她觉得这里很好。如果这个企业再过来，我们就为范县办成了三件实事儿。引进两个企业，力争了一个项目。这样下去，能办很多实事儿。

2017 年 7 月 24 日　星期一　阵雨　郑州

今天看了一天病

人老了就像汽车旧了一样，所有部件都老化了。检查身体的报告一出来，一片红，有 14 处毛病：血糖抗原 GA199 有癌变的风险，三油酸酯高，左心脉传导阻滞，心脏搭桥手术不好等。我先找一附院杨俊主任，他说问题不大，又找了省肿瘤医院刘大夫，她帮我找了个专家，说糖原 GA199 只高出一点，没什么问题。下午我又找了省人民医院高传玉主任，他是心血管方面的专家，看得很细致，说我肝脏问题不大，搭桥做得不太好，很是问题，一根桥又堵着了，另一根动脉桥也做得不是很好，接头的地方明显有点细。但我现在血糖血压都很好，这样保持下去没有问题，让好好休息。人还是要有一点精神的，发扬小车不倒只管推的精神，一直推到扶贫工作结束，乡村振兴发展起来，让人民群众真正过上好日子。

2017 年 7 月 25 日　星期二　阴　郑州

安全保密是个大问题

上午单位组织去看保密规定。我们四个副主任都去了。看了以后，我有三点感受：

第一，学习了保密知识，进一步加深了对保密工作的重要认识。

第二，泄密会给个人、家庭、单位、国家带来很多危害。像典型的希拉里"电子邮件事件"，韩国崔顺实"干政事件"，不仅断送了国家重要机密，还断送了个人的前途。保密工作真是重要呀！

第三，保密工作与个人生活息息相关。如电脑、手机、银行账户、电子文档等都是木马攻击的对象。所以自己要时刻注意保密工作，免得犯错误。

这几天一直在治疗，腕关节、膝关节疼痛好多了。昨天占用了午休去做了理疗，今天又占用午休，做完回家都下午 1 点多钟了。每次治疗长达 3 小时，如果不趁午休时间，就会影响工作呀！现在任务这么重，不能占用太多工作时间呀！

2017年7月26日　星期三　多云　鹤壁

在鹤壁参加全省巧媳妇扶贫会议

本来我要去洛阳的宜阳讲课，因宜阳讲课的时间变了，临时决定来参加巧媳妇会议。我还叫上了"三农"杂志社的杨秋意社长，科技处处长邱国新也一起来了。来到这里有3点感受：

1. 看了鹤壁市浚县的"巧媳妇工程"和羊产业园感到档次很高。巧媳妇就业点有200人，28户贫困农民，羊产业10万只羊，是目前国内最大的养羊场。场内安排一个就业点，补助1万元财政资金，共补助20多万元，这样就找到了企业与贫困户的结合点。政府补助连接起了农户和贫困户，起到了一个扶贫的利益杠杆作用，找到了一条贫困农民增收的渠道和联结机制，探索了一条很好的路子。

2. 见到了鹤壁市委书记范修房。我一直不想来参加这个会，怕不是正式代表，没想到范修房书记一见到我那么客气，那么热情，那么重视，说我是河南脱贫的功臣，是河南扶贫的典型，对河南贡献很大。

我们叙述了2001年在商水县工作时的工作经历。他说他当总队长有3个月，我说我在商水工作两年半时间。我们越说越亲，他也尽兴地喝酒，我都20年没喝过酒了，也喝了一杯。一提起商水，我就热血沸腾。我同商水太有感情了，抓扶贫，帮扶全国贫困县。我走以后又给他解决了多个集中连片县，帮助申请6000多万资金搞中低产田改造。商水人也对我特别好，我对商水也特别有感情。

范书记是一个务实能干的市级领导干部，我从内心很佩服他。一个地方有这样的好领导，才是人民的幸福。

3. 在会上见到了唐运安市长、抓扶贫的常英敏副市长，并认识了全国服装协会杨金顿副会长、省服装协会李刚、中国纺织品进出口商会组织部主任王维东及省妇联副主席。

鹤壁以后我要多去。这一次来收获太大了。

2017年7月27日　星期四　多云　宜阳

在宜阳讲怎样做好扶贫工作培训课

　　早上从鹤壁出来到洛阳的宜阳,一个上午走了三个多小时。简单吃点饭,就从下午3点讲到5点多钟。参加会议的有1000多人,都是做扶贫工作的人员,大家听得很认真。我从走好群众路线,做好扶贫工作,建好党的组织,充分发挥党的作用,做好思想工作,调动做好扶贫工作的积极性入手给大家讲了两个半小时,安淑芳书记一直陪着,我就认真讲着。讲完课之后,感到很累,气也有点短,想睡觉。

　　我认为自己讲得还是很好的。退休以后我自己一定办个学校,把自己扶贫的经验、做法传给大家。

　　人一定要有一点精神,有一个奋斗的目标。精神支撑事业,有了方向和动力,还有什么办不成的事。听农科院乔鹏程副院长讲,现在很多年轻人没目标、没动力,拿着钱让他们去国外学习,去的人都很少。真是太可惜了。

2017年7月28日　星期五　阴　嵩县

今天再次来嵩县

　　月初我来嵩县是看苏宏波处长,在村子里住了三天。这次又来是落实一个科技项目。因为我搞一个脱贫总结项目,牵涉10个县区,嵩县是个深山区,经济区域很有特点,区域经济、林木经济、畜牧经济都有发展,应当在这儿好好研究一下。

　　在县里见到了何副书记和高主任,事情当下就谈好了。嵩县支付10万元的科技经费,由郑州牧专承担这个科技项目。

　　这个事解决了,我就把上次讲课的5000元钱返还给了他们。在贫困县讲课,还要他们的钱,那是不大应当了。县委对我们做扶贫的人那么好,出点力也是应当的。因为来时带的钱不够,我还向杨秋意总编借了3000多元,回来从银行取了就还她了。

2017年7月29日　星期六　阵雨　郑州

人不服老不行

　　我从上周去范县到这周去宜阳,跑了两周,很累很累。一是去范县参加了"第一书记邀您来看看",在范县停了3天,不但组织了一场很好的推荐会,而且帮助范县争取了一个陈庄乡田园综合体的项目,解决了37户贫困农民脱贫的问题,一天就把一个村贫困户的问题解决了。二是去鹤壁参观学习,感觉好得很。见了许多老朋友,学到了许多东西。三是来宜阳讲课,传授了自己的经验。学习了养猪场的管理办法。四是同嵩县谈了做项目的事,并给该县讲课。

　　两个星期马不停蹄,时间赶得又紧,天气很炎热,实在是累了。特别是给宜阳讲了课,感到累得快不行了。今天请二姨和菊花吃饭,看到二姨来看病。说她是因为去干农活儿摔倒了,她还说谁一说她是老太婆,她都恼了。我劝二姨,老了就是老了,这是客观规律。人不服老是不行的,我就是违背了生活规律、休息规律、工作规律,才使自己的身体累成这个样子。现在该尊重自然规律了,一定要服老呀!

2017年7月30日　星期日　多云　郑州

听清华大学经济管理学院教授讲课

　　今天参加了由河南省工商联、郑州市工商联组织的清华大学MBA名师管理论坛——经济新走向与中原新机遇,有以下几点体会。

　　一、未来五年的世界走向。

　　未来5年世界经济是个恢复期。今年预计贸易增长世界2%、日本2%、美1.6%、欧洲2%、中国7%,从经济走向来看,世界都在恢复期。一是周期性的因素;二是开始投资热,涌现出新技术、新科技。科技经济并没有带来经济效率提高,而是带来了投资热。

　　二、中国经济未来5年的3句话:稳着美国;拉着欧洲;坚持"一带一路"。

　　三、未来5年金融发展方向:

　　1. 投资收紧。

　　2. 金融服务进一步开放。

　　3. 资产价格进一步调整。低风险的产品会增加,高风险的产品会减少,国债会下降。

4. 人民币汇率会稳中有升。
四、中原经济特点：
1. 人口红利大，拉动内需。
2. 搞城镇化、宜居。
3. 搞产业集聚群。

2017年7月31日　星期一　阴　宁陵

同省政协副主席李英杰一起去宁陵

昨天刚从宜阳回郑，下午又听了李稻葵的课，上车以后才知道省畜牧局周副局长、省民委同志、省工信厅亢总也参加了这次调研。上午看了宁陵的3个村子的就业扶贫点，每个扶贫就业点800平方米，由县财政拿钱干。其中张庄乡谢庄村，全村562户，2583人，回族人口1486人，建档立卡贫困户134户，454人，已脱贫户49户，193人。

800平方米的扶贫就业点，现有人员200人，所做的陀螺占中国市场的95%，现在还搞五彩球。进厂我们看到七八十岁的老人都在这里干。我认为宁陵要坚持创建自己的品牌。没有品牌，就不能长久发展经济。陀螺可以注册品牌，自己出口，这样会发展得很快。另外，农牧业是宁陵的优势，应发挥优势，大力发展。

同领导一起下乡。有两点体会：

一、只看不说，看了三个村，没听李主席说什么话。

二、只履行职责，不指手画脚。跟了那么多部门，连个座谈会都没开，这就是知道自己要干什么。

2017年8月1日　星期二　雨　宁陵

纪念中国人民解放军建军90周年

今年的八一建军节，搞得特别隆重：一是习近平总书记为军官授衔，二是总书记亲自观看实地演习，三是在人民大会堂举行招待会，四是在军事博物馆展出走过的90年。整个活动规格高，阵容大，震动大，可谓历史以来最隆重。

我是一个民兵出身的扶贫工作者，几十年来保持军人的奉献和牺牲个人利益的精神，在自己的工作岗位上默默无闻地为人民，特别是为贫困人口做贡献。

想一想一路培养我的乡武装部耿协智部长,有一次训练我忘了拉手榴弹弦,差一点让耿部长献身。县武装部王家训部长隔几天就会回村子一趟,我的党员指标就是从县武装部解决的(1977年发大水地方没有指标),可见当地武装部的重视。驻马店地区军分区李司令、潘庆仁政委对我更是关怀有加,曹树坤副司令(新蔡人)、胡文艺对我也很好。更让我感动的是省军区的贺宝彤、米景忠、马炳臣宣传干事,亲自写稿子,做宣传。虽然几十年过去了,但他们的思想、精神给了我无穷的力量。没有军队,就不会有我现在这样的战斗激情,没有各级武装部门就没有我吴树兰今天。我永远感恩培养我的各位部队老首长,我也永远像一个兵。在扶贫战线上要永远保持这样的激情和奋斗精神,为人民做更多的事,做一位永久保护人民的革命战士。

2017年8月2日　星期三　阴　北京

办了一件尴尬的事

从宁陵回来,新蔡县委领导非让我带着他们去北京一趟,说已故的驻村第一书记赵超文的评先问题。赵超文是个老师,男,死在了第一书记的工作岗位上。我常年做第一书记工作,对战斗在基层农村的干部特别有感情,深感在第一书记岗位上的同志不容易,就同申卫国县长、于晓征副书记一起来北京了。当时同主任史秉锐打两个电话没打通,也没同别人请假就来了。结果在国家扶贫办夏更生司长办公室碰到了史主任带着省里领导来找夏司长。怕见到史主任就见到史主任,那种尴尬、难受就像打破了五味瓶。作为一名老同志,在领导面前真是丢尽了脸。虽然后来同史主任说清楚了,但自己也搞得一夜没睡着觉。怎么没请假就来北京了,今后一定要加强组织纪律性,虽然长期在村工作,外出还是要向单位领导请假。一个老同志,任何时候都要做遵守纪律的模范,不能对自己有半点放松。一切都要严守党的纪律,严格要求自己,在纪律前面、廉洁方面不能有丝毫的放松。

2017年8月3日　星期四　晴　北京

为了第一书记赵超文同志的事来北京

带着对基层干部的深厚感情来北京,见到了国扶办刘永富主任、欧青明副主任、夏更生司长,应当说工作十分顺利。这次出来考虑不周,没有请假,但为死去的第一书记赵超文争取了一把荣誉,挨个批评也是值得的。

下午还要去通州,把大吴庄的奶牛场问题解决一下,帮助贫困农民渡过难关。我在时奶牛场发展到2000头牛,后来因为卖奶难,交给了中顶,现在效益不好,中顶管了10年就毁约了,现在有些企业的人太不守信用了。

我和赵超文这样的人拼死拼活地帮助贫困农民,可有些企业却坑农民,我一定替他们讨个公道回来。

2017年8月4日　星期五　晴　北京

今天收获很大

一、到北京,没有找到中顶奶业有限公司杨国富副总经理,但联系上了孙国富老总,他说自己在河南兰考,回去以后见个面,一定给解决好。

二、晚上去看看季林(央视七台副总编),还见到了众多的优秀企业家:

1. 见到了北京市大兴县种西瓜的全国人大代表冯乐平(北京市农产品协会会长)。她是全国劳动模范,做农业做得很大,很有代表性,以后打算在河南投资农业。

2. 1980年出生的张冲老总。他家是西平的,主要做房地产,现在开始做农业,在天津做,准备到河南投资。资金很雄厚。

3. 马总,新乡封丘糖业的老总,每年能盈利2000多万元。长江以南糖业就数他做得最大。

4. 李总,汝阳做扶贫的老板,自己有四星级酒店。

加上我和魏华、季林满满一桌子,吃得很开心,玩得很高兴,说得也很好。多数都是河南人,距离拉得很近。

真是双丰收,既看了人,又认了人,还交了新朋友。多出来走一走真好。

2017年8月5日　星期六　晴　北京

人上了年纪就像机器老化了,零件都得修

现在自己不但内脏器官有实质性问题,连腿、手的关节都有问题,疼得笔都拿不动。从7月中旬来中医三附院治疗,到现在快半个月了。治治停停,做短波、皮透、药透、塔子。上一次做了5天,出差了,就停了。这次又做,做了5天又出差了,现在接着做,现在工作真是太忙了,每天工作都紧紧张张的。

目前除了单位工作,我做三件事:

第一,搞脱贫攻坚的扶贫模式的战略性研究。用这么多年的经验,研究一套模式,现在在做基础工作。

第二,讲课。各地搞扶贫,都叫我去给他们讲课。现在讲了有二十多个县了,每场最多的一千多人,最少的也有几百人。

第三,尽快把《山里人》写出来,好出版。做了3年多,总要有点自己的东西。

因此,加上工作就忙得很,这段手腕疼,写点东西也成问题。

2017年8月6日　星期日　晴

见了翁杰明副省长特别受鼓舞

这两天,回到单位事不多,就想把这几年走过的路总结一下,如"河南省扶贫模式的战略性研究",主要是研究"三山一滩"(大别山、伏牛山、太行山及黄河滩区)的不同区域的模式。总结一下向翁省长做了汇报,他只让研究河南黄河滩区。他说:"课题集中在黄河滩区搬迁脱贫攻坚模式,具有河南特点,又有国家亮点,内容上,请财政厅、发改委给予资金支持。"在会上翁省长说他牵头来搞,并批了资金。这样我们提出的两个问题都得到了落实。感到任务很艰巨,使命很光荣,这次见翁省长有三条感受:

第一,翁省长站位很高。他不仅从研究的内容、层次上又上了一个档次,而且比较专一。从深度到广度都同原来的研究不一样了。

第二,省长牵头这个课题,我们从人力、精力、财力上都要投入大一点。

第三,翁省长作为高级领导既平易近人,又解决实际问题,真是难得的高级领导干部。

一级有一级的水平,我们要抓着这个机遇,把这个项目搞好,让省领导满意,让黄河岸边的群众受益。

2017年8月7日　星期一　晴　郑州

向国家推荐
河南省扶贫攻坚奋进、奉献、贡献、创新奖先进个人

去年国家扶贫办第一年设立扶贫攻坚4个奖项，每个奖10个人，我去年获得了扶贫攻坚贡献奖这个奖。今年领导突然重视了起来，推荐的名单由省领导亲自把关。

这几个人中年龄最小的32岁。他叫赵超文（已故），是名教师，当过第一书记，累死在工作岗位上。最大的61岁，南安亮，是河南省灵宝昌盛食用菌有限责任公司总经理、灵宝县尹庄镇前店村支部书记。

我们河南省也应这样搞。我已同史主任、郭喜立副主任讲过了，建议省里也搞，力争搞大一点，规格高一点。

史主任和郭主任都说很好，准备采纳。

2017年8月8日　星期二　多云　郑州

今天事很多

从早上6点钟去中医三附院做理疗，一直到上午9点，做药透、皮透、短波等，长达3个小时。

上午9点到12点，在郭主任办公室研究社会扶贫。

下午到侨联看董金燕主席和王月副主席，并与乔鹏程副院长（农科院）到财政厅科技处就关于开展河南省扶贫模式的战略性研究及黄河滩区搬迁脱贫攻坚模式的战略性研究情况进行汇报，同张建设处长谈了一个下午，他听得很认真，也说给予全面的支持。

晚上同冯文元、乔鹏程及统计局两个同志在一起说话吃饭。

由于中午没有休息，所以感到有点累，背又有点疼，现在真是不能太累了。

办里来了新领导，也没分给我什么工作，我先专心做好翁省长及省科协、省科委的这三个研究项目就行了。

2017年8月9日　星期三　雨　郑州

再坚持3天,治疗就能结束了

这次理疗断断续续搞了十几天,每天做下来得3个小时,不是早上早去,就是中午吃饭时进行。为了不影响工作,做得十分辛苦。西王楼的事、范县胡屯的事都做得十分认真。每天都有很多事,但膝盖和肘周炎又非常疼痛,连个水杯都拿不动。现在不很好地治疗,不知道今后怎样生活,病真是太多了。

2017年8月10日　星期四　晴　郑州

今天单位组织安排看保密录像片

机关党委同志让到保密基地看纪录片,看完以后感触很多。

第一,公职人员保密很重要。一些国家公职人员叛国投敌,成为国外间谍人员。有的出卖了大量的国家绝密、极密;有的为了报复单位,使国家蒙受上百亿元的损失;有的被间谍人员拉下了水,不但出卖国家绝密,而且出卖灵魂,使自己走上了断头台。真是触目惊心呀!

第二,都是贪欲惹的祸。从大量的叛变投敌的案例看,无一例外都是贪和色,都是世界观的问题,都是信仰缺失问题,都是对自己要求不严问题。一个人一旦贪心大,早晚都会出问题。我的父母都是农民,一直教育我手稳嘴稳,一生安稳。手脚不稳,迟早都会出问题。人万万不能贪欲太重,否则不但毁了自己、家庭,而且自己的孩子都抬不起头来。

第三,时刻保持警惕性。思想上的弦一定要上紧,任何时间都要保守国家秘密,遵守国家纪律,做遵纪守法的人。

和平时期,更应当上紧保密工作这根弦。

2017年8月11日　星期五　多云　郑州

今天和农科院乔鹏程副院长一起来财政厅和科技厅

今天来财政厅和科技厅找领导,落实黄河滩区搬迁模式的战略性研究和关于三山一滩一平原战略性模式的研究立项,翁省长没有批多少钱,但我们必须争取。见到了科技厅的马副厅长和财政厅张建设处长(科技处),他们见了翁省长的批示,都很重视。马厅长表态,同意两个课题都设立,但钱不会很多。我的想法先立上项再说,不够了再横向联合,如科技项目出一点,基地县拿一点,科技人员少要一点。一是争取2018年中期把省科协的科技项目总结出来,写成书,有个成效。二是三山一滩一平原,2018年年底一定要出结果,这个是总结经验形式的战略模式。三是黄河滩区的搬迁模式研究要抓紧推进。

关于这3个课题我有几点想法:1.一定要对走过的7年的路子有个总结。2.在三山一滩一平原的战略模式上一定要总结出一些规律性的东西。3.对黄河滩区搬迁模式进行战略性研究。时间紧,任务重,又有工作需要有紧迫性,并合理分配时间,在不影响工作情况下,把这3项工作搞好。

2017年8月12日　星期六　阵雨　郑州

今天过得很幸福

今天不治疗,也没去加班,就在家里洗洗衣服,打扫一下卫生。很久都没怎么在家待了,一个夏天,都在巡视扶贫工作,调研科技项目,争取科技资金,巡回讲课,修改书稿和治疗身上的疾病。整天忙得没时间吃饭,没时间和家人团圆。因为明天要去封丘调研"扶贫搬迁"课题,今天就在家里干干家务。女儿看我在家,就亲自下厨做饭。她去买菜买鱼,中午做了一桌好吃的。我不但吃了可口的饭菜,而且女儿及她的男朋友都来家陪我。我们三个人在家一起吃饭,一起打扫卫生,一家人其乐融融,有说有笑,很久没有这样的感觉了,此刻感到家里真好。退休以后能天天这样多好,我也多往这方面努力,让家像个家,让家人都感到温暖。今天才感到家是一个人的港湾。没有港湾,就没有一个人的安全感。我过去忽略了家,给家人带来了麻烦,给家人造成了创伤。今后我一定尽力多给家做贡献,弥补自己给家造成的缺爱、缺温馨、缺关心、缺孝的问题。

2017年8月13日　星期日　多云　西王楼

回阔别3个月的西王楼

从今年5月份我就回到了省扶贫办上班,不去村子里了。这次由于到确山培训扶贫人员,我趁机回村子看一看,晚上同村干部在一起吃个饭,和大家见个面。所有村干部都到了,大家很高兴地在一起吃饭,叙家常。

不知为什么,客车走到确山界内我就感到高兴、亲切。一座一座的小山,虽然不高,但很秀丽,很有故土气息。草和树都长得很茂密,青绿青绿的。山连山,水连水,天空的蔚蓝、空气的清新,大地绿色茂密,旧人的留恋,农民的可爱,干部的实干厚道……总之我对确山的一草一木、一山一水,都爱之又爱,亲之又亲,像自己的老人,像自己的兄妹,像自己的孩子,有种深深的爱在牵挂着他们,爱着他们。我在确山西王楼整整3年,这3年是我人生最辉煌的3年,也是我人生最艰难的3年。无论是最辉煌或最艰难,西王楼群众已帮助我走过来了。没有确山这块厚土,我不会做成那么多的事,更不会有那么多的组织肯定。困难在老区人民的帮助下已经渡过,最为难忘的是王根坡的爱人小春以及房东素春在家帮助我48天,日日夜夜地照顾我。由于小春一走,王根坡瘦了10斤。村民们和学校的学生还给我做了一万多只千纸鹤祝我早日康复。这是一种情感呀,中国的农民,特别是老区的人民真好呀!

2017年8月14日　星期一　多云　确山

为确山县扶贫工作者培训

上午从封丘县回郑州,拿着行李就去确山县了。河南电视台在确山拍摄《扶贫大决战》纪录片。这部纪录片有很多集,2016年拍摄的西王楼是第8集。那次拍片后,给村子带来了三个效果:第一,省交通厅又给了450万元的修路经费,修28公里的山路。第二,给了10万元的经费做养老扶贫合作社的基金(给每个老年人2000元入社费)。第三,一个旅游公司投资3亿元资金进行修路。在碾盘沟拍了一个上午,中午到县威尼诗酒店,彭广峰县长接待了大家。"三农"杂志社的杨秋意和郑博士、侯博士吃饭时谈了三山一滩的课题研究,彭县长高兴地接受了这个项目的任务。

下午我用3个小时给确山县420人讲了"知难而上,打赢脱贫攻坚战",分6个问题讲了怎样做好扶贫工作。做好脱贫攻坚工作主要是依靠群众、组织群众、动员群众、帮助群众、带领群众脱贫致富。并结合自己驻村实践,鼓励党员干部放下架子虚心向群众学习,从群众中吸取营养,帮助群众做好民生工程,带领群众发展经济,狠抓基层队伍建设,紧紧依靠群众,带领广大群众抓好经济发展、生态文明、村庄治理、带好队伍等方面介绍了自己的做法。效果很好,3个小时的时间,会场秩序、人员集中力都很好。我是很累,但给扶贫干部传授了知识,很值。

2017年8月15日　星期二　晴　西王楼

在西王楼调研和救助贫困生

带着"三农"杂志社杨秋意、郑博士、侯博士一起来确山县调研山区扶贫模式战略性研究,昨天杨总编领着他们去看了新农村,今天又看了消庄。我今天5点钟就起来,6点钟一起同河南电视台陈晨一起到西王楼,去了鸡窝山拍全景。在这住了几年,还没看到这么好的风景。在新庄西边,鸡窝山东边,风景好得很。又去了西山坡,熊海罗家,还拍了水泥路、沙石路、黄泥路、小草路,比较得非常充分。还是专业的人员考虑得细。另外他们帮我照了风景照片,很美。

今天再回西王楼,拿了2万元钱给寇金保、王文斌、熊雨露和王香春4个孩子发读书经费。寇金保是个孤儿,今年考上了濮阳的大学,给他筹学费1万元。给了熊雨露5000元,她在驻马店农校读职专。她母亲不在了,家里还有三个弟妹读书,家境很困难。王文斌,上七年级,贫困户,妈妈去世了,爸爸外出打工了,姐姐也不上学了。王春香,父母都不在了,跟着爷爷奶奶,上七年级了。这下就解决了他们一个学期的学费了。

2017年8月16日　星期三　晴　新蔡

在新蔡老家给扶贫队员讲课

王兆军书记让我给县里做扶贫工作的同志讲一次课,我今天抽时间来了。题目就是《知难而上,打好脱贫攻坚战》,用了两个小时讲了5个方面的问题。

1. 走好群众路线,让群众真正成为脱贫攻坚的主体。

(1)放下架子,进行调查研究;(2)依靠群众选好村民组长;(3)依靠群众,加强队伍建设;(4)以群众利益为目标,解决好民生工程。

2. 以增加贫困农民收入为目标,千方百计发展经济。一个目标两手抓,四个轮子一起转。

(1)使人均收入这个目标快速发展。

(2)一手抓党建,一手抓经济。抓党建要带好一个队伍,抓经济要探索一个路子。

(3)在经济发展上,要关注全民创业、争取项目、招商引资、输出劳动力。

3. 加强学习,制定制度。

(1)学习政策,理解政策,落实政策。

(2)制定各种规章制度,使村级建设走向制度化、规范化,逐步走向科学化。

(3)调动一切积极因素,让更多的人为贫困人口做实事、办好事。

4.几点建议:

(1)让大美新蔡生态水城更美。

(2)发挥农业和畜牧业优势,把农业优势转化为产业优势。

(3)发挥人多优势。

讲课很累人,但也很享受,来了1000多人听课,课堂上大家都全神贯注,给我很大鼓励。新蔡人在王兆军书记的领导下,思想面貌变了,精神也变了,人爱学习了,干劲十足。深信家乡在这么好的书记带领下,一定会有翻天复地的变化,家乡人一定能过上好日子。

2017年8月17日　星期四　雨　商水

在商水听取全省第五次脱贫攻坚推进会

今天一天很忙。上午在商水县影剧院讲课,下午听取第五次脱贫攻坚推进会。首先史秉锐通报了国家扶贫领导小组对河南整改验收情况及河南省检查情况,通报了18个市和10个直管县排队情况。

随后翁杰明常务副省长讲了扶贫搬迁和金融扶贫问题及扶贫资金的使用情况。

一是全力抓好扶贫搬迁工作。在规划上,在资金上翁副省长讲,要守住搬迁的底线,守住住房面积的底线,守住项目管理红线。

二是强化资金管理。

三是发展企业项目。

四是强化扶贫的统一协调。

王炯副书记讲,把全省的排队情况同大家讲了,使大家有个相互竞争的平台。排在后面的也有好的方面,要迎头赶上;排在前面也不能松劲,也还有很多问题。尤其要注意:坚持问题导向;着重发挥效益;抓好金融扶贫;抓好异地搬迁;抓好公共服务保证。具体来说可以从以下几点入手:

1.切实加强档案管理;

2.解决好基层组织建设;

3.加强基层干部管理;

4.加强宣传领导;

5.改善农村居住环境;

6. 敢于直面矛盾,转变干部作风,加强巡查工作。

这个会议开得很好,很实,很能解决问题。

2017 年 8 月 18 日　星期五　阵雨　郑州

二月河给我的启示

二月河在接到省委组织部催他回南阳接受考察的通知时,做了三件让人佩服的事。一是说自己在郑州,让组织就近谈,谈时拒绝了省文联副主席的职务,说自己一直就是个单干户,没有领导过人。二是说这事到得太晚了。三是说,人该坐哪个位置上,就坐哪个位置上,不能变,一变就找不到自己了。

二月河讲,当官员有一种不好,不允许有你"自己"。从二月河的话中我得出了三个道理:第一,人想强调自己就不当公务员及去受约束的单位,必须自己单干。单干最能反映自己的思想。第二,人走对了路子千万别再改,一改就做不深不细不实了。如果当初我不改养牛行业,做到现在能比现在好。第三,百样通不如一样精。二月河是很好的例子,如果他接受了省文联副主席的位子,他绝不像现在这样自在和有创作性。人真是不能贪多,多了就一事无成。我做得很多很苦,表面上光鲜亮丽,没有硬核和实质性的东西,最后连套自己的住房都没有。这样也好,无钱无资产,一身轻了,就什么也不怕了,做起人、干起活一身轻了。

2017 年 8 月 19 日　星期六　小雨　郑州

调研的收获

前几天,我和办公室陈仁光会同发展研究中心及"三农"杂志社到封丘、确山、新蔡和商水进行调研,主要是调研黄河滩区发展的战略性模式研究。在封丘两天,看得很吃惊:这里搬迁的规模大、任务重、效果好。该县做得最好的有三点,一是组织得好,有一个专门的班子。二是具体人员做事用心。比如在农民分房上,运用两个优先,先交钱和先交宅基地的优先选房,一下就把群众的积极性调动起来了。三是看得长远。调研之后,封丘县让我给全县讲了一课。近千人,效果很好,做扶贫工作的人都认真听,认真记。3 个小时的讲课时间,没有一个人动。这极大地激发了我上课的热情。3 个小时一动不动地讲也很累人呀,但只要能把自己的经验传授给群众干部,再累也是甜的。

去商水见到了许多老朋友、老熟人:马宝兰书记、阴平姐、李文克、郝四春

（县委常委、办公室主任）；在新蔡见到了家乡的父老乡亲，在确山我还给西王楼4个困难生解决了两万元钱，很是高兴。这次出来在4个县讲课，听课人员达3000多人次，传授了自己的经验、做法及方法，大家反映很好，说很有用。我累得话都说不出来，但我很满意。看来退休后我去讲课也会很有效果，积极向这方面努力。

2017年8月20日　星期日　多云　郑州

今天步行10公里

今天清晨不到5点钟就起床，在七里河桥来回走了3圈。每圈有3公里多，下来有10公里，走得脚有点累了。家人叫我回来吃饭，我打打针，洗洗澡，吃吃早饭，上午写写东西，又做了午饭。下午同办督检处刘宏民处长去山东参加培训。我这一段血糖又高了，因为工作太忙了，生活没有规律，得抓紧把血糖控制下来。人生了病才知道身体的重要性。我本来身体很好的，结果忙碌了一生，奋斗了一生，奉献了一生，到头来，落下一身病，每天只能被病缚着生存，这不但给家人带来了负担，也给自己带来了痛苦。从现在开始，我就好好锻炼身体，力争疾病不再扩散，保住自己的小命和生活质量。坚持步行，每日10公里。步行是锻炼的好办法。我一定要天天坚持，把身体保持好。

2017年8月21日　星期一　多云　淄博

参加国家扶贫办脱贫攻坚培训工作研讨班

今天参加一天的培训，学习了不少东西，从上午8点30分一直到下午6点钟，流程如下：

1. 山东省领导致辞（山东省副省长及财政厅厅长致辞）。
2. 国家公务员局杨局长讲话。
3. 国务院扶贫办党组成员夏更生讲话。
4. 全国扶贫宣传教育培训中心主任黄承伟讲《加强习近平总书记扶贫开发战略思想的学习研究宣传，着力提高扶贫培训工作水平》。
5. 黄主任讲《精准扶贫，精准脱贫方略》。
6. 副市长王可杰就"淄博市精准扶贫精准脱贫的实践与探索"发言。
7. 五莲县委副书记袁利强发言介绍日照市五莲县养老扶贫的实践与探索。

通过一天的听会学习,提高了我对扶贫工作战略性理解,特别是习近平总书记扶贫工作的战略思想的萌芽、形成、变化和发展。知道了扶贫的战略机制、方法和谋略。学习了山东淄博的扶贫实践和探索,以及日照市五莲县养老的实践与探索。同时学习了领导对扶贫教育及培训的重要讲话。一天紧紧张张,学习了许多东西。参加培训真好。

2017年8月22日　星期二　多云　淄博

参观淄博3个村

上午我听了国家行政学院进修部副主任张林芬讲扶贫培训理念与方法创新实践。

下午参观了淄博下边的几个村。

上小峰村,地处鲁山脚下,共205户,487人,其中精准识别贫困户95户,178人,是省级旅游特色村,生态文明村,以2015年国家扶贫改革试验区100万元扶贫项目为突破口,以生态文明乡村一事一议财政资补等项目资金,新建改造农家乐,配套建设"人间烟火""青未了"等农家餐饮中心。"创新一个扶贫模式",2015年上小峰村发挥生态资源优势,以国家扶贫政策试验区项目为抓手,探索了资产收益扶贫模式,注册成立"山东上峰旅游开发有限公司",将100万元中央财政扶贫资金作为股金投入公司经营运作,70%折股量化给贫困户,30%折股量化给村集体,按照"公司运作,村集体资产入股,村民入股"的模式,实行整体规划、统一经营、统一管理。2016年上小峰进一步完善资产收益扶贫模式,建立由贫困户参与的股东会、董事会、监事会"三会制度",实行扶贫股、基本股、致富股,"三股互补",召开股东大会并进行分工。2016年每名贫困户分红600元。上小峰村通过资产分红扶贫模式,确保贫困农户的知情权、参与权和监督权,提升了贫困户群众尊严感、幸福感和获得感,着力破解了项目如何长期运行、群众如何持续受益的难题。还解决了两大扶贫难题,贫困村通过适当的比例分红增加了村集体收入,解决了无集体收入问题,以及村级班子战斗力弱的难题。无劳动能力和年老体弱贫困农民有了固定收入,解决了此前贫困户无稳定收入的难题。探索出4条脱贫经验:扶贫资金收益分红脱贫,贫困户房屋资产入股分红脱贫;有劳动能力的贫困户就近就地就业;从事旅游服务工作,依靠工资收入脱贫;村委会提供公益岗位安排贫困户,依靠固定收入脱贫。

中郝峪村,113户,364人,其中参与经营农家乐96户,占全村80%以上,其中5家农家乐被省旅游局评为五星级农家乐,20家被评为四星级农家乐,2016

年接待游客突破 15.5 万人,总营业额 2400 万元,人均收入 3000 多元。

韩庄村,支部书记从 19 岁开始当书记,坚持了四十多年,在党建、党员发挥先锋模范作用及共同富裕上下功夫,现在集体收入 200 多万元。展板宣传搞得很好,发展史也做得很好。

看了淄博的 3 个村,很有特色,上小峄村主要是资产分红经验;中郝峪村以地方特色促旅游发展,就地取材做得好,如农家乐房前屋后都是花、草,村口设有明星卡邮寄点,外墙都是用瓶盖嵌的国画,很美,老支部书记带领大家脱贫致富走出了一个路子。一个旅游发展贫困农民脱贫致富经验很好,还有一个是养老脱贫经验很好。回去结合自己的村子,把旅游和养老院办好。

2017 年 8 月 23 日　星期三　阴　安丘

考察山东大姜

今天培训结束后,我和刘宏民去了安丘,因为我们的大姜(西王楼村 1000 吨)在那里,来看看怎么样,现在开始涨价了。我们用了一天的时间来看姜地,看冷藏房,看市场。满经理信心很足,可以给本村一个交代。

村子里卖了姜,我驻村 7 年历史算是结束了,不用再担心了,有了一个圆满的结局,我给农民也有个交代。现在看来收的姜赔不了啦。

干事业一看能力,二看运气。这两年生意不好做,我们去年收入 200 万元的大姜,一年都担着心,这次卖了就赚钱了,可以很好地发展自己了。

在潍坊还见到刘宏敏叔叔,并看了海滨城市,很美。

2017 年 8 月 24 日　星期四　雨　淄博

培训结束了

今天是培训的最后一天。信息量很大,我把流程和议题详细地记录了下来。

上午 9:00—10:00,专题讨论扶贫系统与公务员交流如何加强合作资源共享,提高培训成效,促进脱贫攻坚。

10:00—11:30,由国家扶贫办讲解《关于进一步加强全国贫困地区干部和扶贫干部教育培训工作的意见(2018—2020 年)》,大家就"培训工作理念,方式方法创新"进行讨论。

下午,14:30—16:00,甘肃、湖北、山东省扶贫办典型经验发言;辽宁、河南、贵州公务员局典型经验发言。

16：10—17：30 结业式，小组交流发言。

研讨班结业。参加了研讨班，学习了不少知识，收获很大，回去认真落实好。

2017 年 8 月 25 日　星期五　多云　淄博

在山东淄博参加培训的总结

1. 住在山东齐盛国际酒店。酒店面积很大，占地三四百亩。整个酒店是长方形的，楼很上档次，院子很大，树很多，路很宽，每天都可以在院内散步。我在院内走三个早晨，每次都走 1.5 个小时，大约 10 公里。我住南楼 310 房间，房子很好很大，一张双人床，写字的桌子很好用，我每天早上 4 点钟起来写前一天的学习情况。天天都很充实。

2. 山东的名人很多。焦裕禄、蒲松龄、孔子、孔繁森、梁山 108 名英雄好汉、莫言等。

3. 扶贫很有经验。总结起来有一大民生工程，四大新突破。

（1）一大民生工程：民生工程惠及全市贫困人口 14272 人。

（2）四大新突破：

一是创建机制。区负总责，区、镇、村逐级签订脱贫攻坚责任书，分管同志递交责任书，104 家结对帮助单位与区委、政府签承诺书，3479 名干部职工与贫困户、86 家骨干企业与 86 个省定贫困村分别签订扶贫攻坚承诺书。

二是完善帮扶机制。实现领导干部包镇，第一书记驻村、骨干企业帮村、党员干部帮贫困户，全覆盖。

三是严格监督机制。实行督察组一月一调度、一月一督察、一月一通报。

四是完善退出机制。2016 年制定《博山区贫困退出实施方案》，退出 781 户，14272 名贫困农民。

4. 我和刘宏民处长来参加会议，省公务员局杨炯副局长、马士振（公务员局监督处处长）也来参加会议，他们培训热情很高，要求回去抓紧办班。

2017年8月26日　星期六　阴　淄博

走不通的路不能硬走

　　昨天中午,我修了手机,顺着山东齐盛国际酒店转了一圈。回来时走北门的桥,看河边的小桥下面有一条小路紧紧贴着水,水边有茅草,有芦苇,有垂柳,有花木,水映着柳,花衬着水,草托着河里的小鱼,清静又文雅。我看在下面走能早一点到住的地方,就下去走在桥下的小路上。没想到,桥下路很窄,而且越走越难,越走小路越被草、花、树挡着。有些芦苇就横生在水里,不扒着走就走不过去。为了走完这段路,我弯下腰,抓着水里的草往前走,有几次不得不扶着生长在水中的树往前斜行。本来不到半里的小水路,整整走了一个半个小时,带了一身的刺,胳膊还被刺了几个血泡。费了很大的劲儿才走到桥头,没想到此处却没有路了,无奈我又重新走回去。这一来一回将近走了2个小时,不但累得满头大汗,而且全身都是血道道。中午头,天气又热,我刚换的一身衣服,湿得像是从水里捞出来似的,真是惊心动魄,还差点掉进水里。

　　从这条走不通的路,使我想到了我大半生走过的路,心潮起伏,感慨万千。

　　我一生都在公务员队伍工作,一生也都勤于工作,努力向上,牺牲很多个人利益,为单位和群众探索路子,争得实惠,干不少旁人难以干成的事,也赢得组织乃至党中央、国务院的充分肯定。但不管我多么努力,也难以完成自己的设想。好在历史是人民写的,干部的贡献也不是以职务高低衡量的。

　　很多路走不通就是走不通,人不能在无头路上一直走。该回头的就要回头,该转道的就要转道。干事是我的长处,我要在这条道上多走一走。我又到了人生的一个关键时间,退休后生活怎么过,干些什么才能打发时间,自己真的应该很好地规划规划。不能再踏上没头路、断头路及走不通的路。

2017年8月27日　星期日　多云　郑州

组织科技人员讨论两个科技项目

　　1.河南省黄河滩脱贫模式研究课题方案。

　　这个项目是翁副省长亲自指挥的一个项目,而且省长听了一次汇报。我们在实际地点(封丘)进行了考查,现在又进行讨论,主要研究内容有黄河滩区资源开发利用研究、黄河滩区脱贫攻坚的政策建议等。参加会议的人都进行了发言,特别是省科协党组书记曹奎,他从设计、研究内容、结构都提出了很好的意见。一个正厅级干部,一个单位的"一把手",能认真地参加一个上午的会议,真是很不简单。在会上每一个人都发了言。

2. 河南省脱贫攻坚战略模式。

这个项目牵涉到15个县,5个单位,我们已跑了6个县,还有9个县没有去。这个项目重点是河南农业大学与"三农"杂志社负责。

我还要开一次会,专门商定写书的问题。

2017年8月28日　星期一　雨　郑州

再看圆方集团

今天机关组织大家再次去圆方集团参观学习党建工作。圆方在党建工作方面做得很好,特别是薛荣书记,她在党建方面创造了"六个一"的工作方法。我们十几个人参观了他们的光荣榜、创业历史、奋斗历史,观看了他们的记录片,访问了薛书记怎样做好党建工作的种种经验。他们连发展党员都是PK的,手段先进得很,方法也完善得很,有一套管理办法。我同她都是去年七一接受表彰的,我是优秀党员,她是优秀党务工作者。她发展得很快,成立了巧媳妇工程,盖了办公楼。她个人也当上了十九大代表,成为共产党的优秀分子。上次在三月三庆典上,我看到她在台上,可我一点儿都不羡慕。我虽然什么都没有,可我出了一本书,现在又承担了两个课题。如果课题能在全国拿奖,我再能登上贫困人口研究的高峰,我能给人留下许许多多的办法和路子,何必要去羡慕别人呢?不过我要学习她的工作方法、工作热情,学习她做思想政治工作的套路,把人的思想疏通好,动员起来,干好一番事业。

退休了到底做什么?现在我还没有想好。还是随从心意,做自己想做的事。

明天去台前和濮阳调研,主要是调研黄河滩区的事。力争把这个理论的东西研究透。

2017年8月29日　星期二　晴　台前

台前真远

今天我和乔鹏程、胡华、孟国建等一行来台前调研黄河滩区的搬迁工作,由于下雨,我们从上午8点半走,一直走到下午1点钟。路生,又没人领路的,所以就走的时间特别长,好在县委书记常奇民、县长王俊海都接待了我们。下午的工作很顺利,管扶贫的郭县长把所有搬迁乡镇及县直的黄河滩区的主管部门人员都找来了。我们从下午3点半开到下午5点多,把黄河滩区搬迁脱贫模式研究的背景、研究内容、研究模式、研究方法、研究时间都说了,并且还留了电话。我一定要做深、做细、做实,力争做出成绩做出成果来。

随后我们又去了濮阳县。晚上8点钟又开了个会,把研究的任务布置一下,快10点了才吃饭,一天又紧张得很,背有点疼。

来一趟台前得4个多小时,回去再4个小时,一天紧紧张张。所以在一个交通不方便的地方开展工作,太费时间了。这个黄河滩区的工作一放在这个县,今后就要多来了。在台前我一定多研究这里的风土民情,这里的干部作风。这次扶贫工作排队,濮阳排到第一,要好好学习他们的工作经验。

台前真是离省城太远了,没有铁路真是不便呀!

2017年8月30日　星期三　雨　郑州

退了休做点事真难

史献志是省扶贫办原副主任,退下来做扶贫协会会长工作。半个月以前他让我参加他组织的一个会,我答应他参加,时间也是我们俩定好的。但临时史秉锐主任又让我陪国扶办来的杨刚副司长,因为他是看河南的产业化点,这次是给河南争面子的,史主任特别重视,征得史献志同意我就陪上级的人了。但没想到原来说的让崔海成陪史会长,他也不去了。这样一来,史会长那边就没人了。为了不让史会长太为难,我先同南阳的领导联系,从霍好胜、王智慧到周主任,又同汪继章、李长法、张磊、李洪军联系,打了无数个电话,安排了无数次的事,怕安排不好,怠慢了史会长及国扶办基金会的人。因为他们也是满腔热情来河南帮助做扶贫的。老同志工作很有热情,想为河南扶贫多做工作,我一定尽全力支持他们,不让他们为难。虽然我只是一个副巡视员,一个快退休的老干部,我能为单位争多少光就争多少光,能为单位做多少事就做多少事。

在基层这么多年,深知基层和退了休的人办事难。当我听到史说,处里没一个人去的消息,连忙联系社会扶贫处处长李洪军,让他们放下手头的工作去一趟,来弥补我不能亲自参加的损失。史还是个协会会长,我退休了肯定办起事来比他还难。

2017年8月31日　星期四　雨　濮阳

一下雨心脏就不好受

这两天一直在下雨。我三天来濮阳两趟，前天来搞过课题，今天来陪同国扶办杨司长一行蹲点。天气沉闷，雨天走路，心脏很不好受。一是伤口隐隐作痛，二是胸口很闷，三是四肢关节疼痛，整个身子都不舒服。本来近期想住院的，但史秉锐刚来，我又是班子的老同志，他叫我大姐，也对我尊敬有加，我得像个大姐的样子，给他们树立一个榜样，做一些拾遗补缺的事。很多人都说：现在回来了，别再干了，一身的病，再干还有什么意义。是呀，再过两个多月，自己就退休了。但是一个党员，不仅要站好最后一班岗，而且要给大家做好一个表率。

那么多为革命牺牲的同志，那么多累死在扶贫岗位上的同志，那么多默默无闻的工作者，无私无畏地为贫困人员做事，而自己做到心底无私天地宽，多做对党和群众有利的事。从入党的那一天我就没想着级别，也不知道级别是什么。人呀一定要向大处看，不能从小处看。看开了，自然心里豁达开朗。人要为别人活着，要为社会造福，要心底宽广，要多做事，党和人民不会亏待任何人。从现在开始，把零当作起跑线，再跑一个新征程。

2017年9月1日　星期五　多云　郑州

今天工作很紧张

上午从濮阳调研黄河滩区项目后回郑州，路上走了近3个小时，到家都快下午1点了。吃完饭休息了一下，去接待国家扶贫办调发司杨刚，联系一行4人来河南濮阳县产业化就业现场会的场地工作。因为下着雨，我开车回去时碰到路旁的栏杆，没有办法，给门岗交了100元钱，才让走人。看来年龄大了开车确实有问题，手脚都不灵活了，眼睛看也看不清了。

昨天打了很多电话，联系解决陪同杨司长调研与到省扶贫协会开会发生的时间冲突，经过上午与下午的协调，我找出了一个很好的办法，让社会处李洪军陪史献志会长到南阳开会，我陪杨司长到濮阳看点。这样既不矛盾，又能把工作做好。

其间，我还接待了平顶山宝丰县大营的支部书记马豹子。他主要汇报他的发展思路，他是今年和我一起评上的感动中原的"十大人物"之一。马豹子以玩魔术起家。至今，他当了村党支部书记8年。现在准备流转5个贫困村的土地，吃、住、行一体化进行。他想先搞一个老年公寓,再搞一个幼儿园,马豹子书记汇报了一个多小时。

有思路、有办法、有干劲儿。一个才干了8年支部书记的人,把一个村变成了全国图书大市场,又搞了苗木市场,现在又流转了5个贫困村的土地,他才42岁,真是有魄力,成果这么大,好好向他学习。

2017年9月2日　星期六　阴　郑州

参加全省扶贫办主任会议

昨天忙完回来已很晚了。今早起来洗把脸,打个针就来开会了。主要是18个市和10个县的扶贫办主任开会,布置全国档卡抽检工作。陕西来河南检查,河南到内蒙古检查(主要是去年落后和约谈省),参加的人员还有督导组长、史秉锐主任。史主任讲,要认真贯彻全国扶贫办主任会议精神,东西部协作交流。从会议情况看,一是通报了会议精神。二是中纪委加大了对扶贫工作问责力度,陈振刚副主任联系河南。省纪委书记下周来调研省扶贫办,可直接查处案子。三是2017年考核会,要啃下贫困率20%以上的2个硬骨头,消灭病骨头、形式主义。四是精准帮扶,以乡、村为单位搞,不要以县为单位搞。五是精准退出,不能搞虚假先进。六是资金分配要公开,户用资金要分开。七是坚决反对扶贫当中的形式主义。

会议谈到了其他部分省市的问题,记录如下:

1. 整改情况未逐年报告。
2. 精准方面,不精不准不实。
3. 资金也有问题。如财务和项目资金使用存在问题。

下一步工作要注意:把工作压实;发展产业;实现政策全覆盖。

听了史主任传达会议精神,感到扶贫任务越来越重,责任越来越大,中央对扶贫工作检查和督促的力度很大,深感扶贫部门及扶贫干部担子很重,责任重大。做不好既对不起党,也对不起广大贫困农民。作为一个老同志,一定要注意少说话多做事。会议结束,全体人员参观了信息中心。下午去原阳调研黄河滩区的战略模式的研究。

时间很紧,任务很重,郑海军的事迹时刻提醒我应抓紧做事。不知什么时间自己就死掉了,一定多为贫困群众做事,不负党和人民对自己的重托,与时间赛跑,为贫困人口多做事,做实事,办好事,给人民、给孩子、给单位树立一个好形象。

2017年9月3日　星期日　小雨　郑州

忙碌的星期天

连续几个星期都没休周末了。其间去了山东安丘看村子里的大姜，又开黄河滩课题讨论，在商水讲课，去淄博开会，再往前在封丘做调研、讲课。

早上起来去散散步，上午去调研(和各位专家)，下午去驻马店看母亲，一天到晚连家人都看不到，好在他们都理解我。

实感快退休了，多做点事，多回报点社会，多给贫困人员解决点难题。

同乔鹏程、田建民、郑新建等这样的科学家在一起，搞起研究也很高兴。不但接地气，也能学东西。

这个课题搞好了，不但能找出"三山一滩及平原"的脱贫规律，而且能让更多的贫困农民找到致富的路子，使贫困农民走上快速发展的道路。多年来的基层扶贫工作总要有一个总结了，有一个规律性的东西了，有一个说法了。我不论多么辛苦，多么累，都要坚持好，做好，有个结果，有个结论。省科协曹奎书记很支持我，现在有钱有人了，应当把这个事做得更好，有个结果。做科技人、组织人、合作人，做一个扶贫科技人。

2017年9月4日　星期一　阴　郑州

讲课可以传播知识，帮助穷人

河南农业大学经济学院的党支部书记罗伟让我给巩义市致富带头人讲《怎样带领贫困人口脱贫致富》，从下午2点30分演讲到5点20分。讲了怎样致富，怎样带头，怎样学习，我讲得很卖劲，学员听得也很认真。巩义虽是个富市，但还有1000多贫困人口。今天听课的学员50多人，他们一个人带领两三个人，就能多带领100多个人，那全省就脱贫了100多人，我两个半小时的授课目标就达到了。我虽然很累，但很高兴，苦在乐中，乐为苦做。我现在发现自己很适合当老师的，很会讲课，很能讲课，60岁就要站好三尺讲台，为听课者讲知识，讲人生，讲做人，讲做事，讲坚持，讲学习，讲实践，讲为贫困人口做事，为社会做事，为弱者做事，为需要者做事，为老人做事，为妇女做事，为家人和身边的人做事，也为全人类做事，。

现在我最想做的事是办一个学校。自己来收贫困学生，利用学校这个平台，教会学生一门科学技术。原来只知道自己能吃苦干事，现在一定要和大家一起干事。带团队,培养骨干,推广科技,帮助穷人。坚决打赢脱贫攻坚战。

今天出现了两件麻烦事。一是早上上班,在农业路与金水路交叉口转弯时被人碰车了。明明是对方责任,林浩怕麻烦,自己承担了责任,害得我又出了3000多元。二是坐出租车本来去魏超家,司机给拉到龙子湖了。我说了他一句,他还不愿意,和我吵了起来,气得我全身发抖。现在的年轻人怎么这样没责任?明明自己错了,还不能说。前天我去省政府办事,门卫是一个年轻人,工作漫不经心,我说去办公厅办事,他半天也不理我。我说了他一句,他把我的身份证甩出来了,并说我态度差。我为人低调,处处小心,怎么会同一个门卫过不去呢?遇到小事还是多替他们考虑吧。他们也不容易,在平凡的岗位上,年复一年,日复一日,难免有不顺心的时候,可能这两个人今天都有不顺心的事吧!

我们也应当加强对年轻人的修养教育,特别是对自己子女的教育。

2017年9月5日　星期二　小雨　郑州

摸着枕头天亮了

几十年以来我都在基层工作,很少去省直机关,特别是省委、省政府就去的更少。但这几年第一书记工作需要也经常往省直部门,有时也往省委(因为省直工委在省委大院)、省政府跑。每次去两个大院时,登记、排队都很不方便。省政府保卫处的刘建民和刘海林处长一直让我办一个工作证,最好是办一个出入证,这样进两个大院就不用在保卫处登记了。前天被门口人员一吵一训,我决心办两个证,没想到两个证办得那么顺利,两个证办下来不到一个小时,就是单位出个信,找到保卫处处长就行了。我的印象当中办证很难,还想着得找领导签个字。没想到办起来这么容易。通过这个事我深刻地体会到,办什么事就要找对路子,找对了路子就能事半功倍,找不到路子,努力十倍百倍也干不成。像仕途这条路子,有些人本事不大,能力一般,做事也不特别突出,可就是升得快;有些人本事很大,能力很强,做事还特别受群众欢迎,可就是得不到组织的认可和重用。做科技人,也是如此,走什么道路,找什么道,一定要对路。

可惜,我的两个大院的出入证办下来了,我很快就退休了,也用不上了。

到退休了我才知道自己没有一套房子的难处,但一切都晚了,退休了也不会有人再替我考虑是否有住房。我常常摸着枕头看天亮呀!

2017年9月6日　星期三　多云　贵州

参加全国科技助力精准扶贫现场会

今天参加全国科技助力精准扶贫现场会,听取了贵州省政协副主席王方魁、国家扶贫办副主任洪天云、农业部科教司巡视员刘艳、中国科协书记处书记等人在大会上的讲话,使自己很受启发,受教育很深,非常实用。

1. 贵州省科协党组书记张美圣发言说,要充分发挥科技人才优势,全力打赢脱贫攻坚战。

2. 中国茶叶学会理事长江用文发言讲:让茶树成为脱贫致富的"摇钱树"。

3. 中国林学会副理事长陈幸良发言讲:大力推动林业科技助力精准扶贫取得新成效。

4. 中华中医药学会副秘书长孙永章发言强调,整合学会资源,悬壶济世助力脱贫攻坚。

5. 湖南省科协党组书记、副主席刘小明发言,为科技助力精准脱贫贡献科技工作者的智慧和力量。

6. 李大用(四川省科协党组成员)发言,搭建七大平台,助力精准脱贫攻坚。

7. 吴瑞(福建省科协巡视员)说,要精准对接,闽宁科协携手推进科技助力精准扶贫。

8. 张建国(山西省吕梁市临县县委书记)强调科技助推产业,助力脱贫攻坚。

9. 高奇英(山西省吕梁市岚县县委书记)发言,支持科技优势助力精准扶贫。

10. 吴树兰(河南省扶贫办副巡视员、西王楼村第一书记)发言,扑下身子办实事,探索路子为脱贫。

11. 闫伟(中国热带农业科学院椰子研究所副研究员)就扶贫问题发言。

12. 肖深根(湖南农业大学中药资源与开发系教授)发言,扎根基层,深入开展科技助力精准扶贫。

13. 樊华(华中农业大学科协秘书长)发言,用真情压实科技扶贫责任,以实干铺就深山富路。

14. 李玉(吉林省汪清县绿山农作物种植协会)就扶贫问题发言。

15. 王安佼(甘肃省武威市古浪县科协主席)发言,探索农技协组团致富路,科技助力精准扶贫显成效。

听了一天的发言都很精彩,内容很丰富,经验很实用,我还认识了两个县委书记,一个是山西省吕梁市岚县县委书记——高奇英,她在会上发了言,讲科技支持,助力特色产业发展;科技帮扶,开创脱贫致富新路;科技兴岗,夯实扶贫攻坚基础。她讲得很实,可推广,很好。还有一个是山西省吕梁市临县县委书记张建国,他发言的内容是科技助推产业,助力脱贫攻坚。

我在会上发言的内容是"扑下身子干实事,探索路子为脱贫"。得到了会上一阵阵的掌声,从掌声中我知道我得到了大家认可,反映很好。发言后国家科协束为书记专门过来同我握手。吕梁岚县县委书记来这同我交谈,并认真看我的书。

2017年9月7日　星期四　晴　安顺

参观安顺市的科技扶贫点

今天上午8点20分钟出发,参观了几个点:

一、参观学习天龙镇天龙村蔬菜种植协会。主要看他们科技协会实验基地种的玉米,实验的豆角,还到协会尝了他们的产品。玉米、黄瓜长得很好,我很久没吃过黄瓜了,看黄瓜新鲜,就吃了两根。一看到农民种的蔬菜,心里就亲切,吃起来就特别香甜。

二、参观安顺市西秀区七眼桥镇唐约村。这是个美丽乡村,做得特别好,从规划、设计到建设,都非常完美。设计特别高档,如村里的展馆,全是用石头砌的,很美,展馆主要是奋斗史、发展史,还搜集了一些破旧的用品,石磨、纱车、旧家具,很有家乡的味道,看了以后我很有感触,回村也把这些东西搜集起来,给村子搞一个文化馆,把旅游搞起来。唐约村能搞起来,大吴庄为什么就搞不起来?

三、观摩学习了七眼桥镇孙家庄村养殖技术协会养鸡场。中午在养鸡场附近吃饭,环境很美,有山、有草、有树,在这个地方吃饭,吃得很好,有乡愁的味道,很有特色。

四、参观江龙镇生态黑茶种植加工厂,学习了造茶工艺流程。临走时,厂子送我们一人一提黑茶,很快被收回去了(这领导做得很对)。这个黑茶厂已搞10年了,才发展起来,做实业真不易。

五、参观双堡镇柳江畜禽养殖科普示范基地。这个场是在山上建立的,一个大鸡场300只鸡,定期清一次鸡蛋,都是自然的。他们的这种模式申请了专利,并建立了院士工作站。由于该草养鸡技术好,一个鸡蛋卖到6元钱。老板是河南鹤壁淇县许总,他来贵阳发展,真有眼光。

今天参观学习后有4点体会:

1. 贵州科协工作做得真好,点都做得很好很实。

2. 只有科技才能使产业做得好,走得远,能盈利。

3. 机制好,他们在做事做企业时,都把贫困农民的利益放到第一位,让贫困农民得到了实惠。

4. 回去以后,我要很好地搞试点。特别是唐约村的路子可以走。

2017 年 9 月 8 日　星期五　阴　郑州

今天从贵州回郑州

今天回郑州,因为买的是下午的飞机票,上午 9 点钟就去机场了,在飞机场两个多小时。没事,就写了这段扶贫之感:

全国人民,齐奔小康。扶贫攻艰,无上荣光。
中原腹地,天下粮仓。推进改革,勇于担当。
攻坚克难,血气方刚。攻城拔寨,旗帜飘扬。
军令如山,号角吹响。精准识别,措施得当。
精准扶贫,寻觅良方。产业扶贫,金融相帮。
教育扶贫,知识力量。医疗扶贫,治疾扶康。
交通扶贫,道路通畅。就业扶贫,技术吃香。
文化扶贫,信心至上。林业扶贫,生态保障。
搬迁扶贫,改善住房。兜底扶贫,政府全扛。
摘掉穷帽,播种希望。消灭贫困,提升质量。
泱泱大国,屹立东方。悠悠文明,大放光芒。
携手共进,志圆梦想。锦绣中华,再谱华章。
看我中华,激情荡漾。听我心声,为国争光。
为我人民,全面小康。惠我百姓,万代流芳。

2017 年 9 月 9 日　星期六　晴　郑州

给母校领导的一封信

喜闻母校 60 周年校庆,很是高兴。在校读书时,老师对我的关心、培养、教育以及他们高尚的品德和务实创新对我的影响太大了,使我学到了很多的知识、思维方式、经验和做事做人的本领。母校像一座威武的大山,老师像一棵大树,时时为我们学生遮荫。蔡慧芝老师的严谨教学,高如东老师爱生如子的品德,洪元忠老师的方剂,陈学敏老师的辨证施治,张晓根老师的精湛学术,荆所义老师的辩证法,王建昌、张志沫老师的带生实践经验,阴天榜校长的好学,李伯林、林文忠、李玲君的精彩讲课让我记忆犹新。他们不但教给了我知识,而且教会了我做事做人。3年的学生生活,对我的改变和影响之大,记忆之深是终身难忘的,也是终身受益。我爱我的母校,爱我的老师,爱学校里的一草一木。这些特殊的爱,成了我参加工作后加倍努力的动力和源泉。母校的关爱之情,教育之情,都让我终身不能忘怀。

毕业7年之后,在牛佼生书记的关怀下,我又回到了学校工作。先是在校长办公室,在校长阴天榜领导下工作,同王建昌、苗维进、弓延生同事,1993年又到计财处工作,与李可书、王亚平、杨国正等一起工作,他们对我的帮助很大。当时我还担任行政支部的书记(同人事处、办公室、保卫处一个支部),当时的人事处处长翁全昌、保卫处处长胡迎利、办公室主任王忠义和王建昌对我帮助也很大,我们每次活动都能在全国拿奖。

正是在我任党支部书记的时候,我接触牛佼生书记时间越来越多,对他的认识也越来越深刻,牛书记是个非常优秀的领导,为人厚道、正派、人格魅力很强,我们遇到什么难事、苦事,不好解决的事都找他汇报、诉说,他总能给我们提出建议。他像一位父亲又严厉又慈爱,跟着他我学到了许多做人的道理,现在的一些方法都是从他那里学来的。阴天榜是一个可尊可敬的长者,他把该校办成了全国农牧改革试点,得到了国家教委的大力支持,他的讲学经验在全国推广,他很廉洁,是我终生的榜样。

尊敬的校领导:

我在学院上学和工作加在一起快10年的时间,那正是我青春年少时期。母校教会了我做人做事,对我的人生起了决定性的作用。我很感激母校,敬仰老师,也有深刻的记忆和感动。

学校在你们的领导下,不但升为本科院校,而且在校学生达到5万。门类齐全,面积之大(3个校区),老师之优秀,成为河南重点大学之一,培养出了一批又一批的优秀实用人才。我为母校高兴,为母校自豪,为母校祝福,祝学校越办越好,办出特色,办出一流,祝老师身体健康!

我一直以来都是个普通的公务员,没有什么积蓄,为表达对母校60周年的生日,我和全家尽微薄之力捐6万元人民币,《进山日记》和《驻村日记》各100本,作为对学校的一点心意,钱献给老教师,书献给学生。

祝母校60周年大庆成功!

2017 年 9 月 10 日　星期日　晴　郑州

今天是教师节

　　今年的教师节,中央电视台做了一期《好大的一棵树》节目。其中有对国家做出突出贡献的老师(河南农业大学郭天才在现场录制),有成绩非凡的毕业学生(如上海音乐学院毕业的音乐家),也有贫困地区的孩子,10 位美丽教师等等。内容非常丰富,充分歌颂了老师的丰功伟绩。每到教师节,我都会想起我的小学老师吴树峰,他是我学习路上的领路人。因为家境贫困,在小学时我辍了学,是吴老师一次次到我们家做父母的工作才让我再次上学的。到后来我养牛他帮助我写东西。我驻村,他帮助我出简报。我出书他帮助我修改稿子。我有病了,他去看我……现在他去了,我无限怀念他。亚当·斯密讲"老师的作用是无限大的,无法估量,但它对人的影响是永远的"。在我人生中,有许许多多的好老师,如中学时期的孙立老师(已故,语文)、数学王老师、英语梅老师、韩成修、大学老师陈学敏、高如东、洪元中、蔡慧芝、钟鸣久、张晓根等,至今都对我影响深刻。今天是教师节,祝老师身体健康,我会永久记着你们的恩德。祝全世界的老师都生活得越来越好。你们所传授的知识会使全世界人才越来越多,科技越来越进步,给人类带来很多福音。

　　晚上去河南农业大学了,在外甥女家吃饭。她刚分了房子,很好!

2017 年 9 月 11 日　星期一　晴　宁陵

在宁陵县讲课

　　上次跟着李英杰副主席一起来宁陵县看他的点,马昕是这里的县长,时存良的好朋友,我想帮他一把,所以就打算给他讲一课。因为是吴院长来接科研课题,所以我给该县讲课,吴院长带学生调研。今天1500人参加,等于一个三级干部会议。虽然人多,但效果一般,因为走了一部分。我讲了两个小时,讲课要看对象,要有针对性,主要讲责任心,对贫困农民态度,怎么脱贫等,要掌握好,就控制在两个小时内。

　　宁陵县是建县2000多年的一个县。全省这样的县很少,产张弓酒、宁陵梨和垛子肉,是一个典型的农业大县。过去我来得不多,到柘城县多一点,准备在这个县搞一个扶贫模式的战略性研究,总结一下这里的经验,抽出一些规律性的东西。交给农业大学搞,我很放心,因为吴老师很有经验。他是博士生导师,原来领导一个学院。

最近几个月太忙了。身体有点吃不消,经常背疼,让爱人和孩子知道又会不愿意了。我准备给131个县讲一遍,让扶贫干部掌握更多的方法。

2017年9月12日　星期二　晴　方城

在方城给扶贫干部讲课

我和课题组成员、河南农业大学经济学院吴院长一起来方城。他去调研课题的事,我给300多名干部讲课。今天因为都是扶贫干部,讲课比较放得开。一是讲为什么搞精准扶贫;二是讲怎样把贫困农民真正作为脱贫的主体;三是怎样千方百计地发展经济;四是怎样依靠群众选好村干部;五是怎样落实责任制;六是怎样敢于直面矛盾,处理上访问题。讲了近3个小时,大家都反映很好。还讲到截至今天讲了近30次课,听课的近万人次,每次都满堂,如新蔡县、确山县、嵩县、宜阳县、封丘县、范县、台前县、宁陵县、郏县、淅川县、石龙区、召陵区、漯河市及河南农业大学、国家行政学院等,时间长的3个小时,时间短的两个小时,最多1500多人,最少300多人,堂堂会场人员很多,听得很认真。特别是在安阳税务系统和省交通厅讲,20多次掌声满堂,我也有成就感。虽然每次都很累,但我很高兴。自己这么多年经验,总算传给扶贫工作者了。

2017年9月13日　星期三　晴　郑州

赶回省扶贫办开会

上午从方城赶回来,参加主任办公会,主要研究业务上的几个问题。一个是"百日扶贫大会战"问题,王炯书记提出的;一个是如何制定深度贫困县的优惠政策问题;一个是扶贫信息问题。一直研究到晚上7点钟。

2017年9月14日　星期四　晴　郑州

参加对郑永和书记提案的答复会

由于郭奎立副主任有事,我参加了国家扶贫办社会扶贫司李荣副司长来河南答复郑书记的会议。

郑永和是全国人大代表，原郑州大学党委书记，现在是同创中心的主任。去年他提出了搭建社会平台，加强信息扶贫和充分调动社会力量参加扶贫的建议，引起了国家的高度重视，现在进行了答复。由我和李洪军接待。参加的有郑永和的研究团队，还有郑广建和孟博士。

先由李荣司长说明来意，再由郑书记对提案说明，再由省财政厅、民政厅、金融办、工商联解答此问题，再由李荣说明问题，这个提案是在同创学院调查研究的基础上进行的。

这个会议使我学到了两点：第一，有问题要进行调研，通过人大代表提案，比较能引起重视。第二，退休以后可以做点力所能及的工作，郑书记搞的同创中心对我很有教育意义。

晚上我给小郑布置了两项任务：一是写一篇调查报告（黄河滩区的调查报告），一是养老扶贫战略模式的研究报告（10月7日用），让他抓紧拿出来。

2017年9月15日　星期五　阴　青岛

青岛真美

青岛以海为特点，以景为美。在市内有栈桥小声岛（琴岛）、鲁迅公园、海产博物馆、天王教圣弥爱尔大教堂、江苏路基督教堂、迎宾馆总督府、五四广场、海军博物馆、石老人度假村、湛山寺天后宫、电视塔、小鱼山青岛海底世界公园、海滨雕塑园、八大关峡、崂山风景区等。青岛，我2019年参加第一书记培训来过一次，参观了青岛啤酒厂。这次是疗养，一是好好休息一下，二是学习福建（13个劳模）、浙江（31个劳模）很好的经验，同时和河南省的劳模接触一下，起到一个相互学习、相互认识、交流经验的作用。现在不学习不行，不向外界学习也不行。向不同的人学习，向不同的省份学习，向不同行业的优秀人员学习，吸取别人之长，补自己之不足。

像这次来的徐晓（女），才44岁，就成了上市公司的老总；新蔡电业局的梁前进，参加工作30多年了，只拿2000多元钱，但工作很敬业；李明（空空导弹研究院的），只有46岁，11年前就是"全国五一"奖章获得者了；杨小春是开封禹王台区汪屯乡苍楼村党支部书记，2000年全国劳模，当年只有32岁；魏红梅是平顶山一家煤矿公司退管办副主任，当全国劳模也只有39岁……都很年轻呀，真不易啊！他们身上有很多的经验，我要好好地学习。

2017年9月16日　星期六　晴　青岛

在青岛疗养

　　昨天到青岛,心脏病犯了。今天看过医生后,吃点药,上午在住室睡了一个上午,到中午吃饭时间才起来,心里很沉闷。下午去了海边看了看。

　　八大关,位于青岛市南区海滨,是首批中国历史文化名街。西到第一海滨浴场,东到第三海滨浴场,包括超过8条以"关"命名的街道,即韶关路、嘉峪关路、函谷关路、正阳关路、临淮关路、宁武关路、紫荆关路、居庸关路,还有武胜关路、山海关路。各条马路纵横交错,形成一个方圆数里的风景区,其间,布满了众多的欧式古典建筑,少数建于德国殖民统治时期(1897—1914),绝大多数兴建于20世纪30年代。八大关路最能体现青岛"红瓦绿树,碧海蓝天"的特点风景区,故有"万国建筑博览会"之称。

　　这里集中了俄、英、法、德、美、丹麦、希腊、西班牙、瑞士、日本等20多个国家的各式建筑风格。西部是线条明快的美国式建筑"东海饭店",靠近第二海水浴场,是新中国成立后新建的风景小礼堂,采用青岛特产的花岗岩建造,再加上一幢幢别具匠心的小别墅,使八大关有了"万园建筑博览会"的美誉。所以,对古建筑一定要保留。我们西王楼也有一些古建筑,应保存好。

2017年9月17日　星期日　晴　青岛

听取全国经济形势报告会

　　今天由青岛的党校老师讲全国经济形势,讲伟大的梦想。

　　上午会后我和吕庆(省工会劳模管理部)一起去青岛书屋。这个书屋很有创意,一进门就感觉很温馨,进门有很多从来没看过的书,每本书都放得错落有致,我还专门买了一个文件本和一个杯子。

　　我们又去二楼看了书箱。二楼一进门有许许多多参观的人亲手写的留言。我和吕庆看了很多书,吕庆还拍了许多的照片。

　　随后我们又看了青岛的老房子,我们坐在院子里静静地看美丽的小洋楼,静静地拍照。微风拂面,花草满院香,我们俩就在那个小院里坐坐,整整坐了1个小时。这个时候感到疗养真好,静养静修,除去了很多烦恼。前两天我生病了,心里很沉,经现在这么一看书一静坐,不但心里的烦躁没有了,而且胸闷也没有了。再感受着青岛的风,青岛的凉,青岛的美,青岛的海,件件都很美。我的心也舒畅了,吃吃饭,我们回宾馆都下午1点多了。

下午我们又去听课了。这儿离繁忙的工作远,我很快就退休了,要慢慢适应这种生活。

2017年9月18日　星期一　晴　青岛

大姜价格上涨

去年10月15日,我们村子里筹集点钱来安丘买大姜。当时场面非常壮观,来了50多名贫困户。农民们干劲儿十足,结果收了4天就不干了。因为大姜价格升高,大家心里没底了,才紧急停下,我们也只得收工。当时收的是1.84元,现在涨到了2元多。我们急着买,但不知为什么满如新一点都不急,他一直说等一等,等一等。还等什么？我不知道,但这一次一定要买了,落地为安,就是这个道理,买了才心里安生踏实。我已买了9月20日去潍坊的火车票,督促满如新把大姜买了。

上午参加劳模团的活动,看了栈桥。青岛栈桥俗称前海栈桥,长440米,宽10米,是青岛的象征,可见青岛新月型的城市轮廓,回澜阁熠熠生辉。海岛灯塔1900年由德国人建造,至今已有100多年历史,是国家重点文物保护单位。护塔人王炳交,荣获有二十多项发明奖,成立了全国首座灯塔博物馆,弘扬了灯塔文化。他和草原站长第一人(徐站长)一样,做了一辈子,坚持了一辈子,并有许多的创新,真让人敬佩万分。

下午我还看了海洋馆,真好!

2017年9月19日　星期二　晴　青岛

青岛的"二哥""大老婆"及"砸冰箱"

在青岛疗养了5天,知道了青岛的不少典故和和情况:

1."二哥":对男人称"二哥"是特别尊敬的意思。因孔子和武松都是老二,一个是圣人,一个是武侠,所以能被称"二哥"说明这人不简单。

2."大老婆":指自己娶的心爱的老婆叫"大老婆"。

3."砸冰箱":海尔集团首席执行官张瑞敏,砸76台有缺陷的冰箱,有一部电影叫《首席执行官》,拍的就是他。他说人和人不一样,有些人能胸怀博大,能装下大海,藏下大山。有些人小肚鸡肠,一点小事都装不下,有多大胸怀的人就能做多大的事。我很佩服这样的人。

4. 青岛的发展。1897年德国人进入中国并占领了青岛港口,随后被日本人占领,1945年才归还中国。

5. 王炳交:青岛海标处护塔站长。在护塔这个岗位上干了40年,只有小学文化程度,但改革创新二十多项技术,并建立了灯塔博物馆,是2005年的全国劳动模范,他说当"劳模"不算什么,关键得改革创新,创新才有出路。这句话说得太好了。

6. 全国职工疗养院,服务很周到。比如有劳模过生日的给劳模过生日,还给劳模体检并解答问题,还帮助组织晚会。真好!

2017年9月20日　星期三　晴　青岛

青岛给我留下的印象

青岛900多万人口,三面环海,是全国著名的港口城市,是全国的帆船基地。我们去那里看了,我还在大海里照了相。青岛港,建于1892年,有100多年历史了,是国家特大港口,与130多个国家、450多个港口有贸易往来,现有职工16000多人。据称世界上有多大的船舶,青岛就有多大的码头。栈桥,440米长,10米宽,是青岛的象征。青岛规划展览馆1500平方米,360°看景色,很好!奥林匹克帆船中心,2008年第29届奥运会和13届残奥会帆船比赛在此进行,总用地面积45公顷。

青岛很卫生,很干净,有很多海产品,是从一个小渔村发展起来的,年产值1万亿元,是一座美丽的城市。在青岛5天,把病调养过来了。来的时候心脏病犯了,经过几天调理,好多了,所以还是要放松。

2017年9月21日　星期四　晴

在盛达大姜市场调研

从青岛回来到潍坊,我和满如新、吉新华、王泷圣一起会合来潍坊看大姜。在青州盛达大姜市场上,看到许多姜农、姜贩都在捡大姜、洗大姜、买大姜、卖大姜。我们早上5点钟起来,6点钟到大姜市场,人来人往,一个大姜市场上有1000多人,有几百辆车大姜。他们主要是卖去年的大姜和水洗生姜。我们问了十几个姜农,价格都在4.2—4.7元一斤左右,比昨天低1.2元钱,大部分的姜农讲,价格比昨天低1.2元,现在急着卖了腾空房,接着装下一轮的姜,价格低也要卖。看了市场,我们又去田地里看姜。地里的大姜由于前段水淹,可能死了不少,缺了20%。听小王讲,今年的姜有几种情况导致减少。第一,多种的面积与减少的面积基本持平。第二,水灾的面积能达到20%。第三,少贮的面积能占15%左右。第四,大姜不能从国外进口中国,只能自己生产。第五,吃姜的人量大。总之,2017年姜的种植面积减少是定局,这一段价格低是正常的,下一步还会上涨,春节前应是卖姜最好的时候,同时鲜姜必须储存一段才能卖,造成今年大姜面积减少价格增高。从10年前姜的价格看,西王楼的大姜不赔钱,但也赚不了多少钱。不管怎么说没有赔钱,也算我对村子有个交代了。让村干部抓紧把姜卖完这个事就算结了。

2017年9月22日　星期五　晴

见到了新闻写作家平萍

平萍是河南日报社新闻处的处长。她跟过4任省委书记写新闻(李克强、徐光春、卢展工、郭庚茂),写了上千万字的新闻稿件。现在因为丈夫当上了报业集团的总编,自己不得不调出来。开始说到光明日报社,最终去了省委宣传部。我见到她时,很憔悴,并说自己得了梅尼尔综合征、肩周炎等多种疾病,并说自己现在一遇到什么问题就激动,就流泪,不能劳累,不能生气,不能急躁。我俩越说越多,一直谈到晚上下班。她的孩子现在上了大一,出了国,孩子对她很理解。她是因为写《吴树兰回村记》,让我对她很敬佩。她的文笔很犀利,为人很低调,内在素质很高,是一个非常出色的女文学家。特别是在做人方面,我应当很好地向她学习。

我们俩谈到一个共同的问题,即社会进步都是"傻子"推动的,不计报酬,不讲名利,埋头苦干,只为社会创造价值,不为自己考虑。是呀,社会上总有一批推动社会进步的"傻子"不停地努力,不停地奋斗,不停地奉献,不停地创新、革新、毫无私心地为别人服务。要甘当革命的"傻子"!很多人说我是"傻子",平萍那么聪明的人也当起"傻子"了,所以我这个愚人更应当当"傻子"了!

2017年9月23日　星期六　晴

听取别人的批评

昨天我坐出租车,司机看我打电话,批评了我两句。一是说我太高调了,说话像个大老板,一点都不谦虚;二是说魏超没有礼貌,没说清把人拉到什么地方。我有时候不够低调,不能做到可亲可爱,有时候也不能听别人把话说完,显得很没水准,不能像平萍那样,对谁说话都细声慢语,对什么事都不动声色。由于自己不谦虚,最近也经常同家人发怒,这样不但伤了自己,而且也深深地伤了家人。通过今天司机的批评,自己一定加强学习,提高修养,做一个对社会和家庭都和蔼可亲的人。

早上出去散步,看到了组织部原副部长杨德功去买菜。人家一个那么大的领导,都能以那么低的姿态为家人服务,自己还有什么说的呢?今后一定好好改正自己的毛病和缺点,做一个可亲可爱的人!

2017年9月24日　星期日　晴

山西吕梁人真热情

安阳召开全省产业化扶贫现场会,让我来山西吕梁参加全国扶贫现场会。是何亮陪我来的,一路上十分辛苦,坐G686次列车到太原。从中午12点55分到下午5点20分,坐了近5个小时的火车,下了火车又坐了两个小时的汽车,到吕梁宾馆就晚上8点多了,很累很累。

但让我感动的是,吕梁市专门派经贸委的牛同志到火车站接我们。由于堵车,他怕我们等急了,就把车停在火车站旁,步行到火车站广场接我们。到了吕梁已不早了,没想到市领导都在宾馆大厅等我们。副市长不但把我们送到房间,还陪我们吃晚饭。那么晚了他还一直等着陪我们吃晚饭,真让我们感动呀!牛同志还陪我们在河边散步,我开了一辈子的会,没有哪一次会议能有这一次感受深刻,感到的温暖多。真是有到家的温暖,有一种亲人的无微不至的关怀,人文关怀是什么宣传都起不到的作用。吕梁人真好!

吕梁不但人好,而且环境也特别优美。一进吕梁市,有山有水有大树。一座大山立在城北边,再往前走是一条大河。水哗啦啦地流,河旁边是绿树成荫的大叶女贞、广玉兰树等。参天的大树,透着新鲜空气,负氧离子很高,对我这患有心脏病的人来说,新鲜空气比什么都好。无限亲热的人情味,深深地感到吕梁是个好地方。听说武则天、于成龙、刘胡兰等许多人物都出自这个地方。前不久国家主席习近平刚到这里来过,这个地方林业扶贫搞得真好。我第一次到这里,要好好学习这里的经验。

2017 年 9 月 25 日　星期一　晴

参加全国林业扶贫现场观摩会

这次全国林业扶贫现场观摩会在吕梁举办,我和何亮及省林业厅李厅长、孔处长参加。国家林业局局长、党组书记张建龙,国务院扶贫办主任刘永富,山西省副省长郭迎光,吕梁市委书记李正印以及全国 31 个省林业厅及扶贫办领导等 200 多人参会。上午一是看了山西省林业厅生态林业的专题片。二是山西省副省长郭迎光讲话。当地每亩给种树贫困户补助 500 元,投资 18 个亿推动造林事业的发展。全省 3500 多个专业合作社,2017 年森林覆盖率为 14.2%。三是典型发言。第一,山西省林业厅发言,生态扶贫精准发力,增绿增收,互促双赢。第二,山西扶贫办发言。第三,吕梁市委、市政府相关工作人员发言,全面推进合作社造林,实现增绿和增收双赢。第四,岚县县委工作人员发言。四是领导讲话,国家林业局领导张建龙讲话,国务院扶贫办主任刘永富讲话。下午参观学习了 2 个观摩点:

1. 15 点 15 分观摩柳林县龙门坦核桃经济林管理合作社与森林防护扶贫工程。

2. 16 点 40 分看造林专业合作社综合治理工程。

今天听了一天的报告,典型发言,观摩了现场,听得多,看得好,受益大。一是这次来吕梁开全国林业扶贫现场观摩会,又学到了扶贫的长远规划和长远发展问题。二是看到了刘永富主任,谈了自己的想法。三是给岚县和临县的两位县委书记(老朋友)送了书。四是认识了国务院扶贫办李志勇部长和省林业厅李厅长。五是认识了扶贫上的新人,很好!

2017 年 9 月 26 日　星期二　晴

"一个战场,两个战役",提得实在好

在山西吕梁开会,他们提出扶贫工作是"一个战场,两个战役"。这个提法站位很高,一下子就把扶贫和生态结合起来了。一结合农民也增收了,绿化也搞

起来了。

山西省 22 个省定贫困县,144.2 万贫困人口,贫困发生率为 5.94%,提出生态优先,结合设施扶贫是重要路径。陡坡耕地退下来,荒山荒坡绿起来,山庄窝铺搬出来,优秀产业亮起来。实行五大林业收入,退耕还林每亩资助 1500 元,增加贫困农民转移性收入,荒山造林每亩补 8000 元。森林管理人员年均收入 6700 元,增加工资性收入,经济林提质增效,亩均增产 30%,产均收入 500 元,增加经营性收入。耕地林地流转,合作社入股,增加财产性收入。改革,改招标为议标,由原来企业干改为农民合作社干,60% 贫困农民参加,全省成立了 2926 个合作社,吸纳贫困劳动力 6.2 万人。这个办法强化了农民这个主体。

突出了绿水青山就是金山银山,大力植树造林。山西吕梁是黄土高坡,只有绿化才能解决他们的根本问题。吕梁全市有荒林荒山荒坡 330 万亩,2017 年造林 70 万亩,剩 260 万亩两年全部完成。岚县建档立卡贫困人口 31776 人,是典型的生态脆弱县和经济落后县,全县有 3.8 亿株优质树苗滞销和大量的建档立卡贫困人口需要就业。基于这两种压力,提出了把荒山治理作为扶贫主战场,把贫困劳动力变成林业工人,就地消化滞销苗木,生态建设与扶贫攻坚紧密结合的新模式。这个材料很好,可学习、可操作、可复制。

会上有 4 个典型发言,每个发言只有 3 页多,都很好。领导讲话也很好,并提出了下一步工作要求:

1. 坚持标准完成任务。

2. 坚持基本方略,夯实精准基础。

3. 坚持落实出台深度扶贫。

4. 防止形式主义。

5. 坚持从严考核,倒逼真抓实干。

6. 坚持宣传总结推广经验。生态非常重要,抓紧抓好,多种树,推广山西林业扶贫经验。

国家林业局张建龙局长讲话:

1. 山西经验很好,站位很高,一个战场,两个战役。

2. 改招标为议标这个办法好。

3. 以贫困人口为主体,千方百计增加贫困农民收入。

林业上的同志要知难而上,抓好改革。林业上的同志要把工作结合到扶贫上,这样才有发展。

张局长还从三个方面讲了扶贫工作:

一是深入贯彻习近平总书记关于扶贫发展重要思想,切实抓好林业扶贫工作。

二是林业扶贫工作取得积极进展。

三是以更大力度推进深度贫困地区林业扶贫工作。

张建龙局长讲话很有水平,站位很高,很接地气。

总之,这次会议学到许多东西。亲耳听了领导讲话,亲眼看了山西吕梁经验,亲自感受到了吕梁革命老区干部工作认真负责的态度和人民群众积极向上的精神。真值、真好,感谢郭奎立让我替他开会并学习到了这么好的山西经验。

2017 年 9 月 27 日　星期三　晴

文化产业的威力

这次来吕梁开会,感受最深的有3点:一是人好;二是项目好;三是文化产业做得好。特别是文化产业,吕梁做得最好。在吕梁,不论到哪个地方,都能看到吕梁的扶贫工作,坐在车上能听到吕梁扶贫的唱曲和录音,在吃饭时能听到吕梁扶贫的特色及领导的关注,在群众当中又能看到农民干扶贫的成效。更让人震惊的是平遥古城的旅游文化节带来的震撼和收入。平遥一年接待游客9000万人次,门票一年收入117亿元。《又见平遥》一张门票230元,你可以看到文化收入有多大呀!河南是文化大省,这个事一直没有做好。一个省做不好的事,一个市、一个县、一个乡可以做好,一个乡做不好的一个村可做好。我们一定要学习吕梁精神,把文化产业做起来,做大、做强、做好。

吕梁的文化产业能做这么好,真是没有想到呀,看来革命老区的工作与求精的精神是很值得我们学习的。等我退休了,坐下来好好写一部扶贫的剧本,把人民和基层干部的精神留下来。

我对文化产业有点感觉,有点认识,一直想去把文化产业做起来。这次一来吕梁,认识更加深刻。

2017 年 9 月 28 日　星期四　晴

参观乔家大院

从吕梁开会回来,我顺道看了乔家大院,看后有3点启发:

1."晋商文化"给山西带来很大的发展。山西人是真正的黄土高坡人,由于地域问题,人都大声说话,由于山离得远,借喊话传递信息,因此歌唱家多。山穷路远,形成了人特别能吃苦,特别讲信誉的品质。乔家第3代发展到顶峰,第3

代败落,第 7 代拍下了《乔家大院》,影响了全世界电影界。

2.任何事情,只有一代一代坚持做下去,才能做强做大。乔家大院就是由于第 7 代后人乔乐燕做了文化产业,才让文化产业发扬光大了自己的家族。前不久我去了华西村,三代人才发展一个"天下第一村"。子贵父荣的道理是最简单和最深刻的,也是最长久的。血脉传承是最好的传承方法,所以要大力培养后代。

3.乔家大院从兴到衰经历了百年,除自身原因外,就是国家的变故。因为国家成立了银行,他们票兑才退出历史舞台。所以一个人的命运同国家利益紧密相连,一个人不管干什么,要先考虑国家利益,再考虑家庭和个人利益。

2017 年 9 月 29 日　　星期五　　晴

研究了一天的科研项目

上午研究了黄河滩区扶贫搬迁的项目。从上午 9 点一直到中午 12 点,很紧张。每次都觉得课题组做得不好,他们人少任务重,工作不投入。但院领导十分重视,特别是乔鹏程副院长,每次都尽心尽力。省财政厅给了 50 万元,最近准备向翁省长要一点钱,如果能再给 100 万元就能做得更好了。下午同吴一平(河南农业大学)一起讨论了扶贫模式的战略性研究,从内容、任务、时间要求、目标等方面又进行了研究,很好。

现在两个科研项目越来越有进展了。很好,虽然自己忙一点,但很有成效。现在没有别的想法,就只有干好工作了。

离退休越来越近了,抓紧把最后的一点事做好做实,做出成效,给单位多帮忙,少添乱,多干少说。等到明年两个科研项目搞好了,申报了成果,我就有一个结论了。

现在孩子越来越懂事,对我也都很好。我除了工作,就是照顾好自己了。

2017 年 9 月 30 日　　星期六　　晴

出差到正阳

我和闫玉良(省扶贫办机关)一起来正阳了。因为刘艳丽书记(正阳县)让我给他们讲一课。刘书记多次要求让我来给他们讲一次扶贫课。怎样讲,讲什么,对谁讲,都是我要写的。下午 2 点我就到了,见了抓扶贫的县长后,就开始写东西,一直到晚上7点钟,写明天讲课的内容。每次讲课,我都要写稿。

今晚吃过饭,我和正阳县扶贫办的柳文俞主任去散步。我们俩把正阳新城和老城都转了一转。广场很大,但没有内容,城市还是比较干净的。我们走的时候,他谈了三件事。

一是他是抽调来的,原来属公务员队伍,现在这个单位是事业单位。一调身份就变了,一变成事业单位身份就变不回来了,所以不能变。

二是他还是有理想,想把工作干好的。能有机会参加到这个大的战役当中,自己也很幸运。

三是虽然现在自己只有每月2000多元,但人不能只为钱活着。

他虽是小小的科员,大学毕业很多年在基层工作。他那么有理想,这样的人才值得被尊敬。

2017年10月1日　星期日　雨

在正阳讲课

面对扶贫干部怎么讲"知难而上,打好脱贫攻坚战"?

一是要讲走群众路线问题;

二是要讲加强基层组织建设;

三是要讲发展经济,让群众的腰包鼓起来;

四是正阳是怎样发展的;

五是几点体会。

今天早上去正阳的菜市场看一看,莲藕1.5元一斤,韭菜2元一斤,柴鸡15元一斤,肉鸡12元一斤,鸡蛋4.7—5元一斤,鱼6元一斤,整个菜市场价格平衡,同我所在村子情况一样。

上午在正阳300人的报告会上讲了"知难而上,打赢脱贫攻坚战"的课程,从为什么要精准脱贫,怎样走好群众路线,把群众当作真正的脱贫主体,正阳县应当怎么搞,讲了两个小时,会场纪律很好,听得很专心。一堂课下来鼓掌50多次,给我鼓励很大。

下午参观了奶牛场、花生中心和省供销社的点。

没有想到刘艳丽这么有能力。她不但把君乐宝引进正阳,还搞起了一个花生之都,农业部部长韩长赋也来过此县,真是女中豪杰呀!比着她,我做的事太小了。

2017年10月2日　星期一　雨

家乡人民真是太热情了

昨夜我从正阳到新蔡。上午同家人一起吃个饭,下午去薛荣儿子驻的时寨村看一看。他儿子当兵回来,在时寨村当了党支部书记。一个26岁的孩子当上了一个5000多人的村支部书记,很好。本来我们只是去看看他,没想到县委常委、宣传部李部长在龙口镇任党委书记。我们一去他们就在时寨村等着我们,看了他给时寨准备建设的新村部,又随着我们去了村部,召开了座谈会。我们给他们请了优秀党支部书记马豹子(感动中原"三农"人物),会结束后我们去了孙召镇政府。本来只是去看看,没想到镇党委书记水世福组织了全镇的第一书记和村党支部吴树声书记都在等着我见一次面。这时已是晚上6点多了,县委书记王绍军,副书记于晓征等都在等着请我吃饭。可孙召镇政府这边还有几十个人在等着我,此时我激励、感动,心里涌动,家乡人真是热情呀,这么多人在不同的地点等着我。他们在"十一"的长假里,不休息,不放假,在加班加点地工作、奋斗,带领农民打好脱贫攻坚战,他们真是党的好干部,新蔡的好人民、好公仆。王绍军书记几个月没回家了,白天走村串户,夜里带着四大班子研究扶贫工作,不但把扶贫搞好了,而且把经济也发展起来了。看看他们,我们真应当更好地回报农民,帮助他们让他们更快地摆脱贫困,走上富裕的道路!

听取群众反馈意见

2017年10月3日　星期二　雨

雨下了4天，秋季丰收无望了

　　看着都要大丰收了，玉米长得很好，谷物长势喜人，花生也长得很大，可是老天天天下雨，一直下个不停。从9月30日一直下到今天，玉米的棒子都生芽了，看着就让人心疼。下雨下得玉米秆也打不了青贮，各个牛场羊场都是水汪汪的，牛圈里一片汪洋，羊圈里羊咩咩叫。妹夫魏华有几百头牛，愁得夜里睡不着觉，无奈昨天卖了40多头。花生都起不出来，烂在地里收不回来，收了也发了芽。见到亲戚个个都愁眉苦脸，说今年又没指望了。看到他们这样，我给二姨二舅各拿了500元。农民就靠着农业收入了，今年没有收入，日子就过得更苦了。我现在觉得今年的脱贫工作更难，让我安慰的是正阳、新蔡县委都动员干部为农民搞秋收，看到了官为民办事的好作风。

　　天灾，只要人齐就出不了大问题，党和人民团结在一起，什么困难都可以克服。

　　上午秦玉芝大姐请我们家人吃个饭，水书记和刘宏清、韩副书记也参加了。吃过饭我和弟弟带着母亲去驻马店，晚上我连夜赶回郑州了。回到家里，心情很不好。全省农民该怎么过日子呢？我由于比较累，洗洗澡就睡了。

2017年10月4日　星期三　雨

中秋节家里的气氛很浓

　　昨天夜里刚从驻马店回来，今天一天在家，婆家一家人都来了。一家人30多口，吃吃做做，非常热闹。他们姊妹几个召开家里的会，我去郑州市图书馆看了一个上午书，感觉特别好：一是进入图书馆的人大多数都是年轻人，很少有老年人；二是看书的人很安静，没有一点声音。满满一厅人，都在专心致志地看书写字。我认真看了《家庭健康》《乡愁》及《经济发展》，学习了很多东西，中午亲戚们在一块儿吃个饭，吃饭后大家又在一起说了创建文明家庭的事，大家都很积极。中间还插了一个小曲，因家里盖房子，林伟提出了让大家拿点钱的事，大家也一致给否定了，不同意在家盖房子。

　　今天有个体会，在图书馆看书真好：退休以后可有地方去了，到图书馆。读书可以使人净化心灵，读书可以提高自己的眼界，读书可以明事理，知天下，扩胸怀，干大事。所以读书是心灵的鸡汤，读书是精神食粮，读书是干好事业的基础，所以人要活到老学到老。向实践学习，向书本学习，向身边的人员学习，向新事物学习，向新技术新知识学习。一定要活到老，学到老。

2017 年 10 月 5 日　星期四　雨

今天在家干一天家务

今天下着大雨，什么地方也没去，就在家里干家务，一是洗一洗夏天的衣服，二是收拾一下入冬的衣服。正累得腰疼脚酸时，高鹏两口和高樊登两口来了，他们帮助我干一干，又同我说一说话。中午吴迪（侄子）来吃饭，大家在一起吃吃玩玩，很好。

今天专程给林伟的爱人姚佼青买了几件衣服。因为林伟盖房子，本来让大家给拿点钱，但因大家都很紧张，也一时拿不出钱，所以怕他心里不舒服，就帮助他爱人买几件衣服，他心里会平衡。解决矛盾，一是打破沉默，我出钱让大家舒服；二是自己要高风亮节，宁愿多吃亏，也要把矛盾解决好。多拿点钱、多出点力只要能把亲情维持好，比什么都重要。在家庭排行中，林浩老大，家又是农村的，我们帮助父母一个一个拉扯大弟弟妹妹，每人都成了家，立了业，现在每家都过得很好。今年中秋节大家都聚集到一块儿，本来高高兴兴的，但因盖房，大家各有各的情况，没有形成一致的意见，怕他们兄妹的感情出现什么，我就出来协调，最后大家和林伟都很高兴。

一场风波总算解决了。

2017 年 10 月 6 日　星期五　阴

今天召开一天的会

上午 9 点到 12 点，下午 3 点半到 6 点半召开主任办公会，研究上班后的几项工作。上午研究扶贫工作汇报和深度贫困县的制订办法，下午讨论 5 个办法及教育脱贫等 5 个专项方案落实情况督察巡查实施方案，和河南省 2017 年脱贫攻坚交叉检查工作。一直开了一天时间，讨论时大家都很认真。

今天的会议，有史秉锐、郭奎立、方天根、李长法、张金才、王新跃等人参加，下午除几个主任外，参加的人有申兰石、陈仁辉、周东旭等。

晚上同原人事处处长董远生在一起吃饭。董在扶贫办工作一辈子，现在退休了，单位没有一点温暖是不好的。我以个人名义请请他，并请了几个副主任和退休的两个基金会的领导,还有刘处长、李处长。

几天的假期,我每天都在忙忙碌碌。时间过得也很快,但时间没有集中起来用,所以没有办成大事。本来想利用这几天的时间写点东西,但没有搞成,有点浪费了。

2017年10月7日　星期六　雨

旅游真是能拉动经济发展

今年"十一"和中秋节,共8天假,到今天为止,已过了7天。从电视里知道,今年双节,出行7.2亿人次,收入3000多个亿,这个数字真是惊人呀,每天都报出旅游的人数和美好的景点,一方面可以看出中国人真是富了,一放假就出去玩了,说明大家现在能玩得起,有钱了;另一方面说明现在打造的旅游景点多了,大家想去美好的地方看一看。人都追求美丽的地方,美好的自然风光,美是人们的一个共同向往。

西王楼现在也能有一定收入了,这个地方一定能打造成一个很好的旅游景点。这两天我正看《青山绿水》(中央电视台的一个节目),全国各地都在推销旅游景点。乡村游是一个很好的经济增长项目。我退休以后,一定在一个村大力发展村级旅游,并把它做大做强。

现在我更加能体会到发展才是硬道理的深刻含义。一个家庭,一个单位,一个地方,乃至一个国家,不发展经济就强大不起来,没有钱很多事就做不成。所以在帮助贫困人口问题上,最为重要的是帮助他们发展经济,千方百计增加他们的收入。

2017年10月8日　星期日　雨

今天见到了中央电视台七套副总编季林

季林是驻马店上蔡人,从驻马店走出来的。他先在农民日报社,又到中央电视台七套节目。这次放假回来了,本来在正阳我们就说见面,但因他有事,我也有事就没坐在一起谈一谈。今天他回郑州了,给我打电话,我赶紧到宋庆龄基金酒店来看他。

我和季林认识是在2015年。我获"'三农'人物"时,当时河南电视台新农村频道张克宣台长极力把我推到全国去。在表彰会上我认识了他,他人好,热

情、仗义,还请我吃了饭。从此我们就成了很好的朋友,我从他身上学到了三点:

第一,热情、豪爽、朋友多。从2015年起,每年我都要去看看他。每一次去他那里都有很多朋友,如种西瓜的北京市的刘种(全国人大代表)、张青(西平人),四面八方,五湖四海,什么人都有。每次见了他都在他那里吃饭。他的人格魅力很强。

第二,他的能力很强,很大气。多么难的事,他一管理就解决了。如果他能当上大领导,一定会造福一方的。

第三,家乡观念很浓厚,很能帮忙。这次我向他推荐"'三农'人物"候选人马豹子,结果真评上了,为此马豹子还当上了全国人大代表,马豹子高兴得乐开了花。对基层同志一定要加强鼓励,让典型的正能量充分地发挥。

他这次来郑州让我知道了很多,一是知道了宋庆龄基金会在郑州那么有实力,办公楼、酒店都那么好。我在郑州工作快30年了,从来没有来过这个地方,也从来不知道宋庆龄基金会这么有经济实力,在郑州我从来没去过国贸大厦,也没住过五星级酒店,更没享受到什么美餐,在物质方面我真是太穷了,知道的太少了,实在感谢和季总的相见。他让我知道了很多,大开眼界。但我还是独善其身,愿意过清贫的生活,追求美好的精神世界。季总老乡也是一个很豪爽的人,我要学习他的正能量的东西。

8天假日过完了,我一天也没休息,过得充实而忙碌:一是看到了正阳、新蔡两个县的扶贫工作;二是看了母亲和亲戚;三是接待了客人和干了家务;四是到郑州市图书馆看了一天的书。就这样几天就没有了。

2017年10月9日　星期一　雨

参观河南牧业经济学院

上午,去看了河南牧业经济学院校史管理展览厅。由于来得早,地铁上的人不多,从家到单位两头走一走,将近1个小时。

在食堂吃饭时,碰到了史主任。他说自己上午参加常委会,下午开省长办公会,我一上午看文件,同郭主任谈谈话。

下午去河南牧业经济学院校史馆看了一下。很好,就是学校的发展史,看到了韩荫南校长、阴天榜校长,并看到了许多出名的校友的照片高高挂在墙上。校史馆存有我的一张照片,在正中间的下面,我觉得学校给自己挂在中间不合适,太显眼了。我给学校做的贡献太少了,学校给自己的荣誉和地位太高了,压力太大了。我当下就同罗校长说往下放一放。

退休了我一定多给学校办点事,让学校尽快发展起来。我还想设立一个个人基金,帮助贫困的孩子。到时候同家人商定,把房子卖一套来做这个事。现在需要帮助的人太多了。我应尽自己所能来帮助穷人办点实事。

2017 年 10 月 10 日　星期二　阴

到卢氏县搞深度扶贫地区调研

这次带着河南农业大学吴一平、河南牧业经济学院胡华峰(科研处副处长)一起来卢氏做两件事,一是调研深度扶贫地区的情况,二是对接河南扶贫模式的战略性研究。

卢氏是国家级贫困县,又地处崤山、熊耳山、伏牛山地区,还是深度贫困地区县,自然优美,人文环境很好。原来想换一个贫困村就是想换在卢氏,因后来单位接二连三换领导,没有实现愿望。这次在该县搞一个调研和扶贫模式的战略性研究,非常好,可以深入了解一下深度贫困区的实际情况。下午开了一个座谈会,思想很沉重,一是县教育局反映,全县还有 109 所学校教师配备不齐。还有贫困村没有医生。最基本的生存条件都没有,人怎样活呀?还有一些地方没有水,没有电,处在大山深处,群众是非常无奈的。我要尽快把这个情况反映上去,帮助解决这方面的实际问题。

2017 年 10 月 11 日　星期三　阴

到洛阳宜阳县调研

今天从卢氏县到宜阳,两个事情。一是对接承接科技项目的问题,二是试种构树的问题,这两个事都解决了,安书记很重视,专门听了汇报,当下安排这两个事的落实。因为天冷还下着雨,吃过中午饭我们就走了。

由于天突然冷下来,我的心脏病又对身子产生威胁,心里沉闷,隐隐作疼,经常有往上蹿着疼的问题。我没敢同单位领导讲,因为怕领导太重视了,不让工作了。又不敢同家人讲,怕家人关心我的身体,不让再出来了,只能自己一方面承受病痛折磨,一方面抓紧吃点药再工作。我想把两个课题的研究(黄河滩区的研究和河南扶贫模式研究)尽快出来成果,尽快完成任务,给贫困农民带来更多实际效果,也把这些年脱贫的规律性的东西准备出来,更报答翁杰明副省长、李恩东书记、王秋芳书记和焦云先这样一心一意支持和帮助我的人。把事情做成了,贫困农民就得实惠了。

2017 年 10 月 12 日　星期四　阴

接待大美实业的张胜勋董事长

今天去范县,有四项重要的任务:一是看一看王秋芳书记,二是参加大美公司投资 5.2 亿元项目的动工剪彩典礼,三是看一看我驻的村子大陈庄镇胡屯村,四是安排种桑树的试点。

上午去中医二附院找老专家李鲤给自己看看病。今天用"三农"杂志社的车,去机场接张胜勋老师,因为是我把他引见到范县让他在该县投资建猪场的。他打算在范县投资建一个现代化养猪场。因为我是范县扶贫顾问,所以特别热心把这个项目做成。这样对地方和企业都好。所以我亲自来接他。

下午到范县后我看了陈庄乡胡屯庄,是一个小老乡闫慧在那当第一书记,胡屯村落实上一次来说的 4 个问题,听取汇报完发展思路,一直到晚上 7 点半才回县里吃饭。

晚上谈张董事长在范县办厂子的事宜。

2017 年 10 月 13 日　星期五　阴

参加会议要从中感受到东西

上午参加了广州濮阳生态示范园动工剪彩。我、乔鹏程、田建民也参加了,县四大班子、各乡镇党委书记、驻村第一书记、支部书记都参加了。县政协戴主席主持,张胜勋发了言,王秋芳书记发言剪彩。他们肯定了我做的工作,乔鹏程和田建民肯定了该项目的作用,给范县带来了发展。讲得特别好,特别有激情,特别感染人。我参加了剪彩和动土奠基。在参加会议前,我去看了一个村支书(杨集刘庄支部书记,此村建了有机肥料厂、砖厂和香菇基地)。他流转了一百亩土地,准备搞双孢菇。

下午去看了武陟菌香稻米,本来只同王总讲的,只是去看一看,没想到乡党委书记、乡长、副县长、扶贫办主任、电商办主任都来了。

看了后进行了座谈。一是提出了要把稻米合作社做大做强,把土地流转在自己手里;二是制定有机种植的模式和标准;三是与扶贫工作有机地结合起来。

回来的路上,我一直想扶贫工作给人民到底带来了什么?归纳几条:一是给人民生活质量带来了巨大变化。二是带来干部作风大转变，为民为实，接地气。三是基础设施大改变，两不愁三保障得到了落实。四是经济带来了大发展。五是人心带来了大振奋。六是农村带来了大变化。七是社会带来了大团结。扶贫工作真好，推动了这七方面的事业发展，我也有了大作为。

2017 年 10 月 14 日　星期六　阴

给中央电视台的记者上党课

应中央电视台农业频道邀请，我到卢氏县给中央电视台记者们上党课。这次党课主题是《用真心让贫困农民感到党的温暖》。讲了一个多小时，他们听得很认真，效果很好，从下午 5 点钟讲到 6 点 20 分，天慢慢黑了，记者们还在卢氏县土坯屋里认真地听党课，他们阵阵的掌声，给了我很大的鼓励。

中央电视台（CCTV）七套举办 40 集大型扶贫系列节目《中国科技扶贫》走进卢氏开机仪式期间，走进大山深处的贫困县听取土坯房精神，推销农产品卖上好的价格，虚心地向基层干部学习的精神值得学习。

1. 学习他们真心真意为贫困农民办实事的精神。

2. 学习他们深入实际，走到基层的精神。

3. 学习他们在土坯房内的艰苦奋斗精神，上党课，身临其境感受实际的精神。

这种党日活动是一种创新，是一种实践，也是一种很好的党建的经验。组织者受教育，参加者受教育，讲课者的我也很受教育。

2017 年 10 月 15 日　星期日　雨

参加《科技苑》开机仪式

今天参加中央电视台（CCTV）七套《科技苑》栏目录制活动。天下着小雨，每一个参加会议的群众都穿着雨衣，我们几个领导没有穿雨衣。录制活动在卢氏县的大广场进行，在台上往远处看，一大片参加会议的干群，聚精会神，认认真真听台上的人讲话。更让我心疼的是站在 3 米高台录制的 4 位记者，他们每一个人都站在 3 米多高的台子上，每人抱着一个大相机，弯着腰、弓着腿，一心一意地录会议场上的全景。会议开了两个多小时，他们四肢朝下，背朝着天，任大雨淋，任大风吹，任寒冷击，他们的难度、痛度该有多大呀！他们这种爱岗敬业精神多鼓励我们呀！如果每一个扶贫人都这样工作，还有脱不了贫的道理吗？如果全中国人都这样敬业，什么奇迹创造不出来？我一直以为自己很敬业，没有想到中央电视台(CCTV)七套的记者们比我们还敬业，对他们的敬业精神我由衷敬佩。

2017年10月16日　星期一　阴

感恩帮助过自己的每一个人

今天请确山县委原书记栗明伦(驻马店市人大常委会主任)吃饭。在场的还有何东(遂平县委书记)、胡晓丽(科技局，原来在新蔡当组织部长)、贾英豪(驻马店市委原副书记)、贾国印(新蔡县委原书记、现省技术监督局局长)、袁局长(省人防办)、河南日报报业集团的王亚明(原总编)和于为民、省政府副秘书长胡向阳(新蔡县原县长)，他们对我的关心、支持、帮助，让我终身难忘。没有他们就成就不了我给贫困农民做那么多的事，没有他们我就不会在晚年有那么多出彩的机会。我拿了近一个月的工资请他们吃饭，我是用心、用感情请他们的。一顿饭很平常，但心情很珍贵。一桌饭有6名厅级干部陪着栗主任，我的这种重情，他和何东书记、黄主任应当感受到了。透过这顿饭，也深感大家对我的看重。这些厅级干部好朋友谁愿意吃饭呢，他们抽空赶来，一是栗主任有人格魅力，也是看重我的表现。我会记着这种看重，记着这种深情厚谊，记着这份无价之宝，老实做人，一心为民办事，做一个让人看得起的人，团结更多的正能量。

我到下个月就要退休了。退休以后，我还会一如既往地为贫困农民办更多的事，集更多的人缘。

2017年10月17日　星期二　晴　范县

加班讲课

今天来濮阳南乐县了，检查复查核查人员工作。县委书记孙栋非常务实，让我给他们的扶贫干部讲一课。我趁晚上给他们讲一课，我从晚上7点钟到9点半，一直讲了两个半小时。参加会议的有800多人，大家都很认真，会场秩序非常好，他们认真听讲的情绪感染到我。会场还不时响起一阵阵掌声，整个过程有50多次掌声，深感南乐人真好，南乐干部真好。

今天是2017年10月17日，"世界消除贫困日"。我加班给他们讲了一节课,由于工作一天很累,上午和下午都进村,晚上来给他们上课。我讲得很认真下劲儿,大家也听得十分认真,讲了近3个小时,没有一个人走。刚开始有几个人不在意,打瞌睡,后来听得就特别认真,特别动情,并引起大家的共鸣,响起了阵阵掌声。

讲课这种事,下面越专注,讲课的人越起劲儿。我又结合习近平总书记十九大报告精神,让大家真扶贫,扶真贫,鼓足干劲儿,俯下身子干扶贫,让贫困农民得到更多的实惠。

2017年10月18日　星期三　阴　范县

再次来范县

由于全省扶贫交叉检查,我分的是濮阳和安阳。今天以杨光(驻马店扶贫办副主任)为组长的检查组在范县,我又来了范县,看了一个村,这个村做得还比较好。由于王秋芳做眼科手术,由赵丽玲县长陪着检查组,我和李洪军、苏宏波一起看的贫困户。这一次检查,很细很认真,一村一村、一户一户地找问题。工作组的人很辛苦,每天都干到夜里两三点钟,有的同志都累倒在工作岗位上。这些同志都只是20—30岁的小青年,他们工作认真得很,也拼得很,我真是应当向他们学习,学习他们认真负责、一丝不苟的精神。下面的同志真是很拼命呀,临时抽上来的同志都这么认真,我们还有什么不满意的呢?

村中调研

今天我还看了陈庄乡胡屯村。这里正在搞地下管道,我带着两位处长看了我的住室。他们觉得很好。在范县我同大家有感情了,大家对我也很好。濮阳领导很重视,市委副书记李刚亲自出来陪我和工作组的同志吃饭。现在正在开十九大,工作组的同志以实际行动迎接十九大,不辞劳苦地、加班加点地、高度认真地在下面看扶贫工作做得怎么样,干得怎么样,政策落实得怎么样,这就是最好的学习党的十九大精神,把学习落实在行动上。

2017 年 10 月 19 日　星期四　多云　修武县

在修武县讲课

修武县只有 20 多万人,是全省人口第二少的小县。这个县有三个特别:一是云台山旅游收入特别好。二是班子平均年龄特别小,听宋书记讲,11 名常委中,70 年代以后出生的有 9 名,县委书记郭鹏是 1979 年的人,只有 38 岁,已当了 9 年的副厅级,是市委常委、统战部部长,从美国回来的博士,水平很高,这次是他让我给他讲课的,我讲"知难而上,打好脱贫攻坚战"。三是经济发展特别快,年收入 10 个亿。

由于刚从范县来,准备得不充分,但参加的人有 200 多人,课堂效果很好。

晚上我见到了老朋友马炳臣,他原来在新蔡县武装部宣传科当科长,我那时在新蔡老家养牛,他去过我们家,同米景忠(驻马店军分区宣传科)一起。后来他回修武了,我们就联系很少了。这次我专门看望了他,晚上在一起吃吃饭,他送我到住的地方。我们俩谈了很长的时间,他把我参加党的十二大时的笔记本还给了我。那里面有我记录的参加十二大的情况,其中有一段是杨得志司令员给我打电话问杨翠兰(王新安妻子)的生活和工作情况。拿到笔记本我很感激马炳臣,他能把这个笔记本放那么多年,真是真情呀!

他还说帮助我学书法,说我的字很有底气,但没有章法,不好看,让我同他学一学。我仿佛又回到了当年,见到老朋友真高兴。

2017 年 10 月 20 日　星期五　多云　汤阴县

今天看了岳飞庙

这次来安阳汤阴县检查扶贫工作,朱主任安排看了岳飞庙。看完之后有三点感受:

第一,这次看清了岳飞的官职。他是一品官职,相当于现在的国防部部长,打了200多次仗,英勇奋战,对祖国和人民忠心耿耿,最后死在南宋宰相秦桧之手。临死时只有39岁,他最有名的作品是《满江红》,最脍炙人口故事的是《岳母刺背——精忠报国》。

第二,岳飞是古今中外的大忠臣,又出生在汤阴,但这个典型没有很好地宣传,同汤阴联系也不紧密,应当很好地反思。原来刘兰芳说了一段《岳飞传》,让整个中国的群众都知道了忠臣岳飞。这些年没有很好地宣传,河南很多名人名镇我们都没有很好地宣传,真可惜呀!

第三,纵观古今中外历史,能留下来的都是有点官位的人。如张仲景、司马迁、李白、杜甫、郑板桥,没有一个普通人能流芳百世的。看来人想留点名,没点地位和社会背景是不行的。

2017年10月21日　星期六　晴　滑县

今天来到滑县

滑县是2016年脱贫县。陈忠在这个县当县长,原来说要被提拔的,后来一直在这个县干,我决定来看看他。他人好、踏实,我调到农业厅时,他在农业厅人事处,帮了我不少的忙。他是信阳人,与当时人事处副处长是老乡,主要是他帮助我调动。

这次我来看他有两个事,一是想在他这里搞个河南省扶贫战略模式的研究课题,还需要他们县提供10万元的工作经费。他是县长,只有让他帮忙。现在科技工作真是难做,搞点科研,还得千方百计地求人帮忙,因为没有科研经费做不下来。借着面子去求县长赞助一点,真是难为情呀!你有什么办法,想做事,只有这样了。

二是滑县一直以来是全省农业综合开发和扶贫的先进典型,我们也想很好地总结一下,不然这么多年的心血就白费了。不管有多难,我一定要把这件事做好,也可能招来误会和谩骂,但这是干事业,干事业不付出是不行的。

滑县是个了不起的地方,赵紫阳就是滑县人。还有科学家用滑县大豆纤维做内衣的,听说做出来的内衣穿上很好,这次去再买一件。

滑县出了很多经验。听朱明主任讲她也是滑县人,省金融办副主任李云也是滑县人。

这次同李洪军、苏宏波、胡春建下来一个星期了,到了南乐、范县、修武、长垣、汤阴和滑县,检查了贫困村看了企业,认识了一些地方领导。如安阳市市长王新伟,南乐县委书记孙栋,修武县委书记郭鹏。给南乐和修武讲了两堂扶贫课,看了老朋友马炳臣、陈忠、朱主任及李雁南。还参加了两次报告会(党的十九大和省扶贫办电视电话会)。

下乡可以学很多东西,认识很多人。这可能是我在职时最后一次下县检查工作了,所以自己十分珍惜这次机会,把自己的经验、知识、做法传给大家,帮助好下面。特别是听了党的十九大报告,更觉得扶贫工作有干头,自己责任重,我要下决心在范县干一番大事,并做好科研工作。

2017 年 10 月 22 日　星期日　晴　郑州

不应当发生的问题

外出了 7 天,由于比较累,回来就休息了。没有吃饭,也没有和丈夫说上几句话。早上起来,丈夫还来屋里问我吃什么饭,我觉得自己一直在外面,他一个人在家,很是寂寞,本想上午好好做做饭,让他好好体会一下家庭的温暖,没有想到因为看房子一件小事,我们干了一架,搞得都不开心。

我再过 1 个月就退休了,想去看一看东区闲着不用的屋子,想整理个办公室。上次找他谈,他坚决不同意,这次想同他要,他不但不给还说了十分伤人的话,气得我和他吵了一架。

想想也是自己处理问题太缺少方法了,他本来不让我去他那个房子的,现在我又说用那个房子做办公室,他更加反感和看得紧。一说看房,他就怕我占用了那个房子,所以他才不让看。遇到这样的事,应当缓一缓,不能硬来。又因自己下乡又下乡,没有必要非去看那个屋子。由于时间不对,方法不对,所以此事搞得我俩都不开心。同他生活了一辈子,为什么不能站在他的立场上考虑呢?能对他像对贫困农民那样有耐心,今天的问题就不会发生了。当领导的在家一定要多包容家人。多理解家人,他们也不容易,我们在外面天天忙,他们在家也是很辛苦,一个人守着一个家,光是寂寞就够他受的了,况且他出去得少,眼界也窄,看得也较短,我常常用自己的标准要求他,那也是不符合实际的。

丈夫性格内向,活动圈子小,处理问题固执。但他人好、耿直,不给别人找麻烦,对我也非常好,从心里我还是很感谢他的,也为今天的事给他道个歉。

2017年10月23日　星期一　晴　渑池

到渑池检查的感受

这次办里统一安排,和检查工作组来到了渑池。来了一看有三点感受。

一、渑池人做事很用心。今早散步时,我看到渑池一高有两个条幅。一幅是"认真学习,让家长放心",一幅是"精教育精英,让人民满意"。入门还有三句话,一是我来高中干什么,二是高中三年干什么,三是今天得的怎么样。这两条幅三句话,透出了这个校长很有思想,很有办教育的理念,让每一位学生弄清楚自己三年的奋斗目标,怎么干,每天的任务,并本着对学生负责任,让家长放心,心里时时想着人民不放松,非常有思想。

二、渑池县历史悠久,文化厚重、物产丰富,人民勤奋,做事追求精细,财力雄厚。不到40万人的小县,年财政收入20多个亿,而且这一届领导班子是民本思想非常深厚的领导班子(把仰韶文化和仰韶酒的一部分财政收入用来帮助农业发展的举措很值得提倡和学习)。

三、领导班子非常年轻,很有活力和魅力。昨天见到了县委杨书记、人大常委会主任、常务副县长、办公室主任、组织部长,他们精神头十足,干劲儿很大,对贫困人口很有感情,采取了多种办法,很有魅力。听检查组讲,渑池县"五保户""低保户"工作做得很好。这个县一定会发展得很好。下午这个县请我给他们的干部上一课,我除了讲原来的几个问题,再加一个:怎样做好现在的脱贫攻坚工作。

怎样解决贫困人口这个难题呢? 一是依靠人民群众,讲自己工作的实际例子,二是怎样精准确定贫困人口。

严格按照中央提出的"两不愁、三保障",准确把握中央的精神,用综合的指标,不能用单一的指标,要用科学的方法,不能用机械的方法,如贫困户和贫困人口本身是一个变动的、动态的、相对的,你非要用静止的、不变的、机械的方法去套、去做,无论你怎么努力都是得不到好的效果的。所以要把握好扶贫的度,掌握扶贫这个事的根本、实质,那就是实事求是,那就是把人民群众利益放在首位,千方百计地增加贫困农民的收入。

一切从人民的利益出发,一切依靠人民群众,一切遵从实事求是的原则,一切按中央"两不愁、三保障"的要求去做,才能把工作做好、做实、做精、做深。

2017年10月24日　星期二　晴

今天在渑池县讲课

从上个星期二开始下县,到现在已经8天了。这8天看了3个市(安阳、淮阳、三门峡),7个县(南乐、范县、长垣、修武、渑池、汤阴、滑县),5个村。存在问题较多的是住房问题没有解决,医疗和上学没有解决的也是比较普遍的。我准备让苏宏国写一份调查报告给办里,把总的情况、好的做法和存在的问题都讲一讲,以引起领导的高度重视。

上午看了渑池县仰韶镇的石建材,看到了6户贫困农民,看了档案,并看了仰韶文化馆、仰韶酒厂等。看后感受深刻,知道了7000年仰韶文化发展历史,他们花了7000万元来建立博物馆,展现这个东西,真不简单。我是第一次来渑池,也可能是最后一次来渑池,但我要把这一天的时间利用好,把自己多年积累的经验方法教给大家。

下午用了3个小时10分钟的时间给渑池干部讲了课,参加会议的有600多人,效果很好,讲课中有30多次掌声,三门峡的王耀文主任和县里四大班子的领导都来参加了。我教给一个扶贫干部为贫困人口做事的方法就很高兴,何况面对600多名的扶贫干部呢?不论自己付出多少都是高兴的,因为我一直以来都以苦为光荣、以苦为乐,晚上吃过饭直奔洛阳卧龙区了。

2017年10月25日　星期三　晴

十九大胜利闭幕

昨天党的十九大闭幕,选出了中央委员、政治局委员、常委领导班子,全国人民就算定下心了。

党的十九大报告中,多次提到要与人民心连心。怎样让人民与党心连心呢?党必须给人民做事,人民才拥护党,鱼水交融,荣辱与共。党必须全心全意地为人民做事,让人民实实在在地感受到党的温暖,所以提出了到2020年全面建成小康社会,而且一个都不能落下。因此,我们必须俯下身子,做好实事,让人民群众真正满意。

为了以实际行动学习党的十九大精神,我带着办里同事下乡了9天,主要是检查,又趁着一点时间,到邓州市给扶贫人员讲课。邓州市是全省第二大县(市),又是省直管县(市),2000多年历史,文化厚重,是典型的农业区。那里有著名的中医鼻祖张仲景,出过许多英雄人物。习近平总书记曾在这里住过。悠久的历史和厚重的文化培育了邓州人的朴实、热情、智慧。

我与吴刚书记是30多年的老朋友。他来两年多了,我一直都说来看他,一直没有碰到合适的机会。这次吴书记让我给大家讲一讲怎样搞好扶贫,我想好好谈谈自己的做法与体会。

2017年10月26日　星期四　晴

邓州的先进人物很多

这一次应邀来邓州讲扶贫课,拜见了两位先进人物——一个是中国国医大师唐祖宣,一个是雷锋团编外团长宋清梅,并看了雷锋纪念馆和中医纪念馆。看了以后深受感动。

唐祖宣,原来只是一个不知名的中医郎中。经过刻苦学习和不断实践成了国医大师,全国人大代表,他做事做人最为成功的有四点:

第一,为人谦和。今天在纪念馆,他给我们认真地讲解,陪我们吃饭,赠给我们他的书籍,对谁都和和气气,真看不出有一点大师的架子。他已76岁,身材不高,但很精神。他现在还担任邓州市中医药管理局局长和中医院院长,同他为人谦和的性格很有关系。

第二,他的事业发展到了顶峰。他利用自己的专业,不但成了国医大师,全国人大代表,而且自己成立了研究所,还为国家中医药管理局的成立立下了汗马功劳,每年当代表都提了很多议案,看了他的中医展览馆,是他一生的奋斗史、发展史、创新史,真是让人佩服呀!

第三,他的刻苦精神值得每一个人学习。他的展览内,提到了他的著作,他写了56本书,6000多万字,有《我当代表三十年》《中医专著》等,在国家核心期刊上发表过许许多多的文章,真不知道他的时间是怎样利用的。他说自己现在每年能走20多万公里,在全国各地跑。不要说一个人写56本书,写一本书都比较难呀!如果每个中国人都有他一半的勤奋与刻苦,中国真是发展得不得了呀!他留下那么多著作,给后人带来多大的财富!

第四,他的家庭非常美满,有1个儿子、3个女儿。

宋清梅是部队转业回来的干部,分到县文明建设办公室。一个团职干部,不怕官职小,不顾安排职务低,无怨无悔做文明,成立了编外雷锋团。目前不但成立了纪念馆,还有1万多人跟着自己干,去年还被评为"优秀党务工作者",参加了建党95周年表彰。他快80岁的人了,去年出了车祸,现在身体恢复得还可以。

看了两个先进人物,我还看了雷锋纪念馆、中医药纪念馆,对自己很有启发,受到了深刻的教育。我还得继续做呀!不继续做就半途而废了,就停滞不前了。

从这两个人身上,我读懂了什么叫生命不止,什么叫奋斗不息,什么是一个共产党员的光辉形象,怎样一心一意为人民服务。再有1个月我就退休了,我一定要到贫困村去,再到范县去,再干3年,使扶贫工作有始有终,不为名不为利,只图多做一点让贫困人口脱贫的事呀!

在邓州还看了国土厅的驻村第一书记小田。他是单位最小的驻村第一书记,他在厅里第一个报名。刚结婚两个月,他对爱人说,我是第一书记,你是第一书记夫人呀!多逗呀!我还看了医药局派驻范县驻村第一书记,下午给该县1000多人讲了"迎难而上,打好脱贫攻坚战"。其间有50多次掌声,对自己很是鼓励。

今天过得太充实了,学到的东西太多了,并认识了邓州市市长王兵等许多新朋友,真是好得很呀!

2017年10月27日　星期五　多云

从邓州到新县参加扶贫工作讨论会

邓州请我来讲课,昨天下午讲完后,今天到新县开会,邓州市委农办、扶贫办、科协三位领导来送我,我们到习营来看一看,习氏祠堂建得很好,家谱续到25代。

参加会议的有省科技厅党组书记赵建军,省农业厅副厅长邹大鹏,国家开发银行河南省分行副行长张弛,上海的艺术家牛犇等,来了许多的领导,搞得非常好。

出来十几天了,想回家了,所以晚上早早休息了。睡前看了羚锐的资料:羚锐是一家上市公司,是用27万元的扶贫资金搞起来的,现在年交税6亿多元。这次开发茉莉茶,非常好。总经理才33多,男孩儿很年轻,很能干,他说自己在公司8年了。现在的年轻人,真不简单。是个海归,愿传承其父之志,接手他父亲的药厂经营。真是让人感动。年轻人放在不同的环境中就能有不同的发展煅炼。有多大的平台,就能做多大的事情,年轻人一定要有平台呀!

2017年10月28日　星期六　晴

九九重阳节看老书记刘杰

今天在新县开会,听说刘杰在信阳。我下午走时到信阳迎宾馆看看他,从上次来到现在七个月了。他关心我,还给《进山日记》写了一个题词:用真情带领贫困人口脱贫。李宝光书记也给我写了一个题词:吴树兰同志埋头苦干带领群众脱贫致富展示了一名共产党员为人民服务的真心。这些让我感动万分。见了老书记后,他一直握着我的手,我也一直握着他的手。我问他病情怎么样,休息怎么样,他说都很好。我们手拉手,就像当年父亲在床上拉着我的手一样。虽然他手凉凉的,但我俩心里都暖暖的。此刻是下午4点35分,我们一直坐到5点10分,在场的还有邓州的李天岭,我们分别同老书记合了影。临走时刘杰书记的大儿媳还送给我们一张照片和一张光盘。

2017年10月29日　星期日　晴

吕旅书记的讲话词十分精彩

10月29日,我参加了新县首届"大别山菜花节"开幕式油菜产业精准扶贫研讨会,会上不但认识了许多人,如赵建军(省科技厅党组书记)、李有才(省林业局原局长),还领略了吕旅书记的优美文采。

他在致词中说:

在举国欢庆党的十九大胜利闭幕之际,我们相聚在美丽的新县,共同参加首届"大别山菜花节"暨油菜产业精准扶贫研讨会,在此我代表新县县委、县政府和36万老区人民,对各位领导、各位专家、各位朋友的到来表示热烈的欢迎和衷心的感谢!

每当北雁南飞,枫叶染红的时节,菜花都会如约盛放,这是我们心中的美丽之花,对老区来讲,也是人民的幸福之花,发展的希望之花,此时此刻,有三句话和大家分享。

第一句,一花一世界。新县油菜种植的历史由来已久,时到今日,我们仍能看到全县20万亩野生油菜漫山开遍,这既是大自然的馈赠,更是源于老区人民数十年如一日对青山的守望。特别是近年,我们在全县倡导视山如父、视水如母、视林如子的生态理念,像对待生命一样对待生态环境,推动美丽中国战略,在老区落地生根,对全县所有天然林、公益林实施永久性商业禁采、禁伐、禁改、对古树名木实行挂牌保护，大力推进林业生态县建设提升工程，新营造林近60万亩，目前，全县森林覆盖率达76.7%，植被覆盖率95%以上，成功创建为国家生态县。正是我们对一草一木的守护，既在这里守出了一片绿色世界，又涵养了一方水土，撑起了一片蓝天，让新县有山皆绿有水皆清，让美丽生态世代可传，永续共享。

第二句，一花一产业。菜花今年的绽放，就是来年丰收的希望，近年，我们抓住健康中国战略实施的机遇，围绕"水水经城，健康新县"的发展定位，大力发展油菜油牡丹等产业，培育了一批以绿达山菜油股份有限公司为代表的龙头企业，形成了基地种植、精深加工品牌营销、文化推广的全产业链条，不仅把源自大别山北纬31度的健康食品送上了国民餐桌，而且把深藏大山的"东方橄榄油"推向了美国市场。同时，在全县推广"龙头企业+合作社+基地+农户"的发展模式，引导群众改造低产林，引入新品种，扩大新造林，带动3000多户群众持续增收，800多户贫困群众稳定脱贫，油菜已经成为劳动农民增收的大产业，引领乡村振兴的新引擎。

第三句，一花一经济。近年，我们围绕全域旅游发展，推动生态创新、模式创新，坚持以花为美，以花为友，着力打造"赏花游"旅游品牌，春来杜鹃竞艳，樱花起舞，夏天紫薇绽放，荷叶田田，秋到金菊盛开，茶花飘香，形成了独特的赏花经济，带动了旅游、民宿、餐饮等行业发展。同时，我们规划建设了油花文化特色小镇，通过乡村旅游、体育健身、健康养生等。多业生态的植入和资本多元化的运作，着力探索新县大健康产业发展的新模式，为一、二、三产业转型升级，融合发展提供了更多可能。

花木极灵，人间有情。今天我们相约菜花节，情聚大别山，共同探讨油菜产业发展和精准扶贫等课题，为老区脱贫攻坚，转型发展凝聚智慧，凝聚共识，我们相信有大家的关心支持，油菜这朵美丽之花一定会越开越艳，老区人民的幸福之花一定会多彩绽放，老区发展的希望之花一定会结出硕果。

写得真好，一篇热情洋溢、诗意很浓的好文章，给人一种美，一种激情，一种温馨的亲情和真情。吕书记有才能，有胸怀，有眼光，有开拓精神和务实作风，是让人肃然起敬的好榜样。

2017年10月30日　星期一　晴

参加新县菜花会的感受

这次会议是新县人民政府发起的，由羚锐制药集团联合召开的会议。来的人员有中直机关领导,省直机关(科技厅、农业厅、扶贫办等单位)代表,国外友人等,共有600多人。会议分三个阶段:第一个阶段领导剪彩。第二阶段领导致词,由邹厅长(农业厅副厅长)讲话,胡市长讲话,吕旅(县委书记)致词。第三阶段由专家讲解,国家林业局原局长李有才讲油菜发展,国家林业局处长讲话,江西林业大学校长讲话和羚锐总经理讲话。

开了一天的会议,学到了许多油菜花种植、培育的技术及油菜给人们带来的经济效益及市场发展的前景。感到新鲜、新颖、新奇!

同时给我很大的启发。羚锐发展到现在的35亿元的资本,现在又把油菜产品销到国外去了,这样原来研发产品一斤油菜卖3元钱,现在卖到12元了,仅这一项,就能增加贫困农民的许多收入。企业家真是有远见,对市场研究深刻得很。熊维政董事长一辈子不出新县,事业在新县,创业在新县,目前已带领3万多农民脱贫致富,不但使企业上市,而且成了全国人大代表,并把女儿和儿子培养成了总经理。我们应当学习优秀企业家的胸怀、胆略和对市场的锐利的眼光。在会上我还认识了科技厅刘建军书记、王总(扶贫基金会会长)等。这次会议开得很好,很有收获。

2017年10月31日　星期二　晴

搞科研能把问题研究得很深

今天褚院长来找我汇报两个科研项目进展情况,以及建立精准扶贫研究院的事,说学校不让他们对外联系,他们没有办法做,她感到很难,没办法往前推。我想,这个问题要从长计议,不能急,不能硬搞,不然引起负面影响就不好了。

这一段心里急,很多事也没考虑清楚。今年的两个项目搞得很好,两个项目都落实了,近200万元,有6个单位参加,可成立精准扶贫研究所。本来想放到河南牧业经济学院,没想到他们考虑得那么复杂,要这要那,搞得我很心烦。当初立项时应当把这个事一并考虑进去,那样就好办了,现在搞一间办公室也搞不成。老林不同意我去他房子里搞个办公地方,我现在考虑:一是下去(范县)当驻村第一书记。二是到新疆帮助有良渡过难关,这样不但解决了办公地点的问题,而且使自己有事干。一方面,从道义上帮助最困难的人渡过难关,另一方面,从扶贫工作上沉到基层,帮助贫困农户做点事。无论哪种选择,都对自己很好。再征求家人的一点意见,征求归征求,但不能全听他们的。大主意还要自己拿。虽然身体是本钱,但是不能等死,要退而有用,退而有为,退而有尊,退而有乐。

2017年11月1日　星期三　晴

参加主任办公会

会上研究了10月份的工作,安排了11月份的工作。各处室汇报了10月份工作完成的情况和11月份工作的打算,史秉锐主任总结了工作,并宣读了省委书记谢伏瞻批示。关于老区的批复,主任们认真研究,进行解决。陈省长讲,"这次检查发现不少问题,抓好落实,健全机制,下段着力在落实上下功夫,抓好日常服务"。怎样把工作做得更深更实更好,我认为自己得有思想,得有思路,得有过硬的本领。

一个单位,一个部门,一个家庭,得有一个好的"一把手",一个好的思路,好的规划,好的落实办法,好的机制,这样工作才有开拓性,有成就,才能有亮点,有成绩。扶贫工作很重要,党的十九大提出了到2020年达到小康,一个都不能落下,任务很重。

2017年11月2日　星期四　晴

怎样写好《山里人》

在西王楼驻村3年,我已出版了一本《进山日记》。听河南人民出版社编辑讲,已发行了2万多册,说明对做扶贫工作的同志有所帮助,所以我想下大力气把《山里人》写好。主要以王优圣一家为素材,写山里人的热情,山里人的吃苦,山里人的奋斗,山里人的期盼,山里人的善良和山里人的智慧,同时写李春香的善良,王夫人(村主任王天根夫人)的巧手,张新平的能干,周运平的沉稳等等。谈老党员王永和的党性和为民办事的情怀,谈残疾人陈传胜的奋斗精神,以及老支书的传奇和村干部的无奈及由弱变强的过程,最后落到大山里的人,喊出山里人的声音,传出山里人人格的力量。书中还要介绍许许多多感人的事情,干养羊场,做小提琴的,买羊的,卖羊的,梳羊绒的,人一群又一群,产品一个又一个,商品一件又一件,一遍遍改造的青山,一条条小溪,一个个产业,一个个农家乐,让大家看了这本书,都想来西王楼看看,都想到西王楼吃饭,都想到西王楼弹琴,喝喝茶,聊聊天,喝着羊汤,吃着羊肉,看着绿山,踏着草地,游玩于山水间,多美的一个小山村呀!盼望这本书写出来能给西王楼人民带来福音,助力建成脱贫致富的好基地。

2017年11月3日　星期五　多云

坐火车到各地演讲传授扶贫经验

今年以来,到各地讲授扶贫工作近50次,坐火车多则4个多小时,少则1个小时,在火车上的大量时间,我都用来看书学习和写日记,看了20多本书籍,并在火车上修改了《进山日记》和《山里人》两部著作,还在火车上起草了《河南扶贫模式战略研究》和《黄河滩区的战略性研究》,火车能载着人跑,也能载着人学习,学习经验,思考扶贫经济方案,同时还可以看到各种各样的人,高尚的人在火车上看书、养神,一般的旅友打电话、叙家长,还有小夫妻吵架、打架。

有一次一对小夫妻抱着一个不到一岁的孩子,一直在车上吵架,吵得整个车箱都不得安静,不论男的怎么哄,女的就是不停地吵,不停地骂,如果戏剧里在写泼妇,选这个旅友的事会很典型的。在火车上可以看到各种各样的人,千姿百态,因为我有自己的事情,没有很好地观看。

人还是只能专注一件事,我只专注在火车上看书写东西,因为自己的事很多,做都做不完,所以没时间观察人物。在火车上看书学习不但打发了时间,而且学习了大量的知识,完成了许多在工作时完不成的写作,今年一定把《山里人》这本书写出来。

2017年11月4日　星期六　晴

上午在遂平县委讲课

应何书记和侯县长邀请,来遂平给他们1000多名干部讲课。从2020年扶贫工作的情况,到怎样搞扶贫,讲了6个问题,用了3个小时的时间,详细地介绍了扶贫必须依靠群众和大力发展经济等重点内容。3个小时内,大家听得很认真,1000多人集中在一个礼堂里(县、乡、村三级组织和做扶贫的工作人员都参加了会议)鸦雀无声、专心致志地听讲和记笔记,全场响起三十几次掌声,由于他们的认真听讲和求知的渴望也感动了我,鼓励我一口气讲了3个小时,本来这几天有点累,但场内的1000多人没有走动,没有交头接耳,没有不愿听的,他们听得津津有味,我能不讲吗?对着这群可爱的人,我只能认真地讲,卖力地讲,肚里有多少东西,就讲多少东西。恨不能把所有的方法,所有的做法,所有的经验,所有解决难题的招数都拿出来讲,分享给大家,传授给大家,也是用心讲给大家。

讲课不仅要说一种观点,传授一种做法,还要讲细讲透讲生动,讲得让大家都跟着你走。中午没有休息,吃罢饭就去看母亲了,同母亲坐了两个多小时,母亲很高兴,人老了都想同女儿、儿子在一起多一点,我们做的事再大,自己再忙,也要抽时间多陪自己的父母,让他们生活幸福,精神快乐,常常有亲人在自己身边陪他们,让他们精神充实,心灵满足,晚年幸福,孩子也高兴。

2017年11月5日　星期日　晴

今天在汤阴县给扶贫干部讲课

汤阴是个非贫困县。上次来检查,他们的书记让我给讲一课,我就来了,上午有300多人,都是做扶贫工作的人员,我从对扶贫工作深刻理解到走好群众路线,到加强基层组织,到依靠群众确定贫困户,到千方百计发展经济,到招商引资,到争取项目,到调动一切积极因素,一口气讲了3个小时,今年以来我讲了50多场课,听众达10万多人次,教他们工作,教他们方法,教他们发展经济,教他们如何同群众打交道,总之,想通过他们多给群众办实事好事,讲一堂课,有一个干部做,就能解决一个群众的实际问题,只要干部的积极性都调动起来了,脱贫攻坚工作就好做了。

现在才发现,我也是当老师的材料,能讲得让大家口服心服。这些都是实践教会我的,所以我认为实践才是真正的老师,一辈子深入实践,一辈子都会受益,所以退了休我还下去实践,掌握更多的知识,为社会揭示更多规律,为人类创造更多的幸福。

2017年11月6日　星期一　晴

趁星期天搬东西

今天是星期天,本来说和王天瑞一块儿去买东西,中午一起做饭,但在办公室收拾东西晚了,只能去饭店吃了。我把办公室的东西都搬走了,到时一走就不再回办公室了,通知没下我就把办公室钥匙交给了刘成敏。

办公室是一个人工作的地方,退休了还在办公室不合适,我就先搬走了所有的东西。来的时候什么都没有,走的时候也收拾干净。

2017年11月7日　星期二　晴

离开办公室之前做的一件好事

在省扶贫办干到了60岁，现在年轻人多，腾出位置让年轻人干。临走之前，我个人拿钱买了《进山日记》100本，共8700元钱（我一个多月的工资），给每一个在办公室工作的同志赠送一本书。一是让大家记着我这位老同志曾经在办公室工作过；二是想让大家养成一个读书学习的好习惯；三是驻村也有一些好的做法和经验，对他们工作可能有点帮助，启发他们再小的事只要坚持都会有收获。写日记3岁的孩子都可以写，难的是一直坚持，特别是一辈子坚持。不论多么小的事，坚持下来的就行。我坚持了，也有了效果。所以也想让扶贫办的同志坚持学习，来提高自身的素质。

另外让同志们知道我在下面到底都干了哪些事，可能会从这些小事中得到点启发，对他们会有些帮助。在办公室工作几十年，同大家的感情很深，对扶贫工作也是挚爱，所以既希望大家好，也希望扶贫事业好，事业好了做扶贫的自然就好了。这本书有的可能会看，有的可能不看，也有的可能当垃圾丢掉了。不管哪种情况，我还是用真心对待每一个同志的。我深知自己的水平不高，但我对全办每一个同志的心是热的，感情是真实的，为大家做事也是一心一意的，但愿我拿钱买的书能对大家有一点启发和帮助。

2017年11月8日　星期三　晴

一年一度的"三农"人物

今年的"三农"人物评选工作又开始了。我推荐了两个人，一个是范县的刘齐胜，村支部书记。他很优秀，给村子办了很多事，如建立就业工厂、敬老院、有机肥料厂。第二个就是张鹰处长（电力公司）。他在南召县娘娘庙村当驻村第一书记，做了新农村建设、光伏、花卉等项目，给集体增加了许多收入，探索出了基层党组织建设和经济建设的好路子。他是搞电力的，又是研究生毕业，在县里当过电力公司的经理，很有思想。这些人发展起来，对社会贡献很大，有很多人都寻求发展，在农村不是也能有大的发展吗？

扶贫工作带动了一大批人才出来。他们不光是脱贫攻坚的典型，也是发展经济的典型，很多人都说我7年驻村没干成一官半职。人来社会上，是要做奉献的，不是来要位置的。做事情，不在于大小，而在于做精做深做细，不怕百样通，就怕一样细。栽树栽得最好的是杨善洲，栽成了全国干部学习的榜样；袁隆平种水稻种得好，成为了育种科学家；屠呦呦研究青蒿素，获得了诺贝尔奖；马云商业懂得多；改变了人们的生活，等等。很多有成就的人都是从小事着手的，扶贫也能扶出规律来，我要努力地做，成为全世界"三农"人物，成为一个对社会有用的人。

2017年11月9日　星期四　晴

看宿迁电商

昨天来宿迁，今天看了沭阳县苏台花木产业示范区。这个区占地2800亩，建设连栋控温室41栋。在耿于镇西村，年产各类园艺花卉近2000万盆，年产值6000余万元。开网店45家，7家贫困人口店主年增收5万元。园区就业300人，花木种植2545亩，吸纳创业人员400人。

参观了新河镇山荡村电商+旅游扶贫模式。沭阳县新河镇山荡村868户，4218人，13个村民组，3200亩土地。发展盆景经济，人均年收入1.5万元，典型农民胡显量发展盆景，带动大家发展就业人员22人，线上在"微拍掌"平台经营微店"双赢盆景"。参观沭阳豪杰干花工艺厂、西州电商创业园，支部书记李生花卉产业搞得很大、很活、很好、很振奋人心。中午在他的庄园吃饭，他的公司叫苏并花卉股份有限公司，2016年实现销售收入4.3亿元，2017年预计8亿元，形成公司+经济薄弱村结对模式。

还参观了宿豫五大兴镇集车居委会支部，集车居党支部争取成立一个领导小组，确立一个主导产业，出台一套扶贫政策，营造一种创业氛围，培养一支网创队伍，成立一个行业协会，育成一条电商产业链，建立一张分类扶贫图的"几个一"工作法走出了"支部+电商"扶贫新路。以喜糖盆、荧光棒、绢花为代表的喜庆产业带动3800人家门口就业，人均月工资2000多元。还参观了宿豫极荷园一村一品一店和宿迁电子商务产业园。

2017年11月10日　星期五　多云

在江西听报告

今天上午召开大会，由江苏省扶贫领导小组组长致词，全国扶贫办副主任洪天方讲话，还有9位代表发言。

第一，宿迁市市长发言：一是更好地发挥政府服务作用，完善基础设施配套，让人民收入、农户上网"无障碍"；二是积极发挥产业带动作用，实施"一村一品一店"，让农户产品卖得好；三是切实发挥人的主体作用，创新农村电商模式，让农户多收益；四是充分发挥市场调节作用，激发市场主体活力，让电商与农户"同发展"。

第二，江西电商扶贫发言。

第三，广西壮族自治区扶贫办代表发言——"党旗领航激活党建活力，电商扶贫助力脱贫攻坚"。

第四，甘肃省陇南市人民政府代市长崔景瑜发言：1.强化行政推动，破解发展难题。2.突出平台建设、培育精品网贸。3.拓宽带贫渠道，推动稳定增收。4.注重融资创新，打造扶贫品牌。

第五，湖南省永定市人民政府副市长贺辉——创新"互联网+"模式，提升电商扶贫效益。

第六，武乡县代表发言，弘扬大乡精神，激发内生动力，走出一条电商精神扶贫之路。一是坚持把电商精准扶贫工作作为脱贫攻坚、全面小康的重要支撑；二是坚持把电商精准扶贫作为激发贫困群众内生动力；三是坚持把电商精准扶贫作为推进农业供给侧结构性改革的重大举措。

第七，供销合作总社代表发言，发挥组织网络优势，服务电商精准扶贫。

第八，中国邮政集团方红雨发言，以国家之任为任，以民生之心为心。

第九，中国扶贫信息中心刘翔发言。

大家的经验很值得河南学习和借鉴。

2017年11月11日　星期六　晴

参加宿迁全国电商精准扶贫现场会

9—10日在宿迁参加了全国电商精准扶贫现场会。参观学习了宿迁电商扶贫经验，听取了9家单位的代表发言，学习了不少电商方面的经验，看了不少电商好的案例，也认识了不少的扶贫领导。会议开的时间短，抓得紧，要求严，我和崔海成、闫玉良感到河南还有很大差距，应当抓紧抓好抓实。

一是在有条件的地方，先抓起来，干起来。

二是要有政策做保证。要有促进发展网络的政策，要对干网络的实体店有所支持，促进电商实体发展，要创造条件让电商创业就业有基础，建立电商创业园。

三是先搞试点，以点带面，促进精准扶贫的大力发展。河南是个贫困人口大省，扶贫任务最重的大省，怎样把人口大省变成网络使用大省值得深思。

四是树立典型，先进引领。

2017年11月12日　星期日　晴

乘机去新疆

今天坐飞机去新疆。本村的企业家时存良因经济纠纷被关起来了，我去看看。另有好友卢学生在新疆出事，摔着腰了。我旁边坐着一个50多岁的男人，他的右胳膊放在扶手上，并把我的座位占了半边。我说他一句，他用力回了我一下，我站起来说了他几句，因为在飞机上，飞机刚起飞，人又多我也不想理他，就算自己吃个亏。到了吃饭的时间，服务员来送饭，他的饭没接好，又撒了我一身。因为都是肉菜，搞得我满身都是油。这两件事搞得我心情很不好，这次出门怎么这样倒霉。这件事也告诉我，以后出门，不论遇到多么不平的事，也要忍着，因为社会上什么样的人都有，很多人是不能吃亏的。轻者人家会吵一顿，重者可能会动手打你。自己一身的病，真是被别人打伤了，也是没办法的，现在社会上的人都是火气太大了。

下午3点多飞机就到乌鲁木齐了，吴绵玉和时银臣接着我，到昌吉去看了卢学生。他病得不轻，去看他时，他刚从外面回四方酒店，喘得话都说不成，休息了一大会才缓过来。晚上时银臣他们又请我吃饭，估计花了不少钱。他们还给我安排了飞机场附近的宾馆，说明天去看时存良时方便。

2017年11月13日　星期一　小雨

天有不测风云

时存良是我们村的村民。他今年49岁，精明能干，从一个农民工干到了一个亿元身价的老板，还带出了家乡很多人。正当他事业干得热火朝天的时候，一下就入了监狱，一家人像塌了天。昨天他儿子和他弟弟接我，今天看了他，他很想出来。依现在的情况看是不可能的，既然让你进去，肯定有铁证如山的事实。他最大的过失是把对方的股份变更了，而且是在对方不知情的情况下变更的，等于是利用职权侵占别人的资产。

两个关系那么好的人，反目为仇，更是一个一个地进到狱中，想想真是可悲。

这是一个反面的教训，可能存良确有难言之处。但后来存良又让人把侵占的资产还回去了，对方却抓着不放，硬是把他送到了狱中。为了一点钱财，为了一点仇恨，把人都整得死去活来，真不应当呀！

2017 年 11 月 14 日　星期二　晴

为人民做事才能立住脚

时存良是大吴庄的村民，也曾是位优秀的民营企业家。他自己有 12 家公司，4000 多个商铺，安排了 3 万多就业人员，还曾兼任新疆驻河南商会的副会长。那种辉煌，那种风光真是让很多人羡慕。有一次他回家，村民都排着队，租了 30 多辆出租车接他，在村民心中简直就是一个神话般的人物。昨天看了他在哈密的三家农资公司，今天又在新疆看到他的一个 1000 多亩地的农贸大市场、10 万平方米的居然之家和一栋河田玉大厦。整个市场热闹非凡，菜市场、肉市场、干果市场都很红火，人气很旺。一个农民工能发展这么大的事业，成长为一个企业家，我从内心里敬佩他。

回到现实当中，他进了监狱成为犯人，过着失去人身自由的生活。昨晚看他时非常心疼和难受，昔日的一个优秀企业家，今日成了犯人，还被判了 5 年刑，真不知道他这 5 年狱中生活怎样度过。不过他精神很好，说自己在里面吃得好，睡得好，并让人给他拿了很多书，没想到他的抗压能力这么强。如果他能熬过这 5 年，深信他又会有一种思想境界。

来新疆看到时存良的情况，有很多的感悟：

第一，天有不测风云，人有旦夕祸福。遇到风云和祸福都要担着、扛着和承受着。我前两年生病，家庭出了问题，生了一场大病，从鬼门关过来了。现在就要退休了，还不知道会有什么灾难没有，自己要处处小心，平静过好晚年。

第二，人生一定能伸能屈。存良到了今天这种地步，主要是只能伸不能屈。他的对立面是曾经的好朋友，应当说是他的恩人，他万不该变更人家股权（还是趁人家在狱中之时）。出了事后他应当放低架子，找人家和解，没想到他与人家硬对硬，闹到了现在这个结果，不但自己受狱中之苦，还不知道自己创下的家业能否保得住，如果保不住，几十年的奋斗将付之东流。人要当伸则伸，当屈则屈。人呀一辈子要树正气，立正根，站着一杆旗，走路直起腰，不沾别人光，不做缺德事，不图荣华富贵，只图多为别人创造幸福了。

第三，人做事要量力而行。存良步子迈得太大了，给子孙和亲戚留下了很大的压力。听说他现在还贷银行几个亿的资金，如果资金链断了，麻烦就大了。我退休后决不能干自己力不能及的事了,不然会给家人带来麻烦。

第四,人在任何时候都不能靠别人。人一定靠自己站稳脚跟,决不能靠别人。

人呀!一生很短,钱财权力荣华富贵又都算什么呢?只有人品、人性,为人民做事才能立住脚。为别人活着,别人才能想着你,为群众活着群众才能拥护你,给人类给社会留点有用的东西,才是真正有意义!

2017 年 11 月 15 日　星期三　晴

在新疆的几天看到听到和想到的

因为老乡时存良有难,我特意来看看他。他在狱中很好,精神好,抗压力强,这我就放心了。

看了存良的人,又看了他的事业。事业真的做得很大很好,如果家人能帮助他保住家业,他出来重来还能有更大发展,他的儿子和家人都在撑着这个事业,最让我感动的是他的二哥时银臣,把自己女儿的房子卖了给他公司还账,并挡下了许多事。关键时刻才能看出人品,银臣真是一个正直的人,让人可以尊敬的人,亲情伟大呀!

来新疆见到了吴玉绵、吴小红、马建国等。他们在新疆生活得都很好,但没有自己的事业,现在也没有什么收入,特别是马建国跟存良 6 年,非但没得到分文,还自己赔进去 60 万元,现在日子艰难,只能任由别人说三道四。在新疆老乡有一种现象,凡靠自己脚踏实地干的,都有车有房有收入;凡想靠着时存良干的,现在却什么也没有。这说明一个真理:人一定要靠自己呀!我一辈子靠自己虽然干得不是很好,但也能自己养活自己,并很有尊严。

这几天,看了人生起伏,听了各种好坏,想到的还是自己退休后怎么办,发挥余热,还做扶贫,到村里去。这就是这几天的收获,人在任何的时候都为穷人、别人和需要的人做事,才能立于不败之地!

2017 年 11 月 16 日　星期四　晴

今天从新疆回郑州

来新疆 5 天,今天坐乌鲁木齐到郑州的飞机回郑州。我 12 点 55 分的飞机,到家就下午了。跑了几天,满嘴是火,牙银发炎,舌底是泡,晚上买点药,吃一吃。

坐了4个小时的飞机,感到很累,就早早地睡了。

临走时同表妹郑新通了个电话,她说自己正带人去邮政局干活(介绍一个人20元,每天发一次工资)。她从10月1日就天天拉人干活,好的话一天能挣1000多元,差了一天也能挣500元左右,很想成立个人力资源公司。我觉得可以,就鼓励她办一个人力资源公司。她想让我帮忙,我答应退休以后给她帮个忙。现在的人只要一接触实际,只要能脚踏实地干,就能养活自己,如果她在这方面能搞好了,也会发展得很好。

我也想帮助下一代搞个人力资源公司或者是文化传媒有限公司,退休了搞点力所能及的事。一方面服务于扶贫事业,一方面发挥点个人作用。我很看好文化产业和人力资源公司,这两个方面发展空间都很大,搞好了会给群众和自己带来无限的发展前景。我想第4次创业,60岁以前我进行过3次创业:第1次创业,是1974年到1980年,高中毕业后为了拿个男劳动力的工分改变自己贫穷的困境,我拿起了拌草棍在村子里喂了7年的牛,从9头牲口增加到54头,成了全国最小的劳动模范,河南省最小的省委委员,党的最小的十二大代表。2000年省直机关改革,我们省扶贫办、开发办、农办三办合一,我从副主任位置上下来,在机关闲置了10年,10年当中我又把畜牧专业捡起来,整天给鸡、猪、牛、羊看病。在这10年中,我的技术得到很大的提高,完成了第3次创业。2010年起我又开始创业,当了7年的第一书记,获得了"全国优秀党员"的称号,得到了各级的普遍认可。创业一定要有艰苦奋斗、坚持到底和坚持学习的3种精神。这算是第3次创业。退休以后我还要进行第4次创业。

2017年11月17日　星期五　多云

创业要坚持3种精神

河南师范大学商学院让我给他们讲大学生创业,讲什么怎么讲,我就讲自己创业的3个阶段和创业要坚持的3种精神。我的创业的3个阶段:初级创业——养牛,中级创业——学技术实践技术,高级创业——带动贫困人口脱贫。两个7年,一个10年,两个高潮阶段,一个垫底阶段,实践—理论—实践—再理论,在这3个阶段中,始终坚持3种精神。

一是艰苦创业精神。七年我吃住在饲养室。白天黑夜地喂牛、记笔记,经历了千辛万苦,经受了"75·8"发大水,打水掉到过井里,挑草划破过脚跟,还摔断过锁骨。不管遇到多大的困难,多少曲折我都坚持了下来,坚持到最后,我成功了,当上了"全国劳动模范"。参加了工作,走出了农门,走入了公务员队伍。在公务员队伍中,我们单位合并了,我在一个虚职的位置上干了10年,没有工作可以做,没有工作地位,在单位的花名册上,我永远是单位的倒数第一位。这时我下了乡搞技术服务,为千万家畜牧业农户服务成功了。我办了奶牛厂,帮助农民发展了奶牛,并大大提高了自己的技术,成了高级畜牧师。在第3次机会来临时,我下到农村,当了7年的第一书记。当第一书记也非常艰苦,我又干了7年,长达14年创业,使我养成了能吃苦的习惯,能创业的拼劲儿。

二是坚持。创业一定要坚持,只有坚持,才能有结果,只有坚持才能经历自己经历的事情,坚持不了,也要坚持,咬牙坚持,不顾一切地坚持。坚持一天算一天,坚持一年算一年,坚持一辈子就能成功了。

三是学习。学习是增强知识的主要来源,知识是能力基础,能力才是立身之本。我觉得向实践,向身边人员,向理论,向书本学习最重要。我一辈子坚持学习,才有了今天的结果。

2017年11月18日　星期六　多云

参加河南师范大学的精准扶贫理论和实践战略研究会

早上5点钟就起来了,准备参加河南师范大学精准扶贫理论和实践研讨会。早上起来,吃吃药,打打针,吃点饭就走了,到了地点刚好早上7点多。从上午8点半到12点半召开了一个上午的会,由河南省中原经济区研究会的郭军老师主持,由副校长致词,并给我发了精准扶贫学院指导委员会主任的聘书,还让我发了言。宿迁学院商学院的副院长、安徽科技大学的专家教授,还有河南大学的教授、博士生导师,以及两个省的驻村第一书记,讲得都非常好,让我也开阔了眼界,学习到了精准扶贫理论和实践的不少知识。这么多人都能参与到扶贫事业中来,真是了不起呀!

这次会议的重要组织者是侯建辉。他是个从日本回来的博士,又在中国人民大学读过博士,对扶贫工作很热心,很想做成点事。这次组织得很好,内容也很丰富,今后我要多参加这样的学术会议,多同高校联系,多发挥自己的特长和余热。

晚上参加了一个主任办公会,主要论讨公家的事,讨论材料,我先发个言就回家了。

2017年11月19日　星期日　多云

抢救

　　一场暴风雨终于来了,我经历了前所未有的打击和想象不到的痛苦,倒下了!家人把我送到了省人民医院急救室。这里太吵了,我的心脏太难受了,最终我失去了知觉,昏迷了,什么都不知道了。等我醒过来时,我已在心脏病一内科了。左边住着一个病危的老太太,她喘得很厉害,身边只有一个保姆,什么都不知道。这个老太太还特别讲究,不在床上大便。打了好多次电话,儿子终于来了,但对他母亲的事也不怎么当回事儿。医生找他谈,让他母亲进重症监护室,他还不同意,真是让人心寒啊!辛苦一辈子,临死了儿子还心疼一点监护费。右边也是一个病号,几个女儿在旁边看着。看看左右的病人,心里十分难受啊!生了病,一大堆问题就来了:不能自理了谁管?花钱谁出?夜里又由谁来陪护呢?生病的日子什么时间才能结束呢?长期有病又由谁来照顾呢?越想越让人伤心和无助。

　　下午4点多时,进到了心内科11楼23号病床。这个房子3个病号,一个是永城的农民,两个孩子,一儿一女,一个孩子月工资3000多元,另一个2000多元,但两个孩子都在身边。还有一个农民,丈夫是个教师,两儿两女,大学毕业后都有了工作。一个在上海的外企,两个在郑州,一个在许昌。四个孩子都很孝顺,丈夫每月也有6000多元钱。女病号虽然是农民,但心里很幸福。她是来复检,检查后没什么,明天就出院了。我看到这两个农民都这么幸福,才知道中国人养儿防老的观念是有一定道理的,很有实用价值。

2017年11月20日　星期一　晴

进一步做了检查

　　今天是住院的第2天,一天主要是检查。上午检查了心脏跳平板,跑了10分钟,没有什么大问题,这也是多年没做的一项检查。今天做了,没问题,这下就放心了。

　　下午又做了两次检查,晚上同妹妹素萍、弟弟吴晓在一起谈谈家务事。

　　今天跑了平板,知道自己心脏搭桥的情况还可以。原来高主任讲,搭的一个动脉桥又堵着了,动脉搭一个接头也不好,怕出问题,看怎么治,我也非常同意这个诊断(10年前有过一次在平板上出了问题,从那以后没敢跑平板了)。这次跑了以后没有发现什么问题,说明自己的心脏搭桥还可以。这次心脏病突发差一点要了命,以此为教训,以后什么事都要看淡一点,不能太认真。想想也是,人世间哪有什么公平的事,喜悦、愤怒,都应当看淡一点。现在保命才是最为重要的,没有了命,自己的一生就算结束了。生命万一结束,我想做的事还没有做完,觉得不甘心。老母亲虽然有弟妹照顾,但走在母亲的前头总也对不起老人家。思前想后,觉得自己一定要找一个解决问题的办法。

人为什么软弱,为什么在儿女情长上纠结,为什么在家庭问题上走不出来,都是因为放不开、想不开、顾及脸面、顾及孩子、顾及家庭太多了。这种顾及苦了自己,害了自己,也害了家庭和别人。人呀,为什么都有一颗苦果要亲尝?!

2017年11月21日　星期二　晴

在最难处找出路

昨天住院,一个朋友来医院看我,叙述了自家的困难和自己的爱情危机,让我给帮个忙。

她说自己身体多病。自从去年做了大手术后,丈夫对她很好,给她一天做三顿饭,给她包药买药,很关心她的身体。她以为丈夫回心转意,会同她好好过日子。没想到他在外边还有了人,被自己发现了,自己心里很苦恼,不知道该怎么办。让我帮她分析情况,天要下雨,娘要嫁人,你有什么办法?!人是你自己找的,毛病是你自己惯出来的,你带他走出县城,走入省城,走出困境,走向幸福生活,但人家不需要这一切。人家需要的是温馨的小家庭、小生活,为了这个小家庭、小生活费尽了心机,费尽了努力,拼了命努力去买房子,装房子,一心向往过自己的小日子,一心想同心爱的人往前走,你又有什么办法能留住他呢?人没有了良心,突破了道德底线,没有办法。没有办法就只能放手,放手是最好的解决办法。很多事情只有放了手才能找到另外一种好的方法。放下放下,只有放下了,才能忘掉一切。她想不通,觉得自己一生付出得太多了,一心一意地同他过日子,为他付出,替他着想,把他从县城调到省城,把他的弟妹都拉大成家,并千方百计孝顺父母,没想到他能那么绝情,那么坚决,那么无情地离开了她。我对她说,你自己也有该检讨的地方,事业搞得太好了,留给他的时间也太少了,再说像他那样的人,怎么也感化不过来。一个自私自利毫无道德底线的人,你同他过个什么日子?也就让他去吧,去了你自己也清静呀!化险为夷,你走出来了,你愉快了,你不就顺利了吗?

愿我的朋友能尽快走出来,走出来了,什么都好了。

2017年11月22日　星期三　晴

这次我有病很多人帮忙

从星期天进急救室,有很多人帮助我。卫生厅厅长李广胜帮助找人,人民医院保健科的同志专门有人跟着联系床位,联系病房,联系医生。从院里顾建钦副院长到心内一科高主任再到黄改荣主任,得到了人民医院各位专家和领导的关心和救治。检查了4天,小妹素萍、两个弟弟吴晓和吴勇也都在医院,魏超(外甥)、魏亚楠(外甥女)也利用下班时间来看我。通过检查,基本没有大的问题,只是虚惊一场,趁这一段时间我也好好地养一养。最近一段问题太多了,比如退休以后怎么办的问题,家庭、孩子问题,一大堆的难题,不知道该怎么办。工作上再难的问题都能解决,生活上的问题一个也不能解决。也不知道用什么办法解决,是自己低能、无用,不知道自己到底该怎么办,在自己家里,自己是长女,在丈夫家里,自己是长媳。自己不但不能带好头,还有一大堆麻烦事。没有办法,想想心里都烦,可心脏病就怕心烦,好在现在检查还没有大的问题。从现在开始,下决心照顾好自己的身体,只有身体好了,自己干什么才有本钱呀!也少给别人找麻烦呀!不给别人特别是不给家人找麻烦,自己对家没多少贡献,就不给他们再找麻烦了。少给孩子找麻烦,就是对孩子最大的贡献。老了也要有自知之明,不能等别人都烦自己了再离开。

2017年11月23日　星期四　晴

住院的体会

这次生病住院,见到了很多人间的悲欢离合,才知道中国养儿防老的重要性。过去能听父母意见,再多要个小孩儿,现在也不至于这个情况。现在老了,越来越发现,中国农村老人的很多观点很管用。

现在都提倡独身主义,都主张丁克,除非大人物,一般群众的养老问题还得靠孩子呀。没有孩子,生了病该怎么办呀?

2017年11月24日　星期五　晴

参加文明单位验收

　　这几天在医院住院,昨天单位两位副主任还来看我。一位是共事多年的汪断章,一位是新来的卢副主任,70年代的人。今天我带着病从医院来单位,因为来验收的黄富生是老朋友,他是司法厅的机关党委专职副书记,今年七一表彰时认识的人,我当专职书记时他也当专职副书记。

　　我在单位一辈子了,这次文明单位牵扯到每一位同志发奖金的事,所以我今天来帮忙。无论怎么样,我要做点对单位同志有利的事。这么多年,我在基层,同志们在机关,大家离得很远,接触得也很少,我给单位做的贡献也很少,心里时常有愧对大家的感觉。这次有了机会,我得抓紧弥补上。

　　原来想退休以后,去范县当个第一书记,再给单位争点光。这次有病,让自己被动很多,谁见了我都让我注意身体,说明自己不怎么注意身体。

　　党的十九大报告中提出创建生态文明,精神文明,提高中华民族的文明素质。我认为单位文明一定要建设好,今年高贵友负责精神文明创建工作,做得非常细,机关党委的张长立是刚来的新同志,工作很认真。现在机关党委的工作做得很活,整个机关人员工作都很努力。

2017年11月25日　星期六　晴

人到老了少说话

　　我已60多岁了,由于个性问题,说话比较多。这几年在农村,同农民打交道,说的话更多。这次住院出现两个问题,都是因为说话多引发了矛盾。

　　第一,外甥魏超来看我,不知说了什么,回家他两天没有吃饭。当时说魏亚楠买车,不知说了什么让他不高兴的事。

　　第二,昨天的一件事让我很有启发,XX做错了一件事,赔了一百多万元。他老婆说,在家里每个人都比他的素质高。我们都是大学生,他区区一个小小局长,整天在家耀武扬威,谁也不敢对他多说一句话。这次把孩子的钱、亲属的钱都赔干了,他得劲儿了。

　　人老了,不能多管事,多说事。像老陈多管事,给自己搞得很痛苦。当个第一书记,整天到处求人,谁见了都躲着他。老了一定像王金柱校长说的那样,在家里,没菜了就买,没饭了就做,地脏了就拖,多干活少说话,别让别人烦。对家人更应当宽宏大量,因为那是自己的亲人,对亲人一定要比对外人还知道付出。我一辈子都是对社会付出多,对家人付出得很少,老了不能给他们贡献了,但一定不能给他们找麻烦。樊士国说,自己照顾好自己,不要设想别人为自己做什么,管好自己的身体才是最重要的。像XX局长做错了一件事,连累了家人,家人就开始不满意了,多少年的愤怒都会一下子爆发。

家家都有一本难念的经。

2017年11月26日　星期日　晴

从明星离婚案看中国法律对个人财产的保护

原来一心搞扶贫,没有很好地研究法律对个人财产的保护。这两天静下来想一想,个人财产是受法律保护的。最为典型的是某明星的个人财产被别人侵占的案子。

这位明星拍电影收入3亿多元,可被自己的爱人和自己的经纪人合伙将自己的财产转移和侵占了。当自己发现时就起诉了,听说现在他的经纪人被抓起来了,叫转移资产和侵占个人资产罪。

我的一个朋友,对爱人百般地付出,把他从县城拉到市里,又从市里给他拉到省里,到头来他还负了朋友,朋友伤心地大病一场。这样的人还留恋什么,早就该结束了,可朋友心里还是放不下他,大家都劝她快点把这事给办了。

即使是两口子,也有离心离德的。当对方变了心,你也一定要面对现实,采取法律的手段来保护自己。不然对方对你就更胆大,做的坏事就更多,对你的伤害就更大。

人心太善了,会给别人留下干坏事的机会。对坏人一定不能太心软,软了会害了自己也害了对方,我一定要动员朋友拿起法律武器保护自己。

2017年11月27日　星期一　晴

郭天财的孝顺

郭天财是个小麦专家,这几天我在省人民医院干部病房18楼11床住院,他也在同楼层9床住院。因为是熟人,天天都能见到他,他的孝心让我感动。

他来住院时,带自己的父母亲到医院来检查。他说父母亲都94岁了,同他住在一个屋,每天见他给父母打饭,带着父母检查身体。昨天晚上出来走路,又碰着他拉着94岁的父亲从家回医院,他说自己今天去参加一个中原学者评审会了,把父母送回了家,现在刚从家里给父亲接回来。

一个大科学家,工作这么忙,还在自己身体有病时,关照自己的父母,看着他每天牵着自己的父母检查身体,自己深刻地体会到什么叫孝顺。时时想着父母、关心父母、照顾父母才叫孝顺,我以为自己对母亲就够孝顺了,没想到郭老师比自己做得好多了,我应当很好地向他学习。一是学习他的孝心。百善孝为先,他之所以事业那么有成就,就是他先从孝道开始,平时的孝老敬老不说,这次住院对父母那么好。二是做在平时,做在具体,做在点滴。他一个大科学家,工作那么忙还时时关照父母,自己检查身体,还不忘接着父母来医院看一看,检查一下父母有什么问题没有,做得真是细呀,对待父母就是要在小事上,在具体事上,在一点一滴上,不论说多少,关键在做。三是父母健在,就是自己的最大的幸福。越是父母还在,自己就要为父母多做事,做好事,做实事,做对父母有利的事。郭天财为什么那么有成就,我认为同他的孝心有关,对父母孝,才能对天下人孝。

人越有平常心,才越能装下天下人。连自己父母都不孝顺的人,还做什么大事?

2017年11月28日　星期二　晴

重新认识省人民医院

这次生病我在省人民医院住了3个科室,急救科、心一内科和东院康馨心内科。来回转了4次,经历了3个科室。有李广胜厅长的关照、医院医保中心的照顾,在转科室时还比较顺利,从这3个科室的情况看,最难受的还是急救科,人多吵得厉害。就在这个科室,我感悟深刻,认识到了养老必须靠孩子的深刻道理。

到心一内科,因为有高主任在,我彻底做了一个跑平板运动,就是这次做了,才知道自己的心脏还可以。心一内科住了两天,医务人员非常地好,医生看病比较认真,护士也服务很好,体验到了高水平的医疗和医德。

三天后转到了东院康馨中心(18楼11床),在这里认识了黄改荣主任,我在这个科室住了7天,她人很好,工作很敬业。管我的大夫是今年刚毕业的研究生,工作很认真、负责,护理人员水平也很高。从住过的医院看,省人民医院在救死扶伤、为人民服务上还是做得非常好、非常到位的。他们在服务水平和服务质量上下功夫。办院的宗旨也很明确,省人民医院的医生医德好,服务好,医风好!上次我来检查,专门写了一篇文章。

这一次死里逃生,悲苦交加。在情感上的痛苦和在治疗上的优待,给了自己很多的启发。因为住院,一些好朋友来看我,充分释放了关于痛苦的诉说。因为住院的治疗,让疾病很快好转,保住了一条老命。

2017 年 11 月 29 日　星期三　阴

天气突变,我去了三个地方

一是到老房子里看了一看,一看这房子心里就亲切。想让吴卫华装修一下,接母亲过来住。

二是去了徐老师那里,商量下自己的事怎么办。

三是去了省高院吴金朋那里,听听他对问题的处理意见。集思广益,这几天听了听别人的意见,心里明白多了。知道怎样对待这件事,怎样面对这件事,怎样用法律来更好地保护自己。

很多事一定要拿出来。一拿出来,解决的办法就多了,眼界就宽了。这么多年干工作,干事业,没有很好地研究法律,也不知道法律能这么好地保护人。通过这个事,我深刻地体会到,做什么事都要集思广益,多听听别人的意见。党和国家提倡民主,民主绝对是个科学的东西,是个好东西。

自己现在承担了两个科研课题,也一定要发扬民主,充分听取专家的意见,把课题做得更好以便给人民群众带来实惠。从现在的情况看,我还有 10 年干事的时间。我要用好这 10 年,多做一些对社会和人民群众有用的事,不负人民的重托和党的培养。

明天就要出院了。自己很快就要退休了,处理好自己的事情,就很好地开始自己的新生活,进入老年时期,一定要让老年生活过得更光彩、更幸福。

2017 年 11 月 30 日　星期四　小雨

今天出院

从 11 月 19 日到今天,我已全面检查了身体,整体上没有什么大的问题,主要是劳累和生气所致。上午出院,中午新蔡商会石建峰、王守平请我吃饭。大家在一块儿谈到新蔡通高铁之事,我和路大建都愿出一把力。

下午郏县周华主席、张主任(县扶贫办主任)来找我汇报工作。我把李红军、曾凡学请去陪他们,晚上吃饭,说一说工作,也算新蔡和郏县的同志为了我出院给我庆祝一下。

上午林浩来接我,小王请我吃饭我没去。在屋里待了10天,见见人感到很好。

从现在开始,就学着过正常的生活,以身体为重,调节好生活。

这次住院有两点我感悟比较深。一是生儿养老,二是自己照顾好自己是最重要的。

我每次住院都麻烦亲戚,以后就少同他们联系,把精力主要用在学习、看书、写东西上,多出点作品,多做一点对社会有用的事,发挥余热,奉献社会。过一天就要有价值一天,活一小时,就要对得起自己的一个小时。做到困难面前找办法,冲出重重困难,走向光明又一天。

2017年12月1日　星期五　小雨

这个会开得很好

昨天刚出院,今天开个科技项目论证会。参加的单位有省农科院、农业大学、发展研究中心、河南师范大学、河南牧业经济学院和省扶贫办。我参加了,方国根副主任参加了,史秉锐主任也参加了,还有郑州大学同创研究院也参加了,来了20多名专家学者和领导,乔鹏程副院长也参加了。

第一,观看了省扶贫办信息中心扶贫数字与网络,由方国根副主任讲解。

第二,各个成员组汇报了各自负责县的工作情况。目前15个县签合同的有9个县,经费落实的有2个县,3个县免费做的,还有3个县就没有同意做。商水县就没有打算做。完成好的科研单位是农业大学、河南牧业经济学院、河南师范大学,听了之后我布置了任务,提出了完成任务的目标。

第三,听取了黄河滩区战略模式研究的工作进展情况。这项工作由田建民书记负责,正在进行之中。

第四,提出了深度贫困地区发展研究设想,由郑州大学同创研究院负责。今年做县里工作,明年报课题力争把河南扶贫模式的战略性研究写一本书,力争让黄河滩区的课题研究获一个奖,把深度贫困地区研究力争提一个提案(在全国人代会上)。这样我再在范县做几个事,就能达到目标。

2017年12月2日　星期六　阴

人性不光彩的一面

好朋友今天哭着跟我诉说,她家里出现了一团糟的情况。她结婚34年了,丈夫出了轨,在外面还有了一个孩子,为这事她差一点没命了。爱人写了离婚协议,5套房子,没有好朋友一套。女儿看到了怕爸爸离了婚,房子都落到别人之手,就去找她的叔叔、姑姑,让其出房子是爸爸买的证据。叔叔、姑姑都不给她出,她恼得想要改自己的姓氏,和叔叔闹个翻天覆地。

最后一家三口人坐在一起,孩子说出心里话,不想让爸妈离婚。但爸爸怎么也不肯,他说自己同现在的那个女的过了几年了,必须走离婚这条路。无奈之下,朋友同意离婚,丈夫同意给她一套房子。但丈夫要求离了婚再办过户手续,朋友坚持办了手续再去离婚。

我的朋友是个非常善良、非常能干的女性。她丈夫学历是个中专,家是农村的,什么都没有,还有姊妹7人,是她一个一个给弟妹拉扯成人、上学成才,工作成家的。她说为了养家糊口,80年代和90年代自己都是下午买菜,因为下午的菜便宜。最困难的时候,两口子70多元钱,供应两个家的弟妹(娘家一个,婆家一个)上学,还养活七八口子人,为了让婆家妹子上班,自己在北京买的一个羊毛衫和一个新棉袄就拿去送人。自己把丈夫从县调到地区,从地区调到省直,没想到她的丈夫恩将仇报,在外面混不回家,还理直气壮地说离婚是因为性格不合。听着朋友的诉说,我肺都气炸了,心脏病都气得复发了。这个婚变让我有3点启发:

第一,人性的丑陋。朋友的丈夫为了寻欢作乐,不惜以牺牲家庭做代价,背叛妻女不顾形象,不顾良心的谴责,硬是要离婚过自己想要的"小日子"。为了达到同妻子离婚的目的,偷着转移财产,重婚。他的兄弟姐妹,也都占他的房子,闹离婚时连个证据也不愿出。

第二,善心有时会弄成大错。朋友的善心,朋友的宽容惯成了丈夫在家说一不二,胡作非为,造成了30年婚姻走上了离婚之路,使丈夫一步步掌握主动权。如果朋友在家不那么大度,不那么宽容,不那么放任丈夫,能会使丈夫一错再错?如果他的家人不帮助他顶名买房,他丈夫拿什么现在这么横?如果朋友不给他创造条件,她丈夫能犯那么大的错误就没事了?哎,害得自己到老了连个房子都没有。事已至此,朋友也只有接受现实了。

第三,朋友的婚姻告诉我,什么人都靠不住,自己的命运只有掌握在自己的手中。婚姻要很好地经营才行,但婚姻也是靠不住的。

大千世界，什么人都有。当你遇到了人渣，你一定不能用感化、包容、宽宏大量来解决问题，朋友家的事是一个很好的例子。自己唯一的筹码是身体，如果自己没有了身体，千万别指望别人对你多好！人哪，一生为什么这么苦呀？！

2017年12月3日　星期日　阴

祸不单行

朋友说自己真是祸不单行，组织上还没有下文通知自己退休，单位的领导就不给自己工作了，办公室也不通知自己开会了，让自己干得心寒心凉。辛辛苦苦干了一辈子，单位的人太急着让自己下来，一点人情味儿都没有，这在单位是彻底"下岗"了。

在单位下岗，丈夫又天天闹离婚，不离就弄一个"小三"天天过，抱着孩子回家闹。

还有一件更让朋友闹心的事。自己一生积累了一点钱，借给一个朋友做生意，可能要大赔，现在一年多了都不还。她说自己到好朋友家去看一看，朋友根本还不起，办厂贷了5000多万元，银行天天要账，欠朋友2000多万元，可能根本还不了。朋友说，现在是工作没有了，家也没有了，钱也没有了，不知道今后的日子怎么过，整夜整夜睡不着觉，说自己是人生最艰难的时候，让我帮助她。我给她指出几条路子：

第一，从零开始，家没有可以再建，工作没有了，可以再找，钱没有了也可以再挣。如果再把这三个东西创出来，那才是人生的奇迹和辉煌。

第二，从现在开始，注意好身体，身体好了，就有翻身的资本。身体好了，还可以再干20年，有一个不一样的人生。

第三，尽快走出痛苦，把工作作为起点，把发展经济作为目标，坚持坚持再坚持，努力努力再努力。

第四，快乐过好每一天。今天的事今天干，今天的日子今天过，干自己愿意干的事，想自己美好的事。

第五，坦然面对人生。保持原来的正气、正义和善良，把根扎到穷人当中，把眼放到历史当中（到底自己能给历史留什么），把心思用到自己喜欢干的事上。

将祸不单行，变成以祸为福，以祸为训，以祸为强，以祸为志。让祸成为福的基础，成为福的动力，成为福的反面教材和警例，成为福的成功道路。

朋友，你是个好人、善人、有智慧的、埋头苦干的人。我相信你一定会走出困境，再创造自己辉煌的人生。

2017年12月4日　星期一　阴

朋友的失败教训

经人介绍,认识了D朋友。他思路清晰,分析市场的能力很强。前两年他帮助村还做成功了两笔农产品贸易,但现在是一失土地,二欠银行很多钱,而且欠好朋友好多钱,他失败的原因有几点:

第一,太自信了,他帮助时经理做生意,帮助买苹果,买大姜,买大蒜,现在败得什么都没有。他帮卢学生做生意,进去就掉里面了。他帮助贫困村做生意,把村子里钱挪用了,最后自己赔得很惨。

第二,超越了自己的能力做事。自己没钱做事,还想帮助身边的朋友做。事情没做好,朋友不但丢掉了,而且可能还会打官司,钱没赚到,名誉也一败涂地。

第三,太热情帮助别人。人没帮到,自己也掉进去了。D朋友有点像我的性格,热情,好客,很讲面子。我一定要吸取他的教训,现在自己老了,不能强行干自己不能及的事。做错了一件事,连翻身机会都没有了。

2017年12月5日　星期二　阴

忙碌的一天

今天同范县赵丽玲县长、郏县郭东晓副书记、周副主席(政协)一起来北京,先是到农业部畜牧总局杨振海局长那里汇报郏县红牛和范县养猪情况,汇报了一个半小时。因杨振海懂行,谈得比较好。

振海答应了两件事。一是从年底经费中解决200万元左右,研究郏县红牛的保种问题;二是黄河南滩区种草已定310株,可以在范县大搞种草养畜。

从农业部回来,去了国家扶贫开发办公室,见到了行业司的王司长,也看到了刘主任和陈主任(分管河南)。主要汇报健康扶贫,中午请大家吃个饭。

这是我今年最后一次来国家扶贫办,见见刘主任和陈主任,把下村的事向他们汇报一下。

下午去中央电视台见季林副台长,谈了在这三个县拍摄纪录片的事,谈得都很好。

郏县红牛是个地方优秀品种,有很好的开发利用价值。我要帮助韩书记把这个事做起来,发挥自己专业的作用。

昨天去了商丘师范学院,同介晓磊书记谈了一下。在商丘搞一个精准扶贫研究院,把深度贫困区的扶贫搞起来,退休以后主要把科研和基地搞好。

2017年12月6日　星期三　阴

见到老领导有感

昨天下午我去了全国总工会,和赵丽玲县长(范县)、郭书记(郏县副书记)一起去看了邓凯副主席。他在河南干了六年多,现在还包郑州市二七区和洛阳一个企业。他说自己对河南很有感情,6年时间同大家相处得很好,他听了郏县和范县扶贫工作、公共工作及基础工作情况,询问了河南的几件事情,并对我们几个人提出了要求。

1. 扶贫干部干好了就得提拔,不能让大家寒心。如果自己在河南,会积极探索干部任用和管理的路子。

2. 关心县级工会的工作,加强对工会干部的管理。

3. 更多地表现出对基层干部的关心,爱护和支持。

我们3个人在邓书记办公室坐了两个多小时,谈得特别亲切、热闹、融洽,处处体现了邓书记以人为本的思想。我没从他那得到任何好处,但我对他非常敬佩,所以两次来看他。也从他那学到了一些东西。退休以后我要发扬"劳模"精神,为人民做更多的事。

2017年12月7日　星期四　阴

今天去了不少的地方

第一,去了中组部二局刘文副局长那里,汇报了我去范县一个村的情况,并说了两件事:第一,搞个党员创业园,由中组部牵头搞一个试点;第二,召开一次支部书记研讨会,大家相互学习,可以开两天。上午10点多从刘局长办公室出来,我们直接去北京市农村合作社,参观学习北京的现代农业示范园区。

中午郏县在北京工作的老乡李主任请客。我们认识了公安部改革局的王局长,水利部的尹司长及最高法院的小徐。在吃饭桌上,听说李主任的妹妹做月嫂中心。去年刚做,主要是搞加盟,现在搞了4家,都在县里和乡里。一个加盟店投入2万元到3.5万元,现在搞了4个,主要提供模式和培训。这种方法很好,我搞农民人力资源公司也可以这样搞。现在文化传媒、人力资源都可以这样搞。

下午我去了国家扶贫办,见到了机关党委书记景梁和社会扶贫司王司长。

晚上同三〇一医院石国立主任在一起吃饭。我们在一块吃吃饭，说说话，一天紧紧张张。赵丽玲县长和郭书记他们都走了，就我在这等中央电视台刘军，他们有一个摄影组去了我工作的两个地方。

2017年12月8日　星期五　小雨

朋友的痛苦就是我的痛苦

朋友告诉我她这两天很痛苦。因为她的丈夫又同他的情人一块旅游去了，朋友气得胃疼，心脏病又犯了，连朋友的女儿也犯了病。女儿气得要治她爸爸，并要治她爸爸的情人。

我一辈子做什么事都有办法，可这事却束手无策，不知道怎么办。我帮助朋友咨询过律师，律师说现在的办法主要是取证或等待她丈夫签协议，才能找到他丈夫买房子的证据，从而分到多的资产，给孩子留点东西，尽快地办离婚手续。可是朋友说，现在没有离婚，丈夫同别人一起过日子。她和女儿怎么样都也不舒服，思想也是很痛苦的。

解决朋友的事让我感到难。事摊到谁身上都有点受不了。生活一辈子，到老了，丈夫背叛了自己、伤害了女儿，朋友没有了家，失了人。丈夫大摇大摆地在外面过日子，给自己丢了人，在无限的痛苦之中，女人怎么那么多难事呀？

朋友痛苦的是，她把这事同最信任的B朋友说了。B朋友不但批评了她，而且还说她愚笨，给事办砸了，一事无成。她说人到难处时，谁都可以说你，谁都可以贬你，谁都可以往你身上泼脏水，这时你才体会到了打掉牙往肚子里咽的道理。所以家务事再痛苦也不要往外说，没有几个人能帮助你。好奇的人、看你笑话的人很多。朋友输得很惨，一辈子在家里委曲求全，不但没求着全，而且还让丈夫重重地给打败了，连一套房子都没给她。更为惨败的是自己省吃俭用积攒的一点钱，全部败在了生意上，并把亲戚的钱也搭上了。我真怕朋友想不开，所以天天往她那里去，做她的工作，安慰她，帮助她想办法。

社会上永远是胜者为王，败者为寇，婚姻爱情是人的永恒的话题，朋友的遭遇可以写一本书了。女人呀，一辈子真不容易呀！

2017年12月9日　星期六　多云

今天回到了西王楼

中央电视台七套的记者到西王楼录制节目,让我回村录个片子,我从北京赶回来了。

在村子里见到了很多人,有傅校长、王永和、王天根、王泷圣、郑道山、陈根坡,还见到了市技工学院的陈赫迪,有两个体会。

第一,老人们见了自己很热情。第二,陈书记很年轻,今年才28岁,研究生毕业,在驻马店技工学院当院长助理,个子很高,说话办事很贴题,也很有抱负。见了他我就很喜欢他,并介绍魏亚楠让他认识,相信他一定会在西王楼干得很好。

在这次采访活动中,最让我感动的是熊海罗。他说我这么忙还能去他家看他,眼泪都流出来了。这与一个部门做的事相比就千差万别了。我来驻马店时,专门同宣传部的领导打了电话,让接中央电视台来的记者。可到第二天也没见到宣传部的一个人,还让记者自己打的去宾馆,不抓落实害死人呀!这下也给驻马店的形象抹黑了。这同驻马店的文明城市怎么比呀!

这两天家里出了很多事,我也急着回郑州。母亲接来了,留在家里,我也不放心。村子里去年买的大姜,现在价格也低,卖不出去,急得要命,曹川林和吉新华一直在现场,不知该怎么办才好!如果赔了,这次可丢大人了。我要千方百计地采取措施,不让村子里受损失,哪怕自己倾家荡产也不能让群众受损失。

2017年12月10日　星期日　阴

参加全省第五次脱贫推进会

今天上午在省人民会堂参加全省脱贫攻坚第五次推进会,可谓隆重得很。省委九位常委都在主席台上就座,省直机关"一把手"、脱贫攻坚领导小组的成员,以及扶贫办处以上干部都参加了,我为了了解会议精神,也参加了会议。各市县也都设立了分会场,书记、市长、副书记、副市长、扶贫办主任也都参加了会议。

王炯副书记主持会议,一位副省长汇报了全省扶贫工作进展的情况。材料写得十分详实,把全省做得不好的地方都说得透,点得出来。

这次会议我认为是历次推进会中做得最好的一次。一是通报写得好。其一是好的做法,其二是表扬了泌阳、孟州和永城。二是表扬了三门峡漏评、错退、错评判为零,南乐县、渑池县、陕州区等三个县漏评为零,洛龙区、汤阴县等19个县错退、错评判为零。三是探索精准实施,路径找得准。四是集聚脱贫攻坚合力,省级财政扶贫资金和专项彩票公益金59.64亿元,较去年增加5.15亿元,截至11月底,全省贫困县统筹整合使用财政涉农资金230亿元,确山县采取"快走、快批、快拨、快建、快审"五快工作法确保扶贫资金有效益,强化一线队伍力量。

突出问题。一是政治站位不够高;二是干部工作风不够实;三是能力素质不够强;四是督查检查不够科学;五是责任落实不够到位;六是资金管理不够规范;七是基础工作不够扎实。

整改要求。一是以提升站位促进脱贫攻坚;二是以作风攻坚促进脱贫攻坚;三是以对标提升促进脱贫攻坚;四是以问题整改促进脱贫攻坚。

最后谢伏瞻书记和陈润儿省长讲话。

谢书记讲了四点:一是进一步提升政治站位;二是进一步加强组织领导;三是进一步转变工作作风;四是进一步落实责任。陈省长讲了三个问题:一是对标检查找差距;二是补齐短板;三是抓实基础上水平。领导的讲话特别实在,也特别有水平。王炯副书记讲的三点也特别好:一是为什么让大家来谈话;二是谈什么;三是怎么办。

参加今天一天的会,上午是省委办公厅开的,在省人民会堂。下午是省政府开的,在省政府十二楼,两个会议,一个内容,都是扶贫攻坚,下面的同志都是战战兢兢,心情很不好,上面的同志很下劲儿,材料写得都很好。

2017年12月11日　星期一　阴

一级有一级的水平

昨天听了一天领导讲话,感受到一级有一级的水平,特别佩服陈润儿省长和王炯副书记,陈润儿省长讲话针对性很强,讲的都是自己的东西。他说的一个例子很让我受启发,他说自己去了一个村子,当地汇报这个村深度贫困人口占70%,他到村一看,70%的人都外出打工了。村里的人不多了,在这不多的人当中,还有些自己做事业的,感到很惊喜,但也有个工作不实的问题。王炯副书记讲自己去看之后,到一个村头看了一个老人家的房子,很破,下不了脚,站不住人,卫生都有几个月没打扫了,能说我们的工作很深入吗?

领导这种发现问题,循循善诱的方法是很值得我们学习的。为什么他们当大领导,就是他们这种既教方法又尊重人的思想让人佩服。

我同大领导接触很多。越是大领导,越是平易近人。我曾同国家领导人邓小平、邓颖超、陈云、许世友、聂荣臻等老一辈无产阶级革命家在一起开过会,吃过饭,他们都是很平易近人的。

王炯书记我接触的比较多,我看他工作水平很高。因为在扶贫办工作,我认识了这些领导,找到了向他们学习的机会,我要把高级领导身上的优点、工作水平好好学到手,这对自己影响很大。我要很好地克服自己不冷静、遇事好批评人、干事冲动的毛病。

2017 年 12 月 12 日　星期二　阴

对错误的放任,就是对人不负责

朋友的爱人本来是个本分、老实的人,他是姊妹七个中的老大,把家里的兄弟姐妹都拉出了农村,本应好好过日子,却走上了婚外恋的歧途,使家庭破裂,让人骂、恨。仔细想一想,朋友虽是受害者,却也有很大的责任。

责任一,不应给她爱人那么高的地位和权力,养成了目空一切,想干什么就干什么的缺点,以至误入歧途,不知改正,偷着买房子,养情人,到处胡混,由受人尊敬变为人人谩骂。

责任二,没有很好地关心他,帮助他。在他受处分期间,朋友一直忙工作,忙事业,冷落了他爱人,使他一个人在家苦闷,走上了不归路。发现他走向歪道,也没有很好地帮助他。

责任三,了解他爱人不多。只在生活上、工作上、物质上给他支持,没有在思想上与爱人很好地沟通、交流、帮助和解决问题,到最后没法收拾,只能让他走上不归路。

从朋友的教训中,我发现有时不能太善良,太宽容,太放任自由。等大错铸成时,不但断送了自己,而且也伤害了家人。人要善于总结教训,走出困境,提升能力。

2017 年 12 月 13 日　星期三　阴

有感于参观永城产业化扶贫

这次参加永城产业扶贫研讨会,感觉永城的会议形式很好。参加人员规格很高,研究的层次很突出,现场很振奋人心。

感受之一：这次研究会规格很高，专家和新闻媒体很多，领导很重视，研究的内容很重要，看到的效益很好。

感受之二：扶贫工作做得很好，扶贫出了7种模式，用5种办法抓贫困户实施，筑牢精准扶贫穷根。加大力度培训人员，让贫困户掌握一门技术，打造乡村扶贫就业车间，入股分红，打造基地，壮大产业发展之"源"，并抓规划促脱贫，抓党建促脱贫，抓帮扶促脱贫，抓作风促脱贫，抓思想促脱贫，做得很好。

2017年12月14日　星期四　晴

走访胡屯村

今天一天很忙，早上5点钟起来前往胡屯村。先到贫困户胡合贵养鸭场，了解到他养鸭有两个问题：一个需要4万元钱建鸭棚，随即找了乡党委书记高彩菊，让她帮助协调贷款之事。又帮助他联系买鸭子的人，因为这批鸭苗再有15天就能卖了，如果这批鸭子能卖个好价钱，养下一批鸭就有劲了。所以要亲自帮助他。

随后我们又动员了12家农户搞住宿接待游客，要求干部带头先搞。

下午去滑县看了农科院农经所的腾忠，看看他的村子，听听他的汇报。我又指点一下村子的发展方向，散了会都晚上7点了。吃完饭回来到范县住室已经是夜里12点多，跑了一天很累很累。

2017年12月15日　星期五　阴

没能去成宁夏

本来我要和霍克廉一起去宁夏开会，由于今早上起来就感到心脏发沉，胃里又隐隐作痛，我就决定不去了。一是今天下雪了，天气太冷，从银川出发要几个小时才能到固原，我怕自己的心脏病再犯了，就同史秉锐请假不去了。由于天气问题，表妹郑新换去新疆也没走成，在家住了一天。魏超知道我这段出事了，也同他爱人小欧及孩子魏行来看我。因为魏亚楠怕她姥在家没人照顾，下班后回家看她姥，高潘登的爱人也来看我，所以家里热闹非凡，超和他爱人小欧做的饭，大家都高高兴兴的。

自从家里出事后，我一直处在极度痛苦当中，每天晚上都睡不着觉。人呀在困境中怎样也走不出来，精神折磨是最大的摧残。自己什么都知道但就是走不出来,担心自己突然死了,女儿还没成家;担心母亲受不住打击;担心社会上怎样看自己;担心今后日子怎样过;等等。真不知道今后该怎样过。

2017年12月16日　星期六　阴

永城市产业扶贫工作做得很有特点

永城全市建档立卡贫困户5968户12202人,未脱贫3845户7489人,"低保户"3791户8901人,"五保户"1396户1396人,一般贫困户781户1905人。其中,因病致贫的占70%,因残致贫的占18%,这两项占到近90%,面对这样的贫困群众,扶贫攻坚的难度很大。面对这群病人、残疾人,一方面要采取政策落实,落实医疗费的保证,落实残疾人的各项政策;另一方面落实人文关怀,帮助这群人提高自信,驱除病魔,解除痛苦,服务他们,关心他们,爱护他们,细心照顾他们,使他们对生活有信心,有热情,有希望,提高自身免疫力和抗疫病的战斗力。

人在贫穷的时候,在困难的时候,在悲伤的时候,在痛苦的时候,最需要的是安慰,是陪伴,是倾听,真正做到细微之中见真情,蒙蒙细雨润心房,并尽力关心贫困农民,帮助贫困农民,支持贫困农民,用真心换真心,用细心换真情。要充分发挥政治思想的强大性,有效性,永城产业谷建全主任总结了6个方面的成绩,6个特点,6条建议,我认为总结得很好,很有水平。我看了农业的花卉和服装加工厂,特别在十八里庙,那个杨书记让我很佩服。一个女同志,把扶贫工作干得这么好,真的不容易呀!谁说女子不如男?女的干起事情来,一定不比男的差呀!所以对许多女同志我都很敬佩呀!永城的刘主任也做得非常好,本次推介会上永城受到了表扬。

2017年12月17日　星期日　阴

今天又生病住院了

由于过度悲伤,这两天胸部疼痛,胃部也隐隐作痛。上午在安保大厦听了一上午的保险理财的课,并发了一台空气净化器(价值3000多元)。中午小王做的饭,饭后徐老师帮助我理一理家事的处理思路。到下午4点多钟,我非常困,徐老师不让我睡,她怕我心脏病犯了,睡下去就起不来,非让我到医院不行,考虑到自己的身体和徐老师的好意,我就来了颐和医院。在打车的时候,怎样也打不上,天很冷,零下4℃,又刮着大风,由于不会在手机上叫车,只有在路边等车了。

母亲和徐老师一个近90岁的老人,一个近80岁的老师,都陪着我在去医院的路上等车,还带着住院用的东西,拉着个大箱子,还拿两大包衣服和洗漱用品及牛奶。这时深感自己的狼狈、无奈和刺骨般的寒冷,这种冷从外到内,从身上到心里,都凉透了,冷透了,寒透了。心寒加着心病,自己像掉到冰窟窿里,像掉进无底深渊,除了寒冷还是打颤,脚凉手凉身凉心凉,每个毛孔都透着寒意。心脏病、心绞痛遇到这样的天气,遇到这样的心情,不犯病才怪!

我们三个老太太就在路边上等了半个小时,好不容易坐了个出租车,很久才进了医院。到了医院还好,由于赵志刚院长、卢护士长提前都安排好了,什么手续都没办我们就先进了病房,一切手续都是护士站帮助我们办的。办好了手续,小弟吴勇才来,他很快把母亲接走了,安顿好后,徐老师才走。今天接母亲来家,本来是想让她到家看一看,没想到她倒把我劝进了医院,并给我讲述了人在困难时的许多减压办法。她是一个妇女教育专家,在很多家庭问题上,都有许多独到的见解,使我受到了许多的启发和教育。

人无论在什么时间遇到什么样的困难、曲折和失败,要真正站立起来的只有靠自己,自己内心的强大是战胜一切困难的根本。所以我要克服困难,重新站起来,真正是知难而进,打好家庭保护战。

2017年12月18日 星期一 多云

小医院有小医院的好处

昨天我住进了郑州颐和医院,今天上午赵志刚院长就来给我检查。他列出我的3个问题:第一类,心脏病搭桥;第二类,冠心病;第三类,糖尿病。现在又新添了胃病、胸痛和背部放射性疼痛。一是做一个微循环的检查,二是请专家会诊。下午心内科和消化科的专家都来会诊了。通过检查,纠正了一个错误用药的方式。胰岛素打错了,本来是早上多,晚上少,结果打成晚上多早上少了,现在纠正为早上14个单位,晚上10个单位。药物减了4种,对胃减轻了不少负担。如果不是医院小,专家心细,这些问题没人会去考虑。所以养病还是到小医院好,这次来医院才两天时间,就解决了两个问题。医院服务态度真好,还享受了专家教授的优质服务。现在的人都要到大医院看病,殊不知小医院也有非常好的地方。

家里出事以后,我两次住进了医院。一方面治疗疾病,另一方面也治疗心病。但愿我能战胜疾病,也能治愈心病。老年最怕的是独住无人,可我偏偏在退下来时出现了重大变故。只有自己去面对了,没有过不去的火焰山,没有蹚不过的长江水。难不难,想想老革命前辈;苦不苦,想想长征二万五。困难总是会过去的。

2017 年 12 月 19 日　星期二　晴　胡屯村

小小种草技术正在改变世界

　　林占熺是国家菌草工程技术研究中心的首席科学家,菌草技术发明人。
　　40 年前,椴木养菇技术从日本传到中国,为中国人致富打开了大门。但林占熺却忧心忡忡:食用菌生产若靠大量砍树林,一定会产生"菌林矛盾,付出巨大的生态代价"。于是,他开始研究以草替树种植蘑菇技术。41 岁的林占熺经历无数次的失败,直到实验的第 3 年,一朵用芒萁培育出的香茅菇才生长出来了。1983 年林教授培育出的第一株菌草告诉人们,市面上所有的食用菌都可以通过菌草来培育。目前,有 160 多个国家的学员,来中国参加菌草种植的培训。
　　1996 年,福建与宁夏建立扶贫协作对应帮扶。林教授到宁夏闽宁村一看,自然环境之恶劣,种草栽菇可成为他们脱贫致富的短平快项目。因此,林教授就开始研究了由"输血模式"变"造血模式"的大转变,开始种起了菌草菇。经过 20 多年的努力,走出了闽宁模式,致富了一方贫困农民。
　　如今,他又在黄河滩种菌草,促使黄河两岸进一步建设千里生态屏障,实现黄河流域生态进一步修复,将生态保护与脱贫有机地结合了起来。

2017 年 12 月 20 日　星期三　晴

一个月住了两次院

　　一个月我住了两次的医院。第一次是抢救,这一次是背部放射性疼痛和胃疼,从住院检查的情况看,主要是生气和吃药太多所致。百病皆生于气,气伤肝,生气都会让血气滞,气不畅则血不通,病不死人气坏人,这一个月不知怎么过来的,整天迷迷糊糊,颠三倒四,血压也高,血糖也高,整夜整夜都睡不着觉。原来都发生在别人身上的事,现在发生在了自己身上,可悲呀可悲!
　　下午我去看了房子。又去看了王律师,本来要去看母亲的,但由于饭前要打针就回来了,保姆小王给我做点面条,我吃了一小碗,洗洗就休息了。现在的心情不好,很迷糊,没有目标,没有心情,什么都不想干,书也看不进,事也不想做,饭也不想吃。从来没像现在这样,对人生失去信心,对生活失去信心,对一切的一切都失去了信心。这次的事对我打击太大了,我一辈子老老实实对人,疼人,关心人,没想到老了老了自己摔了一跤。

好日子好过,坏日子难熬。这一个月每天不是过出来的,而是熬出来的,只能坚持熬下去呀!

2017年12月21日　星期四　晴

今天一天做了很多事

第一,到封丘县安排了王秋玉董事长的拍摄纪录片的事。封丘县是东湖湿地,栖息着126种鸟类,绿头鸭是国家一级保护动物,还有白鹭等很多稀有动物。以动物记录片的形式把封丘宣传出去,这是很好的宣传方式,对河南大有好处。

第二,从封丘走后我又去了范县,这次主要看扶贫落实情况,看了范县濮城镇毕庄村15户贫困农民,这个村共4个村民组,390户,1556人,1200亩耕地,全村32名党员,两委班子7人,贫困户30户,占4.55%,"低保户"9人,占18.18%,因病致贫21户80人,占88%,因资金致贫1户,占4.55%。检查了陈思显、陈正果、毕研东、陈新生、毕连成、姚强兰等贫困户。主要是房子漏雨,都说没人管。工作存在不到位,没有对接好等问题。这个村有一定经济强项,但项目、资金、工程、危房改造都落实得不好,要抓紧落实。

杨集乡姚坊村3个村民组,97户370人,党员11人,耕地428亩,建档立卡贫困户33个,贫困人口123人,贫困人口占33.24%,因病致贫10户31人,因残致贫4户11人,缺劳动力4户5人,缺技术13户68人,缺资金1户5人。检查了徐海军、徐殿代、李书言、李富全、徐殿金、罗车力等15户贫困户,主要问题有应享权利没有享受到,药费二次报销没有解决好,政策知晓率低等。

张庄乡罗口村全村179户610人,2017年全村共有建档立卡危困户34户50人,其中未脱贫18户31人,已脱贫16户19人。检查了卓同仁、罗超华、王炳超、黄秀平、罗玉依、桌子荣,享受政策少,主要驻村工作队努力不够。

在范县共看了3个乡3个村,37户。总体上看县级层面上落实不到位,如工程进度、资金拨付都不到90%,农村危房建设还有900套都没有落实,这是工作没有做好的主要原因,再者是层层抓落实不够。

从早上5点钟起来,到晚上11点钟才休息,忙了整整18个小时,弄清了基层的基本情况。

2017年12月22日　星期五　多云

看了茹振刚和刘新友两位朋友

从范县回来,去看了"全国优秀党员"茹振刚教授和河南科技学院的刘新友校长。茹振刚是小麦育种专家,搞了一个"矮抗58",在全省推广1600万公顷,抗病、抗倒伏、短秆,现在又搞了个小麦杂交,亩产900公斤。搞起来以后很厉害,能拿到国家特别奖,可能当院士还是没有问题的,他在种子上给社会带来了巨大的贡献。刘新友,四川人。我刚到学校时,他是个一般教师。从一个专业教师,一步一步走上校长的位置,很不简单。我觉得他有两个特别,一是实干,二是研究。

从他俩身上我学到了他们的科学精神、奋斗精神和做人的成功之道,我是一个失败者,工作上奋斗这么多年,什么都没做好。

不过今天得到了一个好信息,我的两本工作日记被国家级博物馆收藏了,作为一个历史资料被保存下来。这对自己应当是个好事,但不知道家庭的困难还要走多久。

今天冬至一天吃了三次饺子,最好吃的是家里小王包的饺子,香菇肉馅。

2017年12月23日　星期六　多云

胡屯的发展

胡屯是范县陈庄镇一个行政村。今年6月我到这个村当第一书记,主要探索黄河滩区的脱贫模式。几个月没来,这个村变化很大。第一,开始改造古村落,现在搞的有琴、叶、书、画、池溏,基本上很满意。第二,乡村两级工作都很认真,赶上了田园小镇的建设项目。

今天听了村子里的汇报,并布置了4件事。

第一,植树,今冬明春大力发展植树,集体植树和村民植树结合起来。

第二,落实2018年中组部在该村搞基层组织建设试点和召开支部书记研究会的工作。

第三,开展总结表彰大会,唱大戏3天。

第四,成立养老扶贫互助合作社。

下大力气把这个村庄搞好,再搞3年,再创辉煌。

2017 年 12 月 24 日　星期日　多云

今天在医院翻了很多书

在医院住了一个星期,其间下去了两天。今天同吴琦及家人吃饭,上午抽空翻了几本有重大影响力的书:《100 件的历史》《易经》《汉谟拉比法典》《荷马史诗》《伊利亚特》《奥德赛》《孙子兵法》《论语》《死海古卷》《摩诃婆罗多》《爱经》《理想国》《犍陀罗佛教原稿》《大宪法》《论彻底根除异端》《神学大全》《赫里福德世界地图》《客登得对径》《列奥纳多·达芬奇手稿》《阿兰布识书》《哥伦布书信》《谐美乐歌一百首》《九十五条论纲》《沃尔姆斯敕令》《麦哲伦航行日记》。虽然大多还没有仔细阅读,但体会到书籍是人类进步的阶梯,其中蕴含着许多真理,以后还要慢慢领会啊。

2017 年 12 月 25 日　星期一　晴

听好友持家的经验

王正清讲:领导干部退休后,一定要记着多做少讲,没吃了就抓紧做,没菜吃了就买,地脏了就扫,孙子没人接了赶快去接,千万不要东指指,西画画,会让人不高兴的。

河南师范大学任书记讲:在孩子需要帮忙的,要全力以赴,在小孩儿不需要帮忙时,一个字都不要说。只帮忙不添乱。

冯妹引讲:星期五了,先问孩子回来不,再问孩子吃什么,回来要让孩子充分休息,持家就是以爱人和孩子为中心,把他们服务好,关照好,团结好。

郑永扣书记讲:对待老人,对待丈母娘要百分之百地尽心,对待父母全心全意地尽孝。对待孩子要把握大局,抓着关键,全方位境界。

经营家庭是一种学问,是一种责任,是一种永远说不完的事,我要从零开始,一点一点地学习。

2017 年 12 月 26 日　星期二　阴

再学茹振刚教授

今天一天很忙。早上 5 点起床,打打针吃个饭,就去新乡了。在河南师范大学给大学生讲"积极参与扶贫大战略,寻找就业好机会"。学生听得还算认真,效果很好。课后我还看了学校的艺术馆。

中午吃饭的时候,我见了大学同学宋文侥、林少甫、冯妹引。

下午参观学习了茹振刚的小麦研究所,让我更加敬佩茹振刚教授。

第一,茹教授具有创新精神。他创造了"矮抗58",现在又在搞小麦杂交,亩产可达900公斤。他把东西南北中的优势都集中在一种品种小麦身上,充分发挥小麦的杂交优势进行育种,培育出全世界最优良的品种,可能这个品种会获国家特等奖。

第二,培养一年四季的品种,大大缩短培养品种的时间。原来他培育一个品种需十年,现在只用两年。

第三,利用野草的野性,还原小麦原来的味道,并提高抗病能力。

第四,建立小麦品质实验室,提纯出很好吃的小麦,供高端消费人群吃。

茹教授的创新精神真是值得人学习,就是展览馆太差了,这会留下很多缺憾。我要同有关部门呼吁让其重视起来。

2017年12月27日　星期三　阴

收到郑大聘书

今天单位办公室问我办公室腾空了没有,说小刘好打扫卫生。虽然我已把办公室钥匙交给了综合处很久了,但心里还是有点不舒服。

但同时在今天,我被聘为郑州大学公共关系学院及社会治理河南省协同创新中心的研究员,郑永扣书记和高院长还专门给我发了聘书,社会扶贫处李洪军和"三农"杂志社杨秋意陪同我来的,这让我很高兴。在单位工作几十年,说退休就退休了,幸好国家双一流学校郑州大学既给我了一个研究员的职位,又给了我一个办公室,我早就梦想到郑大能有个停留的地方,到这所学校能多学一学,多接触一下。这下不但可以接触了,也可以和教师、学生在一块儿工作了,还经常可以和同学们在一块儿了。

郑州大学这么看得起我,我一定千方百计地为他们做点事。做点实事和好事,以报答这种情感。

2017年12月28日　星期四　多云

今天来汝南了

从医院请了假,同和顺利(研究生同学)、牛炯义(律师)、刘总(做酒店的)

坐 G1535 次列车去了驻马店汝南板店乡仲庄村为几位贫困生捐款。

陈雪方,女,12 岁,母亲患艾滋病,奶奶年迈多病。

李梦真,14 岁,父亲因艾滋病于 10 年前死亡,母亲也患艾滋病。

李蒲健,男,15 岁,上初中,父母都有慢性病(和顺利支助)。

仲旭,男,6 岁,上小学,父亲离家出走,和其母亲离婚了。

朱玉森,11 岁,父亲艾滋病,母亲肢体残疾,其兄读大专。

以上几个同学都由我们几个人资助读书,每月 300—500 元。

从仲庄出来后,到县城吃饭。

下午给县做扶贫的 300 多人讲了"遇难而上,打好脱贫攻坚战"。从下午 2:30 到 6:30,讲了 4 个小时,具体内容有把扶贫作为大战略,让群众的腰包鼓起来,建立激励机制,建设一个好班子,探索一个好路子。晚上回郑州,到家都夜里 11 点了。

这次住院近半个月,其间去了范县两天,去了河南师范大学讲课并参观茹振刚的实验室,去了郑州大学接受聘请一次,这次来汝南献爱心。

我认为人一生不停的脚步,才是你一生最大的财富。病好多了,心情也好多了,还是要不停地奋斗!

2017 年 12 月 29 日　星期五　小雨

学习《河南社会治理发展报告》

这本书的作者是郑大原党委书记,现任郑州大学社会治理河南省协同创新中心主任郑永扣。这本书突出了四个特点:一是保持时效性,报告运用的是 2016 年及 2017 年的社会调查和调研数据。二是体现社会治理的价值导向,如社会活动、社会参与、社会平台等。三是突出地方特色,面向河南省经济社会发展重大需求,反映河南省地方社会治理创新的实践探索。四是凸显实践创新,深化社会治理与当前社会发展面临的新形势、新问题、新任务结合起来,与各行动主体创新性实践结合起来。

这本书是论文集,写得很系统、很细、很好。我前天被聘为该中心研究员,那我研究点什么呢?那就是扶贫,如扶贫路子、扶贫经验、扶贫体会等。

昨天在汝南看了扶贫情况。汝南县 2012 年被确定为省级扶贫开发重点县。当时贫困村 102 个,贫困户 2484 户,贫困人口 85708 人,现有贫困村 51 个,1276 户,3729712 人,2017 年该县脱贫 13500 人,2018 年 15000 人的脱贫。该县在扶贫工作上资金上投入比较大,全县整合资金 5.6 亿元,这方面做得比较好,在考核方面我给他们做了总指导。

2017年12月30日　星期六　阴

结束

12月26日,人事处副处长侯斌通知我组织部找我谈话。退休了,一生轰轰烈烈的事业就这样结束了,心中有无限的感慨,无限的无奈。从此我和单位就没有任何工作关系了,也不会再去单位干什么了。

现在面对着新的开始,我怎么才能对接好呢？对我来说有两件事要做。

第一,养好身体。我最应当做的是调整好自己的身体,身体没有了,母亲怎么办,这个家怎么办,身体能自理才是最好的事。

第二,做点力所能及的事。1.还当第一书记;2.搞科研;3.写书,把自己一生的经验讲出来。

2017年12月31日　星期日　多云

一年又过去了

今天是2017年的最后一天。不知道别人过得怎么样,自己确实忙忙碌碌一辈子,老了受双重打击。今天做了几件事:一是到颐和医院做了理疗,齐医生管了我半个月,去看看他,并给他和卢护士长带了牛奶,以表感谢,是他们治好了我的病,又帮助我渡过了艰难的时候。二是在家请吴迪和小宋(纳纳的爱人)吃了个饭。从吴迪那里得知他今年考的还可以,270分左右。从小宋那得知他的生意还可以,目前做旅游和代售卫生纸,这个孩子我很喜爱。三是下午同陈有富、王秋玉去看了房子。正在装修,很快就到期了,就决定在那里办公。主要他们给我找个活干,这样我就有事干了。四是去京广路眼镜大世界配了两副眼镜,才200元钱,是老同学陈有富拿的钱。五是原来在驻马店畜牧局的同事刘连芝来家看我,她的女儿已有两个孩子了。六是由于经常腰疼去店里按摩了一个小时,又倒着走了一个小时。一天就这样忙忙碌碌地过去了。总结一年,做了如下事:

第一,今年的一件大事是自己写的《进山日记》手稿被收藏在国家级博物馆了。

第二,《进山日记》出版了,我花了3年时间才完成这本书。听张继成处长说,销了近20000本,有那么多的人看这本书,对我是个很大的安慰和肯定。

第三,承担的两个科技项目都得到了实施,2018年会有结果。

第四,我获得了8个聘书,而且都是高规格。一是郑州大学研究员,二是农科院特聘专家,三是河南师范大学商学院的精准扶贫指导委员会主任,四是平顶山市扶贫攻坚顾问,五是确山县扶贫顾问,六是范县扶贫顾问,七是翁省长顾问,八是汝南县板店乡仲庄村顾问。今年在各市、县讲了近100次课,最少的一次也有百余人,效果都很好,现在才发现自己的讲课水平还可以。

存在的问题:1.身体仍然不好,今年住了4次院,3次在郑州,1次在北京,都是心脏问题。2.一生奋斗的事业没有了,退休了。3.村子里的大姜赔了,我自己的一点钱也没有了。

一天又一天,一年又一年,今年的喜也多,悲也多,这真叫喜忧参半,祸不单行,喜比祸多,祸比喜重呀!

2018 年

2018 年 1 月 1 日　星期一　阴

立志帮助胡屯村百姓如期脱贫

黄河是世界上著名的长河之一,中国的第二长河,全长约 5464 公里,流域面积约 752443 平方公里,发源于巴颜喀拉山脉北麓,呈"几"字形。自西向东分别流经青海、四川、甘肃、宁夏、内蒙古、陕西、山西、河南及山东 9 个省(自治区),最后流入渤海。

黄河中上游以山地为主,中下游以平原丘陵为主,由于河流中段流经中国黄土高原地区,因此夹带了大量的泥沙,所以它也是世界上含沙量最多的河流,每年会夹带 16 亿吨泥沙,其中有几亿吨流入了大海,剩下的 4 亿吨在下游地区形成冲积平原。

黄河滩区是泻洪、滞洪和沉沙的重要区域及黄河中下游重要的生态安全屏障。从洛阳市孟津县白鹤镇至濮阳市台前县张庄村,河道总长 464 公里,滩区面积 2116 平方公里,居住人口 125.4 万人。滩区共涉及 5 个贫困县,其中有 3 个国家级贫困县,范县是其中的一个,任务很重。

范县黄河滩区的贫困人口怎样搬得出,稳得住,能致富是县委县政府的一个大问题。我要利用在这个县的 3 年的时间,把这个问题研究透,立上项,找出一个好办法、好路子,让范县人民依靠黄河滩、利用黄河水,灌出水稻香、荷花美,创造出大好形势。

今天是 2018 年的元月 1 号,我要用 3 年时间,使胡屯村的乡亲父老如期脱贫,使滩区变良田,胡屯变荷园。我要做好以下 3 项工作:

第一,做好调查研究,逐家逐户调查,看群众需要。

第二,做好规划。

第三,办好实事。

2018年1月2日　星期二　阴

今天去范县

　　今天是2018年上班第2天,我回村子,"三农"杂志社的杨秋意总编来范县了解范县扶贫经验。一是落实上次去范县扶贫发现的工程资金、危房等方面的几个事。二是安排胡屯村过年的几个事。在路上杨总编说了几个事,让我给出出点子。她搞了三期扶贫讨论会,进行得不是很顺利。

　　想想自己非常幸运。在农村这样的环境中工作,放手做成了几件事。现在退休了,更加自由,做自己喜欢做的事。在范县我又做起了第一书记,一定千方百计把胡屯工作做好。春节了,我想做好3件事,第一是给群众办年货。第二是搞一台晚会。第三是搞一个规划,把胡屯村的美丽乡村建立起来,力争让全国总工会在这建个点,搞成劳模之家。

2018年1月3日　星期三　小雨

到胡屯村调研

　　今天一天很忙。在胡屯看了10个贫困户,4个"五保户"。其中有老两口,想养几头牛,我当场就让镇党委书记张洪孟帮助解决养牛的资金,又让西王楼养牛专业户王天友帮助他选两头最好的母牛。又给一个"五保户"安排到了敬老院,把他住的房子租给村子搞图书馆,村子给他租金。到时候图书馆开业了,再把他请过来看门,也可以拿一份工资,他非常高兴。还有一个"五保户",无儿无女,我们把他动员起来,让他把房子给村子搞图书室。这样两个"五保户"的房子就能充分利用起来,他们又有了固定的收入,村子也解决了建图书馆的问题。

　　同时安排了胡屯今冬明春大力栽树,把绿化搞好。春节慰问,制订胡屯经济发展规划,随后我又看了省水利厅在乐张的第一书记、航院的第一书记和省科协的第一书记,并同他们交换了意见,探讨了怎么当好第一书记,并看了三个村发展的情况。中午在王庄乡吃饭。下午看了濮阳县姜庄的扶贫情况。省交通厅科技处刘江(博士后)在这个村驻村,他办成几个产业,比如小集镇,搞得很好,他在这里可是做了大贡献,做的事很多。

　　晚上同濮阳市何雄书记、张市长一起吃饭,并认识了濮阳县的张书记。吃过饭,王秋芳书记说明天有雪,让司机把我和小闫送到鹤壁市火车站,晚上就在附近找个地方住了。

思考村子发展方向

2018年1月4日　星期四　雪天

下雪

早上一起来,打开窗户看一看,雪下得很大,一片白茫茫的。由于要赶上午9点34分从鹤壁到北京的火车,我和闫慧(范县龙王庙的第一书记)吃过饭,就提前坐车往东站走了。

说起坐车,鹤壁有个特别感人的故事,早上我和小闫在门口等了半个小时也没找到出租车,华润宾馆的大堂王经理怕我们误车就自告奋勇开自己的车,顶着大雪把我们送到了东站,这个时候我才深刻体会到帮人所需的深刻含义。一问才知道,王经理原来在北京工作,怪不得他有那么高的素质,原来是在北京工作过呀,鹤壁好人真多呀!

我们到火车站后还有一段时间。我们在火车站的雪地里拍了不少照片。站在白花花的雪地里全身心都觉得清新、干净,空气新鲜。厚厚的白雪铺满了大地,把麦苗和大地都装扮的美丽漂亮,整个火车站是银装素裹,头顶一朵朵棉絮似的雪花,冲洗了自己久被压抑的心情,寒冷刺骨的北风,融化了情感失败的怒火,很久以来没有这种美好感觉了,心情也一下好了起来。这场大雪来得太及时了,它不但为农民小麦丰收增加了希望,也为我一个失败者冲刷了怒火,找到了大自然给自己减压的方法。这场雪真是下得太好了,太及时了,我住了一个月的医院都没解决的心病,让这场雪把我的心结打开了。太感谢老天对不幸人和天下苦难人的眷顾了。

2018年1月5日　星期五　晴

全国10名农业致富状元的故事

应季林副总编的邀请,我参加了央视七套全国第二十八届农业致富状元的颁奖大会。我和范县宣传部新闻科闫慧、"三农"杂志社杨秋意一起来北京。

发奖是在下午2点开始,下午5点结束,共10位同志获奖。有3位都是河南的:一个是我推荐的宝丰县大营村的党支部书记马豹子;一个是王伟,确山人;还有一个是从上蔡走出来的"北京水果大王"刘运田。这里面还有我最为佩服的美国留学的博士江红梅,他是搞蔬菜的;收破烂的大王余红梅等,个个都是全国的顶尖级农业领军人物,故事感人得很,触动人的心灵。我看一路流泪一路,真被他们创业事迹所感动。最让我佩服的是刘运田,她16岁出来卖水果,等上千万元的利润到手时,她的丈夫有了外遇,并在外面生了孩子,她的钱也被丈夫全部卷走了。她悲痛欲绝,想过死,得了抑郁症,用烟头把自己的身上烧得伤痕累累。可她又一次站了起来,又站在了水果摊上,卖到了水果王后,身价上亿元。江总是一个海外留学博士,做到了美国公司的首席CFO,又从农业做起,搞起了标准化农业,现在形成了一套自己的管理模式。她是个女同志,又做得如此好,对我很有启发,人一定要有一股拼劲。余卫红,是一个收旧物件的,现在建了一个古物庄园,价值3亿多元,也是个女同志。

这10个人都各有各的本领,行行出状元。中国这么大,出了这么多有本事的人,真不简单,虚心地向他们学习,借鉴他们的经验,对自己都有好处。我现在又面临着创业。创什么,怎么创,创到什么程度,从哪个地方找点,都非常重要。这一段我要好好地学习,好好地思考,认真地做好。

2018年1月6日　星期六　小雨

创业艰难

梁仲是我的老乡,他从中医学院毕业,在全国各地行医,现在自己承包了一个医院——郑州聚成医院,去年7月份开业,12月份注册验收,是二甲医院。由于拿不到医疗报销的批文,现在医院的病人很少。他自己投资了4000多万元,每月还要拿出150万元的工资,艰辛得很。我是通过范县的闫慧认识他的,这两天他天天给我打电话,说想给圆方公司的员工检查身体和合作。他不知道,大企业的人精得很。

他办的医院关键得有人才,有专业科室。没有顶尖的技术和人员,是搞不起来的。如果他搞不好,这一下就砸进去了。

我也想帮助他,让他尽快发展起来。现在创业实在太艰辛了,办医院从大方向是对的,但在具体工作上就难了。一个从英国回来的学者,一个医生想把一个医院这件事办好,真是太不易呀,省政府虽然给了归国留学生和科技工作者很多优惠政策,但落实下来还有一段差距呀,创业要一步一步地做,一定要脚踏实地呀!

方向对了,干起来了,方法也得对,步子不能迈得太大,也不能贪大求洋,心也不能操之过急。我的老乡梁仲就是太操之过急了,现在开业了医保没有办下来,每月工资都要100多万元,再这样下去,他就快坚持不住了,我也很替他着急,不知道应该怎样帮助他。从他的创办医院我深刻地感到办事艰辛呀!

2018年1月7日　星期日　阴　胡屯村

荷花园里满真情

今天看到河南电视台《等着你》栏目讲述的一个丢了20多年的孩子找到了父母的故事。他唯一的记忆(当时3岁)是老家房子旁边的一片荷花。荷花是他梦想的地方,荷花是他的全部记忆。

我到范县后,村里种满了荷花,荷花成了胡屯村的产业。荷花是美丽乡村的象征,莲藕是全村的重要收入来源。一片碧荷为乡村增添了美景,一根莲藕支起我和农民的深情厚意,一支荷花象征着我和农民兄弟的纯洁友谊。我在黄河滩区种下了一棵棵莲藕,撑起了绿色的美丽乡村,筑起了一道见证党员、群众深情厚谊的情山,他们教会了我做人做事的本领,孕育了我为人民服务的纯洁无私之心,我为他们提供了无微不至的服务。晚年,我更加珍惜机会,珍惜平台,珍惜每一个为人民服务的机会。全村人一张张热情诚恳的脸,一对对希望的眼神,一颗颗诚恳留我的心,促使我多为他们做一点事,再多前进一点。荷花能代表我真情,能代表我踏实扶贫的心。

今天,我又给村子找了两家企业。让他们在村子里投资,发展和扶贫。这样,村子就能更好地发展了,农民就可以更幸福了。

2018年1月8日　星期一　阴

天气很冷

今天很冷,但人事处要证书(全国劳模证书),我只得冒着大风,受着寒冷去单位给人事处送证书。说心里话,单位我半步也不想踏进去了,因为单位太寒我的心了。去年12月26日人事处说组织找我谈话,27日一天办公室主任通知我两次腾办公室。幸亏我一个月前就把办公室钥匙给通讯员小刘了。但总感到单位没有一点人情味。天冷,人心更冷呀! 这真是人走茶凉了。好在最近一直有好事。

第一,郑州大学同创中心把我聘为研究员,并给我一间办公室。

第二,在农科院搞乡村振兴项目,该单位也给了我一间办公室。

第三,河南师范大学商学院聘我当精准扶贫指导委员会主任,也给了我一间办公室。

第四,范县请我当第一书记,村里有一个小院子。

比起单位,社会和高校对自己太重视了,和顺利(研究生同学)老总还为我成立了一个爱心群,专门帮助我解决贫困生经费,还专门为汝南乡仲店捐了款。

2018年1月9日　星期二　多云

参加耿明斋教授的研讨会

耿明斋是河南大学的一名教授。中原经济区和郑东一体化都是他提出来的,所以他邀请我参加他一个扶贫会议,我参加了,还带着杨秋意、王秋玉,讨论到上午11点,由于有急事我就先走了。

他承担了中科院组织编写的一部扶贫工作方面的书籍,让我给提提意见。我从编书的目的、内容到编书的章节写法给了意见。

我也在编写一本《河南扶贫模式战略性研究》,经历了半年时间,近期要讨论书编排的具体问题,计划分10部分,有党建扶贫、旅游扶贫、秸秆养牛扶贫、平原扶贫、山区扶贫、健康扶贫、金融扶贫、养老扶贫、科技扶贫、搬迁扶贫、行业扶贫等。

2018年1月10日　星期三　晴

为村里筹集养老金

昨天见了范县胡屯的胡胜利老总,他是做网络的,我请他吃饭,由杨秋意、王秋玉陪着,还请了梁忠作陪,目的就是动员他给家乡的贫困农民做点事,没想到他那么大方,一下子就同意给村子里解决10万元,搞养老扶贫互助合作社。我还动员了梁忠捐2万元为老年合作社办事,这个事办成了,比自己得到10万元高兴十倍百倍,这一下解决了胡屯的养老问题。这也会大大鼓励胡屯群众干事的积极性,调动社会的积极性给贫困人口办事,这个市场太大了,太好了,我一定把这些经验探索出来,总结好,不辜负党和人民对自己的厚爱和众望。

现在我虽然退休了,但我一定要千方百计地为贫困人口多做点事情、多做点贡献,做到退而不休,老而有用。发扬小车不倒只管推的精神,真正做到人民至上、祖国至上。

2018年1月11日　星期四　晴

为村民筹办年货

为了胡屯贫困人口,我把自己新买的上衣退回了。换了500元钱,送给贫困村民杨水才。又资助了一个贫困生。又把买的一个电器退了5000元钱给村子里贫困户办年货了。

本来A同志承诺村里37户贫困户的年货没问题,可能已经在这个企业说了不算了,换人了,所以没办成。也要体谅人家,退下来求人办事真太难呀,我就自己想办法了。为什么会有那么多的人对贫困人口那么冷漠,那么冷酷,那么不负责任,那么丧失道德,我怎么都想不通。

2018年1月12日　星期五　晴

在母校新办研究院揭牌仪式上的发言

在早上4点多就起床了。今天主要写河南牧业经济学院和省扶贫办创办的乡村战略与精准扶贫研究院揭牌讲话稿。因为筹办了很长时间才把这个研究院成立起来。从2017年8月份开始,经历了漫长的时间,在穆书记和我的努力下,又经李昭文的积极推进,终于建设起来了。一直以来我就想给母校办点事,校领导又给我抬得那么高,我一定为母校做点事。同时也想认真落实十九大精神,在乡村振兴和精准扶贫理论上有所突破,有个场所带领一个团队很好地发展,把数十年的扶贫经验总结起来,壮大起来,发展起来。所以就在高校成立了一个乡村振兴和精准扶贫研究院。

下面是在河南牧业经济学院乡村振兴与精准扶贫研究院成立会上的发言稿。

今天来到母校为"乡村振兴与精准扶贫研究院"挂牌十分高兴,37年前,我作为兽医专业的大学生在这个学校学习和生活3年,27年前我又回到学校任主任和计财处处长,又在这所学校工作了6年,近10年的青春年华在这个美好的学校度过,学校的培养,恩师的教育,全体师生的特别关爱,使我成为一名有用的国家干部。

2018年1月4日湖南农业大学成立了"湖南乡村振兴战略研究院",1月6日中国农业大学在云南勐腊县成立精准扶贫与乡村振兴合作示范基地,今天省扶贫办与河南牧业经济学院成立了"乡村振兴与精准扶贫研究院",这标志着一个科研、教学、实践、乡村振兴、精准扶贫的战略舞台已经形成,它是扶贫现代化农业体系、生产体系和经营体系,农村政策、农村土地制度改革,精准扶贫,乡村全面小康等课题的重要研究基地,将成为省内一流、国内外知名农业专家、学者高端的知识库,大学生创新、创业的实验基地,必将为全省乃至全国乡村振兴和精准扶贫创造更多的经验和探索更好的路子。我代表省政府参事专家,对研究院的成立表示热烈的祝贺,并对校领导高瞻远瞩的战略思想表示无限敬佩和崇高的敬意。

从2014年到2017年,全国每年有1000万人口脱贫,河南省每年有100万人脱贫。研究院的成立,旨在为农业综合服务、城乡融合发展、美丽乡村、贫困人口发展领域开展研究试验示范探索路子。希望集科研、教学、实践、社会服务、人才培养为一体的研究院会培养出更多更好的农牧专业大学生,研究出更加合理的乡村振兴和精准扶贫的好政策,办出一流、办出特色。

省政府参事室、省扶贫办、省扶贫协会、省扶贫基金一定会大力支持研究院的工作。也恳请大家帮助指导研究院的工作。

2018年1月13日　星期六　晴

写书稿太累了

凌晨1点多起来思考和写今天的讨论稿。写稿子太累了,我看看电视,北京台有个养生堂的节目,皮肤科专家赵一楠给大家说了个顺口溜,"曲不离口,拳不离手,取之社会,学无止境"。说得真好,他做得更好,给穷人看病免年费。凡是来看病的穷人,赵医生都先领他到庆丰包子店吃包子,再给来时的车费,再开免费单。后来看病的越来越多,再后来就成为扶贫大师,是我的标杆和学习榜样。

2018年1月14日　星期日　晴

刻意时得不到,不经意时收获大

由于下午1点钟坐车去海口,早上我5点钟起床去医院开药。到了人民医院,挂了号,交了钱又没有我要的药,就只能退钱了。退钱后我想去看看史献志主任,结果没有人接电话。我起得太早了,他可能在休息。

去纬五路坐47路车,但两次都错过了。时间已上午8点,我就走着去坐地铁。刚到肿瘤医院看见对面有个大药店,进里面一看,我要的药都有,这真是踏破铁鞋无觅处,得来全不费功夫。

做事也是如此。我一辈子努力、奋斗、拼搏,一直在单位不很顺。写个小日记却得等到国家承认,原稿收入到博物馆。所以不能刻意要什么,尽最大努力去做。把向上向善做好,其他一切随心而做,随缘而果。

2018年1月15日　星期一　晴

尽孝真好

昨日带着母亲吴张氏及小侄子吴迪坐GTS75次航班从郑州到海口。下午1点起飞,4点4分落地,母亲坐在飞机上3个小时一点事都没有。她还说坐在飞机上很得劲儿,很舒服,很好。到了地方,王秋芳书记的熟人小梁接我们到住地(张印同学的家),我们又带着母亲去小镇上吃吃饭,买买东西,她一点都没说累,一直都高兴。

今天我们吃吃饭,去物业,坐的是电瓶车,看着花草、绿树、洋楼,老人走一路看一路,她高兴得很。

这个小区叫中信国际社区。地方大得很,我早上走了一个多小时,也没走一圈。环境优美,绿树成荫,每一条路两旁都有草坪,各种花卉和棕榈树。路面是柏油铺的,两旁还有休息石凳,想走就走,想坐就坐。天气20摄氏度左右,好得很,微风一吹,暖洋洋的,浑身舒服得很。我第一次来海口第一次住这么高档的小区,第一次享受这么好的居住条件,我、吴迪、母亲都感到好得很呀!吴迪很中用,一天三顿饭都是他做的,他什么都会干。

走出来了,心情也特别好,心里面一切都放开了,一切烦心的事都没有了。知道是这样,就该早点出来,也不会痛苦这么长时间了。

2018 年 1 月 16 日　星期二　晴

人一定要学会放下

我一生一直工作、学习、奋斗、奉献,从来就没有休整过。2017 年 12 月退休,现在带母亲来海口,放下了所有的工作,觉得一身的轻松,没有一点烦恼。血糖也正常了,血压也正常了,现在工作放下了,感情放下了,人情世故也放下了。身体轻松,心情也快乐。早上 6 点钟起床,慢步了两个小时,去物业交网费。上午带着母亲在院内散步,走了 1 个多小时,下午休息后,晚上又散步 1 个小时,心里舒服得很,还在院子里社区的高尔夫场给母亲拍了很多美好的照片。小侄子吴迪与我一同照顾母亲,母亲很高兴。

放下放下,一放就下来了,舍得舍得,一舍就得到了。思想简单点,生活就会快乐点。过去我的思想负担太重了,才产生了许多的苦恼。

2018 年 1 月 17 日　星期三　晴　18℃

三亚西岛

西岛是三亚的一个美丽的小岛,这里住着黎族和苗族人家。在这里我了解了黎族和苗族的生活。

苗族人非常勤劳。男的非常强壮,女的非常美丽,会织布,能歌善舞。黎族更古朴一些。房子都是泥巴墙,毛草顶,非常协调和美丽。这两个民族的针绣和织布的手工艺都非常精湛,各种各样的展品真是美极了。有这两个民族的衬托,西岛更美了。今天看的最好的就是小岛和这两个勤劳的少数民族,特别是黎族我还是第一次接触。对这两个民族的妇女十分敬仰和佩服。

2018年1月18日　星期四

海南旅游业的启发

今天是游三亚的最后一天。我们进了3个展厅,看了3样产品:一是看了水晶,二是看了床上用品(丝绸之品),三是看了橡胶床垫。

看见了一家玉品店,吴迪进去了,我和母亲在外面等。

从早上6点钟起床,到晚上9点多到家走了15个小时,母亲一点都不累。很多游客都说她身体硬朗精神头好,母亲的身体真是好呀,比年轻人还行。这次带母亲出来,看到母亲那么高兴,自己也非常得高兴。几十年来,自己从来没有带过母亲出来这么长的时间,也从来没有这么轻松过。没有工作,没有压力,没有想法,就是纯粹的放松,一天一天地玩,除了玩就是吃,我今天还趁到海口的时间,去了海口海鲜城吃了一次海鲜产品。我们买了3只鲍鱼(8元一只),1条石斑鱼(40元),20元的竹叶虾,两只大螃蟹,一共才205元。加加工又炒两个青菜,还有一盆汤,加工费100元,一共才305元,我们就美美地吃了一顿海鲜大餐,真是便宜得很呀!我这次来海南,有3个方面感受很深:

第一,外面的世界很精彩。从天寒地冻的郑州来到春暖花开的海南,感到实在舒服。住中信国际社区,环境实在很好。每个房前屋后,都有一个大的花坛和大树,柏油马路,潺潺小溪,傍晚一片青蛙叫声,像吹鼓声,叫得人又回到了儿时幻境,人的心情自然也好。现在出来了,才知道外面的美好!

第二,海南的房价今年涨得实在是快。一套小房子,都涨了几十万元了。当地物价也真高呀:一斤萝卜5元多,一斤小青菜6元多,一斤大葱7元多。

第三,海南海产品和水果真是便宜又新鲜。我们在这儿真是饱了口福。

启发:海南的旅游很发达,我还联系了几家让其村子里的人来买海鲜和水果,回村以后尽快把旅游搞起来。

2018年1月19日　星期五

才女婚姻多不幸福

中国有个古语"百能百巧百受穷",我倒认为"才女婚姻多不幸"。看看我身边的人:A副省级干部,人也长得美,可是丈夫不争气,吃、喝、嫖、赌什么都占着了。在外面混女人,都生两个孩子了,没办法只得离婚;B也是副省级干部,在外人眼中她是最幸福的人,儿女双全,儿子、儿媳都是博士,可丈夫不务正业;C自己是个县长,前夫60多岁就死了。我所见到的、接触到的女子一个比一个有才,一个比一个人品好能力强,怎么就婚姻不幸、家庭破碎呢,这到底是个什么原因呢?

2018年1月20日　星期六　阴天

商机都是在流动的信息中发现的

今天我带着母亲、吴迪去海口市看看。通过朱元芸(新蔡县原副县长)认识了曹总。她是泌阳人,2015年才从驻马店到海南,2017年房子涨价,她一下子买了4套。她自己讲,能盈利200万元。朱县长也跟着她买了一套,原来买的每平方米8000多元,现在也涨到了1万多元。

很多机会都是在流动的信息中发现的。如果曹女士不是来海南,就不可能发现海南的房子有商机,也不会一下就买4套房子,也不会带动朱元芸买房子。发展事业也是如此,不做那么多事,就不可能接触那么多人。不认识那么多人,就得不到那么多的信息量,也不会有那么宽广的眼界,所以我还一定多做事,做实事,做对人民群众有利的事,特别是对贫困群众有利的事。女儿现在回郑州了,我要帮她走出一片新天地,干出一番大事业。她聪明能干,但在婚姻上不顺,我一定帮助她建立一个美好的家庭,过上幸福生活。向褚时健学习,他90岁了还在创业。我现在才60岁,比着他还能干30年。30年能干不成一件事吗?我有信心自己能做成事。

2018年1月21日　星期日　晴

来到海口

上午我和女儿、母亲、吴迪等一起去了海口市。先去看看朱元芸住的地方,还在她那吃了顿饭。她5年前在这买了一套房子,现在增值10多万元了,又在海口新区买了一套。上午她做了一大桌子菜,我们一块吃,下午坐车去看了她的房子,很好,我还看了她朋友买的房子,但我没看中,太小了。但她说,现在一平方米也增值几千了,说这个朋友已买4套房子,可增值200多万元。现在的房地产很不规范,辛辛苦苦干几年,不如倒一套房子,真是可怕,长此下去,谁还工作呢?她的朋友很是热情,开着车带我们又去看房子。晚上我请他们吃个饭,在万人海鲜广场,这个批发市场很大,全部是卖海鲜的。吃海鲜的人和买海鲜的人很多,生意很好,这个市场做得很大很繁荣。

从海南的情况看,房地产市场和海鲜市场会有很大的发展空间。我去看看弟弟吴树亮在这养虾到底行不行,行了我也让村子的贫困户来买虾,搞海产品批发。

2018年1月22日　星期一　晴

今天很累

因为范县请央视七台来做直播,我得提前回去,所以今天要收拾东西去三亚。由于拿的东西太多了,从早上5点多起来整理东西,一直到下午1点多才干完。

当了一辈子的公务员,带着老母亲出来,为了省钱还借了同学的房子。如果手头宽余,如果有钱了,也能在这里买一套房子,现在就累不成这个样子了。一生清贫还好说一些,因为自己一生都在为贫困人口做事。母亲还好,我们走到哪儿,就把她带到哪儿。回村以后我要把村级敬老院办好,让村里的每个老人都幸福。

2018年1月23日　星期二　晴

参观吴树亮的虾塘

吴树亮是我六叔的儿子,到今年养虾都已4年了。前3年都是亏着,从今年才开始盈利。他今年包了两个池塘,和自己连襟在一起养虾。他说自己可以盈利30万元,连襟可以盈利100多万元。我实地去看了一下(带着母亲)。在万乐黎族自治县的黄硫镇,距海边只有0.5公里,100多亩地,30个池塘,风景很好,天天可以看大海。

虾一天得喂3次，夜里也要看两次，主要是通过水的变化来看虾的变化。一不细心可能整个池塘的虾都要死掉了，风险非常大。每天夜里还要看几次，从下苗到虾养成需要5个多月的时间。中午吃饭的时间，树亮还从池塘捞出来几斤虾让我们吃，很劲道，很好吃。这次来海南，在万人海鲜广场吃过两次虾，但都不知道虾是怎么养成的，这次亲眼见到弟弟养虾，才知道他们有多么辛苦呀。一只虾得经历5个多月的时间，在这5个多月里，有一点小小的失误，如虾苗、水质、饲料、技术哪一个环节出了问题都会导致失败，养虾的人真是不容易呀！很多当领导的只知道坐在餐桌上山珍海味地胡吃乱喝，美美地吃着大虾，却不知道养虾人这么艰辛呀！都不知道劳动人民有多辛苦，多少付出，多少曲折才把这个虾乃至海产品养出来呀。没有他们的辛苦辛勤养虾，怎样才有我们吃的穿的，特别是海产品，这些都是渔民们用血汗换来的呀！

　　弟弟树亮经过3年的失败才换来今年的盈利，才换来这两池虾的收成。我要把养虾人的辛苦，努力都写出来，宣传出来，让更多的人知道干什么都不容易呀！

2018年1月24日　星期三　晴

今天来了三亚的保亭

　　今天来到三亚的保亭县城，看朋友买的一套小房子，79.4平方米。她买的是报业集团开发的项目，当时每平方米只有6200元，现在都涨到快1.5万元一平方米了，基本上能翻一番了。

　　报业集团在保亭拿地都有5年时间了。原来是给专家们盖的住房，后来开发成职工住宅了，总共盖了16座楼，1500套房子，现在全部卖完了，都卖到1.5万元一平方米。

　　保亭是个黎族自治县，离三亚80公里。路过浓达、槟榔谷两个旅游区，一路的风光很好。我们坐车两个半小时才到，集团的小王去接的我们。县城只有3万人口。那里有一个七仙山风景区，主要在那里泡温泉。县城虽然很小，但很精致，从规划到建设都很好。县城还有一条小河，一个民族大广场，两边有一道河。河两边都是绿化道，这对我们村搞美丽乡村很有借鉴。就在县城内，温度有30多摄氏度，属亚热带地区，比三亚冷点。我建议她把房子卖掉，因太远了，交通不便。她说等等再说。

2018年1月25日　星期四　晴

今天坐飞机从三亚回郑州，心里想着奶农

今天新蔡下大雪了，我一直挂念着大吴庄的两个农场。因为这两个场子是我帮助搞起来的，有几千头奶牛，他们说牛棚都倒塌了，牛也没有什么吃的了。牛场的农民讲：现在雪下得很大，牛也没什么吃的了，天很冷，也找不到人干活。我心急如焚，担心奶农受损失。我打电话同新蔡的领导说一说，让他们帮助解决点问题，过两天我回新蔡一趟，尽力帮助他们解决实际问题，让他们也发动一下群众，帮助把雪扒一扒，好让牛有草吃。奶农呀实在辛苦，从2004年到现在已经14年了。牛发展得很快，但一直在重创中前进。2004年场子还比较好办，那两年办了3个场，很快就办起来了，后来又在原阳办成了一个，又在大吴庄办了一个，又在桐柏办了一个，在邓县办了两个。算起来，大大小小的场子也办了近10个。但由于奶业发展得不景气，现在保留下来的只有3个场。14年来经过了很大的艰辛，盈利过，也亏损过。为了保留大吴庄的场子，奶农经历了千辛万苦，这次又遇到这么大的大雪，把棚子都压塌了。我要鼓励他们，把场子办好，把牛养好，养出更多更好的牛，给人们提供优质的、新鲜的牛奶，成为一代牛奶王、养牛王。干什么事情都很不易，我们要坚持下去，奋斗下去，努力下去，成为成功的人。

2018年1月26日　星期五　晴

洗衣服

从三亚回来，我把所有的衣服都洗了。从昨晚洗到凌晨2点多，今天又从上午洗到下午2点，把13天来4个人的脏衣服都洗了，还有床单被单，满满晒了一晒台，床单、内衣是用手洗的，其他都是用洗衣机洗的。

我是有生以来第一次洗那么多的衣服。由于不会用洗衣机，又打电话给家里人问怎么放洗衣粉。洗完了打不开洗衣机门，就放在洗衣机里了。今天早上又让吴迪起来帮助开机盖，一看没洗好，又一件一件地放在小洗衣机里洗，所以洗到下午2点，这次洗衣服整整用了我18个小时。这次长时间的洗衣服使我深刻体会到家务劳动很费时间，操持家务的人很伟大呀，也感谢家人几十年让我一心一意地工作。回村一定要表扬一次持家的好媳妇、好婆婆。

母亲一个字都不识，操持家务，把我们姐弟4人拉扯大。婆婆也是农村妇

女,也操持了家务一辈子。正是因为她们的坚持、默默无闻、无怨无悔才换来了两个家庭伟大的母亲的家庭地位。

洗衣服多是女同志干的,中国的妇女真是付出太多太多了。正是她们细致、伟大的付出,才换来了成千上万个家庭的和谐幸福,代代相传,余年还有一段时间,我一定无怨无悔地把家庭维持好,并照顾好家人。洗衣服,要洗干净,叠整齐,熨平整,穿在身上才舒服。这真是一项伟大的工程,现在看来做好哪件事也不容易呀!从前天看吴树亮养虾,到18个小时的洗衣服,深感劳动都是伟大、平凡的。正是他们的辛勤劳动,才有了所有人的吃和穿,用和行。再美味的东西都是劳动人民干的、做的,再高档的衣服也是劳动人民一针一线织起来的、做出来的、洗出来、熨出来的。此时我更加体会到毛泽东主席讲的,人民,只有人民才是创造世界历史的动力。

我一辈子当领导,干家务少。今天通过洗衣服才懂得更加尊重家人,爱护家人,才知道这个家是家庭每一个人付出才得到的。应好好善待他们,加倍呵护他们,包容他们呀!

2018年1月27日　星期六　雪天

冰天雪地搞扶贫

范县是国家级贫困县,目标是2019年脱贫。我答应当范县的扶贫顾问并兼陈庄镇胡屯村第一书记。2016年我第一次来,这次央视七台能来搞直播,是我一手策划起来的,所以我尽快从三亚回来,参加这个活动。

早上5点钟起床,洗漱后写了昨天的日记,7点钟下去到陈庄吃饭,7点30分到上午10点慰问5户贫困农民,10点钟参加中央电视台七台搞的直播节目,发表了一个讲话,作为对这次活动的评价。下午陪北京水果大王刘运田总经理看看地方,准备引她来范县种水果,招商引资,看能否在范县办个企业,之后去了清丰县,看刘总的蔬菜基地。

今天感冒又严重了,不但喉咙疼,而且有点发烧,不知道能坚持多久。能坚持多久就坚持多久。一定要咬牙坚持着,因为电视台是我请来的,刘总也是我请来的。刘运田,女,1972年人,中国水果大王,主要批发水果,这次让她参加了中央电视台的活动,并去看了她在清丰县的基地,吃了她种的菊花。她的合伙人张占华是返村创业青年,在村子里投资了7000多元种植菊花和小甜瓜,前3年都赔了,就今年持平,此时我深刻地感受到,企业家要有胆略,有胆略的人才能成大事。

2018 年 1 月 28 日　　星期日　　雪天

大雪封门了

　　雪下得很大,一片白茫茫的。我昨天来到范县,参加了中央电视台七套直播节目。今天从清丰坐鹤壁到驻马店的火车,由于雪天,从清丰到鹤壁整整坐了两个小时。G71 次火车晚点了 19 分钟,所以我和刘运田老总坐上车,满天弥漫的大雪,空气很压抑。满地的大雪,白茫茫一片,成为麦子最好的礼物,厚厚的一床棉被,为今年的丰收打下了坚实的基础。瑞雪兆丰年,今年农民又可能大丰收呀!

　　在冰天雪地里行走,温度是零下 10 摄氏度,空气特别得清新。天气特别得冷,对我心脏病是一次严峻的考验。为了新蔡的扶贫工作(刘去该县考察瓜果基地),我尽量往好的方面想。吸吸这么好的空气,看着这么好的大雪天,我就喜欢大雪铺地,喜欢冰天雪地,在冰天雪地的天气里走路,更加感受到吸收新鲜空气的重要性和给身体带来的考验。人压抑时间长了,在这样冷的空气中呼一下! 这一段时间压抑得太狠了,太需要在冰冷的气候中吸吸新鲜空气了,冰冷的空气也好让自己冰冷的心受些冲击吧。释放一下内心的闷气、烦恼和压抑,也感受一下老天和大地给自己带来的实实在在的感受,仰天叹,老天呀,你这么有眼光,在大地需要幸福的时间,你及时下了雪,把各种沉闷空气和疾病都杀掉,同时大雪给冬季农作物盖上一层厚厚的被子,是你恩赐了大地和人世间的一切需要。

　　大地在老天的照应下,接应了天上下的大雪,雪全部铺盖了所有的农作物。大地不但接应了所有的天上的雷鸣雪雨,而且滋润着万物的生长,雪是洁白世界的天使,她用轻歌曼舞的姿态柔软着冬天的世界。雪不需要任何语言,更不需要预约,自然而然地在冬的最深处重逢,雪舞柔情。一个爱生活的人,一定要有颗细腻温柔的心。这与外表无关,一个等雪的人一定对冬天有种格外的情怀,与温暖相连。下雪的时候,饮一杯热茶,走在漫天雪地里,多么的踏实、清爽暖心和自然呀。

　　每每走在雪天的大地上都对人民群众有一种沉重的责任感,都有一颗想向党表白的像雪一样纯洁,像大地一样厚实忠诚的心。自己能融入到群众中做事,能融化在当地的组织运转中,用厚实忠诚回馈对人民群众的爱意,使人民特别是贫困农民在这冰天雪地里能感受到党对他们的温暖。

　　今天带北京水果批发商刘运田来新蔡谈直营种植水果基地,项目落地了,也是我对新蔡人民的一点爱意。天太冷了,雪太美了,人心太暖了,谢彦涛副县长也在驻马店等了两天。下午两个人谈得非常好,我的心也像雪花一样轻歌曼舞地跳着。虽然大雪封住了门，但我们给新蔡贫困农民谈成了一个农业项目，辛苦得很值。虽把老母亲放在家里，她委屈点，但很值呀。因为实实在在为新蔡贫困农民办了点事，这也算对养育自己的父老乡亲尽一点力吧！

2018年1月29日　星期一　雪天

冰天雪地忙扶贫

　　从前天到今天，我冒雪走到范县，走到清丰，走到驻马店，走到新蔡，参与的是扶贫。在范县参加了中央电视台的扶贫走进百姓家，在清丰看了2.9万亩菊花基地，走到驻马店看到整个驻马店干部都在检查扶贫，走到新蔡看到干部都在帮助贫困户扫雪。大家干得很好，很实，很有成效。我也在大雪天里跑了3个县，县里都在检查，干得热火朝天，这种精神应当鼓励，宣传一下。如果干得好不鼓舞，不宣传，不鼓励，谁还去干好呢？所以我给省长发了一封信，提出了3条建议：一是通报表扬范县和新蔡县委书记王秋芳、王邵军这样的优秀干部和扶贫干部；二是加强救雪防灾，减少农民损失；三是加大对科研工作的指导，以科技取胜。翁省长很快回了信息，说记在心上，努力去做。

　　这次在下面看，情况十分严重，对种蔬菜和养殖业影响很大。如大吴庄牛棚压塌很多。清丰县的菊花，也损失很大。我要积极地把这个情况反映上去，让农民少受损失。

　　招商观念是真情。这次请北京水果大王刘运田来河南看一看，她看后决定在新蔡投资一个标准化水果基地，是全凭感情去做的。人有时候就是一种感情，感情到了什么都好说，感情不到什么就别想了。这次给新蔡引进了一个项目，也算我给新蔡做的一点贡献吧！

　　这3天是我重感冒的3天。头疼，喉咙疼得厉害，鼻子流得都擦不及，浑身发冷，为了接待央视七台的金部长，为了让刘运田在家乡投资，也为了河南的扶贫事业，我在雪地里忙碌了3天，奔跑了3天，也与感冒抗争了3天。同时也担心心脏病复发。因为心脏大手术只有一年多的时间，非常担心再犯病。疾病的痛苦与工作的顺利让我战胜了疾病，不但心脏病没有发病，重感冒也慢慢好了。看来疾病也怕信心。中央七台对范县的宣传，使农产品加快了销售，莲藕卖得快了，苹果也卖得快了，当地的土猪卖得更快了。什么叫帮助贫困农民，这就是实实在在的帮助贫困农民。

　　为河南引进一个水果企业，很值呀！贫困地区没企业不行呀！

2018年1月30日　星期二　雪天

在洛阳栾川看贫困人口就业情况

今天来到洛阳栾川。县里请我明天给他们做扶贫的人员讲一课,下午市里的牛主任和宋县长陪我看了两个就业点,并接触到县里的一些干部。栾川扶贫工作干得很实,干部很有思路很有办法,问了在两个就业点就业的农民,他们对自己当贫困户享受扶贫政策,得到的好处,政策落实的满意度都说得清清楚楚,很好。

在招商引资会上我看到了浙江省来的吴建华,她在这里工作很满意,把孩子都转来上学了。看了县里搞的体验店,栾川农产品发展都进入快车道了,很了不起。副书记范建军是个博士,程广文是组织部部长,很有思路,宋县长是从企业来的,做得非常得好,干部个个都很有思想,很有素质,学历上都是硕士博士的。二是栾川财政收入十几个亿元,有旅游和钼矿,很富呀!三是扶贫任务不重。2018年脱贫,目前贫困人口只有一万多人,比较好脱贫呀!这次给他们讲一讲思路、办法和建议。

2018年1月31日　星期三　晴

在栾川讲课

今天有400人听课,我讲了扶贫必要性,走好群众路线,调动农民内在的积极性,加强基层组织建设,千方百计把群众腰包鼓起来。大家听得很认真,效果很好,我讲了3个小时,自己也很提劲儿。

下午看了周冬旭和苏宏过副处长,他俩都在当第一书记。冰天雪地,又快过年了,他们也不易呀!

2018年2月1日　星期四　晴

郭奎立的人情味

郭奎立是省扶贫办的副主任。我和他认识不到半年时间,但同他的感情很深。

他从濮阳市的副市长到省扶贫办公室当副主任时我正在村子里。他给我发了一条信息,说来办公室上班当副主任了,此时我深刻地感受到他对我的尊重。后来他分管社会扶贫工作,党组分工让我协助他抓扶贫。在协助期间,我充分体会到他尊重人、关心人、调动人的积极性的能力。他当时分管社会扶贫处、扶贫基金会、扶贫协会。有一天我向他汇报,扶贫协会的会长史献志,扶贫基金会的李治平会长想向他汇报工作,他立马说不能让他们向咱汇报,咱们要去他们的办公室听他们汇报。第二天他带着我和社会扶贫处的李洪军就登门拜访了两个会长,激动得史献志和李志平干劲儿十足,逢人就讲郭奎立主任对协会和基金会的重视程度。

他抓社会扶贫处时,还运筹召开了全省就业现场会、全国金融扶贫现场会(在卢氏)、全国就业现场会,把自己抓的工作推向了全国,着实给河南扶贫露了大脸。所以他到扶贫办不到一年,不但打开了扶贫工作新局面,而且得到了扶贫办的充分肯定和树立了很高的威信,这次大家一致推他当省政协委员。

我于2017年12月份退休。他的办公室对着女厕所,气味很大。每次单位女同志进厕所都要路过他的办公室,极不方便。为了他能尽快换到我的办公室办公,11月份我就将办公室钥匙交给了综合处的同志。我退休以后没再去过办公室,想到他应当搬到我曾经的办公室了,没想到他没搬,还是因为我的一句话,这让我既感动又愧疚。有一天他打电话问我的办公室落实了没有,我说没有,谁知道他对我这个大姐这么尊重,说大姐没找到办公室他宁愿臭着也不搬。现在我曾经的办公室已经坐了考评处的人,郭奎立副主任的办公室仍对着女厕所呀!我内心深处埋着内疚,也深深为他的人情味感动。请他吃个饭,没想到他提前买了单。我下范县不是单位派的,工作中遇到不少困难。2017年我筹集资金时,他还帮助我动员一个企业给我村捐了15万元钱。这下真解决我的大问题了,让我激动立誓多做事,对得起郭主任真心实意的帮助。有一次他同武国定副省长到范县考察,还专门安排武省长去看我。因为非常想让省长肯定我,多有真心呀!

2018年2月2日　星期五

去了范县胡屯村

胡屯是我联系的一个贫困村,这个村有1418人,贫困户37户。我和乡干部慰问了"五保户",每户2桶油,1袋面,200元钱。看完后安排3件事,一是植树,今冬明春开展大力植树运动,力争植到2万棵树。二是积极组织开展养老互助合作社,力争筹集50万元资金,把胡屯的养老扶贫合作搞起来,探索一条贫困农民脱贫致富的路子。三是正月初十开一个大会,进行总结表彰,鼓舞士气,好好干工作。胡屯必须整一个旅游养老的路子来。

同我一起来的有和顺利。我们慰问贫困户时,他拍了不少的照片发到网上。

大吴庄村的村民吴树升、魏小新、唐雪媚也来看我。河南电视台都市频道也来报道我在村子里的事。退休后能给农民做点事。又是一种好心情——坦然和高兴。

2018年2月3日　星期六

再次参观郑板桥纪念馆

郑板桥在范县当过5年县令,留下很多宝贵的精神财富。

他清正廉洁。上任当县令是骑着毛驴去的,一路上参观了风光,体验了民情,上任后先把前后墙都打成洞,说是清除污气,吸收新鲜空气。他体察民情,办事正派廉洁。一曰:有位地主请了一位教书先生,教了一年学生,却赖账不给钱,郑用考对联的办法,就把老财考输了,如数给先生拿了钱。二曰:两个农民因蟹而打起了官司,他用蒸蟹的办法不但解决了问题,而且推广了蟹的吃法。三曰:郑板桥鸣琴而治。有一天上司来找他,在官府没见到他,结果在稻田里找到了,郑正躺着睡觉,上司说你为什么不在府里办公,而在这闲睡,郑说我正是把县府治理好了没事干,才来这休息呢。郑板桥不但聪慧,而且廉洁,从不拿老百姓一分钱,留下了许多脍炙人口的佳话。

难得糊涂,一枝一叶总关情等,成了千古绝唱。每到郑板桥纪念馆一次,就受到一次深刻的教育,他那正直、智慧、爱民的思想给人很多启迪和教育,在纪念馆里,看到他一身正气。如果每个做官的人都像郑板桥那样,清正廉洁,那么人民群众该多幸福呀,社会风气又该多么好呀,治理一个国家,爱戴一方民众,多么需要舍身为民的好官呀!

郑板桥本身就有才华，当了10年县令后，因为生活所迫，又去卖字卖画，这更使他的专长得以发挥。人总是在最困难时彰显自己的内心和优势。品质对一个人太重要了，此例再一次证明一个人必须有自己所长，有一个吃饭的本事。

2018年2月4日　星期日

再学西辛庄村——李连成

昨天在范县听李连成作报告，中午陪他吃饭。由于有吴树声、杨局长跟着，我们又跑到西辛庄村学习，听取李连成是怎样当书记的。李连成是濮阳县西辛庄村一名支部书记，当支部书记27年，把一个贫困村变成富村，年产值达19亿元，他讲了当支部书记的3点感受：

第一是能吃苦，能吃亏。

第二是廉洁，他说自己当支部书记时，没在群众那里吃过一顿饭，没在街上洗过一次头，没收过别人一分钱的东西，对自己要求特别严、特别硬、特别能以身作则。

第三，特别能发展经济。想想李连成是个农民就干这么好，我们还是研究生、干部，不知为什么就干不好？我们真是应当好好向他学习呀！听了他们的讲话，看了他们的村庄，更加敬佩他这个典型和标杆了。大吴庄吴树声也认为自己学了不少东西，魏小新、唐雪媚也觉得自己学到了很多东西。

2018年2月5日　星期一

再次来到濮阳白象村

白象村是濮阳县的一个贫困村，不到3年时间，让省交通厅科技处处长刘江给治理得焕然一新。村子里有汽车修理厂、电子厂等几个企业，还搞了文化大院、文化广场，并且正在打造旅游产业，变化真是大得很。

刘江是个博士后，他是只知道做事，不想着当官呀！全天下的人都知道做事，不想着当官该有多好呀！愿党内多出一些刘江式的好干部！愿党的干部政策早一点眷顾刘江这样的好干部，多提供为人民做事的平台。

2018年2月6日　星期二　晴

结识王明喜

王明喜,郑州市人。他在郑州养猪8年,今年又养了4000头黑猪,盈利6000多万元;种了3000亩水稻,也盈利了1000多万元。这次来范县,让他带了5个贫困户,慰问品全是他拿的,我很是感谢。他一个国家干部,能在一个村子奋斗8年,也真是不容易呀!干事业靠的是一种坚持,一种毅力,一种理想,三者缺一不可。王明喜之所以做成功了,就是因为他的坚持,他的毅力,他的理想,范县人都叫他黑猪老王。我们几个人还在王明喜那里吃过一顿晚饭,我感觉特别的好!

不知道为什么,我一到农村,一同农民接触就感到自己踏实了很多,高兴了很多,快乐了很多。闻到了身上的土腥味,感到一阵芳香。看到空旷的土地,心里就非常辽阔;看到绿油油的麦苗,绿绿的树芽,自己就像发了芽开了花结了果,浑身都是青春。身上再多的痛苦,融入到大地,融入到农民中间,什么痛苦都没有了,什么病都没有了。所以我又选择了驻村,又选择了同农民在一起,为贫困人口献上一份力量,献上一份永恒的衷心和热爱。王喜明为养猪在村子奋斗8年,我为贫困更应当奋斗一辈子,做到春蚕到死丝方尽,老牛埋头只拉车。

2018年2月7日　星期三

种菊花

今天来到刘运田在濮阳县的菊花基地。这个基地是刘运田和一个朋友在本村搞1000亩地,投资8000万元搞起来的。从总的情况看,冻死的很多,收不了多少东西,连本也收不回来。但晚餐非常丰富,菊花火锅,菊花馅子,菊花熬汤,很好吃,很美味。小强讲,他们投资了8000多万元,现在还在亏损着,北京的水果一年盈利300万—500万元,都投资在菊花基地上了。现在干一项事业非常不容易,特别是创业干实业,不但辛苦,而且容易赔钱,从帮助曹凌办企业到自己帮助农民致富,感觉难得很,创业真是艰辛得很呀!我们在享受美食的时候,一定要想到农民的辛苦和劳动人民的不易呀。所以我们要敬重种菊花的人、卖菊花的人。现在我深刻地感受到劳动最光荣、人民最伟大的道理!

2018年2月8日　星期四　晴　胡屯村

人间自有真情在

今早打开电视,我看了6个找人的故事,感动得不知不觉流下了泪水。其中多数是残疾人的故事,十分真切和感人,充分体现了真情真爱。他们的生活是不幸福的,他们的事迹是感人的。真是人间自有真情在,世间处处是真情。

2018年2月9日　星期五　晴

今天同王秋玉老师商量拍湿地的事

王秋玉老师是《动物世界》的记者,她成立了一个文化传媒有限公司,专拍动物,拍了三门峡的红福鸡,被中央电视台九套选用了。现在想拍湿地,本来她想到封丘拍,因为封丘李辉书记想拍不用投资的片,所以她没拍成。现在让我给当参谋,我建议先拍宣传片,让自己活下去再说。陈有富也是这样讲,做任何事,都要活下来再说再进行,再美好的愿望只有先保住生存了才能说下一步的事。生存都保不住,还谈什么美好理想。她很有抱负,想干一番事业,特别想拍最美的动物纪录片。我们想千方百计地支持她,给她提供条件,但我们必须让她建立在自己生存的条件下,来实现这些理想。拍湿地,再动人的动物拍起来都是需要钱的。钱能成就人的梦想,钱能推动人成功,但钱必须用好才行。钱用不好会让人犯错误,走向深渊。

我是学畜牧专业的,非常希望她能拍出好的动物来。我也会全力支持她,把国家级保护动物都展现给世界人民。这样她的理想也能实现,所有动物的特点、美感也能展现出来。

2018年2月10日　星期六　晴

看老领导常运诚

常运诚是原农业厅厅长,是他把我调到农业综合开发办的,不久他又给我提了正处。他工作务实,要求严格,对人关心,给我留下了深刻的印象。农业综合开发办当时只有18个人,分成了综合、科技、计划、资金组,他务实的工作作风成为我工作的标杆。2009年国家来验收农业开发项目工程时,有一个标志找不到了,他就跪在地上抓土,直到把标志抓出来让验收组看到才算满意。在农业开展上,他提出了田成方,林成网,沟相通,路相连,旱能浇,涝能排的农业综合开发格局和方针。他对人十分关心,从高校选拔了不少的老师到农业综合开发办,如当时的李长法(现扶贫办副主任)、刘宏敏,重用了孔令才、王军茂、汤其林。那时史献志、孔令才和我任副主任。我是1996年9月份调入农业综合开发办的。如果不是他积极支持扶贫工作,我刚到一个新单位不可能受到重用。

常厅长工作认真,要求严格,从不以权谋私。他工作一丝不苟,很会领队伍,是一个让人非常敬重的好领导。他今年81岁了,身体还很好,也非常廉洁,非常务实。我现在工作这么认真,都是他带出来的,他认真负责的工作作风和廉洁自律的品德值得我永远学习。今天看看他,他还送了我几本书法作品,都是他自己写的,我要好好学习、品味。

2018年2月11日　星期日　晴

范县胡屯村的支部书记来看我

在范县我又选择了一个村子——陈庄镇胡屯村。这个村1000多口人,38户贫困户,支部有5个人。基础设施很好,水、电、路都通,乡里头要在这个村打造美丽乡村,我们准备正月初十开个大会,要请点企业家,给村子捐点资金,把扶贫养老合作社建设起来,解决这38户农民稳定脱贫的问题。现已筹集资金20多万元,力争筹集到50万元,一次性解决贫困农民的稳定收入问题。

胡屯的一名企业家老胡准备资助10万元。今天他领着胡支书来了,带了一点玉米糁、小米、绿豆,这也是他们的一片深情厚谊。我一定把他们村的事情办好。帮助农民解决实际问题。把党支部给建设好!再创历史辉煌!

2018年2月12日　星期一　晴

医院是最好的休养港湾

最近家里出了很多事,身体遭受了极大的摧残。从去年11月份开始,住了几次医院,每次住院都能得到很好的调整和充分的休息。在医院里,没人打扰,也没人给自己气受,感到很舒服。想看看书就看看书,想写写字就写写字,想散散步就散散步,无人管,也无人干涉。医生、护士还常常问候问候,真是美极了。无论在什么地方都找不到这样的环境,所以医院成了我渡难除病的避风港。生病了想往这来,痛苦了想往这来,劳累了也想往这来。医院不但是个避风港,医生能治疗自己身上的病,而且还可以把一切的烦恼、痛苦都统统隔离在外面。怪不得动荡时期,不少老同志为了躲避政治风头,都到医院里去住院。现在家庭遇到灾难时,也可以躲在医院里避免痛苦,医院真好!不但能治身体的疾病,还可以医治心里的疾病呀!

2018年2月13日　星期二　晴

腊月二十八

再过两天就要过年了。我的焦虑症又严重了,无奈又住进了医院。住了一天,交了2000元钱,可到晚上住院部就说没钱了,说我的医保卡不能用了,急得我到处打电话,最后还是给A打电话,人急了什么事都能干出来。我们近3个月没说话了,可为了一张卡就忘掉了一切,主动地给A打电话。人在求救生存的时候就会忘掉一切,去求要最急需的东西,我平时都很大度的,为什么在感情上那么小气呢?这可能就是人的本能吧。

今天省里正开春节联欢晚会。刘东梅书记(竹沟镇)和范县小闫也来看我,给我带了春节慰问品。肉送给了同学陈有富,物品送给了崔海成。很多人很关心我,党高看我,给了我一个省政府参事室的研究员的职务。虽然只是个头衔,但这是省政府对我的信任。我好了一定还要尽其职,我会努力做好。群众爱戴我,我又当上了驻村第一书记,可以继续为大家做事,我也一定努力做好。

今天请了两位企业家吃饭,想让他们给胡屯村农民做点事。筹点资金,把事做成。想想很好笑,腊月二十八了,我们还在为贫困人口筹集资金,不知道为穷人做事我脸皮为什么这么厚,都60多岁的人了。可我一辈子也没为自己的事向别人和组织开过口呀!

2018年2月14日　星期三　晴

范县人的厚爱

今天腊月二十九,范县的储东风(扶贫办副主任)、刘喜旺和王明喜来看我。虽然我在住院,我还是回家拿了两瓶五粮液来招待他们。虽然他们只是拿点土特产,但他们拿来的是一种真情实意。明天就要过年了,他们今天还能从300多公里外的地方来看我。这是一种什么心情?这是一种真情、真心、真感,是老乡们的深情实意。他们是农民的代表,是贫困农民的代表。他们的到来,让我体会到范县人民对我的欢迎和热爱、希望和重托,更激起我做事的勇气、热情。

人的真心是换出来的。你对我真心,我也对你真心。特别是我们共产党人,对人民群众就是要有真心,有真情,用赤胆忠心,满怀真情,一心一意,无私无畏地做穷人的事,贫困人口的事,不问结果,不忘初心,一心一意为人民,为农民,为穷人。为了穷人尽全力,至死无悔。

2018年2月15日　星期四　晴

大年三十

今天是大年三十,家里很清静,就我们娘俩。吃过早饭,我们一起去二七广场给孩子她姥姥、奶奶各买了一双鞋、一件毛衣和一件内衣,花了近5000元钱。买了东西我们就去小弟家同母亲一起过年了,上午吃的菜汤、馒头,饭后我和女儿在吴勇找的房子里睡了一觉,晚上吃了饺子,玩了一会儿牌就回家休息了。

学校里真好,非常单纯和无私。吴勇的一个同事回家了,就把自己的屋子钥匙交给了吴勇,让其随便住。想想现在人都这么复杂,还有这么单纯的人,真是难得呀!我还是比较喜欢学校的生活的。退休以后,我还努力找回原来单纯的生活,多一些奉献,少一些索取,多一些理解,少一些埋怨,胸怀宽一些,做事多一点,想着人民多一些,想着自己少一点,坚持做人的原则,坚持道德的底线,坚持正义,坚持公正,坚持党性,坚持人民利益高于一切,坚持燃烧自己,温暖人民群众,温暖人间,在自己的前行中,让所有人都感到自己释放的温暖。

2018年2月16日　星期五　晴

亲情的温馨

今天是大年初一,我请母亲、大弟一家和小弟一家在一起吃个饭,还特请了米景忠和他的大儿子米宏伟、二儿子米建伟夫妇在一起吃饭。这一桌饭虽然吃了2600多元,但很值。一年就这一次,大家16个人围在一起。母亲86岁了,耳聪目明,大家都给她祝寿。大家高高兴兴,快快乐乐。亲情,友情,儿女之情,父母之情,祖孙之情,欢乐,幸福,高兴,温馨围着满满一桌子。大家叙着话,喝着酒,畅谈着亲情和友情。称着兄,道着弟,叫着娘,喊着姑,真是温馨得很,幸福得很,快乐得很。这就是年,年味,年情,亲情。很多年没有这样的亲情了,今后一定让这种真情亲情长存。

2018年2月17日　星期六　晴

大家初二都忙

今天,大家都忙着走亲戚,串门子,而我却在医院。一是休息休息,二是看点东西,写点东西。写了这几天缺的日记,看了《山里人》手稿和《褚时健传》。《山里人》是我在西王楼时写的人和事,原来看过两遍,现在趁有时间再看看,力争正月底能看完。看《褚时健传》,主要是看自己晚年能干点什么。看了《褚时健传》,我觉得我还是回去养牛,重操旧业。把牛养好,把农民带富,不负乡亲们的一片厚爱。褚时健能把褚橙种好,我为什么不能把牛养好?养牛煮牛肉做牛肉面,在牛身上做文章。人哪,还是干老本行好!有底气呀!

2018年2月18日　星期日　晴

初三在医院

大年初三。早上起来,倒走了一个小时,整个17楼就我一个人。两个护士一个医生,就为我一个人服务。我从9号房搬到18号房,这病房3张床,就我一个人。上午看一上午的书,下午休息后写写一天的日记。我倒走了一个小时,值班的医生和护士在一块儿叙话一个小时。因为病人少,他们热闹地叙话,我专心倒走。我的目标是倒走一个小时,他们是打发时间值好班,只要我没事,他们也就完成任务了,听说三十、初一,没有一个病人,医生还要照常值班,想想我一个人占那么多的资源,真是浪费呀。可我不来看病他们也照常值班呀!整个大楼都静悄悄的,正像张明理秘书长写的春节诗《星光》那样:

云淡风轻,星光闪耀,不知怎地又想起莫奈——《撑伞的女人》。那是怎样的爱,在云天背景中,转身回眸,惋惜哀伤,短暂的,瞬间的,流动的,消逝的光,汇聚生命最华丽的闪烁。还有《干草堆》二十五幅,那又是怎样的美,如此平凡单纯,安静,永远在那里守望天空,田野闪烁春夏秋冬,黎明黄昏的,千变万化用刹那的光组成大自然——最壮丽的史诗。

我要好好享受这样的资源,利用这样的资源,把资源优势变为学习优势、看书优势,转化为知识优势,真正做到一寸光阴一寸金,寸金难买寸光阴,争分夺秒多学知识,用好知识,多为人民群众谋福利,多为人民奉献知识。做一个像星光一样的人。清淡、高雅、晶透、闪光、发亮,永久做一颗发亮的小星星。

2018年2月19日　星期一　晴

初四见了三哥吴树珍

过年了。大人小孩儿,男人女人,老的少的,都忙着过年办年货,做吃的,我也是忙到腊月二十九晚上。还有几个朋友来看我,可谓吃的、喝的、用的什么都不缺了。但是没人做,有的送人了,有的放到冰箱里了。为了很好地休息,我住进了阜外华中心血管医院内科。这个科室过年就我一个人,很大的半层楼,就我一个人,静得很,想做什么就做什么。昨晚忽听三哥吴树珍回来了,我从医院出来去看他,他在西郊孙子那里住,一下电梯,三哥孙媳妇抱着孩子及侄女都在楼梯口接我。三哥拉着我的手说,妹妹你的手咋这么凉呀?记得2016年4月18日我在北京做手术时,三哥骑着自行车三个半小时才到医院,在医院坐了一个多小时才走,这段深情让我感激不尽呀!

到了侄子文生家,三嫂和一家人都准备了饭菜,我们大家在一起说说话,吃吃饭,叙的都是一些暖心的话。三哥的孩子,文生和小华,还有小芳,加上孙子孙女,一家18口人。儿子女儿都过得很好。文生两个儿子都结了婚,生了子,女儿也在北京过得很好,吃饭间又给二哥打了一个电话。二哥吴树田是个医生,一家也20多口子。我父亲是老三。二哥三哥都是大伯家的孩子。只有二伯家没人了,人口最多的还是大伯家,枝繁叶茂。我们家的人比较少,就我们弟妹4人,我是老大,只有一个女儿。妹妹人口多一点,只有7个人。大弟吴晓一儿一女,小弟吴勇也是一儿一女,身体还好得很。今年过年都在一起过,老太太高兴,过得也很幸福。

为了感谢三哥吴树珍,我专门给三哥拿了2000元钱,以表尊敬之情。三哥吴树珍今年73岁了,在北京一个小区当电工,每月拿到3000元的工资。他说小区领导对他很好,说只要他能干,一直让他当电工。73岁的人了,还能继续工作,真不简单呀!受三哥的启发,我退休后也一直地工作,不管钱多少,能为社会做点贡献就好。过年了,各有各的过法,今年这个年,我过的没有什么负担,但钱花得不少,快4万元了,半年的工资没有了,正事还没干成。这两天,我每天还倒走两个小时,主要是腰疼,这样效果比较好!

医生、护士很辛苦,他们得照常值班。我在三哥的儿子文生家看到了王强和文生的两个儿子,一个叫洋洋,一个叫小五,都非常争气。自己进行了创业搞装修,一年能挣20万—30万元,日子过的也非常好!现在走出来的农民生活过得都好!真是他们赶上了好时代,不比城里人差,过得幸福也好,差点也好,日子总是还要过下去呀!

三哥见了我,并把今天去北京的车票退了,说明天一起吃个饭,大家好好在一起聚一聚!

今天我正准备着胡屯村初十开群众大会的事,抓紧准备筹钱的事。

2018年2月20日　星期二　晴

明星裸捐56亿元给我的感触

周润发是一个香港演员。他1955年生,与我是同龄人,1974年毕业于TVB艺员班,演过《大上海》等多部电影。他无儿无女,将自己挣的56亿元资金全部捐给社会,而自己却省吃俭用,成为目前社会的话题和学习的榜样。我很少看电视,对周润发不熟,听王海云讲周润发的事,才从网上搜一搜,真是铺天盖地的新闻都在报道他,这样的人才让我感动。很多的人也都在学习。

感动一,思想品德高尚,夫妻俩恩爱有加,一心扑到拍电影上。他是真心对待妻子。

感动二,通过自己的奋斗,成为全世界的影帝。他一直严格要求自己,生活过得十分俭朴,自己过生日就两口子找个小馆子吃点面,穿个衣服几十元一件的。艰苦朴素,勤俭节约,对一个成名的人来说真是难能可贵呀!特别是在影艺界,讲排场、摆阔气的人太普遍了,他很特别,始终如一地坚持勤俭节约的精神!能把自己一生经营的所有资金全部捐给社会,真是一位特别有远见有胸怀的人,这才叫高瞻远瞩呀!

实践再一次证明,无私的人,高尚的人,一心一意为别的人才能留下千古美名。所以我要好好地学习周润发一心一意地对待家人。学习他高尚的道德品质,一心向善向爱向好,学习他对事业精益求精的态度,把业务做的有成就,在扶贫领域做到独一无二。始终不离开贫困人口,始终不离开农民、农村和土地。把钱取之社会,用之社会,等自己老了,也把房子捐给社会,用来办教育和敬老院。

2018年2月21日　星期三　晴

同学聚会一起过年

现在中央八项规定不许吃饭饮酒了，大家聚在一起的也少了。听说吴浩到住建厅当厅长了，就想着请他吃个饭，陈静、韩兆印也非常支持。我订了饭店，大家都去了。王海云、郭建军、乔鹏程、李树建、杨柳青、李文忠等，大家相互祝贺一下，并通报一下情况，好像每人都有好事。陈静当正厅级了，王海云当政协常委了，李树建当十八届党代表了，吴浩当住建厅厅长了，我当省政府参事室专家了，韩兆印当省纪委常委了，大家都在不同的领域和方面进步了、发展了。同学们都是真心的祝福，一心一意地为对方好。吃一个饭轻松愉快，陈静还给大家唱了一段京剧，乐得大家拍手叫欢，范县的胡总（胡屯村人）也大开眼界了。

从这顿饭中我受到了三点启发。

一、吴浩、李树建、韩兆印都是有政治智慧的人。吴浩是1972年的人，都当厅长了。他为人低调，对人诚恳，是同学界的精英，也是我十分佩服的年轻干部，他真是没架子。李树建不但是艺术界的一派权威，而且是一个政治活动家，他从三门峡来，艺术家能在政治上如鱼得水，真是高人呀！陈静、王海云、乔鹏程像我一样单纯、正直，而且心善。乔鹏程我们是多年的老朋友了，不但业务好，而且人好。杨柳青和郭建军了解的少，但我也很佩服他们的。李文忠与我同岁，都退了，心宽人也好。我俩很说得来。我们准备在一起做善事呢。

二、王海云、郭建军等很直率，很勤奋，他们都是考上来的厅级干部，很有真才，当面海云给吴浩提了住建厅改进的意见。建军坚持一杯酒不饮，说主要是值班，这样的干部才真的很优秀呀！我们党和人民真需要像吴浩、海云、建军他们这样的年轻干部呀！

2018年2月22日　星期四　晴

为38户贫困农民筹集养老资金

胡屯村还有38户贫困农民，我担任了这个村的第一书记。我想给这38户贫困农民寻找一个脱贫致富的路子，想找企业家捐点款，利用春节，我请了客，让大家筹钱，到现在只筹了十几万元：胡华军10万元，王明喜5万元，准备让刘书记（支部）拿2万元，让储东风的弟弟拿2万元，加在一起才19万元。还差19万元，我自己拿1万元，还差18万元，现在正发愁，不知道该怎么解决。

准备做史向东(爱心人士)工作,让他捐几万元,我在从微信中发起一个捐款活动,再筹一点,再提前去一趟濮阳找一点,把这件事做好,做出实效。

给贫困农民办实事得从小事做起,从实事做起,从我做起。周润发能筹56个亿,我筹38万元都这么难,没钱真难呀!

2018年2月23日　星期五　晴

扶贫还要靠大家

早上我3点多就起来了。今天要下范县,要给自己准备这两天的药物和衣服。得想想这钱该怎么筹集,会该怎么开,38万元怎么筹,写了计划,想了能捐款的人,能参加会议的人,能去的领导,不管怎么讲,我得把这个事情办好。早上起来写写东西,收拾一下衣服,去看看病号,中午在王明喜那里吃点饭,说说筹集资金的事。下午给村子里开个会,布置一下初十唱大戏的事。

今天来范县,上午在王明喜厂子吃了一顿饭,下午给胡屯村开了一个会。第一,商量一下捐款的事。胡华军捐10万元,王明喜捐5万元,杨秋意捐1万元,史向东捐2万元,濮阳油田捐15万元(郭奎立主任做的工作),村民捐5万元,乡里资助5万元,县领导帮助捐15万元,这样基本上能捐50万元左右,就可以把养老扶贫合作社建设起来了。搞一个创业园这一下子就活起来了,就能发展起来了,又找到了一条发展的路子。我自己也捐了1万元钱,这一下子就火起来了。

扶贫工作,一定要调动贫困农民的积极性。大家投入了,捐款了,参与了,就能干起来,这一下子就能调动贫困农民的积极性,找到了挣钱门路。农民看到了希望就跟着干起来。今晚我就能睡好觉了。

从筹集资金情况,人的积极性是要调动的,原来我以为能筹30万元就不错了,最理想的能筹38万元,每个贫困户发展基本金1万元,发展的基金问题一下就解决了,先把电商搞起来,再把范县大米、莲藕卖个好价格,把泥鳅发展起来,最后把文化产业搞起来。

2018年2月24日　星期六　晴

扶贫要调动每一个人的积极性

我来胡屯3天了,3天来主要是筹备群众大会,今天召开两个会议。一个是党员大会,一个是38户贫困户大会,前来参加村子大会的有县长赵丽玲、省扶贫协会史献志、"三农"杂志社杨秋意、老板史向军等。我讲了三个问题,一是成立胡屯村养老扶贫互助合作社,二是筹资捐爱心,三是植树。乡党委张洪孟又讲一讲,讲得很好,效果也很好。

还通过了发展经济若干问题的决议和村子的规划。见了两个企业家,分别来自中原油田和牧原集团。

钱捐了后,要放在一起发展经济,给每个贫困户农民1万元的发展基金,带领大家发展经济、搞建设。通过每次捐爱心,我又一次体会到,大家的积极性一定要引导、要发动、要提前把工作做好了,人的精神头就上来了,解决问题的办法也有了,资金也有了。一个村发展经济一下解决了50多万元的资金,真不易呀!我也没想到。所以什么事都要调动人的积极性。

2018年2月25日　星期日

桑园小镇建设得真好

昨晚我抽空来到了鹤壁市淇滨区桑园小镇。他们花了1.6亿元建设了一个特色小镇,有小吃一条街,看着都让人想吃。乡村振兴和美丽乡村建设能做到这样就很有特点了。我驻的村子——胡屯村要做到这样就很有特点了!一个村一定要搞自己的特色呀!鹤壁一搞项目起点都很高,常区长当过规划局局长,做得真好呀!

2018年2月26日　星期一　晴

2018年扶贫攻坚动员大会

胡屯村会议开得很好,成绩很大。2018年扶贫攻坚动员大会,共有7项议程。一是介绍人员。二是赵丽玲县长致词。三是读各类先进的表彰决定。四是发奖。五是分3批捐款:1. 企业家捐款;2. 爱心人士捐款;3. 群众捐款。共捐款63万元,够28名60岁以上的老人用,超出预期。六是乡党委书记和我表态。七是给两个合作社揭牌。

通过这个活动有3点感受:

一、扶贫工作一定要调动一切积极性。就在这3天,我和县领导做了许多工作,调动了14个企业的积极性,调动了胡屯干部和群众的积极性,调动了胡屯村干部和群众的积极性,可以让每个贫困户集点钱,并分红8%—15%。工作在人做,这样既动员了企业、爱心人士和群众,也促进了扶贫工作。

二、必须有一个载体来发挥作用。成立了胡屯村扶贫互助合作社和养老扶贫合作社。让群众都入这个社中,有一个机制和大家一起往前走。

三、一定让群众参与在其中。任何事情都要调动群众的积极性、主动性、参与性和创造性。历史是人民创造的,我们做扶贫,一定要充分发挥好群众的参与作用及其内在的积极性和创造性。

2018年2月27日　星期二　雨

实体经济很困难

王秀芳是新蔡县的一个民营企业家,企业办起来了,产品也打出去了,但目前遇到了很大的困难,一是铺的摊子太大了,现在欠银行及私人6000多万元,其中仅欠私人就3000多万元。目前要账的人很多,产品也生产不出来。二是缺流动资金,也贷不出来款,步履艰难。这两年实体经济很难搞,每个民营企业都压力很大,搞得人精疲力尽,我要想法帮她一把。从她的企业中我也有几点教训和启发:

一是搞事业摊子不能铺得太大,大了就不容易经营好。如果她不搞第二个厂,也不会外欠那么多钱,也不会有现在这么艰难。

二是企业一定不能向私人借钱太多,不然压力太大了。

三是老了一定不能大铺新摊、欠太多的账,不然就没办法生存下去。

2018年2月28日　星期三　雨

医院病人真多

母亲得了带状疱疹,已经5天了。今天我来看她,一看她从前胸到后背都起的黑色泡,赶紧同大弟吴晓一起到驻马店市中心医院。听说吴主任是皮肤科专家,就请王海洋帮助挂了个号(90号),让吴主任给看看,但人多没办法照激光红外线。我和大弟又去了中医院,他的战友张学军领着又找了医生,又开点药,照了红外线,中午回家弟弟做饭我休息了。下午在弟弟家休息了一个下午,晚上吃吃饭,李金良同志来坐了一会儿。

今天去了两个医院,看病的人真多呀。如果不是熟人领着,到上午12点也看不上病。现在大小医院病人都爆满,不知道为什么现在的病人那么多。办医院也真是盈利呀!我一直都想让家人有个医生,可老吴家却没一个医生呀!我觉得病人多还是预防没有做好呀!

2018年3月1日　星期四　雨

母亲的病真吓人

母亲得了个带状疱疹,满身都是,母亲说不疼。身上起了那么多泡泡,怎么会不疼呢?不知道她是忍着不说还是真不疼。母亲年轻时受了很多的苦,现在老了,一定千方百计让她过好晚年,她现在年龄大了,也越来越离不开人了,我得给她找一个专人照顾。

从母亲身上,我学习到许多优点,不论对谁都是表扬,从不批评和责备孩子,实行赏识教育来对待儿女。从来都替别人考虑,也不给别人找麻烦,生活得没压力,谁的事也不问也不管。虽然她一个字都不识,但每一个亲人都非常喜爱她,从心里疼她!今天听说李梦霞去世了,更加想着多孝顺母亲。百善孝为先,我要多尽孝心呀!

2018年3月2日　星期五　雨天

正月十五心很冷

我退休后感情出现了问题,身体出现了疾病。过年一人在医院,冷冷清清,孤孤单单,心里面很凉很凉。自己的兄弟妹子都忙着各自的事情也没时间过问自己的事,自己焦虑症越来越严重,心里越来越苦恼。我一个人守着一层病房楼,安静得很,也孤单得很。

立春已经很久了,但是从内心到外没有感到半点温暖。春天就要到来了,不知道我什么时候才能有春天,也不知道我什么时候才能没有痛苦,我心中的冰不知道什么时候才能融化。

我干事业那么有办法,为什么就在家庭上没有办法呢?我现在开始怀疑自己的思维、智商、人品、能力,也开始反思自己的迟钝、无能、无知。

2018年3月3日　星期六　晴

做饭并没有想象的那么难

　　今天正月十六日，我做点小酥肉。切了一块王明喜（范县养猪老板）拿来的猪肉，打了4个鸡蛋，并用一些调料加工，家里人都说好吃，还表扬了我。最近我学会了做牛腩，学会了做排骨，并学会了炒肉丝。

　　做饭也是要程序的，要用心去做。我原来说用10年的工夫学会做饭，现在看来不用那么长时间了。3年我一定能学会做一手好菜。

　　做饭做事都要用心，只要用心做都能做好。中国那么多贤妻良母都是凭做一手好菜来很好地维系家庭的。

2018年3月4日　星期日　晴

想拍动物纪录片

　　王秋玉在山里整整住了一年，吃了很多的苦，遇到了很大的困难，但她把这件事做成了。我很感动，所以让陈有富帮助她成立了一个公司，并给她解决了10万元的经费问题，让她好好地做。

　　我是搞畜牧的，没有心眼，愿意和动物打交道。我想卖掉房子同她一起做这件事。现在我也退休了，就认真地做这件事。可是房子没有一套是我自己的，只能想别的办法了。这件事做起来很有意义呀！

　　每年能拍一个动物，10年就能拍10部动物纪录片呀！

2018年3月5日　星期一　晴

第一书记陈建中来郑州看经济发展

　　今天在扶贫协会和史献志会长谈协会发展问题。我们对社会扶贫都充满了信心，社会扶贫现在力量很大，我们要利用好。从史会长办公室回来，去了省政府附近吃饭，由王总请客，主要是请陈书记，都是和顺利的朋友（企业家），还有一个上市公司的老板。

　　老陈回村当第一书记两年多了，这次想做煎饼生意，想帮助集体办点事，来郑州寻求帮助，他和李书记（村支部书记）一起来的。

我的客人,让人家招待,真不好意思。但企业家们十分热情,并表示尽快把扶贫助学的工作干起来。

社会是个巨大的力量场,做扶贫的热情高得很。我要聚集正能量,把这个工作做好做实。向老陈学习,能做一点是一点,充分发挥社会力量,给贫困人口做更多的事。今天是3月5日雷锋日,学雷锋做好事,一辈子做好事实事。每一个人都有自己的亮点,充分利用。

2018年3月6日　星期二　晴

学习武汉鼎老人

我今天学习了武汉鼎老人的事迹。他是一个兽医,一生只做两件事:一是兽医,当过兽医站站长;二是做扶贫,他退休以后28年都在做扶贫工作,绽放了晚年的光彩。

他的大儿子武斌热情地接待了我们。为了看老人,中午的饭我们到下午3点才吃。我、丁玲和李师傅,买了两提奶、一提鸡蛋到老人家看看他。他住在3楼,没有电梯。三室一厅的房子,就老两口在家。前妻死了20多年,现在的老伴比他小了5岁,今年也82了。武老同我母亲的年龄一样大。他高大的个子,脑子还十分清晰,见了我们来了,他给我们讲当兽医的事,并同我们照了相,送了书,签了名。

从他家出来我手不离《汉鼎之光》这本书。这本书是刘巧玲写的,书中叙述了武老师60多年在平凡岗位做出不平凡事迹的感人故事。他姓武,我姓吴,同一个音。他是畜牧兽医,我也是兽医;他的事迹是做扶贫,我也是扶贫。而且他和我母亲同岁,很多事情都巧和到一块,真是不易呀!我真想好好的向他学习呀!一生简简单单,平平凡凡,老年却发出了辉煌之光,不易呀!

2018年3月7日　星期三　晴

研究课题进展情况

下午参加黄河滩的战略性研究和扶贫模式的研究专家会,认真研究两个课题进展的情况,需要解决的问题及下步进行的办法。

我和田建民、乔鹏程主持。

河南农大、河南牧业经济学院、省政府发展研究中心都在搞。近期下去调研,一个县一个县地做。分成三组,侯博士带一个组,田建民领一个组,乔院长带一个组,把8个县的黄河开发的模式研究出来。重点是开发利用的模式。6月份开一个论证会,搞起来,向翁省长汇报。

扶贫模式的研究,书稿一定要尽快出来。把大吴庄农业良性循环和确山的基层组织建设的模式搞出来。我要亲自搞,再把西王楼养老扶贫模式搞起来。会议开得很好,晚上大家在一起吃吃饭。专家们非常高兴。

今天取了住房公积金10万元,可以买房子了。

2018年3月8日　星期四　晴

三八妇女节

在三八妇女节到来时,我听到习近平总书记在山东代表团讨论时对妇女的讲话,他充分肯定妇女半边天的作用。

一是祝贺,二是肯定成绩,三是对妇女作用赋予了新的内容。

妇女在发挥社会作用,承担家庭义务和孝道上做出了贡献。一个家庭中妇女很重要,贤内助一定会培养出好孩子,带出个好家风。在妇女节里看到许多优秀的女代表、女委员,参与国家大事,发出了女同胞的声音。

今天省劳模、安阳税务局张红来郑,我和张继民(驻马店税务局局长)陪她吃饭,并请赵香花作陪(驻马店教育局原局长)。下午我还去看了胡向阳秘书长。总之三八节过得很充实。

2018年3月9日　星期五　晴

今天一天办了3件事

一是去看了《文汇报》的刘慧记者。她在圣玛妇产医院生孩子,是二胎,是个男孩,大的是女孩,才两岁,一大间病房,一个月3.6万元,吃住和月嫂都包括在内,一天5顿饭,吃的很淡,是台湾菜系。家人只管来看看,什么都不用管。

二是去单位社会扶贫处送个表格。国家扶贫办要出个书,要授权。我填好送给他们。

三是接王泷圣夫妇来看病。李春香得了乳腺癌,癌细胞可能已经转移了。我领着她在肿瘤医院吴大夫那儿看了并帮助住上了医院,晚上在家吃的饭,想想小李,再想想自己,不知不觉地流下了眼泪。

2018年3月10日　星期六　晴　胡屯村

扶贫大普查

　　检查我们村的是濮阳县的两个青年人,工作比较认真。开始的时候大家比较紧张:一是普检表找不到了,急得任磊一头汗;二是到了第一户,老婆婆出门时又把身份证、户口本带走了,又等了半天。我跟了两户,人家不让跟了,我就不再跟了。正好申教授和齐馆长来了,我带着他们看了郑板桥纪念馆,并在黄河边吃了个饭。

　　体会:

　　1. 今天扶贫检查11户,整体情况非常好。晚上他们去吃饭了,总算开了个好头。后边几天我得在村子看着,最后一关别出什么问题。

　　2. 黄河水流得真急。我们从下午6点多钟到晚上9点多点,在黄河边坐了3个小时。看着黄河水奔腾东流,打出一个个旋涡,水黄得像泥土一样,浑得很。如果人不小心掉下去,一转眼就可能被滚滚河水冲走了。看着滔滔黄河水,觉得大自然就是这么神奇:给人们带来福音之时,也给人们带来了灾难。听说前几天龙王庙淹死了3个小孩,乡政府赔了每个孩子家40万元,因为没有设立警示牌。

2018年3月11日　星期日　晴

好人为什么总不易

　　我曾在确山县竹沟镇西王楼驻村,住在一位烈士父母家里。3年中我们建立了深厚的感情,李春香虽是个农家妇女,但心底善良,胸怀宽广,做一手好菜,对谁都很好,没有想到我回来不到一年,她就成了现在这种情况。

　　她得了乳腺癌,而且癌细胞转移了。她的大儿子都当军官了,在战场上牺牲了,并没有孩子。百病皆生于气,由于生气她得了这个病,可能不久就会离开人间了。看看小春的灾难,再想想自己,真是心寒呀!

2018 年 3 月 12 日　星期一　晴　胡屯村

任务一个接着一个

昨天刚给乔院长送走,今天史献志带着扶贫办老干部来了。昨夜加班把国扶办要的个人材料给改了,今天又来了一个任务:洛阳商会的陈会长让我给他们企业家上一次党课。他说定于星期六下午 3 点。这两天我还得准备一下,给企业家上党课同单位的党课不同,他们要实际和实惠的,他们说主要讲精准扶贫和乡村振兴,面对企业家和预备党员讲。

2018 年 3 月 13 日　星期二　晴

建立劳模扶贫工作室

三八节的时候,安阳劳模张红来看我,张继民陪同,吃饭的时候说要成立劳模工作室。今天我去省总工会劳模处汇报,并见到了寇武江主席、吕主席、张扬主席、杨会涛主席及王海、吕庆部长,他们都很支持,让拿个方案。

我想是从扶贫教育入手,一个劳模对一个贫困生,再进行跟踪服务,看能扶持多少,看劳模精神到底能在扶贫人口中起多大作用。做一个算一个,做一百个算一百个,作为一个课题做。先在贫困地区做出亮点,以点带面。坚持两年,把它做好,会很有意义的。让劳模扶贫工作室发热发光,做出亮点。

2018 年 3 月 14 日　星期三　晴

有感于《灵宝最美家庭故事集》

今天我和范县胡屯村支书及陈庄镇党委书记张洪孟会同刘书记来灵宝学习种菇的经验。昌盛集团南总是一个村的党支部书记,种菇很有经验。他投资 1.2 亿元搞建设,带领一些贫困户,他自己种让贫困户加入,解决了村子 46 户贫困人口就业。

在宾馆休息时,看到一本《灵宝最美家庭故事集》,很吸引我。这本书收集了 76 个最美家庭的故事,每一个家庭都注重家教注重家风。他们家庭的幸福生活、和谐故事、文明风采和未来梦想都激励着我,教育着我,对我践行社会主义核心价值观,弘扬最美家庭传递榜样力量提供了经验。这么多年来我都在干事想事,忽略了家庭,忽略了亲人,投入家庭比较少,忽略和伤害了爱人,值得好好反思,好好地向最美家庭学习呀!

2018年3月15日　星期四　晴

伟大的物理学家霍金去世了

据报道,伟大的科学家霍金去世了(2018年3月14日),享年76岁。他的忌日同爱因斯坦的生日是一天,一个大科学家3月14日生,一个大科学家是同一天死,这一天因为他们两位而重要。一个创造了相对论,一个发表了黑洞理论,为人类和世界揭秘了很多东西。霍金的去世使物理学界损失极大。我崇拜科学家,崇尚科学,也怀着沉痛的心情向这位科学家默哀!

科学是寻找规律性东西的,调查调研、发现总结、推广应用,从而推动了社会向前发展,给人们创造幸福生活。所以人们记着科学家,历史也记着科学家。我只是一个极其普通的人,十分微小的人,我要学习科学家精神,为人类创造幸福做事,特别是为了贫困人口做事。今天带着胡屯村的支书胡建民来有经验的村子,来学习灵宝种菇的经验。霍金研究黑洞,我研究贫困农民怎样致富,都是给社会做贡献,只是大小不同而已。

今天是3月15日,是消费者权益保护日。中央电视台每年都在这一天搞一个大的晚会,影响很大。我每年必看,促使人人维权。我最爱的节目是每年一次的各类最美人物和各类人物表彰,他们的事迹很能教育人,鼓励人,帮助人。自己虽然老了,但要活到老,学到老,做到老。学习霍金精神,不但向科学进军,而且学习霍金与疾病做斗争的精神,一定战胜病魔,为社会多做点事,坚决不拖累自己的家人。

2018年3月16日　星期五　晴

人切不能贪大求高

我在灵宝看到了两个先进典型,一个是全国劳动模范鲍为民,一个是南安书记。两个都是党支部书记,都是企业家,资产过亿元,但现在都比较困难。鲍书记搞了个燕子山,4A级景区;南安书记搞了个五星级宾馆并种菇,资金投入两个多亿。目前步履艰辛,如果没有外援都坚持不了多久。因此做什么事都要切合实际,不能贪大求高。胡屯村的扶贫工作我们一定要一点一点地做,让这个村的群众获得实惠,有钱用,日子过得幸福。

2018 年 3 月 17 日　星期六　晴

弯柳树村的经验

我来弯柳树村学习发扬孝道文化的经验,看了贫困户的民宅,看了孝道大讲堂,很感动。这一切都离不开国家统计局调查总队的宋瑞处长的努力。

她到这个村当第一书记五年多了,从孝道文化抓起,把脱贫工作搞起来了。一是树立了孝老、尊老的民风,从一进村都是孝道的宣传墙、宣传栏、宣传画。二是成立了村里的小剧团,演的节目都是自己身边发生的事。由于小剧团的成立,原来爱打麻将的老婆婆也当上了剧团的团长,原来有病的也好了,原来夫妻不和的现在也和了,精神面貌焕然一新。三是旅游现在搞得很好,村子里有 100 家农家乐可以接待客人。来的人很多,我来时,都有 100 多人在村子里参观学习。晚上吃住都在村子。四是农民的精神面貌发生了极大的变化。他们学习王阳明的知行合一,在大讲堂里开课。现在有 300 多名企业家参加,很好。实践再次证明带头人的重要性。一个家庭,一个单位,一个部门,一级政府,一个国家关键就是一个"一把手","一把手"能力强了,就发展得快,"一把手"不强,什么也干不成。我们要大力加强基层组织建设和干部队伍建设。

2018 年 3 月 18 日　星期日　阴

从泌阳香菇谈产业扶贫

我们一行人今天来泌阳学习种香菇的经验。泌阳的经验是种菌厂、合作社、大户、农民一起种香菇,把整个泌阳的农民都带起来了,都发展起来了。我们重点学习了赵支部书记。他很努力,菌棒都出口到韩国去,劳动力也出口到韩国,一年一个劳动力都能盈利十几万元。现在他还当了村子里的支部书记,这个典型培养培养,很有发展前景。禹总,泌阳搞食用菌和种菌的专家,从一个农民做起,现在有一个办公大楼,有两个基地,由两个儿子管着,每年卖掉菌棒可以收入 1000 多万元。他从一个农民一步一个脚印走到现在很不易。这两个人都是典型,都以坚持和技术为立身之本。老禹已经稳定了,小赵也刚起步,每人每年能盈利几百万元甚至上千万元,中国的农民真是厉害呀!

泌阳香菇生产给泌阳农民带来了经济效益,扶贫应当很好地总结这方面的经验。

2018年3月19日　星期一　雨

全国"两会"鼓舞人心

"两会"相继召开,好事连连。我通过代表提出了"深度贫困地区扶贫的方案",国家领导人很累,委员和代表也很累,我在这个时间里做了三项工作。一是让人大代表提案,提深度贫困地区扶贫开发案。二是下村调研三个项目的情况,三是对胡屯村经济发展进行调研。

最小的代表李丽才23岁,搞名人大讲堂的,很好地弘扬了优秀传统文化。我要好好研究她的工作特点。弯柳树村的经验值得学习。我要在驻过的村大力推广孝道文化,使这几个村都能把精神方面的东西搞起来。

2018年3月20日　星期二　晴

刘积仁的创业路

刘积仁是中国第一个计算机留美博士,回国后在东北大学计算机系任教。他33岁就当上了副教授。后来开始了创业,第一次创业什么都没有,只有两间办公室。第一个业务是到日本讲课,日本花了30万美元买了他的软件,他将这笔款全部买了电脑,开创了国内医疗界CT、X光等医疗设备的创研工作,现在成为东软计算机公司的总裁兼首席科学家,在大连创办了计算机科技园和大连技术职业学院。他是一个标准的专家创业者。他说过的一句话就是,饥饿的人头脑变得聪明,知道到哪里去找东西吃。他的成功归功于他的导师。他的创业在于他的目标远大。我退休了,要进行第二次创业,不知道能否创好业,尽力去做吧。

2018年3月21日　星期三　晴

从哪跌倒从哪爬起来

从现在开始,我要创办文明课堂,从道德抓起,从教育抓起,从文明抓起,让每一个家庭成员,让每一个亲人不再受亲人分离骨肉相残的悲剧。人人都关心小家，人人都要爱护家庭成员，使家庭和谐，相互关心，相互帮助，相互支持。后半生就重点做这一件事，做好做实，做出成效。

2018年3月22日　星期四　晴

小事也很费时间

今天做了两件小事。一件事是包药，从上午8点半一直到上午10点半，才包了36包药，一个月多一点的剂量，这时才深刻感受到丈夫的辛苦。虽然他有不少缺点，但在细心照顾我的方面做得很好，做手术近两年了，每次都是他帮我拿药。每次把药带回来，并把每天早晚吃的药用纸包好，写上吃药的时间，现在自己包了才想着他的不容易。

另一件事是帮助母亲去洗洗澡，母亲回家一个月了。由于得了带状疱疹（病毒性疾病），也没敢带她洗过澡，昨晚背上的血夹全部脱落了。因为下午要去村子里，所以上午去给她洗洗澡。原来定点洗澡的地方在装修，只能去黄河路一个洗澡中心。我、母亲、保姆三个人洗了两个多小时，花了434元钱。下午1点半才洗完回家，母亲一直感觉很好，说浑身都轻松。母亲今年已86岁了，我们要好好地对她，因为她一生受了很多的苦，现在我们有能力了，一定要让她幸福地度过晚年。我是家中老大，一定要带好这个头。中国有句名言，"百善孝为先"，连自己父母都不孝顺的人你还能指着他干什么。看一个人的人品，主要看他对自己的父母是否孝顺。

我们每一个人必须从小事做起，才能谈大事。我一辈子只做些小事，但党和人民却处处给我鼓励和荣誉。我一定铭记在心，多做小事、好事、实事，有益于自己，也有益于人民和党。

2018年3月23日　星期五　晴

在鹤壁淇滨区讲课

受淇滨区李杰书记的邀请，我今天上午给淇滨区做扶贫的600多人讲了一课。题目"叫知难而上，打好脱贫攻坚战"，从为什么把脱贫攻坚作为"十三五"战略目标，到如何走好群众路线，把群众的内在积极性调动起来，千方百计让群众的腰包鼓起来，讲了3个小时零15分钟，大家都听得很认真、专注。

能把自己多年积累的经验传授到扶贫干部身上，也算做了一件对扶贫干部有帮助的事。传授知识对自己也是一种享受。我当过7年的大学老师,又找到了做老师的感受。站3个小时也不觉得累。现在才发现自己还是一个当老师的料!

下午去看了驻村第一书记冯增志,他是鹤壁市原来的扶贫办主任,退休后现在回自己村当第一书记了,干得很好。从他那里得知,杞县搞了个头雁回归的人才规划,目前有20多位贤能人才及优秀企业家到自己的家乡搞扶贫,发挥作用很大。调动老同志的积极作用也很好。扶贫一定要动员一切积极因素,发挥每一个人的力量。

2018年3月24日　星期六　晴

今天见到全国人大代表李世强

胡屯村建立了贫困互助合作社和养老互助合作社,将38户贫困农民都覆盖到了。通过爱心人士的帮助,还筹集了36万元钱,向农民承诺了8%—15%的年收益率。怎样完成这个任务,上周我同张镇长、张洪波书记参观了几个村。灵宝和泌阳群众种香菇,息县弯柳树庄孝道文化都做得很好,我想把这个钱给有爱心的企业家,让他们来管理。所以找到了李世强书记,他原来是个大企业家,现在又当了自己村的支部书记,做了很多的事,已经当选两届全国人大代表。我原本打算拿40万元放在他那个地方,让他每年给20%红利,他不同意,说要给村子5万元资助费用,并让我去他村子一趟。这条路走不通了,我只能用靠别人的办法了。一定要自力更生,创新亮点,自己找门路!

2018年3月25日　星期日　晴

到嵩山商会听王阳明的知行合一课

文化是一个国家、一个民族的灵魂。文化兴国家兴,文化强民族强。没有高度的文化自信,没有文化的繁荣兴盛,就没有中华民族伟大复兴,也没有真正的乡村振兴。乡村振兴的根本是文化振兴。为了积极探索中国传统文化,我积极参加了嵩山商会智库大学培训班,认真听了王阳明知行合一的论坛课,由宋瑞几个传统文化做得好的人士在那里讲,他们是从明心和净心开始讲的:心是道的源泉,道是德的根本,中华民族始终以仁爱、平等、中庸、和谐为人生观,有广阔的仁爱、深远的智慧、博大的胸怀、巨大的能量。拥有君子之道,君子之德,君子之事业,才会拥有幸福和自在。而进一步是拥有圣人之道,有天上的仁爱,无量的智慧,无限的胸怀,无尽的能量,做圣人之事,为全人类服务。

听了3个小时的课,思想上得到了洗礼,心灵上得到了净化,感情上达到了共鸣,我再忙也要参加下去,坚持下去,和企业家们一起把事情做好、做成、做大,让更多的人受益,我又找到了一个发挥正能量的机会。真是应当很好地感谢宋瑞书记。

中国的中小企业家真好学,在经济很难做的情况下,学习王阳明的知行合一,而且学得很认真,我很佩服他们。

2018年3月26日　星期一　晴

爱从心生

我和和顺利、牛律师发起为傅寨乡双台村小学12个贫困生寻找资助的活动。由于牛律师努力,现在已找到了十几个人,今天晚上大家在一起吃个饭讨论。今晚来了14个人,有房地产的老板,有一般的职员、律师和小企业家,他们都积极踊跃地参加这次活动,也都是从内心深处愿意做的爱心人士。他们虽然赚钱不易,但心灵非常干净。牛律师提出了少吃一顿饭,少要一个菜,少喝一瓶酒,多资助一个学生。要求每次吃饭人人凑20元钱,一切从节约开始,做一个勤俭节约的人,并提出了一帮一结对子,跟踪服务活动。吃了两个多小时,实际上是开了两个多小时的会。真好,比起那些官气十足的领导干部,他们的思想高尚多了。所以爱心一定要从心开始,自觉自愿地去做。

2018年3月27日　星期二　晴

看景不如听景,和预想的相差甚远

自从《河南日报》刊登了朱仙镇的报道后,我就一直想去看看。今天没事,我带着母亲就去了。宽阔的大道让人向往,没想到一到朱仙镇,名不副实!

一是环境差。到处脏乱差,交通牌也不清楚。没有整洁的道路,马路虽然宽,但很脏,没有古镇的古朴,更没有古镇的文化和文明。

二是说的有岳飞庙和庙寺极台园,但什么也没看到。我和母亲走了一条街就回来了。

三是只有硬件,没有软件。

无奈我又领着母亲看了看开封包公庙,在水塘边看一看,中午到尹军书记(商水的同事)那里吃饭就回来了。回到郑州,沿金水东路,两旁的花、树、草等非常好,还是郑州有看头呀!

2018年3月28日　星期三　晴

今天见到了钱大方、杨志芳等几个老朋友

钱大方是我的老领导,杨志芳是我在驻马店农业局的同事,他们约我很长时间,之前忙于工作没聚成,这次忙里偷闲,中午我请他们吃个饭,说说话。

今天走了13000步,这样坚持走下去,对身体会很好!

下午又听王阳明知行合一的课,把母亲安置到了魏超家。

下午从3点到6点认真地听了王阳明心说。初步了解王阳明先生心学致良知,知行合一的文章,初步了解王阳明是做什么的,都做了哪些事,了解了古代的一些情况。

品是道积累的,道是从心开始的。通过王阳明先生的心学,可以净化人的思想,崇尚从善开始做事,感觉很好!

2018年3月29日　星期四

和牛炳义、和顺利一起商量帮助贫困学生的事

正阳县傅寨乡双台村有11名贫困生,我们要找11个爱心人士进行一对一结对子。每一个贫困学生结一个爱心人士,从结对这一天开始,每个爱心人士给结对子的小学生一个月300元,给初、高中生每月500元,给大学生每月800元,一直结到读完大学为止。今天吃饭的14个人,大家都很积极,每人都愿领一个贫困学生。这就是从我做起,从自己做起的最好行动,这不就是有良知的表现吗?每一个人都身体力行,都伸出援助之手,所有的贫困孩子不都有人帮了吗?目标要小,要从自己开始,从行动开始,同这群人一起做善事真好!

2018年3月30日　星期五　晴

到正阳县傅寨乡双台村进行一对一结对子

早上我5点多就起床,没想到赶到中州宾馆已7点34分,比规定的时间晚了4分钟。到上午12点才到双台村,在村举行了个简短的仪式后,就去县城吃饭了。虽然这是个很小的举动,但解决了11个贫困生生活和学习的问题,每人每月几百元钱,总能解决这11个贫困家庭的实际问题。下午爱心人士参观县里的企业,我和和顺利去沈丘县参加了李寨村美丽乡村建设论证会。

今天很累,但参加论证会学习了不少东西。如旅游要争创唯一、第一和吸引力,把美丽乡村建设好,李寨乡是沈丘县的一个村庄,由成功企业家李士强回去当村第一书记的。他下大力气把该村打造成美丽乡村。今年他也65岁了,很有胸怀和思想,我很佩服他。

2018年3月31日　星期六　晴

再看沈丘

很久没来沈丘了,这里的变化真大呀。

第一是城市大。这个县坐着车能走一个多小时。林峰(省级"三农"人物)是第一书记,带着我看了整个县。道路很宽,路两旁的灯光很美丽(灯很新颖),城市规划和建设都是大手笔。

第二是高楼大厦林立,比一个地级市建设得还好。

第三是很有特色。新城区有个槐园,有500多亩地,造的假山假水,栽了很多的槐树,还有2000多年的古树。槐园不但景好,槐树多,而且很大很上水平。我准备等槐树开花时再来看看。整个县都是槐树,真美。

第四是有十多条步行街。每个街都很有特点,如玉街,有很多玉器门面。从步行街就能看出沈丘人很有钱。听林峰讲,沈丘人出去得早,每个农民手里都有些积蓄。

思路决定出路。沈丘之所以发展这么快,同全县改革开放得早有很大关系。所以一定要走出去,到外面去看看,去发展一番。看来沈丘人民是勤劳的人民,智慧的人民,敢闯敢干的人民。

2018年4月1日　星期日　晴

再吃广东打边炉

上午同陈有富、王秋玉在一块说点事,我们一起去吃了广东打边炉。这个饭店有两个特点:

第一,清远鸡、脆皮鱼和鱼皮饺子都很有特点。清远鸡涮开三分钟就可以吃,鸡肉很筋道,脆皮鱼很脆,饺子是用鱼皮包的,汤也很有特别风味。

第二,老板自己服务。盛汤、上菜、倒水都是他一个人,老板50多岁,很干练。

最后罗世超也来了,大家吃得很高兴,都说好。

不管做什么事一定要做到像广东打边炉这样,要有自己的特色,能做到就做唯一;做不到唯一,第一也好;做不到第一,尽到努力也行。所以我今后做事也要精益求精,做到唯一、第一、尽力!

今天行了一万步。

2018年4月2日　星期一　晴

今天做了三件事

第一,去赛思看了看牙。这个门牙才做了没几年又坏了,上午到绿地的赛思,医生看了看还要换牙,我回来再考虑下,因为做下来得3万多元。现在牙科太贵了。

第二,王力来给我送退休证,请他吃顿饭。樊士国也参加了,说得很高兴,并就加强老干部党支部工作谈谈看法。

第三,去人民医院看了焦云先主任。她出车祸了,住在医院里,我来看看她。她说一个月前正月十五,出去剪头,正往前走,被一个开老年代步车的人撞倒并从脚掌碾过去了,脚趾头截掉三个。现在一月有余还没好!

从这件事中给我两点启示:第一,走路要小心。年龄大了要有人照顾最好。你不碰别人,别人碰你,她80多岁了,还受这样的罪,真是痛苦呀!第二,人不知道横祸什么时间就来了。自己60多岁了,还遇到人生最艰难的事,尽快脱离这种痛苦吧!

2018 年 4 月 3 日　星期二　阴

天气突然变冷了

今天和昨天比，气温来了 180 度大转变。昨天还 20 多摄氏度，今天突然就几度了，还刮着风。我上午 7 点多走，去人民医院看牙，回来时很冷。看一个上午还没看出什么问题，到 16 日上午 9 点还得来再看一次。

人生就像天气一样，说变就变。我退休了，家庭又出了事，孩子的婚期也推迟了，真不知道该怎么办。不敢想，很迷茫，不知道下一步是什么样子，心里苦得很！

今晚带母亲洗洗澡，她可高兴了！为人一定要先尽孝，百事孝为先，一切从自己做起，开始严格要求自己。带好头，做好事，立好人，走好路，相信好人总会得到善终。

2018 年 4 月 4 日　星期三　阴

快乐的一天

今天同陈肃玲、母亲及时银臣一起来宁陵了，主要是看宁陵的万亩梨花。由于天气突变，梨花一夜间全部吹落了。但走在梨园，千姿百态的梨树也是很美丽的，我们还在石桥这边百年梨树前照了相。这个村种梨树有百年的历史了，有 20 万亩金顶苏花梨，是全国名牌，这是第十五届梨花节。梨花虽然一夜吹满地，树上梨花少，但千姿百态的梨树很有韵味，真是饱经风霜换美颜，古老更美丽。

我还看了枯庄桃园。桃园花不多，面积只有 5000 多亩，但枝干很美，很原始。走在梨园，很美，走在地里，很有感觉，很好。

晚上我们还看了《梨花颂》大型志愿者晚会。15 个节目，都很好。其中有《中国力量》，徐先昌的《中国节奏》《正月十五闹花灯》，徐春雷的《一个都不能少》，许先昌的《梨乡的风》，于同的《我们是黄河泰山》，黄慧慧的《不忘初心》，张伟芸的相声《欢声哭声》，李一星、李翔的《春之韵》，赖琼琼豫剧选段《抬花轿》，二胡独奏《走进千家万户》，郭氏的《大黄河》，李淑胜的《大登殿》，于魁智、李胜来的《蝶恋》等。

2018 年 4 月 5 日　星期四　阴

去洛阳赏牡丹

今天带着母亲、时振山夫妇、时银臣等一行 11 人来洛阳观赏牡丹。从宁陵出发到洛阳牡丹园下车，一个导游（实习生）带着我们在新的牡丹园看了两个小时牡丹。有红牡丹、紫牡丹、黄牡丹、黑牡丹、白牡丹，各种各样的牡丹，从来没有这次看得好、看得全。特别是黄牡丹和紫牡丹，过去从没见过，科技人员真是伟大呀，培育出这么好看和美丽的牡丹。有了科技人员刻苦研究的科学精神，才有了现在数以万计的人的赏心悦目。所以好看、享受快乐的背后，都有许许多多为之奉献的人，他们才是最可敬的人。

听工作人员说每天有 10 万人来赏牡丹，那会拉动多大的经济发展呀！

从牡丹园出来我们去了白马寺。这是一座有 2000 多年历史的寺庙，比唐僧取经还早 600 多年。据说武则天落难时到过这个庙里受苦修行，与她要好的同伴问她，你整天被师傅罚砍柴和担水，不恨他们吗？武则天说，我还感谢他呢，是他教会了我的生存能力和锻炼了意志。从此白马寺出了名（因武则天当了皇帝而出名）。

今天还吃了洛阳水席，非常好。开始的饭菜少，到后来十分丰盛，使客人们大饱口福。晚上回来又请时银臣吃了河南烩面，非常好！

司机出现了几次小错，但还是顺利回郑州了。这次赏春很好。一是招待了新疆来的客人，二是孝顺了母亲，三是自己也出来散了心。不但看了牡丹和梨花，还在宁陵看了一场省文联组织的高质量的晚会《梨花颂》，北京来的于魁智、李胜来（著名京剧大师）都来了。听了 15 首歌曲，太好了，心情全放松了，烦恼都抛之九霄云外了。

2018 年 4 月 6 日　星期五　阴

送了客人忙孝顺

今天把新疆的客人送走了，回来就忙着给母亲做好吃的。先炖了羊肉，又做了鲜汤，母亲吃得很高兴。晚上妹妹来了，又陪母亲说说话。

退休以后，我主要的任务是照顾母亲。趁她身体还好，前段去了海南、鹤壁，这次去了宁陵和洛阳，过几天就带她去珠海和北海，母亲辛苦一辈子，在晚年时一定多带她出去看一看。

人呀得知道生是从哪里来,死到哪里去,知道感恩。今年清明节我没回去给父亲烧纸。主要带母亲到处看看。很多人都是死了才记得给老人烧纸,那活着干什么去了呢?死了烧得再多,不如活着待老人好点。所以我着重当下,而不着重死去后怎样烧纸,那些都是形式上的东西。

2018 年 4 月 7 日　星期六　晴　新蔡

充分用好每一天

今天和爱心企业家来新蔡县孙召镇大吴庄资助贫困学生 6 人,有爱心人士和顺利、王香云、张亚玲、牛炳义等。

他们放下手头的事业、工作,跑到千里之外的农村来帮助贫困的孩子,灵魂深处都有一颗爱心、善心和美丽之心。我十分敬佩他们,也同他们一起来了。他们提出的口号是:"少吃一顿饭,少要一盘菜,少喝一瓶酒,多支持一个贫困生"。他们是多么高尚和伟大呀!所以平凡的人可以活出伟大。像刘胡兰、张思德、雷锋、白求恩、杨水才等,他们是平凡的人,更是伟大的人。

2018 年 4 月 8 日　星期日　晴

姜淑梅的感动

昨天《欢乐中国人》演白娘子的演员讲述了姜淑梅的故事。姜淑梅今年 82 岁,出版有《乱时候、穷时候》《苦菜花》《长脖子女人》《俺男人》,现在第 5 本书开始交稿了。她开始学识字时是因为丈夫出车祸了,女儿怕她痛苦,让她学识字。她学了 16 年,开始把自己的故事写出来。写稿时,没有标题,没有标点符号,都是女儿帮助她改的,并发表在网上,被一名作家发现登在了《读者》期刊上,第一次得到了 3000 元稿费。此事对她的鼓励很大,开始写了 3 天,手抖得很,就不写了。女儿对她说,我上学时也是这样,过几天就好了,你一定要继续写,坚持才有结果,奋斗才有幸福,所以姜淑梅今年 82 岁了,还要当画家。我今年才 60 岁,刚刚退休,一定要坚持干事和写作,留下一部好的作品集来。干一件惊人的事情来,让过去成为过去。从零开始,另开新路,走出自己的一片新天地,让所有的人都对自己佩服,做个对社会有大用的人。

今天又牵着母亲的手走了 4000 多步,并带她去看看她孙子吴迪办公的地方。她很高兴,我也很快乐。母女一起往前走,感觉非常好,真是感谢母亲帮助我度过了最困难的时刻。

明天去息县给扶贫工作者讲课，今天还要认真地准备一下。不但把自己的经验传授给他们，还要教给他们工作方法。讲课才能解决实际问题。

2018年4月9日　星期一　晴

中国著名音乐女指挥家——郑小瑛

89岁的中国著名音乐女指挥家郑小瑛，为群众免费演出300多场。美国作家海伦·凯勒讲"留给后人都是精神"，作为伟大的音乐指挥家，郑小瑛89岁了还指挥着各类音乐队。她扎着一把小辫，穿得很普通，走在大街上，没人能认出她是伟大的音乐指挥家。她就像一名农村的老太太，但她那种镇定从容，淡然气质是没人能比的。所以人不能看外表，一定看内在。气质，都是通过修炼内在表现出来的。

我要向郑小瑛指挥家学习，活到老奋斗到老，多为群众做事。

今天在息县讲"迎难而上，打好脱贫攻坚战"。从9点11分讲到11点20分，两个小时多一点，听课的人有千名扶贫干部，从中央扶贫干部到省、市、县扶贫第一书记，我从5个方面讲述了脱贫攻坚工作，听的人十分认真，没人走动，没人打电话，连一个去厕所的都没有，大家听得认真我讲得起劲，原以为夜里没有休息好，讲的效果不怎样，没想到效果这么好，现在发现自己是当老师的料，春节后讲了两节课，在淇滨区讲了一课，近1000人，又在息县讲了一课，也有上千人，今天讲得很累，但效果很好！现在才体会到了鞠躬尽瘁，死而后已的深刻含义。

2018年4月10日　星期二　晴

息县真好

3月17日我来息县弯柳树村学习孝道扶贫经验，让我感受很深，很受教育。扶贫先扶志，从根本上扶贫。息县宋瑞书记给全省乃至全国树立了孝道扶贫的一面旗帜。由于县委书记金平的邀请，时隔20天我又来到息县，和广大的扶贫干部一起学习研究扶贫工作。昨夜我认真学习了息县扶贫工作的经验，息县经验很多很好，特别是增收方面六点做法、医疗方面六项措施、住宿方面三大工程、教育方面的六项经验、产业方面三大措施，以及民生方面的六大举措，让我感受到息县扶贫攻坚工作很实、很好，很有突破，很得民心，贫困人口很得实惠。金平书记带领大家干了一项千秋伟业,这项伟业的背后渗透着全县干部和人民群众的心血和汗水、拼搏和付出、奉献和牺牲。

息县是个人杰地灵的地方。有廖政国将军、黎原师长(四十七军)、于文彬烈士等英雄人物,扶贫工作又出了宋瑞等先进人物。45年前我到息县拉沙,喝了一位村民端来的一勺清水,至今难忘。息县人民热情好客、朴实厚道的性格造就了息县能干成大事实事的基础。愿息县早日脱贫,人民日子越过越好!

2018 年 4 月 11 日　星期三　晴

参加外甥娄柯柯的婚礼

柯柯今年26岁,是堂妹吴小鋆的大儿子(前面有俩姐),也是堂妹的第三个孩子。他学习成绩不是太好,当了几年的兵,在部队当过炊事员,干得很好,还在比赛中得过冠军。现在回到珠海在一家房地产公司当销售员,月薪1万多元,还有一套三室一厅的婚房。爱人是广西人,大学毕业后留在珠海工作,两个孩子相亲相爱,今天步入了婚姻殿堂,婚礼在一个大酒店办的,场面很大,亲朋好友来了很多,待了25桌客。两家的父母都来了,他们也只有50多岁。一对新人,光鲜亮丽,许多亲朋前来捧场。客人们吃得很好,饭店档次很高,有蟹、虾、海参和鱼,很多人都伸出了大拇指称好,通过这个婚礼我有几个深刻体会:

一、市场经济真好,每一个人都有展示的平台。柯柯的母亲叫小鋆(小名),同娄金山结婚。家里有5个孩子,过去家里穷,吃不上饭,而且经常生病,前两个是女孩,第3个是男孩。男孩女孩都有了,又想再要个男孩,结果生了个龙凤胎,都很生他的气,不想让他们夫妇要,没想到他们靠修自行车不但把5个孩子都养大,还能供应他们读大学。他靠的就是修锁,而且很能吃苦,现在不但3个孩子参加了工作,而且还在珠海买了3套房子,日子过得红红火火,而且家也和和美美。

二、堂妹(柯柯母亲)身小力薄还经常有病,可她能把这个家维持得这么好,把孩子教育得个个成才,而且非常顾家,非常孝顺,非常能干。她也是一个不简单的女性,而我自己忙碌一生,辛苦一生,为别人一生,到头来却家破人飞,自己很是心酸。自古英雄多磨难,普通女子都很有福,有本事的女人都很苦。

三、穷人家的孩子早当家。妹妹家5个孩子,个个孝顺,自立。他们能吃苦,每个人都不自私,什么事都能自己干。特别是一对龙凤胎,才16岁,却什么都能干,什么都替父母做。真是很羡慕她们的家庭,穷人的孩子早当家,现在一个孩子真是太少了,什么都不知替别人着想。

四、只要走出村子里的人都干得很好,实践再一次证明了开放及走出去的重要性。

堂姐蔡荣,在魏庄时很穷,现在三个孩子都在珠海。大女儿魏勤,现在在重庆住,自己就一个男孩,3套房子,日子过得很好。二女儿爱勤,两口子都在工厂当班,也有一套自己的房子,一男一女。儿子魏志军,也有套近100平方米的房子,也有俩儿子,堂姐跟着儿子。日子过得也很好!有房子有车。大女儿还专门给她们老两口买了一套房子。

三堂妹小焕,两个儿子,两套房子,俩儿子都上班了,两口子人实在、厚道、能干,所有的人都是跟着她才来珠海发展起来的,大家也对她评价很高。进财是他们的弟弟,也非常好,在家盖了房子,儿女都成了家。四叔做梦都没想到,自己的孩子个个都会这么好。从他们身上看,只要是走出来的,都是日子过得很好,很幸福,很富足。人呀,只要从村子里走出来,都会发展得很好,看看他们的生活,看看他们的发展,现在变化真是大得很,还是市场经济好呀,农民能吃苦也过得很好!从几个堂妹妹的经历看,走出村子就能发展得很好,从而觉得中国改革开放的政策不能变,做出"一带一路"的倡议很英明。改革开放,互利共赢才是永远前行的方向。村子里的人一定要走出去,经风雨,受锻炼,机会是奋斗出来的,每一位都应当努力奋斗,走出困难,寻求自己的幸福。

2018年4月12日　星期四　晴

再看珠海

珠海我来过几次了,都没有这次来的时间长。到今天已来3天了,魏志军带我到处看一看,如明月园等。在海边、山边、公园玩得很好。海边一眼看不到边,海风一吹,微微凉风吹在身上,感觉很好,心里非常舒服,深刻体会到海风轻轻吹的感受。山边,山不大,不高,都是一些石山,很好!公园,很小,有花有草,很精致,心里带着喜悦,带着好心情出来看海,看山,看公园,感觉很不错,特别是外甥魏志军带着我,照了很多相,母亲也玩得非常高兴,我和表妹郑志芳照顾着她,真是幸福得很。

这次出来,一是给娄柯柯道喜,二是带着母亲到处看看,真是高兴,我自己也快走出痛苦的困境。出来走一走,看看他们的家庭那么美满,才感到每人都有自己的成功,也都有自己的失败呀!

2018 年 4 月 13 日　　星期五　　晴

什么时候都要把时间留充分

今天带着母亲,从珠海去北海。妹夫娄金山开车送我们到广州车站。本打算到了广州带着母亲吃个早点,因广州早点出名,但由于开得慢,路又不熟,到车站就快早上 8 点了,我们直接进广州南站吃点饭就上火车了。通过今天坐车,有三点启示:

一、做什么事都要把时间留充足,才能不耽误事。如果按照金山说的时间点,可能就按时坐不了车了。

二、时间是要规划好的。用在什么地方,怎么用,时间成本多少,都要考虑到,我把时间安排得太满了,而且是用在工作和学习上,所以没有顾好家庭。

三、现在时间是自己的了,才知道时间安排充足了才好。今天在从广东到北海的 5 个多小时坐车中写日记、看书,过得很充实。看书写字眼都酸疼。

2018 年 4 月 14 日　　星期六　　晴

今天去了北海的银滩

今天是到北海的第一天。住在了北海金都缘商务酒店,每天 150 元(两间房),玩的一个人 200 元一天,消费水平还可以。我和时银臣去过银滩,海一眼望不到边,沙滩一片银色。脚走在沙滩上,软软的,一脚一个坑,像沙发床一样,弹性很好,脚的感觉很软,很舒适。海风一吹,那种柔和,那种爽快,无限的凉爽,无限的舒服。牵着母亲的手,心里无忧无虑地享受这大自然带来的快乐,感觉真好。

沙子虽小,堆在一起,给人提供舒适感,让人充分地享受着大自然的美感和舒适度。世界上万事万物都有它自己的作用,不要小看沙子,沙子也是受到人们充分敬重的。我愿做一粒沙,默默为人类做贡献。去掉光环,去掉锐气,去掉过去的一切,放下身子,放低身份,做一名无名之辈。但要做一粒大海边的沙子,不管风吹雨打,永远都起作用。

2018年4月15日　星期日　晴

北海的岛很美丽

今天办了三件事：

第一，带母亲去五星级酒店吃了早餐。从珠海出来就想让母亲尝一尝广东的早餐，但由于时间紧，没能如愿。今天让母亲在北海吃到了丰盛的早餐，虽然花了几百元钱，但母亲吃得很高兴，我们也很开心。对待老人，要在她活着时，千方百计地尽到孝道，自己心里不留遗憾。

第二，我们（我、郑志芸表妹、时银臣弟）又带母亲花了1500多元，终于登上了北海宝岛的最里面，看到了拍《水浒传》的地方。自然风景很好，岛屿很多，像星星一样1500多个岛。海水很清，海风很凉爽，玩得很好。我们虽然感到很美，但也深刻体会到岛民长年累月生活在这里的孤单，工作和生活不方便的痛苦和困难，真不知道他们在这里是怎么生活的。

第三，在群岛我们吃到了野生海鱼。我们买了一条海鱼16斤多，38元钱一斤。鱼豚、鱼片、蟹鱼、香煎鱼，一桌子都是鱼肉，味很美，很鲜，很好，母亲和大家（还有司机）都吃得十分高兴，还剩了很多。

吃后心里很发慌，觉得浪费了，而且觉得对不起自己的身份——扶贫干部，更对不起贫困人口。今天这顿餐够一个贫困孩子半年的学费，虽然是为了孝敬母亲，虽然花的是自己的钱，但还是有犯罪感，今后还是要注意节约呀！

2018年4月16日　星期一　晴

人一定要有事做

今天带母亲去涠洲岛了。因为决定的时间晚，所以买的是三楼的船票。我很担心她上不去，没想到她能上得去，而且在上下船的走道上，走了18000多步。她不但没有掉队，而且还精神焕发，爬山一点也不累，我们到了火山爆发地，到了火山公园，到了村级大教堂，她也半点没落后，下山时还帮助我们背包，郑志芳给她拍了很多很好的照片。坐车的人都竖起大拇指夸她根本不像87岁的老人。正是因为母亲的精神焕发，才使我、郑志芳、时银臣看完了所有的美景。特别是看了地质火山公园，我们每个人都惊呆了。一片一望无际的海水，一座优美的小山岛，全是一滩一滩，一壁一壁的岩石。黑的、白的、绿的，一壁岩石，一个岩洞，一边是山，一边是水，山连着水，水映着山，美极了，可以同五大连池比美。我和时银臣看完全部的山,全部的景。茫茫大海里站在大山上,真是壮观、神奇呀!

看了村级教堂我被震撼了。一个小小的村庄,在这么偏僻的地方,却存了一座这么宏大而优美的建筑,这么美丽的大教堂,它今天成了游客观赏的游场,不知道建教堂的人有多么艰苦,多么困难呀!当时的组织者和领导者也真是伟大。

从母亲今天玩得这么高兴,表现得这么好,深深地体会到,人到老了一定要有事做,有精神,有目标。只要有了目标,就有原动力,就有力量往前走。母亲在家没事时一直睡觉,现在出来了,一天活动几个小时还是很有精神,所以我认为,人还是要有精神,要多活动,也一定要活动出质量来。

2018 年 4 月 17 日　星期二　晴

从园博园看管理机制

今天带着母亲看了北海海洋馆和园博园这两个景点。这两个景点都很有当地特色。海洋馆虽然单纯点,鱼类少点,但馆里的人员素质很高。特别是讲解员很能代表北海市水平。讲解员看到母亲,不但关心、陪同,而且热情介绍市里的名胜古迹。去园博园就是这个讲解员推荐的。如果不是他们,我们就不知园子这么大,这么好,这么有特点。不但规模大,档次高,而且有 14 个特色小园,把每个市的风土人情都反映出来了。我带着老母亲在里面看了 5 个小时,近 90 岁的老母亲连声叫好!

这么一个好地方,游客却很少。为什么?因为司机和旅行社都不愿介绍大家到这些地方去。我坐的出租车师傅说:你们别去那个地方,没什么东西,不就同大路上的树和草一样嘛!是我们非坚持要去,他才拉我们去的。住在宾馆 6 天,从来也没人介绍我们到这个地方。我问过园里的工作人员,主要没给司机和旅行社的人好处,才没人介绍往这里来。但园里的工作人员素质很高,我们花 10 元钱买观光车,司机 6 次扶我们上下车,并给我们主动介绍园里的情况和各馆建设风格、风土人情,所以才使我们更多地了解到广西的很多特点和好地方。

在看这个景点时,我一直思考一个问题:为什么最美的地方,北海市却不愿推介?很重要的原因应该是没有激励机制、制约机制和奖罚机制。

2018年4月18日　星期三　晴

今天出了点差错

近10天来带着母亲出来,一路都顺顺当当,高兴一路。母亲和我们都玩得十分高兴,十分开心。今天还到韩乐冠头顶和大江埠,一个是国家森林公园和石头滩,一个是民族文化村,我们说的是下午6点半去飞机场,由于司机来得早,我们6点钟就从宾馆走了,存上行李,我们很快就到安检站了。结果母亲的证件与买飞机票的证件不符。郑州那边要改票,北海这边也要上飞机,急得我团团转,服务人员态度也急,我还同人家吵了几句,现在想想十分后悔。本来是自己不小心拿错了身份证,还同人家急,遇事好急的缺点一定要改呀。从这件事中有两点教训:第一,办事一定留充足时间,以免误事。如果今天来得晚就坐不上飞机了。第二,遇事不要急。自己家人买错票,也是自己没有交代好,工作人员验出问题了才发现。本来是自己的错,非要同工作人员急,这就显得水平低了,素质差了。

急和粗心是自己一生最大的缺点。现在老了,要下决心克服这些缺点。做什么事都要细一点,考虑周全点,遇到什么问题都不要急,一急什么问题都解决不了,还会伤心伤身,并显得自己没素养。修身养性才是解决问题的最好办法。

2018年4月19日　星期四　晴

给西王楼卖大姜

我离开西王楼一年多了,2016年在安丘买了1000吨大姜,一直没有处理。曹川林书记不干了,我也走了,得抓紧把库存的姜卖了。

到东站坐车时,突然感到外国人多了。这说明河南开放力度大了,飞机场一国际化,同各国来往多了,外国人来的就多了。河南一开放,外国人来旅游的人就多了,提高服务质量显得特别重要。政府要下大力气提高服务质量。我在北海看房时,房价从4000多元到11000元,卖的最贵的是橄榄园,11000元还是期房(2020年交工,还不贷款)。为什么买房人只买11000的而不买4000多的房子?一是信誉问题,二是服务问题,他们都做得好。地方要在发现中求机会和发展,从发展中树品牌,从品牌中树形象,做到唯一、第一、最好!

人一辈子活着有两个最重要目标,一是有个人生目标,一是让自己活得有价值。有目标的人能一步一个脚印朝着目标迈进,这一点我努力了,也做到了。这个星期一转眼就过了,时间真快呀!

2018年4月20日　星期五　晴

从香香姐姐在北海开饭店看人们思想变化

在安丘卖大姜,一直没事,就在这天天等着,一直思考香香姐姐在北海开饭店的事。给了我很大的启发:

人的思维改变了,我们的服务也要跟着变。香香姐姐去年同丈夫一块到北海考查项目。儿子是在东北做大排档的。他们就在这边开饭店,自己会包饺子,就在饭店增加馄饨和饺子。从旅游到开业,两个月时间,现在爱人也在这打工,并在北海买了房子。一方面一家人在此地做生意,另一方面一家又充分享受北海好空气,也避免了冬天受冻,一举几得。人们现在想四海为家,哪里好就到哪里去,我们的思想也要跟着变。变活、变灵、变超前、变服务,只有这样才能适应形势,跟上发展。一位普通的群众,就能这样开通,我们为什么不能跟上形势的变化呢?所以我要根据自己的情况而活。

2018年4月21日　星期六　晴

看大姜市场

昨天坐了一天火车,从郑州来安丘。曹川林、吉新华、吴晓都在这里,他们是17日来的,我们今天到马英杰(冷库老板)、老刘(姜丝老板)和小王这里来看看。老姜(2016年的姜)只有1元钱左右,新姜2.2元钱左右,来到以后大家都反映满如新打电话也不接,发信息也不回。小五请的客,大家在一块讨论一下姜的情况。都一致认为一定要卖,不管贵贱,不能再放了。

这次村子里卖姜近200万元,王泷圣和吴晓近200万元,吉新华70多万元,共470万元。冷库费68万元,能收回20%就不错了,这次损失就大了。村子把集体收入的160多万元全部都赔了,几个村干部每人可能还赔15万元,老王和吴晓的损失也最大。这下我成了罪人啦。这个人情债什么时间才能还清呀!

大姜的市场价格很不好。农产品做什么赔什么,这样最好什么都不要做,像我们这样就惨了。

2018年4月22日　星期日　晴

到滨海看风筝

这两天在安丘。大姜亏了,满如新还没来,我和吴晓来了潍坊才知道风筝节的地点在滨海,我们就来滨海了(坐出租车花了150元)。正好赶上开幕式,人不是太多,但风筝很多。新建风筝草地有几百亩,在海边上建设,不但场地大,视野宽,而且靠海,天蓝海水清。放飞的风筝上千只,大的小的,有飞机、木马、小鸟、燕子等各种各样。春天的微风吹着,满身的轻松。脚下踏着软软的绿草,身上吹着微微的春风,蓝天上放飞着一群一群的风筝。深蓝的海水衬托着蔚蓝的天空,更加显得风筝的美丽、轻飘,绽放飞扬的风采。此时此刻看到的、领略的都是美景,都是春风,什么婚姻的不幸、大姜的赔钱,都随着春风吹走了。没有了烦心,没有了苦恼,有的只是爽快和惬意、快乐与幸福。此时深刻体会到,人在苦恼时一定要知道自己找快乐。4月份我在家只有3天,大部分时间都在外边跑,陪母亲去珠海、北海,和弟弟参加国际风筝节。今朝有福今朝享,管他明天怎么样! ——风筝节真好。遗憾的就是场面太大了,人太少了,服务太跟不上了,进来了就出不去。

2018年4月23日　星期一　晴

今天没有坐上从潍坊到驻马店的火车

本来今天要坐8点40分从潍坊到驻马店的车,同省政府一块调研,但没想到误车了,没走了。我早上4点多就起来,7点钟去吃个饭,7点44分才走。由于路上车多,结果到站没能坐上车,又回来了。回安丘后休息了一下,下午满如新来了,在一块研究下大姜的事。

晚上我们几个人在一块打打牌,说说话,村子里的大姜商量了一下怎么办,大家研究了一下,决定尽快给卖掉。

晚上同女儿和楠楠视频了一下,又同小朱谈了一下北海房子的事。海南的房子限购了,北海的房子一定会涨价,是否买我也一直在犹豫。女儿不让买,我又非常想买。看看再说吧! 现在做一件事都非常不果断,真不是自己的性格!

2018年4月24日　星期二　晴

大半天都在火车上

从早上6点就在车上，一直到下午3点全在车上。坐在车上写写近几天的日记，看一看书，又在车厢里走动走动，一天也过得很快。下午开座谈会，在确山，主要是听，以多听少说为主，一是肯定，二是表扬，三是建议。谈了3点建议：1. 村级班子一定要根据农村的特点选群众拥护的干部，并保持干部的连续性，安排好退休干部。2. 根据农村、农业和农民的特点，一定发挥党的思想政治工作强大性和组织结构严密性。抓好村风、民风、民心，保持点文化传统，坚持点道德、民俗，讲一点人情味道。3. 把振兴乡村经济与精准扶贫有机地结合起来，制定好激励机制、奖罚机制和制约机制。

2018年4月25日　星期三　晴

今天在淮阳调查

这次同省政协一起进行基层组织调查，调查了淮阳县一个贫困村。这个村有一个小剧团，一个60多岁的老太太说了一段快板。很长一段词她能一字不漏地说出来，真不简单，农村真有人才。

周口市8县1市1区，168个乡镇，38个街道，4663个行政村，共有党员338275人，其中农村党员176769人，55岁以上的党员占70%。基层存在的问题：一是村干部队伍弱化；二是村集体经济无积累；三是一些制度落实有偏差。村级组织在管理上有它的特别性，我们必须用特别的办法来管理。现在听的、看的、说的都是表层的东西，深层次的问题都没解决好！

2018年4月26日　星期四　晴

继续调研

我和政协农委会的李主任、张继敬、郭立奎等一起下乡调研，上午10点半就到了，没事在住处洗洗衣服，洗洗澡。

下午去了淮阳县看了两个村，主要了解农村基层组织建设情况，5点多就回来了。

晚上同李洪民在一块说说话。

我在商水时,李洪民是周口市人大主任。人很好,很实在。他是我们新蔡县人,今年62岁,在商水工作时他对我很关照。

他走以后我就休息了,牙疼一直没好,心里和身体都很累。

2018年4月27日　星期五　晴

今天在商水调研一天

上午在商水的两个乡村调研,下午在商水开座谈会。主要还是基层组织建设方面的事。

这次来调研,看了商水的班子成员和熟人。

本来想看看张治光书记,他是我的老班长,但他没在周口。他给我的印象极好,对我的工作帮助很大,我一直都很敬重他(因我父亲有病,他派医生和院长专门去看),对我们的扶贫工作也是大力支持的。这次又没见到他,真遗憾。

我见了马宝兰书记、黄提琴副主席、李继光副主席、田松顺主任和安红叶等等,还见到了阴大姐、李文免主席、苏万龙副主席(他们都是我在商水一个班子成员,亲如兄妹)。在一起说说话,感觉很好。大家都老了,很多人都有孙子了,生活得很好,很有光彩,其中几人每天去游泳、跳舞、画画。他们说:"树兰呀,一定给身体调理好,不然会给儿女增加负担的。"

2018年4月28日　星期六　晴

观看寿光国际农业博览会

今天一天和张洪孟书记、小闫一起去寿光国际农业博览会上。50元买了一张票,我们一天看了8个展馆。先进10号馆,人山人海,看的时间很长,一进里面,给人一种振奋感。一个日光温室,上万平方米,里面全是蔬菜,有茄子、西红柿、辣椒、豆角等,一棚棚,一行行,一棵棵,全是盛结的果实。一个个甜瓜,一根根豆角,一个个茄子,一串串葡萄真是美极了。一种蔬菜就是一个花园,一个合影,一个壮观的展品。有一棵西红柿,根有手指粗,个子却有20多米高。由于根深肥多,分支有一个园子大,上面结的番茄有8000多斤,很多人都在那里参观,照相,人山人海,都想与这棵大番茄树合个影,以展示自己的美丽和番茄的壮观和神奇。展馆内人山人海,有男的有女的,大人,孩子,老人,年轻人,进馆时排了半个多小时队。出来了又在8号馆排了近一个小时。进了8号馆,农业更加奇观。这个馆,所有馆的造型,所有村庄、花园、蔬菜形状都是用农产品搞起来的参观物品,如一座美丽的村庄、山水、小桥、树木等,都是用玉米、大豆、红豆、山药、谷物等砌起来,串起来,树起来,非常壮观,非常美丽,非常逼真,设计的思想很特别,很新颖,很有创意,很像真的,做的工作非常精细。如用铁棍山药做的房顶和房墙,一根根山药棍竖在墙上,用铁丝串着,一根根竖起一堵墙,一个房顶,美轮美奂,让人感到农作物的发展前景无限大,我们还看到用农作物做的小猫、小狗、大房子、高山、流水,好景一个一个样,看得我都不想走了,看了一个多小时。

下午我们又看了7号馆、6号馆、5号馆、3号馆、1号馆,各种蔬菜,都在这几个馆体现了出来,真是没见过、没看过、没种过,也没想到农业这么美,这么好,这么奇妙,这么创意,农产品不但可以吃,供人们生存的食物,而且可以成为展示美的各种物品,给人以美观享受,奇特和健康绿色的食品,作为一个老农业的工作者,我太爱这一行了。

2018年4月29日　星期日　晴

货到地头死

今天发生的一件事,让我深刻地感受到了货到地头死的含义。

我们西王楼2016年在安丘买了一些大姜,有685吨在当地马英杰冷库里存着。本来是一年半的贮存费,他却要两年的钱。我去同他理论,他很强硬,也很无理。我气得同他吵了一架,气得我心脏病都犯了。

现在到了必须卖,不卖不行的地步,你没办法,货在当地不能不卖,所以这些人为了一点蝇头小利,就合在一起坑我们。我们来了半个月了,天天在找人买货,一直没有好价格,一辈子没做过生意,为了让村子集体有点收入,这才上了当,赔了钱,把盈利的100多万元也赔去,碰到了这么窝火的事,真让人生气。再说村子里也有责任,2016年、2017年还能盈利,让他们卖,他们不卖,说赔了也不找您。这下可好,我走了不到两年,把老本也赔里面了。

2018年4月30日　星期一　晴

好事转成了坏事

本来今天去找刘总和于老板,并同于老板谈好了,姜1元一斤,损耗8%,而下午和第二天又有几个卖姜的去看,这下促动了于老板降价。满如新也离开了安丘,他们一唱一和,一直压着降价,搞得我们的人很急躁,很不安,也是我们太想多买一点,钱想再争取争取,这样给他们找到打压的机会。如果我们不争取,可能就会谈成了。这是我们的失算,也使好事变成了坏事,真是雪上加霜。

2018年5月1日　星期二　晴

一直在安丘卖大姜

我和村子里的曹川林、吉新华、满如新、叶春梅都在这里争着卖大姜,市场很不好。原来买的1.84元一斤,现在1元钱一斤,加上库存费,能收回20%就不错了。找了几个商贩,都合在一起坑我们。我们不甘心,就在这等着,等着,心里面很着急,很无奈,吉新华急得乱跳,一会给曹川林吵一顿,一会暴跳如雷。叶春梅的几个姐妹,一个上午都在我住的房间里吵架,评理,吵得我也心烦,也没有办法。

这次卖姜,我清楚地看透了一个人,也总结了几条失败的教训:

第一,错过了卖姜的最好时间。本来去年要卖的,由于没有亲自来人,姜没卖了,损失严重,做什么事都要亲力亲为,不能靠别人,靠外因。

第二,存在有盯得不紧的问题,投资那么多钱,现在损失这么大,真是对不住村子,有一种负罪感呀!上次来了5天,这次又来了8天,还不知道什么时间能卖掉呢,真是煎熬呀!

无论多么难受,日子还得过下去。今天是五一国际劳动节,我约着老曹吃一顿好的,也饮了一点酒。

2018年5月2日　星期三　晴

读了几段话,抄下来自勉

"没有忍耐,矿石炼不成钢铁,玉石也磨不成美玉。所以能耐既是能力又是忍耐,没有能力的人做不成事,没有忍耐的人成不了事。种下能力,不一定会结果;种下忍耐常常会有意外的收获,能力是锻炼出来的,忍耐是磨炼出来的,能力与忍耐相辅相成,没有能力的忍耐是一种懦弱,没有忍耐的能力是一种危险,人生想要成功,必须有能有耐。"

自己是有能无耐,才造成了这次大姜的严重损失,也是因为无耐,才走到了现在这种地步,如果我给他多一点点关怀,多一点关爱,多一点包容,多一点改过的机会,可能他就不会做得这么失败。

从今往后,什么事我都要学会忍耐,看看社会到底是个什么样子,看看周边的人是个什么样子。

2018年5月3日　星期四　晴

又在安丘待了一天

就这样一天一天地等待,一天一天地卖姜,等得人心烦意乱。等的都是坏消息,没有办法,只能走走路、散散步、看看书,做细小的事。

海不择细流,故能成其大。山不拒细壤,方能就其高。我们现在做的工作,也许过于平淡,也许鸡毛蒜皮,但这就是工作,就是生活,就是成就人生不可缺少的基础。对于敬业者来说,凡事无小事,简单不等于容易,容易不等于没价值,没价值不等于没意义,只要坚持一定会让别人认可。

我一直坚持做小事、实事、具体的事,做每件事都认真地去做,做到退休,大家都认可了。可是家人不认可,从现在起,我就在家里做小事,如做饭、打扫卫生、买菜、洗衣等,这就是生活,让家人觉得没有你不幸福才行!

今天我还走了15000多步,加强了锻炼,还帮助正阳、吴晓所驻村贫困生联系优秀老师讲课。

2018年5月4日　星期五　晴

做事一定要坚持

今天,老满没来。买姜的小马过来谈了,但是价压到每斤0.95元,损耗5%。这一下又压了8万多元。我们坚持再等一天,已经坚持快半个月了,现在只能再继续坚持,并用一段话来激励自己:坚持不是为了感动谁,也不是证明给谁看,而是知道,一路奔跑,总比原地踏步要好! 再远的路,走着走着就近了;再高的山,爬着爬着就到了;再难的事,做着做着就顺了;再疏远的人,交往交往也就亲了。每次重复的能量,不是相加而是相乘,水滴石穿不是水的力量,而是重复和坚持的力量。深信这次卖姜能给自己无限的财富,让我看清了经商的道理,认清了每一个人,每一件事,该怎么做。任何事主动权必须牢牢掌握在自己手中,没有了主动权,就没有了一切。

2018年5月5日　星期六　晴

吃亏是福

我在西王楼当第一书记时,给村子做了一笔大姜生意。当时把钱打给满如新的公司了,姜也是他代收的,去年让卖没卖,今年来卖就损失了。不管亏多少,卖了就算了。可是这两库姜就是卖不掉,小贩联合一块坑我们,无奈我们求助老乡李局长(交通局)。中午李局长来了,自己掏腰包请大盛农产品批发市场的老板吃饭。这两天姜不好卖,我们心里着急,大家的心情也不好。我算了一下,村子亏损了100多万元,王泷圣和吴晓也亏了100多万元。亏都亏损了,但一直没处理了,心里也十分着急。越是在这个时候,越是知道吃亏的重要性。我作为一个组织者,必须本着吃亏的思想把这件事解决好处理好,自己的钱亏多少,吴晓的钱亏多少都不管他了,只要村子里的钱能顺利收回来,贫困农民不吃亏就行,村干部不吃亏就行。为卖姜吃住我又花了一万多元,吃亏就是福,自己吃点亏,别叫别人吃亏就行。我一辈子做事都是亏着自己,让着别人,这样才算人心,亏出了人心归,亏出了人品高尚和威信高呀,所以我感到吃亏就是福,吃出平安,吃出幸福,吃出人缘。卖大姜这件事也一定本着这种思想处理问题,解决问题。

2018年5月6日　星期日　晴

卖姜的煎熬

从4月28日到现在已经又过了8天,卖了两库姜,一库有685吨,一库有350吨,每斤只卖了1.09元,耗损8%。马英杰一库姜685吨,本来存一年半非要两年的钱,这一多要,就多要了16万多元。经过多次谈判都没有解决好,无奈我只能找国家扶贫办陈主任帮忙了。上午国家扶贫办打了电话,下午王钊主任就来找我看有什么需要帮忙,于是我和王主任就去大盛了。让刘世礼帮忙卖大姜,他还请吃了一顿饭。滨海李局长也来了,这么多天卖姜,找人和市场打交道,真是知道了存货难卖了。如某库的一库姜硬是要16万元多,不给就玩黑社会那一套。又如余金龙的一库姜,本来说的1元钱一斤,耗损10%,他串联小贩给0.95元,耗损15%,这一下子就亏了8万多元。市场真是乱得很呀!如此下去,谁还敢来山东买姜卖姜,谁还敢在山东存货呀!这几天每天同小贩打交道,知道了买卖姜的条条道道。第一,买卖不公平,不透明;第二,小商贩联合在一起打压价格,大买卖商联手升价降价;第三,联手坑买卖者,索要各种费,如出库费、损失费高达30%；第四，不守信用，签了合同不执行，承诺了不兑现；等等。这些现象严重影响了山东的声誉和形象。山东是个英雄辈出的地方，全世界都知道。山东是著名文化发源地孔子之乡，沂蒙山区革命根据地，以上不应发生的问题却在山东发生了，不应受的煎熬我们受了。在煎熬中无奈，在无奈中煎熬，十分痛苦，十分无奈，深感做事真难，做成事难上加难。

2018年5月7日　星期一　晴

大家齐心帮忙卖姜

今天王钊主任领着我到黑铺子姜场和大盛大姜市场。我们上午10点多到，首先刘总召集了市场的业务员、姜贩，讲道理，布置任务，要求全力支持我们村卖姜。中午还热情地进行了招待，一大桌子人吃得非常高兴。王主任说市委、市政府领导非常重视。从国扶办到山东省扶贫办，安丘市和安丘扶贫办都给予了我们帮助，从接到任务到现在，王钊主任一刻不停地联系企业，找买家，让街道办事处及其村都进行帮忙，真是千方百计，全力以赴，一心一意地帮助。有什么问题解决什么问题，有什么困难解决什么困难。政府参与了，什么困难也好解决了，总觉得在安丘工作做好了，自己也受到尊敬了。

安丘市扶贫办王主任真心实意帮助我们卖大姜，我从内心里感谢他。他很有山东人的英雄豪气，热心帮助人。我十分尊敬他，一个人在帮别人时别人也帮助自己。

体会：有人对你好，是因为利益。有人对你笑，是因为算计。钱能买到花饰礼品，但买不到最珍贵的情谊。真诚的人，走着走着就走到了心里；虚伪的人，走着走着就走出了视线。人这一辈子，永远要记得结交3种人：能对你始终真诚的人；能同你掏心窝子的人；能与你同甘共苦的人。我会永远记着在安丘像王钊主任一样真心帮我们的人。

2018年5月8日　星期二　晴

时机错过很难找

从5月1日卖余金龙那一库姜到现在整整8天了。姜一直没有卖掉，天天找买家，可一直谈不成，心里很着急。为什么呢？因为当时谈的是1元钱一斤，损耗8%，可是满如新突然走了。我又找了几个买家，这下让余金龙恼了，他联合商贩不让买,机会是自己错过了,卖姜如此,干什么都是一个样子。

很多事时机特别重要。成功的人都是把握了时机,事事抓住了机遇,才一路顺风走得好,而我是每次都抓不住机会,才一步一步走到现在。卖姜如此,婚姻也是如此,人生也是如此。

2018年5月9日　星期三　晴

卖姜一喜一忧

一喜:本来说同马广清谈卖姜的事让王钊主任参加,我们早上7点半就去找他了。王主任带着李总(做姜出口老板)一起来了,看了姜就到刘守勤办公室谈。本来是谈余金龙的一库姜,谈着谈着就谈到四号库的姜。他自己说的0.95元,30%损耗,但是我们急着两库一起卖,最后以0.95元,12%损耗成交。姜终于卖完了,有了个结果,心里的一块大石头终于落地了,可谓一喜。

一忧:余金龙卖货时又出了问题。因为满如新借了余金龙50万元的配资费,所以余不让我们出货。从上午10点钟谈,一直谈到下午6点钟也没有结果,没有办法就回来了。回来后去了刘总的食品有限公司,看见马广清的人在拉货。刚回来,小朱打电话说不要货了,心里真是担忧,怕这一库货再出问题。

晚上久久睡不着觉。这到底是什么地方出问题了,太相信人了?太敢冒风险了?这次给村子和熟人都坑坏了,商场就是战场,真是难得很呀!

2018年5月10日　星期四　晴

惊心动魄的一天

本来说好了今天上午8点钟由买姜的马广清去拉货,没想到马的人又说出问题了,不要货了。下午我要去北京开会,两库货都不要了怎么办?我心里十分着急,是我同曹川林、吉新华一起来的,一方面坚决退货,一方面满如新、叶春梅那里又出问题了,货拉不出来,急得大家团团转。满和叶在吵架,一方面又要退货,无奈我自己又拿出来3万元钱给马广清才解决这一库货的问题。

随后早上饭就没有吃,又去看能不能拉货。到了地方,王钊主任又带着街道办事处的人来了,一直谈到上午12点多,满、叶还是没有谈好,最后王主任发了火,余才给发这一库的货。我和王主任又带着去存货的地方拉货,库主又不在家,打了一圈电话才说让拉货,听说马广清又给了余3万元钱,才拉出来货,他真黑呀！

下午王钊主任等着去开会,我又去见刘守勤和马广清,当着刘和马的面,签了合同,交了钱,卖姜的事才算大头落地,我就来北京了。一天一个困难接着一个困难,一个问题接着一个问题,一个问题比一个问题严重,买卖市场真危险呀,给村子办事真是难呀！真是难呀！

晚上快9点了才到站,李书记(全国人大代表)来接我。到了共济酒店,我没休息、没吃饭,躺在床上,想着想着流泪了。这一天太难了,可问题总算解决了。不管卖姜经历了多少困难,这个问题总算解决了,钱还没到手,卖姜真是一场磨难,这次姜钱444万元,拿回去133.2万元,亏损了310.6万元,村子损失128.8万元,王泷圣等损失128.8万元,吉新华损失51万元,村里3年的积累,一下子就赔完了,损失真是严重呀。

今天真是惊心动魄的一天呀！不管怎样,姜是卖掉了。我整个晚上都没睡好觉。

处理好这件事后,我要认真地写一篇卖姜磨难记。

2018年5月11日　星期五　晴

今天见了多位领导,完成了一个愿望

这次来北京是受李世强书记的委托见国家扶贫办的夏更生主任,是关于今年申报扶贫奋进奖的事。上午刚上班就去国家扶贫办夏主任的办公室,同李书记一起看了他,并说了来意,夏很热情并说明了今年申报情况。从夏主任办公室出来,去高伟(刘永富主任秘书)办公室,感谢他帮助卖大姜,并说想见刘主任。我们随后去了刘主任办公室,主要是感谢他帮助卖大姜的事。这次卖姜他帮了大忙。随后又看了机关党委的刘书记,谈了范县基层党组织建设的事。他说只要中央组织部去,他一定要去,并全力支持工作。上午还去洪天云副主任办公室,他对李书记讲,去年评不上有多种原因,有一个平衡问题。今年申报注意三个问题:一是研究农民脱贫后怎么办的机制;二是好好把材料整一整,力争让内参发一发;三是省里一定要报。

中午吃饭时我又见到了刘永富主任,谈了今年想参加评审先进的事,刘主任一口就答应了。我抓紧同小高说让他落实,在国家扶贫办我还见到了欧主任。所有办领导都非常重视我,也都热情地接待了我。

下午我去看了最尊敬的领导翁杰明。第一次同他接触是他来濮阳,当时我给了他一本《进山日记》,从此我们建立了密切的联系,并同他一起开展了黄河滩区战略模式的研究。他对我的事很关心,多次帮助呼吁,但没有解决。临走的时候,他提名给我解决了个参事室研究员职务,使我有了一个很好的结局和做事的平台。我从内心感激他,佩服他,尊重他。听说他调国家国资委了,我就说来看他,现在终于实现了。我把心里话都说了出来,他也说了对河南的感情,我们俩都流泪了,很多事产生了共鸣。

晚上高鹏外甥夫妇来看我,我们一起吃了饭。他们两个一个是硕士研究生,一个是博士后,现在有了房子、车子和工作。高鹏每月3万多元,荆营营每月8000多元,生活得很紧张,很努力,但很充实。

今天看了刘永富和翁杰明两位部级老领导,6名国扶办司长,并和下一辈亲戚在一块吃个饭,真是高兴极了。实践再一次证明认真做事,踏实做事,做出实事一定会得到群众的满意和同事与上级领导的敬重。

2018年5月12日　星期六　晴

买卖大姜磨难记

从2016年开始,村子里开始买大姜。村里班子研究决定同满如新一块买大姜,当时来考察了3次,大家决定把村子盈利的100多万元钱全部用来做大姜生意,一起带领贫困农民种姜。决定以后,村子里打到满如新账上600多万元,包括卖大蒜剩下的钱,都转给满如新的公司。大姜收到1/2,满总决定不收了。他转成收苹果,把村子里的钱也动用了。后来他给打了个条子,去年姜好的时间没有卖,今年卖姜时困难重重。

困难一:2016年的老姜放的时间长了,很不好卖,现在卖姜也很不是时候,买的姜每斤1.84元,卖时只有1元,冷库费占一半多。

困难二:市场姜贩相互通气,相互打压,也卖不上价格。

困难三:货到地头死。冷库费本来一年半,可他们偏偏要2年的冷库费,多要16万多元。卖姜但姜拉不出来,因为同满如新配资50万元,签了合同又不算数,真是难得很。

困难四:这次姜有村子里的,有满如新的,还有叶春梅的,情况很复杂。不光卖姜难,分款也十分困难,现在分开拉,小叶又不同意打款。

5月9日阳光的一库姜,动用了派出所两天才把姜拉出来,整整两天大家都没有吃饭,就在阳光啃点干馍,王钊主任和派出所小刘也陪着一天都没有吃饭。还好有王钊主任坐镇才解决呀,一般农民不知道应该怎么办呀!

存在那里的一库姜,对方非要两年的钱,整整多要了16万多元,也是政府出面才解决。签了合同他又反悔了,没有办法,我们让利3万元给他。每斤又少了0.05元钱。阳光库说好了损耗12个点,硬是加到14个点,这两项又损失4万多元。又除了冷库费100多万元,拿回家的钱只有25%,这次亏得很呀。吴晓个人就损失160万元,这是多年的心血和汗水换来的呀!从买姜到卖姜,真是困难重重,其中最重要的原因就是太信任别人了。这次村子里亏得很多,吉新华亏得很多,吴晓也亏得很多。除了亏钱,更重要是精神煎熬,一天两天,三天五天,十天八天,整整一个多月都不清凉,心里的煎熬要多难受有多难受。白天吃不好饭,夜里睡不好觉,煎熬得很呀!煎熬之中,还得鼓励、支持村干部,得给他们鼓励、撑腰,并花钱解决他们的吃住问题。

这件事看清了三个问题。

第一,B这个人是个大骗子。从多少年前都开始行骗,靠着嘴会说,骗了张三骗李四,自己没有一分钱,鼓励最亲近最信任的人投资,盈利了他分得丰厚的红利,亏损了他一分不出。这次投资最多的是吴晓、吉新华和叶春梅,小叶最多,不但自己投得多,而且把最好的朋友也拉下水。她一心一意对B,可是B害她最苦,并且搬弄是非,给人家坑成那样,还在落井下石。这样的人道德败坏,骗术高明,不知道还能坑多少人。腾出手来,我一定让法律制裁他,这样的人为什么会在自己身边呢?

第二,诚实的人、善良的人往往受伤害最大。叶春梅人非常善良,非常厚道。这次生意亏这么多,不但没人帮助她,反而人人都去践踏她。

第三,市场是残酷的,人心是难测的,是很难把握的。贸易是最难做的生意。我们涉足了这一个行业,没有把握好商机,赔得一塌糊涂,把农民的血汗钱也赔进去了,把集体3年的积累也赔完了,辛辛苦苦去赚钱,一下赔个精光,市场真是残酷呀!

人心都是难测的,商场上认识了一个B,把一辈子的钱都赔进去了;想想也真是让人寒心。这里面肯定自己有错。到底错在哪里,为什么最倒霉的、最丢脸的事、最坏的事都让自己摊上了?

机会是很难把握的。无论是人生,还是商机和家庭婚姻,都是很难把握的。我一生很多机会都没把握好,自己一生也很努力,就是没把握住机会。自己一辈子没有积累一点钱,也没有自己的一间房,这下全赔了,真是一穷二白了。人世间的事,很难把握机会,很难事事如意。季羡林讲:"不完美就是人生。"

经历了买卖大姜这件事,自己学到了许多东西,认识了安丘的一些朋友,特别是扶贫办的一些朋友,他们真是掏出心来帮我们呀!

2018 年 5 月 13 日　星期日　晴

感谢信

　　卖大姜的事情终于告一段落,安丘上上下下的人员(特别是扶贫办主任)忙了一个星期。村子里做了两面锦旗,一个是送给市扶贫办,一个是送给市政府,并让我写一封感谢信。这封感谢信不同寻常,经历了近一个半月,经受了许多磨难,帮助过自己的人更显珍贵,所以感受比较多,感触比较深,写的比较长,心里话也非常多,花了我3个多小时才写出来。因为是对着政府,措词上也比较谨慎,改了四五遍。人要多表扬,少批评,孩子也是如此。

2018 年 5 月 14 日　星期一　晴　新蔡

李新国给我的感受

　　李新国是驻马店职业技术学院的一名教授。他以画牡丹出了名,挣了钱,决定奉献家乡(汝南板店乡)。投资了2千多万,建立了一个画院,宣扬孝道文化,看了以后感受很深。

　　感受一,正确的决策,伟大的思想。听党校同学李锋讲,是他调动李新国回到家乡的,李一直在洛阳、西安、湖北画牡丹,把几十年的积蓄拿出来了,建立了一个20亩地的大画院,还建立了一个10亩地文化广场。这将是他留给后人的传承和精神。这一举动也是他一生最闪亮的地方。感受二,他的牡丹画到了极致,并画了70米长的牡丹画卷,被名人收藏。感受三,靠技术吃饭。李是西安美院毕业的。毕业后专心致志画画,画到了全国和国外。实践再一次证明:人只有靠技术、实力、人品,才能使自己立身。

2018 年 5 月 15 日　星期二　晴

在四川南充参加扶贫培训班

　　国务院扶贫办5月15日至5月17日在四川南充召开了全国深度贫困地区激发内生动力研讨班。参加会议的有国扶办黄承伟、刘晓山,南充市委副书记、市长吴群刚,四川省扶贫和移民工作局副局长唐义,南充市人民政府副市长、市扶贫办主任向贵瑜等,会期3天。今天上午唐义致辞,吴群刚致辞,黄承伟讲话。

11点,山东省、海南省介绍扶贫与扶志相结合做法和启示,案例分析,华中师范大学政治研究学院副教授李海金讲课。下午,四川、广西、云南、新疆、山东济宁、四川南充等地代表介绍深度贫困地区激发内生动力经验、讲评,深度贫困地区激发内生动力的挑战与决策,16日全天现场教学,17日讨论发言,参加会议的有500多人。

2018年5月16日　星期三　晴

到三县考察的收获

今天气温很高,达36℃,上午8点半出发,下午6点多回到南充天未大酒店,整整一天的时间,看了西充、南充和仪陇三个县。南充的情况给我留下深刻印象他们3年干起了10万亩香桃面积,是一个宏大的工程,县委书记朱仁友很务实。我们坐船游了一个湖,有6000多亩的水面,很自然,很美丽,周围有7个乡13个贫困村,还到仪陇看了香桃、一个现代化养鸡场和一个农民讲习所,看到了一些脱贫致富的农民。一天的参观学习,深感南充及四川在激发内生动力方面有三点经验:

一是机制好。如三带三进:支部带产业进村,党员带群众进户,群众带土地进园。这样激发了干群干扶贫的积极性、主动性、创造性,工程宏大,效果很好,有效解决了不会干、不愿干、没门路、没资金、没想法、没项目的问题。

二是效果好。3个县几千亩、几万亩、几十万亩的香桃在南充大地上出现,像一幅美丽的绿色风景。一望无际的香桃园、香果园,壮观宏伟,美丽无比,给人一种四川人真能干、四川人真能吃苦、四川人真能干成事的感觉。人人都说四川好男人,现在深刻感受到了四川人能干成脱贫攻坚的大事。朱德、罗瑞卿、张澜都出生在南充,四川真是英雄辈出的地方。

三是香桃工程不但使贫困农民增加了收入,还创造了美丽的四川。在四川湖岛上,深感四川南充、西充的美丽。6000多亩水面周围都是花草,都是新房,青砖青瓦青房,把四川大地衬托得特别美丽。新农村映在水中,鲜花绿草衬托在水边,小船中的参会者站在水中。那种美丽,那种享受真是太好了,这不就是乡村振兴的美景吗?

一处处美丽的乡村,一颗颗新品种的香桃,一个个鲜活脱贫事例,一群群优秀的扶贫干部,一篮篮鲜美的水果,让人无比感动,无限欣慰,无穷回味和无限向往。这让我忘记了一天的炎热,一天的疲劳和一天的长途奔波而带来的不适。夜晚我们河南来的几个人还在讨论南充人的思想、奋斗和创新,南充经验真好,南充人真能干,南充内生动力真强。

2018年5月17日　星期四　阴

南充之行找到了21世纪中国的马克思主义

这次在四川南充,将我自己进行的8年村级扶贫同马克思主义、《共产党宣言》联系在了一起,找到了中国21世纪的马克思主义。

马克思年轻时就投身于为人类服务的伟大事业,发表了《共产党宣言》,写出了《资本论》,提出了共产主义的终极目标,是没有压迫没有剥削,没有贫富差别;劳动不再是谋生的手段,物质达到极大的丰富,按需分配。

党的十八大以来,党和政府提出了2020年消除贫困,全国脱贫,一个都不落下。经过几年的努力,这项目标就要实现了。马克思要消除贫困,改变世界,我国也要消除贫困,为世界贫困人口作出经验和贡献。而作为一个扶贫人在为贫困人口做事中,解决着穷人的实际问题,实践着马克思改变世界,消除贫困的伟大理论,执行着中央打好脱贫攻坚战的任务,全心全意艰苦奋斗地履行一个自己入党时的誓言,这不就是一种崇高的理想,崇高的奋斗?全国党员,都朝着这个目标努力,中国的贫困不就消灭了吗?

伟大政党、理论家、每个人不都是在向同一个目标——为实现共产主义理想迈进吗?这才是我一生奋斗的目标。奋斗,奋斗,再奋斗!努力,努力,再努力!

2018年5月18日　星期五　阴

机会时时靠争取

这次参加全国深度扶贫地区激发内生动力研讨班,我学了看了四川南充的不少经验。通过实地参观,还观了不少的景,认识了不少的人。

这次来开会,在别人看来不值得。就一个培训班,坐了12个小时的车不值得,但这个机会是我自己同黄承伟(国扶办培训中心)争取的,因我在搞深度贫困地区战略研究,想多找点素材,所以我才积极争取,不但搜集了许多珍贵的材料,而且实地学习了经验。所以,机会都是积极争取的,不要管别人怎么看,关键自己怎么做,做这事是否有意义。自己从扶贫一线退下来,掌握的东西少,接触的东西少,参加会议也少了,但自己要积极争取机会,多接触实际,多参加会议,多研究问题,一定在实践和理论上有重大突破,为人类多做贡献,为穷人多做好事实实事,人生一定不留遗憾。

2018 年 5 月 19 日　星期六　雨

刘红的小小托老所的启发

刘红是灵宝扶贫办的一名工作人员。这次是她接我到灵宝市给该市的第一书记、扶贫工作者讲课,受课人数有 1300 多人(昨天下午在大礼堂讲),整个行程都是她服务。早晨她陪我吃饭时说自己办了一个夕阳红托老所,我和王秋玉老师就去看了看。在农村租了两个小院子,年租金 1 万元,有 20 多个老年人,每月生活费 700—800 元;4 个管理人员,工资 1500—2400 元。她说这个托老所办了两年多了,办院的目的是因为自己的父亲没人管。因母亲去世,父亲是上门女婿,总觉得自己委屈。父亲今年 85 岁,姊妹 5 人,她现在办了个托老所,父亲就在所里住着。两个哥哥每月每人拿 300 元,两个姐姐也在所里给自己帮忙。

刘红很有思想,创办一个同农业结合的敬老院。谈着谈着,我、秋玉和刘红我们三个人就提出了三个思路。第一,要让老年人动起来,在院里面种花种蔬菜,特别要在架子上种多肉类花草。把敬老院动起来、活起来、美起来。第二,养老同农业结合起来,有田园养老的想法。第三,打造一种农村养老的新模式,让农村的儿女在敬老院打工,工钱给父母养老。思想都是在碰撞中产生火花,能力都是在困难中摸索,模式都是在实践中创造。中国共产党探索的扶贫新模式,就是践行马克思主义消除贫困,消灭贫穷,各尽所需,实现共产主义的实际行动。自己是个共产党员,就是要做改造世界的实践者、践行者,为崇高的理想而努力奋斗,做到生命不止,奋斗不息。现在在火车上(G1712)想贫困人口养老问题,回去以后就立即执行。

2018 年 5 月 20 日　星期日　晴　郑州

有感于画家高云

高云是江苏省文化厅的副厅长。他创作的《永乐大典》《长寿图》等许多的著名作品,在国内国外影响很大,他拿到了全国美术金银铜奖,曾在一届美术会上获过四枚奖章。他有三个感人的地方:

一、成长的经历。他从参加省美术班到 18 岁发表第一幅作品,从初画连环画,到画《永乐大典》及《魂系安岸》等,他抓住每一次机会,而成为现在的大家。

我的成长与他有所相似,但没有他在业务上的专和深,我要好好的向他学习,在业务上再钻深一点。

二、他有不断拼搏向上的精神。他从学生到厅长,时时都在创新,事事都在拼搏。他当了厅长之后仍在结合工作创新。他在每一个岗位上都取得了成绩,一个目标完成了又追求下一个新的目标,才取得了一个又一个成绩。

三、沉下心来做事。他几十年如一日,不论工作多忙都坚持做事,不忘自己是个画家,才成为今天的名人名家。

高云是我的榜样,也是我的工作标杆。

2018年5月21日　星期一　晴

两个月没在家,很多事需要办

我多日没在家,家里的网络没交费看不成电视了,这个月的药也没拿,银行卡也坏了,需要换,过去这些事我都没管过,现在什么都得做。上午先去网络公司交了400元钱的网络费,又去银行换了卡,又到三院拿了药,中午和顺利请吃饭。吃饭的时候我又认识了几个新朋友,越秀的老总崔乃宝与和顺利的几个老朋友。

崔总讲,他想养羊,搞奶山羊,主要搞种,我给了他一些指点,他让我给他选地方,当顾问,我有这项技术,就给他搞点服务吧,用技术富民总是件好事情。这么多年我都坚持扎根农村服务群众,用科技兴农,科技富农,科技脱贫,现在老了,又获得了个参事室研究员的名分,还被省科协特聘为副主任委员,更应当很好地服务农牧业科学技术。所以我要尽心为崔总提供技术,让他的奶山羊尽快地发展起来。

下午还同牛主任谈了村子里打官司的事,他让抓紧做,越早越好。

2018年5月22日　星期二　晴

今年终于有了一条好消息

今年以来,有不少坏消息。大年初一,得了焦虑症,在医院住院;大年初五,林浩又住院了;2月份我的高血压、心脏病又犯了,住院;3月份大姜必须得卖了,在安丘一住就是30多天,各种罪都受了,费了九牛二虎之力,姜终于卖完了,但钱也赔完了,我自己也把几十年的私房钱都赔完了,也不敢同家里人说,自己生闷气。

在卖姜的时候,还错过了一套该买的房子,损失50多万元。过罢年以来,天天都是坏消息,件件都是坏事情。今天突然收到中国科学技术协会发的"纪念改革开放40周年,中国科协成立60周年,百名科学家百名基层科技工作者座谈会"的邀请函,心里十分高兴,因为全省只有4人,我是作为一名基层科技工作者出现的,老了老了成了科技界的先进分子,这是自己最光荣的一次。过去自己都是以一个农民身份出现,从现在起,自己是一名科技工作者了,属于知识分子的行列了,这样可以更好地用科学技术服务于"三农",贡献于"三农"。

现在我还被聘请为郑州大学同创学院的教授,河南师范大学的研究员,河南牧业经济学院的乡村振兴与精准扶贫名誉院长。现在国家科协又把自己看成基层优秀科技工作者,内心里总算有点喜悦的事了,这也是今年以来的第一件好事呀!

下午在农科院召开了课题组会议,布置了两个课题的事,晚上回家走了1万多步。

2018年5月23日　星期三　晴　胡屯村

忙了一天

村子里的事很多:一是修农产品中心的路。最早说的是1456平方米,村干部测量了以后,改为1577平方米,最后必须修1695平方米。这么一来多出来3万多元,由乡里统一解决。开了一个上午的会,统一了思想。往前走,半个月内修好。二是建桥。由水利局负责,抓紧定下来,也争取半个月完成。又同县水利局张局长结对子,尽快解决。协调了一个上午,又见了搞设计和搞施工的同志,他们会很积极地配合。三是进行室内装修。安排了做电商的工作,力争在电商上搞出个亮点。四是室内展板,由任鑫负责,尽快用全力搞起来。

忙东忙西,上午吃饭晚了,血糖又低了,我连忙吃了点东西。现在年龄大了,做点事身体老是有障碍,不是这出问题,就是那出问题,真是做点事不容易呀,必须把一个小时当几个小时用,不然等身体不行了,想做也做不成了,此时,我才深刻感到时间不够用呀,争分夺秒,多给社会多做事呀!也少给家人找麻烦呀。

2018年5月24日　星期四　晴

同和顺利到新蔡

新蔡是我的故乡。新蔡人民养育了我,栽培了我。在这块沃土上,我成了才,成了干部,成了新蔡人的骄傲。我深爱这片热土,也深爱着这里的人民及一草一木。新蔡现在有了个王兆军书记,带领大家干扶贫,不但使新蔡发生了翻天覆地的变化,也带出了一个过硬的班子。这次和顺利和郑州某油气公司一起来是想在新蔡建个分公司,据说一年能给县财政增加几千万元的财政收入,所以我就带他们来了。王兆军很重视,让于晓曾接待我们。下午分别同商业局、税务局接触了一下,晚上王书记陪吃饭。说了此事,他们很重视,决定搞,如果能搞好了,对新蔡也是一大贡献呀!

生我者父母也,培养我者党也。我生是党的人,死是党的魂。

晚上带着和总与王经理去了东湖和北湖一看,王经理直说是大城市。

和、王又来看母亲,很让我感动。和顺利是我研究生的同学,又是班里的秘书长。人很好,很热心。和顺利同学为传播同学之情出了大力。他还帮助我做了一些扶贫工作,我从心里很感谢他。

2018年5月25日　星期五　雨

有感于给全省"三农"新闻人物发奖

2017年的"三农"新闻人物今天才给发奖。获奖的十人中我有几名都认识,张鹰是省电力公司在南召娘娘庙驻村第一书记,干得很好,当之无愧。还有武陟的老王,做稻谷的,我去过他那里,做得很好。还有确山县的老张,农机合作社理事长。还有张峰,清华大学毕业,在叶县做羊产业。今年的"三农"人物也十分突出,给做农业的人很大的启发和鼓励,办得很好!

发奖时我还见了省领导赵素萍、武国定、李英杰。他们都很关心我,问我现在的工作情况。本来这次来北京参加科技大会,要同他们汇报的,没想到一下子见这么多领导。

我还让陈庄乡张书记、胡屯村胡书记来领奖的现场。他们也很受启发,都说干农业真好,真有希望。

今天还见到了许多老朋友,真是高兴。

2018年5月26日　星期六　晴

在胡屯村研究工作

过罢春节,我去胡屯了4天。帮村子筹集了60多万元之后,后来又同张书记和胡书记去灵宝、泌阳、新蔡参观学习了他们种菇的经验,建基层组织的经验,就再没去了。这次让他们来,研究了几个问题:

第一,确定本村以孝道文化做抓手,全面推进精神文明建设,建敬老院,先把房搞起来,再要项目。

第二,先开几家饭店,在六七月份荷花节时开业。

第三,把村史室和文化室搞起来。

第四,在七一前搞一次第一书记座谈会,结合荷花节,把基层党建工作搞活搞好。

第五,建立游乐园项目,让孩子有个玩的地方。

第六,充分利用好村子里筹集的资金,让贫困户看到希望。

在昨天的发奖会上,还同省电视台新闻部领导说好在这个村投资20多万元建文化书屋。

今天喉咙发炎了。有点冷,去门口小诊所输了两瓶水,身上还有点发热,十分难受。明天就要开会,今天却病了,得抓紧治好,不能耽误开会。

与村干部商谈村里规划

2018年5月27日　星期日　晴　胡屯村

今天一天事很多

1. 村子里修桥钱不够,要修成弓形桥,罗书记给我打电话,他们这样搞自有他们的道理。我想只要他们给修好就行。我回来之前要修好了,能通车就很不错了。

2. 修道路是1695平方米,现在也开始垫土了。

3. 化粪池也正在建设着,很快就搞好了。

4. 安排了完村里的事,我又去赛思口腔医院看牙了。院长讲重新做牙,需2万元左右。费用比较高,我还得考虑考虑。

2018年5月28日　星期一　晴

在人民大会堂听报告

上午吃过早饭,我和百名科技工作者乘车去人民大会堂参加两院院士会议。为了开这个会,我特意找出一套红西服穿上。我上的是4号车,与茹振刚教授坐在一起。我们8点半乘车,到了车上,不让带手机和材料,只能放在车上。进了人民大会堂,很多院士都在那里谈话。这次会议由600多名工程院院士、600多名科学院院士参加。

10点钟,人民大会堂灯全亮,全场起立迎来了国家领导人习近平、李克强、王沪宁、韩正。我坐在27排59号,同茹教授坐在一起。会议由周济主持,李克强、王沪宁、韩正出席。习近平总书记强调,中国要强盛,要复兴就一定要大力发展科学技术,努力成为世界主要科学中心和创新高地,形势逼人,挑战逼人,使命逼人,我国广大科技工作者要把握大势,抢占先机直面问题,迎难而上,瞄准世界技术前沿,引领科技发展方向,肩负起历史赋予的重任,勇做时代科技创新的排头兵,努力建设世界科技强国。

习总书记从5个方面讲了科技取得的成绩,存在的问题,发展目标,今后的努力方向,对两院院士的要求,特别是讲到不要让广大的科技工作者成为申报项目、审批项目、检查项目的人员,场上响起了雷鸣般的掌声,经久不息。习总书记又说,说明我的话说到科学家的心坎里了,前面坐着各位部长,有什么问题让他们好好解决。

会议到上午11点20分结束,习总书记在讲话时,会场一点声音都没有,从

习总书记讲话中,我有三点感受:

一是很震撼人心,国家有那么多的先进技术在世界先列,中国真是强大了。

二是世界上还有很多先进核心技术制约着中国,如中兴事件,召唤科技人员要自立更生,奋发向上,克难攻坚,取得突破性的进展。

三是抓好尖端科学、核心科技,普及一般科学,习总书记整个讲话中,对知识分子的爱,对科技工作者的爱,对科学家的爱,渗透在字里行间。

下午进行了讨论,大家讨论得都非常认真,谈学习和感受。

散会后我本来要去看邓凯书记的,结果他有事了,我就去刘运田的基地了,晚上还在他那里吃了饭,她还给我拿了点科技小西瓜,很甜。

这次会议规格很高,接触的科学家很多,学习到很多东西,认识了许多顶尖级科学家,真是感谢省科协给的这么一个机会。

下午进行了讨论,我发了言,得到了科协吴海鹰副主席的高度评价。发言后中国科协专门找我进行了采访,并把我的发言登在《中国科技杂志》上。这期杂志刊登了10名科学家和科协工作者的发言,我是其中一员,这次真是给河南人争光了。

2018年5月29日　星期二　晴

上午看博物馆,下午参加讨论

上午8点30分从科技会来到博物馆。主要看了马克思展馆和复兴馆,马克思馆主要讲马克思的成长史、发展、主要著作和对世界的贡献,看后又受到一次马克思主义的教育。看了复兴馆,又受到了一次革命的教育。

下午进行了讨论,又有13个同志发言,讲得都很好,很受启发。

杨乐——中国科学院院士,中科院数学与系统科学研究院研究员。

孙家栋——中国科学院院士、中国航天科工集团高级技术顾问。

史维祥——90岁,西安交通大学原校长。

姚期智——中国科学院院士、清华大学交叉信息研究院院长。

张弥曼——中国科学院院士、中科院古脊椎动物与人类研究所研究员。

施一公——中科院院士、西湖大学校长。

郭素平——河北农业大学研究员。

刘自鸿——深圳柔宇科技公司董事长兼首席执行官。

嵇晓华——北京果壳互动科技传媒有限公司董事长。

孙强——中国科学院神经科学研究所研究员。

张强——清华大学化学工程系教授。

并讨论了倡议书，很受启发，个个都是顶尖级科学家。

2018年5月30日　星期三　晴

今年的科学技术纪念日过得很有意义

今天是科技工作者日。作为一名科技工作者，40多年来，今天是我最高兴的一天。因为今天在人民大会堂二楼东大厅和全国的100名科学家，100名优秀科技工作者在一起过这个纪念日，党和国家领导人王沪宁、卢展工、万钢等参加了会议，万钢主持会议。一是怀进鹏（中国科协党组书记，常务副主席）发言。二是与会科学家和基层科技工作者代表发言，如杨乐、孙家栋、史维祥、姚期智、张弥曼、施一公、郭素平、刘自鸿、稽晓华、孙强、张强等。三是彭建伟宣读《科技中国梦，建功新时代》。四是王沪宁讲话。

会议开到上午12点20分，会议结束后我同河南老书记卢展工说话时，他把我介绍给了王沪宁，王说："你干得好，扶贫工作很重要，注意身体。"他还同我握了手。

下午我参加完讨论会，就去了融青生态园，并同吕玉新在该公司住了一晚上，这个公司很大，有2000多亩，硬件很好，但软件不行。

2018年5月31日　星期四　晴

时间如流水

这一个月又过完了。今天没回家，直接坐火车到范县了，到胡屯村研究了8项工作。一是养老互助合作社和扶贫互助合作社增收问题，尽快把钱用出去。二是抓紧时间把60岁以上的"五保户"找个地方集中起来。做到养老扶贫，在全村树立敬老、尊老、孝老，从文化孝道上抓全村的老龄化工作，树立好的风气。三是抓学校。在全村范围内树立人人尊师重教，人人为学校办实事办好事的风气。从孩子抓起，大力培养人才。四是抓经济发展，尽快把饭店搞起来。由村主任胡同利亲自抓。五是办村史馆。六是开展支部书记讨论会，以县为单位搞。七是狠抓科研推广工作。八是明天六一儿童节，"两委"干部一起给孩子过节日。研究完工作后，都已经很晚了，到县城吃的饭，并见了王明喜老总和储东风主任。

这次参加全国科技大会,很受触动:一是这次会议规格很高,领导特别重视,在京的常委都参加了会议,两次在人民大会堂开会,两次听习近平和王沪宁讲话,深感国家太重视科学技术了。二是接触的国家顶尖级科学家太多了,个个都对国家做了重大贡献,自己做的太少了,太有愧党和人民了,今后加油为贫困人口多做贡献。三是科技推广也很重要,我要致力于科技扶贫。正像习总书记讲的形势逼人,挑战逼人,使命逼人。我要带领科技团队抓紧搞科研,把河南扶贫战略模式、黄河滩区战略模式、深度贫困区战略模式尽快往前推。一定在今年年底把扶贫模式拿出来,应用到生产当中。

2018年6月1日　星期五　晴

今天是六一儿童节

今天我和陈庄镇张洪孟书记,村"两委"班子到村小学来为学生过节日。没想到3个班只有21个学生,校长也没来。一年级的班主任教得比较好,孩子回答问题比较自信。我们组织了一个圆桌会,让孩子们发了言。又把教委的同志请过来,研究学校现在存在的问题。

这个学校有90多年的历史,曾从这个学校走出4名厅级干部。最多时学生有500多名,现在还要合并,真不应当呀!一个学校只有一个公立教师,每一个老师包一个班。一位老师有病,长期不上班,就聘了一个老师,这样是不行的。

只要我一深入到一个地方来,就能发现不少问题。不知道他们为什么发现不了,还是他们不深入呀!

2018年6月2日　星期六　晴

今天到了两个县

上午在村子里接待全国人大代表李世强。他是村支部书记,从企业转到村子里的。他在村子里搞得很好,为村子投入3000多万元,搞新农村建设,看过村子。他提出,因地制宜,长短结合,一年两季都有钱,下大决心搞旅游。上午11点半来,12点多就走了。

下午去清丰县,看了他们的食用菇。我看过那么多菇,没有看到过这么现代化的种菌企业,这个老板真是厉害得很。虽然没见到董事长,但程主任领着我们看得很好。晚上去看了刘运田，吃的菊花火锅，很好。

这几天看了北京融青生态园、刘运田的菊花生态园和清丰的食用菌，深感现在的年轻人真是敢干得很，什么奇迹都能创造出来。他们敢想敢干的精神，非常值得我学习。

2018年6月3日　星期日　晴

为西王楼办了一天的事

我找了牛主任（律师）帮助西王楼打官司。牛主任帮助村民一个一个看材料，并让他们把材料准备得细一点。因为村子这次做大姜赔了，我不但管他们吃住，还帮助他们买车票。上次我给他们拿了几千元，这次又给他们买车票，还给他们拿打官司的钱。为贫困人口办事就得这样，不但要有极大的热情，还要帮助他们解决实际问题，不然他们就办不成事，这3个月的工资就只能给西王楼了。

吃亏就是福。遇到困难的时候，大家只能加强团结，抱团取暖，以亏为美了。总得有人吃亏呀，不然就办不成事。对人民群众自己吃的亏再多也不能有怨言，革命前辈为了人民的幸福把自己的命都搭上了，我们作为一个科技工作者吃点亏又算什么呢？大家的劲是可鼓不可泄呀！

2018年6月4日　星期一　晴

今天去两个部门汇报，并有一件喜事

上午和王秋玉一起去省科协和省科技厅汇报参加全国科技大会的情况。

在省科协见到了郝部长和曹书记。郝部长去落实了王秋玉的湿地项目，说已拨了。这对王秋玉帮助很大。曹书记充分肯定了我参加全国科技大会的表现，他说我的发言科技网也登了，《科技日报》也刊发了，我还不知道。他让我在科协常委会上传达一下精神。他们也讲了省科技大会的情况，很受鼓舞。省里会开得也很好，王国生书记亲自发了言。省科技厅李锦辉处长叫着机关党委王书记、陈书记，一块定了给科技厅讲课的事，初步定在本周五。

下午我坐车去了光山县，专门见张胜勋老师，他在广州搞养猪，回光山了，正好我准备去广州见他，这下不用去广州了，就来光山县一趟，看能否帮助他做点事。

2018年6月5日　星期二　晴

从光山回郑州

  上午从光山县回郑州。下午休息一下,晚上同朋友一起去新疆餐馆吃个饭,并认识了孟杰总经理。

  在人生的大舞台上,有眼界才有境界,有实力才有魅力,有思路才有出路,有作为才有地位。无论是谁,都不可能一路鲜花、坦途,总会有荆棘坎坷。身处逆境时才能走出困境。生活坏到一定程度就会好起来,这次来了个高兴的事,参加了全国科技大会,那么隆重,又和那么多顶尖级科学家在一起,真是努力过后香甜。不论是好事还是坏事,经历了就是财富,让人受到鼓励和找到解决的办法,并看清了许多人和事。

2018年6月6日　星期三　晴

今天收到两个信息很受鼓励

  第一条是大科学家施一公发来的。他邀请我到西湖大学去看一看,并把他的微信给我。他发信息说,"欢迎你来西湖大学看一看,你也可以加我的微信"。这次开会最大的收获就是认识了一些科学家,特别是施一公这样伟大的科学家。他1967年出生在河南郑州小郭庄,1972年全家离开小郭庄到驻马店市,中学在省实验中学上,后被保送到清华大学物理系,是普林斯顿大学终身教授、中国科学院院士,首批"千人计划特聘专家","未来科学大奖生命科学奖"得主。我做梦都想见到施一公,因为他是一个爱国科学家,放弃美国优厚的待遇,回到祖国发展,又辞去清华大学副校长一职,到西湖大学去创建民办大学,他不亚于梁启超和钱学森。认识了这样的人,对我对女儿意义都很大。

  第二条:国资委副主任翁杰明也发我一条信息,是我给他发了一条建议的回信。他发信息说:"谢谢姐姐,双向并进肯定是一条好的路子,我会这么做的。任何时候我都会保持好的精神状态,请放心! 您也多保重,祝一切好!"

  这么大一个高级领导,就像自己的亲兄弟一样,心怀坦诚,亲密无间,用心换心,真是让人感动呀!

  一天一位伟大的科学家,一位最崇敬的领导亲自给自己发信息,给自己的温暖和感动很多。实践进一步证明了,做事,做成事,做善事才能受到人的敬重。所以自己要生命不止,奋斗不息,做一个对社会有用的人,做一个受人尊敬的人。

2018 年 6 月 7 日　星期四　晴

今天在省科协常委会上传达"双百"会议精神

早上我 5 点 10 分开始走,7 点 20 分走到山河宾馆,打打针,洗洗澡,吃吃饭,参加了省科协常委会,传达了"双百"会议精神,又听了一些专家的汇报。到上午 11 点出来,去了省水利厅刘力办公室,中午同李树建院长一起吃饭,还让董金运参加了。李树建老师是大艺术家,今天《河南日报》还刊登了他的整篇报道,说他唱的三部曲,大艺术家下乡,做得非常好。他不但戏唱得好,为人也特别好,没有架子。人缘很好,他是平顶山汝州人,在三门峡工作,从三门峡到省豫剧团,不但是省委委员,还是党的十九大代表。他是一个艺术家,又是一个政治家,还建立了自己的艺术馆,河南有本事的人真是多得很。自己只能做一颗默默无闻的小草。前几天我参加全国科技大会,这两天有一点灵感,写一首小诗:

科技大会威力大,汇集人才科学家。
院士一千三百多,"双百"人员二百个。
总书记提出强科学,喜坏了参加大会每一个。
鼓足干劲把掌磨,科技春天真正到。
人老青春焕,科技道上要领跑。
领跑又超道,世界领先科技道。

2018 年 6 月 8 日　星期五　晴

今天一喜一忧

一喜。在科技厅讲了一堂科技扶贫课,效果很好,又认识了一批科技管理人员。十分高兴,中午高高兴兴回家吃个饭。

一忧。下午同有富和秋玉三个人开个会,本来是个好事,要了点经费,没想到因为一句话,却散伙了,辛辛苦苦几个月,一句话说散了。我最近不知怎么了,一句话就给人说走了,说翻了,说散了,还都是些重要的事,自己心里也很苦恼,确实要好好反思一下自己。我成在干上,却败在嘴上呀。做的好事再多,也会因说话难听给人都说跑了,不知道怎样才能管好自己的嘴呀!

2018年6月9日　星期六　晴

研究生同学给我祝贺

早晨走了14000步,上午在家洗洗衣服,下午去经三路的房子看一看,晚上和顺利召集同学们吃个饭,主要是给我一个祝贺。我这次去北京参加科技大会,我没感到怎么样,同学们却很兴奋。参加的同学有贾英豪(班长)、王亚民(班长)、孙东梅、包二行、赵颜州、张印、王跃、薛金芳、蔡国庆等,还有我们单位的高贵友,有20多人,大家都让我讲一讲。我坐在贾英豪书记旁边,右边是政法委纪检书记胡国星。我用了10分钟时间简单地把开会的事件说了说,大家听得很认真,都说好。胡国星还要邀我去他单位让我讲一讲农村经济发展问题。同学中间,有1/3是厅级干部,1/3是处级干部,还有1/3是企业家,大家对我这么看重,我一定好好干,给同学们树立个好形象。

这么重要的会议,能让我一个退休的老同志参加,而且河南就4个人,在会上的发言还进行了刊登,对我鼓励太大了。这次参加会议让我明白一个道理,世界上的万事万物,要想做实,要想有福报,必须把根扎向大地。扎根越深,枝叶就越旺盛。麦子根扎得深,麦穗就大,树根扎得深,树叶就旺,人要扎根深,就厚重,就获得的多,就有福报。我做梦也没想到,自己老了老了,还能在科技界得到社会的承认,并参加了全国的科技盛会。总书记不但参加而且还讲了话,自己还认识了那么多的科学家。今后在家、在社会一定要讲奉献,多学习。向卢院士学习,都90岁了,还拿出自己节约下来的800万元资金设立创新奖和困难职工奖,多么伟大的思想呀!

2018年6月10日　星期日　晴

今天为家庭做了一件事

家风、家教、家规对每一个人都非常重要。从去年开始,我们家庭开展了创文明建设活动。受马晞事迹的启发,这是第二次了。这次活动在圆方公司,薛荣老板会议室,内容十分丰富。一是请宋瑞讲孝道文化。二是看薛荣创业史。三是我和大家分享参加全国科技大会的盛况。一直讲到下午1点钟,大家在一起吃吃饭,喝点酒,大家都感到收获很大,我也觉得很好。让每个人都讲一讲,给大家传授点正能量。让大家在礼、义、孝、廉、耻、道、仁方面,多学一学,做一做,非常有好处。一个家族兴旺是要靠思想道德武装起来的,要经常推动大家往前走。

宋瑞讲得就特别好,我也是第一次听她讲这些的。思想教育非要抓得很紧才行。教育必须从娃娃抓起,我就抓得有点晚了。

2018年6月11日　星期一　晴

今天一天在搞家务劳动

上午发发信息,武国定副省长、洪天云副主任还给我回了信息。给王文峰转了5万元钱。他创业,买个车,我就把公积金上的钱给了他5万元,随后去三院拿了药。回来做了番茄炖牛腩,结果吃过饭就快2点了。休息后就收拾鞋子,洗鞋子,整理衣服,一直到晚上8点多钟,才把衣服和鞋子送到洗衣店。劳动了一天,很累,就早早睡了。

家务劳动也是很用时间的,今后我要经常做,等于锻炼身体了。

2018年6月12日　星期二　晴

今天见了穆书记

上午去了牧业经济学院,见了穆书记,谈了如何把乡村振兴与精准扶贫研究院办起来。穆很支持,我说从三个方面做起。

第一,先从讲课做起,办起讲马列,讲道德,讲学术的课堂。我讲第一课《学习、实验、创新是科技振兴的基础》,由宋瑞讲第二课《道德》,下决心把这个讲堂办好。

第二,创新创业的基地。作为一个大学生创业基地都来这里创新创业。

第三,搞一个学术交流基地。请一些大家名家来讲。

一个人有一个大讲台,有一个属于自己的地方,发挥自己的余热,有个三尺讲台就更好了。

今天还看了老领导吴全智,并在中医药大学食堂吃了饭。陈玲的敬业精神还是很值得我学习的,她今年就退休了,我们正在说话,单位让她去开会,她饭没吃完就去开会了,高干家庭的教授就是不一样,素质很高。

2018年6月13日　星期三　晴

今天看了村子里的吴海周叔有感

吴海周叔是村子里的邻居，他做的两件事让我感动。

第一，他爱人瘫了21年，他尽心尽力地照顾。有一年冬天，我们单位张成智来村看我，我带他去了海周叔家，他在屋里搞个地炕，把婶子病床搞得很暖很暖，也做得很干净，当时张成智就进行了表扬，因为我在那当支书，当时还把他树为村子里的道德模范。20多年照顾妻子，真是不易呀！

第二，他是村子里的拖拉机手，一个人把5个孩子拉扯大。大女儿是个大学生（河大），小女儿在驻马店，还有一个女儿在秦皇岛，大儿子刘建也在秦皇岛搞装修，小儿子吴小宝经常在国外，一年能收入四五十万元，找了个妻子还是郑大的生物学研究生张丽丽。

看了吴海周叔，我觉得农村人现在比城市人过得好：一是农村孩子多，现在孩子大了，又能打拼，日子过得很好，对老子也很孝顺。二是农村的孩子比城市的孩子知道报恩，比较珍惜来之不易的好日子，所以对父母好。三是团结得好，兄弟姐妹之间都能互相帮忙。而城市人相互不来往，各顾各，谁也不帮谁，人情味比较淡，特别是一个独子，更是自私自利得很，只考虑自己，父母付出得再多他们也不知道回报。

临近五月节了，我单单记着这句话，在黑暗中默默陪我们行走的人，孤独中陪我们彻夜聊天的人，住院时专程看望我们的人，大雨中为我们撑伞的人，刮风时帮我们挡着外寒侵入的人，失败中陪我们哭过的人，关键时总以我们为重的人，是这些人组成我们生命中一点一滴的温暖。是这些温暖使我们远离阴霾，是这些温暖使我们成为感恩的人。人一定要知道感恩，知道在困难中帮助自己的人。现在经历了苦难，才知道哪些人是真心的，哪些人对自己最亲。

2018年6月14日　星期四　晴

这两天一直烦躁

不知是天气炎热还是怎么，我心里一直烦躁。上午开了个会，在省政协，基层组织研讨会，我还发了个言，见到了郝修振部长、张继敬主任，中午同赵秀敏在一起吃个饭，洗个脚。下午请和顺利吃个饭，和顺利是我研究生时的同学，每次同学聚会，都是他掏腰包请客。这次他出国了，我请请他。还有老朋友宋庆根、陈建忠(第一书记)。满满一大桌子菜。

最近得罪了两位朋友,一位是老陈,一位是小王。这可能同这段时间心烦有很大关系。最近身体不好,又经历了很多事,手头又缺钱。这个月工资又花光了,今天又取了1万元公积金交物业费。所以最近很是心烦,把自己的好朋友都得罪了,心里也觉得对不住他们。

新认识了一个朋友崔乃宝,他想搞奶羊养殖,来找我,我要认真帮助他。

2018年6月15日　星期五　晴

有种负罪感

半个月又过去了,什么也没干。本来是说开会回来给王国生书记写信,提点科技扶贫方面的意见,再给200名科学家每人写一封信,寄一本书,建立起一个科学群,能更好地向大家学习,但最近心里很火,什么也不想干。就这样一天天过去了,把时间都浪费了,真是有一种负罪感。党和人民对自己这么重视,让自己去参加科技大会,又认识那么多科学家,习总书记又给科技工作捧得那么高,自己回来应当争分夺秒地干才是呀!虽然自己现在退休了,但胡屯村的人民在等着我,参事室也有我要做的工作呀!自己要约束自己呀,毕竟自己60多岁了,一晃10年就没有了,过了70岁,再想干点事就没有机会了。从现在起再干10年,不管干什么,总会发挥点作用呀!不能就这样,还要过以前的那种拼搏日子,从现在开始,振作起来,努力努力再努力。

2018年6月17日　星期日　晴

今天到裕达国贸学《心经》

应第一书记宋瑞的邀请,我早晨7点多就到裕达国贸来听《心经》。本来寄托很大希望,但讲得并不好。罗先生讲要身立,进行形式和礼节,但很多实质的东西讲得并不好。

中午同陈肃玲、王天端、母亲、吴迪等在一起吃个饭,很是高兴,明天就过五月端午了,吃吃饭,说说话,很久没有这样的聚会了,感觉很好!

人呀得向前看,甩掉一切包袱,往前走,往前走。

2018年6月18日　星期一　雨

五月端午

今年这个五月端午过得较有亲情。一是前天把母亲接过来了。这两天来看她的人比较多,自家的亲戚,婆家的亲戚。二是中午又同吴勇一家三个人,侄子侄女一起在饭店吃个饭,下午,我本来去听《心经》课,但因不好听不去了,就在家陪陪客人,收拾一些鞋子和洗洗衣服,陪陪母亲。

端午节是个传统节日,始于中国的春秋战国时期,至今已有2000多年的历史。据《史记·屈原贾生列传》记载,屈原是春秋时期楚怀王的大臣。他倡导举能纳贤,富国强兵,力主联齐抗秦,遭到贵族子兰等人的强烈反对,屈原遭谗言去职,被赶出都城,流放到江南。他在流放中写下了忧国忧民的《离骚》《天问》《九歌》等不朽诗篇,独具风骚,影响深远。当自己的祖国被侵略时,他在五月五日写下《怀沙》之后,抱石投汨罗江而死,以自己的生命谱写了一曲壮丽的爱国主义乐章。

人呀,就是要想深一点,看远一点,和大自然融为一体真好。我死后,一定让家人给自己的骨灰撒在黄河,让自己的灵魂被水冲得更净,洗掉一切污浊。

2018年6月19日　星期二　雨

今天一天做了不少的事

第一是送吴迪去上班。他到一家网络公司,第一天上班。

第二是请母亲到打边炉吃个火锅。吃得非常好,很有特色,3个人只吃了205元。母亲来了3天,昨天小弟吴勇请她吃饭,今天我又请她吃饭,母亲可高兴了。我要让她高高兴兴过好每一天,尽最大努力孝顺她每一天。

第三是无意中给罗真和小杜军牵个线,说不定能成事。一个是大学老师,一个是公务员,刚从美国回来。

一天做两次饭,散一次步,又写写东西,不知不觉时间就过去了。今天又给胡屯村找着了几个赞助贫困学生的爱心人士,可以解决6个困难家庭的问题。

人生苦短,只能抓紧多做事,感恩党和人民,同时更感恩那些对得起你的人。

今天看了关于感恩的这段话讲得好,就记下来了。

感恩伤害你的人,因为他磨炼了你的心志;感恩欺骗你的人,因为他增加了你的见识;感恩鞭打你的人,因为他消除了你的业障。

事实就是这样，人只有遇到了各种事才能坚强和长智慧，多磨难对人是有好处的。

2018年6月20日　星期三　晴

今天一天在家写讲课稿

今天集中力量在家写明天给牧业经济学院学生的讲课稿，准备到上午12点。天气很热，把衣服都浸湿了。听说明天学校很重视，还得准备充分一点。

上午又给在科技大会上发言的11位科学家每人都写了一封信，以加强同科学家的联系。写得手腕都疼了，现在什么事都得自己写，我的办法笨，老年人习惯了，觉得只有这笨方法（自己写）放心，讲课时踏实。

一个人的心有多大，做事就有多大。张弥曼院士82岁还活跃在科技事业上，2018年还得了个世界首席杰出女科学家的荣誉；西安交通大学原校长史维祥90岁了，还在为国家做贡献。一个人只要想做事，没有谁能剥夺他的权利。你不想做了，可以找一百个理由。如果自己想做了，有一千个困难你也能克服困难去做。关键是思想，思想决定一切。杨贵、郑永和、杨水才不都是发扬小车不倒只管推的精神吗？一个科技工作者，一个党员，关键要心里装着人民，装着党的事业，装着社会这个大家庭。不能只讲小家、小我，要时时处处向大处看，向人类看，向远处看，向实现共产主义目标看。党和人民培养自己，教育自己，退休了也要给党和人民多做事，向老科学家学习，生命不止，奋斗不息。

2018年6月21日　星期四　晴

有感于叶嘉莹飘零人生诗词路

叶嘉莹是台湾的一位伟大的女词人。她出生在一个大家庭里，从小聪明伶俐，卢沟桥事件后去台湾，嫁给了国民党海军军官赵东荪。这个人性情暴躁，又坐过牢，经常打骂她，她曾想过用煤气自杀，但有了4个孩子。她找出了一个逼迫自己自救脱苦海的办法，就是把自己一部分精神感情完全杀死，这样是自己仍能承受一切折磨而可以勉强活下去的唯一方法。大量的讲课、写诗、咏词，把自己的感情完全投入到诗词的事业中去，使她红遍台湾各个大学，红遍全中国。叶嘉莹的飘零人生诗词路对自己很有启发。

第一，看了叶先生的经历，她比自己更难，因为要养4个孩子，我现在不用养别人了，没有她那么大的压力，更应当找一个自己喜欢的事做，我也想搞创作，写文章，但总不知道从哪里下手，好好读读叶老的诗吧。

第二，优秀的女性为什么在爱情和生活上都这么不幸？叶嘉莹先生，吴贻芳先生，不知道为什么越优秀的女性爱情越惨。

学习，奋斗，坚持是成功的决定因素，这是被实践多少次证明了的。

2018 年 6 月 22 日　星期五　晴

有感于金陵女子大学校长——吴贻芳先生

吴贻芳先生生于1893年，逝于1985年。她是江苏泰兴人，生于湖北省武昌，系中国第一届女大学生，当校长23年，1945年出席联合国大会成立仪式，成为在联合国宪章上第一个签字的女性。1979年获美国密执安大学为世界杰出女性专设的"智慧女神"奖，1985年11月10日逝世。

我最佩服吴贻芳女士的有三点：

第一，坚强。1909年，一个月里失去了父亲、母亲、哥哥、姐姐4位亲人，但她坚强地活了下来，并在姨父的帮助下，读完了大学及博士，1928年获密执安大学生物学博士，35岁时当上了金陵女子大学的校长。

第二，坚持。从一个孤儿，到坚持拿到了博士学位，当了23年的校长，坚持一辈子为祖国的教育事业做贡献，88岁高龄时还被选为江苏省副省长，并获"智慧女神"奖。

第三，智慧。她寄人篱下生活，同人团结很好，就读于美国密执安大学，得到最高"智慧女神"荣誉。在不同时期都很受重用。无论社会多么混乱，家境多么悲惨，爱情多么不幸，但一生都奋斗于事业，一生都受人尊重，真是一个智慧的女神呀，真是我们女性的楷模。

2018 年 6 月 23 日　星期六　晴

在河南牧业经济学院讲课

学习、实践、创新是向科学进军的基础。我从"学习是基础，实践是平台，创新是关键"，来讲述科学技术的重要性。讲了近两个小时，老师与同学都听得十分认真。这一课我准备得很充分，基本完成了任务。

站在母校的讲台上，很有激情，有很多话说，我感恩于这个学校，感恩于这里的老师,感恩于阴天榜校长和牛俊生书记,感恩于钟明久、李柏林、林文忠老师。他们都帮助了我,关心了我,支持了我,所以站在这里,我想到了同阴校长一起出差住地下室的事情,想到了钟明久老师给我发毕业证的情况,想到李柏林、林文忠老师让我破格晋升职称的情形。我时时刻刻努力工作才是对母校的回报,对老师的回馈,我要尽力为学校多做一点事,再多做一些事,一直到老到死!

我一定把振兴经济与精准扶贫有机地结合起来,把它打造成为学术交流的平台、马克思主义讲堂和实验室实践基地,办好,办出色,为培养人才再努力。

2018 年 6 月 24 日　星期日　晴　胡屯村

连夜回到胡屯村

今天看到报纸上一篇表扬范县的文章,很高兴,村子里还有工作需要我,我便连夜赶回村子。因为又找车又整理东西,晚上9点多才走,到范县县城都夜里12点了,想想自己这么多年来,一直奋斗在基层第一线,为贫困农民办实事,做实事,见实效,自己虽然累得一身病,但得到了组织和群众的认可。功夫不负有心人,千锤百炼能成钢,我终于干成了一生自己最想干的事,自己心中不留遗憾。人活百年也是死,自己一生也算没有白活。对得起群众,对得起组织,对得起培养教育过我的人,唯一对不起的是自己的家人。这算不算实现了初心,我不知道,但我对得起自己的良心,对得起生我养我的父母。母亲快90岁的人了,还时时关心我的工作和身体。累点、苦点我都不怕,得之坦然,失之淡然,一切随缘。

2018 年 6 月 25 日　星期一　晴

集思广益谋发展

今天崔乃宝、陆钰、张新城来范县我驻的贫困村胡屯村,一起听了村子里的汇报,看了鹦鹉场、敬老院、养殖场,又看了中心医院,崔总想在陈庄镇开饭店,我们还认真地看了地。总之3个企业家很看好,想在范县投资。

胡屯村是个省级贫困村,只有1700多口人,所有的土地都流转给了种藕大户,这个村有3个特点:

第一,这里的群众很敢干。过几天就有几个地方被开发,如鹦鹉场、泥鳅场等,支书和村主任都包了几百亩地。

第二,这个村有一个小学校。曾从这个学校走出4名厅级干部,现在只剩下

21 名学生了。

第三,这里的土地全部都种上藕了,连成一片,很壮观。

我来以后做的几件事:

1. 争取了一个田园综合体项目,2000 万元,打造了一个荷花小镇。

2. 争取了一个政策项目,3600 万元,办全县的教育网络。

3. 让央视七套帮助做了一期节目,宣传扶贫开发工作。

发展方向:

1. 以科技为支撑,打造一个科技推广基地。

2. 以孝道文化为抓手,建立孝道文化村,形成尊老、爱老、敬老、帮老、孝老的孝道文化氛围。

3. 以政治思想为基础,加强组织建设、思想建设和作风建设。

4. 认真做好黄河滩区扶贫战略模式的研究。

今天虽然盛夏,但还不是很热。我们 4 个人中午也没有休息,抓得很紧才把事情做完。

2018 年 6 月 26 日　　星期二　　晴

考察东格尔升羊

在新蔡一天看东格尔升羊能否从新西兰引入河南,力争在新蔡做个种场。

陆钰想搞一个羊场,崔总想引羊种,两人一拍即合。我们本来说当天要回郑州的,在他们的鼓励下,就又来了新蔡,看了大吴庄的牛场,他们觉得很好,同副县长王霞谈了一谈,我们一大早就回来了,因为下午到农科院农经所讲课,所以很快就回来了。

这次出来最大的收获是弄清了美国一种种羊和新西兰的东格尔升羊是个什么品种,在什么地方产生的种,是一种什么样的奶羊,一天产多少斤奶,养一只羊农民能盈利多少等知识;又知道了一种草,可能预防疾病,有点像桑树,但它是枸树,可以大面积种。

在车上我们 4 人一直都是在谈种羊之事。崔总还讲了他的创业史、奋斗史和爱情史,让我认识到每一个人身上都有故事,他的故事最感人的是豪气,一是把几次上大学机会都让给了别人。二是他的经商经验:1. 思维方式好,如打火机,只选赔的,赢了一百,输了加倍,让自己赢了很多小钱。2. 干什么都做到一干即成功,如养种羊、养犬、开饭店等,经历、经验都十分丰富。三是他的爱情故事很有味道。他今年 64 岁了,就想把奶羊做好。我也是积极推动这件事情的,办好了可以给很多的农民带来更好更多的实惠。

2018年6月27日　星期三　晴

人一定要有大我,不能只有小我

我深深地觉得,人一定要有大我,不能有小我。只有小我不但自己走不好,也伤害别人。

叶嘉莹先生的丈夫坐牢后性情大变,整天喝酒,动辄打老婆,叶先生忍着痛苦,坚持写诗讲学,后来女儿和女婿出了车祸,她悲痛欲绝,把全部精力用在了写诗上。她不但成为了台湾的诗人,也成了全世界伟大的诗人,受到人们的普遍敬重。

虽然我现在退休了,但我还要多做事情。做扶贫工作,做科技工作,做对人民有用的事情,我还要力争走出去,走到国外去,做全世界的扶贫工作,为全人类做贡献。时时心里装着大我,克服小我。人心有多宽,人的视野就有多大,就能走多远,走远才能高飞,我要很好地学习褚时健一直不停做事的精神。

2018年6月28日　星期四　晴

今天很炎热

今天是星期五,天气也很炎热,早上6点30分去南广场走了两圈,7000步,吃饭后洗了衣服,上午10点钟接待了新疆的孟杰,他又带了几个朋友,中午在一起吃吃饭,老家里的叔叔吴海周来了,大家在一块说说话,吃吃饭。

下午休息后,我去三院取取药,买买菜,写写日记,做做饭,一天就这样过去了。

母亲老了,一点也离不开人,中午回来,明明知道她在家,给她打了电话,让她开门,可怎么也不开,真是年岁大了,给她一个人放在家里,我一点都不放心。

我们自己也会有这么一天,什么都不能做,还得让孩子照顾自己。

今天的温度能达到35℃,很热,村子里吴海周来了,大家在一块吃吃饭,说说话,下午他同母亲说了一个下午的话,我去医院拿药了。老人一刻也离不开自己,我每天早上陪她散散步,走走路,回来给她做点饭,每顿饭都给她添一勺槐花蜜放在甜汤里,饭与饭之间再给她热个香蕉吃,早晚带着她散散步,她都已经86岁了,陪她的时间也不太长了,能多陪陪她点,也算是尽最大的孝心吧!尽孝,尽孝一定要尽到孝心、孝道,百事孝为先,一个人不能敬老、尊老、爱老、孝老、帮老、重老,做了再大的官,赚了再多的钱,连自己的父母都不孝顺,岂能指着他真心帮助别人?

天热了,我要加倍陪护好自己的母亲,让她有个幸福的晚年。

2018 年 6 月 29 日　星期五　晴

以实际行动纪念中国共产党成立 97 周年

后天就是党成立 97 周年。现在退休了,作为一名老党员、优秀党员,应为党多做点事。

第一,今天去了省电视台新闻频道张克鲜台长那里,同他商定带 4 个贫困村的 40 个孩子去中国博物馆看一看,差不多得有 10 万元经费,先把经费落实了再安排其他的事,想让省电视台去一个记者。

第二,给王国生书记写了一封信。关于科技扶贫上的事,提了 4 点意见,不知能收到不。

第三,去看了财政厅原办公室主任冯庭的爱人陈静(我同陈静是党校同学),人在难处时才应当相互走动呀!

第四,今天走了 1.7 万步,起到了锻炼身体的作用,少吃药也是对国家做贡献嘛!

现在我最大的希望就是向叶嘉莹学习,努力多做事,把那些不愉快的事忘掉。

2018 年 6 月 30 日　星期六　晴

六月份又过完了

时间真是过得快。一个月、半年又过去了,什么也没做成,心里有一种罪恶感!为什么老是不抓紧做事,总是找客观的理由,如母亲需自己照顾着呀,找自己的人多呀,所以时间一个小时一个小时地过去,一天一天地过去,一年一年地过去,明日复明日,明日何其多!已经都 60 多岁了,不能再浪费时间了,退休以后必须靠自觉才行,做好充分的安排,充分地利用好时间和身体奔跑,同时间奔跑,同自己奔跑,跑出晚年的人生,晚年的作品,晚年的精彩。

半年已过,下半年一定完成两件事。第一,完成两个课题;第二,开始写长篇而且有影响力的小说,《山里人》年底一定要拿出来。

今天不是很热,我带母亲去魏超家一趟,吃了点饺子,晚上回来什么也没干就休息了。

晚上妹妹来了,同母亲说说话,我夜里睡觉没注意,把脖子扭着了,很难受。

2018 年 7 月 1 日　星期日　晴

党走过了 97 周年

今天过党的生日,我为党做了件小事,为嵩县 12 名贫困生捐款结对子,这 12 个孩子分别是:

1. 陈某博,男孩,10 岁,小学生,家里 5 口人,3 个孩子,只有父亲陈军建一个人在外面打工。

2. 王某豪,男孩,10 岁,小学生,家中 3 个孩子,贫困户。

3. 卢某凡,男孩,12 岁,小学生,母亲生病,一家 5 口人,只有父亲干活。

4. 杨某聪,男孩,8 岁,小学生,父亲杨兵锋大病,5 个孩子,贫困户。

5. 周某岩,男孩,9 岁,小学生,贫困户,家中 3 个孩子上学,无经济来源。

6. 史某阳,男,10 岁,小学生,6 口人,父亲大病,无经济来源。

7. 李某豪,男,15 岁,初中生,5 口人,2 个孩子上学,无经济收入。

8. 党某,男,14 岁,初中生,5 口人,家里 3 个学生,贫困户。

9. 党某甜,女,10 岁,小学生,5 口人,3 个孩子,低保户。

10. 席某龙,男,11 岁,小学生,4 口人,2 个学生上学,低保户。

11. 胡某龙,男,15 岁,初中生,6 口人,家里 3 个孩子上学,低保户。

12. 董某康,男,5 岁,学前教育,6 口人,家里 3 个孩子小,贫困户。

能资助这 12 个孩子,就能帮助 12 个孩子的家庭脱贫,也有利于这 12 个孩子的成长,教育孩子是个大问题。一个孩子能健康成长,能养成好的学习习惯,对他一生影响都非常大。我从小受过苦,知道贫苦人的滋味。1979 年我去北京参加全国妇女代表大会,穿个裤子有几十个补丁。到驻马店,杨献杰给做了个黄的确良裤子,让我体面地去参加全国大会,时至今日我还经常去看看她老人家,我现在富足了,有能力了,一定要帮助更多的穷人。一个孩子就是一朵花,这些孩子将来都是祖国的花朵,家庭的希望,脱贫的关键呀!

今天是我研究生同学和顺利请的客,我十分感谢他。审计厅陈静厅长也资助了一个贫困生,还有中医学院的刘院长和邓医生每人都领了一个。这也算我在党的生日这天为群众做的一件好事吧。

2018年7月2日　星期一　晴

夏天非常热

今天做了两件事，一是给200名科技大会的代表写信寄书，二是整理自己的行李准备去秦皇岛。

母亲岁数大了，总想带她多转一转，同村子里吴海周叔说好了，我们3个人一起去转，看看大海，吃吃海鲜，领着母亲走一走。

每天牵着母亲的手在金领时代院内散步，总觉得心里头踏实。牵着母亲的手我很累，打起精神往前走，有时候我们能走2000步，有时候我们能走5000步，我们走走停停，停停走走。不论走多久，母亲都不说话。我看她累了，就让她在路边的凳子上停一停，停够了再走。每天早晚各一次，有时半个小时，有时一个小时。母亲老是说，孩呀，你们忙，我不能成为你们的累赘。听到母亲说这话，心里充满了对母亲的敬意。她一个农民，半个字都不识，说话、办事都能站在别人的角度考虑，从来不给别人找麻烦。我参加工作几十年，母亲从来没找自己办过事，也从来没有开口向自己要过什么东西。所以母亲在我心目中很了不起，我的父亲母亲真是厚道和老实的中国农民代表呀！

母亲就是我的旗帜，我要在晚年好好向母亲学习呀，做一个不烦人的老人。

2018年7月3日　星期二　晴

办事要细心

粗心大意坏了大事。本来今天要去秦皇岛，早早起来做饭，收拾东西，没想到母亲的身份证出问题了，给吴迪微信上发的母亲的老身份证，但家里只有新身份证，在家已发现了，到了车站才知道不能解决问题。结果从北大厅跑到南大厅，南大厅又跑到北大厅，车都快开了，还没换好票，无奈只能让叔叔先走了。我那一会也搞得心发慌，急得还给旁边的男孩吵了一架。他硬往前面排，我说了他几句。

上次去北海就出现了这样的问题，这次又出现了一样的问题。今后再给她买票，一定要小心点。由于我的粗心，一生办了许多的坏事、错事、一直无法挽回的事。我这个人呀，为什么干什么事都是粗心大意。今后一定好好改一改，办事一定不能急。

2018年7月4日　星期三　晴

淅川的美带着厚厚的文化

今天住在福森药业的福森半岛。这是一个大宾馆,一进住室,南边看水,很是舒服。今天看了5个游展文化历史馆,百人蜡像馆(陈列百名世界历史伟人蜡像)很是美观。

淅川县地处豫、鄂、陕三省七县(市)接合部,是南水北调中线工程核心水资源和渠道所在地。八百里丹江纵贯全境,山清水秀,风光无限,魅力独具,这既是楚始都丹阳所在地,楚文化发祥地,又是南北文化的交会点,曾孕育了商圣李商隐、史学家范晔、唯物主义思想家范缜等一批有重要影响的历史人物。

大观园是一个特殊地方,馆内面积大,壮观。新中国成立以来,毛泽东汉白玉像立得十分高大,看后很是振奋。随后看了100名伟人蜡像馆,形状是个圆球形,里面分3层,有政治家、科学家和思想家、艺术家,看了觉得这个企业的老板很不简单,让大家在游乐中学习文化,了解历史。下午看了两个区,两眼美景,一路上很高兴,母亲也玩得十分高兴。

这次预感母亲快走不动了,就带她多走一走,多看一看吧。尽孝是人的本分,没有母亲我也不可能一个人来淅川县住上几天,还要感谢母亲呀!

2018年7月5日　星期四　晴

看荆紫关有感

荆紫关位于豫、鄂、陕三省交界处,是"一脚踏三省"之地。该镇背靠险峻起伏的猴山,面朝奔流不息的丹江,隔江是一马平川的河西平原。从战略上讲,这是"西接秦川,南通鄂渚",古为军事要地;从人类生活上讲,这里山清水秀,土地肥美,丹江水清,气候适宜,是人们繁衍生息的好地方;从市场经济方面讲,这里是界连三省,物产丰富,市场繁荣,商贾辐辏,自古就是多省货物贸易集散地。

荆紫关以其妖娆的风姿,尤其是坐落在街中间的明清风格的古建筑群,让人感叹。

一、山陕会馆。山陕会馆位于荆紫关中街东侧,坐东朝西,临街而建,面朝丹江,是山西、陕西二省商人于清道光年间集资兴建的行业会馆,占地1701平方米,有房屋30多间。中轴线上依次有大门楼、过道楼和戏楼、大殿、钟楼、鼓楼、春秋阁楼等,带檐廊大门楼3间,门楣与檐间有二层精美的石雕图案,门前青石台阶两侧各有青石狮一只,张口睁目,造型别致,很美。

二、禹皇宫又称湖广会馆,是两湖(湖南、湖北)、两广(广东、广西)商人于嘉庆十年(1805年)集资兴建场所。位于荆紫关古街道东侧,坐东向西,面江而建,占地2716平方米,是荆紫关最大的建筑群,现有建筑分前宫、中宫、后宫三大部分,规模庞大,具有浓厚的清代建筑风格和建筑艺术。

三、平浪宫。位于荆紫关南街东侧面,有房舍35间,占地873平方米。建于清崇德年间,是丹江流域过往船只集资创建,殿里供奉着镇妖除魔,保护渔民平安的杨四爷,"船头无浪行千里"。

四、万寿宫。万寿宫又名江西馆,面对丹江,坐落在街道东侧,清代建筑。现有宫室12间,占地383平方米。该宫为江西商人集资而建,分前宫、后宫和耳房,均系硬山式建筑。有联曰:宫不在大,殿不在高,展风光恍若似苏杭。万寿宫是国家级重点保护文物。

五、清真寺。位于古街东侧,始建于明代,清中期曾予以修葺,现状保持原貌,为伊斯兰教礼拜场。坐西面东,占地483平方米,大门楼为西角牛式,房背有琉璃瓦塔刹,门墩青石雕饰内容为"醉八仙",大门南边有一间牛房,其水井为穆斯林沐浴换水专用。

六、古关门。古关门在荆紫古街南端。建于1904年,青砖砌成,跨街而立,高7米,宽6米,进深1米,中间有拱门。两边台阶上顶部上重重叠叠的砖砌斗拱,使古关门平添许多古朴雄浑的气度,显得威武雄壮。

七、府台衙门永安城。永安城在荆紫关镇南约500米处,现为一所高中所在地。砖城占地4.5万平方米,南北长254米,东西宽213米,西城门碑志"永安",东城门碑志"旭日",城内曾设4个衙门,分别是南阳府同知衙门、副将衙门、左营都衙门、守营门,现存衙门过厅一座。过厅东侧的树,树龄200多岁,树干虽空,但仍枝叶繁茂,树干直径达10米,府衙大门建有九门如意大门楼。

看了之后,深感震撼,一个村庄,竟有这么宏大的建筑,感受有三:

一、荆紫关建筑之大,保护之好是很少见的。两公里长的建筑物之中有7个大的建筑,都是古物及青砖青瓦,规模宏大。

二、全是商会建设的,这里的商业很发达。水路很通,又有帮会,三大公司,十三大骡马点,二十四大商号。

三、这里的人很宽厚、包容,一个村能容得下3个省的人,说明这里民风很淳朴,人们很宽厚。整个街道很宏大,很古朴,可惜现在商业不好、经济不发达。

2018 年 7 月 6 日　　星期五　　晴

香严寺、坐禅谷很美丽

　　香严寺又名长寿寺,显通禅寺,中原四大名寺之一。淅川香严寺地处县城南 40 公里的仓房镇境内,东临龙山,西接虎山,北依北岭,南拱面山。建于唐朝,有两座禅院,一在白崖山环抱之中,一在山麓丹水旁,相望 30 里,称之上寺、下寺。下寺已被丹江水库淹没,现存上寺,上寺位于仓房镇西 4 公里处。

　　香严寺因为慧忠国师的强大影响力,奠定了其在佛教界的地位,共由六世九位临济正宗高僧担当,自 1657 年延续到 1851 年,有近 200 年时间,香严寺成为临济正宗重要道场。

　　香严寺有两大特点,一是建设 1000 多年,并保持完好。二是寺院古树林立,特别是门前有两棵 1000 多年的银杏树,树木高大粗壮,很是壮观,有十几米粗,枝叶茂盛,我和母亲还在大树下照了相。

　　坐禅谷是一处位于淅川县仓房镇西北部的精品峡谷景区,堪称中原第一水锈石群,被誉为丹江明珠、仙境灵谷。它集瀑布、石奇、潭深、泉涌、崖峭、洞幽于一体,融佛教文化、历史文化、古寨文化和山水文化为一体。山中有水,水中有瀑布,瀑布里有鸟声、水声,整个山里,水哗哗,树哗哗,瀑布 90 度漫山往下直射,就像人们用盆子倒水,并形成大的瀑布。水一道线地往下喷,人慢慢地走在一梯一梯的山路、一道一道的小桥、一滩一滩的石子上,那种感觉就像到了人间仙景,美轮美奂。我一生走过很多山,很多水,从来没见到么美妙的地方,淅川真是太美了,而且这里的整座山,整池水,到处都处于参天大树包围之中,到处都是好山好水,让人流连忘返,很不想走的感觉。如果在这个地方写个书,度个假,那真是一个极好的地方。这次度假是带着母亲来的,明年我自己再来,在这住上十天半月,看看景,度度假,写写书,了解一下深山老林里人们的习性。现在我在写《山里人》,好好把淅川的人写进去。

2018 年 7 月 7 日　　星期六　　晴

见了几个老同学

　　今晚大学同学朱颜宾、李天领来看我,很感亲切,又回到上学时的情景。

　　那时班里 43 人。颜宾聪明伶俐,脑子非常好用,天领学习非常刻苦,专业知识非常巩固,现在一个当了内黄县的交通局局长,一个当了邓州科协主席,都在为国家做贡献。

当时班里有5个女同学。陈小改现在在郑州牧业工程学院老干部处工作，柴金芳在唐河县工作，贾春玲在孟州市工作，李桂喜在商丘市畜牧局工作。桂喜一直搞专业，现在是正高职称，还是省级劳动模范，成为当地一名有名气的畜牧专家，她在学校专业思想就特别的扎实，一辈子就搞专业了，很有成就。

男同学里面仕途走的好的有宋文佳、朱俊峰、张家田、朱颜宾、李天领等。经商经得好的有陈有富、金季虎、柴金芳等。在赵长燕老师的领导下，同学们都在各条战线上干出了很大的成绩，自己也为班里争了光，一辈子做成几件事。

现在大部分人都已退休了。大家很希望在一块叙一叙。我想这两年安排一下吧，大家见见面，说说话，回顾一下学生时代，叙一叙同学情谊。我是一个很重感情的人，见到同学来看自己就直流泪。

2018年7月8日　星期日　晴

回顾在淅川的4天

在一个小小的县城(67万人)住了4天，我感到时间很漫长。因为是带着母亲出来休假，所以每天只能东溜溜，西看看。看了3天，不但感到很好，而且感到很有意义。

第一天看了福森药业的东区和西区。该公司在丹江水库上建了个半岛假日酒店，建在水旁，五星级酒店，像个小船，从酒店的住宅能看到丹江湖水面，一眼望不到边的水给酒店增添了美感，从房间南面凉台上，可以看到文化长廊和百名蜡像馆，文化馆是一个展示5000年中华文明的历史馆，蜡像馆是100名伟人的蜡像，还有一个雷峰塔，里面有个爱情传奇故事。上午带母亲去了历史馆、蜡像馆和雷峰塔。历史馆展示了从大禹治水时期到近现代的历史人物。看了5000年长廊，等于又学习了一次历史。蜡像馆内陈列的有政治家、科学家、艺术家蜡像。蜡像做得十分逼真，可惜科学家中没有一个中国人。雷峰塔有白娘子和许仙，他俩的爱情故事生动感人。下午看了西区，有寺庙，有大药房，有范蠡园，感到西区自然风光更美丽。

第二天看了荆紫关，这个已写过，对我很有震撼力，千年的文化长廊，千年的古物建筑，千年的水上丝绸之路，我很少见到，真是好得很。还看了南水北调的渠首。落差176米，从淅川到北京、天津，到北京的水落差40多米，整个长1426公里，全是自然落差，工程很大，做得很完美呀！第二天走得比较累，看的东西比较多，母亲也感到累。

第三天，看了香严寺和坐禅谷，一个是千年古寺，有两棵千年银杏树，坐禅谷很美，有山有水有瀑布，细细流水和树叶哗哗的声音，很好，是一个避暑的极好地方。

第四天，见了同学，看了房东李春香，送母亲回了郑州，一个星期玩得很好！在淅川4天，觉得这里旅游发展得很好，我要在这里做点文章。

2018年7月9日　星期一　晴

为孩子们奔波

为大吴庄、西王楼、桥北村和胡屯村40名孩子去北京参观跑了一个上午，到目前落实了4万元。

为了让贫困村的40名孩子开阔眼界，更多了解科学知识，树立起从小热爱科学的精神，我要带40个贫困孩子去北京参加学习，时间4—5天，看天安门广场，看科技馆，看北大和清华校园，看历史博物馆，看少年文化宫等，我们准备租一个大巴。

这次去北京，主要是为了贫困户孩子。但我们得准备10万元钱，今天跑了一天只解决了4万元，还有6万元没出处。这两天我什么都不干，也要千方百计把钱找够，还没有找着门道，不知道到哪里要钱。

筹钱是个很难的事，我工资卡上只有2000多元了，真不够就把这点钱也添上吧，有一点是一点吧。

2018年7月10日　星期二　晴

看了电影《我不是药神》直流泪

《我不是药神》是由一个真实事件改编的。广西的一个白血病人，找到了一种印度治疗白血病仿制的药，比同类药价格低将近1/10。他为了治自己的病，托人买到了这种药。后来，很多病友找他要这种药，他和朋友就帮助大家带。很多病人都好了或症状减轻，但工商和公安部门立案了。

这部电影反映了4个问题。

一、癌症病人吃不起进口药，被逼买有效的低价仿制药，但国家又不允许。逼得没办法，电影中的英雄只得冒着违法的风险去做。

二、在法与人命之间，是世界观的选择。

三、暴露出医院部门的很多问题,国家在人命关天的大事上也存在管理上的矛盾。

四、影片人物生动地告诉人们,必须站在人民角度看问题本质,才能让人佩服,真心替别人考虑的人才能得到人民拥护。

启示有两点:

第一,在人与法、在人命与得失方面怎么选、怎么做是一个世界观的问题。

第二,在关键的时刻一定要跟着良心走,要考虑的是大局,而不能考虑自己,这才是一个共产党员要做的。

2018 年 7 月 11 日　星期三　晴

同科协曹奎书记谈科技落地问题

今天下午来省科协找曹奎书记谈范县陈庄乡胡屯村建立村级科技推广站的问题。

村子里得花 30 万—50 万元建立一个推广站,组织 20 个科技推广点进行科技推广。

我们俩谈得很好。他又让科技工作部的郝部长来谈怎样落实的事。这两年曹书记在我驻村上帮了我很大的忙。他是搞教育出身的干部,很能办实事,是国家二级教授,很有本事和眼光,我要好好向他学习。

2018 年 7 月 12 日　星期四　晴

筹钱真难

本来想让社会捐 10 万元带贫困村的 40 个贫困孩子去北京看一看,主要到科技馆看一看。没想到找钱那么难,上午我去了交通厅找一个处长,下午又去找湖北商会的会长,一分钱也没筹集到。不知道是自己的方法不对,还是社会太不关心贫困人了,10 万元钱,40 个孩子这点钱就筹不到,现在筹钱太难了。

今天又看到大科学家施一公为了西湖大学也在筹钱。他需要的钱比我还多,遇到的难处比我还大。我本想帮帮他,但我实在没钱了,现在才知道一分钱难死英雄汉的道理。不管怎样难,我一定把这 40 个孩子带到北京去看一看。

2018年7月13日　星期五　晴

中组部刘文副局长来看我

昨晚王秋芳书记说中组部组织一局刘文副局长到他们县暗访了，并说明天去我驻的村。我昨夜就赶回来了，上午做了准备。他们真来了，从9点多到上午11点多一直在村子里看，听汇报。他们6位听得很认真，看得也很认真，并对我驻村给了很高的评价。

刘文局长讲:听了吴树兰书记的汇报有4点感动：

一是组织工作抓得好，建立了各种基层组织。

二是党员模范作用发挥得好，调动了大家的积极性。

三是科技工作抓得好，以科技为突破口，提高农民科学种田的水平。

四是思想境界高，退休了还在做。

参加会议的人有省委组织部修振环副部长，范县县委书记王秋芳。

把他们送走后，下午又接待了五位厅级干部:曹奎书记(省科协党组书记)、陈萍副主席、朱夏炎、陈静、胡哲，我又进行了汇报。

送走他们，朱紫东又来采访，一直到晚上10点才休息，很累很累。一天从国家到县里三波人，十几个厅级干部和科学家来村子看我，让我十分感动，在村子里只能做好，不能失败。因为我要对得起关心我的人，也要对得起党和人民群众呀！

2018年7月14日　星期六　晴

今天一天在村子里开了3个会

1. 早上七点钟召开了"两委"班子会，研究近期工作，进行了分工。

2. 下午召开了贫困户会议，布置办农家乐和民宿馆问题。

3. 民主生活会，半年过去了，开一个民主生活会，每一个人都谈一谈，说得都很好，每人都反省下自己的不足。我也检查了自己四个方面的问题，让大家给我提意见。

办了3件事：

一是同省科协商定好办一个村级科技服务站。

二是同省电视台郑鸿燕谈好，在胡屯村建一个分检中心，促进村子的农展品上档次，多卖钱。

三是制定了一个生态文明村的若干规定,明天就开始扶贫大检查。

从早上6点一直到晚上11点,都一直在忙,其间,还接待了小朱进行座谈和到贫困农户家中访问。

一到村子里就一天到晚干也干不完的活儿,很忙很累。

2018年7月15日　星期日　多云

检查村里卫生

今天分三组检查卫生。胡建民书记去开会,我带一组,村主任胡同力带一组,第一书记小孟带一组。

今天的天气又热又闷。我们21个人先一起看了两户,就分开看了。我们组分了67户,从上午9点钟一直到12点半才检查完,看了67户,打了67张表,检查了67户,每户4个地方必看:一是厕所,二是厨房,三是门窗,四是床上。检查厕所是否有异味,看厨房锅台是否有油泥,看门窗是否有灰尘,看床被是否叠得整整齐齐,还看房前屋后是否乱放东西,才能把20项一个一个地打完分。

从看的情况,整个村子的卫生还是比较干净整齐的。院子里大多种的有蔬菜,厕所也无气味。家里都比较干净,整洁,搞农家乐、农宿馆很有条件,搞了一天才搞完。每个组每个人都累得满头大汗,浑身像水洗的一样,衣服全都湿完了。

到上午11点,我都热得胸闷,快支撑不住了,我到住室休息了一下,又接着干。今天的天气真是热得很。

2018年7月16日　星期一　晴

今天真热

今天气温高达38℃,热得很。村干部都在这里填表,统计分数,我来村说4个事:

第一,关于村办民宿馆之事,由村主任负责。

第二,让妇女主任先去学做煎饼,学会了回村子教。

第三,看分检中心的地方和村级科技服务站的地方。

第四,商讨关于搞第一书记论坛和搞一台大戏之事。

研究完都12点多了。我和来看我的陈玲去吃了个饭,下午离开了村。这次来了5天,天天都很忙,很累。又同王书记谈了拍戏之事。这样一来,我又得拼命干了。人怕出名猪怕壮,这一辈子都被名所困,不干都不行了。

2018年7月17日　星期二　晴　胡屯村

今天办了两件事

1. 去滑县学习了水稻种植的经验,可以大面积推广。此间,我见到了农科院的腾忠永副所长。

2. 在村子里开了个会。看到地平打好了,楼建起来了,如果验收通过就可以开工了。我们还得抓紧找钱买桌子、凳子、电视、空调等,大概得40万元左右。这次把国家的钱、个人的钱、集体的钱都用上了,把这件大事办成办好,让群众得到实惠,让贫困农民走上富裕之路。

今天因为劳累,到12点半时,血糖又低了。就在县城的加油站旁边买了点吃的。因为此时心里发慌、出汗、头晕,如果不吃东西,感到很快就不行了。最近这种情况越来越多,怕自己的身体是不行了,一定要引起重视才对呀!

2018年7月18日　星期三　晴

今天一天很忙

第一,去单位找史秉锐主任汇报荷花节的问题,并邀请领导和老干部去范县参加荷花节,史答应让老干部处去组织,以调研产业化名义搞。

第二,去参事室汇报参加荷花节,并讲8月1日去伊川休假之事。

第三,同和顺利、牛律师一起商定去嵩县资助12个贫困生之事,中午在一起吃吃饭,核对一下并决定7月19日上午去,共12个学生,去12个爱心人士,进行贫困学生帮扶。

第四,给文峰老表买出租车转钱(他买了个出租车,资助他点钱)。

第五,同宋杨一起商定带40个贫困生去北京参观学习的事,初步定于8月18日左右,经费目前已找到4万元。

今天的天气很热,37℃—39℃,有一段时间热得喘不过气来,心里面很烦很烦,但是没有办法,一个接着一个事都在那放着,必须干呀!

2018 年 7 月 19 日　星期四　晴

又是一个炎热的天

现在搞一件事非常难,不管有多难,我们总算给做成了。资助嵩县桥北村12个贫困生的事做成了,一对一结对子做好了,准备明天去,今天还要联系车辆,安排人员,安排完了,又到处去找钱,安排孩子去北京的事。现在找到了4万元,我还得继续找。

找完钱我去了三所,即黄河迎宾馆,看刘文局长,因为他正忙着,我便来看看女儿。女儿马上结婚了,我看看能为她做点什么。女儿说什么都不要,只要我好好的就行。我上午没走,在女儿家吃个饭。

下午又去看了看米景忠哥哥。

今天天气十分热。因昨天才三伏,有37℃—38℃,太阳照得人很热很热,很多人都受不了。我由于忙荷花节的事,忙得这两天也不顾天热了,每天从早到晚一刻都没闲着,累得脖子疼腰也疼。

2018 年 7 月 20 日　星期五　晴

今天来嵩县资助贫困生

今天我们分三路来嵩县。我与和顺利等一行7人从郑州出发,陈静厅长从嵩县来,他们一共7人,还有郝总从嵩山书院来,他们共5人,张总他们4人从伊阳来。

到了桥北村都11点40分了,开了个会,下午又看了看他们的企业。

陈厅长和郝总他们都走了,我与和顺利留下了,看看村子里的情况。

大家从四面八方赶来,都是为了扶贫工作,扶贫先扶志,有志向了,有知识了,贫困自然而然地就改变了。

教育扶贫非常重要,个个都应当伸出友谊之手,把教育扶贫搞好。

2018 年 7 月 21 日　星期六　晴

今天在路上奔波一天

昨天同十几个爱心人士在嵩县桥北村捐了款,今天来范县了。走了整整一天,中午在焦作吃了个饭,到了范县就晚上6点多了。

一天跑了600多公里,很累很累。除了几个爱心人士来了,需要接待,还得与研究生的同学联系,邀请他们也来参加荷花节,还要联系40名贫困生去北京筹钱,找旅行社的事。

晚上到胡屯村给"两委"班子开个会,研究了3项工作:

第一,大检查的排序情况,194户得分已评出,但党员排序,贫困户排序还没排出来,研究让会计排好后选出最好的19名和最差的10名。

第二,研究村家庭宾馆开业的事,接待宾客可以住,但吃饭还不行。

第三,村子里的民宿馆的工作及建设村级科技馆之事。

三项事情研究到深夜11点多,因为潮湿,蚊子咬得我全身是包,在村子里感到越来越苦了,过去驻村8年都没事,现在为什么就受不了了,年岁大了,心脏不好,就是没以前能吃苦了。我这次在范县为国家暗访,也出了一把力,村子里工作组刘文副局长很满意,给范县总结了3点:

第一,扶贫锻炼了干部,如全国优秀党员吴树兰。

第二,危房建设零危险,全县没有一间危房。

第三,村容村貌很整洁卫生。

这3点我村都是带头做的,中组部暗访组都满意,也实属不易,自我表扬一下吧!

2018年7月22日　星期日　阴

范县"最美荷花节"开幕仪式真好

昨日荷花节开幕,老天都在帮忙。当大家都在为"天气这么热,开业仪式搞这么长时间,烈日当头,怎么能坐得住"发愁时,没想到老天帮了大忙。一大早我带着研究生同学到陈庄荷花园,天气很凉爽,而且是阴天,一直阴到上午9点半。我带着同学走在500亩荷花园的走廊里,100多个品种,有红、粉、黄、白各种颜色,绿绿的荷叶托着红红的荷花,并能看到一颗一颗的小水珠在绿色荷叶上滚动,像一颗颗银珠,美极了。和顺利、牛律师、王英、周东旭都看得兴高采烈,竟忘了上午8点钟的开幕式。

开幕式的一台大戏也是既美又感人。

从荷花节到杜副县长讲话、赵利玲县长致辞,到一个一个戏剧、小品,到李连成发言和老艺术家的表演,一个比一个精彩,最让我感动的是三位老艺术家的表演。

贾廷玉老艺术家献艺,而且还唱了一段自编自演的《劝孝》,他说是自己的一个好朋友的儿子对好朋友不孝,气得自己一夜都没睡着觉,写了这首孝道歌,真是用心良苦呀。

王善朴是《朝阳沟》里的拴保扮演者,今年已经90岁了,而且得了脑血栓,并登台唱了两段戏,

杨瑞华是《朝阳沟》中银环娘的扮演者,今年87岁,唱腔优美动听,思路清晰,她唱了银环下乡和离开的戏。

他们的唱段引得观众多次鼓掌,他们最让我感动的有两点:

第一,家乡的情怀。王善朴是濮阳人,听说范县办荷花节,就不顾年事已高,天气炎热,拖着病身前来支持,用自己的歌喉支持荷花节的举办。王老师上台走路就很困难,硬是顶着炎日高唱,把场面引入高潮。

第二,王善朴、杨瑞华是一对老夫妻。看着他们50多年老夫妻还那么恩爱,同台唱戏,手牵着手,肩并着肩,为艺术事业,为范县的经济发展做贡献,深知他们的人品有多好,应当是艺术界学习的楷模,也是全社会学习的榜样。

2018年7月23日　星期一　晴

研究生同学相聚在范县

利用荷花节,我邀请了研究生的同学。来的有黄志宏、和顺利、王耀、王清山、赵保林、许清林、郝玲、程普,吃住在范县。他们看了荷花和郑板桥纪念馆,看了濮阳的水秀表演,我还请了大嫂林森、文峰和杰英来赏花,看得大家都很高兴。

这两天我接待了郑州的近40名客人。有厅长、处长、专家和一般人员,通过接待他们我有3点启发:

1. 由于社会的快速发展,每一个人都发展得很好。如郝玲,是个退休人员,在上海就有3套房子,董克宏是公务员退休,在北京也有两套房子,并在一家私人企业打工,王耀是个处长,文峰也买了个出租车。

2. 人人都觉得看得好,看荷花赏心悦目,看水秀感到震撼,看郑板桥纪念馆让人受益至深。所以大家满意,我也十分高兴,觉得自己累得值。

3. 所有的人员都对我很敬佩,这更鼓励我把事业做好。

2018年7月24日　星期二　晴

谁都不容易

今天张淑文看我。一是给我报喜,说自己怀了个龙凤胎,真是让我高兴。她一胎是个女儿,现在又怀一儿一女,并想去美国生,我完全支持她。

在报喜之后,又说了自己的苦恼。因为两家都是农村人,也都只有一个母亲,可两家的母亲都不想给自己看孩子,也都想让自己多管家,经济负担压得自己喘不过气来,弟妹们也不愿意帮自己扛一点。常常在经济上纠结,常常在亲情上苦恼,我开导她教育她,帮助她想办法。晚上还请她吃了饭,并给她带东西。

她一个农村姑娘,成为一名重点大学的老师,博士毕业,真是很不易呀!

2018年7月25日　星期三　晴

生命真是脆弱

昨天夏忠英给我打电话让我去她家吃饭,今天上午就突然说因她哥哥出车祸去世她得回汝南奔丧去了。

人真是脆弱。听说她哥哥76岁,骑一个三轮车去街上,同一辆车相撞,就这样没有了。为了友情,我专门回来一趟,去奔个丧。

想想人一生不知道遇到什么事,一个意外就没有了,何不在自己清醒时,多做一点事?对人对己都是好事,所以我退休了,在39℃的高温下仍然给贫困人口做事。上午同建业集团旅行社的周建慧一起商定贫困学生去北京参观的事。为了省5000元钱,谈了一个上午,最后终于定了下来。钱解决了,学生定了,旅行社也找好了,心里头真是高兴。

2018年7月26日　星期四　晴

在正阳县傅寨乡育台村搞调研

调查研究是我们掌握第一手资料的最好办法。来汝南得到了县委书记彭学敏、办公室主任李峰的接待,深感县里重视自己。我先是帮助老陈的村子资助了几个贫困生,随后去了正阳县傅寨乡育台村,看了该村的档案,同村子的干部进行了座谈,讲了几条意见。

这个村有 7 名干部,只有两个自己有项目,其他人什么都没有。贫困农民增收这一块做得很好,有固定收入 4000 元,有学生补贴收入,有光伏发电收入,还有合作社收入等,他们要下大决心创建先进党支部,材料准备得很多很齐,我给他们指出了几点:一是调动党员干部的积极性、主动性,发挥党员的作用;二是发展经济,制定发展经济的政策;三是创建生态文明,抓好群众的精神文明建设,抓一老一小(养老和学生);四是激发贫困农民的内生动力。

　　县市十分重视,市国税局聂局长也来村子了,县委书记刘颜丽和县长也陪吃饭了。刘颜丽讲每天只睡 4 个小时,累得站着都想睡觉,下面的干部真是拼得很呀。

2018 年 7 月 27 日　　星期五　　晴

扶贫工作要杜绝形式主义

　　这两天我去了汝南、正阳、新蔡,觉得个别地方有形式主义。一是检查太多;二是检查形式化;三是对上不对下,只对领导负责,不对群众负责。傅寨乡育台村的领导讲,每天都在应付检查;县委书记讲,每天只能睡四五个小时,天天去检查,搞得群众很烦。针对这种情况,我把这 3 个县的情况同副省长武国定同志讲了。他很重视,给我回了信息,并对我提的意见说成是对他的关怀,让你觉得他既重视你的意见,又很亲切。

　　作为一个老党员,我应当把群众意见、干部的想法提上去,让上级别走偏了,让扶贫事业别走了样。

　　天很热,我从汝南到正阳又到新蔡。新蔡发展得最快,王兆军在新蔡真是出了大力了,他真是党的好书记呀!

2018 年 7 月 28 日　　星期六　　晴

《天黑得很慢》读后感

　　走了新蔡、正阳、汝南,见了正阳、汝南两县的书记、县长,还看了育台村的村级领导班子,看到的问题,都给副省长武国定讲了。今天没事我在家看了一天的书,是周大新写的《天黑得很慢》。

　　小说反映了老龄社会的种种问题,既写出了老年人面临的生活困难,也写出了他们精神上刻骨的孤独,同时也表现了人间自有真情在的主题。

书里的故事虽然感人,但带给我的更多的是忧愁呀,自己老了,到底应当将自己托付给谁呀!

2018 年 7 月 29 日　星期日　晴

画画的启示

刘树勇的画,我基本上看不懂。但他说的我听得懂,而且我接受他的观念。他说画画就是为了好玩,不要带太多的责任,什么都不要想,就是一心一意地画,感到高兴,快乐就行。是呀,做事为什么要附加那么多条件呀,像我做扶贫,就要一心一意地做,不管别人怎么说、怎么做,自己一心一意地做好就行了。

刘树勇的观点我很赞成。做什么事不要加太多附加条件,一心一意地去做自己喜爱的事。我之所以在村子能当这么多年的第一书记,是因为我有目标,要探索平原地区、山区和滩区 3 个不同类的贫困地区发展的路子,也是因为我从小就是个贫困的孩子,立志长大以后有能力了一定尽全力帮助穷人,长大了我有能力了,就心甘情愿地帮助成千上万的贫困人口脱贫,多帮助他们一个脱贫,我心里就高兴一些,帮助的贫困人口越多,自己的心里就越高兴。

所以人做事一定要出于自愿、自觉、自爱,自始至终朝着一个目标走,不讲名利、不讲条件、不讲结果、不讲得失、不讲报酬、不讲时间、不讲生命,一心一意做,一如既往地做,不顾一切地做,做到自己满意为止。

2018 年 7 月 30 日　星期一　晴

食堂吃饭

今天人事处通知我去单位填写 2017 年度考核表。填完表后,本来说去陈肃玲家吃饭,由于下大雨我没有拿伞,正在一楼茫然时,办公室副主任汪继章去食堂吃饭,我就跟着他去单位三楼食堂吃饭了(我退休了,原来的饭卡不能用了)。吃饭时见到了省妇女联合会主席郜秀菊,省侨联主席董锦玉、王雪和旅游局副局长周耀霞。正吃着饭,女儿从泰国打来电话,问我穿多大胸围的上衣,搞得几个女领导都夸我有个好女儿。在吃饭时,我们谈了扶贫,谈了旅游,还谈了驻村工作。郜主席还给我们讲了礼议知识。吃了一顿饭,不但见了一些熟识的人,还了解到不少情况,并学到了一些知识。

1. 和周局长讲了旅游扶贫之事,这次组织贫困学生去北京参观之事得到了她的支持。

2. 同郭奎立、方主任、李长法副主任见了面。

3. 见到王力并说了老干部去范县之事。

现在见领导,最好的时间是在吃饭时,在定点定时的吃饭时间,可以见到领导,也可以谈成不少的事。

2018 年 7 月 31 日　星期二　晴

今天办了 3 件事

一、40 名贫困生去北京参观的事今天总算定下来了。虽然只是一件小事,但费了我很大努力和很多时间。筹钱比较难,6 万多元,全是自己筹,打了有 100 个电话,才落实了这点资金。组织学生比较难。因为学校校长怕担责任,村子里的个别领导也怕麻烦,有些家庭也不理解,出去一趟能有什么作用,不想让孩子去。最后费了很大的劲儿,才组织了 37 名学生,如西王楼只组织了 4 个学生,大吴庄打了无数次电话才组织了 10 个学生。由于钱少,一次又一次的同旅行社谈判才解决好。

现在给贫困生办点事为什么就那么难呀! 因为怕麻烦,怕担责任,怕出问题,谁都不想主动做事。

二、同团省委希望工程办公室做工作给范县胡屯村和新蔡县大吴庄村考上大学的贫困生筹集资金。今天是武洁回电话同意了资助,我接了电话十分地高兴,真是感谢王艺书记。

三、同田建民联系,他说我承担的三个项目都在进行着,这个星期都可以有结果了。

做了这三件事,心里很高兴,总算又给贫困人口做了点事吧!

2018 年 8 月 1 日　星期三　晴

八一建军节

今天是八一建军节,我是个老基干民兵,受益于这个战线。高中刚毕业时,在村子里喂牛,被乡、县、地区和省军区培养,曾参加过全省学雷锋积极分子代表大会,并被评为标兵,得到过各级武装部门的大力培养和支持,还上过报纸,并与一些部队首长建立了深厚的感情,如省军区彭辉副司令、驻马店军分区潘庆仁、曹治坤、胡文艺等,正是那一段民兵工作和生活锻炼了我吃苦耐劳、坚韧不拔的能力,才使我一生工作靠着这种精神完成了党和人民交给自己的工作,也为各级军分区争了光。

今天是八一建军节,我感觉非常地亲切,非常地高兴,也非常地自豪。我也是一个民兵,我没有给部队丢脸,并为民兵争了光,成为了民兵标杆。

今天虽然我退休了,但我还要发扬民兵的优良传统,干事雷厉风行,工作不怕吃苦,做事坚韧不拔。在全心全意为人民服务上,不褪色,不变质,不退缩,朝着共产主义目标往前走。

同时今天做了4件事:

第一,向国家扶贫办刘永富主任汇报范县扶贫工作(同王秋芳书记,郭主席),得到了刘主任的充分肯定和支持,并让拿出计划。

第二,推荐李世强参评扶贫先进工作者。

第三,一个上午从郑州到兰考,又从兰考到栾川,从上午10点到晚上11点半,坐了1000多公里的汽车,坐得有点腰疼。

第四,包了1个多月的药,坐了1个多小时。

一天从早上到晚上都没有闲着,妹妹很晚(晚上12点了)打来电话,说家里有事,也闹得我很久没有休息成。作为一个姐姐,时时都得为妹妹操心。有用没有是另外一回事了,真是活得累呀!

2018年8月2日　星期四　晴

参加参事室活动

上午听课:

1.李国庆总工讲马克思的《共产党宣言》。他讲马克思主义的概念、来源、贡献,以及创造,无产阶级的辩证法和劳动的剩余价值。

2.郑泰森讲酒文化与中原文化。包括酒的来源、酒的发展、酒的文化、酒的好处、酒的劣势、各国对酒的政策。

下午自由活动。我从宾馆走到大门,走了1.3万多步,晚上胡向阳秘书长来参加会议,我们一起说说话。

2018年8月3日 星期五 晴

参观栾川天河大峡谷

今天随各位参事和研究员一起到天河大峡谷休养,观赏了天河大峡谷。全程有5公里多,有山有水有瀑布,有茂密的森林和巍峨的石山。坐在展车上,看到一切的美,山水之美,流水之美,凉爽之美。在炎热的夏天,能在这块凉爽的土地上开会、散步、看山看水,享受凉爽的夏天,真是说不出的高兴呀。

享受之余,我今天又走了1万多步,同时还学习了胡适、张伯苓、马相伯、张行知等事迹。通过学习,知道这些人都对中国的教育事业做出了突出的贡献,也了解了他们的为人,很让人感动。有的是北大的校长,有的是复旦校长,有的是南开大学校长,他们的奋斗精神是很值得学习的。为筹钱张伯苓四处奔走,非常困难,还有一些人质疑。

"用粪水来灌溉鲜花",是指张伯苓用资本家的钱办南开大学的事。

2018年8月4日 星期六 晴

在栾川天河大峡谷的感受

天河大峡谷位于栾川西南,是伏牛山世界地质公园的核心景区之一,是按国家5A级景区标准打造的集旅游观光、避暑度假、休闲养生、祈福问道、看山游乐等于一体的综合体验旅游度假区。

景区内有三大游览区:天河谷、五圣峰、大鹏山。四大特色景观:擎天一柱、大鹏展翅、仙女玉臀、河源盆景。五大文化典故:公明降生、刘秀逃难、三霄神话、王母仙宫、伊尹养生。六大象形奇石:神牛听涛、宦官乌纱、刘秀倒靴、娘娘问天、天庙奇观、一炷神香。七大趣味妙景:一线天、情侣石、试剑石、百花谷、通天洞、云霄凌索、悬空栈道。八大潭瀑幽境:神牛潭、碧玉潭、如意湖、神剑潭、听涛潭、饮马湖、九曲连潭、飞龙潭瀑。奇山、秀水、怪石、幽林构成了一幅绝美的山水画卷。

天河大峡谷平均海拔超过1500米,最高峰大鹏山2116米,年平均温度仅有10.2摄氏度,谷内遍布1400余种中草药,素有"中原小西藏""百草养生谷"等称号。景区打造了6个特色园区,分别为伊尹避暑养生苑、光武驿苑、问天苑、泰园、王母花苑、五圣峰,体现了中医养生文化、光武汉文化、封神文化、财运文化等中华传统核心文化特色,可谓"一山览千姿,一谷蕴百媚""财神降生地,伊尹养生谷"的美丽景点。

我每天到山上去一次,到山下又走一次,每每踏上上山的路,山也有高低路,路旁有河流,哗哗的流水流入山下,阴凉的山里,有很多游人、奇山、清水、绿树、河流,人群形成了非常壮观的场面和景色,夏天的炎热没有了,工作的压力没有了,心里的烦事也没有了,有的只是心里凉爽、舒心和快乐,参事室安排得真好,找了这么一个地方,不知道工作人员费了多少心,真是感谢他们呀!

2018 年 8 月 5 日　星期日　晴

认识了参事室的部分人

我是第一次参加参事室培训和疗养。来了五十多人,有参事,有研究员。首先是认识了一些人,如张桂兰、刘发魁组长、李昌顺、宋凤仙、王志和、崔党群、马仰峡(三门峡科委)、苏静等。还会见了许多老朋友,胡向阳、宋华平、马化杰、徐照学、朱全民、白亮、吕高朝等。还有许多是不认识的,他们都是科技界、知识界、教育界、农业界等的权威人士和专家。我要慢慢了解他们,学习他们,同他们交朋友,向每一个人学习,建立起同他们的关系,更好地开展扶贫工作。

2018 年 8 月 6 日　星期一　晴

参事室讨论上半年工作和下半年工作安排

会议由组长刘发魁主持。

我认真地看了参事工作条例,增强了参事工作的政治性、战略性、咨询性、时代性。

政治性:同党中央保持高度一致。

战略性:作为一个参事,一个特约研究员,一定要站得高,看得远。

咨询性:对所管范围的咨询、询问。

时代性:成为时代的模范、标兵。

王志和厅长还专门讲了参事年龄变为 63 岁的不合理性。

我今天去了两趟山里,到了一次山下,已走了近一万步。在这几天吃得好,住得好,环境也好,没有什么压力。血糖和血压也正常了,今后工作上要松下来,以疗养身体为主。

2018年8月7日　星期二　晴

今天心情不好

今天心情不好的原因有二：一是夜里没有休息好；二是这次出来才知道自己不论是事业还是家庭都很失败。没多久女儿又打来电话，因为一点小事我们又吵起来了。怎样就会出现这种情况呢？早上还在学王阳明心学，要多责自己，现在为什么一遇到事就找别人的原因呢？看看别的女人都过得幸福，自己这样的悲惨，不由得泪流满脸，今后该怎么过呀！

由于生了点气，下午1点多心脏病犯了，疼得直流汗，有半个小时，吃点救心丸后才好。真是不能再生气了，下午去景区一趟，后来又走到山下一趟，回来后心情好多了。

2018年8月8日　星期三　晴

8天的休假开会结束了

刚进参事室，就有了休假的好事。这次休假一是认识了一些高层次的人才，大部分是专家，新认识的就有十几人。二是充分进行了休假，在山上参观了美景，住在天河酒店，条件很好。一进门，就是泉水、青山，清水哗哗地流，小桥一座接着一座，很美。山上的绿荫茂密，走在土地上，既舒服又凉快。凉风一吹，浑身都凉爽、舒服，美极了。沿着山道徒步走下去，有绿山、大树、小溪流水、芦苇，一片片的芦苇，微风一吹，沙沙的声音，十分美丽。一股股清泉哗哗地流着，远处看山连着山，树贴着树，层层叠叠的山，茂密青绿的树，沿着小河我一直往前走，什么也不用想，只享受着大自然带给人的舒服。一切烦恼，一切不快都烟消云散，大自然真美呀。所以人一定要到大自然中去，在休假中不但乘了凉，避了暑，还能很好地调整自己。

但不知道是休假的时间长了，还是优秀的人才多了，自己老是有自卑感。昨天还伤心得直流泪，人真是不能往上比！比比就没有自信了，自己现在怎么是这样，干什么都没有自信。

2018年8月9日　星期四　晴

给安丘市及扶贫办的感谢信

今年从4月19日到5月10日我们在安丘住了22天，主要是来卖大姜。在这期间，我和村子里的5名干部群众，经历了种种困难，出现了一个又一个的困难与解决不了的问题，终于在市扶贫办的帮助下，克服了一个又一个难题，经历了一个又一个险事，才算把大姜卖完，虽然赔了很多，但这件事终于有个了结，我从内心是非常感谢山东省扶贫办和安丘市扶贫办的。

2016年我在西王楼村驻村时，以扶贫互助合作社的名义在满如新的帮助下，买了1000吨大姜。当时村子里500吨，吴晓和王泷圣500吨，存在马英杰、刘经理和于金龙的5个库中。本来2017年我去了两趟，让满如新帮助卖掉，并要求村子无论如何都把大姜卖掉，村干部不听话，他们没有卖，错过了时机。到2018年4月17日来卖，这时大姜非常廉价，我们先卖马英杰一库姜，420吨左右，1.1元钱一斤，卖了姜，本来库存1年半的时间，可库主非要两年的库费（多付16万多元），无奈我只能找国家扶贫办陈主任帮助，让王剑主任（市政府副秘书长）协调才解决了此问题，在卖于金龙的两库大姜中，本来是1.05元，由于小于在里面使坏，对方只出到0.95元，而且损耗30%，无奈也只能卖了，谁知姜卖了，货拉不出来，因为于说满如新欠他们的钱（配资50万元，不给钱不让拉货），无奈王剑主任又叫派出所出面，又在那里两天才把这些问题解决好，终于把叶春梅的一库蒜抵押上才算解决问题。

刘守勤老总是做姜的企业家，在他厂里存了两库姜。两库卖给刘自强1.05元，一库0.95元，刘守勤和刘自强都很守信用，谁知打开以后坏的多，他们也不要了，没办法，我们又让了30%损耗给他们，问题才算解决。前前后后我在山东22天，遇到了想不到的难题，经历了惊心动魄的事情，赔得一塌糊涂才把问题解决了，这次卖姜可以写一本《卖姜历险记》。

困难一：库存老板马英杰多要半年的库存费。本来是库主催我抓紧去卖姜，说不卖就不行了，我才催着村子里的人去，也是他帮助联系的买主，没想到他非多要半年的费用，我去说，满如新去说，都没说下来，无奈我才找了国扶办。有安丘扶贫办找到街道办事处问题才算解决了，看来商人都是趋利的。

困难二：市场不规范，相互压价。本来大姜当时的价格1—2元一斤，一个人出价1元，另一个人就出0.9元，可能0.9元买不到，谁也买不到，如买马英杰一库货的人，卖给刘自强1.1元，但小王的人非要买，最后只能卖给小王，搞得小王赔了钱，刘自强一伙人还很有意见。再如，于金龙两库货，本来可以出到1元钱，结果于把着不让出高价,最后0.95元卖给刘,可刘又出不了货。都是买姜的人联手坑卖姜的人,明显欺行霸市呀!

困难三:黑恶作怪,联手霸市。各库主存的货,只能卖给自己的好朋友,不许让别人买库存货,每个库主都有自己的小圈子,谁的势力大就买谁的,货多所以就联手压价,联手坑货主。

困难四:不讲信用。如库主,明明是一年半的库费,非要两年的钱。又如刘自强已买了货,又要退货,无奈,少要了3万元钱,真是体会到了货到地头死的深刻道理。

幸运一:由于自己是给村子里做事,此事得到了国务院扶贫办陈主任和高伟的大力支持。由于两人的帮助,山东省扶贫办、潍坊市扶贫办、安丘市扶贫办给了大力支持,特别是王剑主任、老乡李主任亲力亲为,没有他们的支持,后来出现的那么多问题,根本无法解决。

幸运二:做行政工作威力就是大,如王剑主任动用了街道办事处、派出所的力量,还动用了市政府的力量,王剑主任一个星期什么都没干,就帮助我们卖姜,解决问题。深感山东人是真心帮助人。

幸运三:当时处理正是好时候,再早一点晚一点都不行了。虽然亏得多,但这个事总算解决了。

幸运四:村子和吴晓放在一起也从满如新那里要回了近50万元。其中吴晓和老王27万元,村委会22万元,也算挽回了一点损失。

整个大姜算下来只收回了20%,村子里和吴晓各赔了100多万元。村子里100多万元有原来的盈利顶着,但吴晓100多万元是实打实赔了。

教训一:做事一定要亲力亲为,不要太信任别人。这次都是太信任满如新了,如果不是太信任他,不会赔那么多,如果第一年卖了,不但不赔钱,还会盈利点,为了想多盈利他没卖,结果赔得一塌糊涂。

教训二:任何时间做生意,都不能把主动权给别人。经济是一切工作的生命线,生命线没有了,什么都没有了。因为2016年我们是把钱全部给了满如新,才让他一步一步地牵着走,后来没用的钱又让他用了,所以三家500多万元钱都没有了,虽然自己朋友的钱和村子里的钱他们没说什么,但自己心里是十分难受的,这个人情一辈子也还不完呀!

教训三:干什么事都要留有余地。在西王楼辛辛苦苦给村子盈利100多万元,结果这一下子全赔完了,如果当初拿出来一部分钱做,就不会是这个样子了。这样不但把村子里挖空了,还把村干部搞苦了,人人都赔个几万元钱。

教训四:什么好事都不能替别人干。这次让大弟吴晓、房东王泷圣、老表新建及自己所有的钱都搭上,还欠张晓勋老师50万元,还有60万元的外债得一点一点地还,下半辈子的日子很难过的,真是教训深刻呀!

  启示:安丘市扶贫办王剑主任帮了大忙,没有他们的帮助,这20%回收都没有,在关键的时候还是组织的力量大呀!

  在安丘卖大姜的20多天里,什么酸甜苦辣的味道都尝了,深感做什么都不容易呀!这次做生意教训很大,还在自己可以承受的能力之中,如果承受不了,那真是要死人的,好在没人怨我,这都是信任人的结果呀!

  我这一生什么都经历过,都没有今年失败得这么悲惨呀,真是欲哭无泪呀!

2018年8月10日 星期五 晴 郑州

往哪走

  今天很热,夜里睡不着,起来看了一部名为《起点》的电视剧。剧中主人公朱一蕊的一句话给我留下了很深的印象。她说:人生走到走不通的路时,就换一条路。

  我现在又在十字路口,不知道怎么样走,整天迷茫的很。

2018年8月11日 星期六 晴

今天一天很忙,但很高兴

  今天同周东旭及刘经理在格瑞芙谈带学生去北京的合同,从9点钟一直谈到10点半。中午魏华来了,本来我要做饭的,但吴勇要请他吃饭,结果我做的汤就没有吃。我们去妹妹家,在一起吃吃饭,说一说话很好。妹妹素萍一家7口人,他们过得非常幸福,一个孙子,一个孙女,还有一个女儿大学毕业,也工作了。小弟原来一直跟着我,现在也有一儿一女,儿子也上大学二年级了,个头很高,1.92米,孩子人品好,心底也非常善良。我们姊妹四人,现在就我过得差,女儿都30多岁了,还没有成家,丈夫也让人非常地闹心,原来我整天批评这个,批评那个,回过头来,自己谁都不如,真是愧得很呀!从今以后,谁都不要再说了,因为自己没有资格呀,虽然弟妹们谁也没说自己的不是,但人要有自知之明呀!

  弟妹们很久没在一块坐了,这次在一起坐很亲切,很高兴,很好。吴勇还把家里的最好的酒(五粮液)拿出来给大家喝。魏华很高兴喝多了,到下午还没醒。

  到现在我才知道,关键的时候,还是亲情最重要。

有了亲情还是要干事业呀！因为亲情归亲情，事业归事业，有了亲情可以更好地干事业。如果不是亲情的支持，我不可能在村里坚持8年。特别是母亲的真情实意，女儿的真情实意，弟、妹的真情，乡亲们的真情，党组织的真情，人民的真情。而事业可以更好地支撑真情，事业可以支持亲情往高一个层次发展，正能量可以一直往外扩张和发展。亲情越深，对事业的发展促进越大，一个事业上一事无成的人，怎么会被亲情认可和触动呢？更没有真情的温度去温暖它。二者是相互促进和发展的，所以我还是一直干好事业，给亲情更多的营养液，滋生亲情的生长，用事业维护真正的亲情，用亲情更强大地支持事业的发展。

2018年8月12日　星期日　晴

看《浪潮之巅》的体会

　　在从郑州到北京的火车上，我看了《浪潮之巅》的第一章《帝国的余晖》。AT&T公司于1827年，该公司是电话之父亚历山大·贝尔创建的，最初叫贝宁电话公司。从成立的第一天，就是龙头老大，直到被收购的那一天。贝尔成立的经验之一就是在1925年成立了公司研发机构——贝尔实验室。在这个实验室内有全世界一流的科学家，衣食无忧，曾繁荣昌盛了100多年，不但占领了全美的大市场，而且到国外发展公司，又在通信卫星方面发展。后来利令智昏，各分公司只顾眼前利益，为了上市，共分了7个公司，大大削弱了龙头老大的能力，结果在10年内就垮掉了，连贝宁实验室也维持不下去了。

　　贝尔失败的原因我认为有几点：

　　1. 贪婪冲昏了人们的头脑。从董事会到每一个人，都只顾眼前利益，没有人考虑长远利益。

　　2. 机制的设计就只考虑眼前利益，不考虑长远的利益和根基。

　　3. 没有跟上时代的发展，失去了互联网领域，错过了机会，才倒下去的。

　　4. 发展的规律，互联网替代了电话。通信技术一项科学，一项技术作为，再伟大也有被时代淘汰的时候。

　　看了这篇《帝国的余晖》，我从中吸收了很多有营养的知识，并悟出了很多人生的道理：

　　1. 科学技术是事业最根本的支撑，贝尔公司之所以昌盛百年就是有因为贝尔实验室。所以我一定要活一天学一天。

　　2. 越是昌盛越要看长远，立住根基。特别像我这样的人，无论遇到多大的难题，都要站稳脚跟，不能成为后人的笑柄。

3. 我可能也快倒了。倒之前一定要做好三件事：

①立正身子,做好正事。

②找出规律性的东西,提高自己的水平。

③要有忧患意识,纠正自己的不足。

2018年8月13日　星期一　晴

今天做了几件有意义的事

1. 到北京301医院找毛克修病毒切片大专家和乔树宾主任检查了自己的病。通过检查,解除了疑虑,病的问题不大,就吃药维持。特别是乔树宾讲的不能再做手术,不要让病的小问题搞大,她不但解决了我的病,还解决了我的思想问题。

2. 安排和落实了这次贫困生参观学习一事,特别是去清华大学的参观学习。中午同马卫红司长一起吃个饭,她又专门进行了安排。

3. 去看了财政部岳作琨书记（机关党委）和发改委张志清副司长（刚提拔的）。

4. 北京这个地方很大很好,办点事很难。还好,我在中央电视台安排了40个孩子吃饭的事。

今天病又犯了一次,是因为1.5元钱的事,因出租车多要的,我觉得理不平就说了他一下。没想到他说的那么难听,这样一刺激,病又犯了。今后真是要放下一切了。今天值得一提的是,因为多付一点钱同出租司机争吵犯病,重重地暴露了自己爱发脾气的缺点。以后对什么都不能太计较,要不就没命了。

2018年8月14日　星期二　晴

带40个孩子参观学习

早上5点钟起来到北京西客站接孩子们。他们早上6点10分下车,个个打扮得精神抖擞,穿着定做的衣服,戴着小红帽,背着个花书包,把每个孩子衬得特别精神。吃过早饭就去参观了毛主席纪念堂,上午9点钟就看完了。随后去看了中国国家博物馆,因为我有事回来了,孩子们去了。下午3点半孩子们去了中央电视台七套（即电视电影中心）。我和马卫红司长5点赶到的,他们的总编傅雪柳也参加了送旗仪式。他们与孩子们一起照了相,合了影,这40个孩子又在农影公司吃了饭。

季林对着孩子讲了话,说明了孩子的重要性。用梁启超讲的,少年兴则国家兴,少年强则中国强的论断教育孩子们。

马卫红司长讲了"德、智、体、美的全面发展"。也讲得特别好,晚上吃得很好,大家玩得特别高兴。

孩子们很有感悟,西王楼的孩子都笑了,他们觉得太不易了!我也觉得特别的好!

我们还提出了科技立志,全面发展口号!

下午到付建公司听他讲自己的成功故事。他是从信阳贫困家庭走出来的成功人士,讲他坚持、自立和学习成才的故事给孩子们听,并请孩子们在他的会馆吃个饭。晚上7点钟送孩子们,在车上大家唱一路,孩子由刚开始认生,到现在一路歌声,一路欢声笑语,一路大声说话,真是变化很大,我非常地高兴,这趟旅游,达到了3个目的:

第一,让大山的贫困孩子走出来看一看。看到北京城,看到升国旗、毛主席纪念馆等,使孩子们开阔了眼界。

第二,立志。通过这3天的经历,孩子们一定会立志,因为有那么多的立志项目。

第三,接触科技,学习科技。我们所有看的项目都有科技含量。孩子们一定会树立从小学科学,用科技,研究科学的精神。十年树木,百年树人,科技扶贫,一定要从小抓起,真正做到把扶志和扶智结合起来。

2018年8月15日　星期三　晴　郑州

做面食的启发

面食虽然常见,但做好很难,看了一则面食大师的故事,对我有以下启发:

一、不怕百样通,就怕一样精。有一门技术就能立业立身,养活自己。一个人一生不需要做很多事,但必须做好做精,就有养活自己吃饭的本事。

二、把一件事做到极致,做出精品才算本事。

三、做事一定要心无旁骛,专心致志,一心一意。只管过程,不管结果。

自己虽是60多岁的人了,但今后做什么事还是要投入精力的。不做则已,一做都要做好。

2018年8月16日　星期四　晴

今天一天很紧张

1. 早上3点半起床,到天安门去看升国旗,因住的地方在房山区到天安门广场得走一个半小时,同学们看了一个完整的国旗升旗过程。孩子们都特别高兴和振奋,爱国从现在就从印象到实际了。

2. 看了北大和清华。这是中国的最高学府,孩子们进到校园,看到两校的校园,看了科技馆,看到未名湖,看到一名郸城的博士在这读书。我们还在北大、清华照了相,孩子们可高兴了,所以很多孩子都立志长大以后要考北大、清华,从此他们就有了目标。

3. 看了颐和园,让孩子看到最著名的历代王朝的历史和皇帝住的地方。

4. 听成功人士讲自己的经历。

5. 看了中国科技馆。一楼是综合馆,二楼是探索馆(基因研究馆),三楼是农业馆,四楼是太空馆。孩子们看图书、坐火箭、上太空,一下子玩了看了5个多小时,所有孩子都玩得特别高兴,特别开心。下午又看了北京自然博物馆,看恐龙、大象、猴子和海洋世界。

从早上3点半到下午6点,一直没闲着,内容实在太多了,孩子们也实在太累了,到车上很多孩子都睡着了。

通过这一天,不要说孩子,我自己都学到很多东西,今天的行程得到了领导的高度重视。中国科技馆的副馆长廖红和办公室主任王舟也参加了接待。我们送了一面旗,廖红馆长讲了话,北京自然博物馆刘刚主任也亲自接待了我们,可见各级各部门都非常重视扶贫工作,这样做起来非常有意义。

2018年8月17日　星期五　晴

今天去看了三哥吴树珍

今天送走了40个贫困生,没什么事情,就来到大屯庄看了三哥吴树珍。

三哥是我大伯的三儿子,当兵出身,20多年前来北京打工了。2015年到大屯庄社区当电工,由于工作干得好,小区就留着他一直干,几十年没有好好地见面。上次我来北京做手术时,三哥来看我两次,一次还骑自行车4个小时来看我,从此我深深感谢三哥对自己的关心,今天有时间了特意来看看三哥。三哥很重视,开始在南大门,后来又到东大门等我,路上还打了三个电话问问情况,还让侄女小芳来房山这边来陪我,中午小芳请我们吃个饭。

这次看三哥有3个体会:

第一,北京的建筑很多是最基层的工人和临时工支起来的。三哥打了20多年的工,还住在地下室里,没有水,没有阳光,也不透光。我在他住室坐了一会儿,就闷得不行。他这15年不知怎么熬出来的,每月只有2000多元工资。但他从无怨言,这就是基层人的善良。

第二,小区5平方公里,是个高档小区。很多明星都在里面住,哥说他经常见到他们。

第三,任何一类的人群都能有自己的幸福点,关键是心态,我要向三哥学习!向小芳学习!

2018年8月18日　星期六　雨

同王斌宜、马卫红等几个好朋友一起吃饭

今天来北京已几天了。带40名贫困生看了北京,到医院看了病,今晚又和几个好朋友吃个饭。

王斌宜,中国科委和科协的纪委书记,驻马店汝南人,是部级领导。上次还是在西藏见的。他现在回中国科协和中国科委当纪律检查委员会书记了。人很好,话不多,对人很厚道,对我也很看重。

马卫红,财政部退休干部,正司级。我们俩认识十几年了,人很好!我们俩是好朋友。

我还给王书记写了一封信。

尊敬的王书记:

您好!

我叫吴树兰,河南省退休干部,省政府参事室特聘研究员,范县陈庄乡胡屯村第一支部书记。当了整整8年的第一书记,这次作为全国百名科技工作者参加了中国科协成立60周年和科技改革40周年大会,在人民大会堂聆听了习近平在两院院士会议,王沪宁在百名科学家、百名科技工作者会议上的讲话,收获很大,收获很多,感触很深,结合河南扶贫工作情况想给您和省委提点建议。

第一,建立科技扶贫巡查制度(乡、村)。

河南是贫困人口最多的省份之一,占全国的十分之一还多,而且面多线长。怎样让贫困人口真正脱贫增收,关键还是让农民掌握一技之长,让科学技术真正

在贫困户中解决增收。我在新蔡县大吴庄走出了一个秸秆养牛,农业良性循环路子,靠的就是养牛技术,一头奶牛一年可以为贫困农民增收5000元利润,一亩秸秆(麦秆和玉米秆)可以为贫困农民增收400元,牛粪又做成了有机肥料,一吨有机肥可以卖400多元,改良了土地,又种上有机蔬菜,价格成倍增加,短短三年我们全村人均收入就翻了一番,我们还在国家发改委直接立了项目。这个村现在是全国文明村。在西王楼我紧紧依靠当地群众,本着靠山吃山的原则,苦干三年,做成了村子里的羊产业,占广州市羊肉市场20%,夏枯草产业亩均收入4000元;小提琴产业,该乡小提琴占全国中低档小提琴的40%;旅游产业,现在又在范县胡屯做黄河滩区的扶贫模式的研究。参加工作37年,我绝大部分时间都在农村一线干。实践让我深刻认识到,科学技术是第一生产力。帮助贫困农民致富,更应当靠科技。习总书记在浙江工作时,创立的科技专员巡导制度在经济和扶贫工作中创造了从机制上解决科技扶贫和科技人员扎根基层、兴农、富农、增收、振兴乡村经济问题。我省科技人员很多,科协这些年在扶贫上做出了巨大的贡献,但没有省委制度、经费做保障,也是不能完成习总书记提出的"牢固确立人才引领发展的战略地位,全面聚集人才着力夯实创新发展人才基础"的。许多科学家、科技工作者、科普爱好者、退休的老知识分子,都想为扶贫工作出力,由于种种原因,都没有很好地发挥作用,您也是知识分子,希望在您当省委书记这一任能把科技巡察制度建立起来,让全省科技工作者有到乡、村去服务的平台。省里拿一点经费,找个部门负责,如省科协,省参事室,省扶贫办等哪个部门都行,但专家巡察组的人员也要有献身河南事业的胸怀和激情才能搞好。

第二,制定调动贫困内生动力的有效规定。

解决贫困问题,说到底是贫困农民自己的事,不管外界有多么强大的力量,外因只是外因,用过了,不但养成一批懒人,还会适得其反。

扶贫要从根本上解决,就要做好四项扎实工作。

一是发挥我党政治思想的强大性和组织上的严密性对接。

1. 政治思想工作要做到"随风潜入夜,润物细无声"。解决思想问题,把温暖送到心坎里。

2. 让核心价值观在群众的心里生根、发芽、开花、结果。息县弯柳树村是个贫困村,一个驻村第一书记宋瑞(国家统计局河南调查总队)五年把这个村建成孝道文化村。现在几十家企业往这个村子发展。把农村文化做起来,精神打起来,就没做不好的事。

3. 制定激励机制,制定制约机制。这方面四川的南充、山东的曲阜、海南、新疆都做得很好。

4. 制定政策、落实政策、选拔干部帮扶都要依靠群众,村级管理有它的独特性,必须用特殊办法管理和治理村级组织。

5. 制定政策符合实际。

第三,选好干部,找准出路。

一个家庭,一个单位,一级政府,一个国家,就一个"一把手",一个家庭,户主能力强了,这个家就能过得好,咱们国家这么强大、自信,就是有个习近平总书记。河南是个上亿人的大省,您来河南大家都从心眼里流淌着喜悦,因为您是个干实事的人。村级组织建设中,一定要有过得硬的班子,并找出自己的发展路子。

第四,树立典型,弘扬扶贫精神,造就干部队伍。

河南各级干部群众在扶贫当中作出了很大努力和牺牲,付出了时间、精力、有的还付出了生命,谱写出了动人事迹。但扶贫工作一直没有在全国叫响,第一书记博士后刘江、陶漫希、张鹰、宋瑞等都在村子干了三年、五年,有的人在扶贫上干了一辈子,在国家影响很大,但在河南没下重锤,鼓得不响。《马向阳下乡记》在全国反映很大,他才在村子干一年,《马兰花开》里的人物同河南第一书记比差远了。河南从市、县、乡、村,各行业都有典型,学到了,用了多少?要实践验证呀,干部是很大的导向呀!请在用干部上多考虑干实事的人。

2018年8月19日　星期日　雨

星期日事情多

第一,坐早班火车(6:42出发)从北京到郑州东站(10:07到)。在车上,由于我拿的《浪潮之巅》忘在住的宾馆了,又买了一本《我们内心的冲突》。看了一个开头。因旁边座位的有一位尼姑(开封寺庙)同我谈起来。她说自己出家已10多年,没有工资,供给制,生活很苦。早上3点钟就起来打更,到晚上才休息。通过同她谈话知道了一些尼姑的生活。

第二,参加了张航(张智沫的儿子)和郭丽的婚礼。一个是北大的研究生,一个是北大的博士。小张的父母离婚多年,母亲在婚礼上哭得像个泪人,让人很难受的。

第三,同张颂杨和编剧在一起谈戏剧的内容,遇到了杨盛道。还是不想让拍这个剧,自己来了,也退休了,一拍戏,又有许多人关注自己,很多双眼盯着自己,压力会很大。从1979年自己当上全国劳模后,一辈子都奋斗、加压,现在退休了,想轻松一点,淡定一点。谈了一个多小时就回家了。

第四,洗了这几天的衣服。

一天很累很忙,从早上4点钟起床,到晚上11点才休息。出去8天,回家很温暖,很好!

2018年8月20日　星期一　晴

今天回范县胡屯了

胡屯村是一个有1300多人的贫困村。一个村庄,四个村民组,这次来胡屯办3件事。

第一,落实乡村科技推广中心的地点。同省科协联系,在该村建设一个科技示范推广中心,建立一个永远的科技队伍,提高农民学种田的水平,培养一个科研队伍。准备投资80万元,建设600—700平方米房子,搞一个院子。年底建齐。钱已落实,主要是选址。

第二,把村子的旅游项目搞起来。

1. 研究油饼的事,让妇联主任负责抓。
2. 贫困户建农家乐的事。
3 村干部带头的事。

第三,创建生态文明村之事。开展卫生大扫除,每两个月检查一次,一年六次进行打分排队。

2018年8月21日　星期二　晴

今天一天很忙

1. 昨晚见了县委书记王秋芳,他布置了一个事:落实驻村第一书记去北京学习之事,让我联系。我同中国科协纪委书记王宜斌联系,落实了参观中国科技馆并请专家讲课的事,这是王书记为培养和提高驻村第一书记水平下的大功夫,把全县200多名书记拉到北京让参加科技馆,并请名家、大家讲课,我要努力配合并落实好。

2. 召开"两委"班子会议,听取上次工作安排,布置和落实这四项工作;并进一步明确分工。

3. 接待省委组织部毕运德副部长和崔炎处长。

4. 接待省督导组王主任。

5. 去范县南城吴镇给毕部长送材料。

6. 同王明喜老总研究养老合作社20万元放在他公司的事,经村"两委"班子研究,放他公司20万元,年息1.5%。放一年时间,主要用于25名老年人稳定收入之事。他已同意,下午签合同,把钱打给他公司,现在什么生意都不好做,先把钱放在一个安全的地方,先有点收入再说办企业的事。明天给他钱。

7. 到龙王庄镇祝桥村看村级组织建设,又看看牛场,驻村第一书记闫慧在这干得很好,主要是孝道文化。

8. 接待西华县学习团(乡权制度改革)李国清。

9. 写明天给全县支部书记讲课稿到夜里11点半。

10. 锻炼身体,走了1.3万步。

2018年8月22日　星期三　阴

今天做了很多事

1. 落实昨天签合同之事,将钱先打给王明喜公司。
2. 给全县300名村书记讲课,一个半小时。
3. 向县委组织部长汇报村子工作。争创党建示范村。
4. 去安阳看扶贫点并看党校同学黄明海书记。
5. 研究10万元科研经费怎么用。

来范县几天,天天都很忙,但也很充实。今天在文化广场又走了1.3万步,并认真看了郑板桥写的:"衙斋卧听萧萧竹,疑是民间疾苦声。些小吾曹州县吏,一枝一叶总关情。"深感自己在胡屯村责任重大,扶贫任务重,工作任务重,群众信任问题重。

在生命里,不管有多少遗憾,多少酸痛,多少艰难,幸也好,不幸也好,都已过去,全是曾经,放下全是轻松。在人生中,不管多少辉煌,多少精彩,多少波折,多少失败等,都不会尽善尽美,努力过就应该无怨无悔!人生如梦不是梦,因为太真实,生活如水不是水,因为苦水太多。心大路则宽,理直树千丈,心小路子窄,心小是非多。做人要小心,做事需埋头,心胸必须宽广,心态需要放平!珍惜身边的幸福,欣赏自己的拥有,背不动的就放下,伤不起的就看淡,想不通的就丢开,恨不过的就抚平。人生本来就不易,生命本来就不长,何必用无谓的烦恼作践自己,伤害岁月。从容一点,轻松自在一点,豁达得随意一点。凡事当有度,做人应知足,追求完美的人是好的,向往高质量的生活是好的,但通往高质量的路注定不是一帆风顺。

2018年8月23日　星期四　晴

今天很忙

上午同第一书记讲课，题目是"激活内生动力，搞好脱贫攻坚"。激发内生动力，从三个方面讲：解决第一书记自身动力；解决贫困户的自身动力；解决群众的自身动力。

一、抓好班子带好队伍，建立制度，探索一条脱贫路子。

1. 抓好班子，带好队伍。

2. 建立机制：制约机制、奖罚机制和激励机制。

3. 探索一条适合符合村子实际的路子。

二、千方百计让群众的腰包鼓起来。

1. 一个目标两手抓，四个轮子一起转。人均收入翻一番，一手抓基层组织建设，一手抓经济发展。

2. 全民创业。

3. 招商引资。

4. 力争项目。

5. 劳动力输入。

三、怎样能够得高分。

1. 学习扶贫政策，讲究扶贫政策。

2. 落实中央"两不愁三保障"，一个事一个事地落实。

3. 研究实施细则，一条一条地落实。

四、解决政策落实问题。

1. 精准问题。

2. 逐条落实问题。

3. 一抓到底的问题。

五、几个需要思考的问题。

1. 人才培养的问题，加快人才培养，大力培养入党积极分子。

2. 科技扶贫，培养一支不走的永远扎根科技的人才队伍，建立村级科技服务站。

3. 把乡村振兴和精准扶贫有机地结合起来。

今天在广场锻炼身体，又看了郑板桥的诗，很有感触：衙斋卧听萧萧竹，疑是民间疾苦声。些小吾曹州县吏，一枝一叶总关情。一个过去的县令，就对老百姓的疾苦这么关心，我一个老共产党员更应当更好地为群众多做点事儿。

2018年8月24日　星期五　晴

今天从6点半起床一直工作到夜里11点多

1. 去看了范县赵丽玲县长的爱人。因他刚做过大手术,赵为了一个县忙,大家都在一起工作,去看看他。盼尽快好起来!
2. 到濮阳市扶贫办、组织部、文明办要创建扶贫攻坚红旗村、基层组织建设红旗村、美丽乡村及文明村标准的有关材料和实施细则,在胡屯村再创三面旗帜,让村干部捆在一起朝着先进的目标走。
3. 中午到陈庄镇趁吃饭时间和张洪孟和王部长(组织部)把胡屯村党支部建设的事情说一说,谈一谈。胡屯村工作太难推进了。
4. 听取宋瑞书记作报告(2.5个小时)。
5. 去村子看荷花到晚上7点回来,看得宋书记都不想走了。
6. 看在范县巡视的王主任(安阳扶贫办主任)。
7. 向宋瑞取经到夜里11点。

人得有容人之量,昨天就同服务员讲修马桶,一直没修。房子这两天很臭,今夜深受其害。大便后冲不走,臭气难闻,害得我早早起来了。

2018年8月25日　星期六　晴

读《习近平的七年知青岁月》

在范县第一书记培训班上,县扶贫办给每人发了一本《习近平的七年知青岁月》。县委书记王秋芳还给每一位第一书记赠言:"我们都应从该书中汲取精神力量,向习总书记看齐,坚定理想信念,立足岗位,踏实工作,服务群众,奉献青春,为实现中华民族伟大复兴的中国梦而努力奋斗!"这段话写的感情充沛,给予驻村第一书记很大的信任和厚望。他是一个做事非常用心的县委书记。

早上4点多我起来读这本书。第一章还没看完,写的很真实,很平和。很好!

2018年8月26日　星期日　晴

看《开讲啦》有感

我最热爱的电视节目是《开讲啦》。今天本来很累,从范县回来又洗衣服,收拾行李,腰也有点疼。但打开电视正好是撒贝宁主持的《开讲啦》,今天开讲的几个事很让我感动。

第一,叶叔华院士讲:在选择专业中,她想读古文。父亲让她学一门能养活自己的技术,她就选了数学。因数学与天文一个系,后来老师天文讲得好,她就选择了此专业。所以热爱是做好工作的基础,像我做扶贫一样,因为热爱穷人,所以毕生能把它做好!

第二,她开头就说,大家的人生像未开的彩票,哪一天能中,全靠大家自己,新中国第一个一百年即到,第二个一百年就靠你们了,希望你们都对国家做出贡献。在她说这句话的时候,眼里都是泪花。可见她对青年多么期待,对国家多么看重呀!

第三,她做事很大胆,很有想法,很能坚持。

1. 她提出了在天文台上建基长线。因局长不知花多少钱,就批了,她就坚持干。而干好此事,她需要得到电信部的支持。当时她找到局长,站了15分钟。局长就在那里批文件,不理她,她说自己想见部长,结果见到了。部长很和气,同意了,她就继续做。

2. 做事很执着。如做火箭轨道测量器,在项目争取上,硬是跑下来了。此事我很有同感,有机会一定要争取。

3. 遇到困难别生气,遇到挫折就睡觉,第二天再找别的办法。

第四,91岁还天天上班,坚持天天去食堂排队打饭,坚持自己的事自己做。

看了这期《开讲啦》,对我触动很大。叶叔华那么大年龄了还坚持天天上班,我一定坚持天天做事。我做事的风格有点像她,坚持,争取,不怕困难,事业第一,但没她对国家贡献大。她说不一定要当大家,中家也行,小家也好,只要对社会有贡献就行。这一点我还是做到了。比着她我还能与时间赛跑30年,30年能做很多事呀!我要坚持做事,对穷人有所帮助,对社会有更大的贡献。人一定要有点精神!

2018年8月27日　星期一　晴

听讲《道德经》

昨天是星期日，本来出差很累，想在家休息一天。宋瑞书记（息县弯柳树村第一书记）说在书院有一堂《道德经》的课，想让我去听一听，所以我就去听了。本来想着听一个上午就行了，因为王风老师讲得好，就听课一天。

从总论到第十四章，王老师读原文，讲概念，说应用，对我来说都是新的东西，接受了大量新知识，下周我还去学。这次是受宋瑞书记的影响来的，下次还要认真地读和学。

这《道德经》把道德内涵、定义、法则、应用、历史都讲得很清楚，并同马克思主义的对立统一规律、运动规律、否定之否定规律结合得很好。特别是在德上，很适合我：它主要讲虚无、自然、清静、无为、纯粹、素朴、平易、恬淡、柔弱、不争。这些可以让我平静、平和、慢下来，对做事有所改变，对脾气也有改变，使自己慢慢静下来。

2018年8月28日　星期二　晴

复习昨日学习的《道德经》第一章

道可道，非常道；名可名，非常名。
无名，天地之始，有名，万物之母。
故常无欲，以观其妙，常有欲，以观其徼。
此两者，同出而异名，同谓之玄，玄之又玄，众妙之门。

"道"如果可以用言语来表述，那它就不是永恒的"道"；"名"如果可以用文辞去命名，那它就不是永恒的"名"。"无"可以用来表述天地混沌未开之际的状况；而"有"，则是宇宙万物产生之本原的命名。因此，要常从"无"中去观察领悟"道"的奥妙；要常从"有"中去观察体会"道"的端倪。"无"与"有"这两者，来源相同而名称相异，都可以称之为玄妙、深远。它不是一般的玄妙、深奥，而是玄妙又玄妙、深远又深远，是宇宙天地万物之奥妙的总门。

过去我读过《道德经》，今天坐下来读读，真好，胸怀一下子就开阔了。

2018年8月29日　星期三　晴

今天办了几件事

1. 参加了竹沟镇鲍棚村李季艺女儿的婚礼(这次专门来)。2015年她和女儿专门来电视台参加了我的"三农"人物颁奖仪式。她女儿是一位小提琴演奏者。

2. 看了李春香房东。我从2014年到2017年3月在她家住了3年。她现在得了乳腺癌,6月份我来了一趟,这次又专程来看看她。

3. 看了周晓春和熊二毛的小提琴工厂。他们俩都是西王楼村的农民,2014年在北京认识,这次从北京搬回确山了。到他们工厂看一看,他们干得热火朝天。

4. 看了县委书记路耕。因为在该县驻了3年,这次来专程看看他。当县委书记很辛苦！工作压力很大。

5. 见到了一大批确山做小提琴的企业家。他们见我来了,都放下手头工作,一拥而上地来看我。有上百人,让我很感动呀！确山人真好！

6. 见了我在西王楼驻村的秘书和司机。

早上7点多离开家,晚上9点多回家,一天很累很累。因为在来回车上的两个小时,还认真地看了国家《关于打赢脱贫攻坚战三年行动指导意见》。《意见》从八个方面讲述了三年行动规划。

一、全面把握打赢攻坚战的三年行动的总体要求。一是指导思想,二是任务目标,三是工作要求。

二、集中力量坚持深度贫困地区脱贫攻坚。

1. 着力改善深度贫困地区发展条件。

2. 着力解决深度贫困地区群众特殊困难。

3. 着力加大贫困地区政策化力度。

三、强化到乡到村到户到人精准帮扶举措。

1. 加大产业扶贫力度。

2. 全力推进就业扶贫。

3. 深入推动易地扶贫搬迁。

4. 加强生态扶贫。

5. 着力实施教育脱贫攻坚行动。

6. 深入实施健康工程。

7. 开展贫困残疾人脱贫行动。

8. 开展扶贫扶志行动。

四、加快补齐贫困地区基础设施建设短板。

1. 加快实施交通扶贫行动。

2. 大力推进水利扶贫行动。

3. 大力实施电力和网络扶贫行动。

4. 大力推进贫困地区农村人居环境整治。

五、加强精准脱贫攻坚行动支撑保障。

1. 强化财政投入保障。

2. 加大金融扶贫支持力度。

3. 加强土地政策支持。

4. 实施人才与科技扶贫计划。

六、动员全社会力量参与脱贫攻坚。

1. 加大东西部扶贫协作和对口支援力度。

2. 深入开展定点扶贫工作。

3. 扎实做好军队帮扶工作。

4. 激励各类企业、社会组织扶贫。

5. 大力开展扶贫志愿服务活动。

七、夯实精准扶贫、精准脱贫基础工作。

1. 强化扶贫的精准共享。

2. 健全贫困户机制。

3. 开展国家脱贫攻坚普查。

八、加强和改善党对脱贫攻坚工作的领导。

1. 进一步落实脱贫攻坚责任制。

2. 压实中央部门扶贫责任。

3. 完善脱贫攻坚考核监督机制。

4. 建强贫困村党组织。

5. 培养锻炼过硬的脱贫攻坚干部队伍。

6. 营造良好的舆论氛围。

7. 开展扶贫领域腐败和作风问题专项治理。

8. 做好脱贫攻坚风险防范工作。

9. 统筹衔接脱贫攻坚与乡村振兴。

这个文件我读了3遍,非常结合实际,很有操作性。我们在村子里一条一条地落实好。

2018 年 8 月 30 日　　星期四　　晴

几个老同学聚会学到了不少东西

刚从确山回来,研究生同学在一块聚会。和顺利同学开了一家东来顺餐馆,我们大家都去了。席间,尚胜讲了毛泽东主席说的话"东来顺要永远地开下去"。1951 年召开全国人民代表大会有一些少数民族代表和汉民安排在一个宾馆,少数民族代表看到了汉民吃肉喝酒,很是难受,就向大会秘书处反映,大会秘书处向当时的负责人陈毅汇报(陈毅是当时北京市市长),把少数民族代表安排在东来顺,这样少数民族的代表很满意。1953 年北京市城市建设,要拆掉东来顺饭馆。饭店的负责人及少数民族代表就写信反映给陈毅。陈毅把这个情况反映给毛主席,毛主席就批示保留并写下了"东来顺要永远地开下去"的话。今天成为鼓励东来顺的名言名句。

2018 年 8 月 31 日　　星期五　　晴

我的小学老师吴树峰

教师节快要到了。为了纪念教师节这个伟大的节日,我写了一篇纪念我小学老师的文章,以祭奠我已去世的吴树峰老师。我从三个方面写我的老师吴树峰:一是教学育人;二是一心一意地帮助我;三是胸怀宽阔,遇事站得高。写了四件事:一是教我遇到困难时的处理办法;二是喂牛时的态度;三是我驻村时的全力帮助;四是认真地帮助我改日记。

写着写着我自己流泪了。想想自己一生有多少人帮助呀,吴灵周大叔、吴耕周六叔、吴树峰老师、李颜杰、牛世民、李长海(乡党委书记)、冯元成、路芳、丁石、王德政书记、张元明县长、钱大方、常远成、王照平、张威智以及驻村时帮助我的张治光、贾国印、栗明伦、路耕、王秋芳书记等。一生走过的路子太艰难了,帮助自己的人太多太多了,所以我只能用工作来报答他们。近 8 年我当第一书记,帮助我的人更多,省直工委、省妇联、省扶贫办和新闻界、艺术界的朋友们真是数不胜数呀!特别是像退休的老领导马忠臣、赵地、董雷、尹晋华;退休人员杨盛道、焦云先、李赤霞、牛秉义;优秀爱心人士和顺利、陈有富、张胜勋;等等。我什么时间都欠别人的人情,都感谢大家呀!更感谢许许多多的老师。借此向所有教过我的老师致谢!

2018年9月1日　星期六　晴

再聚东来顺

很快就要开学了。我约了有富、小改、世超、乔磊几个同学再到饭馆吃烤全羊,还有陈静。烤全羊确实好,大家吃得玩得很好,吃饭后我到小弟家去看了母亲。

乔磊两口都来了,说他们的儿子在北京买了房,找了对象。他们两个人都很好,这两口很实在,吴勇办牛场他们帮了很多忙,一直帮助人,非常好。陈静厅长讲,退休以后天天生活安排得很充实,锻炼、画画、弹琴等。

从东来顺看,羊的发展很快,潜力很大,应当大力发展。一个羊要800多元,来吃的人很多,很好!

人呀,晚年的日子是否幸福,关键看孩子。

2018年9月2日　星期日　晴

见曹司令有感

今天同原驻马店军分区的米景忠、李天顺等在一起吃饭,做了一首小诗:
荷花送来阵阵香,柳色渐青秋风黄。
凭谁唤来几友聚,军分区里借亮光。

下午去看看原焦作军分区曹治坤司令员(新蔡老乡)。他今年85岁了,刚出院回来,几个孩子都在家。晚上还留我在家吃个饭,回来时曹琴臻给我送回来了。

曹司令一生官做得好,威望很高;人做得好,很平易近人;儿女教育得好,六个孩子,三儿三女,孩子们都很孝顺!

2018年9月3日　星期一　晴

胡屯村遇到了3个难题

第一,办学校难。这个学校办了96年,现在面临办不下去的问题,村子里小学老师给我打来电话说老师没有增加,又减少了一个,让我说一说,他们想把四年级也留下,此事我同王秋芳书记说了,他不想让胡屯太搞特殊。我一定要下定决心把学校办好。

第二,发展经济之难。到了现在不知道该发展什么,村子里有种莲藕的,种稻子的,养鹌鹑的,养泥鳅的,养羊的,开饭店的,但都比较杂乱,没有形成规模,真不知道该让他们干什么。

第三,村子里人的思想比较乱,伸手向上要的思想比较浓。一定要通过教育解决。

一个村子想搞起来难得很,必须从转变观念入手。

2018年9月4日　星期二　晴

看节目读书的启示

撒贝宁无论主持什么节目都主持得很好。今天看了他主持的《开学第一课》讲得真好!他把小学生请到现场,把成功学生请到现场,把科学家请到现场。有讲述成功经验的,有认真学习的榜样,还有现场做实验和游戏的,很有启发意义,很实用,真好!

最近我读了《浪潮之巅》受教育很大,特别是第17章的《硅谷的摇篮——斯坦福大学》。这所大学是100多年前由老斯坦福花巨资,并买了8000多英亩(32平方公里)办起的。办学3年斯坦福就离世了,夫人简·斯坦福在即将破产的情况下,先卖掉丈夫生前买的一份人寿保险,又把管家和仆人从17人减至3人,将省下的钱全部交给了校方,用于维持学校的办学。后来在学校办不下去的时候她亲自到首都华盛顿找当时的总统让其解冻自己账户,把丈夫给自己买的保险拿了出来解决学校困难。她的精神把当时的总统感动了,解冻了1060万美金。她将全部资金用于办学,才使斯坦福渡过最艰难的6年。后来工业经济学系的主任研究发现老斯坦福永远不能卖掉8000英亩的土地有空子可钻,于是将土地租给小企业公司,把租金拿来办学校,才使学校有稳定的经费补贴维持学校发展。这也迫使了老师将科研成果转化为产品,促进了半导体和电子产业的发展,形成了硅谷的写印化器,使硅谷成了全世界独一无二的科技产业园,产业园的发展也促进了斯坦福教学质量的提高。80年代,校友们一次给斯坦福捐款4.8亿元,才使该校在短短的100多年中办成了世界一流的大学。

启示一:从斯坦福办大学的经历中,深刻体会到,干什么事情都要坚持。如果不是简·斯坦福苦苦坚持,可能世界上现在就减少一所著名的大学。

启示二:学习必须同实践结合,才能创造出有价值的产品,要用科研促进经济的发展。

启示三：一个人，一个企业，必须不断创新才能立于不败之地。我已61岁，退了休，必须融入社会，不断实践、学习、创新，才能保证不落伍，不被社会淘汰。

启示四：一个人不论什么时候、什么情况下，都要保持真、善、美，做事必须坚持。

2018年9月5日　星期三　晴

给贫困户李春香看病

李春香是西王楼村的一个贫困户，我在该村当第一书记时我住在她家。3年中我们亲如姐妹，她对我很照顾，现在得了乳腺癌。这次来看病，我不但让她和丈夫住在家里，还带她到肿瘤医院去检查。我给她做了两天的饭。人都要以心换心，农民真心对自己，现在自己也要真心对农民。我和工人、农民打交道特别舒服，与他们有感情，可能是因为我是农民出身的缘故吧。从农民李春香身上我学到了3个优点：一是胸怀宽。二是虽然没有文化，她却牢牢掌握经济大权，并把家照顾经营得很好。三是十分善良，人缘很好。她的病好了，对我也是很好的安慰。所以我要千方百计地帮助她，治好她的病。

2018年9月6日　星期四　晴

今天申报省科技厅的科技项目

同李景晖处长讲，想报一个深度贫困地区科技推广项目。他同贾厅长讲了，同意报。我们就得抓紧做项目。今天同杜老师、梅博士和余教授一起研究项目计划（在和顺利办公室）。

我现在能做的就是做好科研和写书学习了。现在年龄大了，身体又不好，只能做点自己力所能及的事了。

今天和科研人员在一块吃得很高兴，项目也谈得很好！

2018年9月7日　星期五　晴

参加省电视台第一个"农民丰收节"节目

今年国家成立了"农民丰收节"。河南电视台很早就约我参加这个项目，来参加的还有著名小麦专家郭天财。本来我对这个项目期望值很高,因为是农民的节日,我又是干农业的,所以就推掉了去北京的任务参加了。

农业这个行业真是弱势呀。听郭天财教授讲昨天他参加了教师节的大会,书记和省长都参加了。河南一个农业大省,一个农民大节,怎么就没有一个领导参加呢?省里有两个部门来了两个领导,节目没录完就走了,对农业也真是不重视呀!

今天还请老领导李卞霞书记吃了个饭。她谈了一些关于子女素质管理的经验,很有见解。

2018年9月8日　星期六　晴

出发去北京

今天星期六。一大早起来收拾好行李就往高铁站走,坐G1564次火车去北京听黄伟承主任(国家扶贫办培训中心)的课。在火车上看书写体会(我很习惯在火车上看书),并赶上了黄主任讲的课。范县组织了200多人来北京学习黄承伟,下午听了中国农大赖锦辉教授的课。晚上还去看杨峰主任。这次能有200多名第一书记来北京参观学习,非常感谢王宜斌书记,使范县的第一书记打开眼界并学到了知识。

一天虽然很累,但我的科技扶贫思路得以在第一书记岗位上在落实。

黄伟承主任授课很好,将习近平总书记的扶贫思想、重点工作及几个要注意的问题等都讲得很好,很实用。赖锦辉教授讲的农业科技也很生动,理论多一点,一个半小时。下午科技馆安主任还安排人给我们专门讲了科技馆、生活馆、体验馆和未来馆的科技知识。学的心得有两点:

一、洛阳大桥,在福建。桥顶横梁是自然落下来的,因为古代没有吊车建桥的工程师们,只有在涨潮时把横梁拉到潮水上放下,等到落潮时自然落到桥塔柱子上,这样中间就能过船了。古时在建桥塔时没有水泥,无法将石与石胶粘在一起,人们就在一个个石棚里养牡蛎。牡蛎压在中间就成了很好的粘连合物,将石与石粘连的很好,成为一体。老祖宗真是智慧得很呀!

二、未来馆主要是天空、太阳能馆,能学到很多天文知识。同时看了火箭,更了解了互联网科学技术。

这次来的200多名驻村第一书记,真是大开了眼界,接触了许多的新科学、新技术、新思想,我也加深了对科学技术认知的积累。

一天从早上5点到晚上10点,很累,脚都肿了,但很值。黄承伟主任讲任何人每天都只有24小时,要想成功,就是少睡点觉,这是一条重要的经验。

2018年9月9日　星期日　晴

缅怀伟大领袖毛主席

新中国的缔造者毛泽东离开我们已经42年,大家还在以各种形式纪念他。听北京导游小陈讲,挂在天安门城楼上的毛主席像高6米,宽4.6米,重1.5吨。

前几天我带40个贫困生来到毛主席纪念堂。毛主席还躺在那里,很安详,孩子们看得很认真,并加深了对毛主席伟大思想的理解。

我是一个贫苦人出身,对毛主席有深厚的感情。他带领群众打土豪,分田地,让耕者有其田,不再受压迫、剥削,才有了亿万劳苦大众的今天。我受毛泽东思想教育,树立了全心全意为人民服务的思想,所以做了一辈子的好事。给穷人做的事越多,对毛主席哲学思想理解得越深。真觉得世界上有一条颠扑不破的真理,为大众做事,替大众着想,永远都不会犯错误,都会让人们想着和记着你。毛主席去世那么长时间了,中国人民还从心里记着他,真是伟人呀!

2018年9月10日　星期一　晴

参加编剧的讨论

今天范县县委决定搞一个豫剧《驻村第一书记》的创作剧目,和几个作家在一块讨论,我认为刻画第一书记主要从3个方面:

1. 灵魂方面。扶贫让贫困农民得实惠了、精准了、理解了、支持了,党的干部作风转变了,群众拥护了。

2. 一个扶贫干部从始至终都在村子里扎扎实实地干事。

3. 自己得到了提升,探索了一套经验。

开头可以是村子里一个幼儿园的孩子拿出一本《进山日记》和家里人说:奶奶,奶奶,吴奶奶的书被中国历史博物馆收藏了,里面还有我呢,大家都来看。把群众的扶贫载入史册开始,展现出党以贫困群众为主体的思想。

2018年9月11日　星期二　晴

汇报研究进展

今天到省科技厅和省科协汇报研究进展。先由李锦辉处长带着我们见到夏厅长,并汇报了项目进展情况,又到政法处贾处长办公室汇报。他们都非常重视,让认真做好这个项目。

随后去了省科协见到了曹奎书记。说到写书的事,他很积极主动。我们俩的意见一拍即合,觉得要尽快做好。

最后到了农科院拿了两个科研本子,准备申报课题。

跑了一个上午,基本上这个项目有了说法,这样下来自己又忙起来了。下一步计划是:

1. 要把去年课题整理出来。
2. 尽快把书写出来。
3. 这次新立的课题得抓紧时间搞,虽然钱不多,但应当搞好。

2018年9月12日　星期三　晴

做家务是十分辛苦的

今天收拾书屋,从上午8点到晚上11点,累得我腰酸腿疼。把柜子的书、材料、相册,一本一本、一册一册,一个一个地整、看、翻,看哪些能要,哪些不能要。能要的重新整理放回去,不能要的放在一旁一点一点地整,一张一张照片地看。又翻出了许多老照片、好照片。并看到了过去许多好照片。

上午因为忙,只吃了点剩饭,也没休息,下午又接着整。整到下午5点多,到楼下找了个收废品的,废品还卖了120元钱。卖完报纸,又开始整废书,一直到夜里11点多。虽然基本整完了,但是已累得从板凳上站不起来了,整理上千本书真是辛苦得很呀!

累是累了点,但累中也有乐呀!

第一,整个书房比过去整洁了,多余的书处理了。

第二,重新看了一下自己的材料,有些还是很激动人心的。

第三,进行了一次大扫除,并看到了原来的许许多多的书和照片。如与曾玲的合影,她人已去,这些照片也是很珍贵的。

第四,管理家务真是不容易。自己干一天就这么累,很多家庭妇女干一辈子，不知道怎么样呢。

做家务

2018 年 9 月 13 日　星期四　晴

在省科协开会

今天在省科协曹奎书记办公室开了一天的会，主要研究河南扶贫模式。参加的有我、乔鹏程、吴一平、杨秋玉、曹奎和万部长。大家讨论一个上午，最后决定搞两本书。第一本书主要是科学性的书，由吴一平部长负责，以学术理论为主。第二本以科技实践案例为主，以农科院孟博士为主，年底以前尽量拿出来。我要求尽快把经验给总结出来，曹书记要求把科技案例总结出来。虽然意见不一致，但最后还是有个结果，这样搞起来很有意义。

2018 年 9 月 14 日　星期五　晴

今天一天在西王楼

早上吃过饭，同昨晚回郑州的李古娥、郭可柱编剧等一起来确山体验我驻村生活。去老乐山参观了一圈，快 10 点了才去西王楼。看了小熊的小提琴厂，参观了山上的道路，又看了周运平的猪场，最后还看了学校。看了以后我觉得心里很冷。又看了贫困户,其中有贫困户熊海景和王桂兰。

第一,山上的路还没有真正地打通,还有4公里。

第二,小学已办得不成样子(主要是校长原因)。

第三,村子里比原来退步多了,许多东西都没坚持下来。

才从西王楼走一年,村干部也换了,一个地方想上去不容易,但要滑下来快得很呀!

下午我们一起去了大吴庄,先在新蔡县住下。

2018年9月15日　星期六　晴　郑州

今天又犯了一个大错误

今天的事很多。上午不停地打电话,接电话,处理事情。下午出门办事,忘了今天车限号,被交警发现,罚了款,扣了分。

上一次开车去单位开会,犯过同样的错误,这次同样的问题,我又被罚了,气得自己流眼泪,为什么同样的问题会犯两次呢?真是不长记性啊!也充分说明自己老了。现在我真是自己气自己怎么老是犯同一个错误,一定要吸取教训。

2018年9月16日　星期日　晴

重回大吴庄

跟着体验组,在大吴庄一天。他们进行了采访、座谈,我去看了4户人家。一是看了扶贫户娄小运,并给她拿了一千元。娄小运是大吴庄的一个贫困户,就只有娘儿俩,孩子还在上学读书,她的眼睛不太好。二是看了老党员吴文周,他过去当过支书,老高中生,在北京卫戍区当过兵,过去在小学当过校长,以后当大队干部,后来就不干了。三是看了六婶子和小姑父,家里就这两个老年人了,都80多岁了,身体还算可以。

这次来大吴庄倒是觉得留下了点东西:一是村部建设得很好,还是国家级文明村;二是牛场还在。

看来还是家乡有干头,毕竟是自己的家,有那种念想。家乡人不会违背自己。

晚上我请了新蔡的老领导张洪道、杨俊山、李长海、秦玉芸、刘宏清几个老同志。大家在一起吃吃饭,说说话。

2018年9月17日　星期一　晴

今天住到了阜外华中心血管病医院特需病房

这段时间比较忙,身体一直不很好,就同高传玉院长联系说想住院。没想到他很快就安排好了。我本打算去体检,因为省工会劳模体检又开始了,也同高贵友联系好了,但高传玉院长很热情,已安排好了,我就先住院了。我一来郝大夫就把病床安排好了。住在18楼9号,一人一房,很静。上午休息了一阵儿,下午就做了个胸片,晚上高院长又专门来看一看。

不知道为什么,我一住院就感到非常舒服,心情也特别好,看书学习都进入了状态。今天认真看了《大学之路》的下册,吴军写的,介绍大都市里的常青藤大学——宾夕法尼亚大学和哥伦比亚大学,标杆性常青藤大学——哈佛大学,世界上最好的工学院——麻省理工学院和加州理工学院,美国第一所研究型大学——约翰·霍普金斯大学。一晚上就看了5篇,了解了6所大学的基本情况和办学特点,学习了美国大学的特点。

2018年9月18日　星期二　雨

今天在医院做了3件事

一、早上抽抽血,上午打打针,下午拍了两个B超。

二、请王守平、刘洪涛吃个饭,作陪的有路大建、马跃、王玉、蔡书畅。大家在一块说说话,谈点情况,叙叙旧,都非常高兴。

三、看点书,继续看吴军写的《大学之路》,看吴军为女儿选学校时,精心地看学校,比较学校。选学校真是费尽了心血,可怜天下父母心呀!

2018年9月19日　星期三　雨

住院的第3天

想想自己就非常的心寒,住院3天了,什么事都是自己做的。因为家人工作忙,只能自己一个人了。想想自己一生培养那么多人,到头来住院了,却见不到一个人的影子,让人寒心呀!

今天检查了心脏灌注显像检查,因用药时一直感到不舒服,头有点疼,感觉也不好。血压也升高了,高压160,低压110,心率96,血糖13,这种做心肌显像的药影响太严重了。

以后再也不做这样的检查了。来的时候好好的,高压120,低压80,心率76,血糖5.6,检查了几天什么问题都出来了。看来住院也不是什么好事,不如当初去医院先体检一下再说了。来住院的最大愿望是检验一下有什么问题,想让高传玉院长给出一套好的治疗方案,同时也休整一下。看来事与愿违,没有起到预想的作用。

2018年9月20日　星期四　雨

今天一天在医院很忙

1. 早上步行到生态水城,走了19700步,走得膝盖疼。
2. 看了《大学之路》的最后三章,感觉很好,很受益。
3. 9:30到病房二楼取24小时呼吸器,这次做的很不准,因心肌显像投影使血压、血糖都高,一直没缓过来,所以24小时血压和心率都不准。
4. 下午4点去2楼心脏科跑平板。
5. 晚上王天瑞的母亲给我做面膜。在做面膜的两个多小时里我知道她是一个很了不起的女性。孩子3岁时丈夫死了,独自拉扯孩子长大并将孩子培养成研究生。她说:"从来不给孩子传递负能量,只给孩子传递正能量。如这次4个月没发工资了,也没让孩子知道。从小到大什么时候都让孩子积极向上。"给我做面膜她站了两个多小时,她说是为了锻炼身体。接触半天,感受到她有很多正能量的东西,也知道她很难很难。她一来我精神好多了,也是有生以来最享受的一天。

2018年9月21日　星期五　晴

今天出院

这次住院5天,花了7442元,个人拿1180元,约占15%,这次检查弄清了3个问题。

第一,做了平板、心肌显像、CT、抽血等,发现有过心肌梗死,定为缺血。但问题不大。

第二,高传玉院长帮我看得很细。住了5天,他来了3次,今天又拿了治疗方案。管床大夫是个从德国回来的博士,也十分认真,给我写了一套治疗方案。

第三,住在这里很静,很舒服。我看了吴军写的《大学之路》上下册,了解了美英很多顶尖级的私立大学发展成长的路子,受益很多。

第四,张福(王天瑞妈妈)陪我一天,了解到很多情况,我们俩很合得来。人只有接触才知道好坏,她是一个很好的人。

按原计划出院,很顺利,很好!

2018年9月22日　星期六　晴

有感于《石磨的婚事》

昨天看了《石磨的婚事》,主题是讲农村结婚要彩礼过重产生的问题。石磨一家为给儿子结婚,到处借不到钱而为难。岳父为了给小儿子凑够娶媳妇的钱,硬是逼着女儿向石磨要彩礼。而石磨的妈妈到处借钱却借不到,石磨的舅舅想出了一个中彩票800万元的歪招,骗得岳父又急着嫁,为了彩礼钱,反反复复,充分揭露了当下农村结婚要彩礼的坏风气。最后终于解决了经济上的问题,才使这对年轻人结了婚。

在范县工作也有几点感触:

一是范县王秋芳很有思想,用戏曲的形式展现当前农村生活中的突出问题。

二是郭老师(范县)很用心地在写戏。一个县里编剧很不简单,能写成戏。

三是这个戏只有几个人,唱的演的都很好!

四是什么事只有想做就做才行。

2018年9月23日　星期日　晴

今天做了3件事

一是组织杰英、康涛、张福去打扫了经三路的房子。

二是看望老领导胡树礼(财政厅老厅长)、常运诚(原农业厅厅长)、史献志(我的老主任)。

三是把母亲从小弟家接来。母亲很快就搬到我这来了。我一定还无微不至地对待母亲,让她有个幸福的晚年。

除了做了这3件事,其余的时间都在打扫卫生,整理照片,很累很累。

2018 年 9 月 24 日　　星期一　　晴

读书的启发

今天星期日,农大研究生小柳来家打扫卫生。主要收拾书房,将所有的书都整理一下,归归类。照片我一张一张地看,一个一个地放,一直整理到腰疼腿疼,到夜里 11 点多才休息。

过去没有管过家,现在管起来,还真有点累。想想家人也不容易,一辈子就管一个家,也很辛苦,现在觉得他也为这个家做了不少贡献。

除了打扫卫生,我还看了《大学之路》。写得真好,把美国的私立大学讲得很清楚。特别是《大学之路》说得真切感人,给人很多启发。

一、学习要学有用的东西和自己感兴趣的东西。

二、学习要接触科学研究,才能往深处发展。

三、学习要有目的性,要知道自己要什么,就去学习什么。

四、学习干事慢慢来,不一定有顺利的新开始,如我两次考学,一次毕业论文没通过,都为后来的发展铺好了路子。

2018 年 9 月 25 日　　星期二　　晴

准备扶贫请战书

今天写了扶贫的请战书。写了之后,让宋瑞看了一看,准备这两天就给发出去了。今天又给孙主任发了个帖子,让他帮助找 100 个女第一书记,主要发出在第一线扶贫女干部的声音。如果这封信引起了习总书记的重视,对战斗在第一线的妇女同志们一定是个很大的鼓励。今天还请宋瑞书记吃个饭,商量此事,她也很同意。

现在自己的工作一定要自己做好。在做好工作的同时,一定要积极争取领导上的支持。只有领导上的支持,才能解决自己解决不了的问题。扶贫工作只有不到 3 年时间了,得抓紧做工作。抓紧总结经验,抓紧给大家鼓励。

2018年9月26日　星期三　晴

给母亲买衣服

今天带着母亲买衣服。先到熙地港,又到银基商贸城,花了7个小时,才给母亲买了3件衣服。一件唐装上装,一条裤子,一个小背心,共320元,还给母亲买了两双鞋子,穿上很好。通过今天给母亲买衣服有3点启发:

第一,人老了就是没有市场了。跑了两个商场,老年人穿的衣服很难买,熙地港没有,银基一二楼也没有,只有三楼才有。因为老年衣服不赚钱,所以卖老年人的衣服就少。人老了不但没用了,连衣服都买不到。自己也老了,也慢慢没市场了,一定要找到自己的用处。

第二,现在真是不中用了。把母亲放到三楼自己到四楼看唐装,可是一回来就找不到母亲了。找了两个小时才找到母亲,其实母亲坐在原来买衣服的地方一动没动。我真是老了,不服不行呀!

第三,所有想买的东西都买了,才花了不到1000元,还是自己买东西省钱呀!

今天还吃了一碗豆面条。很好,虽然今天累点但帮助母亲买了新衣服,她很高兴。

2018年9月27日　星期四　晴

乘机去深圳

今天从郑州去深圳参加刘杰书记追悼会。等了3个小时的飞机,看了半本书,到了深圳就晚上10点了。又同张收收老总坐了1个小时,由于喝点茶,夜里也没睡着觉,凌晨3点多才睡,5点多又起来了,去刘杰书记生前住的地方。

2018年9月28日　星期五　晴

参加河南省委原书记刘杰遗体告别仪式

刘杰同志是河南省的老书记。我是他在任时选的省委委员,他又送我上了大学,还把我聘任为省人民政府顾问。多年来我一直看他,关心他,又听他家人说今天遗体告别,就早点赶来了。先看了看大嫂李宝光书记,她思路很清晰,我和她照了相,她还亲自参加刘杰书记的遗体告别。

刘杰,原名刘勃生,曾用名张华文,1915年1月生,河北威县人,原中共中央顾问委员会委员、河南省委原第一书记。1935年4月加入共产党,1936年3月任北平市西郊区区委书记,组织学生开展抗日活动。1945年4月,被选为中国共产党第七次全国代表大会代表。新中国成立前后,任开封市委副书记,省委宣传部部长,省委副书记,省总工会主席。1952年8月任地质部副部长,党组书记。1978年任省委书记,省长。1981年1月后,任省委第一书记,1982年任中顾委委员。享年104岁。

2018年9月29日　星期六　晴

心里很难过

刘杰书记资格很老,1960年就是省部级领导干部,1978年成为河南省委书记,老伴李宝光是省委副书记。老领导去世了,我心里很酸,很难过。

2018年9月30日　星期日　晴

今天一天很累

今天做了一天的家务:

第一,包了两个月的药,花了近3个小时。这样药吃起来方便。

第二,洗了两盒鞋子,50多双,累得我腰都直不起来。杰英、林伟、林好礼也帮助干。他们也帮助干了一天。

2018年10月1日　星期一　晴

喜迎"十一"

今年的国庆节与往年不同,天高气爽,非常热闹。我十分忙碌,一是亲戚要来,我要照顾客人;二是我也要收拾家务;三是母亲在这,我还要照顾母亲。不管多忙,心里多苦我都要强装笑脸,把身体养好。养好了身体,才能有一个安乐的晚年。现在看来指着谁都不行,只有自己照顾自己。自己的身体好了,一切都好说。自己的身体不好,什么都不行。很快我都64岁了,也跑不动、干不动、气不动了。

2018 年 10 月 2 日　星期二　晴　郑州

今天给学生讲课

受财政厅干部培训处邀请,我给财政系统的驻村第一书记讲课。题目是"抓好科技扶贫,全面振兴村级发展"。从 4 个方面讲了扶贫与村级振兴的发展:

一、树立科技思想,打好科技兴村基础。
二、制定科技兴村的政策,狠抓科技扶贫落实。
三、推进重点科技项目,提升农产品质量。
四、促进科技兴村战略,全面提升村级发展水平。

下课以后,驻村第一书记围着我让签字,签得我手都疼了,但我心里很是高兴。

2018 年 10 月 3 日　星期三　晴

大喜的日子

今天是个大喜的日子,女儿结婚,由于八项规定,我只请了自己的兄弟姐妹和几个要好的同学,女儿一结婚,我的任务也完成了,女婿王天瑞,也是大学老师,虽然家境不好,但孩子很上进。

2018 年 10 月 4 日　星期四　晴

陪母亲游森林公园

今天本打算陪母亲到黄河游览区去玩,弟弟妹妹们也来了。因人多,我们去了森林公园。这里很静,人很少,很美,我和母亲走一走,歇一歇,转了两个小时。大家玩得很好,魏超请客吃饭,下午回来我就休息了。晚上我们说说话,大家又走了,我就陪母亲一起吃吃饭并看一看电视。

2018 年 10 月 5 日　　星期五　晴　郏县

兼听则明

人不论当多大的官,有多深的学问,老了一定不能偏执。多听听别人的意见,很有好处。

看人,交朋友,做事,一定要是品德第一。如果品德不好,是会害了自己的。

今天看了郏县瑞宝牧业有限公司和宝丰大黄村。郏县红牛场从艰辛中走出来了,每年还能盈利 300 万元。大黄村在全国人大代表马豹子的带领下,事业发展得蒸蒸日上,很值得我们学习。

2018 年 10 月 6 日　　星期六　晴

请大家吃顿饭

今天请和顺利、陈有富、丁玲吃饭,还请了驻村第一书记宋瑞及吴琦、魏亚楠共 13 人。大家在一块聚一聚,非常好,同时我们对宋瑞进行了祝贺。因她明天就去北京领奖了,扶贫攻坚贡献奖,我们也算给她祝贺一下。

丁玲明天就去美国了,也算给她祝贺下。她女儿在美国读博士,这孩子非常优秀,很有潜力。吴迪、吴琦和魏亚楠也回来了,今天也一块请请他们。

宋瑞的女儿、女婿也来了,他们 5 个年轻人在一起谈一谈,也非常地好。这样不但大人在一块建立感情,孩子们也在一块认识认识,对谁都好! 总之,这顿饭吃得很好,很开心,很值得。

2018 年 10 月 7 日　　星期日　晴　郏县

今天来郏县参观学习

带着村子里的同志来郏县学习经验,看了几个村。

一个村子做大鼓;一个村子有 4 个国字头名牌,是国家古村落,有一棵 4 千多年的古村,一口 1 千多年的古井,还有国家级森林园区;另一个村有村史馆,展览馆、图书馆,搞得很有文化品味,很好。来的干部都说很受启发,很受教育,学到了很很多东西。

2018年10月8日　星期一　晴

今天一天很忙

1. 去看了老朋友,请教了一些个人问题,她给了很好的意见。
2. 到三院拿药,因忘了拿病历没拿到药。
3. 由于早晨没吃药,加上身体又有问题,造成了低血糖,病情很重:手抖,出汗,心里很难受。
4. 上午12点半去飞机场,坐下午2点20分的飞机去厦门。下午5点到厦门中华全国总工会疗养院,晚上吃饭后到大海边走一走,今天走了近2万步!
5. 给胡屯村解决两个问题:一是参加省里的电商产品;二是同范县扶贫办主任孙铁军商定参加10月17日扶贫发言的问题。
6. 在飞机上见到了老乡朱新立。他也去厦门开会,我们在一起说说话。

一天忙忙碌碌,觉得有点累,晚上10点半就休息了。

2018年10月9日　星期二　晴

参加全国劳模的第一天疗养

这次疗养同湖北、江西、湖南、新疆、河南五省区89名全国劳模在一起。河南来了20人(含2个工作人员)。这89个人都有联系方式,是向大家学习的一次好机会。我要利用这个机会很好地向大家学习。上午五省区劳模一起合影,第二项分省区座谈,第三项唱歌。

下午2点半参观厦门市博物馆、白鹭公园,赏赏厦门景观。在博物馆参观得很好,学习了厦门市发展的历史,了解到厦门的来历,发展的过程,推动厦门历史发展重要任务,郑成功、陈嘉庚、林巧稚等人对厦门发展贡献及郑成功成长过程。

晚上在疗养院游泳1个小时,很好地锻炼了身体。自从2016年4月18日做了心脏搭桥手术后,近两年就没有游泳了,今天是第一次,感觉很好,虽然累点,但感到舒服,这几天要天天去游,很好!

2018年10月10日　星期三　晴

疗养院的第二天

1. 早上6点半学习八段锦,一个小时,很好,出汗了。

2. 上午8点30分去厦门大学,看厦门大学校园校史,我还买了一本《一生的学习计划》,46元钱。上午10点半离开厦大,游览厦门市区、环岛路、中山路,看"一国两制,统一中国"展览,到下午1点钟才回中心吃饭。

下午听养生课,2个小时。

讲的内容:

一是预防疾病。

二是养生之道:1.预防改变生活习惯,阶段性吃药。2.改变性格。3.多喝牛奶,补钙,鸡蛋壳泡白醋,每天早上喝一次,加水增加钾和钙、氯,芹菜、苦瓜抗糖尿病,偏寒,煮苦瓜。一定要定期量血压。

2018年10月11日　星期四　晴

今天一天很紧张

早上6点起床,6点半吃饭,7点钟乘车去轮渡码头坐船,去鼓浪屿参观宛园建筑,看郑成功展览馆及原中共福建省委军委机关所在地。中午在鼓浪屿吃饭,下午看小吃一条街。

我在新鼓浪屿巷花了3280元,买了一个黑珍珠,单颗2600元,一个项链680元,非常好。

下午回来4点50分练唱,6点吃饭,晚上8点到9点游泳。

今天一天很累,膝盖疼得严重。我去买了些膏药,游了泳后贴一贴。

现在说是出来疗养,比在家上班还累。一天到晚,时间安排得满满的。拿的《大学之路》《呼兰河传》还没看完,现在又买了《一生的学习计划》,还没看。

2018年10月12日　星期五　晴

想为厦大进言

今天给厦大校长张荣写了一封信,主要提出了两点意见:一是教学制度的改革,二是开放厦大。写了5页,我还是下很大劲儿的,不知他能否收到。因在大学工作过,所以对学校比较亲切。所以就坦诚地写了信,提了意见,费了两个小时的时间。

下午听反腐课1.5个小时,下课后去游泳1.5个小时,晚上又去唱唱歌。

花了一个上午给厦大写信,但邮递员取件时说送不到,搞得我很泄气。现在想进个言就非常难。

一天忙忙碌碌又过完了,时间过得很快,疗养又快结束了。

2018年10月13日　星期六　晴

充实的一天

上午去了闽台院前庄青宣村,该村只有700多名农民。原来这个村是要拆迁的,15名村子里的年轻人向社区和县里写信,要进行旧村改造,建设美丽乡村。社区提出他们15个年轻人如果能在半个月之内把垃圾打扫干净就同意他们的建议,结果他们15个青年一天就把垃圾解决了,区里不再拆迁这个村。他们15个青年人在陈文庭会长的领导下成立了合作社,提出了:第一,垃圾不落地;第二,成立老年会,把老年人组织起来发挥作用,并且每年九月初九给老年人过生日,建立活动场所;第三,租地给游客做实验地,一亩地可盈利8万元,并建设许多实验馆,比如风景馆、菜馆、食品馆等。

下午寄了东西,游泳两个小时。晚上看演出,各省劳模踊跃参加,大家边吃边看节目,诗朗诵《吉林抒怀》《脱口秀》《劳模赞歌》《撸起袖子加油干》等,我感到最好的是湖北劳模自己写的诗,很有内容和情怀,还有新疆的《多民族舞蹈》。每个劳模都参加了,吃得唱得玩得很开心,回来我收拾了东西。

一天很累很累。明天就走了,我今天收拾一下东西。

2018年10月14日　星期日　晴

今天从厦门至北京

今天从厦门劳模疗养院赶往北京。我要到北京参加一年一度的消除贫困日大会,并发言。我早上起来走一万步,回来吃吃饭,收拾下东西,疗养院派车给我送走了。从厦门到北京2.5个小时,虽然晚了近50分钟,下午2点还是赶到了北京飞机场。胡屯村的胡娇英来接我,由于这几天很累,回到住室就休息了。

在厦门5天的疗养,我随着劳模们到了很多地方,并游了几次泳,最长的两个小时,最短的40分钟。我除了记每天自己身边发生的事,还给厦大校长张荣写了一封充分利用开放办学的建议。因为我在高校当过计财处长,所以觉得厦大开放,会挣很多钱,也会更好地办学。不知他能否收到信。

我在劳模疗养时,深感吕庆带队很负责;信阳的严克文主席(64岁)很健康,天天锻炼;商丘的王敏是市人大农工委主任(正县级),很低调;三门峡的腾兰大夫很热情,对我很好,一直为我服务,我们一块出去两次了,她很阳光,对生活十分积极,是很有名的大夫。还有很多人都表现得特别出色,我走的时候,还有很多人在门口等着送我,让我很感动。这次疗养,对厦门又有了特别的认识。真好!

2018年10月15日　星期一　阴

今天陪三哥半天

今天一天没事,出来走一走,正好走到北京奥林匹克公园,一想这个地方离三哥吴树珍打工的地方很近,就同三哥打了个电话。很快三哥就骑着自行车来了,我们兄妹俩在奥林匹克公园走一走,园内银黄色的银杏树非常美丽,我们俩照了相,又去庆国庆花坛旁照了相。十月的天空,天高气爽,不热不冷,真的很好。过去多次来鸟巢,但都没这次好,人员稀少(上午8点多,还没人)。看着鸟巢好,水立方好,整个地方也大得很。听三哥说,中间这条路正对着天安门,是个体育中心,再往北走5公里,就是一条大路。北京随便转个地方,都是一个很好的景点,怪不得大家都想到首都来!

下午见宋瑞感受很多,这次受的鼓励也很大。我来参加会议,是自己争取的,非常感谢闫颜安排,不然回去报销不了。

现在做点事真难。没钱做不了事,没钱出不了门,没钱自己的价值也没有了。看来做事必须有条件才行呀!我真不知道自己还能坚持多久!

2018年10月16日　星期二　雨

今天参加乡村发展与脱贫攻坚论坛

由刘春山(国家扶贫培训中心副主任)主持,海波司长(产业经济司开发指导司)讲话。

1. 贯彻落实东西部贫困村致富带头人的培育工作，人才在东部，资源在西部，最终支撑点在人才，22省扶贫办人员、东西部扶贫带头人参加。

2. 东西部带头人合作拓实产业合作的基础。陈开技（广东扶贫协会会长）：没有产业的发展，乡村振兴就是一句空话，要培养技术能人。目标要高，感情要深，作风要实，招数要新，形式主义都是官僚主义压出来的。

3. 谭诗斌介绍了提升致富带头人创业项目，及其几点启示。

4. 谢恩年讲4个问题：一是扶贫产业带头人的培训和培养；二是产业带头人从哪些方面带头；三是培育市场和销售平台；四是解决基层组织问题。

2018年10月17日　星期三　晴

第5个"贫困日"

早晨在秀金酒店北京会议中心参加一个会议。8点半到会场，由于主会场我进不去，就找宋瑞（受表彰先进个人）。到她住室，正巧碰到了高伟（刘永富秘书，正处级），请他把刘运田种植的人参果给了刘主任。

上午无正会，就去看了米建伟（老米哥的小儿子），中午在他那吃了饭。

下午参加了自然资源部土地政策扶贫论坛。自然资源部、财政部、发改委多家部委都发了言，还有各省土地部门也发言讨论。此外我还参加了文化与旅游、大学生村官、残疾人、电商等培训班，有不少的启发。如利用土地政策进行扶贫，特别是文化扶贫，中国国家图书馆通过采集西藏文字来促进西藏文化的发展，并推荐扶贫学生读好书，多读书及文化旅游。

几点感受和启发：

一、中国第5个扶贫日国家非常重视。表彰了140名5类人员，河南3名个人，李世强、熊维政、宋瑞，2个集体兰考和上蔡受到表彰。李世强还在大会上发了言，出书成册了。

二、副总理胡春华在表彰大会上发了言，6个先进代表作了典型发言。宣读李克强总理的重要批示。

三、下午汪洋主席与大家合了影，发表了重要讲话。

我看了米建伟工作的地方。建伟是中科院的博士，发改委的专家，现在是某公司资产部门的负责人，工作干得很辛苦、很不错。所以人一定要有自己的目标，要能发挥作用，不然就活不出自己了，就没有价值。

如消除贫困是我奋斗的目标，为穷人做事才能让我快乐，充实。

2018 年 10 月 18 日　星期四　晴

读《一生的读书计划》

　　从北京回郑州在火车上坐了两个多小时。一是认真地看了《一生的读书计划》,每篇都很精彩,都是世界顶尖级的典型,名篇。每个人都是世界级的人物,都有震撼心灵的地方。同时在火车上邻座的是一位退休的刘同志(父亲是原文化部副部长),去开封谈父亲纪念馆的问题。她说父亲是留日的学生,1937 年到延安参加革命,自己是北大毕业生。现在退休了,一个女儿在美国,每年在美国 3 个月到半年。今年 76 岁了,自己一个人来开封。同她接触,觉得她知识面不宽,接触的地方很少,这么丰富的知识应当发挥最大的作用。但由于种种原因,没有发挥,才华被埋没,作用没能充分发挥。我认为她没有发挥作用的原因是家庭条件太好了,个人工作太顺利了,生活的压力太小了。不像我们这些草根,一生都得拼搏,一生努力,做事无数个,遇难千百万,经事成堆难。做事多,难度大,就经验多。所以比她知道的多,现在虽然退休了,还是要不断地做事。

2018 年 10 月 19 日　星期五　晴

做了 3 件事

　　1. 某人不商量就将大吴庄的牛场出租了 20 年,搞得我很生气,其他人也很生气。
　　2. 小外甥女魏亚楠今天要走,我去送送她,并给她拿了 3000 元,她很感激。
　　3. 下午坐飞机到昆明参加了 2018 昆明国际绿色食品投资博览会。同范县扶贫办副主任赵冉一起来,下午 6 点多到酒店,不知道是让家里的事气的还是别的原因,今一天胃有点疼,胸有点闷,一直胃疼不想吃饭,情绪很差,而且胸闷、气短、背也疼,不知道什么时间才能好。

2018 年 10 月 20 日　星期六　晴　昆明

参加中国昆明国际绿色农业高峰论坛

　　今天参加 2018 年中国昆明国际绿色农业高峰论坛,听了嘉宾的发言,自己也作了报告,有以下几点启发:

一是从领导李春生（全国人大常委会农业农村委员会副主任，当过省委书记），到大企业家，到圆桌农业产业链融合与发展6位发言人，谈了农业产业化链融合与发展，都谈了自己的发展经验、建议和做法，给了我很多新的思路、思想。

二是敢做。这次认识了均瑶集团董事长。它是由王均瑶、王均金、王均豪三兄弟建起来的集团，以金融、奶业、教育、出租车为一体的产业，总部在上海。这次见到了王均豪，他是中国工商联产业联合会的会长，组织召集了200多名企业家来这个论坛，把全国人大常委会农业农村委员会的副主任都请来做报告了。通过此次会议我还认识了副会长马庆亮（云南省城市建设投资集团有限公司董事长）、余育启（文山苗乡三七股份有限公司董事长）、唐闻兵（云南万兴隆生物科技集团总经理）、张海（弘基集团）、韩钟伟（云南大北农饲料科技有限公司）和马演生（中国农业大学副校长）等重要人员。从他们那里了解了中国的农业产业化的许多事儿，向周平（云南人参果企业的总经理）打听了不少情况，所以今后搞水果行业很有优势。

三是这次听了李春生、王均豪、杨培生及国外专家的论谈，了解了全国的绿色农业的情况和发展，受益很多。又听了12位企业家发言，感到非常受教育，这样的会参加点对自己很有好处。多学才能多知，多知才能选用。晚上我还同赵冉（范县）一起到昆明的金马碧鸡场转了一圈，看了小商品批发市场，看了大商场，从建筑到风景都是很美的。小赵说没有郑州好，我看还是可以的。9点多回来，洗洗就休息了。虽然论坛只有一天，但我获取了很多信息，并在会上发了言，给大家印象很深，几个会长都能记着我。这次会议没有白来！

2018年10月21日　星期日　晴

今天一天很紧张

早上5点钟起来，7点钟出发，到昆明市参观10个少数民族村，了解了10个少数民族村的基本情况、特点及民风等，学习了很多民族的知识，比如苗族、黎族以及其他少数民族的习俗等。这是一个企业的老板在昆明建造的一个少数民族参观点。是一个很好的对外服务窗口，很能展现少数民族的生活和风貌，我还专门买了一件衣服，中午我和赵冉在民族村吃了个饭。

看了民族村，我们又参观了滇池，看完滇池我们就去坐3点50分的飞机了，晚上回到家里很累很累。家里冷冷清清，就我一个，没吃饭就睡了。吴迪在加班。

2018 年 10 月 22 日　星期一　晴

我主持的黄河滩区项目参加评审

上午我在家洗洗衣服,做做饭,写一写下午开会的发言稿,就去农科院 9 楼会议室开会了。今天下午的会开得很好,一是专家请的规格高,二是专家水平高,三是对项目论证得很充分,还给了一个评语。

一、专家有谷建全(省政府发展研究中心主任)、周立(社科院党委副书记)、刘胜勋(省委政策研究室副主任)、马恒运(长江学者)、樊红梅(郑大教授)、张宽德(开封祥符区副区长)等。

二、专家水平高,对项目吃得透,论得好,水平高,给课题组上了一节很好的课,从水平的拔高,理论的认识,修改的方向都有很大的突破。

三、陪专家开完会,吃过饭,夜里课题组又讨论到深夜 12 点多。

这个项目我们搞了两年了,初步有了点成绩。专家组也十分努力,现在有点成果了,我很高兴。田建民他们几个都是很努力的。我也跟着他们学到很多东西。回家又快夜里 12 点了,洗洗就睡了。

2018 年 10 月 23 日　星期二　晴

在牧业经济学院上课

今天给牧业经济学院电商学院的同学上课。牧业经济学院是我的母校,曹院长是我课题组的人员。他让我给他们的学生讲一课,我答应了。上午在家备课,下午从 4 点给他们一直讲到 6 点,讲得我很累。

讲的题目是:学习科学知识,树立科学思想,争创科技型人才。提纲如下:

一是学习科学知识。

1. ①向理论学习;②向实践学习;③向身边的人员学习。

2. 注意学习方法,学以致用。学习要有针对性。

3. 学习要持之以恒。

二是勇于实践。

1. 实践的重要性;实践的必要性;突破实践,提高自己。

2. 分析自己的实践,给大家点启发。

3. 把实践上升到理论。

三是争当创新型科技人才。

1. 创新思维;2. 创新思想;3. 创新实践。
从学生们的掌声中知道同学们对自己讲的东西很感兴趣。

2018 年 10 月 24 日　星期三　晴

今天在胡屯开会

一是听取了新的领导班子汇报工作。

这个班子基本上还是可以的。7 个班子成员,除妇女主任外,每个人都有项目。文化上也大大提高了,有 1 个大学生,2 个高中生,4 个初中生。年龄上有 20 世纪 50 年代的、60 年代的、70 年代的、80 年代的、90 年代的。这样老中青就结合起来了。虽然支书年龄大一点,但当了多年会计,反映很不错。

研究了几项工作:

1. 加强党的建设,做好四件事:

①班子分工,第一书记小孟和支部书记、会计抓党建。孟抓项目,抓党建促脱贫,支书侧重第一队伍,会计侧重档案盒制度的建立。

②带队伍每月上一次党课,从我开始,每月过一次入党纪念日会。建立党员创业员(由原村主任负责)。党员带头打扫卫生。

③加强入党积极分子的培养。每个写申请的入党积极分子,预备党员都要有两名培养人。

④给每个党员过组织生活,调动党员积极性。党员帮扶贫困户。

2. 当前几项工作:

①科技分检中心的建立;②科技工作推广;③敬养院的建立;④把敬养院办起来。

4. 民生工作搞哪些:

①危房;②敬老;③幼儿园,学校。

张洪孟书记讲了话,会议一直开到晚上 9 点多钟。我回来都很晚了,同郭作家一起吃吃饭又走走路就晚上 11 点多了,没有洗澡就休息了。

2018 年 10 月 25 日　星期四　晴

一天当十天过

都说退休了不知道怎样打发时间,可我老感到时间不够用。这不来范县两天,又忙得不可开交。早上3点多起来,写写这几天的日记,5点同小孟一起去胡屯村,召开支部班子会,研究近期党的建设工作的开展,说了4项工作:1.从现在开始上党课,每月一次;2.给党员过生日,每月一次,从现在开始;3.党员带头打扫卫生,每个月检查一次,从现在开始;4.创办党员科技示范园,60岁以下的党员开始创业,30岁以上的党员争上光荣榜。从现在开始,村子创三面旗帜,一是生态文明先进,二是扶贫攻坚旗帜,三是先进党支部。大家热情都很高,我们应当抓紧做。会议开了两个小时。早饭在村支书家里吃。

上午分别到老支书家坐一坐,看看这次下来他们有什么想法,又做一做原村支书的工作,让他们放下包袱,正确对待组织,正确对待这次的调整。中午12点去新庄找县委组织部荣部长汇报党员发展情况,让今年再给一名预备党员名额。

下午从3点到5点,给陈庄镇党员上党课。讲3个问题,党员是什么?为什么对党员要求这么严?党员应该怎么做?效果很好,大家听得很认真。

下午5点钟给胡屯村党员过生日。有5个党员是这个月入党的,我们给这5个党员过一过入党生日,因为两年多了,每个党员入党生日都过。生日让大家感到有家的温暖。

2018年10月26日　星期五　晴

刚刚认识的黄将军

黄将军原来是解放军信息工程大学的政治部主任,现在退休在北京。他于2016年被选为全国扶贫协会的副会长。这次去北京开会,他请我吃了个饭。从吃饭中,我知道了他现在担任了红色研究会的副理事长,每天都很忙。这次史献志说他来了,中午赶回去请他吃个饭。人退休了,一定要做点事,不做点事心里发慌。我现在重点放在了科研上,今年又承担了两个课题。加上去年的课题,这两块工作量很大,我要认真地把它做好。要写一写,发表发表文章,把自己的经验推广出来。

每个时段都有每个时段的任务和目标,不断朝新的目标前进,永不停息,对自己和社会都有好处。人不但活到老学到老,还要工作到老。向黄将军学习,多为社会做贡献。

2018年10月27日　星期六　晴

参加河南省招才引智创新发展大会

时间:2018年10月27日上午9点。

内容:请国内外146名院士在河南参加招才引智会议。会议由省委组织部部长孔昌生主持,省长陈润儿致词,施一公发言,王国生书记讲话。

规格:河南省委组织部主办、省委常委都参加了,是河南的第一次招才引智大会。

我最感兴趣是施一公校长。人才培养需要高校加大投资和积极推进高校体制的改革,他提到了加大对郑大与河大的支持力度。开幕式结束后,我和女儿见到了施一公,并同他交谈、合影,并同赵素萍讲了今年推荐感动中国人物的评审。能参加这高规格的会议,自己学习了不少东西。1300多名专家、学者参加了这次会议。我带着女儿还看了展示,见了很多的大人物,感到很好。虽然找票非常费劲,但效果很好。

2018年10月28日　星期日　晴

第二届大别山山茶花节活动

活动请了很多重量级人物讲话:如王光华(中国健康协会副会长)、原副省长张大卫、北京大学李玲教授(健康研究所)、张冲(北京大学光华管理学院)。上午开幕式领导讲话,专家发言,我也发了言,正式进行了启动。集体照了相,参观了茶花,下午1点多才吃饭,下午3点进行研讨,张大卫副省长讲了当前的经济情况,中美贸易及新县发展的模式。李玲教授、张冲参加了讨论。第二阶段论坛,张斌、张学仁、张泽书、刘知之、陈福生、熊伟进行了提问式论谈,内容很多,学了不少的知识:一是医药领域的东西,如8种治疗癌症的药物;二是经济领域的问题,如中美贸易战争。

2018年10月29日　星期一　晴

企业上的人办事很认真

羚锐召开成立30年大会,请了很多高层次人员。如张大卫(原副省长)、曾庆祝(济南军区原副参谋长)、牛犇(著名表演艺术家)等30多人。上午进行了开幕式,下午进行了论谈,讲得非常好,使自己学到了不少的东西。特别是医学方面的知识,不但内容安排得丰富,而且服务周到,很好。今天本来要去宋瑞那里学习一下,但是家里有事就不去了。回去看看妹夫魏华,他被牛碰断了几根肋骨。妹妹、魏亚楠都在医院,又去了两拨人,我就走了。本来要去看看雪明,她上级来领导了,就回驻马店看母亲了。晚上花302元,给母亲洗洗澡(在东方王朝,条件还算可以,就是贵了点,但我和母亲都洗得很高兴)。回来弟媳小苗还在家等着,说会儿话到10点就睡了。

2018年10月30日　星期二　晴

人遇到灾难最需要帮助

老郑是我在驻马店市农业局工作时认识的一名村支部书记,他有点文化,经常写点东西。因为当时农业局冯克强的一点种子有问题他找我几次。认识以后他经常电话联系我。我觉得基层干部不易,有什么事就经常帮助他。在中牟养牛时,我还想让他在牛场干,结果他不干了,就回去了,回去后就很少联系了。后来他转成国家职工了,两个孩子都长大成人了,上了班,结了婚,没想到儿子得了个脑溢血死了。不到两年,女儿得了个乳腺癌死了,白发人送黑发人十分痛苦。去年我带他去西王楼一次,今年我来看他,买了几百元吃的,又给他拿了800元钱,又请他们夫妻吃个饭。本来想让他俩到处转一转,房间都给安排好了,结果他不出来。现在他又得了抑郁症,不想见人。自己一生很风光,没想到老了出现这种情况。从他身上我清醒地看到,人的命运谁也看不出来,谁也掌握不了,谁也不知道谁能过成什么样子。如某朋友,一生拼命,并一心一意为丈夫及家人,到退休了,丈夫把所有的东西都转移走了,自己连个房子都没有,她自己也万万没想到会落到这个下场。人呀,再有本事,做的好事再多,不一定就落个好下场。面对现实就是这样,不论遇到什么事,都要扛得住,都要放开思想,不能同自己过不去。如有困难就拿双成做例子,再倒霉也不会像他那么惨吧。我要多拉他一把,让他感到人间还有温暖,活着有希望!给人希望比什么都强。

2018年10月31日　星期三　晴

百合园真好

　　今天和母亲一起到温泉小镇的百合园。园子很大,这里55岁以上不要门票,母亲没有身份证工作人员也让她进去了。一进门,宽阔的大路两旁有很多的花,很美,而且秋天的阳光照在人身上温暖得很。我牵着母亲的手,感觉非常好。从大门穿过百合园往东转,一望无际的百合花,有红百合、黄百合。黄百合都满园成片,美丽得很。我给母亲照了相,这样母亲在不同的百合园就留下了不同的照片,留下了母亲的美好形象和美好的记忆。记得有一次我让母亲站到地里留下和橘红百合的合影,因是土地,母亲不愿去,我硬是带着母亲到土地里照。母亲很不情愿,还骂了我几句。可让母亲看她照片时,她可高兴了。这就是母亲,每次拉着她外出时,她都不愿意,可是每次看完后她都很高兴。我拉着她看了不同的百合花,照了不同的照片,她高兴得很。我们走了快3个小时,虽然很累,但我们俩都非常高兴。回来刚躺下,大学同学来了(潘书志和张家回),我们在一起吃吃饭,说说话,下午把母亲送到驻马店我就回郑州了。这一次又走了一星期,很累,晚上没吃饭就睡了。十分感谢遂平县长侯蕴给我们安排到嵖岈山百合园看百合。

2018年11月1日　星期四　晴

母亲的一句话给我提醒很多

　　在遂平休息时,我怕母亲同我睡在一起相互影响休息,我就自己住在一个屋,晚上可以再出去多走一走的。第二天又到母亲屋看时,母亲说:就想同你睡在一个屋偎着你,没想到一个夜里没见你,想你。我老了,是不是大家都不想同我在一起?我知道母亲误会了,就赶忙脱下衣服抱母亲睡了一个多小时。我抱着母亲的脖子,母亲拉着我的手,并把腿放在我的腿上,我们娘俩非常亲切、温馨地睡在一起说说话,母亲全身的温度给我无限温暖,无限的爱,无限的渴望,并说了很多温馨的话。此刻我才感到母亲也需要人疼爱,关心和无微的呵护。我很久没同别人睡在一起了,我又找到当年父亲有病我躺在父亲身边的那种感觉,好温暖和幸福呀。我抱着父亲的头,摸着父亲身上的每一根肋骨(干瘦如柴)。那时父亲已病多年躺在床上,只有皮,很少有肉。父亲说:"你娘是咱家的功臣,对我很好。我死以后,你们一定要对你娘好呀。"父亲走了十几年,父亲的话一直牢记在我们姐妹4人心中,认真孝顺母亲。通过今天的事,对大吴庄的老人,西王楼的老人,胡屯的老人,我一定要更加关心他们。因为老人们太需要爱了,太需要关心与呵护了。周大新写的《天黑得很慢》,揭示了人老了怎么办问题。我回村抓紧办几件事:

第一,办好敬老院,在村树立一个尊老、爱老、敬老、帮老、孝老的村风。

第二,认真研究以老养老的问题。

第三,树立一个好家风,好家教,好家训,好家规来教育孩子,代代传出好家风。

2018年11月2日　星期五　晴

参加"金光大道"的扶贫开幕式

昨天刚从遂平县回家,今天上午参加了"金光大道"的开幕式。这个节目,利用金光大道这个平台,把企业家联合起来,把产品拿到金光大道去卖,并拿到一部分利益,组织得很好,作用很大。

1. 参加活动的领导有十几人,企业家30多名。这次开幕式很好,效果也很好。

2. 利用金光大道的平台,把企业家组织起来,共用一个平台,来展示自己的产品,更好地为贫困农民服务。

3. 我参加了一个上午的会议,启发有3点:

第一,平台很重要。怎样利用一个平台来发挥自己而起到作用。

第二,宣传很重要。这次宣传请的有文广新局的闫总,有史献志,有我,还有电视台的人,各方都很重视。

第三,临走时,每人发了会上推介的产品。

2018年11月3日　星期六　晴

新蔡的企业家

这次请新蔡的企业家坐一坐。在接触中,我觉得同企业打交道有3个问题要牢记着:

第一,不能同他们有任何经济来往,自己再穷都不能与他们有经济利益关系。

第二,新蔡的一些小微企业,眼界需要提高。

第三,政治上还需要提高。

王宋平多次让我当文指委副主任,我都没有干,就是不想同他们多接触。人呀不能同家乡的人交往太深。一点小事做不好,会影响到你的形象和做人的原则。

但不管怎么说,能帮助他们的我会认真地帮一把,因为都是家乡人呀!

2018年11月4日　星期日　晴

今天来胡屯村了

这次来胡屯村,请了3类人员:一是请了吉林做煎饼的董研来村子指导做煎饼的事,下午给村干部和党员讲了一课。二是请陈建中(南板桥第一书记)讲他如何退而不休,发挥余热的事。三是请河南牧业经济学院电商和物流学院曹院长来看看怎样办电商和物流问题。

高镇长主持,讲了一个下午。我们来的6个人,分两组活动,晚上在钟慧老总那里活动吃饭。这次的人员从3个省来,他们能来村子,也是对村子的鼓励和支持。来的都是客,我利用了休息时间,他们也跑了那么远的路,我要照顾好他们。

看着大家听得很认真,很多同志也都在记,心里很踏实。

晚上王明喜和刘书记也来了,大家在一起说说话,了解了解情况,我由于这两天血压高就早点休息了。

2018年11月5日　星期一　晴

今天一天很忙

1. 早上3点多起来,补写了写昨天的日记,准备一下给陈庄镇全乡驻村第一书记、支部书记及乡直干部要上的党课。上次上了一次党课,这个月又上一次,很好。因为上午还有吉林省彪哥食品有限公司的董事长董研、苏州的陈建中来给讲课,我就准备一下。

2. 6点半带着董研和陈建中去村子看买的做煎饼的设备,到8点钟离开村子,找了妇联主任刘秋霞、胡建民及贫困户在这里学习。

3. 8点半给村子上党课。

4.10 点钟带人去看郑板桥纪念馆。

5.12 点见范县王秋芳书记,他从美国回来了(去培训了 20 多天),昨晚刚回来,今天就陪两位劳模吃饭,真是让人感动。

6.下午 1 点到 6 点,陪客人去学习李连成和支部书记学院。

7.晚上因为拉肚子,8 点钟就休会了。

3 点感受:

一是从董研(吉林省长白山做煎饼)15 年做煎饼的事例中学到很多。她从丈夫中彩票 100 万元时开始做煎饼,5 年全部亏掉,从 100 万元到零,又从零到几百万元,什么事都必须坚持。做深做精,一张煎饼获 4 个专利,36 个品种,几个名牌商标,成为现在的非物质文化遗产,真是不简单呀!一个弱女子就把事做得这样精益求精,很值得我们学习呀!

二是陈建中的精神,虽然他做事方法让人不好接受,但他的精神是非常可贵的。一个退休 20 年的老同志,回到了自己的家,经历了千辛万苦,帮助村民做事,很不容易呀,在讲党课时他哭了,很感动人的,所以人一定要有精神。

三是李连成真是一个奇才。一个村支部书记,同 5 位国家领导人开会,照相,把一个村搞得像一个小城市一样,真的不易呀!奇才奇才,今年 73 岁了还在干呀!这就是人生价值。

2018 年 11 月 6 日　星期二　雨

和专家们开会调研

今天一天很忙。早上 4 点钟起床,写点东西,洗洗,收拾下东西,6 点 30 分坐车去了杨谷县武松打虎公园,和客人李可书和丁玲一起看了公园。看了一个小时,又吃了饭,随后回到陈庄镇,听曹院长(河南牧业经济学院)讲电商与物流课程。中午吃过饭后,就去村子里,讨论关于胡屯村建立党员创业园的事。范副县长也参加了,曹院长和专家们都讲了一些意见,最后决定在村东头泥鳅场东边搞。大家都讨论得很认真,并看了镇里的荷花园。

晚上回郑,在郑鸿颜(电商老总)那里吃饭时又讨论了一下,决定让他们提供图纸,并抓紧搞一批人干事,做一样事,一定要一气做成,年前就盯着把这件事做成。

这几天很累,请了董研来讲课,并领老陈去参观西辛庄李连成的庄子。给他们送走,又来接待曹院长。如果电商和物流搞起来,一定能让村子的人富起来的,我下决心把这件事做好。

2018年11月7日　星期三　阴

今天办了3件事

1. 去丰产路派出所办了身份证,这次去范县出差把身份证丢了,今天来补办,交了50元钱,照了相拿了条,服务还是很好的。
2. 去了河南人民出版社,见了陈智英总编和张继成处长,说了出书的事,并在一起吃了饭。
3. 写了明天给河南电视台新农村频道人员讲课的课件,主要是敢于担当的问题。
4. 晚上和老同学陈有富一起说说话,主要说他孩子的问题,现在孩子就业难,他儿子研究生毕业,想找个事做,主要还是想到学校。我也想尽力帮帮他,小闫是我看着长大的,这孩子很好,正直,品质好。

2018年11月8日　星期四　阴

在河南电视台新农村频道上党课

一个共产党员,当初为什么入党,入党应当怎样做,都是每一个党员应当考虑的。今天讲4个问题。

一是当初为什么要入党。每一个人处在不同的时期,有不同的环境,不同的层次,入党的目标都不一样。大革命时期,抗战时期,新中国成立初期,大跃进时期,"文化大革命"时期,改革开放初期和现在党的目标任务都不一样,对入党的人也不一样,但无论时间怎么变动,任务怎么变,入党的目标不能变,为人民服务的宗旨不能变,初心不能变。

二是变动。随着时代的发展,社会的变动,每一个党员都要进行变动,要与时俱进,跟上时代的发展。我一辈子做的最好的事有两点,第一坚持学习,第二坚持写日记,一天都没缺过。养牛,我从18岁开始养牛,一直到现在还养牛。这是一个吃饭的饭碗,没有了饭碗,你还吃什么饭,人一定要有点真本事。同时要不断学习,跟上新形势新时代。不管社会怎么变,心不能变。

三是敢于担当,敢于闯新路。敢于担当就是要负责任,敢作敢为。特别在目前形势下,做点实事非常不易,要闯出一条新路子,就要改革旧的办法,走创新的路子,改革是非常痛苦的,是困难的,是要触及深水区的,要得罪人的。所以每一个党员要敢于担当敢与触及矛盾,敢闯敢试。

四是求发展必须坚持真理。真理是客观事物内在的规律,要上升,要发展,必须追求规律性的东西。坚持客观规律性的东西,才能发展和前进。那么成功的唯一办法是实践。8年第一书记的实践让我深刻地体会到,实践是创新的唯一途径,实践是解决一切问题的出路。实践也是寻找规律性东西的唯一办法。所以要发展,要坚持真理必须扑下身子进行实践。最后我想说,一个党员干部,一个人必须给群众留点念想,给历史留点痕迹,给后代留点精神。

2018年11月9日　星期五　晴

今天很忙也很充实

一是检查身体。省直工会给劳模检查身体,都已过时间了,我才来检查。在颐和医院,人很多,处处都要排队,我检查到快11点才结束。

二是办一个身份证跑了4趟,现在身份证又找着了,看能否恢复,丰产路派出所说不能,我就坐车回来了。

2018年11月10日　星期六　阴

再看大黄村发展

大黄村今天进行了第一届图书大会和第七届魔术节大会。为了参加这次大会,我早上3点多就起来,收拾下东西、吃个饭就往宝丰赶。到了地方才早上7点多,又和司机吃吃饭。我见到了李恩东书记,陪他说说话,就去参加了会议。会是在文化艺术中心举行的开幕式,经介绍有31名全国人大代表,以及全国曲剧家协会、全国方言协会代表,全国著名演员,还有一些诗人及省、市、县领导,真是大家荟萃,大人物多得很,我也站在了台上。

到了大黄村子焕然一新,路面宽阔整齐,商品书摊排了整整一长廊,一派繁华景象,非常气派,非常热闹。全村512户,2022人,党员55人,耕地2050亩,综合实力全县20强,驻村企业商户300多家,带动了周边133人就业,年创收15.6亿元。我们看了展区,发展了产业,展区和魔术事业,很有发展势头。启发有三:一是请的人之多,而且都是重量级人物,很不易。二是大黄村发展之快,主要是马豹子的功劳。一个带头人是非常重要的。三是把一个产业做到了极致,吸引来了各种企业及各界人事。四是加大了宣传力度,搞得很好!值得学习。

2018年11月11日　星期日　晴

养老问题找到了出路

养老问题我在大吴庄就想办,一直没办起来,这次来郏县找到了解决的办法。郏县采取三级联办的办法解决了这个问题:县民政局每年拿3万元给新办的幸福敬老院;乡里为敬养院安排一位厨师,为老人们做饭;村子找一间闲置的房子,再找一些妇女干部帮助管理,这个事就做好了。

在郏县徐台陈寨村、冢头镇南三郎村、长桥镇东湖刘村、范店村4个敬养院,看到20多户贫困户。年龄最大的是90岁老人李纯,只有一个儿子,儿子也60多岁了,每天只拿3元就可以吃饭了,她感到好得很。范店村支书把自己家的房子拿出来办敬养院,爱人也帮助做饭。花园乡党委书记李建辉讲,办敬老院出现了"两补充三变":对乡级敬养院的补充,对不愿进敬老院人的补充;群众真实感的变化,干群关系的变化,社会风气的变化。民政局局长讲,一是解决了贫困户、"五保户"不能自理的问题;二是解决了老年人吃饭的问题;三是解决了老年人感情交流的问题。非常好!

2018年11月12日　星期一　阴

只要有才,就能出彩

今天不忙,我请了王宋平和宋庆根吃饭,还有老同学和顺利。吃过饭后,我去看了宋庆根的工作单位,他说自己和老乡联合在郑州市电大承包了一个保卫处的保安物业工作,每年可以搞60万元利润,自己可以分30万元。在这干活可以给10万元的工资,加在一起有40万元的工资。他这样干3年可以在郑州买一套房子。他是一个有经营头脑的人,还很直,所以大家都想帮助他。他有一儿一女,女儿嫁人了,是团级干部。儿子也是科级干部,爱人也很贤惠,应当说他很幸福。

人只要有本事才能在任何时间都有用。宋只是一个劳改释放人员,但他素质高,用他的人也很多。他比我强多了,我也要尽快找到自己的用处。

2018 年 11 月 13 日　星期二　晴

记"保曼最后一次跑步"

早上 5 点钟起来看电视,讲述的是德国体育健将保曼获得过无数次的体育比赛的冠军。当他老的时候心爱的老伴得了癌症,女儿给他送到了敬老院。在敬养院里,院长把他当成好动症者。他坚持跑步,又被当成精神病带到精神病科治疗。他老伴死时,对他说,你一定要坚持,很多人比我们还困难,要永不止步。后来他参加柏林44.5千米的马拉松大赛,结果他坚持到底了。他赢了,在他跑完最后一刻时,敬老院的老人都来为他祝贺。他的女儿也来了,全场所有的人都为他喝彩,欢呼,为他祝贺。保曼身体的健康,精神的愉快深深地打动了每一个人。特别是我,我能深刻理解和感动于保曼的坚持和快乐,此后受到3点启发:

1. 真实。充分反映了老年人的生活,提示老年人一定在困难时坚持。像保曼那样,不管多困难都要坚持。

2. 敬养院不能只管养,一定要了解老年人,摸清老年人,掌握每一个人的情况,让他们干自己喜欢干的事。

3. 永不停歇。是呀,不论在多么艰辛的情况下,都要坚持,久不停歇。像保曼那样坚持跑到最后一刻。

2018 年 11 月 14 日　星期三　晴

学习潘庆仁老首长的精神

同米景忠哥说好了,一起去看一看驻马店军区的老政委潘庆仁。他今年88岁了,身体不是太好,2016年得了脑梗。我还在驻马店当农民时,他把我作为一名基干民兵培养,才使我成了领导干部。前几天听说他病了,就想去看看他,但他不让去,他老伴张桂荣阿姨说出了不让看的实情。张桂荣阿姨说,他一见到人就容易激动,激动就一个星期睡不好觉,自己的儿子就不敢让他们进家,每月见一两次,都是请他们在外面吃饭。现在虽然也请得起保姆,但潘政委见了人就烦,所以也没请人。

这次看潘庆仁政委不成有3点启发:

1. 身体比什么都重要,尽量避免受刺激。张姨为了潘政委的病,儿子都不让见,真是用心良苦呀。

2. 在扶贫工作中学习潘政委和张姨的积极向上,永不停歇的精神。他们两口子退休后写书法,做篆刻,写文章,画梅花,精神生活非常丰富,给年轻人树立了很好的榜样。

3. 能干多少干多少。张姨是个医生。她说我是个好同志,对党和人民能干多少是多少,鼓励我多给党做事。

4. 今后说话办事要向老前辈学习。张姨对我说,你同来看老政委的人说清楚,谢谢他们。不是不让他们看,主要是他的病情不好,你要是想潘政委就打个电话。说得我都直流泪,多感动人呀!

做扶贫工作只有这样做工作与大家沟通,才能得到大家的理解和支持。以后对孩子和家人也要好一些,有话慢慢说。

2018 年 11 月 15 日　星期四　晴

做家务

昨天见了一些老朋友,夜里也没休息好,今天又忙了一天。

1. 吴迪该考试了,一天给他做三顿饭,买菜做饭也很耽误时间。
2. 洗洗被单,家人的都洗了。
3. 看了这几天的报纸和 2017 年全国扶贫攻坚先进人物材料。
4. 整一下去海南的东西。被子和单子及炒菜做饭用具。
5. 炒一点芝麻盐。

家务活琐碎,但很占时间。人只有身处其中才能替别人着想。人呀,到了一定的时候才能体会到一定的事情。

2018 年 11 月 16 日　星期五　晴

在郑大讲课

今天去郑大讲课(主要给学生讲),和司机走到郑大公共学院,没找到地方。过了很久,问了路,走了很远才到了教室,结果联系的老师让我讲驻村的情况,和我准备的完全不一样。一下子思路打乱了,本来我是讲树立科学思想,学习科学知识,争做创新型人才,教室的话筒我也用不好,有 10 分钟才适应过来。本来我准备得很充分,一是讲科学的概念、科学的思想,技术的概念;二是讲中国的科学技术取得的成绩及世界科技的发展(结合这次参加科技大会精神)。结果现场发挥,没能按准备好的来。

给郑大的大学生讲两个多小时,学生听得很认真,热情也很高,下了课还围着我问这问那。

2018年11月18日　星期日　阴

到宝丰县取经

今天带着范县胡屯村胡建民支书、窦康(驻村第一书记)、会计小胡、周东旭(扶贫办驻桥北村第一书记)一行5人到宝丰县赵庄镇大黄村学习。大黄社区有农户512户,总人口2022人,共产党员55人。综合实力县20强,全村有380亩地的商贸城,文化广场,各种小商品大市场,办公室2100平方米,办公用房36间。一是开展用工信息与商业信息服务,人均年收入35000多元。二是培训,对党员和外来人员进行培训服务。村子有魔术团,图书大市场(全国最大的图书城),现在又是商品批发市场。三是设立亲情家园,做好亲情服务。今年办实事538件,先后服务2600多人次。

文化园区占地260亩,入驻企业商户276家,年营业额达15.6亿元,带动周边县市达13万人就业,投资1700万元,建筑面积5004平方米,集魔术演艺、培训研发为一体。最大演艺厅可一次性接纳观众350人。演艺馆建设有五层,一二层为商业销售,三层为镇魔术文化管理部门。

图书批发市场投资2750万元,建筑面积2.7平方米,拥有商户19家,店面43套129间,成立有文化传播有限公司和图书批发管理办公室。加强行业规范,与北京22家出版社实施对接,销售网络覆盖全国各地。

马豹子短短10年把这个村搞得热火朝天、翻天覆地,把群众带上了富裕道路,自己也成为全国人大代表,成为全国的典型。

这次来大黄村,学习了马豹子的两项工作方法:第一是用心。第二,胆子大,敢想敢干。建立了一个268亩的产品中心,招来了268家商户来他们这里做生意。非常好!经济发展起来了。

2018年11月19日　星期一　晴

郏县的干部很有爱心

今天看了郏县经验,有几点收获:

一是张庄村张支书为了办好敬老院,把自己房子拿了出来,很不简单。

二是从外面回来做生意的张支书把村子里搞得红红火火。搞了个文化书屋,又是全国文明村,很好。

三是村子里有个爱心超市,有个敬老院。爱心超市把各家各户用不着的都拿过来给贫困户用。敬老院有17个人(5个"五保户",5个独生子女),其中7个有儿有女的老人,在敬老院吃饭,回家休息。

四是看了郏县广阔天地,非常好。

看了这4个地方,觉得有3点体会。

第一,郏县的干部有爱心。县委书记韩宏亮从老年人角度在全县发出办敬老院,一年不到的时间,没有条件创造条件搞,如渣园乡东章村支部书记用自己的房子当敬老院,把敬老院办起来了,发自内心地想把这个事情办好。

第二,干部群众的点子多。如郏县广阔天地办文化书房,集中贫困户吃饭,等等,点子、办法很多。

第三,积极性高,干部很有责任心。

这三点是做好事的最根本的要素,也是我学习的地方,干群状态十分重要。

2018年11月20日　星期二　晴

新蔡孙召敬老院的经验

这个敬老院有3点经验:第一,敬老院自己动手种菜,不用买菜吃了。这个敬老院有57人,都是在60岁以上的"五保户"。菜自己种,做饭的师傅也是在这些老人中选出来的,做饭单独给钱。出台了自己管理自己的办法。第二,民主,自己的事自己管。老人们分成小组,民主决策,先从下面管起来,有班组长制。第三,财务公开。每花一分钱都要清清楚楚,让大家心里明白。

所以这个敬老院办了几十年,办得很好。由梁炳义和他的儿子两代人在做这个事情,所以任何一件事都不怎么容易。两代人的付出才把这个敬老院办成全省文明敬老院,真是让人敬佩呀!

2018年11月21日　星期三　晴

再进息县弯柳树村

这次进弯柳树村已是我第5次来了,主要来学习该村的孝道文化。宋瑞(国家统计局处级干部)已在该村6年多,打造了一个孝道文化村。我带着胡屯村的领导班子来这学以孝为先。前来的还有郏县渣园村的3个村支部书记。看了艺术团的表演,看了民族馆,看了酵素大米园。深感农村有着极大的热情和干劲,群众的积极性调动起来是很不得了的。小小的一个村庄,男女老少,大人小孩都动员起来了,很好。

每次来弯柳树村都不一样,每次都能学到不少的东西,这次来村子里又建立了一个讲习所。投资1000万元,主要办大别山的分校。这样搞把群众的思想都提升起来了,真好! 不但群众学习有个场所,也为村子留一批财富。看着村子里大家蹦蹦跳跳,这么欢乐,这么高兴,我终于懂得了什么叫幸福,什么叫文化自信。

2018年11月22日　星期四　晴

准备给大吴庄再办两件事

1. 把敬老院办起来。养老扶贫,怎么养,怎样让老年人更幸福,想来想去还是得建敬老院,解决老年人吃饭问题。我已向支部书记吴树声承诺解决5万元办敬老院的钱,鼓励他办好敬老院,如果敬老院办好了,母亲也可以回家吃饭了。很多老人的问题也解决了。

2. 办村史馆。这牵扯着村子的发展史。建立一个村史馆,把村子的奋斗历史,发展史,大事件都记录下来,来激励年轻人发展,奋斗,并且不忘记过去,很好! 很有纪念意义。我自己带头做,让村子里走出来的人也做。做好,做强,做出亮点。村子里发展了,农民幸福了,我们也发展得快,也高兴呀! 我与村子共生死,生是大吴庄的人,死是大吴庄的鬼呀!

2018年11月23日　星期五　晴

请专家评审河南省精准扶贫脱贫战略模式的研究

请了10个专家。有曹奎(省科协党组书记),谷建全(省政府发展研究中心主任),郭奎立(省扶贫办副主任),孙德中(《河南日报》副总编),李中(省委宣传处理论处处长),孟长清(新蔡县扶贫办主任),乔宪丽(郑大科研处处长),万伏牛(省科协调研部部长)。

参加了评审,从上午9点到中午11点,大家都很认真,提了很多很好的意见。特别是曹奎书记一针见血,提出了4个问题:一是题目有点大,二是文不对题,三是不系统,四是没有突破点。每个专家都提得很认真,很好,都很有作用。

  谷建全主任讲:这个成果,一是选题正确,结合的是当前最要紧的扶贫工作,二是内容很丰富,三是调研很充分,四是站位很高,五是投入了很大的精力。存在的问题,一是题目不准确,二是模式不突出,三是亮点不明显,四是逻辑性不强,五是文字篇幅过大,所以该书必须进行改进。力争能做到4点:一是科学性,二是实践性,三是时间的检验,四是可读性。根据大家的意见,组织人员抓紧修改。

2018年11月24日 星期六 晴

从吃牛肉深感养肉牛有很大的潜力

  今天请田静、陈玲、郝玲、吴迪、吴勇等一起吃饭,专门把从郏县李书岐那里拿的牛肉(4A级郏县红牛雪花肉)拿出来,这块牛肉能同日本的神户牛肉相媲美。一块就几百元,一头牛身上只有这么几斤,这块牛肉值几千元钱,大家都说好吃。我吃了几块确实口感好,我想买几头牛认真地养着,以后逐步把牛养大吃肉,既能盈利,又能吃肉。我想让农民养牛,再开个体验馆卖牛肉,然后请两位做牛肉面(饸饹面)的师傅,这样一定会盈利的,也会走出一条发展经济的路子。

  现在我有思路要去实现,但不知道到哪个地方去找投资者,我下决心去找一找。广东人很有钱,看他们是否愿意做。这次到海南,到广东,到杭州找一找,看是否有合适的企业家。搞一个企业,需要许许多多的付出,再做10年我一定能做出来。

2018年11月25日 星期日 晴

讨论《河南省精准扶贫脱贫战略模式研究》课题

  今天是星期日,我组织了吴一平、杨秋意("三农"杂志社)和杜丽为中心的课题组专家,进行研究。按照专家的建议,进行大量的修改。现在的修改要以实际区域划分,按平原区划分,如新蔡、兰考、方城、正阳、宁陵、商水等县,以农业良性循环的路子来写,如新蔡的秸秆养牛,正阳的花生,宁陵的酥梨,兰考种草(橡树)养羊等经验。山区怎样靠山吃山,种中药、开发旅游、养牛、以党建促脱贫等。滩区主要以科技来提高科学技术水平。如范县的富硒大米,做高档莲藕及产业化。我还可以总结出健康扶贫,教育扶贫,电商扶贫等模式。哪种模式好,还要从实践中提炼。这本书要认真总结,写出高质量的书,研究出高质量的成果。小郑(发展研究中心)、吴院长、杜老师都认真地进行了发言。大家集思广益,提出了很好的建议。最后分工,杨秋意写平原,吴一平写山区,杜老师写滩区,分别写,最后由吴一平和杨秋意统筹书稿。

2018 年 11 月 26 日　星期一　晴

今天一天办了 3 件事

1. 去看了孩子她奶。她今年 88 岁,由她的二儿子和媳妇照顾着,住的是小儿林强刚装修好的房子(170 平方米)。老人很精神,很好,她还下来接我。

2. 去找高传玉院长看了病。最近血压一直不稳,忽高忽低,高高低低,很不稳定。高院长又帮助开点药,说吃了以后再找他看一看。并到三院拿了这个月的药。

其间,帮助村子里敬老院找了家企业,还没说个定数。

2018 年 11 月 27 日　星期二　晴

在河南牧业经济学院讨论 《深度贫困地区战略模式的研究》课题

参加人员有穆瑞杰(校党委书记)、褚素平(农经学院院长)及杜丽、梅博士,该项目没有通过。褚院长很积极,但部分人员不积极,我看暂时不做为好,因为做起来太难,但我想一定要做好,大家很努力。

上午我去单位机关党委送材料,高贵友等人还专门请我吃饭。现在到单位就去机关党委和老干部处,他们比较热情。别的地方我也不想去。

人退休了,要有自知之明,所以能不去单位就不去单位。

2018 年 11 月 28 日　星期三　晴

做人一定要学会吃亏

张新建是 2004 年跟着我的一个贫困户。他的爱人死了,拖着两个孩子。一个哥哥养着,一个自己养着。他从2004年跟着我养牛,又娶了个媳妇高梅(也是死了丈夫,带3个儿女),人非常好,也一直在奶牛场。2011年我到大吴庄当第一书记,他们又从原阳搬回家乡大吴庄。到2015年养奶牛形势不好,他们就把牛卖了。卖了30多万元,也不舍得花。2016年我在西王楼做生意,也帮助他把赚的钱拿来做生意,当年盈利了10万元,让弟弟吴晓给了他。2016年下半年又开始做大姜,吴晓又让他把钱拿回来一起做大姜,当时他又拿了20万元。没想到大姜两年后亏了,他的20万元只收回了4万元。原来已给他10万元了,想着他一个农民,一生靠养牛为生,就赚了这点钱,如果只给他4万元,他这5个孩子怎么养呀?我思前想后,就决定把这剩下的10万元给他,这样我就得倒贴6万元。上次已贴了他10万元,虽然只是10万元,但这是我做人的原则,宁亏自己,也不亏别人呀。农民实在是不易呀,自己受点苦,不能让农民受苦,自己吃点亏,不能让别人吃亏呀!人只有经常吃亏,才能硬着腰板做人呀!

2018年11月29日　星期四　晴

孝敬老人比什么都重要

随着年龄的增加,我越来越体会到尊老敬老的重要性。尊老是中华民族的美德,这些年来人们都淡化了这一传统美德,怎样才能给它拾起来呢?那就是以身作则做实事。前几天我带胡屯村的人去到郏县看了看,让村子里先办起敬老院,也让大吴庄村先办好,让母亲也去敬老院内,在村子里形成一个尊老爱老敬老帮老孝老的风气。人人尊老,人人爱幼,社会上哪还有不孝的道理,社会怎么会不和谐呢?

我的母亲今年86岁了,身体还算可以。这次我专门租了一个车带她也来海南玩,并让二姨三舅陪着她,就是想让她高兴,为了使她在路上安全,我还请树田二哥、菊花表妹分别给她当医生和厨师,解决她的后顾之忧。虽然这次会花一点钱,但我尽孝心是从来不怕花钱的。人各尽各心,自己做好,别人就会跟着学。自己不做,光让别人去做,那是不行的。自己做好了,不用说别人就会跟着做。人一定要言传身教。在尽孝道上我要很好地向六叔吴庚周学习。他对奶奶的孝顺谁都比不上。

2018年11月30日　星期五　晴

再看黄鹤楼

今天带着母亲、二姨、三舅、树田哥等人来武汉看黄鹤楼，又感黄鹤楼有了新意。如今的黄鹤楼已改成黄鹤楼公园，园内增添了商业街，新建的楼都有十几层。我们是下午4点半入场(5点钟就不卖票了)，每张票70元，4位老人免票，剩下的3人买了2张全票，1张半票。因为大家都是第一次来，都拍了不少的照片，特别是二姨和树田哥拍的最多的。母亲也留下了许多美好的照片。不知道是晚霞烘托得好，还是一家人在一起心情好，黄鹤楼显得格外美丽。从正门进，顶层楼正中间写着"黄鹤楼"三个大字，两旁还有两个两层八角小楼。我们7个人站在台阶上，母亲、二姨和我都穿着红衣服，三舅穿着绿上衣，树田哥、二姨夫、菊花穿着黑上衣，搭配很协调。黄鹤楼的八角楼层层都有6个角，最底层有个红灯笼，最顶层有个顶尖也有一个大红灯球。楼是橘红色，很美，楼底座奶白色，十分协调，"黄鹤一去不复返，白云千载空悠悠"，"故人西辞黄鹤楼，烟花三月下扬州"。多美的诗意呀，今来黄鹤楼有感：今逾花甲六十多，带领老母观黄鹤。独具一格显威武，衬托两桥三山坡。

2018年12月1日　星期六　晴

又观毛主席故居和刘少奇故居

今天又一次参观毛主席故居。故居13间半，是毛主席出生的地方。他在故居住了17年，读了6年私塾，门前有个大池塘。据讲，主席小时候很调皮，父亲打他，他就跳进池塘让父亲打不着。他兄妹7人，上面2个夭折，6岁以前他在姥姥家住，17岁到湖南长沙读书，结识了杨昌济，同其女结婚，杨开慧牺牲时只有29岁。他的两个弟弟为革命牺牲，大儿子也牺牲了。我们随后去了毛主席广场，瞻仰毛主席铜像，看毛主席纪念堂，还有毛主席文化馆没看。

最能体现毛主席得人心的是毛主席纪念馆。很多人都主动买花篮给毛主席献上。毛主席已去世40多年了，人去留声，最能体现毛主席在人民心目中的地位。参加了毛主席故居我有3点感受：

第一，毛主席的威望很高。这是他自己树立的，他从党的一大开始，一直进行革命，坚持斗争，一步步树立了自己的威信。第二，无私。观看了故居，觉得主席真无私，真伟大。毛主席为了革命，为了这个国家，毫不利己，专门利人利国。

为了国家的建设,他把自己稿费全部捐给国家,这才是伟人呀!没有儿女私情。第三,留给人民和国家的都是伟大的思想。教育和鼓励人们全心全意为人民服务,带给家乡人的都是鲜活的例子。我们在毛新辉饭店吃饭都能深刻体会到,主席家乡的人很热情,很讲诚信,临行时还给我们带了一罐湖南当地的酒。

下午我们还看了刘少奇故居,这里很气派。从广场到刘家故居,下低上高,是一个大森林改造的。

从刘少奇故居出来我们来桂林了,住在了美卡玲大酒店,每间138元,很简单,空调很响,夜里没有睡好。

2018年12月2日　星期日　雨转晴

乘船去阳朔

昨晚睡得很晚。到桂林就夜里10点多了,还下着大雨。今天一早赶着去漓江乘船,前往阳朔。由于赶到漓江已上午9点半,离开船只有十几分钟。我们没有买着票,只能从小贩手中买了7张票,每张票215元。我和母亲及亲友团都上船了,一路上坐船4个多小时。母亲、二姨和亲友团上船4次照相,在船上我们留下了10张很珍贵的照片,特别是母亲的相片非常地好,还有亲友团,个个照得都特别好,可惜照得少一点。

下了船就下午2点了,我们找个凤凰停车场附近的酒店住下了。这个酒店是新开的,床、被子全是新的,一晚上才90元钱。洗澡休息都很舒服,休息到下午6点钟,我们一起去吃了饭,花了240元钱,就去印象刘三姐看戏了。每个人150元的票,共花3425元,看得非常好。这是我第2次看,戏场面宏大,艺术高超,特别是山农干活儿的场面特别壮观和形象。整个节目下来一个多小时,在露天的江边,看戏,看水,看山,别有一番情趣。不知母亲是否看得懂,反正我看了后很震撼。看着二姨、三舅高兴的样子,我也高兴。这次出来全心全意地为母亲和几位亲人服务,我还带了一个15座的大车,还带了二哥当保健医生,带了个表妹到海南给老人们做饭,真是好极了。在我今年最难过的时候,我带母亲出来好几次。一次去了洛阳,陪母亲看牡丹(当时也是找了个大车,同行有本村的时银臣),一次是陪母亲去了珠海(给娄金山的儿子送礼),一次是去淅川陪母亲转了6天(那一次有董金玉),这次又陪母亲去了湖北看黄鹤楼,到韶山看毛泽东故居、刘少奇故居,去桂林看漓江、阳朔,看十里画廊、印象刘三姐等。虽然花了有3万至4万元,但也是我最高兴的。有母亲在,什么都好!现在深刻感到有亲情在比什么都好。

2018 年 12 月 3 日　星期一　晴

看阳朔银子岩有感

　　今天同母亲及亲人一齐看了银子岩。原来认为是桂林的竹林,想让他们看一看,没想到是个岩洞,此洞全长 2000 多米,我们在里面走了两个多小时。岩洞非常壮观,雄伟,高达 20 多米,里边静坐着一尊大佛,很是逼真,旁边是上百尊小佛,看起来很壮观。我们每人在佛前照相,母亲和三舅也照得很好。好看得很,我们又在那里照很多相,还有专门拍摄的人员也在那里面拍,美极了。万丈梯田,这个看得不充分,没有看到什么东西。因为那会儿母亲说不舒服,我怕母亲出了问题,就一直照顾母亲。母亲一直出汗,脸色也不好,树田哥说,已让吃了救心丸。看来老年人是不爱看这些溶洞的,我也心里有点发慌,满身是汗,等看了出来,大家都累得精疲力尽,5 位老人都坐那休息。

　　这次来我还给二姨和母亲各买了个帽子。下午吃过饭,我们又赶 400 多公里的路,住到了玉林,住下吃过饭都 9 点多了。我们去吃点沙县馄饨就回去休息了。不知道是劳累过度还是什么,心脏又疼了,明天少看一点,力争赶到海口。

　　今天又问了胡庄村敬老院的事,他们正在干着,很快都集中起来了。

2018 年 12 月 4 日　星期二　雨

看玉林

　　玉林是广西壮族自治区下辖地级市,古称林州。这里四周环山,中部高,呈南北两面倾斜,属于亚热带季风气候区,呈显著的季节变化。全市总 1.28 万平方千米,下辖 2 区 1 市 4 县,2017 年年底户籍人口 724.19 万人,生产总值约 1699 亿元,居住稀疏,有骆越等部族。晚上到该地,找了半天才找到一个电力宾馆,住下后去吃饭了。第二天看了一个五彩田园。跑了 17 千米也没看到什么东西,又去了一个国家地质公园,也没见到什么东西,就到云天宫拍了几张照就走了。去云天宫主要是看他们的石像、木刻。但老人又看不懂,我们就走了,没有留下多少印象。

　　一个地方没有好吃好住好玩的,就留不下人,一个地方有了好的吃住行才能留住人气。对玉林的期望很高,但什么也没看到。城市建设也不怎么样,所以对该市没有什么好印象。

2018 年 12 月 5 日　星期三　雨

渡海口

　　我们昨晚 5 点多上了渡海口的船,因为我也是第一次渡海口。不知道怎么搞,车开到停车场,大家都在这里排队,我们开始等。过了有半个小时,我去转了转,问一问售票的窗口。他们说有票条才能进,我就去办了买票的手续,买了 7 个人的船票(因三舅他们 4 个人的身份证没有拿来)。6 点多钟,母亲和菊花坐船上去了,我们从门口上去的,在候车室等了近半小时我们上船了,又同母亲坐到一块。由于天黑什么也看不见,就只看到人多车多,一个船能载很多人和车。码头 24 个小时都营业,我们每个人船票是 40 元,一辆 15 人的小车是 550 元钱。码头真是车水马龙,所以建码头真是挣钱呀。过去都说天时、地利、人和,有山吃山,有水吃水,有田吃田,现在在海南体会深刻。海南人是有码头吃码头,真是富起来了。随着中国经济的发展,人们开始享受生活。海南是热带地区,是过冬特别好的地方,又有青山绿水,大家都想来这里过冬,也正是全国和全世界来给海南人送钱,海南发展就快呀!

　　一个人也是如此,遇上好机会了,就加快发展。没有好机会,就储存实力,等待机会发展。

2018 年 12 月 6 日　星期四　雨转晴

游览天涯海角

　　今天到三亚,看了天涯海角。本来我不想去这个地方,但司机想去,老年人也想去,我们就去了。到了以后,没想到大家玩得那么开心,还下海照了很多好照片。整个公园也很不错,每个人花了 40 元钱,共花 240 元。蓝天白云,空气很清新,天气 28—31 摄氏度,而郑州是零下几度。中国真是大,有人过冬天,有人过夏天,只有母亲没下海,其他的人都下海了。由于早上吃得多,大家都要求中午不吃饭了,挤出时间多玩。我们下午又去万豪沙滩了,这个地方玩得很好,酒店是 7 星级的,从酒店内我们进入了大海和沙滩。进了沙滩,除了母亲没下海,其余的人也都下海了。在此地玩了两个多小时,我们才回住的地方。晚上大家一起去吃了饭,花了 295 元。由于昨日时银臣请大家吃了龙虾等大餐(也花了 3000 多元),所以司机说不饿,但为了照顾他我还单独给他买了 80 元的肉串。

　　今天一天很紧张,但玩得很好,大家都没来过三亚,所以玩得很好!

2018年12月7日　星期五　晴

参观博鳌亚洲论坛场地

　　今天看了三亚博鳌亚洲论坛场地。本来论坛会场没有开放,我们有点失望,就在大会堂门前照了很多相,后来又进入了会场。里边正在装修,从大会厅走到后面,看了大海,蓝天,看了总统住房和总统就餐室,看了大游泳池,又到了高尔夫场。这里的环境更美,有大片的绿草坪,一望无际,有宽阔的大道,两边全是开花的树,并有参天的椰子树,生长得非常茂密。还有一望无际的大海,大海里有一两个游船,船上有一些游客,真是美极了!28摄氏度的温度,穿着薄薄的单衣,微风一吹,身上舒服极了,深刻体会到海风轻轻地吹,海浪轻轻地打的感觉。几位长辈都没有出来过,看到这么好的山,这么美的景,这么清的海,这么蓝的天,这么白的云,他们高兴得连饭也不吃,就一直地走,一直地看,一直地拍照。所以我们从上午10点多钟,一直到下午4点多钟才离开此地。没想到老年人玩起来也那么有劲头,有活力,他们没有一个人说累。我走了一万多步,他们每个人也走了一万多步,他们的劲头真是足呀!

2018年12月8日　星期六　晴

幸福的回忆

　　这次出来玩主要是为了让老人们散心,看着他们这么高兴,花再多的钱我也心甘情愿。拍的美好的景色成为永久性留念,也成为我最幸福的回忆。所以尽孝心一定趁老人健在时做好,等到老人没有了不留遗憾呀!

2018年12月9日　星期日　雨

实在太忙了

　　从11月29日出来到今天,每天都马不停蹄地往前跑。今天又来张胜勋厂里看一看。厂里机器很先进,都在生产,全是现代化,整厂中有十几个人,机器设备都齐全,就是人很少。老张发展空间很大,可扩展的地方很多,我到了可以帮助他做不少工作。他现在有21个分厂和公司,产值有10个亿,自己占40%。

2018年12月10日　星期一　阴

新的一天又开始了,我今天又很忙

第一,参加参事室的讲座。
第二,扶贫办黄承伟司长来了,接待一下他。
第三,昨天见了张胜勋老师,有3点启发:
1. 他的事业做得很大,有4个亿的资产,以每年5000万元以上的速度增加资产,今年形势不好,他也可以净挣800万元。
2. 他为人做事很低调,工作天天在厂子里。
3. 干事很踏实,一儿一女,已当了爷爷,很是幸福。他也算事业有成,家庭幸福吧。
我很佩服他,是因为他踏实能干,为人低调,有很多值得我学习的地方。

2018年12月11日　星期二　晴　淮北

来安徽淮北学习

由陈建中老乡牵线,我和村干部来安徽淮北市木兰养牛场学习来了。这个场是季夏办的一个民营养牛育肥场:全场有6000头肥牛,今年能盈利2400万元。场子很大,养得很好,这个场科技含量高。除臭技术、采光技术、市场技术都第一流的。
全场机械化,饲料用麦芽、酒渣、菌渣,每一头育成牛一个月只600元钱的成本费。整个场子基本投入不多,但牛养得很多。一头牛利润6000元,效益很好。
季夏的管理理念、经营效益都非常好,是一个很精明的企业家。

2018年12月12日　星期三　晴

时间都是挤出来的

世界上最公平的是时间,给每个人的时间都是均等的。怎样能用同等的时间来做更多的事,就看自己怎么利用。科学家全力以赴地研究科学技术,但他们的业余生活也很丰富。如我认识的科学家施一公、郭天财、茹振刚等业余生活都很丰富。施一公好长跑,郭天财唱歌和跳舞都很好,茹教授打球。实业家熊维政、熊维伟(羚锐集团)也都有各自的特别爱好。因此时间分配很重要,我的时间分配是在旅行中看书学习写日记。在坐火车、汽车、飞机时我从来不闲着,不是看书就是写东西。干工作时就十分投入,一心一意工作,晚上基本是写文章,但玩的时候也特别疯狂。如这次带着母亲出去玩,也一心一意地玩,玩了以后就写体会,感受很真实很亲切,很好!总结使人进入关键一步,有总结才能提高。看了以后总结几点,记忆就深刻了,对别人也有启发。

想让时间充分发挥好,唯一的办法是比别人多付出点,夜里少睡点。很多时间都是挤出来的,越挤越多。不挤,一点时间都没有。

2018年12月13日　星期四　晴

用善心对待每一个人

刘焕成是我们研究生的同学,郑州市人大常委会原副主任。在省委党校读书时,他是农办主任,后来到新密市当市委书记,2014年因受贿被判无期徒刑,被关在开封第一监狱。我通过熟人同和顺利、黄志红等4个人一块去看了他,每人给他带了200元,同他说了有半个小时的话,他精神很好。他由无期改有期了,看精神状态也很好,可能他会20年以后才能出来。他女儿在郑州市政协工作,我看他最大的希望就是把女儿安排好,想想他一个失去自由的人,我们在外面已经很满足了,要珍惜当下的一切。

今日还看了开封企业老板卢学生,他病得很重。虽然一生挣了很多钱,但现在一病,什么也享受不了啦,走路都要人扶着,人到了这个时间,活着也是受罪呀。

我在海南买的椰子,专门让刑总拉到饭店,请几个熟人和同学吃饭。打开了四个,喝了椰子水,吃了椰子肉,大家都说好,也是一片心意吧。人生如梦,谁都不知道自己过到哪一步,要用善心对待每一个人。

2018年12月14日　星期五　晴　胡屯村

今天一天很忙

早上起来,同城建局驻村干部孟庆红一起来吃早饭。随后,组织打扫卫生,并办了几件事。

1. 召开胡屯村党员及贫困户大会,讲打扫卫生的二十条规定,讲土地流转的好处。

2.慰问10户五保老人和残疾人。通过慰问又发现了两个问题,一个贫困户患了脑瘤,一个孩子在床上躺了十几年,一直没有得到很好的治疗。这一次要很好地检查一下。

3.同村干部谈了谈。

2018年12月15日　星期六　晴　北京

参加纪念改革开放40周年农业农村发展战略论坛

今天参加了农业农村战略专业委员会召开的论坛。
一、选举新的一届中国发展战略学研究会农业农村战略专业委员会。
二、论坛发言:
1.郭书田(中国农业部政法司司长):谈改革开放。
2.张晓山(全国人大农村委员会委员):从发展战略角度谈谈农村振兴。
3.李思经(中国农科院农经所党委书记):改革开放40年粮食发展与政策分析。
4.苗魁(民革辽宁省委副主任、辽宁省政协委员):改革开放推动盘锦繁荣,乡村振兴引领农村未来。
三、整个会议开了一天,有农业顶尖级专家发言。
会后事情:
1.做好优秀会员推荐工作,希望有更多的优秀会员参加农业农村战略专业委员会。
2.会后发征集论文建议,研究成果进行推广。

2018年12月16日　星期日　晴

乘车返郑

开了两天的会,学了很多东西。今天还有一天,也不再听了,买了12点57分的G555次从北京到郑州的高铁。上午见了见吕茹云(董金玉的爱人),把昨天分的东西给他,一起说了一会儿话。

为了省钱买了一碗方便面(6元钱),吃了个饼干。下午坐车的时间正好碰到李闲静,她从海南去北京了,住在刘洋家,静静说她和同学都焦虑,我真想不通,她们焦虑什么。要房子有房子,要工作有工作,要家庭有家庭,不用负担老人,也不负担孩子,有什么焦虑的。静静讲,可能不如父辈吧,也可能是对未来不确定因素太多吧,总是担心未来保障和把握,总之经常焦虑。

静静把我送回家,王天瑞在大门口接着我,回到家说说话他们就走了。王天瑞回去准备考博士的材料了,都32岁了,还在努力上进,真不易呀!我只能做好服务。

2018 年 12 月 17 日　星期一　晴

为村里要来2万元资助

今天去了泰新集团找史卫东谈了一起合作办乡村企兴和精准扶贫研究院的事。他愿意搞并积极参加,并说给了2万元的养老资助,我很高兴,并参观了他的公司。都是年轻人,很有活力,也很有希望,并给他们一番鼓励。

2万元可以解决村子里的9位老年人生活费的问题,这样就可以大力把敬老院办起来了。下午本来要去非公有制企业圆方公司,结果睡过了,也没有去成。不知为什么,这几天有点心悸,心里老是发慌,烦得很,就什么也不想干。看看改革40年成就,也很有意义,学到了一些东西。

2018 年 12 月 18 日　星期二　晴

今天一天很忙

1. 会见了田玉玺(宋瑞朋友),给他指导在栾川办大健康养生之事(一个小时)。

2. 参加了同学和顺利的苏宁无人超市(郑州旗舰店)开业,他店里的食品大都是国外产品,质量很好,郑州市第一家。

3. 到圆方公司学习,并想在此谋一份工作,打一份工,已说好。

4. 签订了经三路租房合同,拿到了1.4万元的房租。

5. 晚上同陈有富同学谈点事。

6. 到医院拿了这个月的慢性病药物,现在什么小事都得自己去干,所以时间就这样一点一点地浪费了,没有办法,平常人就是这么过日子的。我得想法改变目前这种情况,充分把时间利用到正事上去,不然什么事也干不了。

2018年12月19日　星期三　晴

为扶贫事业奔波

下午去圆方集团，虽然我没筹到钱，但通过同薛荣书记交谈，找到了一个村子盈利门路，就是劳动力培训班。

晚上还帮助上蔡县几个农民找专家解决种果树技术问题。同时我还花了1000元为他们买树苗和请他们吃饭。虽然花了钱，但心里很高兴，因为帮助了贫困农民。

这两天帮助熊海罗筹集4000元，解决他喂牛的草钱。熊海罗是我在西王楼时的一个贫困户，今年买了几头牛，现在过冬没草了，给我打来电话，我一定要帮助他渡过难关。

2018年12月20日　星期四　晴

有感于吴孟超院士

今天在《朗读者》栏目看到96岁的吴孟超院士走到朗读台，读张晓风的《念你们的名字》。读前他与董卿交流时感动得我流下了眼泪。他从国外留学回来，当时才19岁就参加了抗日战争。他的父亲是得肝胆病死的，他是中国肝胆外科之父，创造了无数个中国和世界第一，一生做了1.6万多例肝胆癌症手术。82岁时为一个叫刘甜甜的患者做手术，瘤子有篮球大。现在96岁，每周至少还做3台手术，最长在手术台上站10个小时，短的3个小时，他坚持每天7点吃饭，8点上班检查病房，坚持做疑难手术。人老了，为什么还这样拼？一是身体还可以，二是带学生，三是传技术。他和护士长的一段对话让很多人流泪，"如果我在手术台上下不来了，我爱干净，请给我脸上擦干净，不要让人看着我很累的样子"，他太让我感动了。

感动一，他已96岁了，又是院士，仍然坚持上班，查房，做手术，真是活到老，干到老。比着他，我还有什么不干事的理由？比着他我还有36年的工作时间，36年能干多少事呀！虽然我不知道自己能活多长，但我要像吴老学习，活一天就要干一天呀！这就是一种精神。

感动二，他的技术那么权威，他的年龄那么大，他还那么一丝不苟地工作，一心一意为病人着想，一心一意为人民做事，捧着心来献给别人，多让人尊敬呀！他追求的就是收到更多人的感念。

感动三,崇高的人品,感人的事迹震撼人的心灵,让人永远仰慕。

吴孟超院士就是我学习的目标,努力为人民做事。

2018 年 12 月 21 日　星期五　晴

我要帮助张淑文渡过难关

淑文是我在商水县资助的一个贫困生。我从她上初中就开始资助她上学,一直到她博士毕业,现在她分到了郑州大学教书。本来日子过得很好,但她生个女儿后,这次又怀着龙凤胎,两个家庭又都是农村的,父母都帮不了她。不知为什么,婆婆和妈妈又不给她看孩子。这次住院,两个娘都没有来看她。我上午给了她 3000 元,明天也不下去了,专门来妇幼医院陪陪她。这个时候特别需要人,不论从钱上还是从情感上,我都要帮助她渡过难关。

我们自己的孩子抗压能力非常低,而这个孩子抗压和克服困难的能力却这么强,困难和挫折真是能锻炼人的意志呀!

2018 年 12 月 22 日　星期六　晴

今天特别高兴

张淑文第一胎生了个女孩,现在又生了个龙凤胎,剖腹产。一双婴儿 11 点 15 分推出来,我看着女儿淑文幸福地躺在产床上,两个婴儿,满头黑发,红扑扑的小脸,摸着他们细小的手,红红的身子,那种幸福感油然而生。女娃是姐姐(顺产了就是妹妹),5.6 斤,男娃是弟弟(顺产了就是哥哥)6.01 斤。两个宝贝都睡着了,一动不动。讲完孩子情况,护士就把两个孩子抱到孩子妈妈淑文身边,让两个孩子吃奶。淑文一边抱着一个孩子,那种幸福和期盼看到孩子的心情无以言表,我用镜头记下了她当 3 个孩子妈妈的特殊幸福的一幕。此刻感受到了女儿渴望孩子的心情,我现在也升级做姥姥了,十分高兴。付出就有回报,18 年来我把淑文从一个贫困学生培养成一位博士生,如今看着这一对龙凤胎,真是幸福无限,扶贫不知给多少人带来这样的幸福呀!

2018年12月23日　星期日　晴

今天读了些书

一、威廉·詹姆斯：他是一个心理学家、哲学家、小说家，写有《实用主义》《从心理学玩心理》《宗教经验之种》《真理的意义》，他是人类历史上最具吸引力的人之一。

二、享利·詹姆斯是美国的心理学家，威廉·詹姆斯的弟弟，活到72岁，终身未婚。著有《使节》《一位女士的画像》《螺丝在拧紧》等优秀作品。

三、杨绛的《我们仨》，主要写她、丈夫和女儿的文章，她把钱钟书先生写得很大，但是需要自己和女儿照顾，把女儿写得很能干，做了许多有意义的事，把自己在家庭的位置写得很低很重要，人生最重要的是亲人，亲情，我最有感触。

四、《念你们的名字》，是张晓风写给120名新录取医学大学生的信，把7年医学学习，对医生的希望，医生职业，如何当一名好医生写活了，我受到了很大的教育。因为淑文生孩，我这4天天天往省妇幼医院跑，感受很深，医生真是一个神圣职业，责任重大，深感当医生的艰辛。

2018年12月24日　星期一　晴

村子里真冷

昨天进入冬至，天气非常寒冷。我又来了胡屯村，这里比郑州还冷3℃—5℃。中午在乡里吃个饭，下午找了十几个党员谈心。每个党员都谈得很好，觉得村子里的带头人有点弱，而且不是很团结，明天再谈一天，看看还有什么问题。不管怎么说，先摸摸第一手材料，看村子到底是个什么问题。快天黑了，几个承兑的大户又来找我落实问题，我答应他们明年解决。

天非常地冷，电也停了五六次，回来时我的手冻得有点疼。本来不想吃饭的，但有司机，我必须陪着一起吃。晚上肚子不舒服，早早休息了。

现在真是老了，不能经事，不能生气，也没有精力和体力了。吴孟超院士都96岁了还能做手术，自己才60多岁怎么就不行了吗？还是精神问题，一定要鼓起劲儿，打起精神呀！不然对不起党和人民呀，更对不起范县人。

2018 年 12 月 25 日　星期二　晴

寒冷的冬天在村子里真冷

　　本来想住在村子里,但村子停电,乡里还是给我安排在招待所。一大早我吃完饭又去村子里,找了党员村干部谈心,所有的人都觉得村子里应当发展快一点。但班子弱,应当入手解决班子问题。村子里配班子十分难,有本事的人都去挣钱了,年轻人更是不愿干,工资少,工作又多,干好了大家不一定感谢你,干不好又是一片哗然,意见很大。老胡书记就是一个典型的例子,干了 30 多年,一个小事给拿下了,什么也没有,看看都让人心寒呀! 好在我在村子办敬老院让他负责,每月给他 1000 元报酬。但是没有干部更不行,怎样才能找到一个好带头人呀? 只有从群众中找呀? 还是要走群众路线呀!

　　明天要让敬老院开业,今天要忙着准备呀! 还要找找各方面的人呀!

　　今天虽然冷,但心里很热,并办成了几件事:第一,见了濮阳市的市长杨青玖,并向他要了 180 万元给村子建党员科技创业园。原来有 80 万元,现又有 180 万元,共 260 万元,一定能建起来。这个事干起来了,一定能把新品种、新技术、新科技搞起来,也一定会把这个地方科技工作带动起来。

　　第二,找了部分党员谈话。开了个村干部会议,研究本月 28 日敬老院开业之事。并到县助老爱幼中心体验献爱心之事。

　　第三,同民政局、城建局申请了 4 万元,用于敬老院开业。

　　第四,写报告要杨市长说的 180 万元资金问题。

　　今天从早上到晚上一直忙着村子的事,由于忙也不觉得冷,还觉得时间过得太快了。

2018 年 12 月 26 日　星期三　晴

今天做了 6 件事

　　早上 5 点钟起床,写一写昨天的日记,洗洗脸,下楼吃个饭就去村子里了。先找大学生胡喜常谈了办电商的事,找了村干部谈心,又到县里找赵丽玲县长,她答应向市里要 180 万元经费的事。

　　中午 11 点多钟,我带着村干部直奔助老爱幼中心。二楼的大厅坐满了人,都是老人们。有一位老师在前面讲解大家吃饭排队的要求,有 30 多个志愿者为这个饭厅服务,还看到一些群众从自己家里拿来的白菜、豆皮和生姜。我吃了一个馒头,吃了一点菜。虽然味道不是很好,但气氛、场面很好,很感动人。我一定要让记者给写出来,在这找到了人间的真爱,找到了社会和谐,找到了社会大同的场面,比做什么思想工作都强。

今天忙了一天,做成了几件事:

1. 把往市里要钱的报告形成了文字(同杨青玖要的180万元)。

2. 向民政局王炳臣和城建局荣主席各要2万元资金用于敬老院,已落实。

3. 找电商人员胡喜常、胡继森等部分群众谈话。

4. 请郏县吴小叔(驻村第一书记)、张书记(支部书记)给党员上党课,给这个月的两名党员过生日。

5. 请胡屯村在县城工作的人员吃饭。有人劳局副局长、电商办副主任、二中退下来的老校长、希望学校的校长等6人。

6. 同"两委"班子碰头,落实敬老院开业问题。

夜深11点赶往陈庄一个村同王秋芳书记汇报工作,因28日敬老院开业,想请王书记参加,同镇长高秋菊一同前往。

从早上5点钟起来到夜里12点休息,整整工作了20个小时,不知为什么,来到村子里以后,心病没有了。

2018年12月27日　星期四　晴

范县的干部1、2、3

范县的干部素质很高,执行力很强,让我很受感动。

感动一:县委书记王秋芳亲自驻在村子里督导工作,作风真是扎实呀!

感动二:同民政局、城建局反映办敬老院没钱,今天就落实了,作风真是雷厉风行呀!

感动三:高秋菊一年能在乡里驻300天,基层干部真能扑下身子干实事呀!

感动四:一次看了民政局办的助老爱幼服务中,人间重情处处敬呀,范县民风真是好呀!在这样的环境做点事,乐而幸福,忙而高兴,因为时时可以享受人间真情。

1. 同胡传奎一起走了11户"五保户",动员他们到敬老院去吃饭,现在做好事也不易。到胡同金家,他说自己不想同别人在一起。到胡同喜家说自己坚持不去,因为不方面。到胡同刚家,他说自己浑身肿,不能去吃饭。这样我们只有一点一点地办,把伙食搞好来吸引他们,让更多的人来吃饭、交往。

2. 早上5点钟起来去濮阳市送文件,到达宾馆才7点半,我同汪继章一起说说话,并把文件送给了李金明(濮阳扶贫办主任)。

3.晚上8点去村,还有4件事没干:①卫生都没有打扫;②各项规章制度都没有上墙;③每个房的电视都不能打开;④床被都还没铺上床。当时村干部只有3个人在,真是气死人了。别人都那么积极,他们却一动不动,缺少内在活力,所以我也忙到夜里11点才回住所。

2018年12月28日　星期五　晴

今天是个大喜的日子

站在范县陈庄镇胡屯村敬老院,户外温度零下11℃,很冷很冷,但心里却很热很热。因为全村50多位群众都来参加,村子里的"五保户"都进入到敬老院了。县委书记王秋芳来了,全国人大代表马豹子来了,老同学程普(老干部局局长)等都来了。为了支持村子里的敬老院工作,王书记向敬老院捐了2000元,马豹子和史卫东各捐了2万元,县民政局、县城建各捐了2万元,从胡屯走出去的几个科级干部各捐了1000元,共捐8.5万元。真是热情高得很,王局长、城建局的人员和王书记都讲了话,我也讲了话,开了一个小时,效果非常好。老人们个个听得认真,当每一名贫困户拿出一个被子时,个个脸上都露出了笑容。我创办敬老院的目的有3个:第一,在全村形成一个敬老、爱老、教老、孝老的传统文化和风气;第二,解决扶贫工作打通最后一公里的难题;第三,为创建文明村打基础。现在迈开了第一步,今后的路子还非常长,必须抓好落实工作才行。

每一个人都是父母生,所以一定教育人们要孝顺父母。如果连父母都不孝,真是连猪狗都不如。王秋芳书记在讲到自己的老人时声音哽咽了,他是动了真情,我也要下真心把事情做好!

2018年12月29日　星期六　晴

召开村里民主生活会

村子里最近没有形成合力,主要是领导班子问题。支书胡建民有点放不开,稳定有余,但开拓不足。村主任因为被处分有思想问题,会计也没找到自己的位置。青年人上来了但不愿干实际事,所以工作推不动。我们就一个一个地开展批评和自我批评,指出自己的问题。大家开诚布公,找自己的问题,每个人都谈了自己的缺点,也找了别人的缺点。看一看这一次是否能提上去。如果再提不上去，我也真的要换干部了。

中午陪作家郭克柱、镇长高秋菊在村里吃饭。做饭的人还是不行，虽然安排了两个人，但饭做得不行。不管怎么样，先把饭做好再说。

下午本来去台前，因史卫东不需要去了，我就回来。回来都4点多了，收拾了东西，洗洗衣服就休息了。下村7天，很累，早早就休息了。

2018年12月30日　星期日　晴

一年又过去了

今晚研究生同学请大家吃饭，班里面王亚民班长、王尚胜书记、和顺利秘书长、朱颜杰、朱新力、李晓峰、黄志红、何晓等都参加了。大家说说话，回忆下过去，吃的玩的很开心。

回忆一年来自己生活有喜有忧，跌跌撞撞就爬过来了。为什么说爬？这一年生活无情的打击让我爬都爬不起来，自己得了焦虑症，大年三十我就在医院度过。这个打击还没结束，一生的血汗钱卖姜赔得一下子就没有了。我在安吉处理了两个月才处理完，收回的不到20%，现在还打着官司，这件事让我不论思想上和经济上都垮下了。可是，5月份又喜从天降，省科协给我推了个全国优秀科技工作者，我参加了庆祝科技改革开放40年大会，听了习近平在人民大会堂的报告。参加了王沪宁召开的科技座谈会，全国200人，我是其中的一个，代表着2000多万科技工作者。这次会议比我参加全国劳模、优秀党员表彰还高兴，因为我融入了科技工作者的队伍，是一名老科技工作者了。

接着我的两项科研有了结果，《黄河滩区扶贫模式的战略性研究》进行了论证，《河南扶贫模式的研究》也即将出书，8年多的心血总算有个结果了。

最为满意的是我在范县陈庄镇胡屯村做成了几件事：

一、争取了2600万元，搞成了田园综合体，力争2000万元搞好全乡的危房改造。

二、成立了全村养老互助合作社，筹集了30万元资金，让60岁以上的贫困人口在里面分红，建立了敬老院，十几位"五保"老人在敬老院里生活，12月28日上午10点开业，县委书记王秋芳亲自参加。我们要在村里搞一个敬老、爱老、尊老、助老、孝老的文化氛围，打造文明村。

三、大力推广科学技术，建立了莲藕科技园，富硒水稻基地，准备建党员科技创业楼。投资260万元，把科学技术创业园办起来。

四、大力发展产业，现在村子里有服装厂、泥鳅苗厂、鱼塘、养鸡厂、农家乐等，我们还准备搞民宿和煎饼厂，以经济发展促进农民增收，以农民增收奠定政权稳固，以政权稳固促进党的执政的基础。

五、抓了班子建设，脱贫攻坚。开了两次民主生活会，上了4次党课，脱贫攻坚一项一项落实。

总之，今年喜忧参半，身体基本趋于平稳。吴迪顺利考上了河南经贸学校的老师，这也是令我欣慰的一件事。因为他住在我家可以照顾我的起居，也能给我看看门。亲情是温暖的，我从他身上得到了一些热度和幸福。一年有寒冷也有温暖，生活就这样一年又过去了。不管前面的路子有多难走，我还是要往前行的，行动不了，自然还会有办法再走。

2018年12月31日　星期一　晴

今天是今年的最后一天，走走亲戚

上午起来，去看看孩子的奶奶，带了4件东西。她今年88岁了，过了这个年就89岁，已是快90岁的人了。一听说我来，还到大门口去接我，让我很感动呀！

随后去了林好礼家。他们搬了新家，我从来都没来过，在象湖边，150平方米的房子，四室两厅，非常宽敞、明亮，我给他拿了两个炒菜和炖汤的锅，中午在他家吃的饭。很好，这两口子人非常好，在我们有困难时他们总是及时帮助我们。

下午去看了我资助的贫困生张淑文。我资助了她18年，她现在是一名大学老师，并生了个龙凤胎。没人照顾，正值困难时期。上次生孩子时我在那4天，还给了她3000元钱，这次带点东西去看看她，多给她一点温暖。

2019 年

2019 年 1 月 1 日　星期二　晴

今天见到了演员王善朴和杨华瑞

一个偶然的机会,我应杨盛道厅长邀请去慰问王善朴和杨华瑞。他们在一个民建的青山敬老院住着,王老今年 91 岁,杨老今年 88 岁。参加慰问活动的有杨盛道夫妇、李云夫妇,还有河南商会的一些人及他们的两个弟子,满满一席,都是艺术爱好者。大家还隆重地介绍了我,因为他们写我的剧本。

从他们身上,能知道他们对扶贫工作也很关心和支持。杨华瑞思路特别清晰。一是祝贺改革开放 40 年,二是想同大家聚一聚。他的弟子一呼百应,还有人在这里唱戏,真是高兴。我们是搞农业的,多同艺术界联系,对自己很有好处。

我还约了老朋友马见盈在知青大酒店吃饭。周运友开了这家饭店,有 30 年了,周说他搞了 3 万多亩土地,吃的东西都是他自己种的。

2019 年 1 月 2 日　星期三　晴

团　圆

上午去看了老领导吴全智、梁静。她们都是我的老领导,妇女界的榜样。全智姐几十年如一日,工作兢兢业业,为人正正派派,虽然她没有直接领导过我,但我一有什么事都找她商量,从内心里把她看作我的老大姐。

下午和小玲(丁石书记女儿)一起在家吃火锅。昨天晚上孩子回来了,我买了东西一起吃火锅。我们 5 个人围在一个锅前,吃着、说着、玩着,十分开心。我们吃的火锅比饭店的火锅还好,还有一些我没吃过的菜,真好。

通过亲人团圆我深刻地体会到了:日子得自己过,再好的日子,自己过不好也没办法,再差的日子只要自己想过好,就一定能过得红红火火。今后就照这样过,把日子过好!

2019年1月3日　星期四　晴

回村天天都忙个不停

1. 村里服装厂的水管坏了,我找了几个人帮忙才修好,东山老板在这干活,什么事我们都得帮助他,现在更深地感觉到"领导就是服务人民"的深刻道理。

2. 因为家里的事,我早晨5点多就起来去看徐春婷,她是个知心大姐,解决家庭问题很有办法。

3. 去郑州市第三人民医院拿点药,拿了1—2月份的药,因为要去海南,所以多拿了点药。

4. 中午请寇武江、张扬、贾国印、陈大夫、梁静和小李等吃了个饭。大家在一块说说话,吃吃饭,非常好。

2019年1月4日　星期五　晴

今天做了一件非常大的善事——去新蔡敬老院

今天同爱心慈善团的和顺利、李准等人去了新蔡孙召敬老院扶贫。我们7个人捐了1.4万元,王总(河南郑州石化天燃气公司副总经理)拿出1.1万元捐给孙召敬老院68个"五保户"和双女户。老人们乐开了花,大家忙着抬面、提油、拿米,今年春节他们的食物和钱没什么问题了,钱也够他们花的了。我每年春节都来这个敬老院慰问,如今已是第7个年头了。

父亲临终前交待我两件事:一是照护好母亲;二是照顾好王建设。建设在大姑和姑父去世后,需要别人喂养。没有敬老院的照顾,我不可能安心工作,这个情我要世世代代还下去。

母亲现在还健在,我也要千方百计呵护好。一是养育之恩,二是有父亲的托付。父母虽然贫穷,但他们的恩爱为我们做儿女的树立了榜样。一个人不要学这学那,学好父母亲教给自己的那点东西就够了,学好农民身上的那些优良传统就够自己用一辈子了。好东西不在多,而在精,在用,在传承。我要很好地传承中国传统文化,尊老、敬老、孝老,让孝道文化在自己身上发扬光大!

2019年1月5日　星期六　晴

孟超厅长去世给我带来了很多悲伤

忽听孟超去世的消息,我吃惊、悲痛和难过。我们俩从1981年开始认识,因为那时他是驻马店团地委副书记,我是农牧局副局长。他一个20多岁的副处级干部,在全国还是年轻的。由于农牧局年轻人多,我抓机关,要经常搞活动,团委也给了大力支持。我们经常在一起搞活动。后来他到我们新蔡县当副县长,我们俩就交流得多了。2001年,我代表省扶贫办到商水县当副县长,去挂职,他在周口当副市长。虽然他不管我们,但在人生地不熟的周口有这么一个熟人,每次去周口开会,我也会去看看他,他下乡检查到商水也来看看我。再后来他到民政厅工作了,我到村子里驻村,每到过年过节都去找民政厅帮贫困农民要点东西。每次把领的东西发给农民,我都十分感谢他。有一次我们想着盖个敬老院,通过他的出谋划策,我们从民政厅杨云厅长手里申请了70万元资金。现在这个办公楼就是在那个项目中盖成的。每每看着一批老人住到由孟厅长帮忙盖的敬老院中,我心中都不由地被孟超同志心系全省贫困老人的真心所深深打动。

2017年我们俩又一起退休。那一次我到他办公室,他问我退休以后干什么,我对他说继续在村子当第一书记,他说他想到省慈善总会,为贫困老人和全省老人做点事。有一次,我在河南省人民医院看病,碰到了他,他非常瘦,我还专门去他的病房看了他。没想到就这几个月,他就离开了人间。这位同代、同年、一生联系紧密的朋友就这样突然不见了,这让我怎么能受得了呀!

1. 辛辛苦苦一辈子,就这样说走就走了,给人留下了许多怀念。

孟超从20多岁当领导干部。一辈子兢兢业业,勤勤恳恳,全心全意地把自己的事情做好,一心一意地为人民办事,从来也没有考虑他自己。他当了十几年的副厅级领导干部,到退下来还是个副厅级,人人都觉得他亏,但他从来都很珍惜自己的岗位,认认真真地干好自己岗位上的事情。这是我对他这位大哥哥最为尊敬的一点。他走得这么突然,这么让人难以接受,我感觉很悲痛,为失去这么一位好友而悲痛。

2. 他与人为善、甘愿吃亏的精神让人永远感动。

他从20多岁当县级干部。不论当县长、书记、市长、厅长,对待什么样的人,他都是与人为善,站在别人的角度,替人考虑。我在村子里当第一书记时,有一次想找他给贫困人口要点被子,他不分管这个事,但考虑我在村子里比较难,最后还是让他下面的同志给办了。只要牵扯到群众的事,无论他多忙、事多小,他都要去帮助解决。他当民政厅副厅长这些年,不知给"五保"老人解决了多少问题,又不知盖了多少座敬老院,不知道为人民制定了多少优惠政策,惠及了多少孤寡老人、"五保户"、残疾人和军烈属。我只知道我这个小村官每次找到他帮忙,他都是热情、积极地去帮。全省千千万万的人民群众都和我一样尊敬他,感谢他。有一次,我问他:"你当了十几年的厅级干部,别人都上去了,你觉得吃亏吗?"他对我说:"干实事能有福报,你看我儿子、孙子都这么好,不是我做好事的结果吗?"现在想想,他多么有福报呀,走得那么安详,得到那么多人的怀念,自己的儿孙都那么好,还有比这更值得骄傲的吗?

3.一切遵从自然。

想想孟超同志与我同岁,已离开了人间,心里突然打了个冷颤,说不定我也在哪一天突然就没有了,我会不会像孟超同志那样也有很多的人想着,念着,也有一个好的家庭和不用我操心的儿孙们。我可能不会有,因为我没有他的人缘好,没有他的修养高,家里也只有一个女儿,没有儿子,更没有孙子,我会有什么呢?什么都没有,但我有一颗对党和人民忠诚的心。看到孟超同志走了,我更加紧迫地感到余热一定要抓紧发挥,要不然连个发挥的机会都没有了。

孟超同志的突然离去更让我想起奋斗在扶贫一线的扶贫人,他们天天战斗在扶贫第一线,那种辛苦那种累,那种压力和那种拼劲儿,当了8年驻村第一书记的我体会是深刻的。我用我的教训提醒你们:不管再忙再累,任务再重,你们一定要爱惜身体,等我们累倒了,没有了,什么也做不成了。我亲爱的扶贫战线的每一位同志,你们要加倍爱自己的身体,多为贫困人口做事呀!同时也不要让家人挂心呀!

2019年1月6日　星期日　晴

吃水不忘挖井人

我从村子回来,家人说我在下面受苦了,挨个儿来看我,立马家里多了些温暖。每天晚上家里都有了人气,只要一回家,女儿、女婿都围着我说这说那,亲家也问寒问暖的,问我吃什么,从元旦到现在天天都有新花样,变着法地吃。亲家她每天一刻不停地打扫卫生,把屋里屋外打扫得干干净净的,回来看着明亮的窗子、干净的屋子,吃着可口的饭菜,那种幸福、温暖、真情一起涌上心来。

农民也是如此,这几年的变化,使他们感觉到党和各级干部的好,也让我感觉到幸福。

吃水不忘挖井人,感恩不过共产党,我现在的好日子也不能忘记当时入党时的心愿,一心一意为人民谋幸福,让群众过上好日子。

2019年1月7日　星期一　晴

为老干部做点事真高兴

上午参加单位老干部党支部的党日活动,有10名老党员参加。我们学习了习近平在改革开放四40周年大会上的讲话及省委宣传部的学习通知,每个党员都进行了发言。

另外,我从村子里给每一位老干部带了一袋大米,老同志也非常高兴。我们单位有38名老干部,他们每人都为扶贫事业做出了很大的贡献,我们要时时想着为他们做点事。对待老同志不在你东西多少,只要时时想着他们就行。我下去8年多,没给他们做什么事,这次把村子里的大米给他们发一点,表达一下对老同志的敬意。做什么事只要内心愿做就好办了。内心想做的事,再苦也是心甘,自己想做,不论吃了多少苦,受了多少委屈,付出了多少,都是愿意的、高兴的。人老了,需要别人的尊重支持,也要支持别人,为他们做点事,我心里高兴。

2019年1月8日　星期二　晴

去扶贫攻坚典型李世强那里学习

早上在家里写了一篇怀念孟超的文章,上午10点钟去了办公室,看了关于李世强的一个纪录片,主要讲他为群众办实事的事迹。片子拍得很大气,讲解很好,但内容少了一点,让人感觉不温暖。

下午到交通厅要修路的经费了,没有见到人就回去了。

这两天胃病很严重,胃一直疼,我去医院看了看,去了两个药店都没买到药。不知这次胃病怎么这么严重。两个星期了,一点也不见好,胃胀也不想吃饭,一点精神也没有。

又由于两个膝盖疼,走路也没劲儿,心里也烦燥得很,什么也不想干。

2019年1月9日　星期三　大雪

帮村里找项目

今天下大雪,我去省交通厅、文化厅帮助胡屯村找项目、汇报工作。由于雪大,我也没戴帽子,淋了一头的雪。天气很冷,像刀割一样,上面雪下着,下面雪化了有水,一走一滑,我怕路滑,走得很慢。但走到哪里都受到热情欢迎,特别是刘国兴厅长,亲自安排下属来解决这个村子修路的问题,武处长也十分积极。

晚上请杨盛道、李恩东、张成智、姚继献、贾国印吃饭,大家都非常高兴。他们对我都十分关心,也是我的恩人和带路人。受人之恩应涌泉相报,正是他们的真心帮助,使我为贫困农民多做事、做好事、做实事。

今天还帮助贫困人口对接了两个项目,一个是老年项目,一个是学生项目,非常实用。

2019 年 1 月 10 日　星期四　阴

终于坚持不住了

上午住上院就戴上了心脏监测仪,24 小时监护血压。下午就开始治疗,一是按摩;二是看胃病,开了 5 服中药;三是打了封闭针,很疼。

一天没有吃饭了,什么也不想吃,胃里面疼,心里面也十分难受。60 多岁的人了,看个病就自己一个人,什么都得自己干,想想自己辛苦一辈子,老了一个人也指望不着,也是可悲!家人还怨恨我为了工作落一身的病。

2019 年 1 月 11 日　星期五　阴

参加《驻村第一书记》论证会

下午范县和省广电局、新农村频道要进行《驻村第一书记》论证,让我发个言,我在医院准备了个稿子。稿子的主要内容是:

今天见到各位领导,各位专家,各位艺术家非常高兴。因为我退休一年多了,一直在范县陈庄镇胡屯村当第一书记,没有机会见到大家。感谢李恩东书记、张成智主任、杨盛道厅长,他们是领着我一路走过来的人,没有他们,就没有我的今天。

我非常感谢范县县委、广电局及杨厅长和所有的艺术家,感谢他们给扶贫人充电打气,弘扬正气,并以豫剧的形式宣传第一书记。开始王秋芳同我说此事时我是反对的,因为我退休了,做点力所能及的事,不想给自己压力。但后来艺术家的热情,特别是杨厅长为扶贫呕心沥血的精神打动了我,我才同意以我为原型写这部剧。

第一书记奋斗在一线,付出的辛苦,遇到的困难,承受的压力,对党的真情,与群众分不开的血肉联系,是局外人不能体会的。我们申请一个项目,从村里到乡里,从乡里到县里、市里、省里。不论哪个环节出了问题,都等于白跑。有一次在外面等了一个小时,出来一个工作人员,硬生生地把我从三楼推到一楼,因为里面正在开群众路线汇报会,人家把我当成上访人员给推了下来,推得我胳膊疼了半个月。又有一次,在北京顺义等一个专家,我在外面整整等了9个小时,不敢吃饭,不敢喝水,不敢去厕所,怕一离开就错过了见专家的机会,由于我们的真情打动了专家,我们申报的项目成功了,国家发改委给了我们320万元的资助经费。我们做成了有机肥料、有机蔬菜,形成了农业良性循环。有一次,我和村干部到内蒙古买羊,冒着零下30多摄氏度的寒冬,脚踏到大雪里拔都拔不出来,那个冷真是刺骨呀!有一次,夜里1点多起来,到广东市场卖羊,站了一天,脚都肿了,那才知道什么叫累呀,可是那天我们卖了1000多只羊,盈利了10多万元,高兴得我写了一首诗:"下乡驻村六年多,酸甜苦辣都是歌,千辛万苦不言诲,写好党员先锋歌。"我是一名党员,是一名第一书记,带领大家脱贫是我应尽的义务。

我当了9年的第一书记,走了3个不同区域的贫困村,深感脱贫攻坚这一仗难打,党做的就是群众所要的,干部干的得到了群众全力的支持。很多人都说我有远见,其实只要我们俯下身子干实事,党和群众什么时候都会支持的。

我是全省驻村时间最长、年龄最大、职务最高的第一书记,如果这个戏搞成功了,也是对第一书记的肯定。在这9年当中,人民群众给我的爱太多太多了。2016年我做了个心脏搭桥手术,两个多月没回家,西王楼的群众和学生帮我做了10000多个千纸鹤,祝我早日康复,当时我感动得热泪满面。各级党组织也时时关心我,帮我找医生,解困难。那时我就下定决心,一定永不停步地为人民做事,要站着像道墙,为群众挡风遮雨,蹲下像头牛,吃的是草,挤的是奶。要给群众留点念想,给历史留点痕迹,给孩子留点精神。

我只是千千万万个第一书记的一分子,希望艺术家多写党的扶贫政策,多写人民,盼望大家有机会去我们村看一看。我只有把成绩当作起点,把荣誉当成动力,用春蚕到死丝方尽,蜡炬成灰泪始干的精神,活到老,干到老。

2019 年 1 月 12 日   星期六   晴

今天一天很忙,犯了一个大错误

二姨和菊花从海南回来了,要去家里。我让王天瑞带我回家做饭,上午吴海周叔也来家里吃饭,我又洗个澡。下午又去看卫华的母亲,又在外面吹了风,结果就引起了重感冒,夜里发了烧,十分难受。咽喉有痰,头又疼,浑身发冷,一夜都烧,烧得一夜也没睡着觉,烧得咽喉都发炎了。

今天郏县畜牧局的祁局长来汇报郏县红牛的问题。说了半天,我也帮他出了主意,让他尽快推着往前走,县里在发展红牛事业上要下大力气推。如果一个产业发展起来了,很多产业都发展起来了,这样农民就富了,是一举几得的事。

现在什么事都不能强来,不能硬来。如果今天不洗澡,不出去,可能就不会促使感冒这么重了。自己多受罪,也给家人增加负担。

2019年1月13日　星期日　晴

今天一天感冒特别重

今天浑身难受,躺在床上一动都不想动,不吃饭,也不喝水,口干舌燥,一点劲儿都没有。从早上睡到晚上,从白天睡到黑夜,就一直睡觉。有病了真是无奈,一口水不倒,就一口水也喝不上。一碗饭不做,就一碗饭也吃不上了。人到老了,最不能有的就是疾病。一病倒了,真是十分麻烦。自己顾不着自己,又没有人可以照顾,老了真是可悲可怜呀!

不知要几天才能好。这次的感冒真是太重了,自己都招架不住了。人老了,抵抗力也差了,感个冒就这么受不了,得了大病可怎么办呀!

2019年1月14日　星期一　晴

病友们都很亲切,对我很关照

我这次在中医二附院住院看病。我所在的病房住了4个病人:一个是做手术的,家是商丘的;一个是郊区的;一个是旅游局的方洪连。我没有带肥皂,郊区的妹妹就连忙把她的给我用,我家里没人,方洪连局长的家人就照顾我。我打个水呀,喝个茶呀,都是他们关照,这就应了丁玲说的"我的温暖都来自外界"。我也是这样,所有的快乐和温暖都来自外面,在家里找到的只有痛苦和打击。

晚上丁玲来给我送饭。我吃了一点,好多了。今天感冒好一点了,夜里也睡得好一点。我这次住院从方局长身上学到了与人相处要和气的道理。我也要好好改改我的性格,不能再那么生硬,要学会与每一个人打交道。

2019 年 1 月 15 日　星期二　晴

感恩

　　今天杨盛道厅长打来电话让我联系尹晋华书记。尹晋华书记是省委原常委、省纪委原书记，他对我十分关心和支持，退休了也十分关心我，让杨盛道厅长负责编写关于我扶贫事迹的剧本。正巧范县王秋芳书记对我也很支持，他们和电视台一拍即合。有人出钱，有人编写，就写出了剧本。现在剧本进行了第7稿，搞得特别好，我看了都特别的感动。现在真心关心别人的人是太少太少了，真心歌颂正义的人也是少而又少。现在的人都是想着自己，没有谁能真心想着别人。我遇到的好人千千万，但真正在关键时帮忙的也是寥寥无几。人就是这样，大多数是利用关系，极少数人真帮。像尹晋华书记、翁杰明副省长，真心实意地帮我。还有像刘杰书记、赵地书记、董雷书记对我也是真帮助。真心实意地感谢他们，他们让我感到亲切温暖。在我的人生过程中，帮助我的人很多很多，像李长海、钱大方、钟铭久、常运成等，都是我的领导，他们给我出了很多的力，我要用工作来报答他们。

　　杨盛道是我新认识的朋友。我知道他的能力和为人，我一定从内心深处记着他。

2019 年 1 月 16 日　星期三　晴　-9℃

我最敬重的职业和最敬重的人

　　今年的科学技术奖励大会又评出了最高科学技术奖。习总书记亲自参加大会，并给有突出贡献的人员发奖。自从2018年参加了科技座谈会，我对科技工作者及科技工作人员更加佩服，也最尊敬这个行业的科技人员。他们既是为科学献身的探索者、贡献者，又是精神文明的大师。特别是钱七虎院士，不但81岁了还献身科学，而且将自己获得的800万元全部献给了自己家乡的贫困孩子。他视金钱如粪土、视事业重如山的精神，会激励着一代又一代的科学家不忘初心、继续前行。和这些科学家们相比，我在扶贫上做的小事真是不值得一提。从现在开始，我一定孜孜不倦地学习，老老实实地实践。虽然我们不像科学专家那样，能做出那么大的贡献，但工作上要向他们的思想看齐，要像他们的行为看齐，向他们的人品学习，要用科学的态度对待工作，用科学技术指导农民致富，用科学的方法开展工作等，真正做一个对人民有用的人。

2019年1月17日　星期四　晴

转　院

今天从中医二附院转到颐和医院。不知什么原因，来到颐和医院后，血糖低下来了，血压也不高了。我每次来这里，病情都好得很快，从这件事上我觉得有两点要做好：一是放松思想，对病情好转有好处；二是有了病要多喝水和多睡觉，这样会好得快。

这次住在颐和医院B座7楼21病床。我已在这个医院住了3次了，每次来住院都感到舒服、安心。

一是这个科服务特别好。如检查个病，找其他医生会诊他们科都找人跟着。上午从中医院转过来，赵刚院长、陶玲玲主任就来看我，并拿出了方案，下午卢护士长就领着我做检查，一些情况已有明确的结果。

二是医生和护士都非常负责任，每件小事都安排得非常好，很让人感动。

三是管理上都以病人为根本，让人心里很感动。

2019年1月18日　星期五　晴

今天治疗了一天

医院里的人像自己的亲人一样，让我心里面非常感激和温暖。从生病以来，家里面没人，也没得到好好的照顾，一下子来到这里，那么多人照顾，血糖也下来了，血压也好转了，什么都正常了，真好。这下去海南一切都放心了。

从这次生病的情况看，有了病就要治疗，不能拖着，小病也能拖成大病，小病好治，大病就不好治了，千万不要拖出大病来。

2019年1月19日　星期六　晴

今天来胡屯村慰问

今天一大早起来，同杨景来一起到范县胡屯村慰问。先到敬老院慰问了10位"五保户"。这10位老人在敬老院生活得很好，个个脸上笑开了花。我又给他们每人发了200元钱，他们也非常高兴。随后我又和村干部走访了15户人家，其中10名贫困农民，5名老党员，每人一件大衣，一袋面，两桶油。到了各家各户,我发现了两个问题:一是每家都干干净净,二是大家情绪都非常好。只是每次来了,都有几个要落实政策的人要围上门,有点烦人。他们这些人,多半是村子里爱找事的人。

慰问了这 25 户人家,我简单地在敬老院吃点饭,就回郑州医院了。因为我还在医院,向医生请了个假。很长时间就想做这件事,但一直生病没做成,今天终于做了,心里也踏实多了,睡也睡得好了。很多事特别是关系群众的事,该做的不做,心里就非常难受。你说心系群众也好,你说与群众有感情也好,反正做了就心里踏实了。这样群众过年踏实,我也踏实了。

2019 年 1 月 20 日　星期日　晴

今天办出院手续

这次生病实在严重,开始来中医二附院治腿,接着胃病又犯了。随后重感冒,一下睡了 3 天。后来又转到颐和医院治血糖,没想到血糖、血压治得那么快,在里面治了 4 天就出来了。前后住了 11 天,花了 1.2 万多元,治疗了身上的疾病,身体有了恢复。今年冬天一直感到身体不好,这下算彻底调整好了,这下子到海南过年也没什么牵挂的了。

除此之外,今天还办了几件事。

1. 请乔鹏程副院长和田建民来商定写书的人名问题,最后决定我退出,由乔鹏程当主编,吴一平、田建民等当副主编,再搞 15 个编写人员。

2. 请吴迪单位的领导吃个饭,由魏华、小王和吴迪作陪。

3. 办了出院手续,灵宝扶贫办小刘来家做客,带了很多的东西,他说自己办个敬老院很忙很难,现在被查封了,让我帮点忙,我一定要帮助他一下。

4. 明天都要去海南了,今天收拾一下东西。

这次生病,妹妹素萍、妹夫魏华、表妹菊花、表弟王文峰及好朋友丁玲都帮了很多忙,是他们帮助我度过了这 10 天的病痛过程,生病了没有人真不行呀!

2019 年 1 月 21 日　星期一　晴

今天同王天瑞一起去海南

2018 年 12 月我带着母亲和亲戚去了海南,让表妹留在海南照顾母亲。之后我就回来了,一等就是 40 多天,一直到今天才去。母亲等得很急,每天都问我什么时候才去,我也急着去,可怎么也走不开,今天终于有时间了,还是同女婿一起去。

2019 年 1 月 22 日　星期二　晴

海口真好

昨晚回到海口,由于感冒,今天睡了一天,下午去下面转了转,真好。今天的气温 21℃,很凉爽,不热也不冷,微风一吹,全身凉凉的,非常地舒服。人很少,处处看到的都是大树。这些树都长很高很高,像是长在天上。天上蓝蓝的,时而有一朵朵白云,好像这里的天比郑州要蓝得多,云也比郑州的低和白。地上的小花小草一片接着一片,宽阔的大马路很宽。我们住的是西二街与西六路,南北的叫路,东西的叫街,家人对我说,记着南北是路,东西是街就丢不了啦。我因在郑州刚出院回来就来这里了,一下子很是新鲜,感觉哪里都好。空气也好,卫生也好,人也好,天蓝地绿的,到处都有新鲜感。虽然我还一直感冒,但下来走一圈,觉得真好,一是舒服,二是干净,退下来后就多在这里住几天,养养身体。

2019 年 1 月 23 日　星期三　晴

今天同女儿来保亭了

因为女儿在保亭买了个房子,现在又要交房屋费,所以我来看一看。走到三亚时银臣找了个车,他接着我们一块来。中午在路上吃个饭,下午才到。到了小区,都下午 3 点多了。我们等了陈总一个小时,看看房,交交钱。后来去陈静那里看了看。她住的院很好很大,里面有游泳池、钓鱼台,有高尔夫球场,各种各样的设施都有。她说自己买房子时精装修都才几千多元,三室一厅,她的丈夫也出来了,很好很好。她现在也退休了,儿子在加拿大,刚结婚,说自己以后在郑州住得很少,所以就把郑州金领时代的房子卖了,以后可以在保亭养老。所以他们都很会为自己打算,日子过得都很好。

保亭是个小县城。平时人口只有 3 万多人,过年时有六七万人,街道很干净。有一个灵山寺,还有一个大农场。我还专门去看了魏庄小新的姑姑,她原来是海南橡胶场的工人,有两个儿子一个女儿,今年 83 岁了。她虽然腰弯得很,但身体和精神都很好,脑子很清楚,身体也很硬朗。

2019年1月24日　星期四　晴

人的潜能无限大

　　在海南碰到老乡时银臣。他是在三亚清水湾买的房子，140平方米花了360万元。

　　他本就是一个农民，跟着时存良在新疆打拼事业，现在也成了老板。有两个儿子一个女儿，娶了一个儿媳妇，在新疆也有不少房子，还有自己的生意。如果不是改革开放，他如果不能走出家门，他怎么能有这么好的前程？一是因为能走出去，二是因为改革开放。如果不走出去，再改革开放，他还是穷。只有改革开放，不走出去，也不会发展这么好。从现在看，人要想发展，得做到两点：一是要走出去；二是要解放思想。

2019年1月25日　星期五　晴

发展旅游必须把基础建设搞好

　　来到海南才知道旅游业的基础是水、电、路。我近两年来海南两次，去了海口、三亚、清水湾、保亭、黄流，每到一处都觉得这里好。好在什么地方呢？除了自然风光，就是水好、路好、电好。哪怕是村庄，都有宽广的道路，白天有美好的自然风光，晚上有辉煌的灯光，到哪都是美得很。这让我想起我们想在村子里搞旅游的事，也必须把水、电、路搞起来，这样才能引进更多的人，如果村子里有吃有住，很多事就好搞了。一个部门，一个村庄，一个国家，关键是要经济发展起来。人们的日子过好了，精神文明才能建设起来，社会才能根本好转。

　　海口的物价很高。一斤蒜苗就10元，一斤菠菜也6元，菜为什么那么贵？就是人口多吗？人多了才吃得多呀！我回去以后要多发展村子里的事，从旅游的基础做起！

2019年1月26日　星期六　晴

马云参加达沃斯给我的启示

　　马云从一个老师到成为电子商务的创始人，改变了人们的生活，使生活变得方便、实惠。如去买个菜，不用带钱包，扫个二维码就行了；买个衣服也不用去实体店了;不想做饭了,可以点个外卖,一切都变得方便。虽然他不是人大代表,不是政协委员,但他能在全世界参加顶尖级的会议,所以他对世界互联网发展起到了决定性的作用,对人类发展起到了积极推动的作用,所以全世界的人们才推崇他、承认他、宣传他,并让他参加各种演讲和活动。我很佩服和崇拜马云,一个教师,起点并不高,也没有什么背景,但能在互联网上越发展越好,不但走出了中国,而且走向全世界,真是一个了不起的人物。从他的身上我受到三点启发。

第一,只要做对社会有贡献、对人民有好处、对历史有进步的事,就能被历史和人民记着,这个道理全世界通用。所以我一定要坚持为贫困人民做事一直往前走,直至生命终止。

第二,做一个有思想的人。人只有有了思想、有了创新,才是一个真正独立的人。自己也算是一个有思想的人,在晚年一定要把自己经历的许多事写出来,让后人做借鉴。过去大部分的时间都用在了工作上,现在一定要把时间用在写作上,把人世间的好与坏都写出来。

第三,马云只搞技术,不参与政治,把更多的精力用在工作上,才闯出了一条全世界通行的路子。他成绩那么多,却连个人大代表、政协委员都不是,不知道他内心到底有没有想法,他真是一个超人吗?他现在才50多岁,全世界到处跑,不但有钱跑得起,而且全世界重要的会议都请他,搞技术的走到哪里人们都看得起,所以人一定要有一技之长、有吃饭的本领。中国提出科技兴国,人必须以科技立身呀!

2019年1月27日　星期日　晴

普通的人都有善良的心

我来海口以后,接触了一些小人物、小角色,他们都非常善良。

一、我的亲家张福,她29岁就没有了丈夫,自己把儿子王天瑞拉扯大,并供应他读到了研究生。这次她同我们一起来到海南,在家一刻不停地做饭、买菜、收拾东西,千方百计地让大家吃好,给大家整理出一个好环境,从早上一起身忙到晚上休息,一刻也不闲着。我同她开玩笑,你那么美丽,那么善良,怎么不再找个老伴?她说我的心都在孩子身上,越干越有希望,越有盼头,照顾别人有什么用?她的心很善。

二、新蔡原来的副县长朱元芳,她官职当到了正县级,个人婚姻很不顺,40多岁就和丈夫离了婚,自己一个人带着女儿长大。现在女儿有个幸福的家庭,她自己就在海南住。老乡、同学、熟人的谁有什么事都帮,心地善良得很,我十分尊重这位老大姐。

三、时银臣,他是我们村的一位成功的企业家,他在新疆干得很好。我最佩服他的有两点:第一,孝顺。他的父母在海南,他们抢着照顾他们,对父母关怀得无微不至。第二,非常仁义。他的弟弟时存良出事了,他把自己的房子卖了给弟弟还账,关键时刻见真情,一个小人物能做这么好,真是心善呀!

在我的一生接触的人群中,我悟出了一个很深的道理:越是普通的人,越是善良,所以我还是愿意同普通人打交道。

2019年1月28日　星期一　晴

小年——腊月二十三

腊月二十三又称小年,是中国传统文化中祭灶、扫尘、吃灶糖的日子。

今年小年过得特别好。一是同母亲和家人都在一起过,二是又接来一位贵宾——朱元芳县长。亲家张福从早上开始做枣馍,到中午做饺子,到晚上熬粥,忙着一刻不停。我和元芳去买了肉菜,本来说好的晚上吃火锅,因为二十三,改吃饺子。

下午我带母亲、元芳去地热池洗脚,回来后我们每个人洗洗澡、吃吃晚饭就坐下看电视了。看电视的时候我还用中药(药透)治腿,这个小年过得真是好!

今天看到一段话我觉得写得特别好,我抄下来鼓励自己。

"人,对生活必须充满自信,只有内心自信,一直向往,不断追求,勇于拼博,才有美好的明天,这个世界不可能总和我们希望的那样美好和顺顺当当,时常会有大大小小的忧患和曲折扰乱人心,而心一乱,一切美好和幸福都不见了,所以要过好当下。"

阅尽人生百态,还是诚实最好,阅尽生活坎坷,还是真诚最美。生活就是一面镜子,于其中,或是善良诚实,或是奸诈虚伪,不同的人有不同的态度。生活就是一部书,于其间,不论是真诚相待或虚情假意,不同的人留下不同的记录。经年的风雨,流年的漂泊,即使很苦,很累,但我依然坚信诚实与善良,并去原凉一切对不住自己的人和事,为后代留下点精神的宝贵财富。

小年我还给二姨打了个电话,她们也很高兴,同母亲说了很长的话。二姨家5个女儿,日子过得都好,比小姨强得多。小姨虽然是个教师,但身体不好,日子也过得很艰辛。

今天给村子里打了个电话,问敬老院的情况。他们说,敬老院的"五保户"很好,我心里也很高兴!

今天一大早我去给老同学贾英豪送油饼,但他们两口子出去了,又去静静家,也没人,就又回来了。

2019年1月29日　星期二　晴

来这一周,取得了三个成绩

第一,去保亭把房款交了,过完春节就可以装修了,2019年过年就可以住了。

第二,咳嗽现在终于好了,由此得出有病必须治。这次我住院,看腿、看胃、看血糖,现在在海南,一定要坚持除根。

第三,尽了孝,每天带母亲去洗洗脚,母亲很高兴,我也很高兴。这次来了9天,带母亲来洗了5次脚,母亲很高兴。说她在海南吃得好,住得好,玩得好,说都是享我的福。其实我这次来才觉得自己真的离不开母亲,我走路了,她拉着我的手,我给她力量,她给我温暖,娘俩扶持着一点一点往前走。我坐在客厅看电视,母亲靠在我肩膀上,说:"兰呀!我现在一点也离不开你们了,靠在你肩上感到很踏实,很幸福。"我咳嗽了,母亲就从她衣包里拿出一包纸让我吐痰,我想喝水了,母亲赶紧给我端茶,我手动一动,母亲赶紧给我拿瓜子。母亲就像我的心灵,我一动,母亲就知道我要什么;我一个眼神,母亲就知道我想什么。过去我工作忙,同母亲在一起的时间也少,这次出了事,特别是来海南才知道自己离不开母亲。母亲就像我的眼睛,能帮助我看到一切;母亲就是我的心灵,随时都帮助我解决一切问题,解决我的苦恼,及时给我安慰,时时给我温暖,形影不离地跟着我。娘呀娘,你真是我的贴心人,在我最最需要你的时候,您还这么贴心地关心我、帮助我。您虽是个农民,大字不识,可您明事理,做人善良勤劳,顾大局,您真是个伟大的娘!我要永远向娘学做人做事,用品质影响和教育人。

2019年1月30日　星期三　晴

人们的思想都在改变

今天腊月二十五,我领着母亲到海口五源河菜市场去理发。因为走错了路,母亲累得满头大汗。我们到了菜市场,路北有一个美容美发店,我就和母亲在这个店理发。开理发店的是一对东北的年轻夫妇,30多岁,孩子才19个月,由他们的母亲照顾着。妇人染了一头白发,很显老,开始我以为她有50多岁,谈起话才知道才30多岁。她说自己原来在东北开理发店,因为看到这边的气候好才到这边来,把家里的房子和理发店都卖了,在这边买了房子,并在这里开了理发店。生意很好,我去的时候,没等多久,就剪上头发了,等我们出来都排了很长的队。这才上午9点钟,估计往后排得时间更长一点。一个人剪个头发35元,看这个情况,一天俩人最少能剪50个人的头发,一天就能挣到1000多元,从夫妻理发店中我受到启发,人们的思想一定要变。

1. 要放眼世界,两眼往外看,只有走得远,才能看得远。

2. 人一定要有一技之长,有一个可以吃饭的硬技术。看他们小两口只是理个发,他们通过自己的努力也能生活得很好,要是有高新技术就更好了。

3. 要跟着时代变,跟着社会变,跟着生活变,变得越来越好,越来越向上,越来越不能脱离社会。特别是自己,虽然年龄大了,但一定要与社会同步,才能不被社会淘汰。

2019年1月31日 星期四 晴

来文昌看老领导赵地

赵地是我1982年参加党的第十二次代表大会认识的女代表,后来她当了省委组织部部长和省委副书记,再后来她当了全国妇联副主席。几十年来我们都一直联系,从来都没有断过。但我也从来没利用她的关系办过一件事。她心地善良,对人诚实,从来不打官腔。后来她退休了,每年我都去看一看她。每次去她那里,她都会送给我点东西。今天我又从海口到文昌来看她,从文昌下车坐了个出租车,到她的小区需要50元的出租车费。我们在一起说说话,她又鼓励我一番,说我干得很充实,做了不少事,很好!我也知道她做官为人都是很好的。她说她同她爱人是初中到大学的同学,都是在农村长大的。她1个姐姐,1个妹妹,2个弟弟。她爱人家5个孩子,1个女孩,4个男孩。她的孩子现在在公安部上班,儿媳妇在团中央工作,一个孙女上高中了。她在北京就一套房子,在海南买了一个50平方米的一室一厅的小房子。去年她去了很多地方,每个月出去一趟。到三亚住3个月,去了河南、新疆、珠海等地,她说自己还走得动,可以到处都走一走、看一看。她今年81岁了,老伴83岁了,两个人的身体都很好。80多岁了,还能到处跑,真是不简单!我要很好地学习她的心态和精神,保持一个乐观向上的心态。由于她问及了我的家庭,我也同她谈谈心。她住的小区很大,有游泳池,温泉池,一天都转不完,比公园还好。大片大片的参天大树,水清澈见底,碧绿碧绿的,走十分钟就能到大海了。能住到这个地方,真是一种享受呀!

从老领导那里回来,都5点多了。我很累,所以就休息了。

2019年2月1日　星期五　晴

今天是腊月二十七

　　朋友的丈夫跟人家跑了。朋友心里很难过,想着带着老娘出来过个年,没想到儿子又给她杠上了,说她把自己的结婚钱给贪污了,还说她的丈夫如何好,气得我朋友睡了两天,也不知流了多少泪。过年了闹出来这样的事,真是让朋友伤心。她实在闷得慌,就同我说了说话。她不明白,明明是自己丈夫有错在先,怎么就成了自己有错,而且这话是从自己儿子的口中说出。她儿子还说,爸爸是妈妈气走的。你说做娘的有多伤心,她说不就是丈夫有钱吗,儿子也跟着爹伤自己的心。

　　我听后深为好友悲痛。一辈子嫁了一个丈夫,跑了;养了一个儿子,事事同自己作对,这今后的日子该怎样过呀?这个世道,有钱没理能说成有理,白的能说成黑的,好的能说成坏的,坏的也能说成好的,世道真是乱了,太乱了!人都不知道好坏了。

　　人善被人欺。好友善良、憨厚,家里人偏偏拿着了这一点,千方百计地对付她。她对谁付出都不计报酬,不讲价钱,对谁都实心实意的,可她偏偏被亲近的人伤害。她担心自己的晚年没办法过,我一定给她想一个办法呀!

　　过了12点了,我还在替朋友苦恼、悲伤,也没给她想出好的办法。该怎么办呢?

2019年2月2日　星期六　晴　24℃　海南

带母亲看大海

　　今天是腊月二十八,快过年了。我带母亲、亲家张福坐86路车到海口的假日沙滩来看一看大海。海很大,一眼望不到边,远远看去,一望无际的海水,风平浪静。海边的海水呼啦啦地打着海边,一浪接着一浪。海边有很多人,在沙滩上走着,有的赤着脚,有的拿着鞋,很多人都穿着夏天的衣服,拿着手机,尽情地拍大海,拍风景,也拍自己,神态各异,精神焕发,兴高采烈,真是过年了!每一个人都表现得特别轻松,母亲不愿下到海里来,总是坐在海边的石条凳子上,看来来往往的人,亲家没怎么出来过,在大海里拍照、游玩,特别高兴。我时而陪陪母亲在凳子上坐一坐,时而赤脚在沙滩里走一走。看着一眼看不到边的海水,望着海边川流不息的人群,听着哗哗的海浪,自己好像被卷入到大海中,没有苦恼,没有人世间的凡事,脑子空空的,人静静的,这种感觉真好,真美!在软软的沙滩上很久很久,一回首,一对中年夫妇说,该回去吃饭了,我才突然想到母亲还在岸边坐着,赶紧起身去扶母亲,母亲说:"孩子呀,你去哪了?怎么这么长时间没见你?"我的泪花含在眼中,我不能走,不能死,一定坚强地活下去,不然母亲该怎么办呢?再艰难的生活也要走下去,再宽的大海也要渡过去,虽然海水无边,但日子总会好起来的。

2019 年 2 月 3 日　星期日　晴　24℃　海南

今天走的路太多了

晚上给母亲买药回来,一看手机运动走了 2 万多步,吓我一大跳。因为我膝盖刚打过药,医生说不能走太多,今天远远超过规定的步数了,今后一定要注意。

1. 早上起来没事,到江边走一走,回来一看就 5000 步了。

2. 明天就是三十,想给母亲、亲家买两身衣服,于是步行去了万达。虽然衣服没有买到,但路没有少走。母亲让我给她买降血压的药,但是没买回来,只得拿着身份证又去万达,这样来来回回就走多了,明后两天在家过年,哪也不去了,好好在家休息一下。

3. 因为一点小事,孩子们两天没回来吃饭了,心里十分挂念。人老了,不能说很多话,不然年轻人不高兴。人不服老是不行的,老了就是老了,事事遵从自然,谁的事都不用管,管好自己就行了,像母亲那样有个好身体,比什么都好!

2019 年 2 月 4 日　星期一　晴　26℃　海南

大年三十

60 多岁的人了,今年是头一次在外面过年,而且是同母亲、孩子们在海南过年。早晨去看了大海,上午孩子 12 点才回来吃饭,晚上 6 点多钟就吃饭了。吃饭后孩子陪我打个牌,虽然孩子玩得不好,但也是他们的心意,玩到晚上 10 点,我们看春晚。今年春晚的节目很好:一是阵容大,灯光好;二是演员多,热闹;三是有些节目很让人震撼。像少林武术,参加的人有几千人,整齐划一,武术精湛,很有高度和深度,有世界水平。还有贾玲演的《啼笑皆非》,反映了消费者与服务者之间的矛盾,告诉我们必须相互理解和支持。整个节目做得很用心,令人赏心悦目。

今年过年,我很高兴,很开心。一是孝顺了母亲,二是享受了好空气,三是和孩子在一起度过一段时光。我收到了很多人的祝福,也祝福了很多人!

我用了3天的时间,看了亨利·詹姆斯写的《螺丝在拧紧》,内容是揭露各种发人深省的罪恶行径,具有震撼人心的力量。

2019年2月5日　星期二　晴　25℃

大年初一

今天是大年初一,我和家人们在一起过。早上两个孩子没有回来吃饭,中午吃的火锅,亲家准备了一个上午,非常丰盛,孩子们和老人都吃得非常高兴。大年初一,老习惯,我要给孩子们发压岁钱。女婿是第一年收压岁钱,我给他发了10000元,图个喜庆,我还给母亲和亲家母各1000元。母亲跟着我过年,怎样也要让她高兴,我专门给她换了新钱。我这个人做事从来是先人后己。自己再辛苦,都不能亏着别人。今年虽然我经济上很紧张,但我不能亏着孩子和老人。只要他们开心,我也就高兴了。

今天打了一天的电话。第一个电话是给胡屯敬老院打的,胡建民书记对我说,敬老院放假几天,到初六老人们才回来。这样也好,这些老人也可以同家人团圆几天,我也不挂念他们了。

给长辈、老领导也打了一些电话,如马忠臣、董雷、赵地、李长海等。

早上,我去了一趟海边。面向大海,看着海面上一浪又一浪的海潮,心里非常平静。虽然往事不堪回首,但同家人一起过年还是很幸福的。

2019年2月6日　星期三　晴　24℃　海口

大年初二

今天,我带母亲和张福去了冯小刚电影公社。吃过早饭,我们乘坐出租车来到目的地,花了300元买了两张票,母亲免票,整个电影公社主要有3个景点。

我们先去了电影城。里面一个一个建筑各具特色,以欧式建筑为主。林立的高楼,一座接着一座,形成了狭窄的街道,非常美丽且富有韵味。母亲看不出什么风景,我们逛一会儿就坐在长廊坐椅上休息。我仔细地观察整个人群,都是拖家带口的人来。来这过年,有子女拉着父母亲的,有夫妻带着孩子的,还有小姐妹一块玩的。卖小吃的人特别地多,随手就可以买吃的。我们在路边买了两个椰子,买了两盒臭豆腐,三个人吃得津津有味。第二、第三个景点都是20世纪60年代的场景,但自然风景也很好,我们看了两个多小时。

结束行程我们到家都下午两点多了。亲家母拍了很多照片,很美。下午,我带母亲去洗了洗脚。这一天就这样过去了。

2019年2月7日　星期四　晴　27℃　凌水

来凌水看时振山夫妇

时振山是王腰庄的村民,原来在家烧砖,后来随孩子们到了新疆,几个孩子在新疆干得很好。我在村子当第一书记时,他的三儿子时存良还给村子投资70多万元修路。现在他的二儿子时银臣在凌水给他买了房子,上下两层200多平方米。我带母亲来看他两口子,一是感谢他们儿子对家乡的支持,二是给母亲找个说话的人。母亲来了两个多月,一直没有熟人。他们年龄差不多(大叔80岁,大婶79岁),都是老乡共同语言多,他们可以在一起说说话。我们到凌水已经中午12点多了。银臣接到我们后,到他家都1点多了,吃吃饭,休息了一下,在院内走1个多小时,又吃晚饭了,晚上老人们说得可高兴了。

大叔大婶说,他们5个孩子。老大时爱良在新疆开医院;老二时银臣在新疆开药店;老三时存良在新疆搞房地产,因为一些事进了监狱;老四原来跟着老三,现在被赶出公司;他们的女儿也做得很不错。

大婶大叔这几个孩子,每个人都在新疆成了家,立了业。老三发展得最好,问题也最多。5年之后,从监狱出来,从头再干,也可能还会做得更大。这个案例让我深刻体会到,任何人都不能依附别人工作和生活。如果老大和老二不是有自己的事业,这次当老三出了问题,那就都会陷入困境之中。老了也是如此,什么时候都要自己靠自己。

2019年2月8日　星期五　晴　28℃　凌水

大年初四看大海

今天上午,时银臣带我们去看大海。凌水的海滩很宽,很长,沙子也很多。我们带着3个80岁的老人看大海,老人们说天热,看了一会儿就去树底下凉快去了。母亲坐在沙滩上看我和银臣的爱人玩水、玩沙子。这一段时间虽然天天看海,可每一见到大海,还是很兴奋。海水哗哗响,海浪一浪接着一浪往前冲,微风吹在身上爽快得很,舒服得很。我们俩在海边走着,任凭海风吹、海浪打,赤脚踏着细沙,一走一个坑,那种弹性你只有体会到才知道是何等舒服。赤脚走在海水里,怎么走怎么好玩。我顺着海边,走了一段又一段,心里一直在想,人和大自然相比,大自然是多么伟大,人又是多么渺小呀。人就像沙滩的一粒沙子,自己本来就是一粒沙子,就要甘当一粒沙子,尽一粒沙的作用。在不起眼中闪光,在不经意中起作用。就像有句话说的那样,最长的路是脚,最高的山是人。人一定要独立,沙子一定要有用,这就是今天看大海的感悟。

海边还有另一道风景,来看海的人很多。一群一群、一波一波,男女老少,来自东西南北。衣服各异,但大家目的相同,都想让家人过一个快快乐乐的春节,享受着大海给人们带来的愉悦、美好和舒服。现在给人们过年最好的礼物就是舒服和轻松、快乐!这个年我与家人们过得很好,很舒服,很快乐,很轻松。

2019年2月9日　星期六　晴　28℃　凌水

破五

正月初五,俗称破五。因中国民俗认为之前诸多禁忌,在此日可破除而得名。这一天承担了人们辟邪、纳福的希望和憧憬,所以这一天在我们那就有些风俗习惯。比如在这一天必须吃饺子,不准妇女串门。《燕京岁时记》载:"初五谓之破五。……至初六日,则王妃贵主以及各宦室等冠帔往来,互相道贺。新嫁女子亦于是日归宁。"破五最大的特点是吃饺子,我们来时银臣这吃的是鸡汤面片,非常鲜美,非常好吃,我吃了一大碗,母亲也吃了一大碗。

银臣的爱人忙了一天,上午做鸡汤面片,下午吃饺子。中午我们还去了凌水到昌平路旁的芒果园,在芒果园里照相。下午还去了海滩,玩得也特别好。

在银臣家3天,学到点东西:一家人其乐融融,银臣的妻子很贤淑,只干活什么也不说。今后对孩子和家人我也多做少说!

2019年2月10日　星期日　晴　26℃　海口

初六

初六是我的生日。我和母亲从凌水回来,家人给我做了一桌我爱吃的饭菜,有米饭、蒸肉、芹菜等,帮我买了蛋糕、西瓜,还给我发了1000元的红包。母亲还把去时银臣家收的3000元送给我做生日礼物。最亲的两位亲人,母亲和女儿都在我身边,这个生日实在快乐!

人生一晃几十年都没有了。忙忙碌碌,辛辛苦苦,一生都是苦,都是付出,从来没有享受过。

从小吃不饱,穿不暖,一天没有吃过三顿饭,从小学到初中都没有用过钢笔,高中毕业为了多挣点工分,就在生产队喂牛(当时一个女劳动力3分,一般男人4分,喂牛是5分),一喂就是7年。担水掉到过井里摔断了锁骨,下大雪时挑草把脚割得全是口子,背了一路草,流了一路血,红血滴在白花花的雪路上,染红了一路。艰辛,艰难,付出心血,昂着头往前走,往前走,走到1975年又赶上发大水,我冒着生命,同洪水奋斗了20天,保住了自己队里的牛,并救了外面20多头牛。从此我出了名,组织上给了我一个"全国劳动模范"的称号。在饲养室里,我喂了7年牛,后来参加了工作,上了大学,当了领导干部,那时我才27岁。为了家庭、为了工作,从1980年到2017年,整整奋斗了37年。我像一个陀螺一样不停地转,终于转到了退休。

有过那么多的荣誉,最后还有了这段耻辱,我一定用自强、自立来洗刷这段耻辱,过好自己,活出老年的精彩。

2019年2月11日　星期一　晴　26℃　北海

大年初七,我牙疼

出去了几天,上火了。去几天凌水,吃的也不总是可口,夜里也难休息好。上火了,牙也疼,耳也鸣,脖子也落枕了。带着母亲回来很艰辛、很痛苦,背上背着大包,一只手里提着一兜子时银臣从新疆带过来的蒸馒头。母亲下了火车后手拉着我,特别紧,拉得我整个胳膊都疼。没有精力注意路况,还走错了路。为了省几个钱,我们下了北海车站就直接走到汽车总站。本来火车站与汽车站只是对面,由于身上的负担重,走了半个多小时才坐上86路,又坐了一个多小时才到家,才省了100多元。穷了想尽孝,就得多付出呀。

毕竟是一名60多岁的老人了。上了火,牙也疼,耳也鸣,咳嗽也没好,特别难受。下午又带母亲去洗了个热水澡,泡泡温泉,张福妹妹又帮助我按摩了肩,又吃了消炎药,夜里觉得好多了。无论怎样都要尽心尽力照顾好母亲呀,她都快90岁了,也陪不了自己几年了。

2019年2月12日　星期二　晴　22℃　海口

大年初八——母亲牵着我的心

几十年来,我都忙于工作,很少顾家。现在退休了,就想多尽尽孝。2018年11月29日,我带着母亲、二姨、二哥、三舅几个人租了一辆车一起出来玩,转了10天。我回郑州了,由表妹菊花在海口陪母亲。1月8日,女儿又来陪母亲,到现在母亲已来2个多月了。到走的时候,母亲可能待3个月。我和女婿王天瑞1月21日到海口。天天和母亲在一块,早上拉着她的手散步,下午陪她去美高梅泡脚,时不时还带她去看大海,逛公园,电影公社以及走访她熟悉的老人。她过得很开心,我也感到很幸福。开始我以为我只是尽心尽力地在尽孝,现在越来越体会到母亲不但是我的眼睛,更是我的心灵。

一、母亲一直鼓励我继续往前走。

每天早上,母亲看到我睡醒了,就说:"咱们出去走走吧,活动活动对身体好。"虽然我还想赖床再睡一会儿,但我只有尽快起来,洗漱一下陪母亲下去走一走。母亲已经快90岁了,她还每天早上7点就起来坚持走路,锻炼身体,我还有偷懒的理由吗?有母亲的陪伴,我天天走40分钟8000步左右。母亲走不了那么多,就坐在椅子上目送我走。我们从海滨路长二街走到五源河菜市场买菜,回来就做做饭,吃吃早餐,上午我看看书,写写东西,母亲就休息休息。

下午3点多,母亲看我睡醒了,就会说:"咱们去泡脚吧?"我会带着母亲从星华海岸城小区到鲁能美高梅去泡脚。过去得走20分钟,有1000米多,我怕母亲累,走一走就想让她找个地方休息会儿。每到这时,母亲总是说,再走一会儿就到了,继续往前走吧,一到地方咱们就可以休息了。

大年初二,我带着她去电影公社,里面有3个景点。我们走了两个,还有一个电影公社基地,我怕她累,就征求她的意见。她说既然来了,就看完吧。我这么多年做什么事都能坚持的原因,就是母亲不停地鼓励。在大吴庄驻村时,因为村子穷,我同弟弟、妹妹到处借钱给村子里办事,母亲老是说"你姐很难,你们就帮帮她吧"。每次干活我的脚累肿了,母亲都给我端热水洗脚,帮我暖被窝。在确山西王楼时,母亲为了支持我办学校食堂,把自己卖地的5000元捐给了西王楼学校。母亲就像我的眼睛,看着前方和远处。不论我多么累,多么苦,母亲总时时鼓励、支持我往前走。往前走,这就是我能在扶贫村坚持9年的动力源泉。

二、母亲牵着我的心。

来之前,我染上了重感冒,还住了11天的医院。1月20日出院,21日就同小王来海口了。由于没有完全康复,经常咳嗽得很严重。只要我一咳嗽,母亲就赶紧从她的衣服或包里给我拿卫生纸,让我吐痰。我吐痰时,她抓紧把痰盂放在我面前,让我抛卫生纸。有时我正准备站起来倒开水,母亲已把她倒好的开水放在了我的面前。有一阵子,我买了两包中药,蒸好后,放在两个膝盖上,治疗膝盖上的滑膜炎,每当我把两个药包放到腿上,母亲就用毛巾给我盖上。看着母亲弯着腰给我盖腿,我都含着泪水拉着母亲的手,母亲啥也不说,用两只手重重地拍拍我的两个膝盖。虽然母亲力气不大了,但她还是用全身的力气为我祛除病痛。我想什么时,母亲就心灵感应到了似的去做,这可能就是母女的心心相印。正是母亲这颗善良勤劳的心,孕育了我敦厚、善良、坚持、能吃苦的品格。母亲虽然一个字都不认识,甚至没有自己的名字,但在我几十年的工作里,母亲从来没张口向我提过一个难题。不论她生活上遇到多少困难,每次打电话,她都说:我很好,吃得好,睡得好,家里什么困难都没有,你放心的工作吧,工作要紧。特别是父亲瘫痪的6年间,喂饭、洗衣,由于父亲躺在床上,大便拉不下来,母亲跪着给父亲抠粪,有时手指在肛门里抠粪,给手指都抠出了血,母亲也从不叫一声苦,从来也不说家里的困难。无论是我在生产队喂养牛,还是到机关工作,一直到后来当第一书记,在重大事情上母亲从来都是以实际行动支持我,我内心里时时都流淌着对母亲的感激。母亲的善心和时时为别人着想的思想,教育和指引着我。母亲住在我的心灵里,她就是我的血液,我的动力源泉,我的灵魂,我的思想。孟郊的《游子吟》:"慈母手中线,游子身上衣,临行密密缝,意恐迟迟归。谁言寸草心,报得三春晖。"说出了每一个孩子的心声,我没有那么好的文采,表达不出那么深的心意,但母亲就是我的心灵,这点我感知得非常透彻。

三、母亲就是我的榜样。

母亲的勤劳、善良、先人后己,时时影响着我,她是我的榜样。母亲兄弟姐妹六人,她是老大。母亲过门后,又扛起了大儿媳的大旗,整天披星戴月地在地里劳动,夜里还偷偷给姥姥家人做鞋子。后来经历了一段苦难的日子,走出来了,又照顾瘫在床上的奶奶8年,不能动的父亲6年,不能走的姥姥6年。到80岁了,自己还在劳动,现在都快90岁了,还在不停地为我服务。勤劳是母亲最大的特点。很多人都说我勤劳、能干,但我不比母亲的十分之一,百分之一,千分之一。

善行一生。母亲心善,对谁都是捧着心对待人,孝敬老人,善待亲人,为了别人,都是一心一意对人家好;别人有困难,缺钱财,她样样做得都很好。我之所以对穷人那么好,对群众那么亲,就是受到父母亲的影响。一遇有困难的人,总是要尽全力帮助,不然总觉得亏欠别人。

先人后己。母亲做人做事的原则就是先考虑别人。有好吃的,她自己不舍得吃,给别人留着,有好穿的让给别人。现在都快90岁的人了,不论对儿女多么想念，从不说出来，怕影响儿女的工作、生活，对儿女也从没有什么要求。这次来海南3个多月，从来没闹着要回家，没要求谁来，一接到儿孙的电话，总是说："我在这里吃得好、住得好、玩得好，你姐照顾得好，你们可不要挂念我呀。"宽别人的心，帮别人的忙，是她最常用的语言表达。母亲是我的榜样，很多人都说我是当之无愧的劳模、先进，但在我心中母亲是最大的劳动模范，是最典型的先进，她是我学习的榜样、做人的榜样、做事的标兵，我为有这样伟大而平凡的母亲而自豪，她给子女做出了最好的榜样！

  同老人相处，要用老人优点，发挥老人的优势，满足老年人的精神需求。现在日子过得好了，所有老人在吃穿方面都没有什么问题了，做儿女的一定要千方百计让自己的父母长辈多走一走，多看一看，多参加点有益的活动。如唱唱歌、跳跳舞、泡泡脚、旅旅游、看看亲戚、串串朋友、打打太极拳等，一定不能让他们经常待在家里，天天睡在床上。这样对他们非常不好，愿天下的儿女们都能孝顺老人，都能让老人的精神世界富足。

2019年2月13日 星期三 晴 24℃ 海口

大年初九

  三六九，往外走。初九是人们出门的好日子，上学的、工作的、外出打工的，过了新年，都要往外走。我们胡屯村也有几百人今天就离开村子，奔向祖国的四面八方，愿外出的村民们能找一份好工作，多挣点钱回来，让家人过上好日子。我一辈子没打过工，现在退休了，想去打个工，品尝一下打工的艰辛，到底是去广州的养猪厂，还是在郑州打工，还得好好考虑一下。

  九是中国古代被认为最大的数字。九五之尊，说的是皇帝，九是最大，顶满了格，数到了天人能活到九十九，现在也是很少的。电视《九九》，讲的是一个女人的勤劳、善良、识大体，在家成顶梁柱的故事，很感人，我看了就流泪了。《中国诗词大会》第四季播了九晚，我天天都看。董卿主持，康辉、蒙曼等老师讲解，百人团、少儿团和预备团人才辈出，看节目中的出题、答题、解题，是一种很大的享受。不但学习了古代诗人的伟大，也了解了各位诗人作诗的背景、缘由，所写的主题，同时也体会到了主持人、老师和参加诗团的学员为全民推广普及中国诗词的艰辛努力。我想自己现在退休了，也从语文和诗词这方面开始学吧，用10年的时间，把语文学好，把诗词学好。

2019年2月14日　星期四　阴　有大风　海口

"中国诗词大会"冠军出来了

从大年初一晚8点半到今晚,10场"中国诗词大会"比赛,我期期都看,从不缺席一场,每场都看得心潮澎湃。董卿的主持,5位老师渊博的诗词解释,少儿团、百人团、预备团的140名人员,组成一台大戏,一个比一个精彩,一个比一个有才。看了10场诗词比赛,就像自己经过努力,脱贫了十万人那么过瘾、那么带劲儿、那么欢心鼓舞。如果有老年人参加的比赛,我一定会开始认真学,也去比个赛、露个脸,领略诗词给自己带来的力量。

诗词大赛的冠军是北大机械专业的女博士陈更,亚军是中科院女博士孙晓婧。陈更给我的印象极深,她1992年出生于陕西省咸阳市秦都区,高中时就读于秦都区育才中学,2009年以全校第一的成绩考入上海同济大学后,又被保送到北京大学。她从小学三年级开始学习古诗词,她说:"中国的诗词讲究4点:气象、体面、血脉、韵度,即气象深厚,体面宏大,血脉贯通,韵度飘逸。"她的母亲梁秋霞是中学的一名老师,与丈夫都热爱诗词。良好的家风奠定坚实的基础,再加上不懈地坚持,本身的兴趣,帮助她拿到了这次的冠军,确实是实至名归。

陈更的经历给了我很多启发:

一、女子有才才发光。如今陈更是全国人民心目中的才女,被选为第二届中华学子青春国学荟形象代言人、全国妇联家庭和儿童工作部"书香飘万家"亲子阅读活动推广大使。新闻媒体都争先恐后地登载她的事迹。她现在可真是网红了,她的成功是她的才气在发光,才气在聚集人气,聚集走红的基础,聚集冠军的能力。

二、女子有才立业深。一个女子有了才,才能在事业上立住脚,古今中外,哪一个女子不是有了才,才能在事业上立住脚,站稳步。科学家屠呦呦等,都是因自己的才学立业行天下的。女人必须自强自立,靠自己的本事走天下。

三、提高社会和家庭地位必须靠才能。社会发展越来越快,科技更新时间越来越短,每一个人都必须学习新的知识,掌握新的技术,像陈更那样,置身于科技最尖端的人工智能,又深刻掌握中国的古诗词,在别人为就业发愁的时候,她是各单位抢着要,工作随便选,薪水自己提,你说她能没社会地位吗?

女人呀,必须刻苦研究学问,钻研技术才能在社会上站得高,走得远,立得稳,扎得深。切不要攀高枝,找靠山,图虚名,要扎根土地,深埋大地,耕耘出自己的田地。

又是一天,早晨起来写材料,6点30分去长滨西二街与长滨七路的海边走了一个小时。看着一望无际的大海,听着哗哗响的波浪,走在软软的细沙滩上,看着刚刚露出的红日,心里暖洋洋的。回到家8点半了,做做饭,今天就我和母亲在家吃饭,送母亲下楼散步,回来看亨利·詹姆斯写的小说《使节》,上午11点多接母亲回家,做做中午饭,吃饭后休息到下午3点,带母亲散散步,买买菜,晚上回来就集中精力看董卿主持的诗词大赛,很过瘾。

2019年2月15日　星期五　晴　22℃　大风　海口

今天真的很高兴

两年前用工资买了2万多元的股票,买后一直下降,亏损了一万多元。今天上涨了,基本上涨停了。虽然我还亏了一点,但看到股市有点上涨了,心里很高兴。股市有两三年都不涨了,大家也明显地感到经济的变化,越来越好是每一个公民所希望的,股市终于回暖了。

早上出来走一个小时,在海边走的感觉真好。一方面看大海,一方面走沙滩,当你头顶蓝天,脚走在沙滩上,会有无限的感慨。望着茫茫大海,一切都是那么平静,那么美好,人世间任何烦事,面对海水、蓝天、沙滩都不值一提。

今天一天过得也十分充实。走了16000多步,整理了《母亲是我的心灵》手稿,这两天就准备发表。前几年写的《母亲的名字》,现在又写《母亲是我的心灵》,这也对母亲的一生有了个交待。从现在写起,从身边的小事写起。我去年写了《小学老师——吴树峰》,今年要写4篇并发表,一是《母亲是我的心灵》,二写老党员——吴庚周老支书,三写纪念我的父亲,四写写范县人民给我的关爱。今年不论多忙,先把书写出来。用10年的时间,我一定把人的真、善、美、丑都写出来。

2019年2月16日　星期六　晴　21℃　海口

今天很热闹

今天是来海口以来最热闹的一天。研究生班的班长贾英豪夫妻来家看母亲。正巧村子里的成功人士时银臣也来家看母亲,他和妻子是从凌水来,都是11点多钟到,亲家张福做了一大桌好菜。我们几个人在一起说说话,聊聊天,谈谈个人来海南的感受,觉得真好。

贾英豪书记,从省委办公厅到驻马店工作12年,人品很好,工作能力也强,后来到省纪委,现在退休了在海南居住。他是我们研究生班的班长,我十分敬佩他的人品,所以今天请他们吃个饭。他爱人黄大夫也退休了,我以前就认识她,她那时还是省直门诊的大夫。现在,他们的儿子都有了两个孩子,老两口恩恩爱爱在这过日子。

时银臣是我们村的一个在新疆奋斗的打工仔,现在成了老板,今天专门从凌水赶来看母亲。前几天我带母亲去看了他的父母。我愿同他来往,主要是他有一片孝心,人非常义气,是众多出来人中的优秀代表。

下午送走客人,我去了美高梅泡了脚。回来看看书,看看央视一套的《经典传承》,办得特别好,让人学到很多知识,受到很多启发。

人只要用心,就能交到有正能量的朋友。

2019 年 2 月 17 日　星期日　晴　24℃　海口

人越老越思亲

今天,高中同学贾翠兰和她的丈夫李永甫,从广东的清远来看母亲,还给母亲拿了 1000 元。我们俩在初中时在一个被窝里睡觉,玩得特别好。她两个孩子都在上海,一个在上海都成家立业了,儿子给她在广东清远买了一小套房子,和亲家们住在一起。我们下午去泡泡脚,晚上说了几个小时的话,夜里我失眠了。

现在的人越来越念旧。老同学、老朋友、老乡来了,就感觉格外亲切。我们俩叙了孩子们的成长等,我又想到儿时在村子里成长的情况,更加挂念农民兄弟,更加牵挂贫困人口。我还给陈庄乡高镇长、胡屯村胡建民打了几个电话,让他们抓紧落实栽树的事。

今年,我准备在胡屯村举办高中同学会,与荷花节一起搞。大家见一见、聚一聚,这样也实现了我一个心愿。感谢那么多人对我的关心和支持,人应当越聚越多,不应越聚越少。

2019 年 2 月 18 日　星期二　晴　29℃　海口

同扶贫干部通电话

早上 5 点钟起来。煅炼了下身体后,同省电力公司的扶贫干部通了一上午电话。

这次同电力部门接触深刻体会到:

第一,电力系统对扶贫工作十分重视。他们把全系统260多名第一书记集中到一块学习,这周又带着他们到村里学习,真是把扶贫落到实处。

第二,电力系统的高层次人才很多。大部分是研究生,有北大、清华、浙江大学毕业的,工作都在基层。

第三,电力系统工作做得很实,很好,很值得我很好的学习。

工作在一个好的部门和工作在一个差的部门很不一样。我真羡慕在电力部门工作的同志,他们有这么一个好的工作环境。

2019年2月19日　星期二　晴　30℃　海口

下雨了

来海口这么久,一直都是晴天,风和日丽,阳光明媚,今天午后2点多却下起了大雨。今天是正月十五,上午与老同学贾翠兰夫妻一起去海边转一转,回来亲家做了一大桌子菜,吃吃饭我们就午休了。我和母亲夜里睡得正香时,听到外面风呼呼吹,雷声阵阵。我起来关窗户时,外面瓢泼大雨。窗子上、凉台上、屋子都有很多水。我住在18楼,感觉床都在晃动,整个屋子都要塌下来了。没想到春天的雨还下这么大。听菊花说,她们来的一个月,整天都在下雨,屋子里到处都是湿的。床上、被子上、窗台上都散发着霉气,给她留下海口潮湿的印象。郑州和新蔡下雪,海口下雨,觉得还是很好的。麦苗需要水,水果、瓜菜也需要水,不管对海南还是河南都是大好的事呀!

雨水给地里的庄稼带来喜雨,雨水也使空气湿润,更给苦闷的人们带来轻松。有个老同学说她的丈夫一直花心。她得了个帕金森病,不知道丈夫什么时间就会不要自己。她说着说着,泪水流了满脸,我理解她,天下为什么会有那么多的负心汉?很多表面上看着十分恩爱的夫妻,背地里都有一段不为人知的心酸事。不知道天下能有几个一心一意对待妻子的丈夫,又还有几个一心一意对待丈夫的妻子。只有经历这样事情的人才能充分理解这种痛苦。

2019年2月20日　星期三　晴　30℃　海口

今天一天特别忙

过了十五,就是十六,我们农村老家都说,"正月十六吃顿扁(饺子),既不糊涂又不喘",就是说吃饺子能保人平安不生病。有贾翠兰夫妻在家里,我和亲家张福6点钟就去买肉买鱼买菜,回来包饺子。肉菜都是新鲜的,饺子做出来特别好吃。我也知道了饺子做好的三要素:第一,肉馅要先打个鸡蛋加点生抽,用力搅拌,菜用油拌,最后用生姜,别的什么都不放。第二,饺子皮一定要薄,捏出来皮就一个褶一个褶的。第三,每煮一次加一点凉水,三次即可。

所以今天做的饺子特别的鲜,特别有味,多少年都没吃过这么好吃的饺子了。

吃罢早饭又准备中午饭。宋军、贾英豪他们要来家里吃饭,我又去菜市场买了菜,大家做做、吃吃,接着搬家,搬到新家又收拾东西,结果胰岛素针掉了,一直找到晚上也没找到,我和李永甫又到贾书记车上找,也没有找到。从早上起来5点到晚上11点,一刻都没休息。丢了3个东西:一件毛衣、一件上衣、一个针管,自己真是无用呀!

2019年2月21日　星期四　晴　31℃　海口

今天很热

海口今天很热,有30多摄氏度,着单衣,还满身的汗。张总监要来,我给他找了一天的房子。找了五六个宾馆。走了16000多步,才找到合适的宾馆,做服务行业真是不容易呀!

从早上一直到晚上11点才休息。因为贾翠兰夫妻早上9点多出去,一直到晚上10点半才回来。他们转了13个小时,由于她有病,我很挂念他们这么晚没回来。因为他们两口早上起来就吵架,我还怕发生了什么事,没想到一出去玩竟什么矛盾都没有了。这就是夫妻,床头吵,床尾和,吵吵闹闹一辈子。

娄秀莫大婶,是我们村的一个村民。她今年77岁了,正月初三我还同母亲去看她。昨天时银臣电话里说她病了,在重症监护室内,老人说不行就不行了。我要抓紧尽孝,多在母亲身边陪陪她也好。母亲还胖了6斤,我很高兴。

2019年2月22日　星期五　小雨　26℃　海口

今天做了很多事

1. 布置胡屯村胡建民栽树的问题。
2. 送老同学贾翠兰夫妇去汽车站,他们来了7天,今天要走了。
3. 同南阳曲剧家李古娥谈9年的驻村情况,从上午9点一直到下午1点,整整谈了4个小时。

4. 堂弟吴树亮来看母亲,并给母亲拿了2000元,母亲十分高兴。

5. 中午做饭招待郑州来的客人和堂弟,吃到下午3点。

6. 整理东西,明天去三亚看病人,拿了很多东西。

7. 晚上同母亲一起散步。

8. 在收拾东西时,发现屋里有很多吃的,就准备拿出来处理一下,以免走了没办法处理。时间过得很快,我已来一个多月,什么也没干日子就这样过去了,虽然很舒适,还是感到不充实,回去以后要抓紧补回来。

2019年2月23日　星期六　晴　31℃　三亚

人一定不做力不能及的事

今天我做了件力不能及的事,差一点就丧失了生命,想想真是后怕。

我把家的一箱水果、两提大米、两瓶酒和两提菜叶都收拾起来,准备带着去看人。为了好带我把它们全部装在一个大箱子里,有百十斤,我准备拉着大箱子去坐从海口到三亚的火车。上电梯的时候,由于箱子太重了,电梯往上走时,箱子从上往下滑,差一点就把我连人带箱子整个带下去。如果这次我被拉下来,整个人可能就不行了,我的生命也就到此结束了。上来以后我的心脏一个小时内都没缓过来,想想真是可怕呀。为了省一点钱,差一点就没有了生命,多不值呀。当时装箱子时我就心里发慌,这么重的东西到底拿动拿不动。拿吧太重了,不拿吧看病人还得花钱买东西,这不差点就出大事了。

不能做力不能及的事。自己一个人出门,不拿东西还让人不放心,拿着一个大箱子那么重去赶火车,又来回上电梯、走路。自己本来就一身的病,今后一定要注意,安全第一呀!

今天专程去三亚和保亭看3个人:一个病号是娄秀英,是本村大婶;一个是河南报业集团的陈总;一个是老朋友,当医生的姚春雨。为了省点钱,就从家带点东西。因为箱子太沉了,在电梯上差一点出大事。我本来身体就不好,又收到这么一次惊吓,真是心有余悸啊。自己这一辈子,两袖清风,一心扑在事业上,到老了虽然没有多少积蓄,但活得踏实心安。

2019年2月24日　星期日　雨　21℃　海口

粗心会闯大祸

　　粗心是我一辈子的缺点,这次来海南又因为粗心出两次事。一件事是熬姜汤时,把锅底快烧掉了,整个锅都烧的像黑炭一样;另一件事是点蚊香时把它放在卫生纸上。蚊香烧完了,把卫生纸也烧成灰了。如果房子没人,说不定就失火了。粗心真是能铸成大错呀!

　　我有个同学说,她一辈子粗心,家里的大事都没管过。结果爱人把所有的东西都卷走了,同新欢跑了,害得她到老了连个地方住都没有。

　　我的粗心也闹出过很多笑话。有一次,我在火车上看书,本来去驻马店,结果没按时下车,一下跑到了武汉。还有次夜里写东西,口渴,便烧了水。结果把水壶底子都烧掉了。这不昨天粗心,差一点就没命了。

　　心粗会出各种各样的差错。以后老了,也要改改自己心粗的毛病,细心的办什么事都非常周密。

2019年2月25日　星期一　晴　27℃　海口

从股市看中国经济

　　春节后的大好消息是股市大涨,我买的7只股票全涨,最少的也涨3%,大盘都涨了200多点,到2990点。将近5年了股指一直下行,社会上的人都很忧虑。人们都很发愁,特别是农民,好像种什么都赔。今年刚开始,就来了好势头,心是真是高兴。经济发展了,人们生活提高了,比什么都强。前几天我还为自己是个穷官而发愁,现在经济好了,我自己也会有发展的机会。

2019年2月26日　星期二　雨转晴　24℃　海口

异乡小结

　　我来海南好多天了,看了两本书,去了三亚、文昌、凌水,接待了两位老乡和同学,来了6次客人,带着母亲去了凌水3天,并看了好多景点及无数次大海。一是尽了孝,二是会了同学和朋友,三是享受了生活,四是看了书和写东西。

　　今天又做了3件事:一是带母亲到楼下洗了脚;二是到大海边去了一次,静静地坐在海边,看着一望无际的海水,心里舒服、平静,感悟特别多,全中国有13亿人口,能有多少回来海南在海边坐一坐呢?此时此刻感到自己是那么的幸福、幸运,一定要好好生活,善待身边的人,过好晚年的生活;三是,因为《使节》这本书写得很好,我想抓紧看,所以早上4点钟就起来看这本书。虽然自己是老人,还是要坚持学习。

2019年2月27日　星期三　晴　26℃　海口

从翟天临事件得到的启示

翟天临是一个很优秀的演员,事业也发展得很好。如果不是他太重外表,太重名利,太想用学历来提高自己的地位,也不会落到现在这种地步,成为学术造假的一个反面教材。

人不能太贪,不能什么都想得到。名利、金钱都想要而不走正路的人早晚都会出事,这给自己敲了一个警钟。以后做事要走正路,哪怕日子过得再苦也不要拿不易之财。

翟天临在学术上造假,才被打得落花流水,我多少也算有点名的人,做什么事都要低调,这部戏能唱就唱,不能唱自己也不过多问。

2019年2月28日　星期四　晴　27℃　海口

出发

今天要从海口出发回郑州了,大家都很激动。我、母亲、亲家都到早上4点多就睡不着了。起来洗脸,收拾东西,6点多都吃完饭了,天还黑着。我写东西,看看书,到早上7点多钟,领着母亲最后一次看大海。海还是那片海,人还是我们这几个人,但心情是不一样的,有一种留恋不舍的感觉。海太能净化人的心灵了,太能平静人的思想了,这里的新鲜空气太令人愉悦了。这3个月,虽然我花了几万元,但是母亲生活得很开心,我也生活得很愉快,留下了美好回忆和无限幸福。

改变一种生活态度,换一种活法,又是一番风景,又是一种改变,又是一番滋味。轻松、快乐比什么都好!

明天又要开始投入紧张的工作。在度假中,在游泳时,在飞机上接触到许许多多的人。每人都不一样,都有不同的感觉,不同的收获。这次同老年人的接触比较多,对老年人想法了解得比较多,也为自己过渡到老年打下基础。

2019 年 3 月 1 日　　星期五　　晴　范县

今天在胡屯开了一天的会

　　上午在村子里开了一上午的会。主旨是研究植树问题、开总结大会的问题(需要现金 10 万元),还有扶贫工作和落实经济发展问题。下午去新庄镇马头村看看他们的经济发展。这个村十分特殊,一村跨两省三县,全村 900 多亩地,有 700 多亩都在山东境内,每次种地农民都得跑到河对面,出去靠小船渡河,现在得用大船,村子里工作真是十分难呀。可是 54 岁的支部书记马美兰却干得有滋有味。我应当好好地向她学习。

　　一回到村子里,事就特别多,白天晚上都干不完,总觉得时间不够用。

　　晚上闫慧帮我打了材料,我就累得眼睛睁都睁不开了。现在年龄大了,做一点事就不行了,抓紧睡觉了。

2019 年 3 月 2 日　　星期六　　胡屯

做好农村工作要"三靠"

　　一、紧紧依靠群众。

　　我在 3 个村当了 9 年第一书记,深刻体会到,要做好扶贫工作、农村工作必须紧紧依靠群众。如在西王楼,这个村庄是山区,有 46 个自然村,24 平方千米,山区路难走,光靠几个村干部是不行的,我们就想着竞选村民小组长,我们开了 23 场大会,选了 23 个村民小组长,一下子就把群众的积极性调动起来了。村子没钱植树,我就采取积分的办法来做公益事业,植树 5 万多棵都没花一分钱。群众的积极性调动起来,什么事都能成功。

　　二、紧紧依靠实践。

　　实践出真知。我在 3 个贫困村,都是在干中学,又从学中干。从实践中找到了许多办法。如发展山区,从靠山吃山,大力发展养羊,将治理村庄同发展公益事业连在一起,实行积分制,做买卖走到了各个地方。在实践中学会了发展经济,三个村的经济迅速发展起来。

　　三、因地制宜。

　　一个地方有一个地方的特点,一个贫困户有一个贫困户的情况,一定要因地制宜，针对实际情况来确定奋斗目标和解决问题的办法。平原、山区、滩区各不相同，做起来都不一样。像范县新庄乡马棚村，一个村里有700多人，900多亩地中的700多亩都在山东境内，农民种地都跑到黄河对岸，为种地还淹死过人。县委书记王秋芳让想招儿时，我实地看了看，觉得这个村没有特殊解决问题的办法，真是难发展呀，所以我们想问题、办事情一定要因地制宜呀！

2019年3月3日　星期日　晴　15℃

今天一天很紧张

在村里算账、写材料，准备召开2018年度总结表彰会。全村总结表彰的经费近15万元。由于省科协的经费已落了空，还得找10万元。

上午开完会后，我去了韩徐村，看他们的民宿。随后又去了杨楼看省科协的雷书记（驻村第一书记）。

下午和雷、郭、钱去了新庄镇的马棚村，晚上从范县回新蔡了。路上用了5个多小时，很累很累，洗洗就休息了。

从早上5点钟起来，一直到晚上11点钟，开会、算账、看村庄、赶回新蔡……十几个小时都没有停歇。赶回来快夜里12点了，一下子也适应不了。

2019年3月4日　星期一　晴

对范县新庄马棚村的看法

第一，发展旅游产业。充分利用黄河资源和板桥文化来发展小商品批发、小吃一条街、小的地方文化产品等。

第二，把黄河两边的地都种上桃树、枣树、桑树、油菜，成为黄河两岸的亮丽风景线。

第三，把范县大米、范县莲藕充分利用好，搞成地标性产品。

别的没有什么办法。原本我想跟上级要点钱，把桥建起来。王秋芳书记说不行，难度太大了。

通过看这个村，我深刻体会到，做任何事情都要因地制宜，像这个村不特殊情况特殊对待是不行的。同时还要紧紧依靠群众，群策群力，把事情做好。没有群众的力量，做任何事情都不能长久的。还要落实政策，用政策的力量来推动村子经济发展。

中国这么大，做什么事都要因地制宜，都要紧紧依靠群众，都要落实政策。

2019年3月5日　星期二　晴　15℃

从苗晓环父亲的生前身后事看到孩子的重要性

弟媳晓环的父亲就是个农民，2017年得了血癌，治疗了一年多还是没治好，已经去世了，我今天来送老人一程。从他得病到现在，已有3个年头了，在省肿瘤医院住了数次。他有3个孩子，两个儿子一个女儿。大儿子和女儿都有工作，治病的钱是这两个有工作的孩子拿，照顾是小儿子多一些。老人从县医院回到家里3天就不行了。听晓环说，前后花了近40万元，3个人管得好好的，一点矛盾也没有。死后办得很风光，老人有这样的结局真是不错呀！

抽空我又去看了我一个老领导。她曾是一个乡里的妇联主任，生了9个孩子。老两口几十年前就住进了敬老院，老伴前几年去了，现在只剩下她一个人在敬老院。她住在一间3个老人的屋子，两个是男的。看了以后我很是难受，心里面流泪。那么一个好干净、讲礼数的人，怎么能同两个男的住在一起呢？不知道她每次不方便时，心里有多难受呀。原来我想着自己老了就进敬老院，现在看来进敬老院也有问题，真不知道自己该怎么办呀！

这两件事情对我启发最大的是再次认识到教育孩子的重要性。堂堂一个国家干部，又有9个孩子，老了怎么会是这样？农村的一个农民，得了癌症，不但儿女尽力治疗，还孝顺得体体面面。两个不同身份的，结果完全不一样，教育实在是太重要了。

2019年3月6日　星期三　晴　郑州

纪念雷锋同志

昨天是雷锋纪念日，想到了邓州宋书记，他做了很多好事，带动了一万多个雷锋志愿者。我怎样做好事呢？我想成立一个劳模工作室，带领更多的劳模为人民做好事、做实事、做善事。

我的人脉资源很广。有从小学到大学、研究生的同学，有各类企业家、新闻工作者、艺术工作者等，有各种培训的学友，有各类劳模、优秀党员的先进人物。把各方面的资源利用起来，还是非常有益的。我把这些人的积极性调动起来，用到为人民做好事上，一定会做得很好。

我要向宋书记学习,把事情做好、做大、做实。向雷锋学习,做一个普通的人、对人民有用的人、时时做好事的人。雷锋精神影响了几代人,人活着是要有点精神的,有了精神,一切都好办了。

2019年3月7日　星期四　晴

"树立四有精神,放飞女性风采"
——给河南牧业经济学院女大学生的讲课提纲

今天回到母校,同广大的女同学一起过妇女节,十分地高兴和温暖。36年前我和大家一样是一名在校女大学生,可爱、积极向上、充满活力。一转眼我已退休,十分感谢张广芝给了我一个同大家相互交流的机会,同大家在一起,一下子就感觉到心里年轻多了。大家稚嫩的脸庞、活泼的身影,到处散发出的青春活力气息,让我觉得大家既是我的小师妹,又是我生命向上的动力,我要和大家多接触、多学习,加强感情交流,也为学校尽点微薄之力,今天给大家讲4个问题。分别是:树立"四自"精神(自尊、自爱、自信、自强),选好人生道路,学习科学知识,做创造新时代的女性。

一、树立"四自"精神:

1. 三八节的由来;

2. 树立"四自"精神;

3. 过好人生5关。

二、选好人生道路:

1. 怎么选目标、选专业、选人生、选道路。

2. 怎么做。

3. 珍惜时间。

4. 注意克服4种倾向:

①注意克服以自我为中心的倾向;

②注意克服一切向钱看的倾向;

③注意克服只讲索取不讲奉献的倾向;

④注意克服不顾大局,没有责任感的倾向。

三、学习科学知识,树立科学精神:

①求实精神;

②坚持精神;

③自我牺牲精神；

④勇往直前精神。

四、做创造新时代的女性：

1. 胸怀要大；

2. 做事要实；

3. 品德要高尚；

4. 能力要强。

2019 年 3 月 8 日　星期五　晴

今年的妇女节过得真好

1. 给母校 300 多名大学生做了演讲。

2. 去新蔡为王宇平母亲吊孝，看望魏金龙姑父。

3. 在周口与研究生同学吴征、朱颜杰，同事马宝兰大姐一块吃个饭，同贺妇女节。

今年妇女节，特别有意义。一是与二月二重合；二是同马宝兰相聚。在商水工作时与马大姐是同事，她人非常好，对我帮助很大。现在她已退休 7 年，仍然光彩四射。她的摄影技术很好，去年拿了很多奖；她还坚持游泳，去年横渡了黄河；她还到全国各地去游玩，而且唱歌、跳舞都会。我要好好向她学习，支配好晚年的生活。

朱颜杰和吴征待人十分热情。朱颜杰亲自到高速路口去接我，中午又给我们安排了饭菜。他特别尊重女性，很有素养。回去的时候他又和吴征同学专门把我送到高速路口，给了很高的礼遇。

这个妇女节过得很有意义也非常体面，真正感到了在男士面前很有尊严。

2019 年 3 月 9 日　星期六　晴　兰考

抓好科技扶贫　全面振兴乡村发展

2017 年 10 月 18 日，中央在中国共产党第十九次全国代表大会上，首次提出了"乡村振兴"的 20 字方针和五位一体的战略。农村怎么搞？怎么振兴？20 字目标怎样落实？我当驻村第一书记的这些年，深刻体会到：乡村要产业、人才、文化、生态、组织五振兴，必须以科技创新为突破口，以科技体制建立为根本，盘活农民资产,引进农村人才,建立科学技术的激励、制约和奖罚机制,激活农村产业、文化、生态发展。

一、农村迫切需要科学技术,提升农产品的质量,尽快让农民的腰包鼓起来。

几年来我之所以能在新蔡县孙召镇大吴庄村、确山县朱竹镇西王楼村和范县陈庄胡屯村,走出平原、山区和滩区不同区域的发展模式,并成为全国文明村、省级生态村及全国科技示范村,都是因为我们大力推广了农业新品种、新技术、新手段、新体制。在大吴庄我们能走出一条秸秆养牛农业良性循环的路子,是我在选种、饲养、做有机肥料、有机蔬菜,各个环节都以技术做支撑,才使大吴庄农民人均收入翻一番,做成了养奶牛事业。同时办有机肥料厂,种植有机蔬菜,办养鸭场,形成了四大产业,成为了全国文明村。在西王楼我们为了让农民养好羊,多挣钱,连续举办了三届美丽羊大赛,促使了家家户户喂波尔山羊和土山羊,使得广州市民大力购买我们村的活羊,并运销十几个国家。在胡屯村,我们从三个方面狠抓了科技工作:第一,按照省科协的要求,大力开展科学技术推广和农村重载模式的探索。根据范县临近黄河的优势,农科院投资2000万元建立了万亩荷花园,形成了莲藕与泥鳅混养、水稻与小龙虾混养的种植模式。由于效益好,现在发展到全乡的四万亩莲藕,形成了优质藕、挂面、莲子、莲菜和护肤品五大产业。荷花盛开的时候一天最多有10万游客。第二,3年共拿出70万元资助科技新品种种植。并拿出10万元,组织三村610名小学生到中国科技馆、北大、清华、中国博物馆,让孩子们参观学习接触新科技、新思想、新目标。第三,计划在村子建立一个农产品分检中心和农民科技研究所,培养科技人员,并成为省农科院、农大、河南牧业经济学院、广电喜买网等单位的鉴定基地、教学实验基地。

二、优质农产品是农民增收的主渠道。

我们村的大米能卖到198元一斤,郏县活牛能卖到60元一斤,柳江的鸡蛋能卖6元一枚,日本河浦的牛肉能卖到1000多元一斤等等,都是靠的新技术、新品种、新科技支撑。因此,我们必须帮助农民在种植、养殖、渔业文化、生态、人才和组织上多方面尽快用上新的品种,新的技术,如农业的无人机、红外技术、基因编辑技术、区块链等。只有这样,才能大大提高农产品质量,提高农民收入水平。从而使农民产业兴旺,生态宜居,乡风文明,治理有效,生活富裕。

三、下大力气完成体制创新。

1. 农村缺少人才,农民需要人才,大专院校科技人才施展才华缺少平台,城市居民需要优质健康的农产品,农民生产的优质产品不能优价卖出等问题都急需依靠体制创新来解决。

2. 努力盘活农村的土地资源、搞好人才合理流动,才能促进经济的发展和文化振兴。

3. 落实人才下沉、资金集中使用和效果落地政策。

今天听了14位专家的发言,看到兰考的一些厂子、基地、展品,参加了展品开幕式等活动,学到了很多东西,大大开阔了眼界,坚定了农业一定大有作为的信心、决心,更加坚定了科学技术是第一生产力的信念。省科协在科技推广方面做得很好,为科技下沉做出了很大的贡献。

一直以来,我都认为我省的科协工作做得很美、很细、很有成效。科协还走出了许多省级领导干部,每届省政府领导都有一位副省长分管这个部门,真是工作做得好呀。我一定好好向他们学习科学知识和工作方法。

这次还意外见到了开封市的陈副市长,他是我们原在商水县一块工作的同事,他正好抓科协工作,我们谈了一些话。如果不是开这个会,我还不知道他当了副市长呢。

2019年3月10日　星期日　晴

有感于电影《绿皮书》

这部电影讲的是一名司机给一名钢琴演奏家开车的两个月里所发生的事。故事情节很好,美国的一名白人,为了养家糊口要去给富裕的黑人音乐家开两个月的车。司机豪爽、粗鲁、仗义、好打抱不平,特别是看到音乐家受种族歧视时,他打了警察,被关到了看守所。而博士虽然是个钢琴演奏家,演奏时十分受人尊重,一片欢呼声,但由于是黑种人,下了舞台却处处受到歧视,为了改变人们对黑人的歧视,钢琴演奏家一直忍受着各种不公平待遇。每次都是司机替博士摆平,后来成为博士的经纪人,两人成了非常好的朋友。博士教会了司机如何提高给妻子写信的水平,改掉了不良的生活习惯。司机也影响了博士,让他要知道维护自己权益。这个电影对我有几点启发:

1. 一个天才获得人们的认可容易,但改变人们的观点很难。要改变人们的观点,必须用事实教育人们,在这方面我今后一定多做少说。

2. 同优秀的人在一起,总能提高自己。两人在两个月中互相学习到很多,特别是遇事要冷静和克制。所以我以后做事也要学会克制自己。

3. 高层次的人也要很好地学习普通人解决问题的方法。着重在实践中找方法。最后一场演出前,当地食堂不让博士进去吃饭,博士拒演,跑到黑人酒店演了一次,感到特别快乐,有时候该放开就要放开,不能什么时候都忍着,这样苦的是自己。

很久没有看过电影了,今天看后十分高兴,并受到了一些启发,真好!

2019年3月11日　星期一　晴

从游泳中说开来

今天到省老干部活动中心游泳。这是我退休以后第一次来这游泳,从上午11点到下午1点,游了两个小时,共游10个来回,感觉特别好。也体会到省老干部局对老干部做的一件大实事、大好事,让老干部实实在在地感受到了省老干部局对老干部的关心。这件事让我体会有三:

1. 做工作必须办实事。办实事了,才能让大家记着,使大家得到实惠。每到大家游泳时,都会记得老干部局。自己干什么一定要多做实事、好事。

2. 考虑问题一定要长远,干事要长久。听说是陈书记在抓老干部工作时批准的,立的项,批的钱,建的馆。他虽然走了,但他办的事将长久影响老干部。在扶贫中我一定要建立研究所,办培训班,给人们留点念想,给历史留点痕迹。

3. 加强身体锻炼。来游泳时,看到老干部有七八十岁的都在锻炼身体。自己要以他们为榜样,加强锻炼,坚持每周3次游泳,提高游泳水平,加强身体锻炼。

2019年3月12日　星期二　晴　黄河迎宾馆　15℃

今天很忙

今天一天很忙。上午参加会议,听朱全民主任作报告。他讲了3个问题,总结了2018年的工作,查找存在的问题,布置了2019年的工作。报告很实在、很具体。下午农业组进行讨论,效果很好,各人都报了自己的课题。

利用开会空闲时间,我去看了王云龙研究员。他是我郑州牧专的校友,学兽医的,毕业以后搞生物工程,在抗癌方面很有研究。现在是中原学者,二级研究员,以后可能会评上院士。此外我请柴树畅参事、王云龙研究员、张桂兰参事、田静、丁玲吃了个饭。

很久没有这样的生活了,感到很充实、很亲切、很高兴。

来参加参事2019工作会,又认识了许多新朋友,真好。

2019年3月13日　星期三　晴　黄河迎宾馆

从王云龙身上学到的经验

王云龙研究员是我牧专的校友，比我高二级。他是学兽医的，同宋虎振、张晓根一个班，毕业以后分配到省科委生物中心，后改制为企业。他现在是企业的老板，又是科研人员。他主要研究生物科技，尤其是抗癌药。在人的胃、直肠等方面都有研究。他能在医学领域里研究那么深，真是让人佩服。从他身上我学到了两点：

一、不管做什么事都要坚持，一直做，坚持才能做好。

二、增强抗压能力。他一个民营科技企业，既要养活科技人员，又要进行科学研究，该有多难呀，他会像我一样，在村子里没有条件，没有资源，克服一切困难往前走。压力能使人变成动力，变成活力，变成生产力，推着人们往前走。

今天与第4组的参事张德群来计划生育技术学院参观学习。看到了他们的计生学校实验室，即人生缺陷病理实验室。非常好，自己也了解了医学方面的知识，并认识了赵良等一些人才。王晏是体育教练，高德群是脑研究方面的专家，非常好。人才来自各个方面，自己要用参事这个平台，虚心向他们学习，取长补短。

在这次参事会议上，还学习了怎样写调研报告，怎样进行调研。

2019年3月14日　星期四　晴

从游泳中看河南老干部积极向上的精神

今天我来老干部活动中心游泳，遇见了省供销社离休老干部孙书大姐和郭芳大姐。她们两个一个87岁，一个85岁。她们退休以后学画画、学游泳。郭大姐从80岁开始学游泳，到现在坚持8年了，学画画也坚持20多年了，现在画得很好，游得也很好。我找到了学习的榜样，她们俩就是我的榜样，就是我的标杆，就是我的努力方向。现在我才60多岁，到80岁还有20年，如果我坚持游泳20年，一定会游得很好；如果我坚持写作20年，我会写出好的东西；如果我再扶持50名孩子，我也是一个积极向上的人，更受人们尊敬。

我的新的奋斗目标就是办好乡村振兴和精准扶贫研究院，帮助50名贫困生读书，写出10本有价值的书。

2019年3月15日　星期五　晴

有感于张大姐游泳

今天在老干部活动室游泳,又认识了一位张大姐。叫什么没记着。她是省房管办的一位大姐,今年70岁了,她说自己15年前得了肝癌,做了手术后一直坚持游泳,现在完全恢复正常了。

我很佩服她的毅力和胸怀。她得了癌症,一直坚持锻炼身体,一直坚持游泳,一直同死神做斗争,斗争了十几年,真是了不起呀！从这件事上看她胸怀很宽广。得了肝癌,一般人都受不了,她扛过来了,像没事人一样,天天该干什么就干什么,完全没把疾病当一回事。每周来游3次泳,满面红光,看着一点不像病人。她内心真是强大,她真是我学习的榜样,行动的楷模。我一定像张大姐那样坚持,不但把扶贫工作做好,脱了贫也要投入到乡村振兴上来。自己知道乡村要振兴,一定补齐短板,把扶贫工作做扎实,寻找不同地区扶贫的规律,探索贫困地区经济发展与乡村振兴的结合点,用打持久战的毅力,把乡村经济搞好,让农民尽快地富起来。融入到人民群众中间,向大地和人民汲取营养,好好生长,使自己内心干枯的老树有营养,不死,再发新芽,用新枝新叶为人民遮阳。孙大姐、郭大姐80多岁才开始学游泳,退休后才开始学画画,张大姐得了癌症还游泳,我要学习她们的毅力多做事,多造福人民,多报答党的培养。习近平总书记参加十三届全国人大二次会议河南代表团审议时强调了粮食安全、乡村振兴和扶贫工作,我作为一名老党员,一定要带头做好,活到老学到老,为人民群众服务到老。

2019年3月16日　星期六　晴

参观省生物育种中心有感

在今年的参事工作会议上,我认识了生物专家王云龙。他是郑州牧专毕业的,对他无比的尊敬和佩服。今天我去看了他的重点实验室,就在郑州职业技术学院内,我感受很多。

一是他干的事真是伟大。

他在生物医药方面申请21个国家专利,研究出多项成果,特别是在生物分子学领域,带领团队用六年的时间在肿瘤疾病治疗药物载体研究上取得了新突破,实现了多项国际首创,成为了首席专家、中原学者。他干的事业真是伟大,事业真是辉煌,让人十分佩服,我为有这样的校友而自豪！

二是他的艰苦奋斗精神值得我们学习。

一个民营科技企业,既要自己挣钱养活科技人员,又要进行科学研究,真是不易呀。我在村子9年深知干事不易,没钱办事难,所以他那种拼搏向上的学习精神,能做出那么大的成绩真是让人尊敬呀!在奋斗事业中他吃了多少苦,拼了多少命,只有他自己知道,事业都是干出来的,成绩都是拼出来的。人呀,谁也不能小看别人。我从他身上看到了科学家的精神,对科学事业的追求以及对人类的贡献。

三是他研究科学的前瞻性和实用性。

他从事生物应用科学,研究癌症的预防和治疗。如果能成功,对人类的贡献是极大的。从他在郑州职业技术学院办重点实验室来看,他非常会利用外界有利条件,节省了许多资金和投资成本。

又如他现在既是博导,又有了工作团队。我在驻村上也利用了外界力量来发展自己,但没有形成自己的特点。退休以后,没有了资源,但我一定好好向他学习,再干成一两件大事,让自己的人生活得更有意义,让人民群众再得到好处。一是走文学创作的路子,二是在学校开讲座,培养青年大学生立志。

2019年3月17日　星期日　晴

今天听了一天《道德经》

我比较推崇老子,因为老子推崇大道、无为而治。如《道德经》第一章就是:道可道,非常道;名可名,非常名;无名,天地之始,有名,万物之母。故常无欲,以观其妙;常有欲,以观其徼。此两者,同出而异名。同谓之玄,玄之又玄,众妙之门。

他留下的东西不多,但都是经典,都是大道。他教给人们道,所以我喜欢老子的《道德经》。今天是星期天,我参加了嵩岳大学《道德经》的学习,由张丽老总创办的,今天是六月寒老师讲,从上午8点到下午6点,老师讲了10个小时。坐一天腿都有点疼,但我学了不少道理,如善建者不拔,善抱者不脱,子孙以祭祀不辍。坚持树人建功的人才会有成就,有了人才和财富要能守得住,不但要守大道,而且要向子孙传承才能长久。像我是创业,怎么才能守着这种精神,要想法守着自己的精神财富,要使自己的艰苦奋斗的精神传承下去,教育下一代。我的脾气很不好,要好好学习老子的理论,学习《道德经》。做到无为而治,这样才能放下包袱,一切看开,一切往前看,一切超脱现实,一切立足长远。

2019年3月18日　星期一　晴

农民真辛苦

今天我来胡屯村。晚上8点多钟,我回到村子里休息,路上被一个拉货的车堵着,我和司机下来了解情况,谁知道是胡传奎支书和胡小明的拉藕车,一群拉藕的农民正交藕,拉一斤藕0.5—0.9元,卖一斤藕2元,小明说一亩地可以产1000斤,那一亩地就是2000元,去掉拉藕费等成本,一亩地能挣500元。今年莲藕价格高,能挣点钱。听胡喜长讲,现在在网上买一斤藕都要5元,快递一斤一元多,纸箱又有5元,如果卖不到4.5元就不挣钱了。所以现在两个问题,一注册藕的商标,二抓紧有机藕的认证。这两项做好,陈庄镇的藕就可以进入到大超市了。我要和陈庄镇商量,尽快注册商标和做有机认证的工作。

农民真是辛苦,天黑还在干,我们要多为他们做好服务工作,明天开"两委"班子会议好好研究怎么做。

2019年3月19日　星期二　晴

今天很忙

上午开"两委"班子会,研究几个问题:

一是敬老院的问题,现有人员每天每人收6元(电钱1元),60岁以上其他人员每天每人收10元,外来人员每人每月收1500元,从4月份开始。

二是植树,要抓紧把400棵树植下,还有300棵柳树,100棵法国桐树。

三是研究建设物流中心,抓紧平地、填坑。

四是召开电商人员会议,下周出去参观学习。

五是中午陪李古娥和王香云在敬老院吃饭,介绍了办敬老院以来的情况。敬老院从2018年12月28日开业以来,有11名老人在院内吃饭,每天平均8人,截至目前已花13305元,减去一次性投资4023元,共花9282元,按7个人算,每人每天15元,这样一定要减下来,如果不减下来,钱花得很快。

六是下午陪作家和导演看看村子里的企业,看看郑板桥纪念馆,看看黄河,晚上见了县委王秋芳书记。

晚上住在村子里,不知道是因为有心事还是因为太静,怎么也睡不着,一夜只睡了2个小时。

2019年3月20日　星期三　晴

今天从范县到新蔡

今天早上4点钟就起来写写东西,7点钟去陈庄镇政府小灶上吃饭。从范县到新蔡有几百千米,路上走了4个小时。由于夜里没有睡好,在车上头疼,就休息了会儿。

下午陪作家去了大吴庄。作家们看村庄,开座谈会,我去看了看六婶子,在村子里转一转。

今天最让我感动的是年轻导演王香云来村子采风,决定扶持村里的一个贫困生。一个年轻人这么有爱心,真是让人很敬佩。她是豫剧三团的导演,中国戏剧学院毕业,研究生,有一个儿子,爱人是医生,她已拿了很多大奖,事业已很有成绩。这次能有缘同她认识,真好!她很有爱心,今后会大有出息。

2019年3月21日　星期四　晴

被雪琼感动

雪琼老师是一位高位截肢的残疾人,通过半导体收音机走上了朗读的事业。她写了一首小诗——《假如给我五分钟健康》,十分感人。大概意思是:尊敬的妈妈,假如给我五分钟的健康,让我为您捧一盆洗脚水,为您洗去一生的奔波和辛苦。假如给我五分钟健康,我会给您做一顿饭,让您充饥,暖胃和健身壮体。假如给我五分钟的健康,我会背着您看乡下的美景,走山川的大路,让您享受田间和大自然的美丽。这首诗真是震撼人的心灵,真是用心声写出来的,太好了,太真实了,太感人了。

好东西是自己的体会,自己的感受,自己的才华的流露。我一定写一篇歌颂母爱的文章。虽然母亲是一个农民,但她的品德值得写、值得歌、值得颂。

2019年3月22日　星期五　新蔡　晴

杨贵的精神不能丢掉

今天看到《河南日报》2月20日登的文章《杨贵的可贵之处》,我陷入深思。作为林县的县委书记,为群众吃水引来漳河水,在山顶上开辟渠道,修了长达70

千米的总干渠,渠线更是长达 1500 千米,历时 10 年之久。杨贵本人也经历了兴衰起伏的人生。他修红旗渠,树立红旗渠精神。现在杨贵是共产党人学习的榜样,是因为为人民修了渠,解决了吃水问题,也是因为他无私有担当,在修渠中依靠群众,发扬自力更生艰苦奋斗的精神。没有水泥自己找,没有炸药自己造,没有技术在干中学,没有水准仪就用一脸盆水和一根管子代替,没有住处,就在洞里安身,露天野宿,薅草当被,星辰作伴,终于使长达 70 千米的红旗渠在悬崖峭壁上横空出世。他无私为人民做事,人民也永远把他记在心中。实践再一次证明,只有时时刻刻为人民做事,才能永远被人民记着。李冰如此,司马迁如此,毛泽东如此,钱学森也是如此。我驻村 9 年了,虽然不像杨贵那么辉煌,但我记着林县人民说的一句话,做坏事想遮也遮不住,做好事想藏也藏不起。我要学习杨贵精神,在扶贫路上一直走下去。只要还有一口气,就一直做人民需要的事,生命不止,奋斗不休!

这两天从胡屯到大吴庄到西王楼,跟着编剧、导演重回扶贫过的贫困村,看到大吴庄变化很大,成为全国文明村,西王楼也盖起了新的村部,群众面貌也焕然一新,我心里十分高兴。中午到李古娥家还见到了老朋友霍好胜市长、张富志部长,他们给了我大大的鼓励。我把这种肯定、鼓励作为干事的动力,再努力一把,把贫困人口的事办好、办实,永远造福人民。

2019 年 3 月 23 日　星期六　晴

投入就有回报——接我的干女儿

张淑文是我 2001 年资助的特困生。那时我是商水县抓扶贫的副县长,资助了 6 个贫困生,她是其中的一个。我资助了她 16 年,一直支持到她博士毕业。年前她生了对龙凤胎,今天 3 个月了,我接她和两个孩子来家里,给每个孩子准备了 1000 元,并给她准备了大米、香油、挂面、香菇、豆角等。从早上 5 点多就起来准备中午吃饭的菜,我昨日泡了莲子,今天煮了莲子汤,买了小排骨,用刚从胡屯拿的莲藕炖排骨汤,好催奶水,又炒了小土鸡子。上午陈玲老师来给我帮忙,淑文到上午 11 点多才带着孩子和家人及保姆来,看到两个孩子真是可爱极了。抱着两个小宝宝,真是幸福极了。扶贫让我有这么多的收获,不是扶贫工作,我也接触不到她,更不用说资助她,现在把她培养成大学教师,又过得那么幸福,我心里十分高兴。投入就有回报,她同我很亲,我一定帮助她把孩子培养大,成为下一代的有用之才。

现在淑文和毕红(另一个资助的特困生)对我可好了,经常给我打电话,关心着我,给我很多爱。今后我更加努力地培养贫困学生,让他们都成为有用的人才。自己在携爱前行的同时,也充分享受着爱。

2019 年 3 月 24 日　星期日　晴

有感于工作过的两个村

这次因为编剧和导演的问题,我回到了大吴庄和西王楼。这两个村子变化都很大。大吴庄的新农村建设已成规模,农民都住在新农村社区内,香樟树都长得有一人腰粗,他们说一棵能值 3000 元左右。村民们在社区内住着近 300 平方米的楼房,非常高兴,村子也成为"全国文明村"。农民们一个个兴高采烈,见了我都围成一团,问长问短。在西王楼我去看了王泷圣夫妇,村子变化也很大,新盖了村室,墙上路上都搞得很好。在王泷圣家待了有 20 分钟,李春香的身子也很好,孩子 1 岁多了,很惹人疼。还见到了几个农民,非让在他们家里吃饭才行。

现在发展势头很好,最为满意的还是大吴庄,人走政绩在。看到这两个村的群众过得那么好,我付出的一切都是值得的,9 年没有白努力呀!

2019 年 3 月 25 日　星期一　晴

这个星期又开始了

新的一个星期又开始了。这周不下去了,准备游 4 次泳。今天上午先去游泳,回来到交通厅找武长顺要修路的钱,中午在家吃饭,下午写明天给周口师范学院大学生讲"创业课"的内容。准备讲:学习、实践、创新和创业。从下午 3 点钟一直准备到晚上 9 点钟。看了不少资料,写了一个提纲,总体上还算满意。今天游泳见到了路大健,他也经常来游泳,感觉非常好。我来游泳就是他引导的,所以一定要坚持着。老年是新生活的开始,干什么,怎么过,一定要规划好,一定要过得充实,有意义。

今天走了一万多步,游了 1000 米泳,感觉很好。这样坚持天天锻炼,对自己很有好处。

2019 年 3 月 26 日　星期二　晴

今天犯了冠心病

原来都说冠心病怕累,我的感受不深刻,今天感受深刻了。因为要来周口师院给学生讲课,上午又来省老干部活动中心游了 1000 米的泳,洗了澡就赶紧往周口奔,到周口师院都下午 1 点了。吃过饭就给学生讲课了,从 3 点到 5 点,结果在回郑州的路上冠心病犯了,一直疼着,十分难受,头也疼。大概持续了有六七分钟,感到就快不行了,回家吃点速效救心丸和甘油酸酯,又喝点白开水,休息了半个小时,慢慢好了。有 4 个月没有犯病了,这次犯病,明显是累着了。今后千万注意不能太累着了。自己现在一个人住,犯了病不但没人照顾,还会连累孩子。所以一定注意不能累着,也要少给孩子生气,解决好自己的问题,一切向前看,保护好身子,不能再犯病。

一是不能太急。二是工作上不能安排得太紧。三是什么事不能放在心上。现在才真真切切感觉到身体才是自己的。

今天的课学生们反映很好。有 200 人参加听讲,并有 20 多次掌声,我也很高兴。

2019 年 3 月 27 日　星期三　晴

今天一天过得很开心

今天家人陪我吃了饭,又陪我去河南中医药大学、省委党校去看了看,8—10 点去游泳。下午休息后走到植物园,又去了中药基地,又去湖边,特别是在植物园和中药基地,处处是名贵的树种,处处是香味,处处是春天的温暖。我们散步时,正赶上学生放学,一群群男男女女的青年,散发出青春的芳香,透着自身的朝气,给人一种朝气蓬勃的气息,让人觉得崭新的中医药事业就要在他们这一代中光芒四射,成就中医大业。

走在无限美丽的湖塘边,女儿拉着我的手,感到自己真是幸福。母女之情与春色的温情合为一体,温暖着人身和人心。这一生足也,幸福也!

村子里又说了二三事,我认真地去办了。

2019年3月28日　星期四　晴

参加感动中原人物颁奖彩排

2016年我得了个感动中原人物奖，这次人家让我帮忙发奖，我答应了。上午去游泳，下午就开始彩排，在彩排中认识了周口最美教师李玲。她办了个小学，有600多人，连小学和幼儿园，每年每人收费1200元。她说只能够着给老师发工资的。她是一个全国人大代表，在办学方面很有成就。还见了乡村教师张玉滚，在山里教书17年，从一般代课教师到小学校长，很实在的一位同志，十分感人。今天还见到了感动中国的艺术家王宽老师。明天还会见到洪战辉同学，听说他在湖南办了一个职业技术学校，明天一定要认识认识他，他也是周口人。典型、先进都到这里来了，非常好，能学到很多的知识。同正能量的人在一块，感觉就是不一样。会上陈守他们还给了我六张票，我让吴海周等人来看一看，对他们很有好处。

2019年3月29日　星期五　晴

有感于感动中原人物

应河南电视台邀请，我今年给宋瑞发奖。宋瑞当第一书记7年了，今年被评为"感动中原"十大人物之一。我们俩比较熟悉，我去他村子里多次，被他的事迹感动。让我感动的还有很多的人物，如医生张效房，他99岁还在编写资料，每天只休息三四个小时。他从业70多年，站在了世界眼科的顶端，看病、写书、带学生是他全部的工作，真是受人尊敬，值得好好学习。我如果能干到他的年龄，还有30多年，可以做很多事呀！院士李俊贤，他是化学方面的专家。这次捐款300万元给年轻人做基金。而他的生活却非常简单，破床、破缝纫机，都是一些老东西，科学家的精神真是可嘉。为了保护学生而牺牲的李芳老师，她的生命定格在了49岁。当她带的学生被三轮车砸到时，她用身子挡在了三轮车上。虽死而生，为了一群学生的生命。还有一位是省高院的一名法官，他得尿毒病4年仍坚持办案。将本来平常的生命过得很不平常，这就是自己的选择。曹建新——一个失去双臂的贫困户，不但退了低保，而且带领5户农民走上了脱贫致富的道路。还有公安英雄等，每个人的故事都十分感人，这次又给我上了一次教育课，思想得到了又一次洗礼。

更让我感动的是，我见到了许多的英雄，如最想见的洪战辉、爆破专家王百姓、艺术家王宽、工匠张国华等。电视台的人真是本事大,把那么多的英雄集中在一起。

为了让更多的人受到教育,我还邀请了二哥吴树田和二嫂、大叔吴海周、吴迪、小柳等一起来,他们也受到了很大的教育。

我还认识了几个驻村第一书记。同他们合了影,照了相,一天下来很累,但收获很大。

2019年3月30日　星期六　晴

今天在鲁山县讲课

用爱心和责任使鲁山县贫困人口富起来,强起来,文明起来。

今天为鲁山县400多名第一书记和扶贫干部讲课,主要讲责任心、爱。从走好群众路线、制定政策、调动群众的积极性、让群众的腰包鼓起来、落实好党的政策、处理好各种关系等方面来讲,课堂秩序很好。我讲了2个小时10分钟,会场反响非常好,掌声有50多次,郝玉场书记也讲了讲,他讲得很好,我看到鲁山县干部有3个优点:

第一,会风很好,从始到终,会场鸦雀无声,多次响起掌声,没人走动。

第二,干部很实在,他们领导对这次报告还真是重视,杨书记听得很认真,有时还记了些东西,真是让人佩服和感动。

第三,领导都很低调,不上台讲话,只认真听讲,我最喜欢这样的干部。不做表面文章,实实在在做事,这说明干部风气很正。郝家华书记也讲了半个小时,这位年轻干部很有胸怀,能成大气。

2019年3月31日　星期日　郑州　晴

读了《亲情热线365》

王璋是郑州市政协主席,是我研究生的同学。今天吃饭的时候,我送了他一本《进山日记》。他送给每个同学一套书。我正在读《亲情热线365》第一章,让书香常绕,内容有强化好学理念,插上奋飞翅膀,掌握学习方法,注意学习效果,学会自我管理,提高学习效率,让厌学远离,让好学永伴,让学欲燃燃,让智能升级。

他一点一点地教育孩子,指导孩子。我读到夜里3点多钟,写得真好,真有

用、真用心。如果我早读到这本书,就能少走很多弯路,如宋真宗赵恒《励学篇》中有诗句:

> 富家不用买良田,书中自有千钟粟。
> 安居不用架高堂,书中自有黄金屋。
> 出门莫恨无人随,书中车马多如簇。
> 娶妻莫恨无良媒,书中自有颜如玉。
> 男儿欲遂平生志,五经勤向窗前读。

2019 年 4 月 1 日　星期一　晴

今天两个事

第一,西王楼的贫困户来肿瘤医院看病,我把家里准备好,让他住在家里。农民来看个病不易,能让他少花钱,就不多花一分钱。下午又去买了 100 多元的菜和肉,在家给他做着吃,以报在西王楼时他们夫妻对我的关心,对待穷人要捧着心对待他们。

第二,今天又去游泳了。连续 3 天没游,这次游了 1000 米,感觉有点累,一定要坚持,这刚刚是开头,我的仰泳还可以,但自由泳不行,必须好好学习,学习是终身的事,干什么学什么,现在游泳了,也一定把它学会、学好。

在水里游泳,我就想起老子上善若水的道理。人学习也要像流水一样,要源源不断,细水长流。身子沉在水里,用力前行,一刻都不放松。每次游泳 1000 米,一个多小时的工夫,把自己累的精疲力尽,把事情忘得干干净净,身子很舒服,心里很放松,感到很好、很幸福、很投入。游泳真是锻炼身体的最好办法。

2019 年 4 月 2 日　星期二　晴　郑州

粗心害死人

今天去信阳,由于来车站早了,检了票就在 12 号检票口看书。去了一趟厕所,火车票同身份证就找不到了,一直到车开走也没找到,急得我又去服务台问,又去检票口问,又去厕所找,又到座位找,但哪里也没找到,还给家人打了电话。家人一直劝我别着急,别着急。能不急吗?一直到 G491 发车也没找到,等车开走了,有一位客人捡到送到服务台才算又买一次车票,又等两个多小时才坐上去信阳的车。到信阳都晚上 7 点 50 了,到罗山都夜里 10 点了,晚上同张胜勋老师等到了夜里1点多。

今天丢票有3点原因：一是看书太认真了。因为王璋写的书不错，我就在等车时看，坐的时间太长了(2小时)，不知道票和身份证从包里滑掉了。二是今天高兴，太得意忘形了，没把票放好。三是时间太紧了。粗心是我最大的缺点，一生吃亏在粗心，才造成了许多无法挽回的损失和惨败的结局，要认真改呀。

2019年4月3日　星期三　郑州　晴

今天见到了老领导董雷、王明义

有一年时间没见到过董书记了，春节本来要去看他和夏忠英大姐的，因为我去了海南，所以没有见到他们。这次他回来扫墓，夏忠英大姐也回来了，今天中午我请请他们，也通知了老领导王明义。

2019年4月4日　星期四　晴

纪念我的父亲

我父亲吴勋周生于1913年，死于2003年。当时我在商水县挂职当副县长，说父亲病情严重了，正好省委领导在我们县调研，我做完工作才回家。不知道是父亲有感应还是别的什么原因，父亲又坚持到我回家后才去世。父亲去世让我留下两个大大的遗憾。一是父亲害怕火化，千叮万嘱不让火化他。但当时由于我是个干部，要带头进行火化。还是把他火化了，这一点我深深地感到对不起父亲。母亲深明大义，帮助我做了工作，人在很多时候是非常无奈的。第二个是父亲活着时想去一趟北京，想到天安门城楼上看一看。当初由于工作忙，没成行。后来父亲就住院了，再后来父亲就瘫痪了，也没去成。到今年父亲已离开我们18年了，想想这18年过得好快呀！

父亲，每年清明节来给您烧纸纪念，望您保佑我们平平安安。你说的两个事我都办得很好。大姑家的王建设我让他在孙召敬老院住了十几年，2014年他去世了。母亲现在很幸福，今年春节我带她去海南3个月，生活得很幸福。父亲您放心吧，我是您的女儿，永远按您的思想走，把这个家带好。

2019 年 4 月 5 日　　星期五　晴　商丘

到商丘散心

　　今天在商丘,陪着家人来看梨花和火神台。宁陵县万亩梨园非常壮观,我们走了很长时间,到金顶园上看一看。梨花盛开,一望无际,美极了。回来的时候,我们还买了6箱宁陵的酥梨,下午又去看了护城河和火神台,都很好。

　　今天走了2万步,感到很累很累,孩子的手机又掉了,十分不高兴。

　　小心无大差,粗心害死人。上次我去信阳不小心给身份证和车票掉了,这次家人又给手机掉了,这几天接二连三的出错,都是粗心造成的。这也是我一生的大错误。干什么事都粗心。

　　这次来商丘,大学同学朱俊峰夫妇一直忙前忙后,我很是过意不去。今后去哪里还是少麻烦别人好,不然就欠别人一个人情。

2019 年 4 月 6 日　　星期六　晴　商丘

家人对我体贴入微

　　从来没有像今天这样,一家人这样在一起玩。昨天我专程从光山回来,到商丘陪家人们。在火车上,孩子依偎在我怀里,摸着我的手,说我改变了、可爱了、进步了,会做饭了,管家了。我得到了家人的认可,十分欣慰,一股股温泉流向了心来。一直以来我对家人贡献太少了,一直就是工作工作工作。没有时间管孩子、教育孩子、帮助孩子。现在自己老了,孩子倒是千方百计关心自己、照顾自己、宽心自己,让我感到欣慰、幸福、快乐!

2019 年 4 月 7 日　　星期日　晴　郑州

烦恼都是自己找的

　　今天朋友给我打了一个电话,说了两个小时。她说丈夫背叛了自己,出走了多年,现在在反咬一口,说是因为天天被骂被打才出走的。气得朋友忍无可忍给我打电话诉苦,我觉得她的丈夫这种人本身都是无耻,没有必要与这样的人争是非,只能用法律的武器来维护自己的利益。好与坏,对与错,美与丑,善与恶总会有个分别的。人们判断是非的时候,心里都有一个秤,会称出公道来的。好的说不坏,对的说不错,善的说不恶,公道自在心中,正义自在天理。不讲道德的人,就没有信用,没有真诚,没有廉耻,同这样的人你还有什么可气的?他就像一个瘤子,如果不把他割掉,永远会毒害你的身体、你的生命。生了瘤子你要想法战胜它、解决它,生气半点作用都没有。它让你生气,你不生,你要向远看,你蔑视它,它能把你怎么样,人不能自找烦恼。自己爱护自己,自己珍惜自己,自己看重自己,心若宽再窄的路也能走过去,胸若宽再大的困难也压不倒。遇到难事往开里想,遇到一个难缠的人要躲着走,遇到邪恶敢相斗。朋友你一定要面对困难往前走,走向光明和幸福,勇敢点,坚强点,什么都过得去。

2019 年 4 月 8 日　星期一　晴　郑州

陪徐大姐散心

上午陪徐大姐去东区会展中心看一看,下午带她去福塔看河南各地的全影图,中午又有人请徐大姐吃饭。下午我请她吃饭,刘书记以前的两个秘书都去了。徐大姐去参加祭祖大典,给李宝光书记领奖,晚上在我家住。她说了两件事让我很吃惊。一件是刘杰和李宝光书记离开河南时还欠着别人的账。两个省委书记,临走的时间竟没有什么钱,还欠着账,那时候的干部多廉洁呀。二是徐大姐的丈夫,也就是刘杰书记的大儿子肝癌后期需要做手术,李宝光竟然到处借了 20 万元给儿子换肝(因晚了没做成)。其间,徐大姐辞了自己的工作,拿了 7 万元补贴给丈夫看病,这两件事太让我震撼了,对两位老领导更加敬佩。

徐大姐讲,刘杰和李宝光就只有一套房子,她自己也没房子。她就一个女儿,在最艰难的时间,谁也没有帮过她。她的一生也真是伟大呀!看看刘、李二老的廉洁,我们真是应该很好地学习呀。在一些问题上,我还同别人争这争那,什么都不要争了,有个房子住着就不错了。刘书记的事让我受到了很大的启发,人活着一定要有点精神,要廉洁,要给下一代做个表率,向两位老领导老前辈看齐。

2019 年 4 月 9 日　星期二　雨　郑州

天气突变,真的很冷

今天气温下降了 10℃以上。本来说好了带徐大姐去洛阳看牡丹,这下也不能去了。我上午就去老干部活动中心游了个泳。中午做做饭,下午带徐大姐去洗澡。

一个省委书记的儿媳,既没有了丈夫,也没有了工作,现在仍然一如既往地照顾李书记(104岁的刘杰去年已去世)。徐大姐只有初中文化程度,与刘杰书记的儿子是在北京市科委一个研究所认识的。丈夫是哈尔滨大学的一名航天研究者,两人相识相爱走到了一块,怎能想得到一个大学生,又是省委书记的儿子,找了一个初中生,差距是多么地大呀。可他们打破世俗,走到了一块。丈夫有病先离开了人间,由她一心一意地照顾两位老人。刘杰书记亲口说,徐大姐比他的其他几个儿女都孝顺。

徐大姐一心一意地,千方百计地照顾自己的公婆,她为的就是让死者安心,让公婆舒心。现在不但自己身体力行地做,而且让自己的女儿也一心一意地孝顺爷爷奶奶,真是不易呀!这就是中国最伟大女性的美德,我要很好地向她学习,孝顺全天下的老人。

2019年4月10日　星期三　郑州　雨

今天帮助胡屯村办两件事

一是联系河南电视台喜买网的总经理郑鸿雁,商量办好农产品分检中心之事。农产品的价值如何,主要见分检和物流做的怎样,做的好就价格高,做得不好就价格低,村子里有6个搞电商的青年人,我要帮他们把这件事做好。

二是到省交通厅去要范县修路的钱。刘国彬厅长没有找到,武处长很重视,说下周去看一看。趁这次机会,一定要把胡屯村北段的路修好,到时候运输农产品就不用费劲儿了。

农民的事一定要做好,村子里的事也一定要做好。在自己扶贫的最后一个村,一定把村子里的事情办好!

今天徐大姐要走,我给她拿了一点补品,拿了两件衣服给她。比比她,我是真幸运呀,女人一定要自强自立呀!

2019年4月11日　星期四　新密　晴

今天一天很忙

早上7点钟吃罢饭就坐地铁去参事室,上午8点半参事和研究员都要去参观新密的黄固村,结果等到了上午9点多,我拿了一本《亲情热线365》都看了两章,车才开走。到了新密就看了两个村,一个周庄村,一个黄固村,都是新农村建设的试点村。有画展,有幸福小区,有旅游景点,很好。

市里面好像不太重视。一是市长、书记都没有出来,二是中午的饭菜都是凉的自助餐。我的胃不好,没怎么吃。

中午老乡马昕来看我,我们的话没说完,车就往回开了。到了郑州都下午2点多了,回来就开会,一直到下午6点多,散会后我就来陪宋瑞。她在河南牧业经济学院农林专业交流文化。因为人是我请来的,来陪陪她。学校党委书记穆瑞杰、校长罗士喜等也都来陪她,感觉领导很重视。从这儿听到宋瑞的一个好消息,组织上考虑她的副厅级,真是一大喜事呀!能干的人终是有好报,有为才能有位呀,一直到夜里11点多才回家。

2019年4月12日　星期五　晴　郑州

今天在社会科学院讲党课

省社科院有270多人,都是知识分子。博士研究生有115人,下设十来个研究所,农林所、哲学所、历史所等,都是高端人才。我给他们主要讲《扑下身子干实事,迎难而上开新篇》,分了6个问题讲解,长达2个多小时,效果很好。

院领导非常重视。谷建全和几个院长都参加了,全体同志也参加了,听讲的人很认真,我也能放开讲,主要从驻村9年的实事来让大家知道扶贫、重视扶贫,只有干点事才能提高自己,只有干实事才能赢得群众认可,只有干实事,才能得到党组织支持,一切都要从干实事开始。

讲了课回来很累,正巧碰着财政厅李新芊,她非让去她家吃饺子。我就在她家吃了一碗饺子,回来睡了一觉。女儿也回来了,晚上看看书、写写东西,一天就过去了。

2019年4月13日　星期六　郑州　晴

话不能多说半句

今日星期六,和女儿、女婿、妹妹一家、弟弟一家和老母亲在一起吃饭。当说到让女婿多照顾女儿时,女儿一下子就站起来走了,弄得一家人都很难受。女儿以为我说她不懂事,其实我是想说让女婿多照顾女儿。

现在自己老了,本来就招别人嫌,何必多说话呢?孩子有孩子的活法,自己有自己的活法,自己为什么不能活出自我,活出自由。

今天下午在河南博物院听北师大李竹林老师讲《庄子》的传统文化。他讲到人要活出大我,要人与自然结合。过好生死关,特别是死这一关。如果死这一关能过了,就能超越自我了。我一定要想法活出精神,活出无用、无名、无我。在大自然中无声无息地生存,要走大道,做真人。

不能生气,气伤肝伤脾胃。今后千万记着一切皆在无言中。多做少说,或只做不说,用智慧应酬所有一切。

2019 年 4 月 14 日　星期日　晴　郑州

新的起点

我这次去广东,必须做好4个准备:
第一,多干活,少说话。
第二,多帮忙,少建议。
第三,放低姿态,从零做起。
第四,把过去的一切甩掉,从头做起,别吃老本。
企业和事业不一样,是要创造效益的。我尽力学习企业管理,从效益入手,从效率入手,从管理入手,从制度入手干。在家千般好,出门处处难,鼓起勇气从头做。

2019 年 4 月 15 日　星期一　雨　广东恩平

飞机晚了点

昨天下午我坐南航机场 CZ3395 航班从郑州到广州,本来是下午 3 点半的飞机,结果飞机晚点了,到下午 6 点多才起飞,整整晚了近 3 个小时。由于来得早,进站后我就在 259 登机口等飞机,等到下午 4 点半钟,我想问一下什么时间能到广州,就给同学李晓峰打了个电话。他说下午 5 点多才能起飞,他还给我安排在贵宾室里,让我在这度过了近 2 个小时。

贵宾室里有近 30 个等飞机的客人。这里摆放了高档的沙发,有茶几、桌子、饮水机,还有茶水、饮料、垃圾箱,不远处还有服务人员不停地倒茶端水,清理垃圾,一流的设备,一流的服务,给人一种舒适、温暖的感觉。如果不是飞机晚点,如果不是等的时间太长了,我也不会在这里享受这么好的服务和这么高档的贵宾厅。我就是一个贫困地区的基层干部,一个驻村第一书记,怎么能有机会享受这么高档的贵宾室？

飞机晚点的3个多小时,我一直在看王璋写的《亲情热线365》。第五章"诚信让人脉兴旺";第六章"沟通让合作成功";第七章"忧患让危机缓解";第八章"自励让激情长盛";第九章"唯实让浮躁远离"。这5个章节里的字字行行我都看得十分认真。写得很好,很鼓励人,很有教育意义,也给人很多的思考和启发。特别是诚信与唯实,写的让我产生了共鸣。做一个诚信的人,做一个唯实的人是一种境界,一种操守,一种美德。诚信是人成功的主线。国无信将不国,人无信将不人,信仰"诚则成",人生必成功,正视名和利,大诚即大智,坚守诚信线,贯穿言与行,诚者天之道也,诚之者,人之道也。诚信是人立身之本,交友之基,齐家之道,为政之要,经商之魂,心灵良药。诚信要牢记:自明自尊,自警自律,慎言慎行,诚与正善,力拒诱惑,牢记感恩,吃亏为福,宽宏大量。唯实,要当老实人,说老实话,办老实事。唯实必须无妄去躁,着眼高远,防微杜渐,去浮取实,动心忍性,追求中和,游刃有余,公道正派,创实创新,宁静致远,积极做事,踏实做人,一心为民,做到无名无我,天人合一,尊尚大道。

特别让我耳目一新的是第七章和第八章。从认识上、道理上、机制上都讲得特别清晰感人,提出了先忧可无后患,不忧必有后患,即忧老者兴,下事难测,因挫自励,忧患无患,不忧则患,忧忧循环,赢的学问,履薄临深,忧而奋之,不做仲永效法诗圣,永思忧患。一忧患宜早宜防,防患贵周贵行。从早,持早,行动开始,内化与心,在忧患宜早不宜晚,时时事事保持忧患,解忧除患重在行动。二忧患必成正果。老子曰:人生有三宝不能掉,一曰慈,二曰俭,三曰不敢为天下先。忧患是宝贵的财富,终生受用。激活道商,永不骄傲,谦胜算,厚积薄发,笑到最后,很好地讲述了忧患的道理。同时把激励讲得很活很重要,为青年人指明了人生方向和目标。对我也是鼓励了一番,也学到了许多知识。如果不是飞机晚点了,我怎么也看不了这么多的章节,更看不了这么细,这么认真,真是感谢飞机晚点了。也正像书中说的时时事事要有忧患意识,才能笑到最后,在得志的时候多想想前面的困难,夹着尾巴做人,事事处处低微谦卑。在失利时,鼓起勇气加油干,树立信心迎困难。找出激励的方法,目标,攀登事业的高峰。人只要想学习,在什么时候都可以学习。人只要想干成事,在什么情况下都能干成事,世上无难事,只要敢攀登。

大广农牧,我是第一天来。听张胜勋老师说,已有十个养猪场都发生了非洲猪瘟,这次损失惨重,直接损失6000多万元,间接损失2亿元。在这种情况下,怎么找出根源,采取得力的措施,控制疾病,把损失降到最小;怎样鼓励大家树立信心,渡过难关,克服困难迎难而上;怎样发展新的领域,补齐后备母猪不足之事,为来年的新猪苗发展奠定基础,都是当前急需要解决的。

世事难测,谁能知道非洲猪瘟能给广大农牧民带来这么大的灾难呢!面对灾难也是考验每一个人心理素质最为关键的时刻,只能沉着应对呀!

2019年4月16日　星期二　晴　连南

考察养猪场

今天同张胜勋董事长一起去连南猪场。这里距恩平有300多千米,早上6点钟就起床,到了沙平吃早饭,中午12点才到。原来没有准备,现在突然往这里搬猪,老总很着急,就带着我、张工来看一看。中午在厂里吃饭,吃了饭就研究问题,晚上请县长苗文金吃饭,还有抓农业的副县长李贵、农牧局局长、办公室主任及镇党委书记。大家说得都很好,县长同意把路修好,并尽快搞成牧业科技产业园,县里也表示支持。

南连瑶族自治县有16万多人,其中瑶族人口9万多,占总人口的60%;森林覆盖率占78.9%,是全省林业示范县;种有木耳、木材、花生、油茶、茶叶、竹笋、生姜、果类等农产品,人均收入1.2万元,畜牧业很薄弱。

如果大广农牧民在这里投资养猪,年出栏15万头左右,一年就增加10倍的畜牧业产值,希望把该厂打造成牧业高科技示范园区,田园综合性项目等,以公司加农户的形式来发展,为瑶族人民找出一条养猪快速发展的路子。

瑶族的人身材不高,但很能干。猪场周围全是青山,四周被山围着,非常安静和美丽,在这个地方搞一份事业很好。

这是我第一次接触瑶族人民。连南的县领导不少都是瑶族人,非常实在和豪爽,我要认真了解瑶族人民的工作和生活,写点东西出来。

2019年4月17日　星期三　晴　连南

张胜勋给我的启发

这两天同大广农牧的董事长张胜勋老师在一起,有一点对我的启发很深、教育很大,那就是他的清廉。到他公司,他亲自来机场接我。去他的场,他都亲自开车,吃饭的时间,都是早晨一碗面,晚上一份汤。休息的时间他让下面的同志找连锁酒店,晚上我们开了3个房间只花了400多元,并且他和张工睡在一个屋。他的资产也都上亿元,可他简朴得像一个农民。他是一名儒商,当过大学教授,但对谁都很尊敬,给司机背包,给同事倒水,给客人让座位,从来没有架子,对谁都客客气气的。他在廉洁上是每一个人的榜样,他在考虑怎样成为每一个人的标杆,从廉洁看他的品格,从和蔼上展示做人的低调,他的事业还能做大做强,我要向他学习。

2019年4月18日　星期四　广州　雨天

在广州办事

昨天来广州找了扶贫办梁健主任,并见到了林业厅规划资源处王处长。他人很热情,办事也很干练,给想了很多办法,谈得也非常好。

为了赶回来同张总汇报,我们冒着大雨回场里了。

今天到扶贫办、林业厅办事,受到了3点启发:

一是办什么事情都能接触人。今天一来就认识了两个部门的领导(省扶贫办和林业厅)。

二是广州的人办事很果断。不论是找到梁健还是王处长,他们都是尽力来做。

三是跟着场里面的人学了很多东西。同张工出了一趟差,知道了场里的人都很有知识和水平。张工从物理到科技,张总从历史到现实都讲得十分清楚,企业的文化很浓厚,人员素质也很高。听许助理讲,现在广州最好的环境就是都不乱收企业的钱,都想着为企业服务。听王处长讲,广州正处级干部一年工资能拿到42万元左右,是河南的三四倍,广东真是个经济发达的地方呀!

2019年4月19日　星期五　大广农牧场　晴

"赢"的要素

我来这几天一直下雨,下得特别大。一下雨天就潮湿得很,人也心里发慌,今天应到底穿什么衣服,应当记着梭罗的话:"我们的生命不应虚掷于琐碎之事中,而应该尽量简单,尽量快乐。"

赢——是一个组合字,由亡、口、月、贝、凡五个字组成,这五个字构成了成为赢家的5条基本要素。

"亡"字代表忧患意识。生于忧患,死于安乐,只有时刻充满忧患意识,才会使事业健康发展为赢家。

"口"代表沟通交流能力。进入社会干事创业,单靠单枪匹马不行,要优化配置各种资源,才能站稳脚跟成为赢家。发挥"口"的作用,加强沟通交流显得十分重要。

"月"代表时间观念。凡是赢家都是时间观念很强的人。机遇稍纵即逝,要紧抓机遇就必须先花比别人更多的时间去发现机遇。想在先,动在前,才能在同等的条件下,把机会握到手中,坐等不来赢家,把握机遇,瞄准时机,瞄准目标,爱拼才能赢。

"贝"代表财富。要具备竞争的实力,才能够成为赢家。要有真才实学,才有聪明智慧可供发挥,要有后勤保障,才能打赢战争。物质财富和精神财富是成为赢家基础。

"凡"代表平凡的心志。要胸怀一颗平常心,宁静致远才会成就大业,只有审时度势才能成为赢家。

5个单字组成一个"赢"字,所代表的5个方面要素将会成就一个赢家。

要记着这个讲究,储备5个方面的素质,争取成为赢家。

2019年4月20日　星期六　大广农牧场　晴

怎样打破这一切的沉闷

这几天一直下雨,几乎没有晴天,阴雨连绵。本来都使人沉闷,又加上大广农牧有10个分场都发生了猪瘟,就像是晴天的霹雳,雷雨、电都来了。场里的每一个人都不知所措,压力山大。董事长张胜勋更是如此,每天忙着应酬,副经理各自战斗在第一线。张胜勋说他的儿子在一个发生猪瘟的场都待了21天,人人都在忙着应对非洲猪瘟。听张胜勋说,这次直接损失6000多万元,间接损失可能达到2亿元,如此巨大的经济损失,对场子的打击是致命的,员工则面临着重新选择工作的问题,困难逼迫着每一个人。我刚到场子一个星期,怎样才能为场子排忧解难呢?我想到的唯一办法就是给企业减压。给每一个员工减压,给张董事长减压,办一场晚会来让大家放松,让各场、各单位、各部门自己出节目,来抗击猪瘟,找出办法,缓解压力,从乐中释放压力,迎难而上,争得今年的预期目标。

记得在2008年经济危机中,美国是爆发金融危机的中心。这一年,美国歌舞厅的票和各大城市的电影院最是火爆,大家都想通过娱乐来放松压力,这个事我同张董事长建议,看他能否采纳。

2019 年 4 月 21 日　星期日　阴　大广农牧场

凡事要顺其自然

　　本来想去看一下表妹,她在广州花都做事。因为说好同张老师一块去看他的猪场,所以就放弃了。上午很热,跑了一个上午,没想到中午接到一个信息,搞得心情不好,影响到一个下午都没有心思做事看书。正好晚上张老师爱人来牧场,他们两口子非要请我吃饭,加上他儿子一家三口人请我一个人吃饭,也让我很感动,充分说明张老师对我的重视程度。

　　付出了不一定都得到回报,尽力了不一定做到最好。凡事顺其自然,遇事处之泰然,得之淡然,失之坦然,艰辛曲折必然,历经沧桑悟然。凡事顺其自然,遇事处之泰然真是需要智慧呀!

　　南方的天气真不行,一直很潮湿,让人很难受。

2019 年 4 月 22 日　星期一　晴　大广农牧场

静心

　　这是一个校友张胜勋办的猪场。有 3 万多头母猪,一年卖猪苗 60 万只,一年能获利润 1 个亿左右。张胜勋的总部在广东省江门市恩平市圣唐乡,他花了几千万元买了一块地,建了一栋办公楼,两栋宿舍楼,还建了一栋饲料厂。他给我安排到了住室,还给我安排了一个二楼的办公室。一个大办公室,有 20 多平方米。我已来好几天了,中间去了一趟连南,该公司在连南有个猪场,在那两天。我还去了一趟广州,去找省扶贫办主任梁健和林业厅王处长,说场里在马庄的一块地的手续问题。又去了一次设备厂和一个猪场。其余的时间就是看书吃饭,看了《亲情热线365》《道德经》《静心》。

　　《静心》才看了第一篇至第三篇。写得真好,美丽的词语,一串接着一串,典型的故事感人,激励人奋进。名人名言名事让你心潮澎湃,从内心里敬仰。辩证的道理让你口服心服。读了《静心》这三篇,觉得它就是拯救自己生活的一种办法。在这个快节奏的时代,在我日前极其痛苦的时候,我比往昔更加需要静心。面对自己的起落,人性的险恶,婚姻的不幸,自己更需要静心。在大广一没熟人,二没朋友,三来生活上又不太适应,唯一的好处就是心静。什么也不去想,什么也不用管,只是安心在这里静养、静心。同孩子的关系,静下心来想一想,到底怎么处理。这样静下心来可以让心灵的灰尘得以沉淀,洗涤,让压抑的情绪得到释放,让匆忙的步调得以舒缓。静心下来可以让烦恼在洗涤之后,更能感受到洒落在天地之间无穷的爱与宁静,深感静心下来可以让心灵更为舒畅灵动,随处细细感受,细细咀嚼。哪里生活不好,粗茶淡饭,入口也会芬芳。静心下来可以调养。静下心来,也是自己在漫漫人生路中,随时随地有一份爱和安心的凭借。宁静的心灵会有很强大的力量,它可以缓解自己长期以来紧绷的神经,调节自己烦躁的情绪和暴躁的脾气,以便自己有更多的精力去应对接下来复杂的破败的婚姻和晚年生活。也可以让自己的思绪沉淀,消除心灵的迷惑,走出内心的困境,在复杂的生活中和矛盾的情感中有一段清闲的时光。坐下来只是在这个小镇子里,在这个场子大院子里,只是品品茶、看看书、散散步,什么都不去想,这样你自己就会发现生活中处处都充满了美好。闭上眼睛,让思想沉淀,让自己深入内在,只需纯粹地沉淀身心,专注,不必用力。只要给自己一些时间和空间,从所有的杂务、痛苦和纷扰中放松下来,唤醒内在的纯净与平和,境由心生。心不静,则烦恼生。在复杂的人世间,能坚持一份心灵的宁静,随时回到自己的内心深处,细细品味生命的微妙,无疑是一种修身养性的人生境界。

  静下心来吧,自己的时间不多了。

2019 年 4 月 23 日 星期二 晴

情况只有反映出来才行

  因为深井一直没有解决,亲戚葛岿然的一个奶牛场面临危机。我给郑州市市长王新伟发了个信息,他立即给中牟县杨树立县长说了,所以该县畜牧局长就给我打了个电话让见一见。这样可能会出现两种情况,一种是会使问题走向反面,不好;另外一种可能会走向正面,得到一些补偿,不论好坏,只能是尽力了。

  我为村子里的农产品分检中心又打了一天的电话找钱。因为大家干劲儿很大,都在准备填土。光填土就要 44 万元,盖房又得 300 多万元,要千方百计地找填土和盖房子的钱。现在一谈钱我心里面就害怕。要钱太难了,再难也要把这一关过了。

  来大广农牧这几天最大的收获是生活规律了,血糖也低下来了,心情也好多了。

  这两天我看了《静心》,讲的都是耐让、宽心、谦虚、低调、宁静、善德、仁爱、包容等,道理十分透彻,案例十分感人,使人想明白了很多道理,认识到了许多自己的不足,真好。晚上看到夜里 10 点多才回宿舍。

2019年4月24日　星期三　晴

今天办了两件事

一是联系上了广东省委办公厅高处长(河南许昌人)和广东扶贫协会会长陈开枝,明天去拜访他们。

二是看了一天的书《静心》,这几天没事,很安静地坐在办公室看书。明白了很多道理:一、看轻自己也是积极的人生观;二、做人应当保持一颗谦卑的心;三、隐于野的心境,入于市的淡泊,登于朝的气度;四、不要被成功冲昏头脑,那里不过是人生的一个驿站;五、做人要低调一点;六、花要半开,酒要半醉,低下高贵的头,收起虚荣的心;七、看高自己的人必会重重地摔下来;八、用平常的心代替高姿态;九、低调退让;十、低姿态才能为自己保留一席之地;十一、放下身份,路会越走越宽;十二、弓越弯才能射得越远;十三、谷穗越成熟,越懂得弯腰;十四、低头不是倒下和毁灭;十五、骄矜的人无知,自知的人智慧;十六、清高会让你孤立无援;十七、夜郎自大,付出大代价;十八、把自己的位置放低一点。这一篇整个教育人虚怀如谷,谦虚谨慎,虚心学习,放下架子,向实践学习,向身边的人学习,向书本学习,向所有人学习。为人要谦虚,和气,放下架子,正确认识自己,正确看待成功,知道让人、退人、帮人,我原来觉得自己做的很好了,看了这本书,知道自己还差得很远很远。一本书就是一个好老师呀!多多看书就找到了很多的好老师呀!

2019年4月25日　星期四　晴　广州

又来广州

上次来广州是见扶贫办梁健主任和林业厅王处长,给别人帮忙。今天来拜访两个人,一个是扶贫状元——陈开枝(原广州市政协主席),现国家扶贫基金会会长,广东扶贫协会会长,他在广东扶贫,做得很好。他2005年就退休了,现在还在扶贫一线,做得很好。主要拜访他在红色革命根据地帮助扶贫县是如何做的,回去以后看我们怎么做(同张胜勋老师一起去)。第二拜访老乡高处长(省委办公厅),通过他可以联系一些河南老乡,也可很好地发挥老乡的作用,把广州的商人引入到河南去。为家乡的发展做一些事,家乡经济发展了,人民群众的日子过好了,我也算尽一份力量了。

下午我趁刚办完事,来深圳看一看吴全力家生的小孩。由于说得不清楚,来接我的张志祥的女婿没接到我,我坐个出租车到吴全力家。他大学毕业后,先分在了农畜局,他女朋友分配到报社。10年前他们来深圳了,今年48岁了,又生了一个小男孩。今天刚刚10天,小孩很好看,摸着小手肉嘟嘟的,一个小生命很好。这么大了,又要一个孩子,很难养的。我给孩子拿了2000元,作为给孩子买奶粉的钱。我现在的钱也很紧张,来广州就带了2200元,给孩子大头,我就只有200元了。正是因为生活所迫,我才来广东,一来把自己所学的技术捡起来,二是也挣点钱等着今后养老呀!

2019年4月26日　星期五　晴　深圳

今天在深圳市见了一些新老朋友

昨天在弟弟家住了一夜,今天让王进钟的儿子小王把我接到了他公司。他是孙召人,20年以前来深圳,开了一家运输公司,现在每年能盈利1000多万元。他对父母孝顺,带父母走过全国的各大城市。中午王总请吃饭,李凡修夫妇、李才圣等老熟人都在一起见见面。

下午我们去了商会见了闫广伟秘书长,谈一下明天参加驻马店商会之事,下午去惠阳见黄总。他是做房地产生意的,周口沈丘人,14岁就出来了,主要做市政工程。人很精明,政界很精通。他还说支持我两个贫困学生,人虽然只有40多岁,但在惠阳已做的很多了。

昨天回到住处都已9点多了,我回来还给小梅捎了点我们吃的大龙虾、皮皮虾,她吃得很香。看来穷人和富人就是不一样,穷人过个月子都不舍得吃个好东西,富人天天都花天酒地的。但穷人过得安心,踏实,我选择的是穷人的生活。这样简单踏实,睡觉也安生,我会永远同穷人站在一起。

2019年4月27日　星期六　晴　深圳

走实业的道路非常艰难

今天来新蔡化庄老乡向华博士的公司。公司做新能源汽车业务,发展潜力很大,已在山东建立1万套的生产基地。他说自己来东莞6年了。他是学化学的,开始在大学教书,现在自己开始干了。道路非常艰难,他常勉励自己:历史需要我,人民需要我,我一定扛着责任往前走。

说的多好呀,我们就只能扛着责任往前走。每一个贫困人口都脱贫了,我的任务就完成了,我就探索出了农民致富的路子。付出呀,付出到一定的时间就可以脱贫了,所以我现在深刻体会到了习总书记所讲的幸福都是奋斗出来的。

李才圣总经理的创业路。我和李才圣认识在2015年中央电视台的"'三农'十大人物"颁奖典礼上。我是获奖者,他也是获奖者。他是作为创业的代表,我是扶贫的代表。他是做无人飞机的,那时他刚刚开始,现在他的公司市值都上亿元了。他从100万元年薪的白领到一个一穷二白的创业者,再到百亿市值公司的掌舵人,硬是在无人机领域开辟了一条赛道。现在是第九届全国科协代表、深圳市科委创业先进。

张胜勋老师原来是郑州牧专的学生,后到华南农业大学读研究生,毕业后在佛山畜牧局工作,后来到康贝尔饲料厂,现在自己办猪场,已年出栏60万头猪。今年突然发生了非洲猪瘟,可能损失过亿。从我来到现在,一直是忙于猪瘟之事。

从这3个实业家来看,科技工作者走实业之路,非常艰辛呀!我与他们有同感,做一件事越来越艰辛,艰难得让人快走不下去了,不知道到底还能坚持多久!

2019年4月28日　星期日　晴　恩平

在深圳参加驻马店企业家年会

本来我想买4月27日的火车票回去,但闫大伟处长非让我参加了会议后再走,我就留下了。下着大雨,李才圣让他的司机送我来这里,闫处长把我安排在接待室里。驻马店在深圳的企业家接待了我,认识了刘伟书记、王明德主任、驻马店招商局局长刘伟等。吃饭时给我安排在第一桌,左边是刘伟,右边是会长徐威。徐威是搞房地产开发的,商会是他出资搞起来的。他说自己才来深圳6年,发展得很好。

这个商会组织得很好,本次年会有6项内容:

一是汇报一年工作。

二是会长说商会成立的自身意义和发展目标。

三是驻马店招商局介绍驻马店情况和招商的内容。

四是表彰先进。

五是歌唱家表演。表演者赵强的家庭是全国文明家庭,他本人是著名的歌唱家。

六是抽奖。我抽了个小摆件,朋友抽了个洗衣机。

整个活动丰富多彩,很好。我太兴奋了,夜里3点多还没睡着。

一下子认识了那么多朋友,一下子在深圳参加了这么大的活动,高兴得睡不着觉。这次认识的老总太多了,他们都是驻马店的商界精英,身上会有很多闪亮的东西。我以后可以来写一篇驻马店人在深圳,也可学习他们身上的奋斗精神。一个个鲜活的事例,一个个奋斗的企业家,真是驻马店人的骄傲!

2019年4月29日　星期一　晴　恩平

向扶贫英雄陈开枝学习

陈开枝,男,汉族,广东省云浮市云安县安镇人。他于1940年3月26日出生在一个贫苦农民家庭,罗定师范学校毕业,后被送到华南师范大学政教系学习,1969年起任广东省常委会办事第一秘书处调研员,办公厅一秘处长,县委书记,1985年任广东省委副秘书长,1992年任广州市委常委、常务副市长,1998年广州市政协主席、第九届全国政协委员,2005年4月任中国扶贫基金会副会长,广东省国际文化交流中心理事长,2013年起担任广东省老区建设促进会会长。

2005年他从领导岗位退下来后,一直做扶贫工作、文化交流工作及老区建设工作,是2017年度扶贫先进个人。他今年79岁了,星期四下午我去见他时,他脖子上带了一个治疗器械,热情地接待了我们。听说我们想在广西红色革命根据地建一个猪场时,他帮我们写了一封信,还送给我们一些书籍。

他退休15年来一直做扶贫工作、文化交流工作和老区建设工作,受到了人民欢迎和党的高度重视。邓小平、江泽民、胡锦涛、习近平、朱镕基、温家宝、李克强等党和国家领导人都接见过他,肯定过他,高度评价过他。他真是个伟大的人物,做的事很大,特别是退休15年来一直在扶贫第一线。我应当很好地向他学习,在退休后干一番事业,做到生命不止,奋斗不息。

2019年4月30日　星期二　晴　恩平

一个人最重要的还是人品

如果一个人没有了人品,事业就没有。
如果一个人没有了廉洁,就没有了灵魂和价值。
如果一个人没有了道德,就什么也没有了。
一个人得有优良品格,做事做人心怀坦诚,做老实人、办老实事,踏踏实实做事,明明白白做人,树立自己的人格人品和形象,不论自己遇到什么事、什么人,哪怕背叛自己的人,也要用人格教育和感化他,让自己的人格永久保持纯真,正直、清亮和高大。

人不能贪念功劳和钱财。简单的生活,追求内心的干净,多付少取,用最轻松的身心投入最热情美好的工作,为民众与社会创造最大的价值。不以物喜,不以己悲是人生最大的智慧。知道舍弃是最好的得到,从得到到失去,才能从失去中获得。懂得舍弃的艺术,才能拥有更好的幸福。追求精神的富足才是最大的幸福。

道德是衡量一个人的砝码。没有了道德,一个人有再多的名利和钱财,这个人都是无用的。所有的人都应轻视这样的人。遇到了这样的人,必须同他一刀两断才行。付出再大的代价也要与这些人划清界限,以免玷污了自己的人格、品德和灵魂。

2019 年 5 月 1 日　星期三　阴　恩平

今天是五一节

1889 年 7 月 14 日,由各国马克思主义者召集的社会主义者代表大会,在法国巴黎隆重开幕。与会代表一致同意,把 5 月 1 日定为国际无产阶级的共同节日。从此五一国际劳动节诞生了。

今年的五一国际劳动节,我在广州江门恩平大广农牧的猪场里,很多人都回家了,我还在这里,同我久别的"儿子"红卫在一起。他是我 2001 年资助的一个中学生。现在已成家立业,他来到大广农牧工作,先在范县,后来去山东,又到山西,现在又在四川,很辛苦,进步也很快,现在是个中层领导了。我们娘俩谈了很久很久,从他进场谈到了现在。他成熟了很多,对许多问题有自己的看法。我感到很是欣慰,他能从一个特困生到现在的中层领导,我在他人生路上帮助他走过了最艰难的时刻。

昨夜我加班看完了《静心》这本书,作者用 397 页,6 个篇章,62 万字叙述了如何静心。静什么心,怎么静心,用哲学的观点,马列主义辩证法,以及大量的事例和许多古今中外的成功人士来说明静心对人、对事业、对家庭、对成功的作用,还用道家思想、儒家思想来说明其正确性。

这本书对我静下心来,观察自己,总结得失,处理难题,安度晚年很有好处,特别能平复我的心情,知道了自己该取什么,舍弃什么。我要舍掉一切,也要取得内心的自由。如果能早看一看这本书,可能这个问题早就解决了。当断不断,必受其乱呀!该割开的,该去掉的,该一刀两断的必须果断处理。舍不去,得不来呀!

开卷有益,我在这个场子近20天了,由于没有电视,看了3本书,《亲情热线365》(32万字)、《静心》(62万字)、《道德经》(几千字),对我还是很有益处的。学无止境,越学越觉得自己知道的东西少,还要抓紧学习。

2019年5月2日　星期四　雨　恩平

有感于家大业大

今天和毕红卫、陈自美(大广农牧公司员工)一起去吃饭。因为我明天就走了,吃罢饭我们去圣党镇的一个恒大温泉小镇看一看。里面真是大得很,有上万亩土地,建了许许多多的房子,有别墅,有高层建筑的住房,还有高级酒店。我们看了两栋样板房,有两室一厅、一室一厅,有109平方米三室一厅的,全是精装修的,高层建筑7000平方米,别墅1.2万平方米,从27层往下看,一望无际,全都是房子,像一个小集镇,真是财大气粗,不知道多少钱才能盖这么多的高楼大厦。我第一次来看恒大盖的小区,小区设计得特别高档、科学,有五国温泉(朝、日、俄、泰、瑞),有宽敞的大路,有大片的草坪,有层叠的山坡,有重重叠叠的洋房,有高大的楼房,还有不少高档的酒店……我就像刘姥姥进了大观园,一切都感到高档、大气和新鲜。中午我请两个年轻人吃饭,要了两个青菜,一个鸡子。三个人三个菜,省得浪费了,在吃的用的上面多花一分钱就是浪费。许家印在全国扶贫会上开过一次会,相互也留了电话。他还比我小一岁,真不知道他那么有钱,也真不知道他开发的房子那么高档。如果一个人能住到他盖的房子里,也算是幸运了。我不是羡慕他有钱,而是敬佩他有本事能盖出那样的好房子。我觉得自己精神上很富有,专心致志地为穷人做事,心里头很踏实,也很充实。再多的财富自己带不去半文,当走到人生尽头时,还不知道谁比谁强呢!

家业大了,多做对社会有用的事,当然更好。愿有钱人多给穷人多做好事。

2019年5月3日　星期五　雨　火车上

在火车上读书

今天一天我都在火车上。从恩平到广州,从广州到郑州,整整在火车上坐了9个小时。在火车上没事,我认真看了傅守成写的《中国通史》,从第一章到十二章,从史前时代写到信史时代,包罗封建帝国的兴衰、春秋时代和战国时代、春秋战国时代的思想艺术、集权帝国的发展与倾覆、汉帝国的盛世、汉代的武功、汉的制度与学术、汉的衰亡与三国分合、五胡乱华与晋主偏安、南北朝对峙、南北朝的社会、隋帝国的兴亡、盛唐的内政、盛唐的武功、安史之乱的唐帝国、唐代的制度、五代与十国、北宋与外旅、南宋与外旅、宋的制度与学术、元帝国的兴亡、明代的政治、清的入主及其盛世、清帝国的乱亡、明清的制度、清朝的宗教与学术。这一套《中国通史》有60万字,写得非常清楚明了,没有一句废话,没有一个多字,语言简练,叙事清楚,语意精准,看了还想看,真是一套好书。

读书一定要读经典,看了既长知识,又学文风。今后要多看经典,多看历史书。如果不是一路看书,会觉得很累很累,这一路有书做伴真是幸福极了。

2019年5月4日　星期六　雨

事没谈成

今天下雨,我的心情非常不好。上午去了中牟县,见了抓农业的杨国立县长、畜牧局马局长及王局长,但谈得不好,事没说成,还搞一肚子气。打的深水井,一分钱都没有解决。

回来是一直心情不好,等李律师一天,他又没有赶回来,最后见了王律师。他建议我见见小孩他叔,见面后谈得也不好。

后来妹妹一家也来了。两个孩子,四个大人,热得要死。在这坐的有半个小时,他们回去以后我和天瑞下了两盘军棋,缓解了一下心情,小王陪我说了会儿话,好多了。

2019年5月5日　星期日　晴

忙碌的一天

在村子里开了一天的会,研究这一段的工作:

1. 农业分检中心建设问题。因填土需要40多万元,最后还放在原来的地方盖分检中心。

2. 群众的表彰到底还搞不搞,需要十几万元钱,钱从哪里来。

3. 杨市长说的180万元,钱到底能不能解决,要去市里落实。

4. 又去接刘杰书记的儿媳妇,她从北京到鹤壁。

5. 研究夏令营的活动,今年仍带了40个学生,去深圳学习,参观学校,锦华园等。

6. 晚上去找濮阳市扶贫办公室李主任,落实杨市长180万元钱的事。

7. 因为走了很长的一段时间,家里需要收拾一下,所以早上5点多就起来洗衣服。

8. 我同李师傅开车去鹤壁接着徐晓娟,就去了范县,到范县都上午12点了,下午集中力量开会,研究当前的工作。

9. 晚上看7月11日下午的讲话稿子,主要讲课用。

2019年5月6日　星期一　晴

范县的文化底蕴非常厚

来范县两年多,每次来了都是忙,没有出去过。这次北京来了客人,我带着她去了鲁豫革命根据地和段金玉纪念馆及郑板桥纪念馆看一看,教育意义非常大,印象非常深。

两个纪念馆内容搞得非常好,讲解得也非常清楚。我在郑板桥纪念馆重新认识了曾思凡将军。他活到101岁,有8个孩子,没有受过什么伤。别人问他经过那么多战斗,为什么没受过伤,他说:个子小(1.5米),子弹都从他头上穿过去了。馆长姓陈,讲得十分清楚。一个大院子,有20亩地,每个展厅都满满的,比竹沟纪念馆内容丰富。再说段金玉纪念馆,外面全部是图片,非常精细,有内容,有图书馆、阅览室等等,让很多的人在这里读书,学习。可以作为教育园地,项目是图书馆申请下来的,非常好。县文化旅游局,花了60万元,做得非常好。

看了郑板桥纪念馆之后,更感有新的意义。一是内容讲得透彻,从进门时的门匾到最后的板桥断案,讲了近一个小时。

1. 最好的论文——"难得糊涂"。聪明难,糊涂难,由聪明变糊涂更难,退一步风平浪静,得人心安,世事不平,话到嘴边说半句,人心难测,遇事小心点。

2. 对群众的关心:衙斋卧听萧萧竹,疑是民间疾苦声。些小吾曹州县吏,一枝一叶总关情。充分反映了为民情怀。

3. 所判的几个案:

①贫穷的老夫人卖扇子。郑板桥在街上遇到一个贫穷的老夫人在街上卖扇子,因到秋天无人问津,郑板桥为了帮助老夫人卖扇子,就在扇子上画了竹子、桃花,做了诗,围观的人见了,都抢着买,不但给老夫人的扇子全部买完,并且价格翻倍,即此传为佳话。

②郑板桥初到范县,就让伙计把院墙上都打上洞,并对伙计说,过去贪官污吏胡作非为,瘴气满天,打打洞,让污秽之气向外透透,并吸收新鲜空气,可见郑

板桥对贪官污吏多么憎恨,又多么渴盼清廉呀!

③有一天两个农夫因地里的螃蟹跑到对方的地里而到县衙诉告,郑板桥听完让自己的家丁用扬州的做法给蒸了,请两个农民吃,而且郑带头吃,大家一吃觉得是很美的食物,所以两个农夫不但和解了,郑也成为当地第一个吃螃蟹的人,他还号召大家卖蟹。郑板桥真是聪明绝顶呀,一事成为三个美果呀!

④一天,有人带着尼姑与和尚到衙门,说这一对出家人败坏风俗,在约会私通,让郑板桥断案,郑问明原因后,知道这对出家人原来是一对恋人,正是家里人反对,才出的家,郑判让这对人出佛门还俗,并为他们主持了婚礼,并做诗说:一半葫芦一半瓢,合来一处好成桃。

⑤一天,一个校长与一位先生来县衙打官司。先生说自己干了一年校长却分文不给,但校长说先生没有水平,误人子弟,才不给钱。郑板桥听后说:我出一道题,先生答上分文不少,先生答不上来分文不给如何?先生同意了。板桥说:四面灯,单面纸,辉辉煌煌照遍东南西北。先生说:一年学,八吊钱,辛辛苦苦历尽春夏秋冬。板桥一听,先生对答如流,天衣无缝,怎能教不好几个孩童,定是校长赖账,打校长五十大板,并分文不少给先生结账。

从这5个断案中,可见郑板桥聪明睿智,才华过人,真是让人佩服。

2019年5月7日　星期二　阴　息县

再次来到弯柳树村

这是我今年第3次来到弯柳树村了,这次来有几点发现:村子里的大讲堂开班了。花了1000多万元建了一个讲演场所,国家统计局已在这里办了两次培训班,我今天主要来给学员讲课。上午参观了几个企业,包括宋瑞的厂,主要生产油茶,很好。还有一个大米加工厂,非常好。从建设到现在只有8个月。8个月我在胡屯村什么都没搞成。真的要好好地向宋瑞学习呀!这个村今后是很有前途的。这个村在全国很有影响力。能说动国家统计局来办班,很不简单,效果是很好的。下午我讲得很卖劲儿。用了两个小时,给他们说扶贫工作,从加强党的建设,到发展经济,到做好扶贫工作,效果非常好。

宋瑞人好,做事也好,现在方方面面都很好。她一定会带领这个村发展得很好!她主要通过乡村文化来发展全村,这个村今后一定会发展得很快。

从早上5点多起床,到晚上11点回家,很累很累。从息县回来,差一点没有赶上火车,害得徐晓娟大姐跟着我跑了一天。好在市扶贫办跟着,不然就没办法完成这趟任务。

2019 年 5 月 8 日　星期三　晴

人在紧张时一定要稳住阵脚

这周发生了三件事,两件稳住了阵脚,解决得很好。一件没稳住,就解决得不好。

其中两件的具体情况是:

一、小葛的奶牛场稳住了阵脚,通过谈判,中牟县政府同意解决井的补偿问题,不管多少,总算有说法了。

二、下午 4 点半讲完课,徐大姐非让改 6 点 10 分 G492 的车票,她认为一定赶不上这趟车,我坚持不改,最后很轻松地上了车。最终能按时去请时银臣和老乡吃饭,当时我心里很有数,一点都不急。

从上面的事中,让我深刻地体会到,遇到困难的事,一定冷处理,静观其变,见机行事,一定不能急,一急非出问题不行。所以在处理问题上一定要慢慢来,摸清情况,再做决定。

2019 年 5 月 9 日　星期四　晴

今天在封丘

受艺术家金不换老师的邀请,我来到了封丘县。

看了两个贫困村,两个扶贫就业点。西于村的村长是于卫军。他过去是一个煤老板,有一点钱,现在回村子里当村主任。自己承包了一个农业大棚,种的全是香菜,都已收果子了。又看了他的村子,这个村是一脚踏三县的地方,滑县、长垣县、封丘县,他想给它发展起来。我也给他指点了路子。李总是一个福建人,来干服装厂很不易。刚进来,服装的生意被人截了业务,很不舒服,就反映到我们这里。另一个村子是梅花奖获得者金不换老师的老家。他想为家乡办点事,让我来看一看,他在鹤壁市里住。

看了两个村,晚上在村子里吃饭。这里有一个农家乐,吃过饭我们去长垣住了。住在酒店,对面有一个公园,我在那里走了很长一段时间,非常好。今天看了两个贫困村,做得都非常好。有产业有工厂,村委班子都是年轻人,很有希望。看来李辉书记在这个县把基础和村级班子建设得特别好,女强人干事就是很下力,值得学习。

2019 年 5 月 10 日　星期五　晴　封丘

孔庄乡是一个了不起的乡

今天我来封丘县钟城村。这是金不换老师的村,村子里四横四竖,建设得非常好。他的侄子是村主任,他家有一个展览室。中原艺术馆前是大河,河那边是一所学校,学校前边是黄河。这个地方作为旅游景区就非常好:艺术馆作为培训学校,培养豫剧学生,门前的河可以搞上吊桥,作为一道景观,黄河边再搞些小吃什么的,就是很好的旅游区了。

孔庄乡很是了不起,出来一个阎立品,是豫剧著名演员;还出来一个年轻人才,才 27 岁,就是全国人大代表了。这一个乡出来了两个全国人大代表,两个著名豫剧家。4 个人就是 4 张名片,4 个发展点,利用好了是很大的资源和优势。

孔庄乡的党委书记姓郭,原来是搬迁办的主任,很务实,很能干事,深信这个乡会发展得很好。县委书记李辉很器重她,我也很看好她。

2019 年 5 月 11 日　星期六　晴　郑州

母亲节

明天是母亲节。我早晨吃过饭,坐车回驻马店到大弟吴晓家看望母亲。母亲比着春节时显得苍老许多。听小苗说,她没事了就睡,出去得很少,话也说得不多。中午弟家包的饺子,我很久没吃饺子了,新包的饺子很香。见了母亲也很高兴。前几天我还专门写了篇文章《母亲就是我的心灵的感受》发表在《农村农业农民》和《中国妇女》杂志上。今天看到习总书记的一张拉着母亲的照片,很轻松,很幸福,很阳光,他号召人们好好地孝敬父母,弘扬优秀传统文化,人人都尊老、敬老、爱老、帮老、孝老,形成一个核心的孝道文化价值观。

今天是母亲节,我和母亲一起团圆。我自己也是母亲了,还照顾老的,照顾小的,换个角度想想,付出也是一种享受吧,最起码可以锻炼身体呀!

祝天下的母亲都快乐,愿天下的女性都幸福。

母亲节是由美国费城的安娜·贾维斯发起的。她母亲生前的心愿是希望有人能设立母亲节来赞扬全世界的母亲。安娜·贾维斯为了完成母亲的心愿,也为了纪念和感恩母亲,发起设立母亲节。她于 1907 年开始举办活动,申请将母亲节定为一个法定节日。到 1914 年,美国公会正式确定将每年 5 月的第二个星期日为"母亲节"。

安娜·贾维斯是一个了不起的人物,她让全世界的人记着了母亲的伟大。

2019 年 5 月 12 日　星期日　晴

有感于表演艺术家秦怡

　　1922 年,秦怡出身于上海的一个资本家家庭。她 12 岁被送进了学堂,17 岁时嫁给了话剧演员陈天国,并生下女儿。在结婚 6 年后,她结束了第一段婚姻。后来,她嫁给了金焰,生下了儿子金捷。金捷 16 岁时患上了精神病,秦怡一直把他养到 59 岁,直到儿子去世。在第二段婚姻中,丈夫金焰出了轨。即便如此,秦怡也没有跟他离婚。秦怡一生过得很苦,但在艺术表演上成绩突出,2019 年荣获"人民艺术家"国家荣誉称号。她在电影《铁道游击队》《祥林嫂》《女篮 5 号》《马兰花开》《青海湖畔》等诸多影片中扮演过重要角色。她在生活中虽是多灾多难,但她不屈不挠,顶住重重压力,依然在电影表演事业上求索奋进,不断为人们创造出催人向上的精神产品。她不愧是一个伟大的女性,其人品令人仰慕,其精神令人振奋,其贡献令人叹服,其事业令人叹服。

　　人呀,不论遇到什么困难,什么曲折,都要自立自强。做一个面对厄运不低头,面对困难不叹气的开拓者、奋进者。

2019 年 5 月 13 日　星期一　晴

今天见了两位律师

　　今天陪朋友见了牛炳义和王静律师。他们都是 50 岁以上的人,认为家庭问题一定要和平解决。财产的事都是小事,感情的事才是大事。房子有一套就够了,没有必要同对方争来争去,伤了感情。

　　他们说的也对,朋友也是个有身份的人。为了一套住房就争得死去活来,真是不值得。家都没有了,还要财产干什么?好聚好散,和平解决问题比什么都好。

　　人上了年岁,有一个好身体比什么都重要。身体好了,不但自己不受罪,也不给别人添麻烦。刚刚看完《静心》,这本书教人心静,一切都用辩证的关系看问题。什么车子、房子、票子,什么都不如有一个好的人品,有一个高尚的灵魂,有一个博大的胸怀,有一颗向善而无私的心。天会感知你的人品,地会知道你的灵魂,人会量出你的胸怀。人人都会感知你的心,天地良心。人在做,天在看,善有善报,不是不报,时间没到,时间一到,一定会报。

律师是智慧的,多听听他们看法挺好!朋友祝你尽快解决好自己的事。

2019年5月14日　星期二　晴

今天一天很忙

村子里扶贫的事情很多,一起来打了几个电话,处理了几件事情。孩子上学的事、假期去参观的事、找钱的事、村民发奖金的事,一个接着一个,忙得我一身的汗。

下午我写写这两天的日记,晚上又给她做点面叶。

因为星期五要去汇报项目,所以要准备一下材料,并要安排车票之类的事情,到晚上又给村子打个电话,看有什么事没有。一天下来很忙,很累,又很充实。

2019年5月15日　星期三　晴

做饭也是一门学问

为了给家人做点好吃的,今天到东黄的小菜市场买菜(看门师傅告诉我的地方)。街很小,卖菜的都是一些老头儿和老太太,他们的菜很新鲜,价格也很低,我买了3棵生菜才0.9元,买了条鱼才30元,樱桃3元,一把小葱才1元,一把菠菜才1.5元,比超市的东西价格低一半还多,如果没什么事,我可以天天来这买菜。

上午给家人蒸了点米,做了条鱼,又炒两个青菜,还热了个鸡汤,家人吃得很好,心情也很好。我们娘儿俩说说话,交流一下感情。我又去她家附近的地方游了泳,感觉非常好,现在心里平静下来了,什么也不用想,就想着过好自己的日子。

女儿说她身体不好,哪里也不想去,就在郑州好好工作和生活。她说自己该生孩子了,再换个地方还得两三年立不住脚,不如就在学校好好干一干。如果有机会了,就换个东区的学校。没机会了,就在这个学校待着,好好过好自己的日子。做饭也是一门很深的学问,我要好好学学,让大家都愿吃我做的饭。

2019年5月16日　星期四　晴　郑州

公务员又要改革了

听吴浩厅长讲,公务员又要改革了。分一级巡视员、二级巡视员、三级调研员、四级调研员,只同经济挂钩,不同政治挂钩。这是借鉴西方国家的方法。

以后学校以董事会管理,企业以总经理管理,公务员以严格的等级管理,法官也列入了正规的交流管理。

我自己退休了,只拿退休金,也不管什么等级。生活好,身体好,有个好身体比什么都好。

现在的公务员实在不好当。任务多,要求高,做不好会受处分,还天天加班加点,扶贫办很多同志都累得一身的病,真是不能再这么干了。

2019年5月17日　星期五　雨　北京

汇报工作的3点启发

还是翁杰明同志任副省长时,我们立了一个项目——河南省黄河搬迁战略模式的研究,搞了已经两年了。这次同农科院乔鹏程院长、腾永忠副所长(农科院农经所)一起来北京向翁杰明同志汇报,约的是下午5点,准备了20分钟,没想到翁杰明同志会那么重视,汇报了一个半小时,我们汇报着翁杰明同志点评着,说着话,听得非常认真。我向他提出了3个问题,他都采纳了。一是把该项目提升到全国的层面上,把山东也加上。二是仍由他担当这个课题的组长。三是中央企业在黄河滩区的扶贫人员也参加了。他全部都同意了。

最后他提出了3点:

1. 模式上要验证五点和四位一体,看在实践中怎么样。

2. 从根本上讲,一定要把搬迁同城镇化与乡村振兴结合起来,适合哪种情况就采取哪种情况。

3. 把这个项目做成全国的项目,还可以向李克强总理汇报。

这3点都从层面上提高了一个档次,搞成了一个全国的项目,申报成果时层次就高了,影响面大了。他是站在解决人民群众的根本问题上来进行研究的,让我感到了他的心里时时刻刻想着人民,千方百计地为人民做好事的,并想给历史留点东西。

没想到他对这个项目研究这么认可,这么投入,这么认真对待。他作为一个省部级领导干部,离开河南这么长时间,还对我和河南有这么深的厚爱,对黄河滩区的人民这么关心、关注。

有思想的人就是想得远,干什么都是一样的。所以我对翁杰明同志非常敬仰,非常佩服,如果党的领导干部都像他那样,党的事业一定会更加受到人民的拥护和跟随。党的事业会更好。

每次见到翁杰明同志,都是一次很好的学习和教育,思想上都有一次感悟和提高。他是一个真正的学者专家,是一个非常有本事的领导,也是一个民本思想非常浓厚的领导,认识他也是我的福分,他的品质也是我应当学习的。

2019年5月18日　星期六　晴　北京

北京真好

昨天汇报完工作没什么事了,早上起来在广安门前走一走,又发现一个亮点。广安门影维国际酒店前面有一条小河,河水细流,河两边很多柳树,柳条下垂,非常非常地美。枝枝柳条垂落小河边,清水映着绿条,像一位位淑女跳着美丽的舞蹈,迎着五月晨霞,活泼而有生机,动人而美丽。河岸上边都是鲜艳无比的月季花,有紫红、橘红、粉红和白色的,一朵一朵,就像盘腿而坐的贵佛,安静而富贵,鲜艳而光彩。还有中间的一条长草坪,碧绿碧绿的,小草一个个都仰着嫩绿的头,很有生机。绿色的草坪,映眼的五月菊,弯弯的垂柳把整条河都映红了,衬绿了,变美了。大步走在这小河边,心情是愉快的,高兴的,舒服的,像是人走进了仙境,北京真是太好了。

还有更好的事,中午同老朋友李金良父子吃了个饭,因为李彬生了个儿子,给他们庆祝一下。

晚上财政部马卫红司长(退休了)请人吃饭,把我也请过来了。这顿饭真是太好了,纯属朋友聚会。有窦良坦,山东人,直爽豪气,人非常地好。刘剑辉(内蒙古人)在地方组织部干过,清华大学研究生,很能说,很好。我临走时,他还亲自给我打个车。穆淑真(国家发改委办公室)是部队转业军人,很有协调能力,真好,句句话都能说到你心坎里。陈淑梅(教育部)很亲切,说有什么事让找她,人很实在。在这个饭桌上,我认识了七八个新朋友,他们都对我很好,很尊敬。通过这顿饭,我充分认识到3点:

一、平台有多大,事业就有多大。

二、年轻人真是厉害。小闫才32岁,已是副教授,两个孩子的妈妈,家庭事业两不误。比原来像变了一个人一样,她是清华的博士,前途是无量的。

三、在北京办个事比郑州好办多了。人多、平台大、站位高,什么事都好办。我在下面做一件小小的事都十分艰辛,但在北京,什么事都好做得多。如董磊的父亲退休了,儿子还能给他找个很好的事做,让他晚年生活得很幸福,如此之类的小事,我做起来就比较难。所以人的起点不一样,对下一代也不一样呀!我现在与谁都不能比,只有埋头苦干了。

这顿饭,对我的触动很大,感受很多,我再奋斗10年,一定有所收获呀!

2019年5月19日　星期日　晴

看望高鹏的孩子

高鹏是我的一个外甥,研究生毕业后留在了北京。爱人是博士后,现在生了个男孩,我来看看孩子,给拿了2000元。中午在他家吃了个饭,孩子刚满月,非常地可爱,像高鹏,两个妈照顾了莹莹一个月子,大人孩子都很好。

上午我还看了我的两个老领导。一个是原来的省委书记马忠臣,一个是刘杰的爱人李宝光。两个人见了我都非常高兴。每次看老领导都让我受益,马书记给了我很多建议。李书记今年也98岁了,很好,头脑也很清楚,还同我照了很多相片。

下午同徐晓娟(刘杰大儿媳)一块儿去了刘杰科技馆(在河北)。

路上看了雄安县,看了威县(刘杰老家),并在他孙子那里吃了个饭。到鹤壁都夜里12点了,很累很累,腿有点疼,洗洗就休息了。

虽然是星期天,忙得也不可开交,但很充实。还认识了刘清华,他是搞苗圃的,沈丘人,还有爱喜,虽然他们都是普通人,但很好。爱喜还专门为领导人做过饭,她的饭做得很好。

2019年5月20日　星期一　晴　郑州

这次的"五个一工程"奖我错过了

看了杨秋玉的《站在台前看扶贫》,感受很多,从心里很替她高兴。台前我去讲过课,扶贫工作干得很出色。她用了一段时间,写这个东西,并得了省"五个一工程"奖,实在让人高兴。高兴之余,觉得自己有点失误:我的《进山日记》是2017年5月份出版的,已经进入了国家级博物馆,去年就打算评"五个一工程"奖。因为这几个月一直在忙别的事,不知道这个事,所以给耽误了。而且政策规定要是两年以内写出来,这样我就失去了一个评奖的机会。通过这件事,我体会到信息十分重要,有很多事信息不了解,不掌握,就没法进行。这个教训一定要汲取,了解政策,掌握信息让贫困农民得到更多的实惠,在范县的扶贫事业上打个漂亮仗。金杯银杯不如老百姓的口碑,还是让群众来评价吧,多做实事是最好的心里奖杯。

这一生我错过了许多许多,有些事做了却没有得到应有的结果,连我最好的朋友都说我无知,很多事都不懂。虽然我没车、没房,钱也不多,但我有思想,有事业。我的灵魂是高尚的,纯洁无瑕,不怕物资穷,就怕精神穷呀!我为穷人办事花光了自己的钱,在大河里游泳锻炼好了自己的身体,看书写书充实了自己。写的东西能被群众认可,主要还是看群众的阅读量。《进山日记》发行了2万多本,有2万人看我的东西,进不进"五个一工程",那是次要的呀!

2019年5月21日　星期二　晴　郑州

今天召开课题组会议

黄河滩区的战略模式的研究,已搞了两年多了。上周去北京,专门向翁杰明同志汇报了一次,他很支持,又指明了方向。这次又专门组织研究,大家都参加了,也很积极。我、乔鹏程院长、郑所长、田建民和牧业经济学院的梅博士等也都亲自参加了。大家研究了一个下午,都很认真,并进行了分工。田建民、腾老师、梅博士、孟博士负责该板块的修改,梅博士、郑博士负责论文的发表。这样任务到人,各自负责。我们还看了王秋玉拍的纪录片《洪河》,并让王秋玉讲一讲拍片的艰辛,她讲的3个方面让我很感动:

1. 她为一百年后记录了2018年洪河是什么样子。一个人能有这样的胸怀太不容易了。她看得真远呀。

2. 两个例子让人震撼。一是他们在零下十几摄氏度的水里拍洪河,拍后一回来都紫着脸,嘴斜着,上下牙打得哒哒响,那个冷呀真是无法形容。二是有一次航拍道具掉落山沟里,拍摄的人在山里找,浑身都是血口子,满脸都是血道子,全身的衣服都烂了,但当道具找回来时,她在院里高兴地跳很高。

3. 她的原话:"当大家看到这个片子时,欣赏到洪河的美,我们觉得什么苦都是值得的,因为我们拍出了这么好的片子。"

她讲述的经过对我们课题组太有用了,对我鼓励也是太大了。我一定要千方百计地支持她。她真是个伟大的女性。我们也要学习她这种精神,我们的课题一定会取得很好的成绩。

2019年5月22日　星期三　晴　郑州

人要自立

人只能靠自己,谁也靠不着。所以女人要自强自立,用知识打好基础,用能力立稳脚跟,用真心温暖别人,用责任心干好事情,用生命守护真理和正义,这是我给朋友的话。

2019年5月23日　星期四　晴　胡屯

《石磨的婚事》在胡屯村上演

今天回村子,一台大戏《石磨的婚事》在村里子上演。许多老大娘、老大爷都在听戏。演员演得卖劲儿,观众们听得认真,让我很受感动。一团的王团长演戏,她能扑下身子到农村演出,这样的戏不在农村演,又到哪里去找那么多的观众?真为此事担忧,在剧本上我已提了不少建议,就怕再提让人烦呀!

豫剧是全国的大剧种。爱戏的是观众,我真不知道怎么做,才能让这台戏受到更多人的喜爱。

人有两种影响别人的方式,一是干事给别人带来好处、实惠,让人们过上好日子,正如习总书记说的:人民群众对美好愿望的向往就是我们的奋斗目标。二是精神影响,引领人们朝着向上向善的方面前行。我想我现在就要这样做,通过自己的努力,让贫困人口过好日子。通过自己的行为,使人们向好向善,给后代留点精神财富。

2019年5月24日　星期五　晴　胡屯

研究分检中心图纸

村子里的分检中心说了很久了,因为地点的问题,一直没有定下来。今天把范县长和郭主席找来主要是定这个事,一是地点定在村东边,一块17亩的地,变更土地性质由高秋菊书记来解决,资金的问题由我负责解决。去年扶贫办给了80万元,杨市长给了180万元,再从培训上要100万元,这样这栋楼就能盖好了。这栋楼盖好了,农民的农产品就解决了。有等级分检,农民就能卖上好价格,收入就能提高。解决永久性的技术问题,技术在农村生根,什么技术都可以落地,生根,开花结果。我不求什么,只求技术能给农民带来实惠,农产品能卖上好价格我就心满意足了。

现在我所剩下的时间不多了,一定要把贫困人口的事办好,把胡屯村的事办好,不负翁杰明、王秋芳的重托,不负全国扶贫人的重托。人要有一股子闯劲儿、干劲儿、学习劲儿,在世间多做几件对人民群众有益的事,死而无憾!

和相关人员一起研究设计方案

2019年5月25日　星期六　晴

做家务也很辛苦

这一段一直忙。昨天才从范县回来,把家里收拾收拾,累得直不起腰。想想成千上万的家庭妇女,为了孩子,为了家庭,苦苦支撑着。孩子是母亲培养出来的,家庭是女性支撑出来的,人类离开了女人真是生存不了,发展不了,文明不了,因此人人都应当尊敬妇女,共同承担家务劳动,共同承担家庭担子,做一个和谐、勤劳、人人干家务的人。不管在社会上有多高的地位,做多大的贡献,对家庭一定要一起干家务活儿,充分体会和尊重家务劳动的重要性。

2019年5月26日　星期日　晴

叙旧情

今天请商水县原县长(现任河南牧业经济学院党委副书记)李邵文同志吃饭(我曾任商水县副书记、副县长)。参加的人有支安玉(发改委副主任)、吴长远(河南职业技术学院党委副书记)、仝工俊(公安厅)、尚子伦(财政厅)、张七一、宋庆根、王玉玺、徐建军,我们班子7个人,商水老乡4个人,还有范县张宏孟(发改委主任)。

一是叙旧。上了年岁,比较怀旧。老同事、老朋友、老同学、老邻居都常聚在一块坐一坐,这次李书记退下来了,我组织大家在一块坐一坐。大家都非常珍惜这个机会,都来参加了。大家畅谈了2001—2004年在一起美好的工作、生活情况等。通过叙旧也了解了很多情况,仝工俊当了副巡视员,徐建军在海南开发房子等等。收获了很多好消息,并叙了旧。

二是联络感情。大家都各忙各的,平时联络得很少,通过这次聚会联络了感情。

三是获取信息。吃饭的时间,徐建军说他们的第二批商品房基本上每平方米1.8万元,吃饭的时间,一些人就决定买房子。

虽然今天自己花了一些钱,但我很高兴,大家也很高兴,我有不少收获。

叙旧情激发了工作激情,畅谈了思想,了解了很多情况,加深了友谊。

2019年5月27日　星期一　晴　郑州

追求简朴

上午去游泳,中午做羊肉汤,请陈小玲来一起吃,她感觉很好。通过这个羊肉汤我知道了一个道理,凡事都要从简。昨天羊肉汤什么都没有放,只放了点姜,吃的时候就放了点粉条。味很纯,吃着也很好,不但味纯,而且好吃。

做人也是如此。一切从简,就追求本质、品质、能力、特点,崇尚高尚。人要有能力,要能给人们和历史带来些好处,同时要有自我。比如我:生活简单,艰苦奋斗,以事业为重,与人为善。做人和做事都要从简,老子的《道德经》不超过一万字,让人们学习了几千年,现在大家还在学。邓小平讲摸着石头过河,贫穷不是社会主义。我接触过很多大家,如科学家袁隆平、屠呦呦等,都很平易近人,体会到大道至简的深刻道理。做任何一件事,都要遵循大道至简的道理,追求本质的东西。人的质量是第一位的,时时刻刻追求质的提高。

2019年5月28日　星期二　晴　郑州

今天很忙

早上起来我没有吃饭,就去人民医院体检了。人民医院体检有一套办法,接待很好,有一个人专门服务我。由于这个小刘医生很有经验,我到上午9点就都检查完了。特别是小刘安排我吃个早点再去检查CT,按他的办法做了,结果一点时间也没耽误。在餐厅吃饭时,我还见到了李书记,感到特别亲切。

检查完身体后,我就去游泳。游了1000米,10个来回,一直到上午12点15分。

上午游泳后,中午请宋瑞书记吃个饭,下午到黄河迎宾馆开会。

晚上去看了看米景忠,并给女儿做做家务。本来想看看材料,因看了电影《流浪地球》,所以就没写成东西。

人的时间是有限的,干了这件事就干不了那件事。所以人一定要把精力放在最主要的事情上。可是现在我的时间都用在了小事上,今后要调整自己的思路。

2019年5月29日　星期三　晴　黄河迎宾馆

参加省政府参事室特约研究员培训班

上午高参事就如何做好参事调查的问题,讲了4个方面:一是选题要结合省委、省政府工作重点;二是如何开展调研;三是调研文章得拟写;四是自己的体会。讲得都很好,很实在,很顶用。

下午董参事讲如何开展参事调研。

听了一天的课,学到了一些知识。研究员们听得十分认真,记得也非常详细。敢于直言,调研重大问题,调研现实当中亟须解决的事。晚上又去游了个泳,用的是小王的卡,虽然水质不好,但活动了身体。

今天发生了一件不愉快的事。我买菜回来就做饭,但没馒头。小王也没去买,我就生气了,去迎宾馆吃了。后来孩子们认识到了,连忙给我打电话。所以孩子认识不到的事,也要经常给他们提个醒,自己也教教他们怎么做。现在的孩子知识很多,但礼数很少,应当很好地教教他们。

2019年5月30日　星期四　晴　郑州

多向参事室参事和研究员学习

马越是省政府参事室副主任,吕高超是参事室处长,苏静是综合处处长,白亮、田鸽、王栋、夏旭鹏是参事室参事及研究员,他们都是某一个方面的专家学者,各行各业的人都有。我自己做一辈子的农业,只知道一些农业方面的情况。利用这个机会,我要很好地了解各方面的情况,学习专业知识,利用身边的资源,多做点事。通过这一届(3年时间)认识了很多参事、研究员,从他们的身上不但学习到了知识,而且学习他们的经验和人品。

1. 向大家学习科技知识,从深、广、实方面下功夫。

2. 学习大家对社会和参事室的贡献。多给省政府提重要的建议,向赵参事说的那样,多写有关民生的意见,多结合省委、省政府重大事件提建议。

3. 学习大家走向本行业的尖端。虽然自己现在老了,但还要研究本行业的尖端的问题,做好研究课题,多出书立著,把精神传给后代,多给后人留点东西。

2019年5月31日　星期五　晴　郑州

回顾本周工作

这一周又过完了。时间就这样一天一天地过去了,不知道都干些什么。想一想,这周做了4件事:

一是游了5次泳,每次1000米。通过游泳,血糖向正常发展,因此锻炼要长期坚持。

二是去参加了培训。省参事室搞的,主要讲怎样写参事意见。培训了整整一天,还在省人大常委会听了谷建全的乡村振兴的专题报告,讲得很实用,很好。人是需要经常充电的,近期有了《第三次工业革命》《互联网》《大数据时代》和《地球是圆的》4本书,抽时间看点。

三是去了交通厅、科技厅找项目,得到了很多启发,他们都很支持,又给了我很多鼓励。

四是参加了4次聚会,了解了很多情况:

①请新蔡的老书记贾国印吃个饭(2010年我在新蔡当第一书记,他全力支持),并同杨丛林、袁同玉、李长青一起热烈讨论了宗教问题和国学问题。

②同王守平在一起,学到了一些酒文化。

③同田静和赵秀敏在一起,谈了一些家庭问题。
④给研究生同学和顺利接风,了解到英国的一些情况。

吃饭不但是一种交流,更是一种学问。老年人一定不能脱离社会,一脱离社会就会封闭,对自己身心是很不好的。

2019年6月1日　星期六　晴　郑州

儿童节的来历

今天是六一儿童节,是孩子们的节日,我今天才知道六一儿童节的来历。1942年6月1日,德国法西斯枪杀了捷克利迪策村16岁以上男性公民140余人和全部婴儿,并把妇女和90名儿童押往集中营。村子里的建筑物全部被烧毁,好端端的一个村庄,被德国法西斯给毁了。第二次世界大战后,世界经济萧条,成千上万的人失业,儿童的处境更加糟糕,有的得了传染病,一批批的儿童死去。有的则被迫当童工,受尽折磨。生活和生命得不到保障。为了悼念利迪策惨案和全世界所有在战争中死难的儿童,反对残杀和毒害儿童,以及保障儿童的权利,1949年11月,国际民主妇女联合会在莫斯科举行理事会议,决定以每年的6月1日为国际儿童节,以示纪念在战争中死难的儿童和争取各国儿童的权利。

现在的中国富裕了,孩子们得到高度重视。六一儿童节受到了国家和家庭的高度重视。我认为孩子在幼儿时的培养和教育特别重要,所以全社会都应当重视起来。我作为一名当过大学老师的老人,更应当抓好孩子的教育,把胡屯村孩子的事情办好,把祖国的基础打好,让祖国每个花朵都开出耀眼的鲜花。

2019年6月2日　星期日　晴　上海

同高中同学聚会

来上海了,因今天是星期天,我让吴琦在上海浦东南路1271号米岛美食中心订了个房间,花了1037元请在上海居住的贾翠兰、郭银芝、刘运彩、林振兴及家人孩子在一起吃个饭。从上午12点到下午4点半都一直吃饭、喝酒、说话、照相,大家玩得十分高兴,并得知每个孩子都发展得很好。

贾翠兰,患病12年了,她的爱人李永普把她照顾得很好,一儿一女都在上海有车有房,工作也特别好。女儿李盈是个设计师,干得很好,孩子有自己的工作室。

郭银芝,大儿子在新蔡高中当老师;小儿子在上海维创公司,叫马磊。今天换了个大房子,刚去交钱(600多万元),非常好。他说自己每年都有小目标,生二胎,换大房子,升工资,这些目标都能实现了。

林振兴,一儿一女。女儿自己当老板,女婿一年200万—300万元,儿子是副研究员,生活得都很好。

刘运彩,三个孩子。两个在西安,一个在上海,工作生活都很好,有车有房。

见了这些同学,很替他们高兴。能在大上海工作,真是不简单,他们都教育有方,很值得我学习。

2019年6月3日　星期一　晴　上海

同吴琦、魏亚楠一起吃饭

本来今天可以回郑州,因为上海很生疏,就在这儿待一待。上午去买了3件衣服,花了248元,晚上同吴琦、魏亚楠吃个饭,很高兴。我们娘儿仨在一起吃吃饭,说说话,感觉特别好。

吴琦是我的侄女。从美国回来以后,就来上海工作了,已在上海工作了3年,还考了一个精准师。非常努力,人也很阳光上进。今年才25岁,对自己很有规划。

魏亚楠,去年从郑州跑到上海,在一家公众号工作,生活得也很开心。孩子们现在都大了,都很懂事,很好,我也没什么心可操的了。

以后就管好自己的身体就行了,有时间了就到世界各地走一走,看一看。

2019年6月4日　星期二　上海

角度决定看法

面对冲突双方站到各自的立场,都觉得自己损失比较大。如果都站到对方立场考虑问题,问题不就解决了?一个国家,一个民族,一个人都要站在对方的角度看问题。所以我还是佩服任正非的,他的5G企业不但领跑全国,也领跑世界。这次他谈了中国应当重视教育,把教师的工资提上去。所以一定要站在对方的角度考虑问题,这样才能公平和长远。

2019年6月5日　星期三　晴　郑州

我要传播正能量

北京李艳秋文化艺术工作室找我拍一部驻村第一书记的电影,让我签一个委托书,我对这个事拿不准,就答应她考虑考虑。我请教了王律师、老领导等专业人士,都建议我审稿权必须掌握在自己手里,以免损坏自己的形象。

我认为这是件好事,可以宣传正能量。特别是第一书记深入一线,与群众同吃同住同劳动以及帮助贫困农民脱贫致富的典型事迹。

我准备自己的剧本自己写。把这个事情搬到荧幕上,让更多的人看到党的干部是怎样的,以正能量去影响和教育更多的人。写书、写论文、写剧本、写文章等等,都是以文字的性质记录,宣传、传承现实,保存历史。写的好坏,有两种标准,一是作者记录要真实、准确;二是要有指导意义,同时具有美感(这就是科技和艺术)。我是低水平,只能写点真人真事,写点像日记这样的小东西。做人一定要做好,做正,让别人照自己看齐,走得正,立得直。

2019年6月6日　星期四　雨天　郸城

来郸城

今天同研究生同学和顺利、美食老板崔乃保一起到郸城看崔总的美善初奶羊科技产业园的项目。其中有5个项目:一是奶绵羊的养殖园区;二是加工和屠宰的园区;三是"一带一路"风情园;四是农学院;五是扶贫及就业。本项目使用土地8000亩,1500亩的建设用地,投资20亿元。

上午看了农业高科技示范园区,郸城县开发区葛主任领着我们看了地,讲了规则。回来的路上听了崔总讲建设园区的思路:

1. 养奶羊年产20万只,以种羊为主。

2. 建"一带一路"风情园,将多个国家的园区搞吃、住、玩一条龙,以此吸引游客。

3. 建农学院分院,在校内学习两年,在新西兰学院学习两年,发新西兰大学的文凭。

4. 搞贸易,拟进口澳大利亚的活牛,40%用于火锅肉,40%做牛排,20%做牛骨汤,通过分割来增加收入。

他真是个企业天才,想得很多,做得很好,我们怎么做都想不到。另外,崔总说话做事总是很让人感到敬佩,比如他同儿子做事都是客客气气,一点老子的架子都没有。

2019 年 6 月 7 日　星期五　晴　郑州

又是一个端午节

一年一度的端午节到了。今年端午节我过得很特别,没有去看自己的母亲,却去看了婆婆。花了千元给她买了一件睡衣,并带了大米、炖鸡、粽子和莲子羹。我们婆媳几十年也有了感情,所以这次带的东西多一点,一是真情,二是感激。我的母亲在妹妹家,刚看过她不久,这个节日就没有去。

下午魏超、魏华和高攀登来看我,晚上张胜勋老师也来了,请他们吃个饭,回来都夜里 10 点多了。今天没有洗就睡了,睡前又给村子打个电话,问一问农民和老人过节的情况。

2019 年 6 月 8 日　星期六　晴　郑州

人要服老

今天补过端午节。5 点多我做了早饭,就去了黄河路菜市场买虾、买鱼、买青菜。把菜送回家,我去看广东回来的张胜勋夫妇,给他们拿点茶叶,回来时坐了 326 路公交车。没想到车坐反了,一直走到生态水城才知道,就只好下来,没办法只好叫家人开车接我回家。虽然中午做了一大桌子的菜,有王天瑞、高攀登、杰英等 8 个人,十分热闹,大家吃得、喝得、玩得都非常高兴,但我还是思考着上午坐错车的事。通过这件事,深刻体会到自己确实老了,不服老是不行的。老人力不从心,多忘事,说到做不到。今天又发生了这样不应当发生的事,进一步提醒自己,人要有自知之明,老了只能做力所能及的事,如出出主意,传传经验,写写书,讲讲课等,绝对不能做重大的决策、重体力的劳动,承担强大的经济压力。以后自己有什么重大的事不能自己决定,要和孩子和家人商量。大主意让孩子拿,自己也要千方百计地多用脑子,以免出现老年痴呆症,以免做出让后人耻笑的事。老了就是老了,一定要尊重客观规律,一定要服老。

2019年6月9日　星期日　晴　35℃　郑州

有感于"重走延安80年"

今晚中央电视台组织了一台大型的"文化大餐",组织众多老艺术家"重走延安80年"。用6个节目回顾了80年前的延安,让观众看得热血沸腾,我看得也是两眼流泪。

老艺术家让人尊敬。

在大合唱冼星海写的《黄河大合唱》时,有8位艺术家。最大的97岁,堪称我们伟大中华民族的千古绝唱。她的深沉、悲壮、激昂、宏伟、雄浑,达到了思想性、艺术性、民族性的完美结合。一个91岁的老人站在舞台上10分钟,提着气唱下来,精神是非常值得学习的。我现在才60多岁,比着他我还能干30年,30年能干很多实事。从此我要只争朝夕,干几件对后人有意义的大事,对人民有好处,对历史有意义,能对后人有激励。

田华91岁了,读散文读得让人如醉如梦。每一个句子都读得很有味道,十分感染人。表演过程中,她曾4次流泪,既带着感情读,又带着感情看,又带着感情回忆过去的延安,真是投入得很。她说自己还要永远活跃在荧幕上、自传上,去宣传正能量及呈现好节目、好形象,这就是老一辈艺术家的精神,值得研究和学习。研究她追求理想的动力及精神,学习她的热情和对艺术的无限追求。

2019年6月10日　星期一　晴　35℃　郑州

坐无人汽车有感

今天是放假后的第一天。我专程去郑州东区智慧岛坐宇通提供的无人车。我坐地铁到龙子湖。在郑州住了这么多年,我还是第一次来龙子湖。龙子湖很美丽,很好。湖内有一排小船在湖中心游。整天忙碌,今天难得闲时来龙子湖看一看,真好。

随后去坐了无人车。第一圈坐下来,只是无人驾驶,没有其他感觉。第二次又坐无人车,感觉这个车真是智慧。乘客说:小贝打开空调。空调一下就打开了。又有乘客说:小贝打开室内灯光。灯光又打开了。第三位乘客说:小贝请放音乐。音乐就放出了。我说:小贝请关灯。可灯没有关,为什么呢? 因为我说的不是普通话。一个普通话就说不好,怎么能跟上新时代、怎么能赶在科技时代的前列? 通过今天坐无人汽车,我有3点感受:

1. 不学习就会被淘汰。如普通话都说不好,怎么坐无人车? 普通话都说不好,怎样能传授正能量? 普通话都说不好,怎样与大家交流? 所以今后要学习普通话,学习新知识、新技术,跟上时代发展。

2. 新的技术能节省大量的劳动力。人们正从人海战斗中解脱出来,以后靠体力劳动吃饭是不行了,必须靠科学技术吃饭,如家务劳动社会化了,衣服可以洗衣机洗,碗可以洗碗机洗,炒菜也可以由机器人来炒,房子可以用机器人盖,车也不用自己开了,全部是智慧车,无人化。新的时代对老年人压力很大,我要下决心学习科学技术,掌握一两样新东西,有个吃饭的本领,跟上时代的发展,不落伍,不掉队。

3. 先进技术可以改变人们的生活。社会历史的发展,新知识、新技术越来越多,越来越先进,如支付宝改变了人们的生活,机器人代替工人劳动,潜海工程、生物工程等等都走到了世界前沿。生活好了,简便了,美好了,大家人人都学习科学,应用技术,才能使生活简便,对每个人好,所以人要追求核心,追求科学技术,追求对人民群众有利的事才多做,做好。

2019 年 6 月 11 日　星期二　晴　35℃　郑州

看《驻村第一书记》剧本

今天和新农村频道张颂杨一起坐飞机到南京。飞机是下午 4 点 20 起飞,5 点 40 到,1 个小时零 20 分钟里,我一直在看《驻村第一书记》剧本。学习了两遍,改了些地方,把自己的看法、感受都写出来,供他们考虑。

这个剧本经过编导齐飞、尹晋华书记、杨盛道厅长、张颂杨总监及范县县委书记王秋芳同志的运筹,经过李古娥、郭根柱、齐飞等作家的努力,数改其稿才出来。很快就要拍戏了,我也参与了其中。这是以我为原型写的《驻村第一书记》,写了我的 10 年扶贫路。这个过程我也向文艺工作者学习了很多:

一、他们敏锐的政治站位。结合扶贫的战略,找出扶贫的典型,发挥正能量,把扶贫工作形象化、具体化,来弘扬扶贫一线的工作者、奋斗者、贡献者。

二、他们思想丰富,艺术语言细腻鲜活。稿子改了一遍又一遍,写得真好。

三、他们的热情,很让人感动。艺术家们不但全身心投入写稿当中,而且热心地投入到扶贫当中。导演王香云还支持了几个贫困生,而且在现场也泪流满面。

他们才是我学习的榜样,用热情激发工作,绽放生命的价值。

2019 年 6 月 12 日　　星期三　　晴　　34℃　　南京

接受红色教育

　　这次同范县四大班子及乡镇党委书记一起来江浙考察学习,为期 6 天。第一天,进行红色教育。看了日本侵略者对中国人的侵略罪行,很是愤怒万分,心里非常沉闷,并得出一个道理:贫穷就要挨打,落后就被欺辱。一个人,一个家庭,一个国家都是一样。正如邓小平所说:"发展才是硬道理。"那么多妇女儿童,那么多手无寸铁的人面对日本人的大刀、洋枪,怎么反抗、怎么斗争都是无力的。

　　日本侵略者失去人性,并进行杀人比赛,狂到了极点,最后受到军事法庭审判。如果不是反法西斯同盟的共同努力,不知道中国还要斗争多少年,再死多少人呀!

　　记着国仇,不忘耻辱。认真发展经济,不要折腾,一步一步往前走。特别是扶贫工作,自己要全身心地努力,全身心地付出,为中国农民找出一条致富的道、振兴的路。我要一直努力奋斗下去,为发展出一份力。

2019 年 6 月 13 日　　星期四　　晴　　30℃　　南京

参观高科技

　　上午在老乡刘洪辞的引导下看了 5 家高科技企业:1.数码衣服体验馆;2.道路指挥牌照制作公司;3.数字研究院;4.数据库中心;5.数据对接设备。每一个厂子都给人耳目一新的感觉,如数字研究院,只有 60 多个人,聘请了一个英国的院士,把事业做得蒸蒸日上。又如数码衣服体验馆,做得特别细,给人一种全新的感觉,电脑把人的特点特征都输入到数据库里,为厂家制作衣服提供了科学依据,为顾客提供了量身做衣的标准,很有发展前景。

　　高科技的背后就是人才。刘洪辞是范县的一个转业军人,官职做到师级干部,随后转业创业,从零开始,现在干到资产有十几个亿,干得风风火火。从零到一,他又奋斗了几十年,从一个本科到一个博士生导师,到一个成功的创业者,非常值得学习。特别是他领导的高科技企业,给人们带来了全新技术,改变了人们的生活,造福了社会。刘洪辞人热情,奔放,敢于创新,很有豪气!

　　前几天坐了无人车,今天看了江苏的高科技,觉得社会真是发展快呀!

2019年6月14日　星期五　33℃　安吉

在安吉参观

　　今天一天参观学习安吉的目连坞村、横山坞村、曹塘里村、前门村、余村和鲁家村。这6个村各有特点。

　　目连坞村,只有46户人家,建筑很有特色。四面环山,保留了原汁原味的江南小村的美丽,人均年收入4万多元,村子很干净,连一个纸片都没有,每家一个大院子,用星级管理村子,给人一种很安静、很祥和、很美的感觉。

　　横山坞村是个旅游景区,岗地,丘陵,山坡,层次分明。村民们依山傍坡而居,每一个户都是一个花园,每家都有家训,有星级,村庄所到之处找不到一根明线,垃圾分类规划很科学,每家都是一幅美丽的画卷。小小村庄,美不胜收,让人看了就不想走。

　　曹塘里村是村委会的所在地,村庄不大,每家四周都是花草,村委会党建做得很好,党的各项规章制度都落实得很健全,人均收入也很高,人均年收入4万多元,老人每月有2000多元的退休金。我问了两户农民,他们一年种安吉白茶能收入5万多元,一年能领近3万元的养老金,所以孩子都争着养老。这里满山的竹子和白茶。绿山、蓝天、清水,很适合人居住。

　　前门村家家户户都做竹子产品的加工。有做竹席的,有做筷子的,有做高档竹盒的,虽然没有前几个自然村美,但据说人均收入3万多元,我感到这个村农民是很富的,因为他们有产品有产业,还有一代年轻人做电商。

　　余村是习近平总书记首次提出"两山论"这一科学论断的地方。这个村电商有80多家,都是年轻人回来创业的,外来人员4000多人,全村规划很大气,有花园,有油菜花,村委会花了300多万元,把村子里的历史、奋斗史、发展史、党建都规划在里面,做得很高端,还有礼堂、电影院等,家家户户都有饭店,原来的水泥厂也关掉了,真正体现了"青山绿水就是金山银山"。我还和本村第一家开饭店的女老板照了相,她是电视剧《青恋》的原型,她家的生意非常好。

　　鲁家村支部书记朱仁斌是河南大学的体育生,是本村人,大学毕业后自己当老板。短短7年时间,村子里固有资产从350万元发展到2.5亿元,集体收入由1.8万元增加到450万元,他主要把村子分为18个农场,进行投资和管理。现在村子里有火车站,有农场,有干部管理学院等,使农民变成了股民,农田变为了示范田,被国家批准为第一个综合示范点,得到了领导人充分肯定,成为国家发改委和财政部试点单位,被联合国命名为"生态美丽乡村"。该村发展之快,效果之好,思想之清晰是全国少有的,我和朱书记还照了相,留了电话,准备让他在范县做个点,这个村今后真是不得了,很值得我学习,他还是《青恋》中的男一号原型。

2019年6月15日　星期六　嘉兴　晴

在嘉兴看红船

1921年中国共产党的一大在上海召开,在嘉兴结束。从7月23日开到8月3日。当时是因为李达的夫人王会悟建议,与会代表从上海赶到嘉兴。据王会悟讲,当时她在船头看人,代表们在里面开会,桌上还放了一桌麻将。如果有人她就提醒,大家就开始打麻将。参加一大的代表中年龄最大的何叔衡45岁,董必武35岁,平均年龄28岁,毛泽东也是其中之一。2017年习近平带领政治局常委到嘉兴,坐了红船。上午10点多到,下午6点钟离开,并提出了学习红船精神。今天我们一行重温了开天辟地、敢为人先的首创精神,坚定理想、百折不挠的奋斗精神,立党为公、忠诚为民的奉献精神。我们近30个人还在红船下进行了入党宣誓,既坚定了共产主义的信念,又牢记了不忘初心的为人民服务的精神。下午看了五四文化博物馆,晚上看了嘉兴的月城河,月城河和灶头画艺术中心给我留下了深刻印象。

浙江人不管做什么,都做得精细,让人感觉到了他们精益求精的精神。

2019年6月16日　星期日　晴　扬州

从小事做起

今天参观学习就要结束了。扬州还没看,不知道什么样子。这5天,最大的收获是学习了江苏和浙江人做事方式,从大局着眼,从小事着手,抓得很细,很实,很深,很精。

1. 从高科技的数码衣服体验店到美丽乡村,再到月城河,每个细节都很精致:垃圾箱糊了一层纸,就是一道美丽的景色;饭馆里的勺子是木制的,很小也很细致;衣服体验店里的尺码都是用数码标记的……从细节中可以看到浙江和江苏人的精益求精,一丝不苟的工匠精神。

2. 从新农村看,他们做得多,说得少,很是务实。如朱仁斌本是一个企业的老板,回来当支部书记,短短7年,把村子搞得全国知名;像刘洪辞一个师级干部下海创业搞了3个高新企业,资产上10亿元,搞得特别好,他从零到一,创造了自己的事业。

3. 他们做事业都看得很长远,对接高科技,对接国家的大事,根子扎得很深,他们都具有高瞻远瞩的。

4. 打造精品。浙江和江苏不论是工业、农业、高科技企业都打造出了自己的精品,如美丽乡村、高科技企业、红色教育都做的有自己的特色,自己的特点。安吉县全县所有的村都是美丽村,每个村都建设得很优美,很适合人居住,依山傍水,树木成林,村庄的垃圾处理得非常好,成为全国学习的榜样。

5. 高科技园区在数据方面领跑,把数字应用到各个方面。如服装、道路、食品、红色教育等。他们对工作精益求精,打造精品的能力值得很好学习和深思。

总之,这次来江浙学习,开阔了眼界,解放了思想,学到了知识,鼓足了干劲儿,回去以后继续好好干。

2019年6月17日　星期一　晴　火车上

扬州真好

从嘉兴到扬州,由在范县投资的华国庆接待,在扬州园林最好的颐养院住下。该宾馆是一个大园林,徽派建筑,青砖青瓦地砖,古色古香,是十分气派的大观园。室内全是红木用品,院内有小溪、小桥、绿色的草坪。树木很大,很多的根。一处处的科学家的塑像,一园一园的鲜花,像一个美丽的大花园。我一辈子都没住过这么好的房子,这才叫享受,六星级的宾馆也没这里好。

扬州也特别地好。中午在一个百年老店里吃饭,扬州的十大名吃,蛋炒饭、千层糕、三丁包子、翡翠烧卖、虾籽饺面、扬州春卷、拆烩鲢鱼头、煮干丝、炝虎尾、清炖蟹粉狮子头全都上了。因为到下午1点多才吃中餐,觉得饭菜特别鲜美。

晚上的饭在扬州"老房子"吃的。两大桌子,非常的丰盛和气派,没吃过的东西全都吃了,都是扬州的特色名吃,味道特别的鲜美。

吃过饭出来,我还在"老房子"照了相,围绕房子转了一大圈。有5亩多地,很气派。

城市建设方面,主要看了瘦西湖几个园。瘦西湖雍容华贵,是扬州城外较宽的一条河流,它的美在于湖面瘦长纤细,位于扬州市西北方,总面积2000亩,水上面积46.66公顷,游览区面积100公顷。水中有景,景在水中,我们坐了一个小时船,游了御马头,乾隆下江南6次都在此坐船,景很美,水很混,但很自然。

这次来扬州一天,美景美食美屋都看了,吃了住了,深感扬州真美。华总和孙总是夫妻,也是郎才女貌的成功人士,生意做的很大,人也是非常热情、豪爽呀！短短一天，收获很大！

2019年6月18日　星期二　35℃　郑州

现在的学校要求越来越高

现在的用人制度越来越限制人。听郑州大学管理学院高院长讲，现在博士生导师，必须得有国家项目，否则就不能带博士生。考上的学生五项指标必须全国统一。我今天是来同陈园园讲他的考博问题，真没想到考博那么难，更不知道郑大难上加难。算了吧，孩子们就好好干个工作吧，能读就读，读不了就算了吧。

现在成才的路多得很，不一定非去读博。像朱仁斌（鲁家村党支部书记）说的，我考一辈子建筑设计师都没考上，这次村子搞好了给我聘了个全国的总建筑师。"成绩才是最好考证的证明"，好好让他们在工作上拿出成绩比什么证都重要。我们要学历，但不唯学历。现在不论做什么，都太死板硬套，条条框框太死了，给人捆得动弹不了。不但文凭难考，用干部也条条框框地把人捆死了，一点创新都没有。这种情况一定要改的，不改半点出路都没有。

今天早上去黄河路市场买菜，回来不小心摔了一跤。平着身子趴下了，颧骨位置摔了一个像核桃一样大的包，脸上的皮都掉了。这次摔得狠，脸上火辣辣地疼。当时就觉得往前快走了几步，就一下子摔倒了，不知道是凉鞋尖碰到路上的坑了，还是什么就摔倒了。

2019年6月19日　星期三　37℃　范县

来胡屯村商定迎七一的事

七一很快就要到来了，我想好好搞个庆祝。因为参观了"红船"，深知革命成功来之不易。从党的一大开始的几个党代表，发展到现在的8900多万党员，实在经历了太多太多。新中国成立70年中国才走到今天，近100年的努力，才使国家发展到现在这样。我们国家要大庆，村子里也应当庆祝一下。

这次庆祝表彰党员、致富标兵、发展经济的功臣，用经济来激励和鼓励群众发展经济，让人们尽快富起来，让胡屯村要尽快富起来。向浙江、江苏两省的美丽乡村一样，让人们尽快过上好日子。

今天有点累，早早地就休息了，闫慧来看我，还带着孩子，可我没吃晚饭就睡了。

2019年6月20日　星期四　晴　35℃　范县

为庆七一做准备

　　七一很快就到了。为了庆祝七一,这两天我在村子里工作,一是研究工作上的事。主要是发展经济,搞旅游,结合这次看的浙江的美丽乡村,把村子旅游发展起来。二是研究贫困用户分红、老年合作社分红和表先表优的事。这次树立了20个先进标兵,各个方面的都有,同时对2018年发展经济的奖励,共需要15万元资金,基本上资金到位,能够开好这个大会的。

　　上午看了闫慧的秋葵,200亩。中午和王秋芳书记在敬老院吃饭,我们还吃了她种的秋葵,很好。干事业必须得有年轻人才行,得敢闯敢干,我们村就缺这样的人。

　　现在的人要么敢于担当,要么敢闯敢干,胡屯村就是需要这样的人。

2019年6月21日　星期五　晴　33℃　郑州

为什么静不下心来做事情

　　不知道什么原因,老是静不下心来做事情、写东西。有时本想沉下身子在村里做事,但一有事就想去,一走几天这个事就做不成了。回来再做,还要铺摊子,效率还低,效果也不好。

　　又如写东西,《山里人》一直出不来。《十年扶贫路》也只是想一想,没有下笔写。都60多岁的人了,为什么老是沉不下身子做事情、静不下心写东西?每天看着忙忙碌碌,但什么大事也没干成,这样下去是不行的。

　　在事业上要向褚时健学习。他在国内体制干到烟王,因经济问题坐了牢。出来后开始种褚橙,又使自己的事业干到了上亿元。73岁开始创业,93岁离开人间时又创造了一个商业王国。自己现在一切条件都比他好,为什么沉不下身子做事呢?主要是心没有沉下来。

　　任务艰巨,从现在开始扑下身子往前走。

2019年6月22日　星期六　阴　24℃　郑州

今天去了曹凌的奶牛场

曹凌是我的学生,从2004年跟着我办奶牛场,历经千辛万苦。奶牛场办了4个了,但现在中牟的奶牛场还有400多头牛。她打拼了十几年,只剩下这一点牛,实在让人心酸。不管怎么说她给牛场保留下来了,就是成功,就是胜利。

办实业有两个事永远不能变。

第一,自己的事情一定要自己做。她当初交给三项1000多头奶牛,现在回来了,只有400多头奶牛。如果不交给人家,现在会有3000头奶牛,肯定是要发财了。所以自己的事情一定要自己管,自己办,千万不要有偷懒的思想,一有偷懒的思想,就失败了。

第二,经济命脉必须掌握在自己手里。曹凌这是最深刻的教训,也是对自己的教育呀!自己的路子只能自己走,谁都不是最可靠的人,除非父母。

我的失败是太相信别人;我的教训是因为太粗心;我的成功是因为我能坚持;我的进步是因为我不气馁,爱学习;我的人缘好是因为我很善良;我的荣誉多是因为我心里永远都有党;我的根基深是因为我靠的是人民。

2019年6月23日　星期日　37℃　郑州

今天一天很忙

我与和顺利同学说在胡屯村办敬老院的事,又请来原来驻商水的同事宋庆根,我们谈了很久,他们只同意在郑州办,不同意在范县办。因为太远了,花了3个小时还是没谈成。

拿15万元对农民奖励的事。钱是等到了,村子里又大变了,很多人想拿到钱,胡建民正在做工作。出去学习的时候,有人提出了只让年轻人去。村子里的气不正,做什么事都难。早上5点钟起来,到晚上11点才休息,真是累呀,写小诗一首鼓励自己:

　　　　生命短暂不可逆,过得充实在自己。
　　　　发掘价值莫虚度,有所作为立天地。
　　　　事物发展有规律,人生短暂当珍惜。
　　　　自强不息勤奋斗,步步路难放异彩。

2019年6月24日　星期一　晴　37℃　郑州

看花容易绣花难

本来我想出一本《十年扶贫路》，我列了个提纲，分成十部分。第一部分定好了，包括：1.下村的原因；2.下村的感觉；3.下村的困难。第二部分是调研：1.家家户户去串门；2.一山一水走山路；3.决定做好农民事；4.一人一户找穷根；5.集中智慧拿方案。第三部分：1.研究群众心理；2.根据人群建组织；3.谈心敲开群众心；4.找准目标定政策。第四部分谈方法：1.找对路子；2.找着突破口；3.找对市场；4.带头干。第五部分谈失败教训：1.养牛的失败；2.种蒜的失败；3.卖姜的失败。第六部分谈最艰难的时刻：1.没钱办事；2.一片质疑声；3.危及生命；4.离家出走。第七部分：1.组织的温暖；2.群众的温暖；3.家人的温暖；4.社会的温暖。第八部分谈成功：1.群众拧成一股绳；2.建立了各种组织；3.人均收入翻了一番；4.发展经济找到了路子；5.10年功夫没有白费。第九部分：1.扶贫路；2.人生路。第十部分：1.知识的收获；2.经历的收获；3.下一代的收获。

本来我想把10年的时间串到一起写，但是"三农"杂志社的杨秋玉总编和尚处长讲，不能串在一起写，让分开写。这样好写，我只能再重新考虑思路，调整思路，重新写了。

2019年6月25日　星期二　晴　郑州　37℃

天够黑，光才亮

有感于《一站到底》。

每期的《一站到底》我都尽量看，能站到《一站到底》的人，都是非常有才华的人。每个人也都让人感动，如李向是牛津大学的高材生，在世界银行工作过，年薪上百万，但他回国自己创了业，办了一个学校，并每天坚持学习6门功课。又如李作家，她是一个著名作家，但她却要站到《一站到底》的台上答题，她说自己每天早上4点钟起来，写到7点半或8点钟，吃吃饭再去上班，多少年来一直坚持，所以写作要靠勤奋而不是灵感。

这两个人对我的震动很大。他们那么年轻，就这么拼，我作为一个劳模更应当拼一拼，把《十年扶贫路》尽快写出来。没时间挤时间也要尽快写出来，给自己一个总结，人只有对自己狠点，才能逼出东西来，真是"天够黑，光才亮"，老了才能对得起自己。

2019年6月26日　星期三　晴　范县

今天同张桂兰参事一起来村子

张桂兰是农业厅土肥站的一名技术人员,她今年64岁了,还没有退休。她是参事,又是无党派人士,在参事室十几年了,今天又帮扶西王楼的一个学生冠金宝,这孩子无爹无娘了,现在上职业学院。在濮阳,原来有一个人帮扶他,现在断线了。张桂兰说她想扶持一个。她是农业专家,也让她去看看农业。

这个月又要过去了,心里十分着急。因为最近的事太多了,一个月去了范县3次了,又去了一趟浙江和江苏。这两天讨论了一下,原来说的3个月把书稿写出来,现在忙成这个样子,年底也拿不出来。别人拿时间都当秒过,我就一天一天把时间浪费了,心里很是内疚。昨天看了《一站到底》对我启发很大,从现在开始一定把时间安排好,争分夺秒去做事。从现在起到月底把村子的结果大会做好,把群众的劲儿鼓起来,把经济发展起来。

下个月月初到深度贫困地区的台前、卢氏、淅川调研。抽空带母亲去新疆转一转,月底把调研报告写出来,并去山东考察一次。8月至9月集中写《十年扶贫路》。

2019年6月27日　星期四　晴　范县

今天一天真忙

早上5点钟起来,到村子里商定关于奖优表先的工作。因为村子里还有点问题,需要做点工作。

上午看总结报告,并进行修改,把一年的工作总结一下。从8点钟开始写到11点。11点钟接待省里来考察学校的人,一个是教育家李国有,一个是和顺利的朋友。这个小学历史很长了,也培养了一些人,但现在学生少了,如果不采取办法是保不住的,所以要千方百计保住这所学校。他们看得特别认真,说回去商定一下。

评先评优具体事很多,要一个一个做,做牌子,做光荣证书,取现金,等等。每一项工作都很具体。从早上5点一直忙到晚上11点,回到住宅就睡了。

企业家和教育家从村子考察完后就走了,我还带他们去蒲城吃了羊头。

2019年6月28日　星期五　雨　范县

今天有两件事对我的教育很大

一是胡屯村的表彰分红出了一点问题。本来扶贫互助合作社说的是每个社员先交200元,村里给他们筹集10000元做资本金,年底分红不少于10%,但是村干部在分红中给算错了。本来38户贫困户可以分1020元,只给了400元,这样还差20000多元,让我十分生气。最后李鹏芋解决得非常好,既批评了村干部,又找到了解决的办法,还帮助村子里写了很多材料,这样我一肚子的火也算熄灭了。很多材料他一个多小时就解决了。现在的年轻人真是厉害,不服是不行的。

二是今晚参加了县里庆祝建党98周年活动,我也参加了,他们的题目是:不忘初心,牢记使命,永远跟党走。进行的党员立誓环节很好,我们准备借鉴到明天村子要召开的大会上。很多事情就是多学习,多看,多总结才能做得更好。

今晚范县庆七一,文艺演出前"三面红旗"颁奖晚会搞得很好。文艺演出都有大背景,党员宣誓很有气势,颁奖很有秩序,组织得很好,很受教育。

2019年6月29日　星期六　晴　39℃　范县

表彰大会开得很成功

1. 分红。去年成立了扶贫互助合作社和养老社,今天给38户贫困户分红,每户分1020元(按每个贫困户交1500元入社费,村委会给他们10000元做资本金,并且按10%进行分红),养老扶贫互助合作社60岁以上的老人每人交1650元,这两项共发85000多元。上午分组领奖,各个贫困户都笑容灿烂地拿到了钱,虽然我在台前近40℃的高温下晒得脸发热,皮发烧,但心里是美滋滋的,因为贫困农民有钱了。

2. 为16户发展经济大户兑了现,发了钱,最多的发21000元,最少的也有几千元。这样极大地激发了胡屯村发展经济的内生动力,对村子发展经济很有推动作用。

3. 为各类先进表了彰,发了奖,树了标杆,立了旗帜,使人人能向先进和榜样看齐。

会议开了近两个小时,非常成功,县里相关领导都来参加了会议,陈庄镇的党员干部、胡屯村的全体群众也来了。高彩菊组织会议,第一书记小任领读了党员宣誓,省报业集团丁洁、省电视台小王也来参加了会议,会后组织部王部长、李镇长还给村班子讲了话。

我从早上3点钟起来写材料,5点钟去村子。大会结束以后,记者又围着问这问那,累得扁桃体也发炎了,满口牙也疼。回到郑州,脚肿了,肉都贴到鞋上了。

2019年6月30日　星期日　晴　35℃　郑州

今天灵宝的小刘来看我

小刘是灵宝扶贫办的一名职工。她办了个敬老院来让我指点,我们俩说话,她还给我补了件衣服。从谈话中知道她一直以来都在做生意。原来开饭店,现在做养老,非常不易,女同志干点事真难。

今天我特别高兴。因为我们为38户贫困农民分红的事,今天河南电视台新闻频道和《河南日报》第二版登了。文字还不短,这说明我的做法得到宣传部门的肯定。我们党的初心是为人民群众办事,只要我捧着心对群众,我们的扶贫任务一定能一个一个地实现,也肯定会得到群众拥护,社会的肯定。自己这一生一世都要捧着心对党和群众。

2017年7月1日　星期一　晴　郑州

有感于时代先锋黄文秀

今晚我满脸泪水地看完了中央一台播放的《时代先锋——黄文秀》。黄文秀是我们第一书记的优秀代表,年仅30岁,研究生毕业,在广西百色市委宣传部工作,主要在贫困村当驻村第一书记。我是当了10年驻村第一书记的人,深刻体会到她下来当驻村第一书记需要多大的勇气,需要多强的决心。她下村仅一年多就使146户400多名贫困农民脱了贫,使该村的橘子年产量从6万多斤增长到50多万斤,增加近8倍。她深入各家各户调查研究,她和风细雨、手把手地教农民学习技术,润物细无声地做群众思想工作,是我需要认真学习的。那么年轻,那么漂亮的女孩,还有那么崇高的理想,用那么年轻的生命诠释了一名共产党员的初心,奋斗、选择和责任。她那么年轻就用生命换来了贫困人口的幸福,她的选择让人不能不流泪,让人不得不感动。从这位姑娘的壮举中,我看到了新生代的希望,看到了一个民族和国家的希望。正像鲁迅讲的:青年之希望,即是民族之希望,国家之希望。黄文秀死得很悲壮,死得很有价值,给中国每一个人都树立了榜样,特别是为女性和第一书记树立了榜样。

我一定要向黄文秀学习,向青年人学习,做一个优秀的驻村第一书记。

2019 年 7 月 2 日　星期二　晴　37℃　郑州

一切都从修炼自己开始

前天刚从村子回来,脚肿了,牙疼得张不开嘴。因为这是范县脱贫重要的一年,也是村子里胡屯村 38 户脱贫的关键一年。虽说今年脱贫没有问题,但把胡屯村建设成美丽乡村,成为乡村振兴的典型就难了。昨天开了一天的会,今夜心脏病又犯,折腾了半夜,今天还没过来。可能是累着了,如果不是驻村,如果全村全县都脱贫了,我可能就累不成这样了。

我在党旗下宣誓了:随时准备为党和人民牺牲一切。我是一个老党员,为了扶贫事业我愿拼上老命去干。黄文秀等人的英雄事迹,朴实的农民期盼的目光,都让我忘记艰难,修炼自己,顶着压力和误会坚持奋斗。等到贫困农民都过上了好日子,我也死而无憾了!

我这个身子,不知道什么时候一口气上不来就死了。死了以后再想给贫困人口做事也不能了,所以现在要争分夺秒地为群众办事。多做一件是一件,多拉一人是一人,尽自己最大的努力去做一个老党员应当做的事。这样才能无愧于党,无愧于人民,无愧于教育和帮助我的千千万万人。

2019 年 7 月 3 日　星期三　晴　37℃　台前

今天一天在台前非常累

今天高温37℃。由于工作,我、梅星星、杜玲随参事室苏振、张道鲜、张桂兰一起来到台前工作调研,到台前快 1 点了。吃过饭,休息一会儿就下乡了。一下午走访了 4 个深度贫困户,20 个贫困农民,到晚上 8 点多才离开农民家。

这 4 个村里最好的是张庄村。这里的贫困农民通过产业富起来了,如贫困户赵福玲,2016 年的贫困户,2017 年开始养鸡,现在盈利有 80 多万元,并带领 6 户农民开始养鸡脱了贫。79 岁的田凤英,照顾着 90 岁的老伴,还坚持打扫卫生,每月能收入 600 多元,精神很好,对扶贫工作很满意。台前扶贫有 3 个特点:干部干劲儿足,内生动力强,群众得到实惠多。

县委书记常奇民很能干实事,带的一班人也很努力,所以扶贫很有特点。

2019年7月4日　星期四　晴　38℃　台前

紧张的一天

今天一天看了两个村,看了刘邓大军强渡黄河旧址,看了郑板桥纪念馆,看了范县陈庄的荷花园,回到郑州都晚上7点多了。

刘邓大军强渡黄河旧址很有威势,仿佛人民解放军渡黄河就在眼前。一个个战士背枪蹚水渡过黄河,打败国民党反动派是每位战士追求的奋斗目标。他们的理想就是解放全中国。而我们扶贫人今天的理想就是让贫困人脱贫。要像解放军渡黄河那样,有一种闯劲儿和拼劲儿,有一种理想和信念。

郑板桥纪念馆我来过多次,每次来都有新的收获。做官一定像他那样,清政爱民,做到一枝一叶总关情。

范县的荷花很壮观,台前的民俗旅游已开始做。

今天我又丢了包,害得台前干部帮助我找了半天才找着。最近接二连三丢东西,真是不能再出门了。

今晚回来又牙疼,老了事真多,自己都烦自己。

2019年7月5日　星期五　晴　37℃　许昌

在许昌《驻村第一书记》开拍仪式上的发言

非常感谢范县和创作组给了我一个和大家见面的机会,使我一下子认识了这么多的艺术大家,心里非常高兴。我是一名退休扶贫干部,退休后被范县县委聘任为扶贫顾问和陈庄镇胡屯村第一书记,10年来我干的是扶贫,接触的是农民,我自己也成了一个地地道道的农村妇女,村子里的人年龄大的叫我闺女,同辈的叫我大姐,小一辈的叫我姑姑,小学生都叫我奶奶,走在他们身边我就觉得亲切、踏实,他们对我也像自家亲人关怀备至。今天站到艺术家中间,我崇拜你们,仰慕你们,更感谢你们,特别是李古娥、郭可柱、王香云、张颂杨老师对艺术创作的无限热爱,对贫困村的无限尊重,对扶贫事业的无限支持,对驻村第一书记的无限关爱,对贫困人口的无限情感,都给了我无数次感动和学习,年轻导演王香云同志还亲自资助了我村的贫困生。我最尊敬的老领导尹书记、杨厅长也无私地、积极地、全力地投入这部戏中。

我只是全国20万驻村第一书记中的一分子，只是在三县县委的领导下，在大吴庄、西王楼、胡屯村干部群众的支持下做了一点工作。我是赶上了这个伟大的时代，赶上了脱贫攻坚的伟大战役，赶上了省扶贫办党组给了我10年时间，才有了我为三村贫困人口服务的机会，党的恩情、这恩重如山的培养和支持我永远都报答不了。

希望创作组和艺术家多歌颂党、人民和扶贫事业。更希望这部戏像新蔡人民一样朴实，接地气，像确山人民一样永传竹沟革命精神，像范县人民一样古朴、和谐、厚重，如黄河水涛涛东流，如范县大米味纯清香，如范县万亩荷花人人喜爱看。

祝《驻村第一书记》拍摄顺利，再次感谢创作组和艺术家的辛勤创作。

今天的发布会非常成功，也非常隆重，省委组织部、宣传部、省扶贫办、文化旅游厅、省纪委、省文联的领导都参加了，许昌政协、许昌文联也都参加了，还有新闻界的朋友，共300多人参加了会议，听省新闻中心记者说，明晚在河南新闻上播放，范县县委特别重视，范部长也参加了。

2019年7月6日　星期六　晴　37℃　新蔡

我的工作被领导重视了

听王秋芳书记讲，副省长武国定昨天下午5点去村子了。听了胡同新汇报贫困户对扶贫工作的反馈，武省长很满意，还表扬和鼓励了我。这是我来范县以后，第一个来看我的省领导。虽然我为群众做点事不是为表扬的，但被领导肯定也是一种鼓励。

这两天喜事连连。一是范县和省电视台新农村频道正式开拍以我为原型的《驻村第一书记》。昨日开拍仪式后，上午开会，下午武省长就到村子里去。坏事一来成串，好事一来也是成串，希望坏运早点过去，好事接连不断。

今天来看看母亲，并告诉她很快被搬上了银幕，母亲特别地高兴。母亲这个善良、勤劳、朴实的农村妇女很快都能进入大家视野了，这也是母亲一辈子辛苦的结果呀。行好德好，善有善报。所以作为一个共产党人一定要多做好事，多做为人民的实事，象母亲那样，只求奉献、不求索取，以报党恩。

2019年7月7日　星期日　37℃　郑州

在宋砦见到了众多艺术家

昨天下午,我从新蔡回郑,下午同陈晓玲一起去了郑州宋砦参加艺术志愿者走进宋砦的活动,感受很多。

宋砦承载能力强,领导不请自到,艺术大家纷纷登台。宋平、杨盛道、陈涌泉等等都聚集在宋砦,参加庆七一活动。杨盛道还自创自演了《快乐的战斗队》。还有众多的艺术家走进了农村,走到了农民中间,如王善朴(栓宝)、杨华瑞(银环娘)、马瑞(银环)、申小梅(申派)、范军(相声)、贾文龙(演李连成)、王慧(演常香玉)等。《沁园春》主唱都登台当了志愿者。主持节目的是中央电视台著名主持人张泽群和《梨园春》的主持人。艺术家精彩献唱,高亢的旋律、清澈的声音给听者以极大的享受。很多观众都纷纷同艺术家合了影。每唱一段都有热烈掌声。艺术家真是给人们带来了无限享受。我也大饱了眼福和耳福,这一段太幸福了,听了这台大戏真过瘾,真放松。

宋砦是改革开放涌现出来的一个典型。当时城东区改造他们建了个大楼,即酒店,现在村民人人可以分红,所以就富起来了。支部书记是个全国人大代表,看样子有70岁了。祝宋砦尽快成为富裕村,人们过上更幸福的生活。

今天演出的主办方是:河南省文艺志愿者协会。承办方是:郑州市金水区东风路办事处宋砦村。导演:张颂杨。节目有:

1. 《红旗飘飘》
2. 《河南元素》(范军、明男男)
3. 豫剧《朝阳沟·上山》(杨红霞、盛红林)
4. 豫剧《朝阳沟·见了新被子》(马兰)
5. 豫剧《朝阳沟·锄地》(王善朴、杨华瑞)
6. 戏歌《放歌河南》(杨盛道、王兆峰)
7. 歌曲《老焦》(刘林)
8. 豫剧《李双双·注注地里好庄稼》(孟祥礼)
9. 越调《收姜维·智传三令》(申小梅)
10. 曲剧小戏《妯娌之间》(张晓英、李杰)
11. 豫剧《沁园春·雪》(李金枝)
12. 豫剧《吃亏歌》(贾文龙)
13. 豫剧《你家在哪里》
14. 全场合唱《没有共产党就没有新中国》

2019年7月8日　星期一　晴　37℃　郑州

走路一定要小心

今天早上我去散步买菜,回来时走到民生路南头,不知为什么,一下子就平着身子摔倒了。手里的菜和包摔得很远很远,俩膝盖也摔掉两块皮,扒到地上半天也没有起来。一个行人让我趴在地上多休息一会儿,过了10多分钟,我慢慢从地上爬起来,只感到脸上热辣辣地疼,拖着腿慢慢走回家了。在回家的路上,我到北门口的小诊所里处理一下身上的伤。

仔细想一想,可能是自己穿的凉鞋卡到了不平的路坑里,跟跄几下就平着身子重重摔下了,正好路是下坡,又有个坑,摔得很重。

上午小琦和亚男回来了。在一起吃完饭,非要送我去医院。我知道没什么事,就没有去。孩子们一致强调,今后走路一定要小心。

是呀,我做什么事都毛毛躁躁,这次也是不小心摔得这么狠。教训呀,真是教训!如果把腿摔断了,你说受罪不受罪,自己受罪不说,还害孩子跟着受劳累。自己现在这个样子,家里没人,更不能出问题。今后不但走路,做事也一定要小心呀!

2019年7月9日　星期二　晴　37℃　嵩县

到嵩县调研

今天同参事室参事张德鲜、张桂兰,专家梅星星,谢教授来嵩县调研。看了何春乡孙村,这个村32户贫困户,24户在外面打工,致富项目6个。

看了陈改军、魏峰利、赵长安、张进娃、赵建军,除1户搬迁户条件尚可外,其他4户都有一些问题。

今天晚上我们碰了一下头,觉得目前有这几个问题:

1. 贫困程度高。
2. 安全意识差,摔伤了3个人。
3. 工作责任不到位,工作不到位。
4. 缺乏技术。

2019年7月10日　星期三　晴　37℃　嵩县

今天工作太紧张了，心脏不太好

今天工作近16个小时。早上5点钟起来，整理一下昨天下午调研嵩县的情况和反馈意见的情况。上午看了全县的情况：这个县种了大面积的辣椒、猕猴桃，已成形，非常地好，村容村貌也发生了很大的变化。周东旭在这个村做了很多的工作，很有成效。人一变整个情况都不一样。又看了国家能源总公司在九乡石场村的情况，非常地好。邹家华博士能从北京来到农村，在村子一住就是两年，临来那天正赶上爱人生孩子，母亲的腿又摔断了，就这样还坚持下村，太不容易了呀！像这样的青年人太少了！青年人应当好好地向他学习，他们村的建筑很好，像一道风景。

下午2点钟座谈，吃罢饭又看一看材料。会议从2点开到5点钟，我一直不停地记，不停地问，最后反馈了5个好的方面，3个不足的方面，3个方面建议。

会议开完，我们调研组一行4人又往淅川赶，到晚上9点多才到，吃过饭就10点多了。不知道是不是因为这两天太劳累，心脏有点不好。夜里起来，吃了点救心丸，一直感到心率过快，心里发闷，夜里也休息不好。

老同志一工作起来就不要命了。张德轩、张桂兰也是如此，都十分敬业。

我们看了嵩县何乡姜玲村、镇马驹岭村等4个深度贫困村，发现了一些问题：

一、内生动力不强，集体收入滞后，村容村貌差，安全意识较差。

二、发展经济单一，扶贫工作不够扎实，政策宣传力度不够，缺少技术，有些群众对扶贫工作满意度低。

三、贫困人口多，贫困程度高，脱扶难度大，贫困户困难。

2019年7月11日　星期四　晴　淅川

又是忙碌的一天

昨夜没有休息好，今天又接着调研淅川金河镇彪池村、玉皇林和荆紫关几个村，一直工作到下午2点才吃饭。在彪池村看了温金华、侯克定、温彩荣、赵三成、姬国红、王红分6户。户户都有产业，户户收入都很高，户户都百分之百满意，户户都从心里往外溢出幸福。侯克定72岁，养了6头牛，2018年卖了3头，收入2万元，今年能收入3万元。温彩荣3个孩子上学，2015年就是贫困户，

2016年就脱贫了。一个人种了8种树,去年收入5万多元,今年收入8万多元(已脱贫户),收入非常稳定。赵三成一家4口人,养了13头牛,去年卖了7头牛,收入5万多元,今年可收入7万元。群众脸上的幸福都是从心里溢出来的,看了让人觉得扶贫成效很大,很扎实,很放心。

另外,全县搬出近2万人,解决了几万人的根本问题,而且生活得特别好。

但也有的村做得不是很好,个别干部群众还不满意,工作做得不细,政策宣传不到位。如姬国红,一个儿子30多岁了,还没有结婚,一个老娘82岁,也跟着他,对扶贫工作很不满意,很不理解,很抵触,需要解决实际问题和思想问题。

今天深感扶贫任务还很大呀,我们不能放松呀!

2019年7月12日　星期五　泌阳

招商很难

今天在泌阳县关村镇石场村看一片荒地,也是山地,原副市长张德轩的家乡。他想把这一段地开发出来,两万多亩。这里有个石场水库,有个山,还有羊群和牛群,让我们来看一看,进行招商。现在招商十分难呀,有很多问题。他们的副县长、镇党委书记也跟着,我当下跟任总任爱英打了电话让他来看一看。我对张市长讲,他要想把这个事搞起来,有个条件,他自己必须回村子来,蹲下来自己搞,就这一个条件,一定能搞好。

我们出来一周了,走了嵩县、淅川这两个深度贫困县,淅川比嵩县好一点。其实他们也很不易,任务这么多,条件这么差,想干好难呀!我们来这还提这么多问题,但是工作上你不指出能行吗?不指出来他们怎么改,怎么能进步呢?我一向要求严,一是一,二是二,不管过去、现在和将来。我就是本着对人民负责的态度去做,做好,做实,做细。

2019年7月13日　星期六　晴　确山西王楼

今天又回西王楼

昨晚到了确山县城,见到了确山县委书记路耕、副书记陶永强、宣传部长曹云。今天吃罢早饭去了西王楼,见到了村子里盖的房子(办公房)、修的电灯等。把省豫剧三团要来体验生活的情况,同村子里说了一下,让他们做准备。见到了郑文昌、曹川林、陈林波、吉新华、郑道山、乡干部韩成良、村支部书记张生,张德鲜市长说明了来意,提出了要求,特别是在接待上提出了"土里土气,热热乎乎,汤汤水水,干干净净"的十六字方针,语言通俗,表达准确,说得形象,真好,乡、村干部也表了态,说一定做好。

看了烈属王泷圣。因为我在他家住了3年,感情比较深,一定得来看看他。大家来了以后,他想说自己的事,让乡里拦着了。他是个农民,受点委屈总想说一说,这是很能理解的。

这次来了,对年轻人又有了新的看法,年轻人就是能干事。

2019年7月14日　星期日　晴　新蔡

又回大吴庄

我离开大吴庄已有6年了。6年来在村党委的领导下,村子里的变化很大。一是村子评上了"全国文明村",二是33户的农民工已住进了新农村,三是原来栽的树已有大腿粗。水利局在这个村帮扶,帮助做了很多实事。我们还看了一个农户,看到农民脸上洋溢着幸福的笑脸,我心里也很高兴。他们付出很多,实则不容易。幸福都是奋斗出来的,干就能进步,退则一落千丈,他们的干劲儿也鼓励着我。

今天下午还去了马庄和孙召村,这两个村都搞得很不错。现在的农村变化很大,各村都盖成了小楼,有办公的地方,很好。村干部的待遇也提高了,现在的支部书记月薪已有1800元了,妇联主任也有1200元,现在上级也确实重视基层组织建设了。

中午同二舅、三舅、二姨、小姨及张海亮、张军建、张志祥在一起吃个饭。母亲同他们说说话,吃吃饭,看着他们高兴得都笑了起来。小姨的身体不好,二舅的身体也不好,二姨、三舅和母亲都很好,同他们在一起吃个饭,见一见老人非常高兴。长辈们都年纪大了,见见他们,还不知道以后能否再见着。

2019年7月15日　星期一　晴　新蔡

现在的人十分现实

河南现代豫剧《驻村第一书记》剧组要到我走过的地方新蔡县孙召镇大吴庄、确山县竹沟镇西王楼,还有范县陈庄镇胡屯村体验生活。本来驻马店原副市长张德鲜同我一起来新蔡的,当时我给新蔡宣传部打过电话,对接人很热情。谁知过了几天,她让我向领导汇报,并说不来行不?因为这是任务我就拉着张德鲜市长来了,张给县委打了电话,才顺利来到这个县。站在新蔡的角度,我提醒:来新蔡这么多艺术家,是否出来个主要领导。县里某领导说,不可能,扬长而去,搞得我一夜没休息好。

巧合的是今天省抽的暗访组来新蔡检查。检查组的组长我都认识,就找他们说了说。由于说的效果好,县里又对来体验生活的艺术家重视了,而且特别地重视。

从这个事件中我深刻体会到人有多么现实。我们好心说一个事,当地怕麻烦,就一推再推。但一个扶贫组的暗访就全县出动,一方面看扶贫工作真是在检查上下功夫,下面的人真是怕检查组呀。长此下去,都去应酬检查组、暗访组,谁还做正常工作呀!形式主义、表面文章做得太足了。

另一方面,同是一个事,前后的表现有180°的转弯,根源就是个"利"字。自己老了,要自律自重,没什么事切记不要再回老家,再不去麻烦当地政府,更不要想着给家乡干这干那。做了人家不一定领情,自己也落个不高兴。以后,包括自己的孩子和亲属,能不给他们找麻烦就不给他们找麻烦,谁都烦别人给自己找事,更何况家乡人呢?

2019年7月16日　星期二　晴　37℃　新蔡

同艺术家联欢

今天艺术家深入生活到大吴庄。王慧、汤玉英等艺术家冒着酷暑,走访了娄小润、吴文周、吴树成、唐雪娟等人。看了大吴庄村办企业、农户、老村宅,见了我母亲,在村里放了中央一台的纪录片,很多人都看得流泪。

晚上6点到7点半同艺术家进行联欢。群众有1000多人,由导演王香云、张颂杨主持。节目有《朝阳沟》,有许昌剧团献艺,有汤玉英唱《倒霉大叔的婚事》,最后豫剧一团团长王慧唱收官,演得特别好,我也是第一次看这么好的演出。名人就是名人,唱得真好,不仅让群众品尝了一顿文化大餐,我也大大开阔了眼界,享受了一次精神食粮。

这次活动,经历了曲曲折折,总算圆满结束了。省人社厅原厅长杨盛道也亲自来参加。听戏,为这次活动增加了许多的精彩和分量。晚上结束时都快8点了,吃晚饭的时候,县委书记王兆军亲自做陪。吃过饭陈学功和李振男还陪创作组的艺术家们看了艺术照,给人一种耳目一新的感觉。我还第一次看到这么好的戏,新蔡变化真大呀!

2019年7月17日　星期三　晴　37℃　西王楼

又回确山西王楼

今天随《驻村第一书记》创作组又回确山西王楼,看了王泷圣、傅校长。下午召开了群众座谈会,乡亲们给我的鼓励很大,回忆起过去的一幕一幕真是让人感动。

西山坡罗素珍还记着给她办户口的事。那是2014年5月,我刚到西王楼不久,有一天她家在盖房子(当时我站在山坡上,她在山坡下盖房子),说自己已嫁到西山坡15年了,都两个孩子了,还是黑户。由于没有户口办不了身份证,不能回广西的娘家,也不能出去打工。我一听觉得是一个大事,就到乡派出所了解这个情况,看怎么解决。派出所的人说,必须让云南她老家那边发个函,这边才能解决。但是因为她当初父母为了减轻上交公粮的负担就给她户口注销了,也没办法给她开出生证。我又回到罗素珍家帮助她想办法。她丈夫说没有办法,他已经跑了几次,上次还花了1万多元也没开出证来。算了,就这样过吧。罗一听说办不成了就急哭了。我说你别急,我一定想办法给你办好。过几天我又去了派出所,还是不行,后来我去了确山县公安局。再后来,我找到了当时的县长路耕。经多次协调,竹沟镇派出所破例先向云南那边发了函,此事才算解决了。没想到这次小罗又把这件事说出来了。老区人民真是好呀!

2019年7月18日　星期四　晴　确山

西王楼村村民张丽给我打电话

张丽的父亲张金全因车祸去世了7年多了。张丽现在娶了妻子,一年能有20多万元收入。昨天他听说我去他的村子,就给我打了个电话,说自己能有今天,全是我的帮助。他不提醒我都忘了,他一提醒我便想起来当初解决他父亲车祸赔偿的事。

那是2014年年初我到西王楼的一天,听群众说他很可怜,父亲因车祸去世了,一分钱没赔就埋了。后来,一直说在打官司,却一直没有解决。我知道了这件事后,就一趟一趟地往司法所跑。无论我怎么跑,都没有结果,每次去都说快解决了,快解决了,而每次都没有结果。我心里也很着急,夏天等到冬天,冬天又等到夏天,等了一年多,我也跑了一年多,始终没有结果。最后我急了,就找县里抓政法的刘书记(我也忘了他叫什么),找了他两次,最后解决了,赔了他27万元。我觉得不多,就又去了刘书记那里,他说就这个事他也协调了很多次,这个数张丽家也很满意,对方也很穷。他这样说我也不好说什么,山里的人多老实呀! 就这人家还整天感谢我。张丽说:"大姑,不是你,我们一点钱也要不下来呢。"山里农民真是难呀!

2019 年 7 月 19 日　星期五　晴　37℃

范县荷花节有感——人还是要有点精神的

今天是范县荷花节。早晨我们 7 点钟就吃饭了。因为高中同学王战洲领一班人来看荷花(贾卒兰夫妇、韩爱化、张模真、原玉芸、白折荣、魏景村、丁远望、宿效忠),还有大学的同学(陈有富、焦进良、宋文佳、刘金山、杜少甫、李拥军、陈青山、贾春玲、杨德峰、翟战朝、王国峰),吃完饭大家一起去陈庄镇荷花广场听戏了。戏唱得很好,参加的人也很多(有 6000 人),都是各乡的干部,有国家一级演员,有《驻村第一书记》剧组的艺术家,以荷花为主题,表演得真好。从 7 点演到了 9 点,随后我带着艺术家及同学去参观了郑板桥纪念馆。还是刘所长讲的,我还让张颂杨和陈有富买了刘所长 50 多本书。这样刘所长也能收入一点,不然他一个退休人员整天讲,一分钱收入都没有也可难呀!

艺术家看完郑板桥纪念馆,又去看了刘邓大军渡黄河。中午在毛楼吃饭,下午把艺术家送走以后,又同光明日报社的刘先琴、于为民及同学去村子看一看,又去荷花园转一转,他们又坐一坐火车。晚上又和高中、大学同学坐一坐,一天很累很困。

从 16 日开始,和艺术团的艺术家们在一起。他们一天一个村,每天要赶路,下村参观,座谈,唱歌,每天都是从早上 7 点开始,到晚上 11 点才休息。有时还长途行走 7—8 个小时,又陪下面的人吃饭,又唱戏,又体验生活,一连几天都这样。任宏恩老师都 78 岁了,汤玉英老师也 72 岁了,王慧老师还当着省豫剧一团的团长,他们这种精神实在让人敬佩呀! 看到几位老艺术家这么精神,这么认真,这么投入,真是让人感动呀!

人还是要有一点精神的,人没有精神就活得没有劲儿呀! 所以我要向他们学习。

2019年7月20日　星期六　晴　37℃　胡屯村

今天我做了3件事

　　第一，去杨集乡看了刘明洋。他1947年帮助解放军渡黄河。那年他20岁，刚娶过老婆。他说那年帮助渡河的有500多名群众，从开始渡河一直到渡过黄河，保证了刘邓大军顺利过了黄河。500多人中只剩下他一个人活着，他今年已92岁了，老伴88岁，我问他有什么要求，他说什么要求也没有，只帮着解放军渡个河，能有什么要求，多么善良的滩区人民呀！

　　第二，去看了青年演员晋红娟。这次她参演《驻村第一书记》。她家住在甫城镇街上，奶奶73岁了，父亲47岁了，一个弟弟27岁了。她父亲说，她姐弟3个，两个同父异母的弟弟，她3岁的时候，妈妈就走了，是奶奶照顾她长大，父亲也不是她奶奶亲生的，是3岁被过继给奶奶的，奶奶一生没有生孩子，但她带出了父亲，又教她学戏。

　　我和县扶贫办何喜常一起去的。她家在街上，父亲个子不高，很能干，还开个羊肉汤馆。中午非留着在她家吃饭，我们3个人在甫城吃了一个羊头，非常好。

　　第三，胡屯村"五保户"胡长庭死了，我下午来看一看，给拿了500元。昨天还见他，今天他就不在了，这个人给敬老院做了很多工作，很是想念他。人呀不知道什么时间就不行了，还是抓紧做点事。见到他是同艺术家看敬老院的时候，他热情地接待我们，院子里的菜都是他种的，现在有了很多菜吃，他突然一走，我心里很难受，很心疼，就像自己的亲人走了一样，怎样也接受不了这个事实。见了他爱人，哭得像个泪人一样，我也有心脏病，要珍惜当下每一天呀！

2019年7月21日　星期日　晴　37℃　胡屯村

安全要放在第一位

　　这几天县里搞荷花节，人来人往。昨天刚给村民开过安全会，这不下午村民胡生庭就同别人碰着车了。我又打"110"，又打"120"，不知道人什么样，让村干部胡小伟跟着去中医院了。胡生庭今年才49岁，我又给李镇长打电话，让他也找找熟人，能给看得及时点。

　　在嵩县检查贫困户时，检查了39户贫困户，有3户都是从房顶上摔下来的。有的摔死了，有的瘫痪了，不论摔死还是摔伤，都对家庭造成很大的困难，所以安全太重要了。这次深入贫困地区调查报告,一定要把这一条写上去,加强安全措施十分重要。如果村子里这个户主死了,他家又要增加很多困难。

今天我还去医院看了看,在农民需要时我们当干部的一定要及时出现。

2019 年 7 月 22 日　星期一　晴　37℃　胡屯村

认真学习孔繁森的精神

今天我带着河南牧业经济学院的梅星星和全国优秀教师杜丽,来山东省的聊城看了孔繁森纪念馆及聊城民旅村,看了以后感受很深。

孔繁森精神境界之高,是我们永远学习的榜样。他说援藏是到艰苦的地方去,总得有人去,我不去,别人也会去。这一点我有共鸣,像驻村当第一书记,总得有人干,你不去干,别人也会去干,10 年虽然我只改变 3 个村的面貌,但总是对部分群众有好处呀!到最艰苦的地方去,到最困难的地方去,到人民群众最需要的地方去,是党的一贯号召,也是一个党员爱人民的最高境界,不忘初心,就是这样去落实的。孔繁森把生死置之度外,我也要把生死置之度外,用自己的最爱去爱别人,爱人民。

孔繁森两次进西藏,丢家舍命为了民族团结。孔繁森第二次进藏,他的老母亲都 90 多岁了,他的爱人拉扯着 3 个孩子,他临走时给母亲叩了 3 个头,跪下两次,那种孝心,那种无奈,是多么大的抑制力,多么大的决心才走到万里之外的西藏,这才是一个共产党员的坚强的品格,才是做事的一以贯之的精神,我要坚持磨炼这种精神,在农村再干 10 年,20 年,一直到老到死,干到干不动的那一天,干到停止呼吸的那一天。

孔繁森是党的优秀领导干部,亲自践行党的全心全意为人民服务的宗旨,是我永远学习的榜样。

他给小姜写信说,我现在夜里 2 点多给你写信,身处高原,海拔 6000 多米,我头疼得厉害,不知道什么时候就死掉了。我死后不要报地委领导,不要告诉我的家人和孩子,不要给别人找麻烦,把我埋在阿里。自己明知要出事,却怕组织和家人担心,并让自己骨灰埋在当地,想得多么远呀,考虑得多么周到呀,思想多么纯洁呀,让人多么震撼呀!我原以为我做事就够替别人着想了,比起孔繁森我差太远了。他什么事都想得那么长远,而我只考虑当下。都是厅级干部,我为什么就不能像他那样高瞻远瞩,这就是思想的差距,境界的差距。我要加强党性修养、党性培养,做一个站得高、望得远、想着全人类的好党员。

夜里我久久不能入睡,孔繁森事迹一幕幕在自己眼前。山东这块土地真是出英雄呀,张海迪也是这个地区的人。范县是从山东划过来的,郑板桥在此地当过5年县令,我要在范县这块出英雄、出好官的地方,认真学习,好好锻炼自己,向王秋芳同志及范县干部那样务实,亲民,多做实事。

2019年7月23日　星期二　晴　38℃　胡屯村

为什么在别人眼里我是农民

不知道是我长期在农村学会了农民的习惯和打扮,还是我的血液里流淌着农民的基因,无论谁看我都说我像农民。

2011年9月19日时任省委书记卢展工到村子里看我,说我像一个地地道道的农村妇女。2014年一天我去找驻马店市副书记贾英家汇报工作,让市委办公室一个副处级干部从市委三楼会议室拉到一楼,也是因为他以为我是个农民上访户。昨天杜玲教授说,第一次见到我是在农科院九楼会议室开会,我去早了,她也去早了,她说:当时我认为你是一名打扫厕所的勤杂工。这说明我的个人形象太普通了。

农民就农民吧,虽然我外在形象朴素,但一定把内在形象修炼好,让我美丽的心、善良的品德、亲民的思想,永远有感召力、吸引力、向心力。勤劳的人的手是粗糙的,花瓶只是好看不好用。我也只能在修炼内在上下功夫,农民永远都是那么伟大,我愿永久做农民,并把更多的实惠带给农民。

今天老领导钱大方、李叔霞、焦云先来看我。看了村子和荷花园,他们很是高兴。县委王秋芳书记陪他们吃饭,他们也很高兴。钱大方局长还教我吴氏的来历。

吴姓起源吴国,叫泰伯,姓氏来源:1.《通志民族略》记载:周太王子泰伯源于吴,其后为氏。2.舜后封虞,虞吴相近,故舜后亦一姓吴。3.相传远古部落有虞氏居蒲陵(今山西永济县西蒲州镇)。据《史记·周本纪》:故商文其三为泰伯、仲雍、季历。季历的儿子姬昌,就是后来的周文王。为了把家业传给姬昌,泰伯跑到了荆蛮之地,自号为"勾吴",他的义气感动了许多荆蛮之人,于是有1000多家自动跟随了他,而逐渐发展成为吴国。可见吴姓与周姓人不仅有历史性,而且大姓本为一家人。

历史名人:战国有齐将吴起,秦末农民起义领袖吴广,唐代画家吴道子,南宋词人吴文英,宋代左相吴潜,明代小说家吴承恩,清代平西王吴三桂。近代以来的先进人物:吴玉章、吴焕先、吴邦国、吴桂贤、吴仪等。

2019 年 7 月 24 日　星期三　晴　38℃　许昌

认识了老艺术家收获很多

前一段认识了任宏恩、汤玉英、王慧,从他们身上学到了很多。今天来到许昌,又见到了编剧大家齐飞,收获颇丰。

一、增加编剧。由于任宏恩、汤玉英老艺术家的努力,齐飞做了剧本的编剧,并推倒重来。听他们说,工作很难做。王香云导演出了大力,提出直接推倒重来。

二、齐飞的牙都急疼了,脸都急肿了。由于临时接任务,齐老师的脸都急肿了。在这种任务重、时间紧的情况下,他为了胡屯村的事还向许昌东城区的朱书记作了汇报,实在让人感动呀!

三、我向朱书记提出给贫困生夏令营5万元。没想到,朱书记带来的企业家不但给了10万元钱,而且要盖一座敬老院,我感动得饮了4杯茶,3杯酒。

结果事情成了,你说我这心能不热吗?又给胡屯村的孩子办成了一件大事,他们暑假又可以出去开眼界了,胡屯村的老人们很快就有自己的房子了,敬老院的工作更有条件做好了。此时对齐飞老师的仰慕,对艺术家的佩服油然而生。对张颂杨、杨盛道和尹晋华的感激却无法言表,是他们让我认识了这么多的艺术大家。我既是一个幸运者,又是一个收获者,幸运赶上了这场扶贫战役,收获了一个又一个的惊喜和意外。

今天85岁的焦先大姐来看我,又给了我们县福利中心的孩子3500元钱,老一代干部和老一代艺术家真是我永远学习的榜样呀!

2019 年 7 月 25 日　星期四　晴　37℃　驻马店

现实是残酷的

今天同《驻村第一书记》制作组谈了自己的心酸,去了驻马店同韩总编及宋玉谈了《山里人》编写的事,随后去看了杨献杰老人,她谈了借给秦玉芝钱的事。

秦玉芝是新蔡妇联会主任,退休后自己办了家绣花厂,娘几个苦苦奋斗了几十年,现在企业破产了,几个人的工资都被扣了,现在连个住的地方都没有。我这个月还了几千元钱,手头里非常紧张,但还是给她筹了5000元的生活费。

杨献杰是新蔡原县委书记冯元成的妻子,她是个律师,为了帮助秦玉芝,一点一点地给她借钱办厂,有很多都是借老干部们的一万二万元,一共借了50万元。现在秦的厂子破产了,这些钱都打水漂了,杨主任很难受。

这两个人都是好人,都在尽力做事和帮助别人。但现在都很惨,现实真是残酷得很,社会怎么会是这样?

2019 年 7 月 26 日　星期五　晴　郑州

乐极生悲

这两天我一直在为许昌企业家给村子捐 10 万元钱和建敬老院的事高兴,没想到今天就躺在了病床上不能动了。因为昨天不小心摔倒了,把腰一和腰十二骨摔骨折了。今天是最难受的一天,动不能动,咳嗽都振得疼,真是难受极了。

现在想想当时为什么就摔倒了呢,可能是有钱建敬老院,太高兴了,这才乐极生悲,不小心就摔倒了,没想到就腰部骨折了。

2019 年 7 月 27 日　星期六　雨　医院

摔倒的主要原因是自己不小心

这次摔倒我认为有几个原因:

1. 连续的疲劳所致。从 7 月 3 日到 24 日,一直都在乡村工作,每天安排都非常紧,25 日上午进游泳池又游的时间比较长,在水里就有点抽筋(游了 1.5 小时,1500 米)。

2. 不小心所致。如果当时腿抽筋了,就停止活动,不在汗蒸房蒸那么长时间,可能就不会滑倒,都是小事没注意所致。

3. 当时确实太累了。自己出现两次大的摔倒骨折,上一次是 20 年前,有一天下大雪回家不小心摔倒了,摔成腰椎和颈椎压缩性骨折,那一次躺了 4 个多月,从那以后,坏事变成了好事,腰间盘突出好了,没有再犯了。

4. 骨密度低所致。这次住院检查,骨密度 4.5,属于重度。我一直在喝着奶,还吃着钙片,为什么就骨质疏松呢?怪不得老是摔倒呢,上个月摔倒,脸被摔得掉一大块皮,由于下乡晒得太狠,留了一大片黑疤,这次又腰部骨折,躺下了需要继续吃钙片。

5. 真是老了。如果是小孩儿,摔一下肯定没事。自己已是 60 多岁的人了,摔了这么一下就起不来了。现在不服老真是不行了,年岁不饶人,以后做事只能量力而行了。

2019年7月28日　星期日　雨　医院

今天一天过得很充实

身体好了一点。早上4点钟就起来看《人类简史》，又补写了7月26日、27日的日记。因为当时十分难受，有几天的日记没有坚持写，所以今天补了。

到早上6点钟，妹妹给我戴上了护腰，我扶着妹妹到厕所方便下，又自己站着洗洗脸，刷刷牙，又让妹妹扶着走到客厅的阳台上站了站。上午女儿回来了，给我买了两床被子，又同我说会儿话，中午吃点米饭。

下午做了2个小时艾灸，主要把滑膜炎治疗一下，想趁着现在治疗一下。

范县有一个弃婴，我打电话给县民政局，让他们的爱心中心收着。来回打了几个电话，他们才接收。因为十分麻烦，还担责任，下面的同志也不是很乐意做这件事。我又做些工作，才算解决。

现在范县民政局工作做得真好。前一段我去调研，他们的社会收养、孤寡老人、孤儿工作都做得很好，解决了社会上很多问题。

2019年7月29日　星期一　雨　医院

妹妹照顾我，她突然血压升高了

我摔伤后妹妹就来照顾我。可能是因为熬夜和着急，今天一量血压她高压196，低压120，吓得要命，赶紧让她住院了。

我这个妹妹比我小9岁，一有关键的事都是她帮助我。在驻马店时我做阑尾炎手术，她一直在那里照顾我；我做心脏搭桥手术，她照顾我一个月。这次有病，她两口子都来照顾我。妹妹为我付出很多，她非常善良，又特别能干，还善解人意，我们俩也最亲。由于劳累，她现在也有很多病，高血压、心脏病，这次一定让她好好地检查一下，看还有什么病，抓紧治疗。妹妹就是我的左膀右臂，她要是有个好歹，我真是没有什么指望了。

手足之情真是好呀，谁也替代不了妹妹在我心中的位置。

2019 年 7 月 30 日　星期二　晴　医院

我遇到一支最有担当的艺术队伍

在我 10 年的扶贫历程中,我遇到了一支有活力、有爱心的扶贫队伍,那就是《驻村第一书记》创作组。这支队伍是河南电视台新农村频道的张颂杨带的。他从省豫剧一团、许昌团和范县四平调团抽的人,个个都是精兵强将,个个对这部剧充满了热情,人人都怀着对艺术的无限追求,对主人公无限崇敬的心情,对扶贫极大关心关怀的心来做的。任宏恩,近 80 岁的老人了,只是在戏里演了一个小保安。他却认真负责,全情投入,并从戏的实际考虑,在剧本和人物个性特点上下功夫。汤玉英老师,也是 70 多岁的人了,怀着对艺术无限追求的思想,认真参加讨论剧本,认真进行社会实践,认真背唱词,普通话说得特别好,让人十分感动。王慧老师是一团之长,梅花奖和华表奖的获得者,扮演女一号。她排除一切困难,参加每次活动,把握每个角色,做得也非常好。齐飞老师是个大编剧,每写一章一节都向我汇报感受和体会。整个团的人员无论大小,男女老幼,都表现得活力四射,精神动人,是多年来最让我感动的一支队伍。

2019 年 7 月 31 日　星期三　雨　27℃　医院

从《红高粱》看调解矛盾的重要性

我从第 1 集看到第 60 集,看完了电视剧《红高粱》,对我启发最大的是戴九儿调解矛盾的能力。

第一,化解了与大嫂的矛盾,并帮助大嫂主持了婚礼。

第二,协调与二叔、三叔的矛盾。从一进门死了丈夫,二叔、三叔就开始为难她,到最后她在牢中用自己自由身换二叔的自由身,用真情打动了二叔、三叔,最后团结一致,共同保护了自己的家。

第三,同干爹县长朱豪三从认干亲到产生矛盾,到最后帮助朱豪三渡过困难,打走日本鬼子,帮助朱豪三解决粮食,藏好干娘,说服余占鳌联合抗日,充分表现出女中豪杰本色。

第四,协调与丈夫的矛盾,总是动之以情,晓之以理,让丈夫感动,在丈夫想不通的情况下,留够时间让他反思。

第五,同日本人斗争时有理有据,充满智慧。从九儿身上我学到了解决矛盾的方法和艺术。更重要的是真心感人,帮人,做人。在解决同身边人的矛盾中,也要感动他

2019年8月1日　星期四　雨　27℃　医院

有感于国医大师——张磊

张磊是中医药大师,河南省第一批的国医大师。他是1926年河南中医学院的六年制大学生,当过中医学院院长和河南省卫生厅厅长,退休后一直从事自己的医学专业。他今年91岁了,被列为出彩国医大师,从他的一生中我有3点启发。

一、人有真本事才能长久立足,吃技术饭才能长远。张磊作为一名中医,能把技术做到国医大师,能把官做到正厅级,退休以后仍能为病人服务,靠的是自己的本领,像张自芸大夫,像唐祖宣大师,像爆破专家王百姓,以及常香玉,都是有一技之长才有一生的辉煌。从现在开始我要把自己的专业拾起来,提高自己的技术水平,多给人们造福。

二、只有为人类造福,才能获得党和人民尊敬。张磊的典型事迹是最好的证明。我要教育孩子们一定要有一技之长,为人类造福,做会计专业服务人民,造福社会。

三、是付出的结果。张磊91岁了,还在全心全意地为人民治病,为人类健康做贡献。我现在才60多岁,比着张磊,我还可以为人民服务30年,自己要给自己鼓劲儿加油。

2019年8月2日　星期五　晴　37℃　医院

没有什么是永远的

最近看到一张著名演员阿诺·施瓦辛格睡在自己铜像下的照片,配文是"时代的变化"。他写这句话的原因不是因为他年岁太大,而是因为他当加利福尼亚州州长时,曾出席了这一家以他的雕像为名的酒店的开业典礼。酒店的员工告诉他:"任何时候您都可以过来,我们会为您预留一间房间。"当他从州长位置下来后走到这家酒店要房子时,酒店经理拒绝给他房间。说他应当付钱,因为他们酒店房间供不应求。

他带着一个睡袋,站在雕像下方,躺在地上,释放他想传达的信息:"当我处于重要位置时,他们总是称赞我;当我失去这个位置时,他们便忘了我,也不再遵守诺言。不要相信你所拥有的地位或金钱,不要相信你的力量,不要相信你的智慧,这些都不会长久。"他试图告诉大家,当人们认为你重要时,每一个人都是你的朋友,但是一旦你不符合他们的利益时,你就无所谓了。

你不会一直是你以为的那个人,没有什么是永久的。

阿诺·施瓦辛格说得太好了,包括亲人在内也是如此。没有什么会是永远的,对你最好的人,是在你最困难的时候对你不离不弃的人,我妹妹素萍算是一个,她什么时候都管我。

2019年8月3日　星期六　晴　37℃　医院

印度女总统的启示

印度女总统英迪拉执政16年,两次当选为总统,取得了印巴战争的胜利,是世界上优秀的女领袖之一。可是最后她却死在自己最信任的两个保镖手中。

启示一:越是身边亲近的人,越容易出问题,而且一出就是大事,所以要防患于未然,保持忧患意识,使自己不受致命的打击。

启示二:对谁都要防着点,因为人心隔肚皮,谁也不知道灾难会什么时间降落在自己的头上。

2019年8月4日　星期日　晴　35℃　医院

学习了几位先进典型

1. 太行山上的新愚公。大学教授李国保是科技扶贫的代表,他用自己的一生,下乡搞技术推广,种苹果树,让山里的农民增加收入,打造了满山遍地的苹果树,因心脏病死亡,全国人民都向他学习,他是2016年的扶贫攻坚奖获得者。

2. 姜仕坤,贵州省晴隆县委书记,46岁累死在工作岗位上,被追授为全国优秀共产党员,他主要在扶贫上抓得有成效。

3. 王秀芝,新疆生产建设兵团石河子西营农民,残疾人。一个断臂之人,成长为一个养马鹿的企业家,并带领职工脱贫致富,事迹十分感人,真是在荒凉戈壁上活出了精彩人生。

4. 邓迎香,贵州省罗甸县沫阳镇麻怀村党支部书记、人大代表。当代女愚公,在村子坚持一辈子修了一条路,为群众造福。

看了他们的事迹,对自己很有启发,对自己的病也有好处。中医上讲,正气内存,邪不可干,邪之作凑,其气必虚。我现在虚弱了,一定要用正气来补呀,正气足了,自己就能很好地站起来。一个典型就是一面旗帜,每个人都有值得学习的不同优点,吸别人之长,补自己之不足。

2019年8月5日　星期一　雨　医院

住院10天

这次住院我明白了一个深刻的道理:人的身体弱了,就没一点抗病能力,有一点风吹草动就受不了。如我刚摔着的时候,动都不能动,一翻身腰就疼得受不了;喉管一有痰,马上就要憋死的感觉,用全身的劲儿也咳不出来。一咳就震得浑身疼,没有办法,只能一想咳就赶紧喝水,用热水把痰压下去。那个难受劲儿就感到自己快不行了,想翻个身子就是动不了,真是浑身像一堆肉泥,像个僵尸一动也不能动。那个难受劲儿真是要命,这10天不知怎么熬过来的。

现在慢慢好些了,咳也有点力气,也不那么难受了,也慢慢能翻身子了。这次真算体会到了"加强锻炼,强壮身体"的道理。一个人必须要健康,一个事物必须要强大。

2019年8月6日　星期二　雨　医院

可以趴着写字了

从7月25日摔着到今天已经十几天了,我一直躺在病床上,是妹妹素萍和护工在医院照顾我。心里面没病,就是动不了。因为腰骨骨折,只能躺着侧身和翻身。一天到晚都是躺着,十分难受,今天终于能趴在床上写字了。早上6点钟起来,本来想试着站起来,但是失败了。还是站不起来,又躺下了,心里很气馁。十几天还是不能站,只好服软了。7点钟妹妹来送饭,我吃了一个包子,又喝了一盒奶,随后做了骨密度检测。上午做一做两膝盖和脚药疗,上午11点多妹夫魏华来送饭,连续5天了妹夫魏华都给我送饭。下午我睡了一觉,醒了看看手机。到下午4点多翻身锻炼了半小时,开始试着趴着写字,还好,把今天的日记写下来了。人老了,生病了,真是无奈,什么也做不了。这次还好,有妹妹一直陪着我,没怎么受罪。

2019年8月7日　星期三　雨　37℃　医院

今天又比昨天好一些

腰一天比一天好,今天能翻过身子写字了,饭量也多了一些。由于睡的时间长了,在翻身的时候有一点累,有10分钟才歇过来。今天做了两次小燕飞,又做了两次平撑腰。像这种情况,再过3—5天就有可能坐起来,到那时候就方便多了。人在不能动时才知道健康的重要性,好了以后要加强锻炼,还要小心走路,一切以安全为第一。

上午丁玲老师来给我送饭,吃的米饭炒菜,还有一个秋葵汤,真好!现在才知道动不了时,有人送个饭多值得感激。自己平时帮那么多人,到时候多数人不中用。

现在就希望尽快好起来。能起床,能走路,能自己顾着自己,不给别人找麻烦就行。现在才感觉到健康比什么都重要。

2019年8月8日　星期四　晴　医院

还是坐不起来

到今天已躺半个月了,还是不能坐起来,只能来回翻个身子。这两天一翻身子就头晕,天旋地转的,可能是因为躺的时间太长了。

想想自己这一生也值,也不值。值的是我22岁就是全国劳动模范,25岁就是人大代表,26岁就是第四届省委委员,27岁就是驻马店农牧局副局长,32岁就是副教授,59岁还被评为全国优秀共产党员,60岁时自己的《进山日记》被保存在国家级博物馆。

可自己一生也没少受罪。从小家里穷,上学没用过钢笔,没吃过三顿饭。高中毕业后喂牛吃尽了苦头,结婚家里穷,又过了很多年苦日子。自己吃的苦,千百人都没经历过。

现在又遇上骨折,真正体会到在床上的难受。已经熬过了最艰难的时间,再过几天,就会好了。好了以后一定珍惜身体,好好生活,过一段幸福日子。

2019 年 8 月 9 日　星期五　雨　医院

今天我发了脾气

今天和亲家拌了几句嘴。当时我很生气,狠狠说了她一顿。我的态度很不友好,语气也很重。

想想还是自己不对。经常来往的亲家,搞不好对孩子也不好,也显得自己没度量,没修养,何必呢？自己这个脾气还是要改一下呀!

2019 年 8 月 10 日　星期六　雨　医院

《驻村第一书记》就像当年的《朝阳沟》

听光明日报社驻河南记者站的刘先琴讲,她的公公冯老当年是省文化局的副局长,也是一个戏迷。当时杨兰春写《朝阳沟》时只用了一个月的时间,是写一场,拍一场,改一场。冯在场,专抓这项工作。同现在演的《驻村第一书记》一样,时间很紧,只有一个月的排练时间,他们排好后拿到北京去演。但愿这个戏也像《朝阳沟》一样,能成为河南戏剧的经典,对更多的人有影响,有鼓励,有教育意义。

一个时代有一个时代的特征。扶贫就是我们这个时代的特征,10 年的扶贫路程希望能成为一个案例,教育后代人。

2019 年 8 月 11 日　星期日　多云　医院

今天血糖很正常

今天的血压 112/68,血糖却很正常,吃饭也可以。齐飞老师给我打了两次电话,刘先琴打了两次,灵宝的小刘打来一次,都问我的情况。我们交流了一会儿,亲家给我做了鸽子汤,我也吃得很好。上午烤烤电,药疗了一次,又锻炼了两次小燕飞。下午休息了一下,写写日记,看看吴金印的书,女儿来看我,说了一会儿话,一天就这样过去了。

住院整整 16 天了,一直躺在床上,一次也没有起来过,十分着急和难受。一说明天能出院,心里高兴许多,吃饭也香甜了许多,看来人的精神力量是极大的。

今天齐飞老师打来两次电话,问在西王楼工作的细节。他要写第二场戏,晚上他又打电话,说这场戏写得很好,他自己给自己打了97分,很满意。因为这场戏的内容多,所以写得好。戏还是得有内容才行,自己的人生戏必须要自己书写。

2019年8月12日　星期一　雨　医院

今天见到了田磊的两个孩子

田磊是我堂妹雪明的儿子。他结婚早,已有两个孩子,大女儿已6岁多了,小儿子也5岁多了。他们今天刚从泰国回来,两个孩子很讨人喜欢,长得也很好,看了十分高兴。小磊这孩子从小就听话,现在帮助妈妈做生意,干得也不错,自己有3套房子。一套自己住,200多平方米,一套170多平方米,租出去一个月5000多元,还有一套170多平方米,也租4000多元,生活得很好。人呀都差不多,最后拼的不仅是知识、能力,还有运气。

2019年8月13日　星期二　雨　医院

思想境界同人的品质紧紧相连

今天看到一则信息,华南农业大学原校长、院士卢永根将自己一生省吃俭用攒下的880万元存款全部捐给了学校,并以他和夫人的名字命名成立教育基金。这种行为实在令人感动。感动的不仅仅是880万元捐款,而且是他崇高的思想境界。一个大学校长,肯定是一位优秀的教育家,培养出来多少学生,一个院士给国家做多大贡献呀,临死的时候也不忘为教育做贡献。他是一个优秀的学者,一个优秀的教育家,更是值得人人学习的中华儿女的优秀代表,这样的人才真正让人发自内心地尊敬和崇拜。

学习英雄要落实在行动上,我要很好地学习卢院士,多为扶贫做实事、好事。卢永根付出生命,做到生命不止,奋斗不息,做一个对人类有益的人,做一个高尚的人,做一个全心全意为人民服务的人。

2019年8月14日　星期三　晴　医院

艺术家的作风和行动让人感动

这次我住院,最让我感动的是《驻村第一书记》里的艺术家们。一是他们对艺术追求。为了写好这个剧本,任宏恩、汤玉英、王慧坚持写真、写实、写好的原则,敢于坚持原则,要求果断,及时调整编剧。二是对扶贫事业的热爱。很多艺术家都向贫困生伸出援助之手,资助贫困人口支持扶贫事业。王香云资助了一个贫困户,又准备拿出5万元钱让学生搞夏令营活动。三是他们无微不至的关心。生病以来,有4批人员来看我,并有一些艺术家天天给我打电话询问病情,给我极大的鼓励,让人感到特别温暖。

在接触的众多人中,这些艺术家不但让人感动,更让人真心佩服。他们有思想、有知识、有追求,有人情味,他们不是亲人胜似亲人。

今天住院已19天。艺术家的榜样精神时时鼓励我同病魔做斗争,力争早日站起来。

2019年8月15日　星期四　晴　医院

再看《红高粱》

这一段躺在医院没事,女儿给下载了电视剧《红高粱》。看着看着,不知不觉时间就过去了。

《红高粱》电视剧拍得很好。一是绕着高粱地,反映粮食做成酒的过程,撒种,长苗,管理,施肥,成粮,选精,高温发酵成酒多么不易,同时写了粮食的重要性。从县长朱豪三征粮打日本鬼子到农民四喜娘因粮而死,到余占鳌与朱豪三拼命,再到朱豪三为抗日低身给余占鳌娘戴孝,等等,充分表现了粮食的重要性。

二是《红高粱》发生了几段故事,余与九儿的相爱过程,等等,都非常精彩。

三是全剧人物个性鲜明,戴九儿、余占鳌、朱豪三、张俊杰等人物,个个都有特点,众多人物中没有同样的,真好。看得我不吃饭,不睡觉,眼都看得模糊了。

四是给人很多启发:

1. 做人要讲仁义,讲正义。

2. 做人以大局为重,才有好下场。

2019年8月16日　星期五　晴　家

今天终于出院了

7月25日来医院,到今天,背了20多天的床,今天在自己强烈要求下,终于出院回家了。家人为了保险起见,还帮助我要了转运车。到家里上电梯的时候,担架横着放不下,只能把担架立起来,两个护理人员和管床的韩医生亲自把我送到家。因为女婿开车拉东西,魏华妹夫没有来到,所以只有韩主任帮助抬。我心里很感激,也很过意不去。让人家一个医生抬自己,真是不应当,等我好了以后,一定要好好感谢一下韩医生和林主任。

家人给我买了个床,同医院的床差不多,解决了来回翻身子的大问题,非常实用,还是年轻人想得周到。晚上妹妹素萍来照顾我,我们俩说了很长时间的话。从个人说到家庭,又说到社会,一直到夜里12点多才休息。我这个妹妹,既善良又能干,都是在我困难时帮助我。上次在北京住院她陪我一个月,这次她两口子都来帮助我。等我有能力了,一定要帮帮她。关键时刻见真情,这个世界除了母亲,就是妹妹对我最好了。

2019年8月17日　星期六　晴　家

伤后第一次下床

从摔着到现在已20多天了,今天是第一次下床。妹妹素萍帮助我戴上护具(护腰的),扶着我到了卫生间,又扶着我到客厅、阳台上看了一看,又在电子秤上称了称看这20多天瘦了没有,带着护具同原来最瘦时一样重,降到了60公斤。再降5公斤,就达到"标准体形"了。

今天站起来,开始头晕,走着还有点腰疼,但一个显著的变化是背部能抬起来了。这一回家就感觉到同医院大不一样呀!

还是家里舒服。今天起来看看自己的屋子非常好,屋里屋外让张福整理得干干净净。妹妹这两天也来整理,屋里焕然一新,整整齐齐,看着很舒心,感觉很好。

来看自己的人很多。妹妹素萍一家、菊花一家、吴树声、陈有富、卫华等。时间不知不觉就过去了。妹妹一直在陪着我,每顿饭吃得很好。

家人给买的床,很方便。加大了锻炼的力度,感觉比原来恢复得快了。

总之,回到家里,心情好了,病也觉得好得快了,所以还是家里好。

2019年8月18日　星期日　晴

4件高兴事

今天很高兴,有4件喜事。

一是4个贫困村的40个孩子今天从北京参观学习回来,我又专门安排了导游小刘带孩子们到福塔去看了看,让他们看一看全省的风景,又见了西王楼10个孩子并请他们在家吃个饭,家人忙是忙了点,但是很快乐。

二是中美贸易战特朗普服软了,说明关键的问题上还是要斗争才能胜利。一个人、一个家庭、一个国家面对不公时,一定要敢于斗争,正义与邪恶做斗争,向邪恶低头就会伤害自己。

三是请了一个合适的保姆,很好。从此不用别人了,应当好好地感谢圆方公司和杜文利。

四是见到了原来的同事李可淑。我们俩说了4个小时的话(原来都在郑州牧专计财处),谈起一件小事,对我启发很大。她说她爱人韩庆宾检查身体时,发现有一根血管堵塞了。在做照影时就是否下支架,征求家属意见。李说我本来不想让他下,但他自己想下。我就说,这是你的心脏你自己做主,结果下了。从这件事上我学到了,别人的事让别人做主。过去我在这方面做得特别不好,以后一定要加以改正。遇事要尊重别人的意见,尊重别人的选择,不能替他们做主。

2019 年 8 月 19 日　星期一　晴　家

从股市看经济

今天我起来了,自己站起来洗的脸,很高兴,并走到了客厅,感觉也很好。上午妹妹来了,帮助我买了两床被子,又给我做了排骨汤,我吃得很好。

今天没事,看了股票,全线飘红。从今天股票看,经济可能会复苏。很久以来,由于中美贸易战争,中国的经济也受到很大影响,股票也大受冲击。股市是经济发展的晴雨表。股指一反弹,说明经济形势快好了,但愿中国的经济形势尽快好起来。

今天很开心,吃得很好,精神很好,又能站起来,让妹妹走了。我和保姆小孙在家,很清静,很享受,晚上 7 点 50 分看了 3 集连续剧,晚上 10 点多就睡了。

2019 年 8 月 20 日　星期二　晴　35℃　家

现在做实业真难

今天广州大广农牧的董事张胜勋来看我,说了他公司的情况。他说现在他的公司基本上是停产了。因为目前只有 5000 头母猪,没有猪崽儿,广州的猪肉都卖到 15 元一斤了,河南的毛猪 12 元一斤,这次他损失了近 3 亿元,两年后才能恢复元气。

现在搞什么实业都非常不易。吴勇、雪明等都是搞实业的,现在都欠几千万元的外债,大吴庄的奶牛厂也彻底没有了。主要坚持不下来了,小企业抗风险的能力差,一旦遇到市场风险,资金链一断,就只能死掉了。大吴庄的奶牛厂奋斗了10年,现在连个栅子也没有了。

在基层干实业十分困难。我干了10年的扶贫,也没干出什么成绩来,累得自己一身的病。现实真是残酷得很呀!

2019年8月21日　星期三　晴　30℃　家里

范县人民真厚道

今天我原来工作单位的已退休的同事李可数、王亚平来看我。我们正说话,上午11点30分,听到外面来了几个人,一看让我大吃一惊。范县县长赵丽玲、副书记惠晓杰、宣传部部长范传敬,还有政协主席都来看我,让我十分感动。我在范县本来没做什么大事,可范县的老百姓很抬举我,对我很爱戴,一直鼓励我,关心我,支持我,让我做事越做越有劲儿。

没想到我摔了一下,却引起了领导这么重视。先是濮阳市政协副主席、范县县委书记王秋芳书记亲自来看我,这次赵丽玲县长又带着这么多领导同志来看我,真是既感动又愧疚。感动的是人在难处需关心,我躺了快一个月了,又闷又急,也非常想见见人。他们一来,我的热泪一下子就出来了,像是见到了久别的亲人,又亲切,又高兴。本来我是躺在床上不能动,这一下我就站起来了,一下子就走到了客厅,站着同他们说了几句话。他们走了,我也一下子心里不闷了。愧疚的是我来范县两年多了,给县里做的事很少很少,我的付出远没有他们的回报多呀!所以既愧对范县领导,又愧对范县群众,我好了后一定要给范县多做事呀!

范县的荷花

2019 年 8 月 22 日　星期四　晴　31℃　家

今天夜里没有睡好觉

　　晚上外甥女来了,她帮我在床上洗洗头。可能是因为时间长了,到夜晚 9 点多总感到天旋地转,想吐,特别难受。小王回来后,给我做点面汤,还让我吃了治胃病的药,并陪我说了会儿话。到夜里 1 点多我才睡。

　　本来今天单位老干部处王力副处长来看我,妹夫魏华也来看我,文丽一家也来看我,一天过得很充实,没想到晚上这么难受。现在真的老了,心里不能担一点事,有点小事就夜里睡不着觉。昨天保姆腿疼说要回去,昨夜也没睡好觉。

　　人呀,只有放下一切,才能生活好。孩子们让我不要看书,不要写字,不要想别的问题,一心一意躺着,可我满脑子都是事。一是《十年扶贫路》说的 3 个月拿出来,现在一点也没写。二是《驻村第一书记》艺术团一直在三伏天排我的戏。王慧团长却累得爬不起来了,我急着想去看看他们。三是快进入 9 月份了,村里的农产品中心还一直没有盖。四是说建敬老院,现在还没有钱,真是躺到床上也不安心。

2019 年 8 月 23 日　星期五　晴　29℃　家

教师节快到了

　　世界上最伟大的事业是教育。亚当·斯密说:"谁也无法估量教师的作用,但它是永远的。"教师节很快到了,我当过教师,教师是一个伟大的职业,教育学生,引导学生学到知识,掌握命运,走向阳光。

　　今天有 4 帮人来看我:宋庆根(商水)来看我,并在家吃饭;我的学生柳文一家 4 口来看我,从正阳来;范县第一书记闫慧来看我,一家 4 口;妹妹来看我,因她明天要走了。

　　躺在床上一天忙忙碌碌,感到时间过得也快。

2019 年 8 月 24 日　星期六　晴　37℃　家

今天在家很高兴

　　今天星期六,给几个爱心人士打电话,给胡屯村 13 名考上大学的同学打电话。有两个同志资助一个学生3000元,其他的还在积极准备,看来社会上对贫困孩子很积极,这极大地鼓励着我做好扶贫工作。

同时西王楼的一个贫困户养殖打青贮没钱,我在老表文峰那里要了3万元钱,准备这两天给他寄去。

摔着快1个月了,有60多人来看我。有亲属、朋友、同学,还有《驻村第一书记》创作组的艺术家以及范县的领导。虽然我不急了,但也给了我很大的压力。那么多人关心我,特别是范县领导来看我,让我觉得不为范县多做点事就对不住他们。在各个方面不做好,也对不住乡亲呀!

2019年8月25日　星期日　晴　27℃　家

今天家里来了很多客

1.深圳的任翠翠来看我,抱着4个月大的孩子,这孩子很可人疼,看见我就笑,很讨人喜欢,给我带来无限的快乐。

2.杰英和康清来看我并带来我最爱吃的鱼、虾、牛肉,林好忠夫妇也来看我。

3.小柳、吴迪也都回来了,让我特别高兴,吴迪都走20多天了(军训去了),我也很想他。

4.丁玲晚上给我送包子。

一天都沉浸在被爱之中。特别是小侄子走前又在我的床上玩了很长时间,那种幸福感是成功、金钱都换不来的。生病真好,可以休息,可以享受,可以被爱包围,没有一点苦恼。今天是我特别快乐的一天。

2019年8月26日　星期一　晴　27℃　家

两位韩国留学生来家吃饭

今天丁玲说带两位留学生来家吃饭,我就请他们来了。没想到这两个留学生是双胞胎,一个叫阿丁,另一个叫阿男,他们是来中国学中医的。从基础开始学,一个学针灸,一个学内科,已经学了6年,现在又考上研究生。他们说自己家在首尔,父亲是个工程师,母亲没有工作,大学都是自费,研究生时期费用由国家负担。他们的普通话说得很好,今年都23岁了,很可爱。

他们俩同丁玲在家饮酒吃饭,很开心。他们很懂礼貌,来时还给我带了一提酸奶,我没要他们的,临走时又把家里的奶和水果给他们带一些,这些孩子在异国读书也不容易。

在聊天时,知道韩国的人均收入比我们高,一个工作人员月收入有 1.6 万人民币,但韩国的物价也很高。

这是外国人第一次来我们家,感觉很好,他们说以后还会经常来。

2019 年 8 月 27 日　星期二　晴　31℃　家

帮助村子里 13 个大学生筹学费

胡屯村今年考上了 13 名大学生。我在朋友群里帮助他们筹学费,一是在《驻村第一书记》生活群里请大家帮忙,二是在慈善群里请大家帮忙,三是在爱心群里让大家帮忙。

下午就有了效果,已有 5 个爱心人士表示愿意资助这 13 个寒门学子。

今天孩子来帮助我做了两件事,一是帮助我把带错的肢具纠正过来,使我下午能走到南大门,二是帮助我把肢具上了螺丝。虽然都是小事,但我自己却干不了。

我今天开始加大运动量了。因为血糖升高了,早上到 7.13,再升高就得加大药量了。

2019 年 8 月 28 日　星期三　晴　27℃　家

今天一天心里都非常烦

不知道是躺的时间太长了,还是什么原因,一天都烦躁得很。不想吃饭,不想看书,更不想写东西。没有办法就只有看看电视,给家里人打打电话。

看电视时,正好中央 3 台在播董卿主持的《朗读者》(我最喜欢的节目之一)。这一期的名字是《告别》,我对两个人读的内容印象深刻。一是曹文轩的《草房子》,二是王蒙的《明年我将衰老》。

王蒙当过文化部长,14 岁入党,在新疆待了 16 年,和妻子崔瑞芳生了 3 个孩子。这次读的是与妻子告别的一篇文章,写得情深意切。从他对妻子的始终如一,感受到他对爱情的忠贞。他真是一个伟大的人,做官到了文化部长,做文到了大作家,做人到了伟大。

每次看《朗读者》都获益匪浅,看了这期节目也清除了心里的很多烦恼。

2019年8月29日　星期四　晴　31℃　家

学习扶贫攻坚先锋

在床上躺着没事,看了人社部出的汇集2016—2017年全国扶贫攻坚先锋的两本书。这两本书记载了78位全国扶贫人物的先进事迹(其中也写有我的一篇,我是2016年获扶贫贡献奖)。这两本书中,有扶贫干部,有基层第一书记和支部书记,有将军,有企业家,还有帮扶干部等。特别是2016年人物的事迹更典型,像企业家王健林、许家印,老扶贫工作者王亚夫,驻村第一书记时圣宇等。还有一辈子只修一条路的村支书,每一个人都是一本好的教科书,每一个故事都能感动很多人,每一个人都能带动一大片贫困农民。读了以后,我思考很多,启发很大,人外有人,天外有天,里面的扶贫方法、办法、措施很多,我只有虚心学习,才能更上一层楼。不学不知道,一学才知道自己差距大,过去以为自己做得很好,读了这两本书才知道自己太微不足道了。我要结合大家的做法,把自己的扶贫工作做得更好!

今天很多人来看我,吴长运、尚子伦、林伟两口、姚家友和林好礼两口,王天瑞今天来还帮我买两本书:《王蒙全集》和《草房子》。今天心情很好,又到外面走了两次。早晨还走到了南大门,走了2000多步,今天真好。

2019年8月30日　星期五　晴　30℃　家

这个月又过完了

这个月到明天就全部过完了,整整在家背了一个月的床。因为腰部骨折,只能躺在床上,还让人照顾,不过在床上我也做了几件扶贫上的事。

1. 组织5个贫困学校的30名贫困生去北京参加科技立志活动。5天时间,孩子们由建业集团刘慧经理带着。河南电视台发来小片,孩子们看得很认真,30个孩子是第一次去首都。

2. 向社会筹集了3万多元,为村子里考上大学的20名学生筹集了学费。

3. 给村干部每天打一次电话,了解和安排村子里的扶贫工作。

此外,还坚持锻炼身体、看书、写字、录音、看电视。

1. 每天做2—4次小燕飞和鼓腰,锻炼腰。

2. 配合治疗。

3. 看了人社部编写的《扶贫攻坚先锋》和房龙写的《人类简史》。

4. 写了几万字的日记。
5. 录音记录了在大吴庄 3 年零 10 个月的工作情况。
6. 看了电视剧《红高粱》《星火云街》。
7. 接待了 80 多位来看我的亲朋好友。

2019 年 8 月 31 日　　星期六　　晴　　27℃　　家

大家就是不一样

电视台有一个采访,是杨院士和莫言的对话。杨问莫言怎样把好的故事同文字完美结合,莫言说,我喜欢听故事,后来又编故事,并加一点自己的想象。年轻的时候都挖空心思编故事,后来转变了思路,把亲属、邻居身上发生的故事拿出来写。如《蛙》就是我堂姐的故事。她是个大夫,我把许多大夫的事写到她身上,加上我的一些思维,就写出来《蛙》。过去是我挖空心思地编故事,找故事,现在变过来了,故事找我。

他这一段话对我启发很大,人要做自己热爱的事,写自己熟悉的东西。像文化部原部长王蒙,他不当部长之后就写书。现在 85 岁了,是作家协会的名誉会长,写了很多文章,写了很多书,被翻译成 20 多个国家的文字,成为世界著名的文学家。又如张磊,当过省卫生厅厅长,现在是国医大师。91 岁了,还在为患者看病,写书。再如民国四大才女吕碧城、萧红、石评梅、张爱玲及中国古代四大才女蔡文姬、李清照、卓文君、上官婉儿,她们都在中国文学史上贡献很大。她们都写自己热爱的东西。

我退休后发展自己的专业,可能会有所成就,如在郏县发展红牛。

今天家里来客很多:一、胡屯村领导班子来看我(一行 4 人);二、郏县畜牧局同志来看我(一行两人);三、妹妹和大弟来看我。

忙得我书都没看成,光是应酬来人了。

2019 年 9 月 1 日　　星期日　　晴　　27℃　　家

越重视的事越怕出问题

同党校同学约的在我家谈点事。我上午 10 点打电话,他说下午 4 点来,午觉我就没敢睡,电话也没敢关,一直等着他来。4:30 我还给他打了一个电话,听不清楚。他给我回了个信息问门牌号是多少,我也没看,结果他在院子里转了一个多小时没有找到门就走了,还很生气地说了我一顿。我也很委屈,等了一天也没等着他来,他也跑了一趟没找着我的家,这真是个误会。

误会不及时沟通就会产生矛盾。幸亏我和他及时沟通了,于人于事都是这样,要进行及时的沟通。

2019年9月2日　星期一　晴　27℃　家

人心都是处出来的

这次我摔着了躺在床上,亲朋好友都来看我,今天又有几个人来看我。妹夫魏华给我买了猪蹄和排骨,林伟和姚俊青给我做的油饼和焦馍,田静和老林也来看我,我都记着他们的好。

想想老林的两个儿子大凯与小凯,我也是尽了心,出了力的。大凯当时不懂事,拿了他大爷的1000元钱跑了,急得我们差一点就报案了。是我拦着了说给大凯一次机会,要不饭碗就丢了,也是我和平解决了这事。现在想想我做得对,任何事都不能在火头上决策。小凯当时初中没毕业就不上学了,是我找他谈心,逼着让他写保证书,找学校让他又读书的,要不他现在也不会成为国家干部。培养孩子,要允许他犯错误,要给他指出路子,不能一棍子打死,这样等他大了才知道心向着你。

2019年9月3日　星期二　晴　27℃　家

看电视剧《伟大的转折》

《伟大的转折》描述了遵义会议上毛泽东被选为政治局常委的过程。毛泽东在遵义会议的发言,给人很多启发。会议总结了前四次反"围剿"为什么胜利,第五次反"围剿"为什么失败,原因有指挥错误,不符合实际,没有集中兵力,不实事求是,不信任群众,不依靠群众等。

启发:

1. 在非常时期,决策非常重要。当时红军人数锐减,毛主席说这是用血的教训换来的,我们再不吸取就是白白牺牲了。

2. 我躺在床上40天了,如果不采取合适的方法去锻炼,身体非出问题不行,要找着合适的方法去锻炼呀。

3. 习近平总书记在中央党校青年干部培训班上讲,在实践中锻炼斗争能力,我要认真学习和研究呀！

2019年9月4日　星期三　晴　35℃　家

人要向深度、宽度和长度延伸

人生短暂几十年，怎样能使自己有深度，有宽度，有长度？

深度。有深度就要下沉，越挫越勇，像苏联诺贝尔物理奖获得者列夫·达维多维奇·朗道那样，朗道获得物理奖后又发明了两项专利。我现在60多岁，怎样才能向深度发展？要多做事，从做事中，寻找发展的规律性，提出问题，研究方法。

宽度。人做事要拓宽，横向发展。中央一台正在播放《伟大的转折》，第五次反"围剿"失败后，毛泽东主席在战略上，在战术上用的都是宽度布局，运用游击战、农村包围城市战，解决了被动的局面，解放了全中国。任正非放远全世界找顶尖级科学家做华为事业，瞄准5G先进技术，成为5G全世界领先者。人的视野要宽，要有爱心，要有见识，要有规矩，广交朋友，参与新领域，多走，多见，多做，多问，大千世界，凡是成功的人士都是有宽度的，如居里夫人两次获得诺贝尔奖，但不申请专利，正是她崇高的人品影响全世界的科学家。毛泽东因为无私才伟大，科学家因为献身才受人尊敬。

长度。人延长长度的方法有两条，一是薪火相传，基因的传承，往下一代传；二是影响力的传承，做好事，做对人类有贡献的事。

今天陈静夫妇、李新芋夫妇来家吃饭，让妹夫魏华来家做饭。大家见见面很是高兴。陈静活得很潇洒，经常带老公到处玩，李新芋很顾家，给女儿照看孩子，他们都有让我学习的长处。

我腰病40天了，很多人来同我说说话，我也很高兴。

2019年9月5日　星期四　晴　35℃　家

有感于《慈善之行》

今晚中央电视台播放了《慈善之行》。2019年度慈善人物颁奖晚会上，有各种感人的事迹，我只看了一小部分。叶沙是个16岁的孩子，因脑瘫去世，爸爸帮助他捐献了遗体，他的器官，眼、肝、肺、心等，用在了7个人身上，有4个受益者上场，一个49岁的男性用了叶沙的肝。最为感动的是母亲题词，写得十分感人，朗读者是一个艺术家,读得催人泪下。

周老师是一个支教教师。他74岁了,一直在山区,用"春苗计划"资助了80多万女性学生,获特别奖项。

看了以后感动有3:

一是捐献器官,帮助可以帮助的人。我好了以后就去办这件事,以做最后的贡献,大学校长荫天榜已为我做了榜样,我要尽快行动起来。

二是向周老师学习,发挥晚年余热,到最需要的地方,做最需要的事,总结工作方法,传给后人。

三是制订目标计划,晚年再做一件大事,办好乡村振兴学院,没有几件事能比教书育人更伟大的了。

2019年9月6日　星期五　晴　30℃　家

有感于吴军的《见识》

这是我读吴军的第4本书。该书分序言《命》和《运》。第一章《幸福是目的,成功是手段》,第二章《人生需要做减法》,第三章《谈谈见识》,第四章《大家智慧》,第五章《拒绝伪工作者》,第六章《职场的误会和破法》,第七章《商业的本质》,第八章《理性的投资观》,第九章《好好说话》,后记《从硅谷来信到见识》。

这本书是我躺在床上两天看完的,受启发有3点。

一实用。很多章节都讲得很实用,比如说怎样好好说话,如何使自己的意见让领导采纳,如何用事实说话,如何演讲精彩而又用时短,如何使用帝道、王道和霸道,如何先学一门技术等等,都非常实用、有用和管用,从而从书中学到了很多做人做事的方法。到我这个年岁了,有些方法还是第一次听,真是很受启发。

二讲理。该书采取讲道理的方法,告诉怎么做,为什么这样做,这样做的好处。如投资,讲了商业的本质,理性的投资观,投资的资质,投什么。又如人一生应当追求什么,为什么追求它,追求它对自己有什么好处,怎样提升自己的档次等,讲得让人心服口服,因为他都是用数字和道理,讲得让人信服、折服、佩服。

三站位高。吴军是从高度、深度、厚度、长度上讲的,许多道理都是世界真理、做人的哲理,是从科学家的经历和历史的长河中来说的,站位很高,道理很深,很有哲理性、时间性、经验性和历史性。

我读过吴军的4本书——《大学之路》《文明之路》《科技巅峰》《见识》,得到很多启发,受到很多教育,很好。

2019年9月7日　星期六　晴　32℃　家

从佟培基司机到博导的事迹中受到的启发

天天躺在床上没事我就读书,今天看了《老年春秋》2019年第9期。

佟培基是河南大学古籍整理研究所所长,博士生导师,教授。他从一个司机到博士生导师,引路人是北京大学的邓广铭。是一个机会,邓推荐他做学问,就这样他做了学问,研究了古籍。

一是他喜欢读书。读书是他工作之外的一切。

二是他喜欢动脑。研究成了他的追求。

三是他勤于学习。写诗、书法都很有成就。

他的书法自成一体,诗词独有风格。如《汶川放学歌五首》《论书绝句》。成功与否,机会是一时的,努力是一辈子的。我正找老年成功的路径,写作可能比较适合自己,我要把自己的一生路写出来,让后人有所借鉴,起到点的作用。

今天二哥吴树珍来了,张秀丽表姐也来了。由于坐的时间长,腰又有点疼,还是要多躺才行。我现在的主要任务还是养腰,让其尽快好起来。

村子要秋收了。今天给胡建民打电话询问工作情况,我最关心的还是贫困农民的住房、上学和收入问题,让其抓紧落实。

2019年9月8日　星期日　晴　32℃

少数民族传统体育运动会召开了

全国第十一届少数民族传统体育运动会在郑州召开。我又记了一本新的日记。这次运动会是郑州的一件大事,河南省上下都在准备,准备会场,准备吃住,准备比赛项目,从省委领导到市民都在忙碌,最忙的还是王新伟市长。他最大的任务就是保障安全了。每天从电视上看到他忙,作为老朋友很是关心他,当领导真是不容易呀!

河南承办这次民族运动会,从省委到市民都非常重视。参与火炬接力的都是名人,我还看到了农大校长张改平。我虽躺在床上,也十分重视这次运动会,天天看新闻,为了看开幕式,等了两天,结果还是没等到,真是越重视越不行,因为不知道具体时间,也不知道哪个台,结果错过了时间。

民族运动会是一个促进民族大团结,互相学习的好机会。我也在看看有什么学习的好机会。

2019年9月9日　星期一　晴

可爱的孩子

　　孩子可以给人带来幸福和欢乐。昨天晚上因吴卫华和大嫂来看我说话晚了,没有睡好觉,今天起来十分难受。上午因为小侄子吴影晨和他妈妈小梅来看我,不但转变了我的心情,而且他给我带来了无限欢乐和幸福。

　　第一,吴影晨已有5个多月,是吴全力的儿子。这孩子生下来后我去看过,一个多月时非常可爱,这次回来更加可爱,白脸颊、高脑门、高鼻梁,70厘米,17斤,浑身肉嘟嘟的,躺在我身边,那种存在感,那种亲切感,那种可爱感,一叫他的名字,他就张着嘴笑,一笑还有两个小酒窝,小手软软的,一同他说话他就张着嘴笑,乐得我心旷神怡,血缘真是有无穷力量,这就是我的小侄子。

　　第二,这个孩子有两个明显的特点:一是好笑,他见人就笑。睡在我的身边,张着小嘴笑个不停,露出了两个刚刚长出的小白牙,一笑还有两个小酒窝,要多好看有多好看,像个可爱的小天使,长大一定是个美男子。看着这个小宝贝,我心里的那种美、那种甜无以言表,这种快乐是多少金钱和成就感都换不来的。二是他一声都不哭,不论是睡觉,还是醒着他从来就不哭。听他妈妈说,从生下来到现在他只哭了3次。这孩子有点像他爸爸,脾气非常好。听他妈说怀他时吃水果多,又过得很愉悦,所以这孩子很好。

2019年9月10日　星期二　晴　25℃　家

平静的一天

　　今天一天家里没有来人,过得非常平静。看看《王蒙自传》书稿,睡睡觉,妹妹早上同我一起散散步。腰也能坐了,大小便也能自理了。真好,愿腰快快好起来。

　　平静之余,我又给当教师的领导、熟人和孩子发发信息,打打电话,送送红包。教师节是个伟大的节日,所有的人都应当记着这个节日,感恩这个节日。没有老师的传授,我们学不到知识。没有老师的教育,我们不知道怎么做人。父母是我们的第一个老师,教我们怎样做人。一生各个阶段的老师,不但传授我们知识,教会我们做人,而且是我们每个人的指路灯、领路人。亚当·斯密说,老师的作用有多大,谁也无法估量,但他是永久的。我曾经当过老师,现在女儿、女婿都是老师。现在我们一家8个老师,是一个小队伍。为了鼓励他们,我还给他们发了慰问信,并给孩子们发了红包。让他们在教师队伍中发热闪亮,做一个优秀的人民教师。教好书,育好人,像海伦、蔡元培、陶行知、华德福、施一公等那样,培养出最优秀的学生。老师,您辛苦了！你们的职业是伟大的,祝福你们,努力吧。为了下一代,也为了人类传授知识。

2019 年 9 月 11 日　星期三　晴　25℃

马云离职讲演的启发

马云用 20 年创造了一个互联网王国,使全中国乃至全世界人民都享受了快捷、方便的生活方式。特别是用支付宝买东西给人们带来了方便,让人们节约了时间,买卖东西也不用出门了。他讲话中说,他们办公司从来都不以赚钱为目的,结果却赚到了大钱。他和大家辞别最精彩的语言是:青山不改,绿水长流,后会有期。讲得真好,有回顾,有总结,有鼓励,更有希望,说自己走出了第三条路子,用制度把公司人才聚集在一起,创造了一个商业帝国和商业制度。他才 55 岁,心态年轻,要在教育、环保、服务方面做点事情。

他讲得最多的是通过努力,为人类社会服务,把生活变得更美好。55 岁对马云来说确实年轻,可以做很多事情,他有资源、有经验。而我都 65 岁了,到底能做什么事情呢？我一定要找到合适自己的事情,做点对社会有益的事。这 40 多天在床上想了很多很多,也看了很多很多,要打发余生,一定要找一条正确的道路走好。

2019 年 9 月 12 日　星期四　晴　25℃　家

吴树田大哥给我的启示

从吴树田大哥身上看到人一定要有技术。今天吴树田大哥来看母亲,并带着二嫂和他的孙子吴鹏。吴鹏是学医的,开了个医药门诊,每半个月他来给吴鹏坐一次门诊。主要是看儿科,因为他是个老中医,儿科又看得好,主要以中医技术给儿童看病,一看就好,所以两个孩子抢着要他坐诊。这不他还真把两个孙子带起来了,一个在老家大吴庄开诊所,每月能盈利几千元;一个在郑州开诊所,每月能挣几万元。他们不靠爹不靠娘,只靠技术吃饭,真好。未来还是技术饭好吃,树田哥都 76 岁了,还在为人民服务,给孙子挣钱。我们做行政工作的一退休什么也干不了。只有在家闲着、无所事事,很是无聊呀！好在我还会点畜牧方面的技术,偶尔也能有点用处。

自己也得学习一技之长,不然老了就没有什么用了,人一旦什么用都没有了。那剩下的就只有等死了,我绝对不做这样的人。

2019 年 9 月 13 日　　星期五　　晴　　25℃　　家

今天是农历八月十五

这个十五过得也好也不好。好的一方是母亲来了,孩子来了,女婿买的蟹、虾,吃的火锅,大家都很高兴。早上雪玲也来看我,晚上老杨也来看我,实在让人高兴。

不高兴的是,早上我心里的火上来了,就批评了孩子一顿。她很委屈,流着眼泪走了,其实我心里也不舒服。

想想也是不应当。孩子那么忙,我做母亲的也给她添堵,没有很好地替孩子分担压力,还给她增加压力。想想也是心烦,恨自己现在怎么同孩子斤斤计较,真是老了。

2019 年 9 月 14 日　　星期六　　雨　　27℃　　家

观看电影《生死牛玉儒》

牛玉儒生前是呼和浩特市委书记,1952 年 11 月出生,中国共产党优秀党员,党的优秀民族干部。2004 年 8 月 14 日 4 时 30 分因肝癌医治无效去世,享年 51 岁。他是 2004 年度感动中国十大人物之一。

看了《生死牛玉儒》感动有三:

感动一:朴实豪放。

他到呼和浩特第一天,坐一个年轻人开的出租车,因没有厕所,司机就在路边上撒尿,他没有批评司机,回到市委大院,规划路上增加了 200 个厕所,并把司机请到市委大院提意见。决定建立蒙牛奶牛场、奶牛安全生产线、自动化挤奶厅等,处理得特别好。十分自然、感人既朴实又有实事做支撑,让人感动。

感动二:深入实际,扎根群众。

一是视察蒙牛公司,看到一位奶农的牛得了乳腺炎,牛玉儒拿钱买中药给奶农治疗乳腺炎,并在村子扶贫 10 年,这种事我体会太深刻了。感动人心的是帮助人解决实际问题。他一个市委书记,深入实际,深入农民中解决实际问题,很是让人感动。

感动三：廉洁。

他的二哥、姐夫下岗让其帮忙找工作，他一口否决，侄子大学毕业让其帮忙找工作，有嫂母出面也没有解决。他不是不能解决，而是坚决不办。他知道自己得了肝癌时备酒同家人道歉，取得亲人谅解，十分感人。他是发自内心里不搞特权，自己约束自己，不但自己廉洁，一尘不染，还要管好家人、亲友和自己身边的人，实在令人佩服。

总之他的廉洁、心系群众、豪放、朴实的形象让我最为感动和学习。他这个人物，可学、可做、可敬，达到了心灵上的共鸣。

2019 年 9 月 15 日　　星期日　　雨　　27℃　　家

家家都有一本难念的经

今天心里很烦。一是保姆走了还没找到接任者。现在找保姆真难，对家政公司来说，保姆换得越快越好。公司是一次性提成，一个人干一个月也是 20%，干一年还是这 20%，当然他们希望保姆换得越快越好，现在的公司真是精得很呀！而我们用人的家庭则希望越稳定越好，素质不齐加上家政公司误导，保姆越来越不好找了。我躺在床上两个多月，加上保姆的事，实在让人心烦。

二是天天闷在家里烦得很。都睡了 50 天了，搞得心乱如麻。饭也不想吃，觉也不想睡，真是心烦呀。看了《王蒙自传》，更是觉得家家都有一本难念的经。本来我十分佩服王蒙，有本事，有才气，在中国没有几个人能像他那样，官当到正部级，学问又做到大作家，没想到他也有个不幸的家庭。他的父亲北大哲学系毕业，祖籍沧州，可一生好高骛远、只善空谈，同他的母亲整天吵吵闹闹还有了外遇，并离了婚，让他心灵上受到很多创伤。他为了养岳母还去了新疆。他那么大的官，也有一个支离破碎的家庭，看来全天下没有几个幸福的家庭。他说最幸福最温暖的是家庭，最不幸的地方也是家庭。季羡林讲，不完整才是人生，可见每一个人都有不幸的一面，每个人的家也都有一本难念的经。

2019年9月16日　星期一　晴　29℃　家

在滩区工作必须能吃苦

　　我来范县陈庄镇胡屯村工作已经3年了，是被该县聘请来当顾问和村里第一书记。每次出门都要戴帽子，不然在黄河滩区一起大风，下起的大雨你真是没办法招架。前一段我正在地里帮农民干活，一阵大风刮来，满头满身都是黄沙土，恨不能把人吹走；不一会儿又下起了大暴雨，秋天雨点大，雨水冷，淋得我从头到脚跟都流水，冻得我直发抖。可村子里的人很好，每次下地不是给你一个帽子，就是给你一块布遮着身子，让人感到十分温暖，十分亲切，十分自然。来到范县，我才知道范县人的热情，范县人的热心，范县人的厚道，我才知道他温暖得很，亲切得很，有一种扎了根，走也走不了，跑也跑不动的感觉。这里的农民真好，这里的领导真好，这里的干部真好，我能来到这里，真是感谢翁杰明副省长给了我一个机会，感谢王秋芳书记给了我一个平台，更感谢胡屯村干部群众给了我一个为人民服务的机会。坐在胡屯村里的小院里能看到天上一颗一颗星星一闪一闪，睡到床上能听见鸡叫、鸭叫、狗叫和鸟鸣。白天站到大田里，看着一望无垠的荷花，绿的叶子，炽热的太阳，站在太阳下流下了豆子般的汗珠，擦也擦不及。流吧汗水，冲刷自己内心的不洁，冲吧汗水，冲走自己不切实际的想法，洁白的心灵奉给农民，变成农民丰收的果实，让脱离实际的思想离农民越来越远，使自己一点点融入农村、农民、农业当中，成为农民的女儿，并变成一个农民，忠诚的、朴实的农民，让更多的农民变成自己，成为一名有技术的新一代农民。

滩区一景

2019年9月17日　星期二　晴　27℃　家

分检中心可以开工了

　　胡屯村的农产品分检中心终于可以盖了。土地解决了，是一块买的地，并有土地使用证。资金也到位了，杨市长给的钱已到了范县财政账户上。村子里要盖一栋分检中心说了很久，由于资金落实不下来，一直没有盖成。这次终于可以盖了。钱已到位，县集体收入给了80万元，濮阳市给了120万元，准备再从省里要一点，把这个楼盖好，就可运转使用了。估计明年能盖好，盖好以后，农民的农产品可以接受分类检验，卖个好价格，农民可以获得培训，这一件事可以给该村农民带来一个经济发展的空间，也可以留下一个永久的科研基地。

　　想起了自己办事难，又想到农民办事更难，而村官办事更是难上加难。来自四面八方的压力，协调，安排落实，组织人员等等，一个一个地落实，一个一个地安排。除了资产方面，还有请人、找地、找人才、找领导等各方面的协调、周旋等等。哪一件、哪一桩做不好都是问题，都是难题，都是阻力，都是麻烦呀，也太不容易呀！

　　做人难，做事更难呀！做好事就更难了。除非不做事，一做事就有麻烦就有困难，就得罪人，就得多付出，真是不容易。10年了，我就是这样一点一点熬过来的。

2019年9月18日　星期三　晴　27℃　家

检查一次，气一次

　　今天去医院检查看骨折恢复情况，颐和医院的刘主任给了一路绿灯，还做了磁共振。结果还得躺一个月，真是急坏人了，刚摔着时家人说得躺一个月，我还信。现在两个月了还不行，真是急死人了。每天躺在床上，看书看得眼疼，写字写得手疼，总嫌日子过得慢，过得难，过得没意义。今天一检查，更是气，摔了一下，怎么就这么难治？躺了两个多月了，还没好，真不知道还需躺到什么时间。老了，老了，真是老了。碰下，摔下就不得了啦。

　　病情的气，生活的气，不如意的气。本来以为"自信人生二百年，会当水击三千里"，现在可是相信了"年龄不饶人"的深刻真理。老了这是自然规律，这是生理现象，这是人人都跑不了的客观事实。自己只有客观对待现实，只有服老了，掌握客观规律，顺适客观规律，好好地过好晚年生活。

吃一堑,长一智。以后办事、走路一定要小心呀!

2019年9月19日　　星期四　晴　25℃　家

有感于《王蒙自传》的第一卷

王蒙是著名作家,获国家荣誉的艺术家。他14岁参加革命,18岁就是18级干部,19岁被打成右派,随后下放到新疆16年。他当过文化部部长,现在91岁了,还在孜孜不倦地写东西。他的《王蒙自传》第一卷写了很多前半生的事,如父母不和离婚。他14岁参加地下党,怀颗赤心为党工作,做青年工作,做团的工作,后来被打成右派。参加学习,又去新疆,从省下到市,下到县,下到乡,下到村。16年虽然在写作上一事无成,但对新疆的风土人情,对新疆的环境,对新疆的一切的一切都是从正面总结。吸取,描写,歌颂,以及婚姻、家庭、儿女成长和家庭成员的和谐。写得真好,真细,真难得。

在那样一个环境中,他一直怀着革命的乐观主义精神,不断写作,不断创新,不断摸索。这一卷30多万字。人呀,不论在任何时候都要孜孜不倦地学习、奋斗、前进,他鼓励我在第一书记的道路上不断奋斗和前行。

2019年9月20日　　星期五　晴　27℃　许昌

《驻村第一书记》创作组的艺术家又感动了我

今天和妹妹素萍一起来许昌看《驻村第一书记》创作组的工作人员。我给他们带来150件大米、6箱范县板桥酒,同主创人员吃个饭,见到齐飞老师牙疼还加班伏案写剧本,汤玉英老师、任恩老师这么大的艺术家只演一个小角色还那么精益求精地钻研角色,刻画人物,带领新人。王慧团长为了把握人物特性,甩下团里的工作,练武累肿了腿,累弯了腰,累得手指握不住筷子。导演王香云从排戏开始就没回过家,吃住在戏场,制片、灯光、舞美、音乐场地等费了九牛二虎之力。总监张颂扬一人当十人用,解决了不可解决的困难,发挥了不可发挥的潜力,调动了不可调动的人脉、资源、钱财,选用了最了不起的艺术家。这么短的时间,这么多的要求,这么少的经费,这么庞大的人员(150多人),这么多的剧团,真是让人感动呀!艺术家的敬业精神让人感动,艺术家的高尚品德值得学习,艺术家对扶贫工作支持让人佩服。深感现在办个事不易呀!排一场大戏更难呀,我要多支持和配合他们。艺术家追求艺术真理,坚持艺术原则,他们是最伟大和最值得敬佩的。

这次看了他们很是让人感动。

2019 年 9 月 21 日　　星期六　晴　27℃　家

脚疼

躺在床上近 2 个月了,不知道是长期不走路还是脚上有疾病,一走路左脚面就疼。走一段后就疼得走不动了,长期躺着,老想出来走一走,现在连走一走的权利也没有了。先是腰疼,夺取了起床的权利,现在又脚疼,连走路的权利也没有了。越来越觉得自己是个闲人、多余的人、无用的人、给人找麻烦的人、一点用处都没有的人,想着想着就心酸地流下泪水。这才摔了一跤就变成了这个样子,到七老八十还不知道是什么样子。衰老是自然规律,可能自己的心里还没有准备好。在漫长的黑夜里,在无人的静房子里,在人来人往的情形中,我是那么的孤独,那么的寂寞,那么的没有人说话。同谁诉说了又有什么用,何时才能解决心灵的痛苦和寂寞,何时才能找到一个知音说一说知心话……

终于我找到了。我找到书,以书为友,以书为知己,以书度漫长,度寂寞,度时间,度黑夜,度沉闷。所以我读了《王蒙自传》、吴军的《文明大学》等。相信时间可以解决一切难题,慢慢会好起来。

2019 年 9 月 22 日　　星期日　晴　27℃　家

单位与单位确实不一样

朋友来同我聊天时,说他们单位冷冰冰的。一退了休,再也不想去单位了。他们单位别的都没有,就有三件东西不缺:一是冷漠,没有人情味,生老病死,出现天灾人祸,从来没人关心一下,支持一下,帮助一下。二是从来没有半点福利。在单位几十年了,连房子都没有分过,可怜退休了也没有一套房子。三是有干不完的工作。参加工作学习,从来没有周末、节假日,累死了也没人管你。只让马儿跑,从来不问马吃草不。

2019年9月23日　星期一　晴　25℃　家

省直工委领导来看我

忽听单位王力处长(管老干部)说省直工委和组织部来看我,随后省直工委小李打电话又说主持工作的种瑞华书记来看我,一股暖流涌上心头,既惊讶、高兴、亲切、温暖、幸福、感动,又感意外、突然和不可思议:我既不是省直机关的工作人员,又不是领导,这个部门的一把手来看我,实在让人感动。从我驻村当第一书记以来,省直工委一直都是全力支持我,同志集体帮助我,领导千方百计帮我解决实际困难,我早把省直工委当作最温暖的娘家、离不开的靠山。上午才同电视台张颂杨总监去见他,下午他就来了,行动这么迅速,感情这么真挚,关心这么到位,工作这么扎实。他同组织部的同志一起来的,既问病情,又问家庭,再问生活,可以说关心入微,无微不至,句句入心。交流了半个小时,是心灵的问候,灵魂的启迪,心窝的温暖。此时此地我也深刻体会到了政治思想的作用、力量,由此我更加崇敬省直工委这个机构,这个组织,这里的每位书记(王群、李恩东、种瑞华、焦豫汝、李叔霞、范晓音等)。他们千方百计地支持我,关心我,培养我,鼓励我,真是让我感动。总书记来给我发了一个建国70年奖章,是党中央、国务院和中央军委发的"功勋奖",并给我发了奖金。组织真是把政治思想工作做到了随风潜如夜,润物细无声了。我要以工作的实际行动感谢他们和党组织。

2019年9月24日　星期二　晴　25℃　家

精准扶贫脱贫战略模式研究

我花了两年多的时间写出了《精准扶贫脱贫战略模式的研究》,组织、调研、写作可以说我费了九牛二虎之力,任何一件事都没有我对这本书付出得多。虽然没写我的名字,但是我知道自己出了多少力,做了多少工作,天知地知我知,不管怎样这本书总快要算出来了。从这件事上我真正体会到"不为名,不为利,只为事业"的工作,我总算在这件事上培养了年轻人。

分了十章:

第一章,国内外和扶贫的基础理论研究。

第二章,河南省精准扶贫脱贫的总体成效和主要经验。

第三章,河南省部分贫困县的贫困专项调查问卷分析。

第四章,河南省主要行业精准扶贫工作及成效。

第五章,河南省精准扶贫脱贫攻坚的战略模式。

第六章,河南省不同类型贫困县精准扶贫脱贫攻坚的经验与启示。

第七章,河南省贫困村脱贫先进案例。

第八章,河南省贫困村驻村第一书记与党支部先进典型事迹。

第九章,国内外扶贫的经验及启示。

第十章,加快河南省扶贫脱贫可持续健康发展对策建议。

这本书一出来,我10年的第一书记就算有了一个总结。

2019年9月25日　星期三　晴　25℃　家

《驻村第一书记》在许昌首演

因为我的腰疼起不来,去不了以我为原型的《驻村第一书记》首演。我的研究生同学和家里人都去了,女婿王天瑞也去了(他主要去录像)。

大家看了戏回来,感觉很好。戏总共5场:第一场是回大吴庄;第二场戏是养奶牛,去北京争取项目;第三场戏大雪天在西王楼;第四场戏在医院;第五场戏是成果展。从结构上讲,少一场戏,范县缺一项内容。

应当充实加强基层组织建设和脱贫致富的事例。从小事入手,以大事着眼,抓好抓细。

2019年9月26日　星期四　晴　28℃　家

今天很热闹

今天天热,我心里也很热,因为今天接了许多电话,都是与戏剧《驻村第一书记》有关。有祝贺的,有关心的,有询问的,有要来看望的(因摔着腰已在床上躺了两个月)。

这个戏可能还需要一阵子热闹,大家热闹关心。而我自己要冷静,这个戏只是以我为原型,反映的是扶贫,表扬的是驻村第一书记。我必须做好3件事:

一、埋头干实事,按照自己的计划完成任务。干好胡屯村的事,多为群众办实事,尽快让贫困农民脱贫增加收入,千方百计让该村富起来,美起来,文明起来。完成未完成的两个课题——"精准扶贫战略模式研究"和"黄河滩区搬迁模式的研究"成果申报,力争获奖;争取写完《十年扶贫路》的初稿。

二、正确认识这部戏。领导很下劲,艺术家很辛苦,创作组很不易。我只能好好学习他们的精神,配合他们的工作,正确认识和理解创作组的初心,它就是一部戏,一群驻村第一书记,为干一件扶贫事业而努力。我只是其中一员,千万不能揽功。

三、为人更加低调、谦虚,教育子女谨慎,积极工作。

2019年9月27日　　星期五　晴　31℃　家

参加省政府举办的"庆祝中华人民共和国成立70周年招待会"

我作为全国劳动模范的10名代表之一,参加了今晚的庆祝中华人民共和国成立70周年招待会。我坐在第7桌,同黄红梅副主任坐在一起,我们桌有8个人,5个外国人,只能同黄主任交流。

会上放了中华人民共和国成立70周年的成就,陈润儿省长致词,黄强副省长等领导参加,著名劳模吴金印等参加。

会上我见到了老朋友吴金印、茹振刚、薛荣。我给陈省长送了我的《进山日记》、研究项目成果和一封信,并同陈省长、黄省长合了影。

国外友人占70%,省内有科学家、劳动模范、党外人士等参加。我在河南是第一次参加这样的会议,在全国参加过几次。

今晚最高兴的是同陈、黄两位省长照了相,非常荣幸。

2019年9月28日　　星期六　晴　31℃　家

今天办了4件事

一、看了河南豫剧《驻村第一书记》,两个小时我坐坐站站才坚持下来。
二、张淑文的母亲来看我,说了不少话,中午一起吃饭。
三、看了《王蒙自传》第二卷。
四、由于这几天吃饭不注意,血糖晚上10.8,可能是下午吃水果多了。

2019年9月29日　星期日　晴　25℃　家

向先进人物学习

今天以特别隆重的形式,由习近平总书记为每个人发奖。他们是于敏、申纪兰、孙家栋、李延年、张富清、袁隆平、黄旭华、屠呦呦(5位科学家、2位军人、1位农民)。

国家荣誉称号获得者:于漪(人民教育家)、卫兴华(人民教育家)、王蒙(人民艺术家)、王文教(人民楷模)、王有德(人民楷模)、王启民(人民楷模)、王继才(人民楷模)等28名,这些人的名字都会刻在我的心中,不但自己好好学习,也要教育子女和亲人认真学习。

张富清战斗英雄,91岁了,我要做他那样的人,精神富足,而物质清贫。永远是我做人的楷模,清贫和富足。

王蒙是人民艺术家,91岁了,官当到文化部长,退休后专心写小说,他的艺术作品翻译介绍到20多个国家。

申纪兰,几十年如一日,坚持在农村。学习她坚持,坚持,再坚持的精神,守好阵地,不忘初心,以小车不倒只管拉的精神,奋力把人民群众推向富足、文明、幸福。

2019年9月30日　星期一　晴　29℃　家

做隐姓埋名人,干惊天动地事

今天习近平总书记等党和国家领导人及获国家勋章和荣誉的有功人员向人民英雄纪念碑敬献花篮。

这明显向人们释放出,党中央崇尚英雄、崇尚劳动人民,为大家树立榜样。真是鼓舞人心。好人有了好日子了,正气归还正道了。明显释放出人民为中心、科学至上的不忘初心的决心。明显释放出团结一致向前看,一心一意发展经济的决心。

此次活动很聚人心,我很受鼓励和鼓舞,做隐姓埋名人,干惊天动地事的时间到来了。

党和国家不会忘记对人民有功的人,为国家争光的人,对社会有贡献的人。张富清老英雄被树起来了,王蒙、黄旭华、孙家栋被充分肯定了。以郎平、朱婷等为代表的女排精神被列入国家精神了。从他们的经验中得到了一个真理,必须做实事,做对国家和人民有益的事,做大事难事。难事很少有人做好。所以人一定要学习本领,一是要持之以恒。做一个对社会和人类有用的人。祝国家繁荣昌盛,祝人民幸福,祝自己能尽快好起来,站起来。

2019 年 10 月 1 日　　星期二　晴　31℃　家

观看国庆大典盛况

今年是中华人民共和国成立 70 周年,上午党和国家领导人及各界代表同首都群众一起参加了大庆。我省的优秀党员茹振刚、党务工作者薛荣都参加了大会。这次国庆我躺在床上,认认真真看完了电视直播。庆贺的特点:一是人多规模大,代表广泛,群众学生多、青年多、孩子多,阵容大;二是展示的内容多。军队先进武器多,多种武器使全国的人都为之一振;三是多个方队多种表演,多项高新技术同时展现,见所未见,闻所未闻,看得心潮澎湃,热血沸腾,泪流满面,激动十分。欢呼,中国真有实力,指挥的人真的很伟大,是一场鼓动 14 亿人的大戏、好戏呀!特别是对人民对英雄的鼓励就更大了。

国家的成绩很大,自己家也丰硕累累:一是魏超买了 200 平方米的新房,我和母亲来给他祝贺;二是以我为原型的《驻村第一书记》公演,家里人也欢欣鼓舞;三是侄子吴迪已到大学去当老师了。国庆,家庆,国家好,自己才好呀!所以我好了还要给国家多做事。

2019 年 10 月 2 日　　星期三　晴　31℃　家

今天很热,家里很静

刚刚过了十一,大家都在热闹、兴奋、高兴中奔走相告中相互走动。吴晓两口子一天都不在家,我自己中午做点面条。也好,我认真在家看看书,主要看《王蒙自传》的最后一部《九命七羊》。他的九命是他经过的九个发展带,七羊即七条命脉,基本上记录了他一生经历的人和事。特别是接触的一些国家大事、友人及文化大家。

王蒙的自传分为 3 部。第一部是《半生多事》,第二部是《大块文章》,第三部是《九命七羊》,共 120 万字,基本上把自己大大小小一生的事全写了。事件、看法、观点都讲得很清楚。看了之后,我有几点体会:

1. 遇事乐观。他不论是遇过好事还是坏事,都很乐观。他 14 岁参加革命,

18岁被打成右派,19岁写了《青春万岁》,后来去了新疆16年,回北京后一路顺风履职北京市作家协会、中国作家协会和文化部长,最后又当了中央委员,又当了作家至今。今年他获得了国家荣誉。遇到困难坦然面对,遇到荣誉、权利冷静对待。永远乐观,永远积极向上。非常值得我和家人及子孙们学习。

2. 发挥优势。王蒙从小就有写作的天分。他发挥其特长,一生坚持写作,今年91岁了,真是了不起呀,所以他发挥优势,持之一恒的精神,既是可贵的,又是应当好好学习的,这次党和国家表彰的袁隆平、屠呦呦、孙家栋都是在事业上持之以恒的典型。他们发挥了优势,干出了惊天动地的大事业。自己的特点优势是什么,一定得清楚。我是学畜牧的、做农业的,一定要在畜牧上做文章,农业上做出点事,对家庭、社会和党有所交代。

3. 有胆决定,敢于决策。他年轻时就有了成绩,但18岁就被打成了右派,他大胆地选择了去新疆,一干就是16年,在新疆学了不少东西,又从新疆回北京。当了文化部长,果断决定尽快退下来,抓好自己的写作。太英明了,太大胆了,太让人崇拜了。

4. 一生辉煌。他一生走的路多,见的多,写的多,享受的多。真是辉煌的一生,伟大的一生,享受的一生,见证历史的一生呀!

2019年10月3日　　星期四　晴　31℃　家

今天一天在家看书

今天除了吃饭,主要看书,还是王蒙的《九命七羊》。他写文章对事情交代得十分清楚,描写一件事,时间、地点、内容、细节都写得十分清楚。特别是感受与观察,细到一条路、一个灯、一个动作,而且语言用排比句的写法,妙语连珠。一串串、一排排的诗、词都出来了,到处都洋溢着才华横溢,口若悬河,用不完的美言美语,说不尽的美人美事美景,让人看了这一章又想着下一章。

看着看着一天又没有了。躺在床上真好,既能充分休息养病,又能享受书中的美事、美景、美句、美感。这不比出去玩要好上十倍百倍呀!所以在任何时间任何条件下都要找到自己的乐趣。我躺在床上70天不管有人没人,我都是高兴的、欢乐的,真是书中自有黄金屋,书中自有真理在,书中自有快乐时。读书吧!家人、朋友,书中快乐无穷,知识无穷,真理无穷。

2019年10月4日　　星期五　晴　31℃　家

今天家里很热闹

比起前两天,今天家里很热闹。

红娟来家吃饭了,我做了很多好吃的,专门请《驻村第一书记》里演女儿的演员过来吃饭。她是个很优秀的青年演员,省曲剧团的。她没有娘,跟着爸爸、奶奶过。14岁入范县剧团,18岁入省曲剧团,今年还拿到了国家奖金20万元。排练节目累得脚肿,真是个好姑娘。

吴琦从上海回来了,由于家里没人,我起来给她做个饭,做了点虾。这孩子是大弟的女儿,从小在我这里上学,从美国回来后在上海工作。现在是精算师,她一边学习,一边工作,很有发展前途的,我很喜欢她。她很自立,有主见,能做成大事。因为明天照全家福,她今晚赶回来了。真好,我派车去接她,她不让去,真懂事。

2019年10月5日　　星期六　雨　25℃　家

照全家福

今天一家人(娘家)从四面八方赶来,照全家福。小弟弟吴勇一家先来,弟媳曹凌、侄子吴佰寅、侄女吴玉苏一家人像杆一样,一个比一个高,看着很帅,很美。吴晓一家1号到的,苗晓环给我做了两顿饭。侄女吴琦4日晚上从上海回来,侄子吴迪(大学老师)从学校赶回来,妹妹吴素萍家7人也来了,魏亚楠也从上海赶来。魏超、小欧及两个孩子,以及妹夫魏华穿上红衣服,一大家子19人,母亲乐开了花。上午10点钟开始照相,先照全家福,又照每个"小家福",再照姐妹照,再照兄弟姐妹等等。再照小一辈的,照到了11:30就去吃饭了。吃饭在庖丁堂,他们先去,我们在家休息到12:30才去吃饭。

中午吴勇安排的,喝的五粮液。母亲特别高兴,一下子坐了4个小时。

父亲在时照的全家福,到现在已17年了。当时还没有瑞瑞,现在瑞瑞已经16岁了。当时小一辈的孩子现在都长大成人了,个个都参加工作了,有当老师的,有搞精算的,有搞企业的,说起国庆,家里也有几件大事可以庆祝。

第一,以我为原型的《驻村第一书记》正式出演,对我一生也是一个肯定。在许昌上演时,座无虚席,反映很好。

第二,魏超买了大房子,200平方米,大家都去庆贺一番。

第三,吴迪当上大学老师,吴琦换到了瑞典的保险公司工作。

第四,吴佰寅谈了个对象,正准备读研究生。

家家都有喜事,人人都有进步,我也十分开心和高兴。特别高兴的是母亲87岁了,身体健康,每家都抢着接她养她,一家人团团圆圆、其乐融融。从一个大家庭反映着小家庭。日子之所以过这么好,主要有一个核心,以母亲为核心。今年又实行了一项规定,下一代每个人,每个有工作的孩子每个月都给母亲100元零花钱,以体现对母亲的尊敬。

安家才能立业,国家好我们家才能好,真是从内心里感谢党的政策好呀!我们家也赶上了幸福生活,再过17年,我们吴家不知道是个什么样子啊!

全家福

2019年10月6日　星期日　晴　25℃　家

人不能懒

天突然变凉,屋里有点冷,本来要换厚一点的被子,因为懒没有换,今天起来有点感冒了。此事给了我一个很大启发,人不能懒,懒会耽误一个人,一生事业,一生幸福。

西王楼村有个懒汉,日子过得穷困潦倒,一家4口住在一间房子里。今天丁玲来说她一个同学,父亲还是个厅级干部,因为懒,儿子30多岁了,连个媳妇也找不到,可怜呀!

王蒙由于勤劳,从一个高中生,成长为一名部长,成为一位小说家。今年"十一"他还被国家授予"人民艺术家"荣誉荣誉称号。穷人为什么穷,其中有一部分也是懒的原因。

人一定不能懒,这次犯懒使自己感冒了,教训是深刻的。昨晚同河南牧业经济学院穆书记在一块儿吃饭时,他谈到了学校发展,我给他提了3点建议:一是一定让青年人扛大梁,制定政策,让青年教师赶快成长;二是制定政策,把经济发展起来;三是解决教职工的实际问题,拴住教职工的心。

今天宋庆根、米景忠和丁玲来看我,并在家看了《驻村第一书记》。

2019年10月7日　星期一　晴　27℃　家

今天活动了5个小时,感觉有点累

今天中午请王慧、汤玉英、王香云、晋红娟及和顺利、张亚玲几个爱心企业家吃饭,答谢他们为《驻村第一书记》的付出和对胡屯村、大吴庄村、西王楼村的大学生的支持。我拿的酒,崔乃宝老总支持的菜。此外还有单位的小崔和武美的李老师。饭后我们去看了小葛的奶牛场地,他想把它租出去。

我活动了5个小时,感到还算可以,就是腰有点疼。这是70多天来,我起来的最长的一次。这以后我要坚持经常活动一下,不然越睡越麻烦。时间长了,就不会走路了。我得尽快好起来,锻炼起来,毕竟有两个多月了。

同艺术家在一起吃饭是一种享受。吃饭时几个艺术家每人为我们唱了一段戏。真是大饱耳福,唱得真好,大家就是大家,清脆悦耳,字正腔圆,声音美得很。在座的人觉得太值了。我现在不但有农民朋友、工人朋友、记者朋友、科学家朋友,又有了艺术界的朋友、劳模圈子的朋友、高校界朋友。最让我感动的就是我做一件事都有一些朋友,给自己带来无穷乐趣。

2019年10月8日　星期二　晴　28℃　家

两位老姨来看我

今天天气晴朗,吴琦要回上海上班,天刚亮我就去送她。吃过早饭,妹妹又走了,我和母亲又去送她。一个早上下去了两次,上午崴了脚,中午二姨和小姨来了,在一块儿吃饭,下午领着她们到处走一走。

二姨5个女儿,个个过得都很好,去年还带着她去了海南一趟,二姨非常高兴。小姨张洪英,两个儿子,一个在郑州开出租车。她是个人民教师,日子过得有点紧巴,但人很好,这次听说我病了,非要来看看我和母亲,我让她们好好在这里住几天。小姨的运气不是很好,两个儿子没少让她操心,现在两个孩子好了,她又一身的病。她有病一是累得太狠,二是脾气不好。倒是二姨身体很好,几个女儿都很孝顺。

古语讲,父贵子荣,子贵母荣,这句话说得很有道理。母亲因为有我们姊妹几个,所以才没有受罪,小姨因为儿子过得不好,才一直过得不好。所以还是得培养好孩子。

2019年10月9日　星期三　晴　28℃　家

10年扶贫路

10年,我驻村当第一书记扶贫已过去了10年,我天天在扶贫第一线,走村串门吃农家饭,一头扎在农民中间,倾听农民的声音,找出贫穷的根源,寻找致富的路子。我在平原找到农业扶贫的路子,农作物秸秆养奶牛,牛粪做有机肥料,有机肥料种有机蔬菜,不但提高了农产品质量,还增加了农民收入。将秸秆和牛粪充分利用到农业当中,使这两个环节不但增加很多收入,还提高了农产品质量和价格,更解决了秸秆乱烧污染天空,牛粪充分改变土壤结构难题。在山区找到靠山吃山的发展模式,种草养牛羊,利用原生态山水发展旅游,走出了靠着金碗没饭吃的困境。在滩区找到了在滩区种草养畜之路,利用水资源丰富,种莲藕、水稻,养鱼虾,形成了万亩荷园,千亩鱼塘,满滩青草,满地泥鳅,产品出口到俄罗斯、韩国的新气象。贫穷人摘掉了贫困帽,经济发展找到了快车道,基层组织建设也有了门道。干扶贫有两件法宝:一是把政治思想工作做到"润无细无声";二是把组织建设做到每一个人都是一个细胞。

10年间,我天天都向群众请教,在群众中学到真本事,在实践里边找到好办法。干部一定要下乡,科技人员一定要实践,实践就有了生命的源泉,有了基础,群众才是你的靠山。在农村的10年间,我时时从群众那里吸取营养,天天都能找出新的解决问题的方法和经验。以苦为乐,无私奉献,我付出了健康、家庭和10年的时间,换来了3个村的文明快速发展,换来了20多万人的脱贫致富,换来了3个不同的区域的经验,很值。

非常值,永远值,因为我是一名共产党员。10年弹指一挥间,平原、山区、黄河滩,三村三县三地域,一件事情干10年,苦中有甘甜,人民才是天。人民的力量助我融入三县间成为新芽,和他们并肩战斗,血肉相连,吸着他们的乳汁,学习着他们的经验,紧跟着那里的党组织,把一件一件实事干。在那里我有很多好同志,有政治家思想的贾国印书记,有务实家思维的栗明仑、路耕书记,有文化厚度的王秋芳书记,他们都是航手,优秀的掌船人,中国优秀的县委书记代表。遇到他们是我的幸运,我的财富,我佩服、尊敬、学习他们,也从心里感谢他们。一年365天,10年3650天,天天有做不完的事,干不完的活,解决不完的事,真可谓:

十年弹指一挥间,天天辛苦在人间。

酸辛苦甜都尝尽,脱贫扶贫真是难。

难不在群众,形式主义害人不浅。

官僚主义处处有,做点事真难。

使出浑身本事,三个村里有新篇。

二十万贫困人脱贫致了富,我的愿望已实现。

敞开胸怀对党说,一心一意跟您走。

心甘情愿,一辈子像陀螺不停转。

跟党走,赤心忠心永不变。

2019年10月10日　星期四　晴　28℃　家

亲情最珍贵

昨天二姨、小姨来看我,让我感动得流泪。二姨81岁,小姨72岁。小姨坐着车从新蔡赶来,还给我带了土鸡、馒头、花生、黄豆、芝麻,背着一个大塑料袋子,坐大巴走了300公里地。小姨说她坐在车上,闷得要死,老怕哪会儿就不行了。这就是亲人亲情,真心实意,一心一意对你好,对你亲,挂念你。想想她们也真是不容易,二姨夫坐过牢,才出来,二姨带着5个孩子,不知是怎么才渡过艰难的岁月。现在孩子个个成家立业,她还在农村劳动,瘦了十几斤。小姨一辈子吃苦、劳累,在我年轻时还资助我读书,她一生我也帮助了她不少。可她还是穷,还是身体不好,经常生病。在姊妹几个当中,就她日子过得不好,我要想法让她的日子过得好一些。

我更要珍惜这份真情,多给她们创造点幸福,下决心在新蔡县办一个敬老院,让她们在里面幸福生活。

今天去妹妹新家吃了饭,我给小姨拿了2000元钱,让她下午去看病。

2019年10月11日　星期五　雨　23℃　家

有感于浙江卫视《跨越时空的回信》

　　由于昨晚睡得早,今天早早就醒了。打开电视看了浙江卫视的《跨越时空的回信》。赵一曼是四川宜宾人,从宜宾出发,到北方辽宁参加革命,被日本人折磨及杀害,她的孙女陈红,跨越时空给奶奶回了信,并向观众讲述了赵一曼被日军打成粉碎性骨折,在雪天的遭遇和前行的故事。

　　陈毅安的孙子陈正烈少将讲述爷爷走后奶奶如何守他63年的故事。陈毅安是黄埔军校的毕业生,恋爱6年结婚,妻子想让其留在家乡教书,他说爱情可贵,但不能痴迷,毅然追求自己的理想,在黄洋县发出了关键的一颗子弹,取得著名的黄洋界保卫战的胜利,牺牲时24岁。

　　江竹筠,牺牲时29岁,丈夫也是烈士,子孙中有好几位博士,后辈们过得很幸福。

　　李白是电影《永不消逝的电波》的原型,最后一个接到他电报的当事人程彩霞讲了当晚的故事。当时李白先生牺牲时39岁,而彩霞只有16岁。

　　以上4位都是著名的人物,基本上是家喻户晓,都上过电影、电视、报纸,毛主席都亲自批示过。过去宣传的力度很大,很有影响,产生了很大的社会效应。今天讲的事都是大家不知道的事,很吸引人、教育人、感染人,很有正能量的宣传作用。这4位人物都给后代创造了很多的福荫,后代都很幸福。

　　扶贫也是战争,也牺牲了很多同志,他们也是英雄。我是活着的,是幸福的。我们更加珍惜扶贫取得的成绩、成效,继承为扶贫而死的战友们的遗志,记下这些无名英雄,鼓励一代又一代青年人,为初心和目标而奋斗。

2019年10月12日　星期六　晴　27℃　家

勇敢是胜利的保证,智慧是成功的结晶

　　今天去圆方公司参观学习,正赶上他们的美术馆开业,我也进行了参观。看到他们的管理层有100多人正在做开业宣誓,圆方公司的党委书记薛荣和董事长李圆方也在参加宣誓,我也跟着和他们一起照相,并参观了他们的1—6楼。整个楼里都是宣传馆、教育馆、展览馆、健身馆,特别好。真是让人佩服。特别是薛荣同志把党建工作做得风起云涌。听该公司李书记讲,他们虽然收入不高,但都干得非常高兴。也是自觉自愿的,这就是精神。

今天又给了两个老姨每人1000元钱,让她们买点东西,并带着她们去广场转一转,还让妹妹带着他们去开封玩一玩。

最近看了两部电视剧,受教育很深。一是《外交风云》,充分体现了老一代革命家毛泽东、周恩来、乔冠华等在外交方面的才华。二是《激情岁月》,反映老一代科学家创业搞"两弹"的艰难和奋斗经历,非常值得学习。

2019年10月13日　星期日　晴　25℃　家

心里很烦

不知为什么,从凌晨3点到中午12点,一直心里很烦。坐个出租车,到北环去看看小玲装修的房子,结果还是烦,没有办法,去永城小吃那里喝了一碗小米粥回来。下午休息了会儿,带着母亲和小姨去洗个澡,一直洗了3个小时,在淋浴头下冲,在水池里泡,在汗蒸房里蒸,一直到晚上9点多才回家。

一、心烦要转移注意力,看书写字,干别的事都是好办法。这不一觉睡着了,什么苦恼也没有了。二、有事干就是解决心烦的最好办法。吃吃饭,说说话,出去走一走,看一看电影,都是解决心烦的好办法。

人一定要有目标。日复一日,昏昏沉沉,没有自己的目标,没有奋斗精神,虚度光阴,这比自杀都严重。

2019年10月14日　星期一　晴　25℃　家

今天外出了两次

1. 请李丽伟吃饭,她从澳大利亚回来,带着父母,孩子已4岁多。李丽伟在悉尼大学当副教授,年薪14万澳币,父母也跟着去了,生活得很好。

2. 去医院看病,做了磁共振,拍片抽血,全面检查,腰伤恢复得很好,骨质疏松也好多了。是研究生同学和顺利领着我去的。医生还给开了几服中药让泡脚,晚上回来就泡了脚,夜里睡得也很好。

人一生有一件值得骄傲的事也就够了,革命烈士李白为了发最后一份电报牺牲了,不但被追认为烈士,并将其事迹拍成电影,而接收他最后一份电报的人是程彩霞,当时是一位16岁的小姑娘,因为这件事现在也红了,87岁了还经常上电视。人能做一件值得庆贺的事就行了。我在自己老年时一定要再做成一件对人类有好处的事,造福人民的事,让社会和人民都不会忘记我。

2019年10月15日　星期二　晴　21℃　家

恢复锻炼

　　摔着腰到今天已有80天了,一直都在床上躺着,实在心里烦,昨天看了没事了。今天走的路最多,走了3圈,还去西边永城小吃那里吃了一顿饭,还洗了3次脚,感到脚也好多了。

　　今天走的有10000多步,还锻炼了两次,这才是养病练身体。现在只有锻炼好身体才是对自己最大的帮助。

　　现在自己年龄大了,连健康也是岌岌可危。如果再照顾不好自己,真是受罪在后面呢!自己心里很苦很难很无助。

　　有人说:最高的山是心,最长的路是脚,路在脚下,山在心中,只要一步一步地走,总能到达目的地。我从现在锻炼身体,一定会锻炼出一个好身体。

2019年10月16日　星期三　雨

今天出去了

　　今天出去了一天,到了黄河大堤,看奶牛场,去看了小玲装修的房子,又去看了曹司令。他身体很好,87岁了,同母亲一样大。

　　下午范县新庄杨书记来看我了,她来学习,说了她村子发展的情况。

　　这个村很特殊,两省三县的交界地,搞什么都比较艰难,我得看了她能做什么,再说。

　　谈完工作,又谈了她的家庭。她是一个很善良很成功的女性,当了28年支部书记,把两个孩子都培养成了大学生,每年搞企业的盈利有50万元左右,搞园林工程。她真是一个不简单的女人,说话有条不紊,人长得很美丽,性格又好。今天来看我,在门口等了2个多小时,因为我手机关机了,很是对不住她。

　　今天去看了小玲的民舍,觉得要失败。因为那个楼太破了,环境也不好。

　　我又去看了农业路上的两个大商城,有一年多都没去过商场了,郑州真是发展得快呀!我很快被淘汰了。

2019年10月17日　星期四　晴　21℃

3条扶贫新闻

今晚有3条新闻都出现在中央台第一套节目中。第一条是习近平、李克强对扶贫工作作重要批示;第二条是对2019年全国扶贫工作先进人物进行表彰,河南有张全收、秦倩等,明晚我请他们吃饭,请郭主任参加;第三有个全国的扶贫论坛。一天新闻3次出现扶贫内容,中央真是重视。我作为扶贫方面的人,一定要在余年多为扶贫做实事,出点力,做出点名堂。像杨善洲那样,退休以后再做成一件大事,为后人保存点实力和精神;像黄文秀那样,一心培养贫困人口学技术,尽快脱贫致富,把这件事做实。今年已资助20多名贫扶学生了,力争到年底再支持20多名贫困生。还要把范县胡屯村的事情办好,把农展品中心搞起来,无愧这个时代,无愧于党,无愧于家里人对自己的支持。

今天我办了两件事。一是去医院拿慢性病方子,一下子办了两个多小时才办好。二是到银行转点款。

我要为全国人民做好事,服务态度要好。怎样才能让贫困人口从机制上、从政策上、从工作上、从服务上都得到支持呢? 一定要研究呀!

2019年10月18日　星期五　晴　25℃

今天很充实

为了胡屯村,今天去了曹凌的奶牛场。场里有200多头奶牛,70多头吃奶的小牛,还有20多头3—7个月的小牛,还有一些育成牛,加在一起有400多头。现在还很艰辛,但已看到希望了,曹凌和吴勇都很努力。

带着母亲和小姨来场看一看,很好。中午在场里吃个大锅饭,也感觉很好。

晚上请张全收吃饭,还请了郭奎立主任、史献志、曾凡学、张长立几位领导,感觉特别好,说一说话,拉一拉家常。同时我还认识了张全收的朋友李君。他女儿很厉害,是个小神童,才8岁就能领唱。还有一个是陈总,在海南搞房地产开发,非常好。我们还留了电话。

这两天看了《女人的天空》,给了我很多启示。

一、遇到什么样的难题,都要坚强、冷静,找解决问题的方法。像电视里兰心那样,不论受多大委屈,都要坚持为公,把事情干好。

二、用人格的魅力去征服别人。做出来让大家看,让别人从心里佩服你,才是解决问题的最好办法。别人再对不住自己,自己也一定要对得起别人。

2019 年 10 月 19 日　星期六　晴　22℃

今天去看了《我和我的祖国》

今晚5点45分让家人给我买了一张电影票《我和我的祖国》。电影两个多小时,由于腰疼,后来是站那儿看的,电影拍得很好。

电影分多个故事,其中有几个给我留下深刻印象。

其一,发生在1949年10月1日开国大典前后,主要讲述了北京市一名工程师,在克服重重困难后按时完成任务的经过,给人留下了深刻的印象。特别是在只剩几个小时的情况下,旗杆上的球坏了,必须要用一种新材料,群众踊跃帮忙非常感人,最后清华大学一名教授把实验材料拿来才解决问题。这个片段我流了两次泪。

其二,讲述的是"两弹一星"研发过程中一名科学家的爱情故事。

其三,是1976年上海市民观看中国女排争冠军实况转播时,一个孩子修天线的事。

其四,是卫星上天的故事,以两个贫困孩子为切入点,部分地反映了扶贫,主要歌颂航天人杨利伟等人。

其五,描述2008年北京奥运会,发生在一名出租车司机身上的故事。反映门票难买,国人对奥运会欢迎。

其六,是2017年国庆女飞行员在天安门广场上空飞行的故事。

电影很感人,很有教育意义。不足的就是有三个重复,国庆两个,原子弹航天两个,运动会两个,如果能把工业、农业、教育融入其中就更好了。

2019 年 10 月 20 日　星期日　晴　22℃

今天过得很充实

1. 早上带着母亲走了6000多步,母亲很高兴。说来我们家40天,胖了三四斤,在这吃得好,住得好,过得好。母亲晚年幸福,是我最大的成就,工作一辈子,没有很好地照顾母亲,现在有时间了,多孝顺母亲也是自己一生要补缺的任务。孝道是中华民族的核心价值观,所以自己要身体力行地做好,也是给孩子一个示范。

2. 上午大学的同学张智末来家了。他说自己39岁就离婚了,孩子研究生毕业找了个博士媳妇,两个人都在北京工作,自己奋斗自己的事。从上午12点一直谈到下午3点。

3. 晚上全国人大代表马豹子来了,说了一下他的经济发展设想,给了我很多启发。

4. 晚上吃饭时葛岢然来了,说一说中牟的地,陪他吃个饭。

晚上洗个脚,看看电视,就睡了。

这些天不想吃饭,不想睡觉,没有一点精神,怎样都振作不起来。每天心里烦烦的,不知道什么时间才能调整过来。本来说写《十年扶贫路》,但一直下不了决心。睡的时间长了,人就消磨意志了,看看袁隆平、屠呦呦、王蒙、张新芳(医生),都还在一线工作,自己怎么摔了一下,就卧床起不来呢?太不坚强了,太不坚强了。

2019年10月21日　星期一　晴　23℃

从张立元在新疆发展情况看农民工机遇

今天张立元带着全家6口人从新疆来家走亲戚。他是大舅的小儿子,接了大舅的班(在孙召供销社上班)。乡供销社垮了,他就去了新疆打工。去时只有他一个人,现在他有两个儿子、一个孙子、一个媳妇,打算一家人回郭庄老家去看看。妹夫魏华说:"你看他一个人出去,回来一大家人,两个儿子都长大成人,参加了工作。他原先搞一个小门市部,现在在新疆搞一个大市场。这次回来带着孙子回家待客,也是回来探亲。"

吴勇去飞机场接的他,魏华也从家里赶来招待他,文峰表弟也来陪他。二姨、小姨、母亲也一起去宾馆吃饭。一家人高高兴兴,亲情浓浓,老人们见到娘家人十分高兴。

从立元表弟发展情况看,农民工走出去只要肯干,能吃苦,就一定发展得很好。中国有7亿农民,都靠着自己的打拼闯出了一片新天地。除了他们的努力,还是党的政策好呀。现在要发展,必要走得更远更高。我很想让孩子们出去,可是他们不出去,我也没有什么办法。人还是到社会各地走一走,看一看,找出自己的发展路子。中国的农民十分能干,这些年主要是中国工人、农民和知识分子给国家做出了重大贡献。农民还会有个大的发展,因为农民太能吃苦了。

2019年10月22日　星期二　晴　25℃

心脏病又犯了

　　这一段忘了吃硝酸梨酯片（微循环药），心脏时时作痛,这两天一天犯两次,很难受的。不想说话,也不想吃饭,上午睡了一个上午,下午又睡了两个小时,心里沉沉的。好在今天表弟一家在家吃早饭,我们忙了一阵子。

　　晚上到院南的广场转了一圈,又看一看杨绛的《我们仨》,又和胡屯庄的胡建民书记谈了很长时间的村子里的工作,又用中药洗了几次脚,就这样一天就过去了。

　　现在扶贫工作进入到关键时刻。我虽然在家,每天都给村子里打几次电话,了解情况,指导工作。这样每天都能为村子做点事,心里踏实。也让更多的人得到好处。

2019年10月23日　星期三　晴

学用新手机

　　今天又陪母亲走了8000多步。中午王香云导演来给我送鞋子,田静和丁玲来家吃饭,吃的大盘鸡,大家一起说说话,很好!

　　现在什么新东西都得学。家人帮我买了个新手机,和原来传统的不一样,不会用,丁玲教了我半天才用好。现在叫车得用手机,买车票得用手机,付钱得用手机。会玩一个手机,就什么都不用带了。学艺不压身,什么东西自己学会了,就自己方便。学习靠坚持,学新东西也需要坚持。再难的东西只要坚持学,就一定能学会,再易的东西,不学也不会。老同志更需要学习新的东西,学了新东西自己得利,同时可以开发脑力,不易得老年痴呆症。像科学家那样,到很老很老时,还坚持工作,坚持研究,他们不但脑子灵,而且活的岁数大。我们这一代人能吃苦,爱拼搏,再有创新,不断地思考,研究创新、发展,一定在老年时还能为人类做贡献。所以,还是要像周总理说的那样,活到老,学到老,工作到老,服务到老。

2019年10月24日　星期四　晴

理个发也这么贵

近期大家都反映物价贵。一斤猪肉30元,一斤牛肉70元,一斤鸡蛋5元多,一斤蔬菜也有好几元。昨天几个熟人说,贵得人都吃不起肉了。今天我去理个发花了几十元,搞得人实际生活水平都降下来了。前两天我去洗个澡,3个人花了500多元。

这3个月我因生病月月超支。我雇一个保姆,每个月就4000元,加上吃住,没有5000元就下不来,这是非常不正常的。如果物价这样涨下去,社会也会不稳定的。猪肉价格上涨,主要是进口俄罗斯猪肉,将非洲猪瘟引进中国,又没有采取很好的措施,造成国内50%以上的猪死掉,直接导致猪肉价格上涨了。

2019年10月25日　星期五　23℃

时间就是试金石

事不急,不知谁近谁远;情不品,不知谁浓谁淡;危急不到,不知谁聚谁散;人不穷,不知谁冷谁暖;水不试,不知哪深哪浅;人不变,不知谁好谁坏。时间是试金石,是净化器、消防车、救命药。它试出了人心,试出了人性,消灭了火焰,挽救了生命。茫茫人海,知己难寻,有人为你着想给你关怀,有人竭尽全力给你帮衬。像母亲、妹妹、组织和群众,他们永久对我好,所以我一辈子都要对他们好。特别是群众,贫困的群众,要千方百计地、一心一意地、不余遗力地关心他们、帮助他们,解他们之苦、之难、之需,把这股水激活、激清、激幸福。他们日子好过了,没有穷富之分,没有贵贱之别,共产主义不就早点实现了吗？一个人的力量是微弱的,但意志是坚强的,事业是伟大的。尽力做好自己所能,为人民竭尽全力,对党一心一意。

2019年10月26日　星期六　晴　25℃

孩子好了老人才安心

今天李书记和李可书处长来看我,中午在家吃个饭。李书记刚从美国回来,她与同学去美国了40多天,谈起了美国老年人的生活。她说美国老年人很自律,她同学的一个姑姑90多岁了还去飞机场送她们。美国的老人到80岁、90岁还在工作。我们中国的老人一老了就不干活了。这一点我们应向美国老人学习。这激发了我的工作热情。

由于李书记和李处长的孩子都很有出息,一个在美国西门子公司,年薪很高,一个从美国回来在中国开公司,很有成就感,他们都觉得孩子比什么都重要,最起码老了心踏实。是呀,母亲如果不是我能走出来,并把几个弟妹都拉出来,她会过得这么幸福吗?如果我有能力,多希望全天下的老人都幸福呀。

所以我对教育十分重视,觉得培养人比什么都重要。因此我才坚持抓基础教育,把3个村的学校都办好,并走到哪里,帮扶孩子到哪里。像张淑文这么穷苦的孩子,成了才,成了家,为国家做了贡献,我就心里踏实、高兴、满足。所以这两年每年拿钱带40个孩子去北京科技立志,使他们从小树立学科学、用科学思想,科技立志,科技强国。

2019年10月27日　星期日　晴　25℃　会展中心

什么事情都不能空谈

我是一个很注重实际的人,最讨厌空谈而不干的人。身边经常出现一些虚的。昨天从新闻中看到人才引智大会,今天起来就兴冲冲带着病身子去郑州会展中心去看看如何招才引智。因为去得太早没有开门,一直等到上午9点钟才开门,我又排着队走进去。进到展厅一看,心里很凉,一个大展厅,全是企业招人的展位,招人的人比被招的人还多,而且很多企业是招一些低层次的劳动力。由此可见,河南招才引智没有动真劲,没招来真人才。

我想看一看哪里有论坛,就有一个还是机械安装论坛,其他都没有论坛,没办法我又回来了。回来后我腰也疼,脚也疼(走回来用了3个小时),赶紧躺在床上休息。

明天要去三亚了,今天好好收拾一下行李。

2019年10月28日　星期一　晴　31℃　三亚南田农场

艰苦的一天

腰摔着后,我是第二次出省。很多人以为我出来是疗养的,我同家人也说是出来换换环境,其实我是出来学习的,学习全国各地劳模的精神及经验。这次我们有河南、湖南、江苏、浙江等省109位全国劳模,即109面旗帜。大家身上都有很多经验,特别是有一批基层干部,他们有丰富的经验,我需要向他们取经学习,回来就可以用到胡屯村经济发展上。

早上我5点就起来收拾东西,怕东西忘了(年龄大了),又洗洗脚。6点30分吃饭,7点出发,7点40分到飞机场,9点55分坐C23642航班,13点10分到三亚的凤凰机场,又坐大巴到南田农场的宾馆,到那儿就下午3点多了。

进了房间,我身上的护甲都粘在身上了。8个多小时,带着护甲。郑州天气冷,15℃,三亚天热,31℃,相差甚多。来时穿着棉袄,一到31℃的三亚,一下飞机大汗珠就往下流,把衣服与护甲都粘到了一起,撕都撕不开。那个难受,只有自己才知道。

因为腰疼,不能坐着。在候机时,只能走一走,站一站。飞机上不能站着,大巴上也不能站着,飞机颠簸,长途汽车摇摆,不但站不稳,而且腰也难受,只能坚持,坚持再坚持,咬牙坚持着。我是为了到达目的地,向全国各地的劳模学习。

特别感动的是,省工会的吕庆、羚锐集团的吴希振、商丘的陈新等几名劳模,都帮助我寄行李,拿包裹,扶着我,吃饭时及时叫我。接待人员还很热情,特别照顾我,才使我顺利到达地点。

下午我就走访了新乡平原示范区桥北乡马庄村农民师忠强、济源市农业局农业干部崔林周、扶河县柴岗乡的陈根清、灵宝市阳平镇北阳平村包有庄、河南羚锐制药股份有限公司工会主席吴希振。从他们身上学到了许多经验,回村子就可以用了。今儿一天的艰辛也是很值得的。

坚持出来是正确的呀!

2019年10月29日　星期二　晴　30℃　神泉好汉坡酒店

我最喜欢西藏的波罗花

一提起花,人们都喜爱,我最喜欢西藏的波罗花。因为它生长在最贫瘠的地方,在那里生根、开花、结果。上海大学教授钟杨为了培育波罗花种子,扎根西藏16年,以西藏大学为依托,长年带领学生,跋山涉水在西藏贫瘠的地方,试验培育种子。由于不适应高原生活,他早年过世了。在他的精心培育下,波罗花的种子培育出来了,并培养了大批的大学生、研究生、博士生。他培育种子,又培育人才,这才使他成为一个闪亮的名字。

我从小生活在极其穷困的家庭,成为一名党的厅级干部,全国劳动模范,是人民和党培养了我,让我拥有顽强的生命力,从穷困中走出来。自己一生吃了多少苦,受了多少罪,闷了多少屈,只有自己知道。

全国劳模,哪一个不是千辛万苦,千难万难,才走到现在的这一步。

波罗花,像王顺友,像雷锋,像钟杨,像王蒙,像孙家栋,等等,昂首绽放在新中国!像千百万的第一书记,像贫困农民,在贫瘠的地方释放着芳香,自然的芳香。艰难的条件才能培养人的意志,贫瘠的地方才能培养生命力的顽强,所以我才最喜欢波罗花。

今天一天在住宅泡了两次澡,感到很舒服,这次来得还真值呀,充分休养一下。

今天看了神泉集团为我们演的"劳模颂"。企业员工自己演的,水平一般,但演员很热情。

2019年10月30日　星期三　晴　30℃　神泉好汉坡酒店

彭隆荣的企业发展之路

彭隆荣是神泉集团董事长,海南农业局副局长,全国著名的劳动模范。我们这次劳模疗养,住在他下属的企业好汉坡国际假日酒店,昨晚看劳模晚会时同他合了影。他从1992年开始任南田神泉集团董事长,现在集团每年能盈利1亿多元,职工也很富足。

从材料上看这个企业创建于1951年,是农业部门的国有农场,主要从事橡胶产业,现在主要是旅游和度假,号称神州第一温泉。从材料上看,有三个方面给人以启发:

一、改革创新使该场发展起来。他上台后,进行房地产开发,当时的地每亩200元都没人要,现在一亩地都涨到了200万元,增长1万倍。因为地处海棠湾、亚龙湾等地,现在的房子都5万一个平方,所以创新改革给他带来了巨大的效益和事业的发展。

二、不忘初心。带领全场职工共同发展。大家发展了,他也辉煌了。发展了事业,成就了自己。

三、顺势而上,利用了各种资源。比如,充分利用土地的稀缺资源,他场有20万亩土地,大力开发房地产。他是国营农场企业,利用国家政策发展经济。

上午听了301医院吴强教授讲健康,很好,很实用,很生动,很好记。

下午我去泡了温泉,晚上同吴希振在一块儿说说话,走走路,今天走了1万多步,感觉很好。

2019 年 10 月 31 日　星期四　神泉好汉坡酒店

准备发言材料

明天劳模交流,我这次很认真地进行了准备,主要讲两个方面的问题:一是 40 年来的工作情况,二是体会。写了以后,濮阳劳模朱新德(新蔡人)帮助我打成电子稿,又让吕庆看一看,我们又打一次。

因为这次有 109 个劳模,每人都是一面旗帜,每人都有典型的故事,说什么,怎么说,十分重要,发言要新鲜、感人,让大家记得住,我得下一番功夫。因为自己代表河南,讲给湖南、江苏、浙江等地劳模听,所以要写好,讲好。下午我又去温泉泡泡澡,由于水很热,泡的时间不长,回来比较早,一天泡了两次,感觉很舒服。

由于这几天天天泡澡,腰感觉好多了。在神泉疗养,吃得好,睡得好,心情也好,所以腰也好得快呀!真是感谢党的好政策,能给劳模提供这么好的条件。

2019 年 11 月 1 日　星期五　雨天　神泉好汉坡酒店

在大会上面对全国劳模发言

今天在劳模大会上,我脱稿讲了 20 分钟,得到了全场的阵阵掌声。全场有 13 次掌声,很感激,我自己也受了感染。

有多少付出就有多少收获,这次我写稿子也下了很大功夫,所以效果也比较好。

发言的还有安徽蚌埠市的汽车司机杨苗苗、江西景德镇街道办事处的李金霞、福建漳州市人民检察官刘龙。他们 3 个都有课件,都有讲稿,都有图片,他们也都是美女帅男。我很高兴,吕庆副部长也很高兴,河南团的 33 名劳模也很高兴。这次劳模疗养我也算完成任务,露了脸。

我干什么事就是太认真了,整个团也都很认真,特别是吕庆副部长、朱新德主席和吴希振主席及团的各位劳模都给了无微不至的关怀。

这次疗养,人才汇集,学习了很多东西,特别是神泉农场的经验很好!回去很好地研究一下村子里的专业化。

2019年11月2日　星期六　雨天　神泉好汉坡酒店

这次疗养受了些误会

这次出来疗养,没有汇报自己的腰摔着了,因为躺了3个多月了,实在想出来透透气,没想到让全国总工会的一个小女孩儿盯上了,找河南总工会的麻烦,说省工会不应当让我来,通知省直工委又通知单位,搞得我十分难堪。昨天去泡温泉,又碰到这个小女孩了,她又把吕庆批评了一顿,我真是自责极了。

这个深刻的教训,心里十分不舒服,这种事情我一定会用不同的方式反映出来。

人呀,一生会受到种种不同的待遇,这也是一种人生体验吧?

2019年11月3日　星期日　晴　神泉好汉坡酒店

泡　澡

神泉酒店的温泉是一大特色。由于我腰不方便,其他劳模活动时我就在酒店的神泉里泡澡。不论晴天和下雨,一天两次从未间断过,一般是上午9点,下午3点,在里面一个半小时左右,腰好得很快。

晴天泡澡,一个人穿着游泳衣泡在一个池子里。水非常清,水温有40℃左右,躺在水池里,太阳光芒四射,金灿灿的光束射下来,一条一条的,11月的天气,这边还有29℃—31℃。天空一朵朵白云,非常美丽,蓝蓝的天空,显得天高云淡。蓝天下挺立着高大的树木,有椰子树、枫树、芭蕉树,还有榆树和一些不认识的树,树叶一层叠一层,一片连一片,在水里,一层一层又一层,微风一吹,树叶哗哗响起,有时树叶落到温泉池的水中,打到脸上身上,刚落的树叶还有清香,落在身上的叶子像虫蠕动,有动的感觉,遮在脸上身上真好。

下雨天,没有了太阳,没有了蓝天,有的只是乌云、雨点。雨水像断了线的珠子,打在池里的水面上,一个一个大泡,像孩子们吃的口香糖鼓起来,一会儿又破了,满池的水泡,一个鼓起来,一个又下去,像不断变幻的灯泡一样,好看极了。天上的雨下着,树上的叶子哗哗地动着,我仍在温泉池里泡着,头上被雨水打湿了,全身被泉水泡透了,豆大的汗水从头上脸上身上滴到水中,看着一棵棵参天大树,一片片绿绿的叶子,被大雨倾泻着,拍打着,雨点打到池里,打到头上,打到身上,那种感觉真是好极了。我是第一次在大雨天,在温泉池里泡澡,可谓是美不胜收。大自然给人们带来的快乐、美感是无穷的,不论春夏秋冬,不论风雨冰雪,还是晴空万里,都是那样美丽。天的蓝、树的高、叶的绿、泉的温、人的爽,都是大自然给的;天的黑、夜的长、雨的水、雪的冰、大树的枯萎又是大自然的另一番风景。7天的疗养,7天的泡澡,7天的享受,不但治好了我的腰、我的腿,也使我在晴天和雨天享受了大自然给我带来的一切。

人呀,要学会享受眼前的一切,这次疗养,虽然我没享受工会安排的活动,但我享受了泡温泉的舒服,观察了晴天和雨天的美。

2019年11月4日　星期一　晴　保亭

做具体事要有耐心

疗养结束了。村子里第一书记任鑫带我来保亭帮助家里接收家电、安装窗帘,很麻烦的事。

接收家电等了一个下午,窗帘找了很多家,看中了两个,因为价钱问题又说岔了,也没搞好,搞得我一肚子气。

现在做个具体事真是难得很。因为对这类事,我什么都听不懂,但一听到商人坑人,就烦了,老想批评他们,搞得自己不愉快,人家也不愉快,我真是做不了这些小事。我脾气不好,一同别人争执,马上心里就不舒服,我需要培养耐心。

今天从保亭到海口,坐了3个多小时的车,很累,腰疼得直不起来。好在到海口换了个商务车,很舒服,一个人才70元钱。一天下来,坐的时间太长了,累得受不了。

2019年11月5日　星期二　晴　27℃　海口

今天一天很累

今天帮人租房子,跑了10个租房公司,又陪任鑫去了海边。跑了一天,很累很累,回来腰疼得直不起来,从租房子的事看海南经济很差,人员冷冷清清,没有几个人来海南,大量的都是买房子,很少有租房的。房子的价格,也比原来低得多。

海口这个地方,冬天很好,现在都11月了,还30℃左右,穿着单衣服,站在海边,微风一吹,浑身都舒服、凉快,眼前只有海风与波涛,什么烦恼、苦闷都没有了。人好像在世外桃源,与世无争,与人隔离,有的只是自由、愉快和轻松,没有烦恼,没有郁闷,没有痛苦,没有忧愁,也没有人给气受,这时我才知道卢俊为什么去乡下做隐士,陶渊明为什么去世外桃源了。人离开繁华,离开凡事,才能超脱。忙过这一段,我一定找个没人的地方去清闲一段,体验一下清净的生活。

今儿一天累得很,晚上8点多就睡了。

2019年11月6日　星期三　晴　30℃　保亭

又是忙碌的一天

早上起来和任鑫去看大海,从7点看到9:30,上午去租房的地方又看一看。他们来看看房,拍拍照,我休息了一下。小任去谈租车的事,下午2:30,我们租了个车开始装东西(900元车费),下午4点离开海口,晚上8:30才到保亭,把东西搬到家里,都夜里9点多了,很累很累,就睡着了。

中间我们到万宁县城吃了一次东坡羊肉。东坡羊肉是海南十大名吃之一,东坡羊,肉质很筋道,很香,不嫩,我们3个人要了一斤羊肉,半斤羊肚,万宁还有一种海南猪肉很好,我们没有吃成,下次再来吃吧。

通过这几天的努力,总算把朋友的房子挂到网上,把另一个朋友的房子收拾好,等过年时带着母亲来住。

这几天腰累得没恢复过来,明天再忙一天就可以回去休息了。

2019年11月7日　星期四　晴　28℃　保亭

做了3件事

今天走了1.2万步,楼上楼下来回跑。一会儿送床的来了,一会儿送沙发的来了,一会儿送抽烟机的来了,一会儿安装人员来了。每次来都得过去,来来回回跑十几趟。又去县城买拖把、扫帚、垃圾桶等等,所以又走了1万多步,累得腰疼,总算把所有的东西都安装上了。

这样明天走了就算放心了。不管怎么说,保亭朋友的家算是安排好了,过一段母亲来住就不用很费劲了。去年给朋友整理一个房子,今年又给朋友整理一个房子,都是为了孝顺母亲,现在她年龄大了,还不知道能住几年,所以就抓紧给房子整理好,让母亲来住,让她老人家过几天舒服日子。

明天就要离开保亭了。今晚收拾好自己的东西,力争别忘什么东西。这次出来疗养,做了不少的事:一是搬了一次家,从海口把东西搬到保亭。二是帮朋友把房子挂出去出租。三是搬了新家。三件事做下来只用了4天时间,抓得也特别紧。

2019年11月8日　星期五　晴

路途中

今天早上5点钟起来，往凤凰飞机场走，吃点早饭，坐南航飞机到郑州新郑机场，又从郑州新郑机场坐大巴直接到濮阳，坐了8个多小时的车，在任鑫家吃个饭，有全国劳模朱新德陪着，吃饭后到濮阳迎宾馆1号楼1302房间休息了，很累。腰有点疼，中午也没怎么吃饭，下午到小任家血糖有点低，让小任的母亲做了点面条吃了一点，血糖才好一些。

最难受的是在飞机上和大巴上，带着个护腰把人的上半身都绑了起来，怎么都不舒服，特别是坐在大巴上，座位硬，腰也硬，难受死了。

再难也要坚持。任正非当过技术团长、十二大党代表，参加过第一届全国技术大会，但后来因为用错了人，被骗了200万元，被单位开除了，这时老婆也同他离了婚，他没有办法，只好带着父母和兄妹一起来深圳闯事业。那年他40岁，现在把这个行业做到了全世界第一，赢得了世人的尊敬。我也是十二大党代表，到现在还什么都没有，一切的一切，促使我下决心创业。向任正非学习，闯出一片属于自己的新天地。虽然我已60多岁了，我想只要方法得当，我一定能找到一条适合自己的路子。

2019年11月9日　星期六　晴　胡屯村

温差太大了，我身体有点不适应

昨天在三亚穿裙子，今天在胡屯穿棉袄，差距太大了，身体有点受不了。没有办法，这就是中国，太大了，天南海北，有些地方过冬天，有些地方过夏天。这就是工作，太辛苦了。可是比比村子里的农民，比比小任我也算太幸福了，可以到处走一走，可以改变一下环境，可以到好的地方享受一下。往下比自己就是幸福，往上比越比越生气，要学会知足。雷锋同志说，工作向上比，生活向下比，这样越比工作越有干劲，越比越感生活幸福。虽然自己的工资都花到贫困人口身上，但有些人想花还没有呀！再有半年，胡屯扶贫工作就要结束了，此项工作一结束，我就可以不在村子里住了。

这次我参加劳模疗养，见到全国劳模杨晓杰了。他驻村当第一书记12年才是个副处级调研员。比着他，党组织对我是太好了，河南人民也是对我太好了，我不认真把扶贫工作做好，怎样对得起他们，对得起贫困人口？人民是大地，头顶蓝天,上得对得起天,下对得起地,顶天立地,才是一个堂堂正正的人。虽然我是一个女人,但我要像居里夫人、屠呦呦、江姐那样,做一个顶天立地的人,做推动历史进步的人,让全国穷人不再穷苦,不再受罪,都幸福起来,美好起来!

2019年11月10日　星期日　晴

拜访山东省阳谷县劳模——张广博

张广博是张洪孟(范县发改委主任)的父亲,一位著名的肛肠外科手术专家,80年代的全国劳动模范。他今年74岁,一直还坚持在安乐镇医院工作。每天上午8点钟上班到下午6点钟下班,几十年如一日,从来不间断。74岁的人了,像60多岁,脸上一个皱纹都没有,个头1.6米多,不到100斤,对人很低调和气,吃饭的时候不停地给我和他的妻子夹菜,让人感到很温暖,很亲切。

他说养生的经验就是:不打破自己一生的工作和生活规律。他说自己一辈子就坚持做一名基层医生,天天坚持给病人看病,觉得充实、踏实,每看好一个病人都有一份成就感。在他的教育下,两个儿子,一个是科级干部,一个是医院的院长。两个孙子都继承了他的医学事业,一个搞肛肠科,一个搞X光。老伴对他体贴入微,两个儿媳妇也非常孝顺,一家其乐融融,兴旺发达。从他身上我学到了许多道理:做人要低调,做事要认真,一辈子一定要有点真本事。

顺便我们还一起看了阳谷县武大郎楼。看了近一个小时,每个景点都有看,有玩,有吃的东西,我们还买了武大郎饼和鞋垫。

出来后我们参观了天主教堂,进到里面,很多人在教堂里听课,讲的都是让人向上向善的内容,很教育人。

出来之后,我们又看了凤祥集团。这个集团有两个上市公司,一个是肉鸡集团,肯德基90%的鸡肉都是凤祥集团供应的;一个集团从事黄金的炼制,从国外进矿,在当地炼制。还搞了一个全国先进的医院和一个教育集团,带动了全县的经济发展。

这一个乡出两个全国劳动模范,真是不简单呀!

中午吃饭在凤祥大酒店,档次很高,菜很上档次。下午回来时去看了水泊梁山,在济宁梁山县。水泊梁山出了108个英雄,《水浒传》是中国的四大名著之一,但旅游没有开发出来,看了后让人很失望。从武大郎楼与水泊梁山两个旅游点得到一点启发:再好的条件,没有干事的人,也搞不出名堂,水泊梁山那么出名,旅游却没有搞出来,而武大郎楼一个不起眼的景点,却搞得有模有样,真是事在人为呀!

2019 年 11 月 11 日　星期一　晴　15℃　胡屯村

今天一天很忙

今天一天看了几个乡几个村十几个点。

一是看了王楼乡东张村的培训楼。这培训楼花了 600 多万,盖了两栋房子,占了十几亩地,已经开始经营了。这个项目经营了两年多,搞成了,主要是培训,让农民赚钱,拉动农民致富。这个事使我懂得了办什么事都要一心去做,一心做好了自然成功,自然获得人心。

二是到龙王庙,看闫慧驻的村和王秋芳书记联系的村,两个村各有特点。

三是看了山东一年轻人建的公司,投了 1000 多万元,刚刚干起来。

下午又看了小龙虾、稻米加工和村子,一直到晚上 7 点钟才回来。

晚上在王明喜老总那里吃饭,还请来了南乐的统战部长杨瑞祥。她专门来陪我吃饭,因为她同王明喜关系好,是她引来的王总投资。

吃完饭回来,我同郭克柱作家、储东风(县扶贫办副主任)在县城走一走。说一说话,谈一谈《驻村第一书记》和如何凭真本事吃饭的问题。郭是个作家,高级职称,一年轻松能挣几十万元,是凭本事吃饭。凭本事吃饭的时代真的到了,我也有了用武之地。凭真本事吃饭,干实活的人就能踏实过日子了。

2019 年 11 月 12 日　星期二　晴　范县

又是忙碌的一天

早上 5 点起来,整理昨天的东西,7 点 30 吃饭,随后到了刘集看了养鱼场、养牛场,又到立钟生态园看了她种的蔬菜,随后去看了新农村建设,中午听请来的省社会科学院谷建全讲"乡村振兴"。下午听了一个下午振兴乡村经济的课。晚上本想去看张成志主任的,结果累得倒在床上就睡着了。

从昨天到今天上午看了王楼、刘集、杨集、张庄、龙王庙、城关的 7 个项目,养鱼、养虾、养牛、种蔬菜及重建敬老院,都是新开项目,做得很好,对民政局的王柄臣局长、曹辛力书记,朱富庆(养牛)都有了重新的认识,他们是改革的功臣,创新的榜样,干实事的典型,我应当很好地向他们学习。

虽然这几天比较累,但是我学到了很多知识,看到了不少的亮点,了解到许多基层干部都在做实事,为人民群众谋福利。

2019年11月13日　星期三　晴　菏泽

充实的一天

早上5点钟起床,补写昨天的日记,昨晚太累了,没有写。

早上6点10分去村子里开会,为外出劳务人员统一思想,现在的扶贫任务比较重,看这项工作能不能做。以前全国人大代表张全收的公司要人,18岁至45岁的劳动力进厂子,月底薪4000元,45岁到65岁到湖南做保洁,3000元。史东民公司18岁至45岁进厂,按时间算一个小时26元,一天可以挣260元,干满3个月,每小时提1元。

9点钟接待省老促会,张成智主任和王群书记(省直工委)看了我们的住房和敬老院,他们看得很细,高度赞扬,还给我买了一个大棉袄,真是暖人心呀!老同志就是不一样。

上午10点钟县交通局刘局长来看村子里的路。胡屯村北面的路要扩到11米,扩地,清道,明年春上修路。11点同扶贫办同志去孙膑园,园子是一个台湾人投的,10年前投资4.5亿元,1000多亩,大殿、中殿、首门殿,搞得很好,建筑很宏大,内容也很丰富,但没有游客,就我、储东风和郭克柱。我们看了一个多小时,就在园子里吃饭。还看了羊角哀、左伯桃生死之交的故事,故事讲的是左伯桃为让羊角哀活着,自己先死,后来羊角哀做了王,为左伯桃守墓,并割腕而死,陪同左伯桃战胜荆轲阴魂袭扰,解决了左伯桃势单力薄之孤,反映了"羊左之交""舍命求交"的朋友情谊。真是把忠义表现得充分呀。还看了鸡泰之交、管项之交、管鲍之交、知音之交等感人故事。中午的饭在孙膑园吃的,青菜都是地里种的,非常好,只花了100多元钱。

下午看了好汉城,是一个私人投资建立的,里面最大的亮点就是山东快板,黄泥岗十分吸引人,我同说书艺人合影,听他说书很受启发,真好。

晚上住在菏泽,宾馆很高档,真好。吃了饭,我早早休息了。

2019年11月14日　星期四　晴　菏泽

从郭永章看基层的艺术家

经作家郭克柱介绍,我们一起去了山东菏泽牡丹办事处苏道询村看郭永章,费了很大的劲儿我们才到了郭永章的家。但正赶上他的痔疮病犯了,在蹲厕所。等了一会儿,他才从厕所出来,并十分痛苦,不但唱不了山东快书,连说话的力气也没有了。他住在近 20 平方米的小房子里,爱人也是个盲人,两个儿子都成了家,没有人继承他的事业。他爱人长得很漂亮,70 多岁了,皮肤也很白。

郭永章,1945 年生,今年 74 岁了。13 岁就开始说快板,是菏泽市非遗文化的传承人,80 年代获得过全国说书状元,很多名人还请他吃过饭,可现在仍然是个农民、低保户。因他在坠子里杂糅了多种地方唱腔,自成一派"瞎腔",既唱又拉,成为"郭派坠子"民间坠子大师。他唱坠子时自己拉坠子胡伴奏,脚打梆子,唱腔高亢酣畅,声情并茂,乡音如醉,善于在坠子书中融入山东梆子,很有自己的特点。

见了郭大师有 2 点感受:

1. 郭真是个天才。一个盲人,还唱得那么好,并靠说书养活一家人,真不简单。再一次证明了靠技术吃饭的真理。

2. 他的技术没人传承真可惜了。他是菏泽市非物质文化遗产传承人。

2019 年 11 月 15 日　星期五　晴　郑州

看河南大数据中心的感想

上午省参事室带领全省参事、研究员到郑州大学看河南大数据中心,讲了各个大数据工作情况,并进行了演示。河南大数据管理局长王继军讲成立大数据中心以来的工作情况,从金融服务、企业、服务方面的数据情况,讲述了河南与浙江的差距。参事们和研究员都看得听得很认真。我认识了大数据局的王局长,他是个博士,曾在信阳平桥工作,亲手抓了郝堂新农村建设。我很佩服他,并留了他的电话,有时间去拜访他,这是一个很有本事的人。

下午我去了民政厅,见了张处长,谈了村子里的敬老院情况。4 点回来,见了灵宝的小刘,晚上去看了母亲,她很高兴。这一段在弟弟吴勇家很好,一高兴,吴勇拿了一瓶茅台和吴晓喝。

大数据时代到了,做这方面的工作很有希望和前途。以后多关心这方面的事。

家庭很温暖,见了母亲和两个弟弟,吃吃饭,说说话,很好,很高兴。

2019 年 11 月 16 日　　星期六　晴　郑州

今早的饭又做失败了

　　早上就我一个人在家。昨天买了点豆角,我拌点面蒸了,由于蒸时没有布,面漏到下面水中,成了面粥,没有办法,只能把馒头和鸡肉放在微波炉,把蒸的豆角用水洗洗吃了。

　　做饭是一门学问。本以为现在做饭入了门,会做饭了,摔着腰几个月不做,今早一做,又失败了,害得自己差点没饭吃。

　　下午同研究生同学和顺利一起去新蔡,他们办点事,我也回家看一看。

2019 年 11 月 17 日　　星期日　阴　新蔡

同和顺利一起来新蔡

　　中石油同和顺利在新蔡办了个加油站,一直没有批下来地,让我帮助他来协调,这不我陪着他过来了。

　　现在的事十分难办,各种手续比较多。办个什么事都比较难,好在申县长见了他们,并陪他们吃个饭,并说得很好,我的任务也就完成了。

　　现在很难专心致志地做一件事。今天这个事,明天那个事,总是被一些事左右着。本来以为这次摔着以后,事会少一些,想不到天天还这么多事。因此就没能好好地读书,好好地写东西。现在在该是扎下根子锻炼基本功了,看看书,写写东西,该拿出来点像样的东西了,不然就这样一天一天漫无目地过,什么也写不出来? 什么也干不出来,自己把大把大把的时间浪费了,真是对不住时间呀!

　　昨天去民政厅,没办成事,现在给村子里办事难呀!

2019 年 11 月 18 日　　星期一　晴　郑州

今天办了 4 件事

　　1. 到民政厅汇报村子里的敬老院的事,见到了养老处的张处长,他记下了,说同领导汇报。现在自己退休了,见个领导都这么难。

　　2. 去了省科协,说一个科技项目。见到了刘部长,刘部长向曹书记汇报了村子里科技项目园林这个事。

3.到公安局办了出境申请表,准备参加外甥女娄醒的婚礼,还得向单位申请。不知为什么,一点都不想去单位。

4.去了中石油公司吃饭,通过和总认识了胡老总、徐总(也是中石油的)、夏总、刘总及王总。王总让我到他那里去看一看,我准备去一趟。她是搞工程的,主要是国外工程,做品牌,做得很好,女同志很能办事。

2019年11月19日　星期二　晴

为4件事奔波

1.去省交通厅找刘国彬厅长汇报范县修路的事。刘国彬厅长不在办公室,去科技处见到了刘江处长,汇报了情况,他说向厅长汇报。不知道事情能否办成。

2.又一次去民政厅。还是没有找到鲍厅长,来3次了,都没有见到他,同他们厅的民政处的领导说了,主要是乡里的敬老院,想找点资金。

3.到史东民公司汇报一下劳动力转移的事,能帮助农民找些就业的门路,增加点收入。下大力气把这个事搞起来。

4.找公司谈农民工劳务输出的事。比较一下几个公司,看哪个对农民工更有利一些,对农民工更可靠一些,让农民工外出打工挣的钱多一点,拿的钱更多一些。

回到家里,都夜里11点多了,跑了一天很累很累。现在精力不如以前了,做了一天的工作总是觉得精疲力尽了,一躺下就睡着了,真是年岁不饶人呀!因此要力争做事,不忘初心,给人民群众多做一些事。

2019年11月20日　星期三　晴　20℃　郑州

又出了一本书

用了10年的时间,践行了扶贫攻坚的任务,现在终于出版了《精准扶贫脱贫战略模式研究》。虽然说有不如意的地方,但总算出版了。今天史献志来给我送书,我叫了田静、刘建伟、赵秀敏、苏宏回来陪他。都是老同志了,经常聚一聚也是非常好的。都在一个单位工作,虽然过去有这样那样的问题,但现在都退休了,应当经常走动走动,联络联络一下感情,增强一下人脉关系呀!

现在应当一切往前看,忘记过去,展望未来,日子会越来越好,路子也会越走越宽。我最大的特点是记着别人的好,感恩别人的帮助,用善心对待老人,用爱心对待孩子,用真心帮助穷人和群众,用公心对待党的事业,用宽心对待对不起自己的人。不做坏事,不做对不起别人的事,不做有损党的形象的事,更不做对不起自己良心的事。头顶蓝天,脚踩大地,凭本事吃饭,靠干事生活,心里堂堂正正,睡觉踏实,吃饭很香。爹娘都是大字不识的农民,但他们教会了我做一个善良的人,能帮助别人的人,堂堂正正的人。写书、做事、做人都是一个道理,以真为本,以实立脚,以善为心,以美为形象,以德为根本,做好人,做正人,做善人,善待每一个人。

2019年11月21日　星期四　晴　15℃　郑州

真应当好好看一看了

在郑州住了几十年,天天都是忙忙忙,哪里都没有去过。今天孩子带我到象湖转转,不知道象湖那么大,那么美。一望无际的湖面,有几千亩。湖面里有一些黑头鸭,一群一群在水里游。一片两片,整个湖里都漂着黑头鸭,湖的周围立着毛茸茸的芦苇,映着整个湖面,要多美有多美。整个公园里有垂柳,有草坪,有各种花,叶子全是金黄色的。夕阳西下,发出的光非常柔和,照得人非常舒服。散步逛公园的人也不多,我和孩子手牵着手在湖边走着路,说着话,身上非常舒服,心里非常甜蜜,每个人都非常轻松。我问孩子,这么大一个象湖,这么美的风景,我怎么都不知道,孩子说:"妈你太忙了,太拼命工作了,你眼里只有工作,只知道扶贫,其实工作以外,还有许多美丽的地方供你享受,如郑州的西流湖、森林湖、玉米楼、图书馆等等,很多地方你都没有去过。你已是60多岁的人了,该享受生活了。"

是呀,一晃自己就老了,等扶贫结束了,我一定好好看一看,转一转,充分享受一下幸福的生活,到处认真地看一看祖国的大好河山。

2019年11月22日　星期五　晴　郑州

今天工作了十几个小时

今天工作了十几个小时,感到很累很累。早上6点起来,又到象湖转了转,昨天只转了半圈,今天转了一转(6:30至8:30)。吃完饭灵宝的小刘带着她朋友来看地,看完地又去看了宋庆根,中午在他那里吃饭。

下午开了一个下午的会,在农科院902会议室。主要研究黄河滩区搬迁战略模式课题。根据习近平总书记在黄河流域生态保护和高质量发展座谈会上的讲话,来研究课题的调整,充实黄河滩区的治理问题。乔鹏程、田建民、滕所长几个人参加了会议。晚上大家在一起吃饭。另外,我还请了张继民(省税务局副巡视员)、张红(全省劳模)。我们三个是一次劳模疗养时认识的,关系一直保持到现在。晚上张红在家里住,她那种勤劳谦虚的态度让我很受益。坐出租车时,司机不想去,她说你帮忙,再辛苦一趟,司机马上拉着我们走了,到了我家,她帮助我拖地、倒水,早晨又帮助我做饭,十分让我感动,她做过打字员、会计、服务大厅主任等,每项工作都干得很好,劳模工作室也建设得很有特色,这真是应当好好地向她学习。她说劳模要眼里有活,用心干活,用爱心装着活,这次她参加了全国税务劳模宣讲活动,对全省税务干部职工鼓励都非常大呀!我一定要改掉不会持家和说话不注意方法方式的问题!多干少说,只干不说。

2019年11月23日　星期六　晴　郑州

范县的扶贫任务非常重

　　范县今年脱贫,大家的压力都非常大。我们的村还有3间危房,得抓紧时间修理。前几天我去了几个乡村,大家都干得热火朝天,企业也发展得特别好,我们也要下大力气搞一些,不然群众看不到希望也很没有信心。今天去了两家餐饮企业,看一看能否解决一下村子里的牛肉销路的事,如果能解决好,会找着一个很好的出路,现在经济下行的压力很大,除了农业今年希望比较大,哪一行都不行,河南雏鹰、华鸭都遇到问题了,经济的压力给就业带来了很大困难,如果扶贫工作不努力,贫困农民的日子就更难过,所以自己要尽力做些让贫困农民增加收入的工作,让贫困农民日子过得好一点。

　　除了跑企业,我上午去魏超家。他去北京看病了,上午刚回来,魏华同他一起去,检查了一下身体没有什么事,这样大家都放心了。孩子也没有什么压力了。晚上去看了母亲,她很高兴,我们陪她吃吃饭,说说话,特别是魏华刚从北京回来就来看她,她高兴得直拍手,老年人就像孩子一样,老想同家人在一起,这样她不急。真不知道我们老了该怎么办?就一个孩子,她也忙得要命,敬老院是以后我们唯一的去处吗?

2019 年 11 月 24 日　星期日　晴　驻马店

人生如梭

今天是星期天,我约着张德鲜来看王振国了。王振国是一名退休老干部,退休前当过市长,因为他的爱人借钱牵连着他,坐了5年的牢房。现在出来了,我来看看他,见了他以后有3个没想到。

第一,没想到他身体那么好,血压血糖都不高,精神状况都很好。

第二,他说自己在里面又读了5年中医方面的书。因为在里面没事,把医学本科的课程全部读完。在里面也没受什么罪。

第三,出来了近4个月,增10斤肉,一切都很好。

人呀,不论在什么情况下,只要心宽豁达,不计较那么多事,一切都能适应过来,一切困难都能克服。你看振国70多岁了,又经历了5年的坐牢生活,现在不是也很好吗?没有渡不过的难关,没有过不去的火焰山,最难过的在自己的心里,最不好走的路是活在当下。

2019 年 11 月 25 日　星期一　晴　郑州

今天事很多

1. 早晨5点钟起来,又去了郑州象湖。由于天没亮看到了湖对面灯火辉煌,湖水中映着灯光,我拍下了这美景,发到了朋友圈,有80多名朋友为我点赞,象湖真是太美了。从象湖出来,我走下面的小路,坑坑洼洼,全是土路,又是一路不一样的景色,土的美。

2. 上午我去单位填表,办理港澳通行证。一个星期了,还没接到省委组织部批准,还不知道什么时候批下来,可能去不了澳门了。

3. 中午陪省直工委李书记吃个饭。

4. 下午同灵宝扶贫办的刘霞谈了大吴庄敬老院的事。我们认为先办起来,再说其他的事。得投资20万元,她同村子里各拿一半,想法给办起来,让老年人有个吃和住的地方。

5. 今天走了2万多步,很累,泡泡脚就睡了。从海南回来,一天也没闲着,不知道怎么那么多事,干都干不完。

2019 年 11 月 26 日　星期二　阴　范县

今天又回到了村子

今天回胡屯村开了个村委会，研究了几项工作：第一，当前的扶贫工作（胡屯能排在上中等）；第二，基础党建工作和狠抓三面旗帜的创建工作；第三，农产品分检中心的建设。从下午1点一直研究到4点，后来高彩菊书记来了，又交换了一些工作想法。大家都很辛苦，又鼓励一下他们。

本来是去看王秋芳，因为他说自己不在，我又回到村子，说一说胡屯村分检中心的事。盖2000平方米，得300万元，目前村子里只有200万元，还差100万元左右，这样分检中心就能办好。

现在办点事很难很难。早上我从郑州来范县，在鹤壁等了1个多小时，天很冷，我一直在外面站着。现在自己退休了，不是单位的人了，不能要车，县里经济又很困难，每次用他们的车也是困难得很。这花一点，那花一点，很快就没有了。退休以后给群众办点事真难呀！

2019 年 11 月 27 日　星期三　晴　胡屯村

扶贫到了关键时期

早上5点多起床，回到村子里打扫卫生，整理材料，迎接省一号文件落实工作，主要是黄河滩区扶贫搬迁及土地利用的问题。搬迁需要解决的是土地怎样归群众所有，省委和省政府都要解决土地的问题。土地这个根本因素激不活，乡村是振兴不起来的。

今天省自然资源厅的杜厅长来村子，我们一是向他汇报扶贫，二是汇报土地利用，看他们怎么说。

下午去鹤壁见广州回来的黄总。他在广州搞房地产开发，想从他那里寻求点发展意见，见了他以后，知道他的日子也不好过。因为现在土地不好批了，他的房子也盖着困难。

下一步要准备迎接省里一月份检查，现在天天有检查组来。有群众反映扶贫工作存在一些问题，更应当引起重视。

2019 年 11 月 28 日　星期四　阴　胡屯村

无奈

在人生经历中,有许许多多的无奈。熟人的丈夫跑了,她能怎么办? 只能坚持走下去。像胡屯村的小学,只有两个学生,我能怎么办? 只能面对现实。

这个学校已有 98 年的历史了,出了 4 个厅级干部。今天早上我去学校看一看,胡老师在给他们上课。一个叫胡博昊,男孩儿,14 岁,生下来由于缺氧没有及时抢救,形成脑瘫,看见他用抖着的手写字。另一个学生叫朱荣荣,11 岁,贫困户,兄妹 3 人,他又是个残疾孩子。现在是两个老师教两个孩子,资源很是浪费。

没有办法我给县民政局王炳皇局长打了电话,想请爱心中心把这两个孩子接收过去,把学校办成敬老院,使十里八村的老人老有所养,老有所去,老了可以有人照顾。把办不下去的学校改成养老的地方,也算办了一件好事吧。

有很多事情是无奈的。这个学校我想了很长时间,也采取了很多措施,甚至我还请从这个村走出来的两位胡校长(一位是希望学校的校长,一位是高中的退休老教师)来帮忙,还是没救活。这里面有很多原因,但主要的还是教学质量的原因,其实我还让村干部入股办幼儿园,都没搞成。

事物的消亡,事物的兴起,这都是自然规律,这就是发展的观点,发展的规律。无奈,胡屯村学校无力挽回! 无奈,我也很无奈,自己真的老了!

2019 年 11 月 29 日　星期五　阴　10℃　郑州

忙而充实

昨天刚从村子回来,早上请徐秀娟和黄总吃个早饭,又说一说村子里的事,黄总说帮助两个贫困生上学,这次他回来了给对接一下。

随后去弟弟家把母亲接回来(路上近 1 个小时),回来后去肿瘤医院看了葛岿然的爱人(做手术了)。

上午 11 点多带母亲去兰亭洗个澡,这次洗得很干净,搓了灰,打了牛奶,又洗个头,我们娘俩花了 400 多元钱,感觉非常好。回家做点饭吃就下午 3 点多了,睡一觉就晚上 7 点多了,晚上做做饭,收拾下屋子就快 9 点了,洗洗衣服就夜里 10 点多了。母亲一来,我什么地方也去不了啦。

孝顺是要付出时间、精力和爱心的,因为照顾老人必须要有耐心。

原来父母都是妹妹照顾的,现在我退休了,就多照顾一点吧!

今天天冷,我带着母亲去买了点菜就回来了,中午吃的米饭,午间和晚间又给她做了两次苹果汤,加了点蜜,她喝了感觉很好。老年人关键要运动,所以我同敬老院的人说,对老年人一定要有耐心、爱心、真心和细心,否则老人晚年是不幸福的,愿天下的老人都幸福。

2019年11月30日　星期六　阴　郑州

人缘可以看出人品

下周我和母亲要去海南过冬。同学们知道了,要请我吃饭,亲属们知道了,也要来家看一看。同事们知道了也给我送吃的。这不,今晚陈有富班长请我吃饭,还叫着班上留郑州的陈小改、罗世超、于为民、张智末老师等在一起吃个饭。在大秦地215房间,陈有富和于为民都喝多了。

晚上回来又准备明天中午的饭菜。我把冰箱里的鸡子、肉和莲子也用水泡上了,明天再买条鱼就行了。

明天来的都是自己的亲人。弟弟、妹妹,还有三哥、小柳和吴迪,近20口人。这次聚后,到明年春上大家才能见面了。亲情就是这样,大家越走越亲。人呀只有一世,没有几世,母亲现在身体好,我们抓着这条根,加强联系,多沟通,多来往,多走动走动。根不在了,就来往少了。因为没了根只有情了,亲情可能就淡了。

我同谁来往,都是一辈子、两代人或者是三代人。比如说,同丁玲、米景忠、王振国、李长海、钱大方、常运成,等等,到了儿孙这一辈情还在。人要交长,不能只交短,交短了看不出人品、深情,交长了才行。交长了才能看出人品和为人呀!

我这个人没有什么特别,就是能吃苦和厚道。一交就是一辈子,几代人。

2019年12月1日　星期日　阴　郑州

村子里正在扶贫自检

现在是扶贫攻坚的关键环节。某市有80多个人正在自检。一个村子一个村子搞,抽到哪个村,其他的村子都上(主要是驻村第一书记)来应酬市里省里的检查。我对这一套很有反感,工作上决不能形式主义,有的县乡为了取得检查组的好感,还给工作组人员花几千元买棉袄,影响很坏,我已向有关部门反映了。

听说我带母亲去三亚,姊妹几个都来送我们,所以我办完村子里的事就回来了。大弟、妹夫还给我母亲拿了 1000 元钱,还有吴晓的战友三喜也给她拿了 1000 元,等等。共有 1 万元钱,让妹妹给存银行里了。

母亲是个农民,一个字都不识,能儿孙满堂,安度晚年,是她和父亲一生积德行善、用自己的人品教育孩子的结果,也是儿女们艰苦奋斗的所得。如果我们每个人都没吃没穿,怎样才能让母亲过好日子?这次我们去海南了,大家都来送她,她十分高兴,我也非常开心。来了 20 多个客人,我做了两大桌子菜,大家在一块儿吃吃喝喝,说说笑笑。大弟吴晓高兴了,喝多了,一个下午都在同母亲说话。母亲大笑,开心极了。虽然他们说话声音大,把我吵醒了,但看着他们娘俩那么开心,我十分高兴和幸福。

2019 年 12 月 2 日　星期一　晴　郑州

忙东忙西又是一天

早上 5 点钟起来泡泡脚,收拾一下行李,吃过早饭去三院拿治疗慢性病的药。由于药是两个月的,又到医保办去盖章,回到家都上午 10 点了,让保姆小王包药,我去南门取快递,早上收拾东西发现一件大衣没有了,又去洗衣中心找也没有找到。

上午 10:30 去菩提静酒店见小刘的朋友何总。中午在一起吃饭,见到了黄河迎宾馆程总、省旅游局李处长,还有曹总、常总等等,认识了许多新朋友,还认识了郑州市公安局吕队长。四面八方的人很多,大家在一起吃吃饭、说说话,回到家都下午 3 点多了。

晚上回来,保姆王丽说她爷死了,要回家。我又忙着找人同我一块儿去海南(最后魏华与我同行),又忙着退票。

东忙西忙,一天就这样忙忙碌碌地过去了。时间就像流水,怎么留都留不着。

2019 年 12 月 3 日　星期二　晴　郑州

电话费太贵了

早上 5 点钟起床,用热水泡泡脚,就开始收拾行李,打完糖尿病的针开始做饭,吃完饭,又收拾一下行李,就上午 9 点了。给母亲穿上出门的衣服,把她送到魏超家就去河南电视台录节目了,一直录到 12:30,结束后就去魏超家吃饭了。吃过午饭后小欧送我回家,下午 2 点多一个作家来家一起谈了《十年扶贫路》的书稿,一直谈到晚上 10 点。她走后,我做做饭洗洗碗,又收拾下东西,一看又 10:30 了,写写今天的日记,夜里 11 点多了。

一天就这样忙忙碌碌地度过了。今天给村子打了 3 个电话,一是安排工作,二是问问敬老院的生活和农产品中心项目,三是问一问两个残疾孩子上学的落实情况。

这个月交了 800 多元的电话费。每个月打电话感觉少,交电话费又感觉多,现在的钱真是不够用。一个月干干这,干干那,老是钱不够用呀!等明年不扶贫了,可能会好一些。

2019 年 12 月 4 日　星期三　晴　郑州

母亲的身体真好

今天早上我不到 5 点起来,收拾东西,做饭。由于时间耽误了,晚去飞机场 20 分钟,到飞机场已 9 点了。寄存行李时服务员说上飞机的时间到了,到 256 号登机口时广播已喊我们快登机了,等我们上飞机都快起飞了。上午 9 点 30 分的飞机,到 12 点 10 分才到珠海飞机场,娄金山和他儿子来接我们。

坐了 2 个多小时的飞机,母亲还是很精神。在飞机场母亲吃了一根香肠、三个橘子、一份盒饭,到妹妹那儿吃了饭我休息了,母亲一直同几个堂妹说话。下午她又要坚持到外面去看一看,妹夫金山开车带我们看了珠海歌剧院、珠港澳大桥等地方。我们再到妹妹家吃饭都已经晚上 8 点多了,吃了饭我们到酒店都已 10 点了。我给她洗完澡,就休息了。

母亲今天坐了 8 个多小时,还活动了 3 个多小时。十几个小时壮劳力都撑不下来,她都能顶下来。从这件事上可以看到,母亲身体有多好。如果不出现什么情况,母亲能活到 90 多岁。在母亲的晚年,我多付出一点,多孝顺一点,给孩子们树个榜样。

2019 年 12 月 5 日　星期四　大风　珠海

参加娄醒的婚礼

娄醒是娄金山的女儿,今年 32 岁了,在工商银行工作,还是一个部门的负责人,找了个做牙医的女婿,很精明,很能干。晚上举行的婚礼,待了11桌客。我们作为女方嘉宾参加了婚礼。

金山今年嫁了2个女儿,另一个在澳门,个子高高的,比小敏大一点。两个女婿相比差距很大,一个高个子,一个矮个子,一个好说话,一个不爱说话,两个人都是搞技术的,都有立身资本。

今天风大。我和魏华、母亲去珠海口岸,在岸边看了大海,走了一圈,花了100元钱就回来了。中午在酒店吃饭,有小焕一家、小荣一家、金山一家,小敏的爱人也在场,就是不怎么说话,但两个人很好。一大家子热热闹闹,高兴得不得了。孩子们都在珠海奋斗得很好,有事业,有房子,有车,能在珠海立住脚,实属不易呀。特别是堂妹吴小缠养了5个孩子,现在3个都成家立业了。一个农民养5个孩子真不易呀!

从娄金山到魏世杰,从吴小焕到吴忠诚,改革开放以来农民过得确实很幸福。他们从一个普通的农民成长为城市的工人,有车有房,教育孩子成家立业,把他们一个个教育成才。魏世杰两女一子也都成家立业,女儿在重庆安家,还给父母买了一小套房子。吴小焕两个儿子都有了工作,大儿子找的媳妇是小学老师,长得很美。

习近平总书记说:幸福都是奋斗出来的。这话在村子里农民身上体现得真真切切。朋友们继续努力吧!胡屯村努力发展吧!大吴庄通过努力发展起来了,西王楼村通过努力发展起来了,胡屯村通过努力一定能发展起来。

2019年12月6日　星期五　晴　珠海

珠海的发展

珠海是我国最早的经济特区之一,位于广东省的中南部,东与香港隔海相望,南与澳门相连。1953年建县,1979年建市,1980年设立经济特区,是珠海三角洲的中心城市,是珠江西口岸的核心城市,是中国海滨及花园城市。下设香洲、斗门、金湾3个行政区。全市常住人口176.54万人,面积约1736平方千米,人均GDP 16.51万元。

对于其他情况不是太了解,只从本村及几位堂兄妹在此立足的情况看,城市发展很快,人的幸福指数很高,环境很好,属海洋性气候。12月的气温只有20℃,不热不冷,海风一吹,浑身凉爽。

从珠海发展经验看,大吴庄、西王楼、胡屯村要发展,只有制定好特殊政策才能使村子发展起来。大吴庄必须改变干部老化的问题,走农业良性循环的养牛的路子,一个政策走到底,才能带领村子脱穷致富;西王楼就是走靠山吃山的路子,大力发展养羊、中草药、旅游的路子;胡屯村只能走靠滩吃滩的路子,大力发展莲藕、水稻,靠科技兴村。不管哪种路子,发展才是硬道理,农民富足才行。这次看了珠海,更坚定了因地制宜的重要性。

2019年12月7日　星期六　晴　20℃　保亭

幸福超市不幸福

刚到保亭,一切都是生疏的。吃了早饭,看有车是专门接大家买菜的,我就坐着车去幸福超市买菜了。第一次买了600多元钱的菜,第二次又买了500多元钱的东西。在回来的路上,我发现自己不小心带走了超市的篮子,让司机训了一顿。随后我们发生了争吵,他骂了我一顿,只给我拉到美兰花园。没办法,我又坐着车回到幸福超市。消费了1000多元,还被幸福超市的司机骂了一顿,哪里有半点幸福,真是讽刺呀。这哪里是幸福超市呀,是受气超市、野蛮超市才对呀! 不管怎么说,幸福超市的经营理念还是很好的,只是个别服务人员的素质太差了。

来海南住两次都遇到服务人员素质差的问题。一次是今年2月坐出租车去飞机场,一看行李多,司机就拒载了。没有办法,我们只能再找车。这次再次感到了海南司机素质差的问题。

我也态度不好。今后出门在外,要学会忍气吞声呀,毕竟自己来了。不要指望谁对你重要,没光了连影子都没有。司机骂你一顿,保安教训你一顿,单位对你冷淡一生,都说明自己无能。尊老爱幼还要大力弘扬呀!

2019年12月8日　星期日　晴　20℃　保亭

五指山还是不错的

今天租了个车(一天360元)带母亲、妹夫来五指山了。离保亭80公里,到了五指山森林公园8点多。人很少,每人50元钱,我们花了150元钱进了里面。他俩就走了一段坐在木凳上休息了,我往山里面走一走。山内有瀑布、石滩,河两旁有小溪、有树木,非常的美丽和幽静。木地板的小路很平,老年人走着也没什么事。我走了一半就回来,因为膝盖不好,怕伤着了。回来的路上见到了一个河北的阿姨今年84岁了,儿子在五指山给买了房子,女儿来照顾他们老两口。

阿姨满头银丝,还拄了个棍,同母亲说了会儿话。

后来吴勇、菊花来了视频,母亲非常高兴。我们在五指山上吃了顿猪肚鸡,非常好,共花了319元。很可口,母亲吃得很好,我们也都吃得很饱,下午3点多就到保亭的家了。

可能这几天连着坐,今天腰疼得严重,回来什么都没干就体乏了。睡前问了问村子里的情况,小任讲村子很好,让我放心。

2019年12月9日　星期一　晴　保亭

停水了

由于工地上还在施工,今天一天都没有水。一停水了才知道水的重要性,没水什么都干不成,不能洗脸,不能做饭,急得我们团团转。等到晚上8点多还没来水,电又不通了。没水没电,回到原始人的生活了。魏华买了一瓶矿泉水做点饭,吃完饭我们就在床上等呀等呀,等着等着我和母亲都睡着了。听魏华妹夫说夜里2点多才来电。

人呀只有在黑暗中才知道光明的重要性。像自己从小什么都不知道,只有拼命苦干,当时一个女劳动力一天3分,一个男劳动力4分,养牛5分。为了改变家庭的面貌,我毅然决定担起了生产队的饲养员的重任。一干就是7年,汗水没有白流,把生产队的9头牛发展到54头。经历了大洪水的生死考验,我不但保住了队里的所有牲口,救出了邻村的20多头牛,还救出了一个80多岁的老太太。从此我走出了困境,被评为全国劳动模范。聂荣臻元帅亲自给我发了奖,我成为全国第三批劳动模范。再后来我上大学,参加了工作,再后来我当了领导,再后来因为机构改革,我下台了。我利用自己所学的知识,10年为农民免费推行畜牧技术,又下到了村子当了十年的驻村第一书记。黑暗中摸索,终于见到了光明。不但有了电,有了水,还过得丰衣足食。可是现在还有一些贫困农民就像我当初一样,没水没电,在贫穷的、黑暗的道路上挣扎,我要帮助他们走出困境,带到有水有电有幸福的地方生活。这是我的初心、我的任务、我的责任,今天停水停电,更增加了我让贫困人口摆脱贫困的决心。

来海南养虾的堂弟吴树亮一年能赚20多万元。看村子里的人能干不,能了让他们也来干。

2019年12月10日 星期二 晴 保亭

今天又做了一件错事

做事,有时从好的愿望出发,不小心却变成了坏事。今天本来魏华下午要回郑州,他去买点菜,我在家没事就把盐袋子放在锅里蒸一蒸。在蒸盐袋子的同时又去洗衣服。洗着洗着就把蒸盐袋子的事忘了,等魏华回来发现,锅里的盐袋子的布也烧烂了,锅里的水也早烧干了,整个锅底都烧黑了。如果不是他回来,很有可能起火了才能知道,真是后怕呀!所以魏华走了就非常不放心,怕我再发生此类的事件,也担心我带不好母亲。蒸个盐袋子就能出问题,真不知道自己还能干点什么。我要尽快学会做饭,整明白厨房里的这点事,补上缺失的这一块,在晚年里能自食其力。

人一定要在自己不会的领域里下功夫。这样能提高生存的本领,也能从另外的一个领域享受乐趣。

马云退休了又去指挥音乐,张桂芳100岁了还在坚持天天给病人看病,老同学张家田说他学了中医现在在北京社区当义工。人退休后一定要有点事干,闲着一定会出毛病的。我一定要把今天的坏事变成好事,下定决心把厨房的事整明白,做好!

2019年12月11日 星期三 晴 25℃ 保亭

洗锅的感悟

因为昨天不小心把做饭的大锅烧黑了,所以清晨我早早起来,洗洗碗、刷刷锅,用醋和钢丝球用力把锅里的黑灰搓一搓。由于用力和醋的作用,锅里的黑灰被搓掉了,见了白色铝锅的本来面目。这让我懂得了一个道理:看人看事要看本质。如果一件事情看不到他的本质,只从表面看,看不出他的好坏。好的东西往往被一般或坏的东西埋没了,而坏的东西可能被表象蒙蔽了。

人也是如此,如果一个人本质很好,被环境污染了,被坏人带坏了,被利益熏心了,道德底线被突破了。我们就要教育他、帮助他、感化他,让他改变环境,远离坏人,去掉私心。这确实很费劲,救人一命,胜造七级浮屠。挽救一个人、一代人要付出很大的劲,一般人不愿意做。我觉得我应当努力去做,因为这件事的意义很大,我一定努力做好。

经过我一个小时的搓洗,我的铝锅又可以蒸馒头、做面条、熬粥了。既不用再花钱买锅,又能充分发挥这个锅的作用。日子是过出来的,钱是节省出来的,我们每个人都应当把钱用到最需要的地方,像卢永根院士那样,像空降女兵离休干部马旭那样,把钱用到最需要的地方。如多帮助几个贫困学生,多为穷人解决点实际问题,比浪费了好。现在一个锅也要300多元吧,300多元可是一个贫困生一个多月的伙食费呀。我们现在是富足了,可还有很多贫困人口需要帮助呀,像大吴庄魏洪友的孙子还没钱交学费,像胡屯村的胡博昊、朱荣荣等都需要帮助呀!他们很急需用钱呀!

2019 年 12 月 12 日　星期四　晴　25℃　保亭

和老朋友们团聚

　　清晨天刚刚亮,洗漱后我牵着母亲的手出去散步。母亲的腿很细,走得也很慢,我们走在保亭的东西大路上,人还比较稀少,空气十分清新,清晨东方的红日冉冉升起,淡红、橘红、大红、红光四射,一点一点从灰色的云彩里钻出来。光芒金光闪闪向四周投来,有一丝丝暖意,我趁机观看四周风景,道路很宽,路两旁的电线杆上挂满了红旗,写的全是"不忘初心、牢记使命"。红旗映着冉冉升起的太阳,十分美丽,红中透橘,橘中透暖。路两旁长满了郁郁葱葱的绿树,还有鲜花和小草,再往远看是蓝天和朵朵白云,映在晨光中。那种柔和的光就像美丽的少女,像出水的芙蓉,又嫩又亲又暖,给人一种极舒服的感觉。都说三亚保亭好,这下我可感觉到了。母亲不会赏美,但是跟着我,踏着小碎步一步一步地走着,也是一道美景。中国的农村妇女也坚持天天锻炼身体了,也找到了健康长寿的最好方法了,她知道早晨走走对身体有好处,就天天跟着我锻炼。

　　8点多了我回来做饭,给母亲熬一点小米汤,蒸了点茼蒿,煮了两个鸡蛋,蒸菜和小米汤很成功,我很得意。母亲喝了一碗小米汤,吃了半个馒头,吃了半碗蒸菜,我吃了一盘蒸菜。吃完饭我又带着母亲去保亭街上买药,并找一个老中医给她看看腿癣。刚买罢药,研究生的同学贾英豪书记打电话说来保亭看我,我赶紧带着母亲坐车回家,刚到门口他们就来了。一看是河南省科学院原来的副院长付伟开着车,还有驻马店政协副主席赵英和她丈夫,我把他们迎下车一看,驻马店畜牧局的赵局长两口、付伟两口和贾书记夫妇都来了,他们来家看一看,我心里十分高兴,因为多年的老领导、老朋友见面了。下午他们走后,我又带着母亲出去转了转,回来花了180元钱买了两把椅子。回来后给任鑫打了个电话,沟通一下村子里的工作。

　　晚上给母亲做做饭,刷刷锅,写写日记,这一天又没有了。见了老朋友,心里十分感慨。各家有各家的情况,他们夫妇可以尽情享受晚年,我也尽心孝顺母亲。每一个人都有艰辛难熬的时候,都是熬过了多少不为人知的黑夜,才豁达开朗。一切不语是释怀,一切努力是面对,最值得敬佩的人应当是忍辱负重的人。坦然面对一切才能使人生真正地幸福。我觉得现在有母亲陪着自己是最幸福的,我从母亲身上吸取了许多母爱、动力和人生的真谛。

2019年12月13日　星期五　晴　21℃　保亭

忙于几个贫困生的事

这几天一直忙着给大吴庄的6个贫困生——吴慧玲、魏大鹏、吴争光、耿林磊、王东东、胡东昇、朱荣荣对接,采取一对一的办法让爱心人士帮助他们,让其有学上,尽快脱贫。吴慧玲、魏大鹏已对接深圳黄总了,广州毕红已对接一个,还有三个没有对接好,再找一找再说,尽快地找到爱心人士。穷人一口,富人一斗,我从小得益于六叔和小姨张洪英的帮助,特别是杨献生(冯远臣的爱人,新蔡县委书记)给我做了一条裤子,几十年还记着她。近期我要尽快把村子的敬老院搞起来,让老年人生活得更幸福。

我今天做成了两件家务事:一是学会了蒸馒头,魏华买的发酵粉,和面蒸了20多个馒头,很好吃,很有成就感。另外一个是小米粥煮得很好,还放了两个人参。

现在有母亲跟着,得千方百计学会做饭。让她吃好、调养好,这样自己生活质量也高。我学会了做饭,以后回村子里给老年人做饭,这样自己老了也有个去处,也幸福了老年人。自己的付出能换来别人的幸福,那自己也幸福了。

2019年12月14日　星期六　晴　保亭

自己真笨

昨天女儿寄来的护腰和两个衣柜都到了。护腰我已经围上了,两个衣柜,我从昨天开始装,没有装好,今天又起来装,一直到9点也没装好,还累得我腰疼。应当是看图装,我靠自己想象装,怎么也装不好。没有办法,我找了个干小工的女同志帮助我装一装,我给了她50元钱。

从装柜子这件事中,我看到了自己的弱点:干什么都是蛮干。我一生做了很多错事,绕了很多弯路,其原因就是没有把事情想明白、看明白。虽然自己辛辛苦苦一辈子,在别人眼里看来很成功,其实自己心里很苦,起因都是自己没有看明白。

笨有笨的好处,不做投机取巧的事,不做坑人害人的事,踏踏实实做事情,老老实实做人,让大家感觉到你的踏实、可靠。我想老天对老实人是眷顾的,要不谁还当"笨人",当踏踏实实干事的人。

2019 年 12 月 15 日　　星期日　　晴　　28℃　　保亭

感谢蚊子咬了我

不知道是穿衣服少凉着了还是受风了,半夜醒来,喉咙疼得很,身上有点冷,很困,也不想起来。又躺了一会儿,一只蚊子在身边飞来飞去,特别是在脸上飞咬,我只好起来打蚊子。蚊子吸血吸得饱饱的,打了我一手血,这蚊子真是吸血虫,害人不轻。这几天我要赶紧装窗纱,免得蚊子再咬。打死了蚊子,我起来烧点水,拼命饮了 4 杯水,到天亮起来,喉咙疼痛轻多了,浑身也轻松多了。多喝水对缓解感冒很有帮助。上次我去广州,感冒很严重,在火车上喝了 7 杯开水,硬是把感冒喝好了。自然界一物管一物,白开水就能缓解感冒。

今夜如果不是蚊子咬我,如果我不起来喝水说不定火就起来了,感冒就严重了。我真是感谢咬自己的这只蚊子!

很多事情就是这样,坏事变成好的结果。我如果不是家里太穷了,绝对不会为了多拿 2 分工分就在生产队养了 7 年的牛;如果不是在单位没具体工作了,也不会下村当了 10 年的驻村第一书记;如果不是老母亲天天跟着我,我也不会这么快学会做饭。遇到一个困难找到一个解决问题的办法,一个人必须倾尽所能地奋斗,以此改变困境,坚强起来。所以我非常感谢父母都是大字不识的农民,感谢家里一贫如洗,感谢单位合并时自己没事干,感谢母亲天天跟着我,感谢我对立面的人天天盯着我,也感谢今夜的蚊子咬了我。没有这些,我现在不会是这个样子。困难我不怕了,敌人我不怕了,生死我更不怕了。人生一晃而过,剩余的时间我就帮助穷人、学生和老人,能帮多少算多少,尽自己所能、所心、所尽——一切为了贫困人的幸福日子奋斗。

2019 年 12 月 16 日　　星期一　晴　27℃　海口

时间改变一切

　　昨晚来海口了,到这里真有点后悔了。因为坐了 4 个多小时的车,很累,又花了 82 元钱的车费,还没到地方,又拉着 2 个箱子走了一段才到家,到家又联系不上静静的妈妈,又累又渴又饿,觉得这一趟不该来。

　　睡了一觉,今天阴天转晴,一切都好。早上去吃早饭,到了东北人开的早餐店,既干净又实惠,一个菜盒子只要 3 元钱,一个鸡蛋 2 元,5 元钱解决了一顿早餐,又向老板要了一杯开水。给同学刘连芝打了个电话,她说去展销会,我因没事就同她一起去了。到了展销会上,是最后半天,都是农产品,既经济,质量又好,我买了牛肉(熟牛肉 40 元一斤)、高粱酒、猫屎咖啡、蜂蜜、奶粉等,花了 1700 多元钱。平时得 2000 多元,都是日用品,这下省我许多钱。不但省了钱,还大开眼界,海南真好。

　　下午看了静静妈妈,晚上去刘连芝家坐一坐。刘刚非要送我,结果他把贾英豪书记的车要回来了。时间可以改变人的心情,再困难的事,坚持时间长了困难也会迎来一个又一个的机会;再痛苦的人生,一直坚持往前走,走着走着就是一片光明;再伤心的事情,时间也可以疗好。时间是检验一切人和事的试金石,时间是压倒一切困难的伟人,时间是疗好百病的良方,时间是积累经验的基石,时间老人不会愧对穷人,也不会多给富人一分钟,时间是世界上最公平、最公正、最无私的东西,要想成功的人,要想有作为的人,必须同时间赛跑,跑得越快的人,争得的时间越多。老年人更要同时间赛跑,因为我们的时间不多了。

2019 年 12 月 17 日　　星期二　晴　胡屯村

13 个鸡蛋的情感

　　从三亚到范县胡屯村,路上很累。坐了飞机坐汽车,累得腰疼,像抽了骨头的肉,堆在一起,缩成了一团。整个肉堆都在抖动,疼得眼睛鼻子嘴巴打架。上牙碰着下牙,像两个火炮碰到一起,实在难受。村子里 84 岁的魏大娘手里提着一包东西来和我说话,我强撑着疼痛的身子问:"老大娘你怎么来了?"魏大娘说:"天这么冷,听说你回来了,俺来看看你。没什么表达心意的,小鸡下了几个鸡蛋俺给你兜来了。"因为天冷,我让大娘坐在火旁,大娘拉着我的手说:"闺女,来 3 年了吧,这次你回来俺就想来看你,都说你忙。以前你忙,从来都没如愿过,今天总算见到你了。"我心里嘀咕,我来3年了,怎么对大娘这么生分?大娘好像看透了我的心,说:"闺女呀,我虽是村里人,几十年前去海南橡胶厂里当了工人。这次回来是看看老家,人老了思念家乡,这不孩子们带着我回来了。听说你是外地人,退休了还在这儿扶贫,帮助我们的家搞建设,我很感动。"魏大娘腰弯得快四肢朝地了,但还坚持天天干活。现在两个儿子一个女儿都长大成人。老伴去世了,自己一个月有2000多元的退休金,孙子在上大学,还要艰苦一段时间。

魏大娘走后,我收拾大娘拿来的东西,大娘带来了13个鸡蛋,9个白皮,4个绿皮。鸡蛋很小,小的有鹌鹑蛋那么大。收拾了这13个小鸡蛋,我心潮起伏,感触很多:鸡蛋很平常,天天都能吃到,也不很值钱,顶多20元钱就能买到。可是我们能买到人的真心吗?能买到这无价之情吗?她是一个84岁的退休老工人,把自己养的鸡下的蛋拿来给我吃,这是什么样的心情?是工人对农民的真情、感情、关怀之情,是一位暮年老人的重托、希望和关心。她是把家乡的穷人、苦人、亲人托付给自己,让我带领大家尽快脱贫致富奔小康呀。这就是大娘来看我的本意、情谊,这13个鸡蛋,是魏大娘的深情厚谊。我一定要把胡屯村的脱贫工作做好做实做出成绩,以真心对待魏大娘。冬天很冷,但我浑身血液沸腾,身体也慢慢展开了,所有的疲倦也都吓跑了。我吃过晚饭,叫了村干部,又研究了很多工作。

2019年12月18日　星期三　晴　-5℃　胡屯村

人心不知足

朱荣是胡屯村外来的残疾学生,给她找了一个帮助她交学费的爱心人士,没想到却引起了胡屯村贫困学生的不满。说能帮助外村贫困的学生,为什么不帮助自己村的学生?同时村子里盖一个农产品分检中心,盖在外村的地盘上,本村的人也是不满,现在贫困农民攀比的心很重,我在工作中要加以引导。这样不利于胡屯村内动力的发展,容易产生惰性。

最近我检查发现,人心这个东西,特别不知足。所以导致控制力很差的常常犯错误。穷人为了过上富足的生活,拼命找机会挣钱。有的人为了得到钱,不择手段,偷呀、抢呀,最后走向了断头台。富足的人又想花天酒地,不惜用不正当的手段尔虞我诈。

为什么一些人没有道德底线,欲望没有尽头,没有知足的时候呀?平顶山人大主任李平,她丈夫躺在床上十几年,她不离不弃地照顾他,这样的典型为什么不好好树一树呀!

2019年12月19日　星期四　晴　-2℃　胡屯村

人生能有几个十年

今天是女儿的生日,我也没回家,因为村子里太忙了。10年了我一直忙忙忙,回头看看自己有一身的病,满脸的皱纹,走在拥挤的人群中有一种孤独荒凉的感觉,自己像一个独岛上无依无靠的人。想想自己这一生奋斗过多少年,做过无数件事,帮过数不清的人,落了一堆埋怨,欠了一堆人情。特别是从2010年至今,在贫困村当了10年的驻村第一书记。自己每走一步,都可以用艰辛、困难、苦不堪言来形容。10年对一个人来说,虽然不是一生,但是却很长。每当寒风刺骨的夜晚,在被窝里睡不着,都觉得黑夜非常漫长,又从心里给自己一点希望,黎明快到了,黑暗快过去了,寒冷的时间不会太长了,贫困农民很快就会过上好日子了。自己的初心不就是帮助农民过上好日子吗?每当下地,大太阳照在身上热辣辣地疼时,我也用希望鼓励自己,天热出汗能排除身内的湿气、邪气,正气内存,又何必怕晒照呢?人常道,夏练三伏,冬练三九,意志都是锻炼出来的。身体上的炎热和寒冷都好熬过,最难熬的是没钱办理,没人办事。为了扶贫,我什么苦都吃过,冬天零下30℃在内蒙古买羊,夜里一点多钟在广州羊行里买羊,跑项目等人一等就是9小时,不敢吃一口饭、喝一口水,怕错过了机会。

最最让人心碎的是个别群众的谩骂,个别领导的误会,还有来自最亲近的人的背叛,这真是让人伤透了心。怪不得有女人感慨,做人难,做女人难,做干点事的女人更难。我可能算最幸运的女人了,由于有各级组织和那么多的人帮助,总算在扶贫路上做成了点事。

正像苏联著名作家说的那样,当我回首往事时,没有因为碌碌无为而悔恨。我面对贫困人口,也可以自豪地说,为扶贫事业我坚定不移地奋斗了10年。这10年我是认真的、努力的,一心一意地为贫困农民办实事好事,倾尽全力做力所能及的事。2019年还有几天就过去了,我要站好最后一班岗,做好最后几件事。

2019年12月20日　星期五　晴　-2℃　胡屯村

村子里的待办事项特别多

一、资助贫困生的爱心人士的落实问题。
1. 新蔡县孙召镇大吴庄村5人:
魏大鹏,父母双亡,跟着爷爷,上小学四年级,急需帮助;

吴争光,贫困户,高中三年级,家庭困难;
吴慧琳,母亲死亡,初中,急需帮助;
耿林磊,中学七年级;
王东东,高中一年级,贫困户。
2. 胡屯村2人:
胡昇,非贫困户,残疾孩子;
朱荣荣,贫困户,残疾孩子。
3. 西王楼:
熊海罗的3个孩子,贫困户。
二、村子里还有一批非贫困户的危房问题还没解决。今天研究抓紧落实。
三、敬老院几个老人的问题,尽快落实取暖问题。

午饭到下午3点钟才吃,晚上的饭9点多才吃,忙到夜里,上眼皮打下眼皮,实在太累了。村子里的事太多,怎么干都干不完,腰疼病又犯了。这时我想起了契诃夫说的"生命不在于长短,而在于为国家,为民族做了什么",以及美国一位志士的话"我唯一的憾事,就是没有第二次生命奉献给我的祖国"。一个人特别是一个党员,应当坚持祖国永恒,人民至上,与民同心,与时俱进,做一个永远对人民有用的人。像前外交部长李肇星说的那样:当岁月蹉跎出智慧,当苦难酿造出力量,更心怀敬畏,祖国永恒,人民至上。

2019年12月21日　星期六　-3℃　胡屯村

我的家乡脱了贫

范县今年脱贫,全县上下都非常卖力。白天工作,晚上开会研究工作。我由于驻在村子,很多事情都得落实。还想起了我的家乡新蔡县脱贫奋战的情况。只要能拿出新蔡县脱贫的劲头,范县脱贫一定能打个漂亮仗。

从我记事起,我的家乡新蔡县孙召镇大吴庄村就是一个穷得连饭都吃不饱、衣服都穿不上的地方。大家都叫新蔡县为洪水招待所,"贫穷""饥饿"是我们那个地方的代名词。记得我上高中的最后一个学期,是卖了头发辫子才聚齐了当时1.5元的学费。一天没吃过三顿饭,从小学一年级到高中毕业从来不知道钢笔是什么样子。贫穷激励了新蔡儿女艰苦奋斗、奋发图强的斗志,涌现出了任瑞、王新安、杨振超这样的优秀儿女。多少届领导干部,埋头苦干,身体力行,带领全县广大干群,奋斗一年又一年,拼命一天又一天。我认识的县领导娄本跃、张元明、冯元成、路芳等,背着干粮给农民种树、挖渠、修路的情形是我亲眼看到的。张立忠、胡向阳、付伟等,基本上治理了新蔡的水灾。但真正脱贫,让老百姓脱贫致富的还是贾国印、王兆军等。这两届县委领导班子,特别是王兆军书记、申保卫县长他们这届领导班子,发了誓,拼了命,发了疯,着了魔似的扶贫。好像他们这辈子不让新蔡脱了贫,致了富,就枉来世间走一遭似的。王兆军在万人大会上发誓:"新蔡不脱贫,我卷铺盖走人。"申保卫讲:"生是新蔡人,累死在新蔡脱贫上心也甘情也愿。"这就是决心、力量和旗帜。他们带领全县上下拧成一股绳,把人的吸引力都用在拼命干工作上,用在发展经济上,用在脱贫致富上,祖国至上,人民至上,扶贫培养一批人,拉动一批产业,带动一方经济。2010年7月至2014年3月我在新蔡县孙召镇大吴庄当驻村第一书记时,和后来每年去新蔡检查扶贫时,都看到县、乡、村领导,因为扶贫十几天、几十天都不回家一趟,有时候他们孩子考学了,妻子生孩子了,老人住院了也顾不上回家看一眼、陪一陪。他们把无私的爱、无限的情都倾注在新蔡贫困人的身上,以及党的扶贫事业上。眼前一幕幕的大禹治水三过家门而不入式的动人事迹历历在目,累倒累死的也有,晚上的饭八九点吃正常,夜里研究工作到凌晨不知多少次,自己拿钱给群众办事的干部层出不穷,军民、干群,相互帮忙,相互打气,相互赶超,形成了一股动力,一种潮流,一种新风。此时人人都是斗士,个个都是英雄,每一个干部都是村里群众的好领导、主心骨,都是焦裕禄式的好干部。

  从此新蔡的扶贫有了内生动力,有了强有力的领导,有了产业,有了事业,有了希望,有了人气,也有了经验。他们创造的网格化管理经验,扶贫带经济发展的经验,产业化发展的经验,教育、医疗,电商农民增收经验等,把新蔡经济发展起来了,群众的腰包鼓起来了,腰板硬起来,精神头都起来了,生我养我的大吴庄也成了全国文明村。教育、卫生事业像是坐了火箭似的往上升。听说这两年高考人数都在全市进了前几名。新蔡县人民医院现在也是河南省人民医院直属医院,人们有大病重病都可以在本县看了,不用再往大医院跑了。崭新的学校、医院一个接一个,专家、教授、科技人员及科技项目像潮水一般奔流不息地从四面八方流入新蔡,国家、省重大项目也一个接一个而来。国家级贫困县的帽子硬是在王兆军书记领导下,在2017年痛快而顺利地摘掉了。这一年全省只有两个国家级贫困县摘了帽。很多人都说,只有王兆军书记有这个胆量,他真是迎着困难上呀。由于新蔡县及早摘帽,全省总结和推广新蔡县扶贫工作的经验。听县有关部门讲,全国有100多个县来新蔡学习扶贫工作经验。有一次我回家,一不小心跑到了龙口镇,因为家乡的马路太宽了。我感慨道:新蔡变化太大太快了。如今人人都知道新蔡是美丽的水城,但是有多少人知道新蔡干部和广大群众付出了多少心血、汗水、代价和努力?习近平总书记讲:幸福都是奋斗出来的。那些死去的英烈们,那些视国家事业至上、人民至上的可敬的公仆们,那些新蔡县勤劳淳朴的工人农民们,才是甩掉脱贫的功臣。新蔡人民应当永远记着他们,感恩他们。如果范县同新蔡那样上下一股劲,拧成一股绳,一定会打一场脱贫漂亮仗,范县人民也会永远记着我们。

2019年12月22日　星期日　晴　-3℃　胡屯村

我共事过的县领导们

今天是星期天,范县县委书记王秋芳来村子看我。他中午还在我们村敬老院吃了个饭,我们俩谈了很多扶贫上的事。我来范县工作3年了,他无数次地来看我,关心我,支持我。他比我小七八岁,把我当老大姐,并实实在在地关心我,抬举我。可以说他能力、为人、心智都远远比我高,但我俩有个明显的特点:脾气直,对人好,干工作比较拼,很有为民情怀。2016年、2017年、2018年,他3次到我家拜访,2次到医院看我,我决心在退休的一段时间干好范县的扶贫工作。

他对贫困老人、穷人有至高无上的爱。有一次全县开会,他深情地给全县干部鞠了个躬,把扶贫事业拜托给大家。这一拜折服了多少干部心,人心所向,所以大家才踏实地为贫困农民办事。我开办敬老院,他不但到场讲话,还拿出2000元钱给敬老院,真是对老人关心至上呀!他崇尚文化,在重要的县委书记位置上,还忙里偷闲,参编了几部戏剧,如《石磨婚事》《驻村第一书记》《黄河人家》等。他不一定是全国最好的县委书记,但是他是我认识的最重视文化传承的县委书记,深信他会给后人留下不少的精神文化遗产。我很佩服他,也心甘情愿在他工作的县里当驻村第一书记。

我参加工作以来,在4个县接触和了解了一批优秀的县领导。娄本跃、路芳、孙建山、冯远成等是1974年至1984年我在新蔡时认识的县委书记、县长。那时我在村子里养了7年牛,后来成了劳动模范,他们经常去关心我、支持我、培养我。娄本跃经常带着干馍头到我们村来,还给我们栽树;路芳到我们村子里还帮助我们家割麦子;孙建山和冯远成对我就更好了,培养我当先进,我的劳模代表就是他们推荐的,冯元成还送我上了大学。2000年我响应省委书记的号召,第一批到新蔡县孙召乡当了驻村第一书记,那时候的县委书记是贾国印,我在村子当了3年零8个月的驻村第一书记。他全力以赴、千方百计地支持我,关心我,培养我,帮助我。我第一次到村子时,是他亲自到孙召高速路口接我的,全县县委会在我村子开展向我学习的活动,向省委推荐我。他可是用情、用心、用行动支持我。我见过许多县委书记,很少有像他这样对一个驻村第一书记这么重视的,感动了全省扶贫办,都说贾国印真重视扶贫和扶贫办工作。王兆军还没有去新蔡时就重视扶贫工作,后来他去新蔡了,对扶贫工作情有独钟,一干干到了全国脱贫县典型出名。在我眼里他是本事很大的县委书记,能干大事。

2014年我去了确山县竹沟镇西王楼村当了驻村第一书记,那时候的县委书记是贾明伦(现在是驻马店市人大副主任)。我去的时候是省扶贫办主任张成智给我送去的,所以县里、乡里、村里特别重视。他多次去看我,还领着县四大班子去学校慰问教师,并给学校捐了1万元钱。有一次省报业集团于为民到村子采访,他还亲自带着酒同于为民吃酒,两人都饮多了,一句一个大姐地叫,感动得我当时直流泪。我们村搞美丽羊大赛他参加了,一高兴给村子里解决了40万元扶贫资金,我们村一下子发展了5万多只羊。

路耕是接他的县委书记,原来是县长。我认识他早,因为他的父亲是我的老领导,我在驻马店农业局当副局长时他是抓农业的副书记,郑州大学毕业,人品特别好,很平易近人。虽然他是干部之子,但为人很低调,做事很踏实。我在西王楼3年,得到他全力的支持。他为人做事有3个特点:遇事从大事着眼;以小事入手;让人感动。2015年年底,我在村子里正为钱发愁,他给我打来电话,说有个企业家给县里捐10万元,想放到我们西王楼。我一听大喜,没几天他领着老板刘伟来到了村子。给村子解决10万元钱,为村子办了许多大事,解决了很多问题。还有一次我们向省交通厅要了500多万元的项目款,他亲自过问和帮助解决,这个项目很快落实了。我走的时候,他还专门下文,号召全县向我学习。驻村工作中,我在西王楼干得最扎实,为群众做事最多,两位书记也是帮助最大。在他们的领导下,确山处处彰显出革命老区苦干扶贫的精神。我在西王楼工作3年多,向老区干部和人民学习了许多知识和精神,很多人很多事都让我感动,难以忘怀。虽然我离开这个地方3年多了,几位县委书记的务实精神和以人为本的思想都成了可以借鉴的宝贵的经验。路耕书记为人低调,对人敬重,看得长远,从不在得失上计较。他继承了他父亲的优良品德。

范县的县委书记我已讲过,是一个品行优能力强的干部。

遇到了他们是我一生中的幸事,促使我干成了很多事。如果我是编剧,一定把我工作过的地方这几位县委书记写进电视剧。同时我还接触了平舆县委书记张怀德、汝南县委书记鼓宾昌、正阳县委书记刘颜丽、嵩县县委书记徐新、卢氏县委书记王清华、淅川县委书记卢捍卫、修武县委书记郭鹏、新县县委书记吕旅、光山县委书记刘勇、封丘县委书记李辉、台前县委书记常奇民,等等。他们都是很有本事、人品又好的领导干部,他们才是中国干部脊梁。认识他们是我的荣幸,也是我的人生财富。他们真是太优秀了。

2019年12月23日　星期一　晴　-3℃　胡屯村

家国情怀

　　今天天冷,又在村子里做了一天的扶贫工作,并把大吴庄、西王楼、胡屯村3个村的贫困学生又捋一遍。大吴庄6个贫困生,有魏清清和吴慧玲家里比较困难。西王楼27个,其中熊留梅、熊利嫒、熊留拴比较困难。熊留拴的母亲已死,欠下20多万元,父亲一个人带4个孩子。其中3个学生,一个八年级,一个七年级,一个高中一年级。王春,女,贫困户,在确山一高读书,父母双亡。陈源源,父亲去世,母亲改嫁,上九年级,无生活来源,急需资助。王世豪,驻马店技院二年级。王世杰,读小学三年级(五南人)。曹小龙,驻马店技校二年级。曹向阳读高一,父亲去世,只有母亲带着两个孩子。西王楼27名,大吴庄6名,胡屯2名,共35名,加上老陈的共39名学生,需要39个爱心人士,目前任务大,支助人员少,要一个一个落实,难度很大。

　　今晚没事,我就在住室看了李肇星写的《生命无序》,看了十分感动,学习了许多知识。

　　李肇星当过外交部长,在十分繁忙的情况下为89本新书写序。从写序的情况看,每篇序都是读后感,针对性强。每篇序写得感人至深,既有对作者的肯定,对内容的赞同,对观点的赞美,也有对读者的建议,真真切切。每篇序都是在出行的路途中,在出国的飞机上写的,正可谓"见缝插针"呀。一个高级领导干部的学习精神、看书态度是值得我们学习的,挤时间写诗、写序,一般人是做不到的。他对人的情感是真真切切的、厚道的。他给同行的书写序,每一篇序都是深厚情感的表达。每一个字里行间都代表着高度、厚度、长度、宽度,我有时候看得流泪,有时候看得大哭,特别他写自己做喉部息肉切除手术打麻药时的害怕心理,一夜睡不着,却还哄医生护士,读得我哭得眼泪都像断了线的珠子不停地滴落。他真是太幽默了,太好笑了,真有文采。他写序人物介绍得清楚,事情叙述得明白,对作品的看法有哲理和高度。王勃写的《滕王阁序》我没看过,但我觉得李肇星写的《生命无序》真是有家国情怀。

　　这本书给我留下了许多良言:

1. 谦虚谨慎的本质就是实事求是、与时俱进、以人为本的有机结合。
2. 在祖国面前我们都是孩子,在知识面前我们都是孩子。
3. 凡走正道的人,路上都铺满了"良心"二字。
4. 路走得越远,阅历越多。
5. 长叙方恨夜太短,不觉黎明才离去。

6. 艰苦也可能成为优势,成为良师,培养艰苦向上的意志。

7. 百姓百家皆是友,一叶一枝总关情。

8. 平静的海洋里练不出优秀的航海家。

9. 一个爱祖国,爱劳动,爱知识的作者的书会有利于提高读者的快乐指数。

10. 任何大家的精湛技艺都是汗水浇灌出来的。

11. 契诃夫说:生命不在于长短,而在于为国家和人民做了什么。

12. 我唯一的憾事就是没有第二次生命献给祖国。

13. 不说假话和真话不能全说。

14. 要与自然和社会和谐相处,夫妻之间也要和谐相处,在一定意义上,充满友谊的婚姻才是高质量的,友谊的格调常常高于一纸婚约。

15. 不管多高雅的艺术也得生存在一定的经济基础上。

16. 快乐的心情是最大的生命力。

17. 做事会遇到困难,战胜困难的过程最有意思。

18. 路还远,书还多,留得一颗童心是最好储备。

19. 牛顿说,他不过是一个在知识的大洋上捡拾贝壳的孩子。学习是一条漫长的路、艰苦的道路,哪怕只是了解一个国家、一件事物,也得一步步脚踏实地走。

20. 天使能飞翔,是因为他们看清自己,难得平常心,别以为自己是什么什么,也别以为自己的成就如何如何,谁的经历不是部长篇小说。

21. 幽默的本质是真实和善良,美好交流的本质也是真实和善良,它有利于社会的健康美好。交流使人类更美好,要相互说说真话,说朴素易懂有点新意、新信息的话,说首先打动自己而可能打动别人的话。

22. 人一辈子有机会学习就好好学点有用的,有机会做事就实实在在做点好事,千万不能忽视自己。

23. 一个普通人在祖国面前永远长不大,在世界文明面前永远学不完,有机会与周围各国友人共勉永远是一种弥足珍贵的幸福。

24. 我祝愿自己不是什么官儿,不是什么诗人,而永远是母亲和祖国的孩子,老师和知识的学生,亲人和朋友的知心人。

25. 围城逻辑:城里人更欣赏乡下的景色,乡下人更向往城里的生活。

26. 没有信仰就没有真正意义上的生命和国土。

27. 世界上最难最受欢迎的事之一是说真话,把真话说准确。

28. 人的差异产生在业余时间,当了家长老师和干部也不应当只要求孩子和部下好好学习,自己应当认真学习模范。

29. 在我心中最重要的礼仪是敬民爱国,谦虚谨慎,言而有信,牢记人民至上,祖国永恒,学海无涯。

30. 热情是嘹亮的号角,冷静是无声的脚步,对事业有激情才会有创意,创意又会激发灵感。

31. 好的都是难得,情商是生产关系,智商是生产力,做事和当官要大气、大胆。

32. 自强不息的要做事,思想不止,行动不止,思想和行动良性互动。

33. 哈佛的简朴为哈佛的声誉增色不少,联合国的大楼建筑"简陋寒酸"增添了它大气和使用内涵。

34. 教师是天下最崇高、最幸福的职业。我的体会老师的生命力会像圆周率小数点后的数字一样无限延续,永远记不完、背不尽。

2019 年 12 月 24 日　星期二　-4℃　阴　胡屯村

女儿真是孝顺

孩子一大早给我打电话,说这几天有大雾,注意好自己的身子。孩子真是时时关心着我,让我十分感动。我想自己回去以后,也要好好给母亲洗一次澡。母亲现在年龄很大,身体还很硬朗,前几天我在海南照顾她时,给她洗过两次澡。每次洗澡她都害怕,不愿意,一说她不想洗,二说她身上不脏,其实她是怕麻烦别人,但每次洗了澡她都说很舒服。这次我回去后一定要再给她好好洗一次。对待老年人就是个功夫和耐心,一定要做可口的饭,让她吃好,事事都要顺着她。我之所以想办敬老院,就是想让农村的老人过得幸福。

天气冷了,村子里的敬老院也越来越需要保暖了。这两天检查以后,要很好地解决一下老人们的洗澡问题和正式居住场所的事。人都有老的那一天,全社会都来关心老人,社会就和谐了,老人就幸福了。

2019 年 12 月 25 日　星期三　-2℃　雪　胡屯村

雪天很冷

昨天晚上下雪了,虽然雪不大,但天气很冷。我和司机小毛吃过饭就去村子里了,村干部都在村子里等着开会,研究了 3 个事:

第一,村子里农产品展示中心投资多少钱,让谁来建设,什么时间建,都说得清清楚楚。买土的 8 万元,只能给 2 万元,设计钱、垫土费都从工程款里面出(高书记出面协调）。

第二,扶贫工作到下月4号都结束了,抓紧做好文字资料工作,由任鑫鑫负责。

第三,党建工作要做好,由小孟、胡建民负责。

上午同乡里党委高书记又看了贫困户,中午在村敬老院吃饭。

虽然村子里零下几度,但我不停地工作,不停地走路,也没觉得很冷,而且见太阳出来了。想想杨美兰书记千方百计地给我做两床新棉花被子,就浑身是劲。范县群众这么好,干不好真是对不起群众呀。在敬老院吃饭时,看看一群老人对我热情的样子,再苦再累也心里像蜜一样甜。张三问我冷不冷,李四问我这段怎么没有来,亲切得像一家人一样,那种从心里亲的感觉,外面的人是体会不到的。我现在深深地体会到,对老年人心得细,心得宽,心得诚,心得孝,你对父母有几分孝,就要对他们有几分孝。今天还专门拉大嫂到我住的地方洗洗澡。我又亲自给她洗洗头,吹吹头发,她可开心了,说丈夫刚去世心里很悲痛,但敬老院给了自己许多温暖。现在心不痛了,每天都过得高高兴兴。如果没有敬老院,不知道该怎么过呢!

从这件事上看,村级敬老院也一定要办好,才能给无儿无女的老人幸福。所以我一定要探索农村养老的新路子。

2019年12月26日　星期四　-2℃　胡屯村

现在的年轻人真能干

昨天县电业局董书记领着我去看了毛楼的张国涛种植的草莓,已经开始采摘了,口感特别好,很鲜,很甜,很大。我在两个棚里看了两个不同的产品,并进行了品尝。

张国涛,云南农业大学的研究生。他的导师是一个很出名的院士,他学的专业是葡萄种植,现在实践的是草莓。我问他为什么现在回来种草莓,他说一是想让自己的日子过得好一些;二是想在农村探索一条适合发展的路子。自己现在已投入了80多万元钱,开始有效益了,每天能卖100多公斤草莓,一天能有个6000—7000元的收入。一有收入,干劲也大了,准备把妻子孩子都接回来了发展事业。小张说他今年30岁了,已工作几年了,现在把自己的一点积蓄都用来发展事业了,只能成功,不能失败。

现在年轻人真能干。一个研究生,可以放下一切来农村种地,发展事业,这种胆略和气魄还是非常让人敬佩的。我们村子胡长喜是长春农业学院毕业的,现在自己回来搞电商,也做得很好。这一代年轻人有干劲、有闯劲,是非常值得学习的。我给他讲了一些创业的经验和注意事项,也帮助他策划一些项目让他好好地去做,愿他们的事业做得成功,也衷心祝福年轻人闯出一片自己的新天地来。我的青年也是闯出了一片新天地。知道路子是闯出来的。

2019 年 12 月 27 日　星期五　晴　-1℃　胡屯村

人不要把自己看得太重

这次国家扶贫验收组来河南验收 2019 年脱贫县的扶贫工作。我以为自己很能起点作用,就风尘仆仆赶到了县里。没想到人家根本不需要,自己连工作组组长的面也没见到。虽然自己尽心尽力了,但人家根本不需要。

从这件事情上看,以后自己不能太把自己当回事,觉得自己能够帮助别人,能尽一些力量,对别人来说你没那么重要。因此,自己以后再也不能太看重自己了,正像李肇星《生命无序》书中说的,天鹅之所以飞得高,是它看轻了自己。牛顿是个伟人,他离开了,物理科学照样研究。人呀,只是沧海的一滴水,人群中的一个过客,别人可以看重自己。但自己一定要看轻自己,任何时候都要谨慎、谦虚、谦卑、谦蔼。多做少说,只做不说,不做绝对不能说。做一个干实事求实效,务实的人,一辈子老老实实做事,踏踏实实做人。宁负自己一生,不负别人一时。一定要敬畏组织,高看群众,以党的事业重于泰山,看个人名利淡如水。多反思,多做事,少张扬,少邀功。今天河南电视台新闻频道张克家对我说,《吴树兰——四十年劳模,时代先锋》28 日下午 6 点 55 分播出,29 日 12 点 10 分重播。我要认真看一看,做个资料留念。

2019 年 12 月 28 日　星期六　晴　-2℃　郑州

同《驻村第一书记》剧组研讨剧本

今天同《驻村第一书记》剧组的贺保林老师在一起讨论他们创作的剧本。剧本我没有看,但这个剧本都创作了 3 个年头,经历了 4 个编剧,国家一级编剧齐飞也是其中之一。他编出的东西拍得很好,社会反应也很强烈。因为范县和剧组想法不一致,又进行了大量修改,所以占用了很长的时间。这 3 个月各方面都比较着急,他们又找了一个人写,所以又让在一起谈一谈。对这部剧我谈了 3 点看法:

第一,这部剧搞得时间太长了。已经没有时效性了,再搞起来,作用也不是很大。

第二,我已尽到力了。因为这是排剧,而不是工作,我只能配合。

第三,深刻体会到这部剧的难度。因为现在参加的领导多,要求的标准高,所以难度太大了。我还是坚持我的原则,什么事只能先做再说,或只做不说,不然喊出去看,做不好,没办法交代。

我很敬重创作组的同志,更敬重各位艺术家,从艺术家身上我学到了认真、执着、坚持原创的好品质;更感谢一些领导,他们对扶贫工作、贫困人口这么关心,实在让人佩服;更看到王秋芳书记的特点和魄力,张颂杨总监的能力。我过去同贺保林老师不熟,没想到他一个年轻人那么有胸怀,他让人无限佩服的是不图名,不要报酬,承担起这一稿的主笔,他是一个评论家,现在写起剧本来,真是难能可贵的担当呀。现在各行各业的人,真正缺少的就是自我牺牲和勇于承担的人呀,他今后一定能做成大事。

今天同张成智主任、杨盛道厅长在一起吃个饭。他们一个忙着做扶贫老促会工作,一个搞业余戏剧,都各有所乐。吃饭时我还见到了省机要局范局长,退休后也开始唱戏了。老有所养,老有所乐,他们都找到了自己的乐趣,真好!人呀,就是要活到老,学到老,工作到老呀!

2019年12月29日 星期日 晴 −7℃ 郑州

心态要永远年轻

有人说,有些人到老心态都是年轻的,像袁隆平、屠呦呦、张新芳、王蒙、钟南山等。他们都是科学家、艺术家,都还在认真地上班工作和研究所热爱的事业。特别是张新芳都99岁了,还在坚持每天坐诊。昨天我见到农业厅老厅长常远诚、财政厅王明友,80多岁还在坚持游泳。他们都在事业上做出了突出的贡献,都怀着一颗年轻的心活跃在各自的岗位上。比着他们我才60多岁,更应当有一颗更年轻的心,朝着一个目标多学、多干、多研,再搞出一项和别人不一样的新的东西。创新是一个民族的灵魂,也是一个人的灵魂。一个人不学习,不创新,不求进步,一天混混日子、饱食终日,什么作用都没有,什么价值也创造不了,那真是太可悲了。我一定要忘掉过去的成绩,清算为零,从头做起。用一张白纸画出老年最清晰的图,写出老年最美丽的篇章。像年轻人一样,努力,努力,再努力;奋斗,奋斗,再奋斗;拼搏,拼搏,再拼搏;创新,创新,再创新。让生命创造出新的奇迹,为人类和社会多做一点有意义、有价值的事!也使自己的生命不虚度,并给人们留点念想,给历史留点痕迹,给儿孙留点精神,给自己留点无憾。

2019年12月30日　星期一　晴　-6℃　郑州

做饭受夸奖了

今天去办独生子女父母证明,这样退休后每年可以领取1500元左右的补助。到街道办事处去了两次,又到单位去了一次,还差独生子女证和结婚证没找到,没办法,就回家了。孩子们说晚上回来,我就学着给他们做点红芋丸子和油饼。丸子做得还很好吃,油饼,做得很鲜,面也发得很好,女婿天瑞帮助我用筷子翻着,小油饼鼓得像大圆球,很好看,也很好吃。俩孩子吃了很多,也大加赞赏,表姐张秀丽夫妇也说好吃,我有生以来第一次做油饼,大家都说好吃,我也有成就感,心里也很开心。过去都是为工作付出,为贫困人口付出,为农业、农村、农民付出,今天总算为家人付出一次。从这次做饭中我体会到3点:一、自己的付出换到别人的幸福,自己是最高兴的,原来都是为社会、群众、贫困人付出,今天是为家人付出感到太高兴了,也深知自己欠家人的太多了,今后多偿还他们。二、世上无难事,只要肯攀登。大家都认为我不会做家务,我也认为自己做不好家务,现在自己持家,也能应付过来了,特别今天炸油饼一举成功,增强了我学做饭的信心,我下决心一定要做一手好饭,让自己吃好,让家人吃好,也让关心我的人吃好,用自己的劳动温暖周围人。三、多做新事、没做过的事。新事和没做过的事可以开发人的脑力和动手能力,以防自己老年痴呆,增加自己的手脑脚活动。人一定要多学,多动,多研究新东西、新事物,增加新的能力;多学增强自己解决自己问题的本领,力争少给别人找麻烦,多给社会做贡献。

2019年12月31日　星期二　晴　-7℃　郑州

2019年的最后一天

今天是2019年的最后一天。一年又过去了,时间像断了线的风筝,怎样收都收不回来,怎样留也留不住。时间催人老,一转眼我就60多岁了,退休也两年整了,这一年又忙忙碌碌过去了。盘点这一年做了点什么,大事没有,小事还真不少。

第一,还是扶贫。三分之二的时间在范县扶贫,在胡屯村时间最多,天天吃在村子,住在村子,给村子的贫困农民办了11件大事,件件都得人心,特别是发展经济,今年村民新开了50多个鱼塘,个个塘里都装满了鱼,虽然今年的鱼价不高,但多了也能卖不少钱,光这一项奖励款就4万多元。胡英杰的泥鳅养殖形势非常好,外销到韩国和俄罗斯。

第二,村子的莲藕今年种了1000多亩,每斤藕1.8元钱,一亩地能收入5000多元,靠这一项农民收入大幅度增加。老书记胡传奎说,他今年最少可以盈利20万元。种莲藕的农民个个脸上都堆着满满的笑容。七一发奖金时,近20位农民得了奖。

第三,优质水稻今年收成好。6个种植水稻大户每亩地都增加收入近1000元,他们最多的能得到1万多元奖金。

第四,电商今年发展迅猛。胡喜常几个年轻人,个个年收入20多万元,形成了一个新的产业链。

第五,借助荷花节的契机,村子里办起了旅游,开饭店的,卖小吃的,卖花的,看花的,进游乐园的每天都有上千人,热闹极了,村里接待游客也上千人。旅游业已初步形成。

第六,贫困户发展了各种产业,落实了各项政策,人均收入超过了往年。7月1日,扶贫互助合作社和养老扶贫互助合作社每个贫困户都分到了3000元以上,产业扶贫、光伏发电扶贫、劳动力就业等各项分给每人至少2000元。

第七,打通最后一公里,60岁以上的贫困户都进入了敬老院。他们再也不用为吃住发愁了,屋里有空调、电视、洗手间,生活十分幸福。

第八,村子里办起的农产品分检中心,已筹集到了260万元,近期开始动工。此工程一旦干好,农民的产品就能卖出高价钱。这将是全省第一个村级分检中心,不但发挥着农产品等级的分类、检验,也起到引领农业科技的作用。

第九,创建优秀党支部和创建扶贫村、文明村大见成效,强化了基层组织,加强了党员教育。全年组织了各种学习50多次,党员从自己做起,带头精神文明创建,一帮一帮扶贫困户栽树、种新品种。村子开始了6次卫生大检查,促进了农民讲卫生、讲文明、讲奉献的习惯和精神。目前出现了人人为创建文明村做贡献,人人讲究卫生,人人帮助贫困农民的良好局面,掀起了党员带头干、群众跟着干的风潮。

第十,组织村级劳动力外出就业,加强劳动力培训,形成了一个农民学技术、讲技术、用技术、靠技术的局面,科技兴村的劲头特别大。已掀起了学技术、用技术的热潮。今年村子拿出3万多元资金,支持科技户、示范户、先进户,鼓励和引导大家科学种田,用新品种、新技术、新办法振兴乡村经济,发展农村科技,培养新一代农民。

第十一,为基础设施和民生工程进行了大的投资。今年村子里基础设施和民生工程投资500多万元,建立村级工厂、道路、游乐园、分检中心,基本上解决了基础设施落后的问题。

总之大家是努力的,党支部一帮人也是拼命奋斗的,群众也是千方百计调动内生动力来做的,国家、省、市、县、乡都是非常支持和满意的。

除了胡屯扶贫,我今年还做了几件可以总结的事:

一、加强了学习。今年在繁忙的工作中,看了《王蒙自传》,李肇星的《生命无序》,王章的《家庭教育》《生命真奇妙》,以及《先锋》《文明之路》《大学之路》《智者》等50多部有益书籍,并写了《山里人》《十年扶贫路》《入滩日记》等书稿。

二、到上海、南京、江苏、浙江参加学习,并进行"黄河滩扶贫搬迁战略模式"的研究。"河南省扶贫模式"的研究,以及对台前、淅川、嵩县、卢氏进行深度贫困调研的报告,获武国定省长亲自批示。参加了省参事室每月的活动。

三、坚持每天写日记和经常游泳,提高了写作水平和游泳技能,锻炼了身体。

四、初步学会了做饭,并带着母亲在海南住了一段时间,不但尽了孝,也学会了做饭,并在养老问题上有了新的认识,为胡屯村办好敬老院提供经验。

五、联系社会爱心人士,开展了一对一的精准扶贫。在正阳高台村、汝南艾滋病村、嵩县桥北村、确山竹沟西王楼村、范县胡屯村、新蔡县大吴庄村对20多名特困户的孩子进行资助,起到了很好的效果,特别是这20多个爱心人士,有企业家、教师、记者、编导,我们每次聚在一起,说的是扶贫,谈的是扶贫,每个人的爱都聚集在贫困人口身上,这股力量大得很。特别感谢的是我的研究生同学和顺利,每次开会他组织,每次吃饭他买单,每次帮扶学生他带头,每次下乡他找车,真是做到了为贫困学生解决问题,我看到了他的真心、真爱和真帮。

今年的最后一天我们还组织牛炳义律师、刘湘军经理、赵宜平、王香云、王丽经理、张亚玲、冯殿华、金翔等一起商量最近一批学生资助问题,准备在安心网发一批贫困学生资料让大家认领,大家都非常积极认领、想办法,扩大影响面,积极开展工作,正能量满满,这种方式真好呀!真能解决贫困人口的问题呀!真能聚集人气呀!大家一块儿往前跑,一块儿做追梦人,一块儿发挥正能量,一块儿帮助贫困人群和贫困学生。爱是相互的,在我们帮助他们时,我们自己也得到爱。

2020 年

2020年1月1日　星期三　晴　郑州

元旦

元旦节,今天做了3件事。

一是为40名贫困生找支助爱心人士,召集爱心人士开会,由研究生同学和顺利组织协调,由金翔老师整理40个贫困生资料,发布信息让爱心人士认领帮助,发到网上,发出后已有3人提供帮助。争取3个月内能领取完。解决40名贫困家庭和困难人口上学问题。

二是请老领导常运诚夫妇、吴海周,以及师母吃饭,他们特别高兴。吃水不忘挖井人,常运成是我的领导,又是我学习的榜样,特别是他坚持原则的作风和敬业精神鼓励和影响我一生认真工作。

三是参加研究生同学聚会,相互交流了经验,特别是郑州市政协主席王璋谈的鼠年的6大特征:"1.创造性;2.敏感性;3.反腐性;4.适应性;5.连续性;6.深钻性"。人要创新,要适应新时代,就必须深钻,要适应,并要有选择地传承。王璋主席很爱学习,他的《亲情热线369》对我很有帮助。

2020年1月2日　星期四　晴　范县

新年第一次开会

今年是2020年第一天上班,同贫困户开开会,谈一谈今年的发展,又开个支部会,让大家各就各位,各司其职。我在办公室想一想今年到底怎么干,干什么,达到什么效果。现在退休了,没有人给自己安排工作,没有人给自己压力了,但自己要给自己压力,自己要给自己目标呀。人没压力轻飘飘,树没压力长不高。一个人、一个家、一个单位、一个国家,没有压力,没有目标,永远不会有活力,永远不能前进。所以人不管什么时候,都要定目标,有压力,这样才能激发出动力和活力来。我简单列了一下今年要做的几件事:

1. 修改、完善《入滩日记》《山里人》《十年扶贫路》书稿,力争年底3本书全部出来。
2. 完成胡屯村的脱贫任务,保证达到高质量的脱贫。
3. 完成"河南扶贫搬迁"的课题研究,力争今年能拿到国家和省级成果大奖。
4. 力争在爱心团队里找50名爱心人士帮助50个贫困学生,主要资助贫困生学费。
5. 亲自带母亲3个月,下决心学会、学好做饭,补好妇女主家的课程。
6. 力争外出学习,考察乌镇小商品批发市场,到梁家河、大湾区、新疆、青海、澳大利亚等地参观学习。
7. 找一个适合自己的活干,为10年驻村生活画上句号。
8. 完成一趟黄河之行。从源头走到入海口,认真研究黄河滩的生态和发展问题。

2020年1月3日 星期五 晴 郑州

有感于看豫剧《梨园春色别一样的红》

今天应河南电视台张松杨总监的邀请,到梨园春剧场看了《梨园春色别一样的红》。两个小时,有近20个节目,都是河南豫剧名段,看得我一直流眼泪。这台戏有3个亮点,2个不一样。

3个亮点:
1. 公益演出。每个人参加演出没有报酬,自愿参加。
2. 一个节目有一个名家,而且是配角,同主角一起唱。
3. 主角都是业余演员。大部分是退下来的领导干部,如杨盛道、范苗云、郑新法,还有一些爱心企业家,每段戏都是经典,每个人演得都很专业、很认真。特别是杨盛道夫妇、郑新法和徐荣双演的戏,我都感动得流泪了。

2个不一样:
1. 每段戏都有很强的教育意义。正能量满满的,每个人都演得很认真,特别是老领导、老干部都很投入,演功唱功都很好,真不是一日之功,为宣传河南豫剧文化真是立了大功。
2. 不论名家还是业余者,都带着感情演和唱,宣传河南豫剧不遗余力,真值得大家学习。

总之看完今天的晚会,更加鼓励自己多为群众做事,把好事做实,大家都在为群众做事,只是方式不同而已。

2020年1月4日　星期六　晴　胡屯村

不该发生的事情

　　本来孩子的事由她自己解决,我不应当插手。没想到遇到事情了还是当局者迷,我一气之下给学校领导打了个电话,孩子批评了我,搞得我里外不是人。我本来想帮她点忙,没想到帮了倒忙。看来自己真是老了,干什么都不行了。去游泳,摔倒了,躺了3个月;前天早上去散步,又扭着了腰,疼了3天还没好;做个饭又把锅烧坏了。老了真是没有用了,学习吧,记不住东西;干活吧,身体不好;持家吧,不会做家务;挣钱吧,自己也没过硬的技术。想想自己也很可悲的。可怜,可悲,可憾呀!今后,只能两耳不闻别人事,余生只能读点书吧。

2020年1月5日　星期日　雨夹雪　胡屯村

今天太累了

　　天下着雨,雾特别大,好像整个天都要压下来,雾气冷,雨水冰凉。我和黄师傅一起从县电业局出发到了胡屯村,谁知道城建局的帮扶人员也来了。他们组织了3个组,我和妇女主任小霞、城建局小高3个人从东到西一户一走,上午才走了15户,到上午12点多我们去吃饭了。这15户分3类情况:

　　1.对政策非常清楚,政策落实好,享受了好处,满意度和评价也特别高,非常满意,有10户左右。

　　2.对政策了解得不清,工作落实不到位,帮扶人员也说不清楚,有2—3户。

　　3.什么都不知道。

　　根据这3类情况,下午又给帮扶人员开个会。让大家再摸一次,再深入了解一次,再好好做细。一定让人人都知道政策,享受政策,满意扶贫工作。

　　由于在雨天里走村入户5个多小时,棉袄淋湿了,鞋子也踏透了水。为了脚下舒服一点,我到了王明喜厂里烤烤鞋底子。老王看我的鞋全湿了,就让人上镇上帮我买了棉鞋。换了以后舒服多了,我又回到了村子,村部在培训人员,我又叮嘱大家了几句,到晚上8点多,我和司机去陈庄吃点饭。由于上午只吃点面条,清汤寡水,晚上实在饿了,吃了很多。从乡里出来大雾压得大地喘不过气来,全都是雾。镇书记高彩菊、镇长李振宇觉得天气不好,不让我们晚上走。问问高速公路上的柴树畅老同学(他原是省高速公路管理局局长),说路全都封了,走不了。我们只能安心住下。用电暖气烤烤袄,我烤着烤着就睡着了。半夜想起来,连忙把电源拔掉了。在农村真是苦和累呀,城市人绝不会在数九严寒、冷气逼人的情况下走村串户,也更体会不到农民与基层干部有多么辛苦在工作。因此我很敬重基层干部,很热爱农民。他们善良、淳朴、厚道、热心,正是这些基层干部撑起了农民对党的信任。

2020年1月6日　星期一　晴　-10℃

回家的路上

因为明天有个会议,黄师傅也要到人大会上,我们今天需要赶回郑州。但是回郑州的高速全都封闭了,怎么走,走不走?电业局王玉清局长很担心,不让走,怕不安全(他对我特别好)。我还是坚持走,走低速路。

从范县到郑州,我们将近走了8个小时。我腰疼得像断了一样,回趟家是真难呀!

平时都说在回家的路上,都体会到家的温暖和幸福,这次发现只有赶在路上的人才知道回家的路上有多辛苦。有的农民工几年都不回家,有的科学家为搞科研,几十年都不回家,有的人遇到困难不敢回家,回家的路上有多长,只有艰辛经历的人才知道。我一个退休老同志,回个家还得坐几个小时的车,苦都是自己找的,乐也在这苦之中。今年范县就能脱贫了,脱了贫,全县干部都可以松一口气了。王秋芳书记前段累得晕在了办公室;赵丽玲县长也是50多岁的女同志,天天都在下面跑;村子里的任鑫天天住在办公室,孩子才上小学;7个村干部个个都忙着干扶贫,快过年了他们还白天黑夜地忙着统计报表,看家家过年的东西齐不齐,帮忙置办敬老院的年货、被褥等。谁也不易呀!我是个老党员,一定在扶贫路上多出力呀,党好、国家好、人民好,我们自己才好呀!

小家是大家的一部分,国家的一细胞,人民的一基石。人人都能从大家着想,国家着想,人民着想,整个国家,人民不都往前走了吗?不都幸福了吗?我能干点事的时间不多了,再苦再累也要多干呀!

2020年1月7日　星期二　郑州　-7℃

开了一天的会

今天上午在单位开会。快过年了,老干部党支部开个会学习。我交了党费,参加了学习,并到人事处把我的劳模证拿回来了。

下午在农科院开会,讨论《河南扶贫模式的研究》,把各方面人员都集中起来,一个问题一个问题地讨论研究。从下午4点到下午7点,大家讨论研究得很认真、激烈。侯博士没有参加,这几次都没有参加,不知道他是因为太忙了还是因为别的什么原因,总之这个项目进行得很难很慢。因为大家都有工作,这是一个专门的项目,做起来很慢也很难。不管怎么说,进行到现在这种情况还是不错的,自己也是没人没钱没手段,只能靠着农科院了。就这还是因为有乔鹏程院长的大力支持才能做到现在这个样子。现在搞个什么事真是不容易,今天自己太激动了,批评的多了,不是本单位的人,又都是科技人员,怎么能这样批评他们呢?今后还是要注意方式方法的,不然就没有人气了。

散会以后,我又去了一个老乡的饭局。参加的人有杨从林、贾国印、付伟、王守平、石建超等,有两个人在新蔡当过县委书记,一个在新蔡当过政协主席,三个人是新蔡县的精英(两个公务员,一个企业家)。大家在一起说说话,吃吃饭,了解很多信息。

2020年1月8日　星期三　飞机上

飞机上——从郑州至三亚

87岁的老母亲在三亚的保亭。我因为范县的扶贫验收回来了半个多月,在范县的半个月,天气很冷,又要到各家各户去看、去访、去问,去落实各项扶贫工作,一天到晚冒着雨跑东跑西看扶贫工作做得怎样,落实得怎么样,走湿了两双鞋,冻得脚手都是疼的。上午我去一个地方拔拔罐,整个脊背都是黑紫的,医生说我湿气太大了。可不,寒冷冬天,天天冒风顶雨,湿气怎么会不大呢?没有办法,黄河滩区的农民太需要帮助了,我的工作也太需要滩区实验了。现在才体会到要想担当大任,必须劳筋骨。虽然自己没有担什么大任,但我拿着国家发的工资,承着人民的期盼,不帮他们脱贫,怎么能心安呢?

下午5点15分的飞机,中午同家人一起吃个饭,下午休息了一会儿,他们把我送到飞机场。由于这一段过于劳累,在飞机上腰疼得难受,我只好不停地起来,站一站,以缓解腰的疼痛。晚上8点钟到了三亚凤凰机场,下飞机后表弟小李接着我,到家都夜里11点多了,妹夫魏华做的饭。明天魏要走,他怕自己走了我过不好年,给我们蒸了馍、包子,做了红烧肉和小酥肉,我十分感动!退休后深刻感受到,领导、同事越来越远,亲情、友情和家人越来越近,越来越亲密。妹夫人非常好,他对我倍加关心,妹妹、弟弟也对我很好。

2020年1月9日　星期四　晴　保亭

河南两会开始

今天两会已经开始。今年的《政府工作报告》特别好,成绩实实在在,2019年重点工作完成了:一、三条高铁;二、双千工程;三、十大水利工程;四、减税降费;五、小微金融服务平台;六、5G应用;七、脱贫攻坚;八、大气污染治理;九、河南服务移动端"豫事办"上线;十、客货列车;十一、超算中心落实户;十二、老旧小区改造;十三、"四优四化";十四、返乡创业;十五、高龄津贴发放;十六、双一流大学;十七、农村小学义务教育。

同时明确了2020年主要预期目标:1.生产总值增加7%;2.规模以上工业增加值增长7.5%;3.固定资产投资增长8%;4.社会消费总额增长10%;5.进出口总值平稳增长;6.一般公共财政预算收入增长7%;7.居民人均可支配收入增长与经济增长同步;8.城镇新增就业110万人,城镇调查失业率和城镇登记失业率分别控制在5.5%左右、4.5%以内;等等。任务清清楚楚,可操作、可执行,切合实际,一听一看就很亲切、务实、为民,看来新来的尹省长是一个很务实的人,这是河南人的福气。人民盼来了好当家人,很快河南人民就有福气了。

2020年1月10日　星期五　晴　28℃　保亭

起草在范县2020年春节晚会上的献词

我来范县有3年了,这可能是最后一年,趁机献个言。

范县新年新气象,扶贫打个漂亮仗,给河南争了光。说争光,讲争光,全县上下一起忙,驻村第一书记吃住都在村里边,全部在村子里做调查,采信息,一天到晚忙不闲,乡干部,管全面,又指挥,又实干,群众家中天天转,对穷人像爹娘,件件实惠落实处,又排难,又分钱,看病上学不花钱。发展经济能分钱,房屋漏了有人管。老人住进敬老院,有了残疾民政管,忙坏了民政局长王老汉。再看县长赵丽玲,东奔西跑第一线,又给方法又给钱,产业建成一大片,黄河滩上绿一片,水稻莲藕多壮观,国家都称验收赞。成亮点,看党建,党的工作最耀眼,用人机制扶贫看,优秀干部全是选。最年轻,最优秀,能力最强派到村子干,第一书记挑重担,第一书记一马当先,提拔人,看政绩,脱贫成效最关键。一人激活一大片,争先恐后抢着干。全县形成大会战,各级领导也住到村里边。全国来验收,敞开大门随便验,交叉核查随便看。这一核,这一验,范县高分全国展,乐坏了省委和扶贫办。都说范县扶贫工作实,哪一级领导不夸咱范县,范县群干喜欢天,高高兴兴过大年。

说成绩,听仔细,干部机制数第一。提拔干部扶贫先。精神文明上档次,《石磨的婚事》拿大奖,领奖台上高高站!喜坏了文旅局长王晓华。改革试点就在咱范县,扶贫车间全国来参观,农业发展有全国田园综合体。文教卫生基础扎实,公安监控,民政援助,电力扶贫全省数一数二,说也说不完的成绩单。

总之,范县人民厚道,勤劳又朴实。各级组织各有高招,用人显奇迹。四大班子同心协力,拧成一股绳,能打硬仗,成绩突出,县委书记被提拔了,当了市政协副主席。我有幸成为范县一个村的战斗员,心里十分感激,没有范县这块厚土,我怎么还能出余力?!

2020年1月11日　星期六　29℃　保亭

《驻村第一书记》里母亲的唱词

一路赶到黄河滩,见了女儿心发寒。没想到10年扶贫你成这样,你又累倒在村里边。在大吴庄你累成了高血压,西王楼你又得了糖尿病,生活你不注意呀,多病又把身缠。扶了贫,你得病多,我看你以后怎生活,怎生活呀!

在大吴庄娘知道你吃了多少苦,受了多少难?三伏天汗流浃背,你把草铡呀,机器底下一站你就是一天。你满头是草,满腿是泥,回家累倒在床上,娘心疼得帮你把鞋脱,没想到满脚血泡你脚肿完。娘心疼得泪水往下流,一觉醒来你又到地里窜呀!三冬天大雪封门你挨家看,个个穷人你全装心里边。为修路你动了春喜家的坟,他破口大骂赶你走,摔锅砸盆闹翻天,你强耐着怒火给他父亲办低保呀,为的是他父肝癌少花钱。路修好你又去办牛奶场,土地流转你作了难,半夜三更你挨家转,娘睡在被窝抱着个暖水瓶,左等右等也不见你的人影,一直让娘等到夜里3点呀!为拉牛你在牛场三天三夜没合眼,累得你心脏病突发抢救几天,吓得娘浑身发软乱打战,搬来林林把你劝,没想到你住了平原又往山里钻呀!一家人千盼万盼你早日还。退了休你又跑到这黄河滩,死心塌地干干干!咋不知你身体多病今后难。一说你就是念初心,穷人咋就成了你的天呀!10年你也没咋往家里拿过钱。发展个经济你把房子压,女儿让你从美国拖到家,拼身子,拼全家,看你今后还拼啥呀。孩呀孩呀,你现在要啥没啥,你倒了娘可怎么办呀,你自己今后可怎么办呀!

2020年1月12日 星期日 晴 29℃ 保亭

起草在驻马店市春节晚会上的献词——《远方》

又到春节,
不由得眺望远方,
想起了许多,许多。
孩提的纯真,
年轻时的简单,
成年的不成熟,
老了的未了情,
家乡人的勤劳,
家乡人的纯真,
家乡人的执着和奋斗,
大吴庄的麦田,
西王楼山上的牛羊,
竹沟镇的纪念馆,
确山县的老骡山,
还有那小提琴。
四大洋、七大洲,
眼泪模糊了视线。
渐行渐疏的领导、同事,
越来越近的友情、真情、感情,
得到的,
失去的,
想过的,
忘却的,
静静地闪亮在——
思恋的远方。
又到了春节,
不由得眺望远方。
看到了许多、许多……
党在奋斗,
人民在奔波。

驻马店全部脱了贫，
平原山川壮观多，
水利新蔡现美景，
确山小提琴进入海外市场，
嵖岈山里有温泉，
泌阳黄牛中国优，
平舆的芝麻世界遍，
正阳的花生农业农村部的点，
汝南的湖泊成亮点，
西平的商业最发展。
闪闪的灯笼，
灿灿的烟花，
白雪覆盖的原野山川，
春雨激扬的溪流、丛林……
难忘今宵的团圆饭，
云飞霞涌的地平线，
还有少儿的动画，
青春的穿越，
生活的丰富多彩，
人生的梦幻憧憬。
立体的，
超越的，
互联的，
共享的，
现代社会在飞翔中歌唱——
梦想的远方，
远方的寄托。

2020年1月13日　星期一　晴　29℃　保亭

有感于《活着》

　　《活着》以第一人称叙述了福贵的一生。他是一个富家之子，因赌败了自家的160多亩地，因而化为贫农。他娶了余老板女儿（城里人），生了一女一儿。

女儿病后成了哑巴,嫁给了城里一个搬运工,生下一子,女儿因生孩子而死。女婿因干活被挤死。县长女人生孩子大出血,儿子因给她输血而死。妻子因病而死,爸因与他赌气而死,娘给他干活累死,他差点被枪打死。最后同买回的一头老牛做伴,而且能从一次次的打击中活过来,站起来,艰难地生存,活着,并在其中感悟到了许多人生,找到了"活着比死了强"的理念。

作者每件事都是从小事入手,全书没有一个华丽的句子,没有一个大话、口号,以一个田间老农的口吻讲述了自己的一生。我用了一个夜晚的时间看完了这本书,给我最大的启发是:

一、再困难的日子都要咬牙坚持下去,再没希望的路也要走下去。福贵与老牛做伴,也乐在其中,我们没有克服不了的困难。

二、活着总比死了好。活着可以体验各种生活,死了什么也没有了。有个女唱歌家得了癌症,又活了20多年,今年76岁了,还天天参加唱歌团,非常精神。

三、做人、说话、办事、写东西要从小事入手,要站在高处看问题,谋大略,这样才能做一个踏实的人,说话说到点子上,办事落到实处,写东西才能有品位。

四、人要多看东西,少说话。这一点我一定多努力,打好基础,写好东西。

2020 年 1 月 14 日　星期二　晴　29℃　保亭

王香云是个很有前途的青年导演

我认识王香云是在过年拍《驻村第一书记》的时候。她当导演,过去我都知道男同志当导演,不知道有女导演。当走到大吴庄时,她资助了楼小云的儿子上学,随后她又资助了胡屯的一名大学生,现又资助了汝南板店村的3个贫困生。她那种博大的胸怀、大爱的思想、关心穷人的举动是让人感动的。照这样下去,她一定在事业上走得很好很远,也一定会是一个非常出色的大导演。因为她心中有爱,关心别人。像她这样的青年人真是太少太少了,胸怀有多大,站位有多高,事业就能做多好。

我非常热爱公而忘私和心胸宽广的人。自己应当创造这样的环境,让自己的孩子和下一代都去做这样的人。古人云"不因善小而不为,不因恶小而为之。"小孩必须培养好的品德、好的思想、好的作为。如果一个人太自私了,是干不好大事业的,也是走不远的。

我很看好王香云,也很喜欢她,在有些方面我也应当向她学习。

今天去买纱窗,没有买到,又在陈静厅长那里吃了鱼火锅,虽然很好吃,但因母亲不吃鱼,我也不饿,所以我们也吃得很少。

下午我带着母亲去买了28元的菜,菠菜、土豆、葱、红芋,多给卖菜的几元钱,袋子破了菜掉了一点,当家庭主妇得从一点一滴做起。

2020年1月15日　星期三　晴　30℃　保亭

基因对健康的重要性

汪健院士在《开讲啦》讲了基因对健康的重要性。他说长寿、健康与疾病,主要取决于基因。预防癌症要管住嘴,迈开腿。他主张用准基因进行人体核查,虽然很贵,但一般人能承担得起。

听他一讲,我觉得这真是一项重大的人类进步。现在已有很好的手段治疗心脑血管疾病,比如说现在血管堵75%,经过努力,血压每天降一点,慢慢都会降下来,不用放支架和搭桥了,省钱又有利于身体。

人来到这个世上,就是为了做贡献,老了也要有目标。这话讲得太好了。听了他的《开讲啦》我不但对生命科学有了了解,并受到了很大的鼓励,知道了健康有多重要。所以我要在晚年有所突破,有所创新,做到老有所用,老有所乐,老有所为。老了坚持锻炼,保持身体健康。对社会和人类,特别是贫困人口,有些贡献。

过去对看外文杂志不是很了解,现在感到非常重要,在同行业了解得多,站得高,就能看得远。

2020年1月16日　星期四　晴　31℃　保亭

今天一天全是小事

1. 早晨陪母亲散步6500步。
2. 上午帮母亲洗澡、剪头,给她买药。
3. 下午去菜摊买菜,因韭菜付了钱忘了拿发生了口角。
4. 晚上本村老姑(在保亭农场工作)带着儿子、孙子来看我,炒了6个菜,又吃又洗一直到晚上8点多。

由于母亲跟着自己,每天得做3次饭,每顿都得尽量让母亲吃好,所以现在学会了买菜、做饭、炒菜。厨艺就像人生,怎样调理都行,可以化简从繁,也可以化繁从简。比如,今天给母亲包饺子,因为母亲不吃肉,我就搞了素馅饺子。用韭菜、粉条、鸡蛋作馅,包了饺子,我又油炸菜角,还剩下一点馅,我又加点面做丸子,感觉有点硬,我又在馅里加一个番茄,味道特别美。做了一顿饺子,做成了3种不同的食品,味道不一样。说女同志心灵手巧,我一直没感觉,过去也没尝试过,现在退休了,有了照顾母亲的重任,就千方百计地想让母亲吃好,开始学着做饭,没想到厨房里还要那么多学问,真是感谢母亲跟着自己,如果不是她在我身边,我绝不会这么认真地学做饭,也不会学到厨房那么多艺术,这真是学百艺不压身,就怕艺不真呀!我现在只是开始,今后好好学。

2020年1月17日　星期五　晴　30℃　保亭

小年喜事多

今天过小年,只有我和母亲在保亭。为了把小年过好,不让母亲受委屈,我一大早就给母亲煮莲子银耳汤,又炒了她爱吃的菜,中午我们做了饺子,下午又做了油炸菜角和八宝汤点,晚上做的油饼,母亲可高兴了。这是一生中吃得最好的一个年。过去都因为忙工作,根本不顾得做饭,有什么,吃什么,现在闲下来了,有母亲在就千方百计地做着吃,这样母亲吃得好,自己也高兴。

今天还有3件高兴事:

一、省直工委发了8000元的劳模补贴,心里很高兴,就资助了确山县竹沟镇西王楼贫困户熊海罗的儿子3000元。把这个钱花在贫困人口身上,能解决他的实际问题,这也算把党的温暖照在了穷人身上。我一个退休干部,生活又简单,用不着那么多钱,对穷人能帮一个是一个,能做多少是多少。剩余的5000元又添一点等着给村敬老院。

二、今天又发了工资,不知道是1月份的还是2月份的。发了9000多元,比起农民我的收入真是太高了。什么都不做,国家还给那么多钱。共产党真是好呀,我们要用生命来维护好、建设好这个党、这个国家呀!

三、单位一把手史秉锐来看我并带了东西。虽然我不在家,但这也是对我的重视,单位这么多退休干部,单单看了我,说明组织对我特别重视。

2020年1月18日　星期六　晴　29℃　保亭

数来宝——献范县人民

打竹板,响连天,欢欢喜喜过大年。
过大年,喜心田,全县上下搞联欢。

国家验,交叉检,脱贫摘帽全县传。
咱范县,甩穷帽,县富民强正数钱。

说挣钱,非常难,俺来范县整3年。
亲体验,亲眼见,范县干群不一般。
能吃苦,能克难,扶贫硬仗本事显。
四班子,冲在前,又给方法又给钱。

两不愁,三保障,率先垂范领导先。
件件事,走在前,常委指挥在前线。
驻村子,实事干,血浓于水看党员。
全县人,齐参战,基层组织威力量。

青年人,闯在前,第一书记挑负担。
女干部,风采显,一马当先是模范。
老干部,到一线,走村入户党性显。
贫困人,受感染,内生动力一起展。

种什么,能赚钱,水稻莲藕成特产。
黄河边,绿一片,黄沙秋景葡萄园。
荷花镇,百花园,人品出污而不染。
又勤劳,又勇敢,朴实厚道无私念。

干部领,群众干,紧跟党旗红一片。
哪里苦,哪里难,排忧解难是党员。
党性强,成绩显,党风党纪传中原。
出干部,出经验,王秋芳带领大家干7年。
全县人,干7年,摘帽脱贫迎新年。
产业兴,文明见,国家验收先进县。
好运气,来范县,融入范县成一员。
趁联欢,拜个年,祝父老乡亲过好年。

2020年1月19日　星期日　20℃　保亭

今天下雨

今天下雨。下午3点多我带母亲去买机顶盒所缺的螺丝,满大街都跑完也没一家商店卖,又下着大雾,我们在街上等了一个小时,才坐上车。回来的路上碰到邻居,要了卖家的电话,花了460元钱又买个新的,结束了长达40多天没电视看的局面。通过今天的事有3点启发:

一、再小的事情都要有人做。如果保亭有一家卖螺丝的,我可能就不会冒着雨带90岁的老母亲满大街找不到螺丝,也不会再花460多元买一个新机顶盒。越是小东西,越是不起眼的事越应当做。回头看看自己坚持10年在村子当驻村第一书记,为穷人做事,得到了组织和人民的肯定,所以小事实事做好了,对群众是有用的。退休之后我一定再找一件适合自己的实事、小事做,填补大家都不愿做的事。

二、天气对身体影响很大,上了年纪要时时照顾好身子。天气突变,我又淋了雨,腰疼得严重,原先认为是累的,现在想起来是冷着了,所以取消了明天接吴琦、魏亚楠和看老领导宋国华的事。我觉得对不起宋书记,但我怕明天坐一天车,身子受不了,但愿宋书记能理解我,过了年我一定去看他。

三、年龄大了不宜劳累。今天早上4点多起来看书、写材料、打扫卫生、做饭、上街买东西,累得我腰都直不起来,腰又一疼,心里也是烦烦的,再烦也要照顾好老母亲,她年龄大了,一天三顿饭得吃好,等两个孩子来了,我就会好一点了,好好休息一下。

来保亭10多天了,两件事没有做好,一是安窗纱,由于没及时安装,快过年了想安,又找不到人了。二是装电视,如果当时就装好,也不会害得魏华看不了电视。今天刚装上就观赏了《梨园春》大决赛,看到了聂玉原获了一等奖。《梨园春》把曲协主席江坤请来当评委,河南《梨园春》真了不起,听说李树建带了十万大军在全国全世界各地唱,他真了不起。我要好好向他学习。

2020年1月20日　星期一　晴天　保亭

今天比较清闲

因为今天没有出去,时间安排得比较宽松。只做做饭,收拾收拾东西,收一收寄来的东西,带母亲到室外转了一转,又到七仁广场转了一转。走了10300

步,腰疼好了很多。看来腰不好还是得多休息。

1.带了母亲走了1万步以上,达到了锻炼的目标。

2.整理了吴霞寄来的牛肉羊肉,把肉放在冷藏室里,留一点等两个孩子回来做一做。

3.看一看《中国通史》,很好,了解一下历史。

4.表弟小李去接两个孩子,我给他们做点银耳莲子粥,炒一点好吃的菜。

日子过得很轻松,很愉快,既孝顺了母亲,也学会了做饭,又安心看了一些书,并写了自己该写的东西。天气不错,穿个长褂、长裤就很好。人在气候好的地方,干什么都方便。

2020年1月21日　星期二　晴　20℃　保亭

自己太落后了

昨天收到了两个快件,一个是吴霞寄来的牛羊肉,一个是朋友寄来的大米。吴琦和楠楠回来,我炒了两盘牛肉,都是配好的,又嫩又好吃,也很省劲,真好。省了自己很多劲,营养师把什么调料都做好,放锅一炒就行了。现在社会分工真是细了,非常专业,比自己做好多了。生活上的这一变化,解放出千千万万个家庭,最适合我这样的懒人、笨人。

侄女和外甥女一来,洗碗做饭什么都会,并把厨房收拾得干干净净。原以为他们不会做家务,没想到这么会做家务呀!这一点比他们拿多少钱回来还让我高兴。人才培养方面不能只强调工作赚钱!一定要是一个全面的人,对社会有用的人。原来对他们在大城市工作还很不放心,没想到他们这样能干呀!妹妹弟弟家几个孩子算是培养出来了,最起码人品非常好,这比什么都强呀!

今天腊月二十七了,去超市买一点青菜。什么都齐了,馒头呀、肉呀、菜呀,什么都有了。衣服也不用买了,回去以后再买吧,在保亭同母亲高高兴兴过个年吧。这样老人高兴,我也高兴。

趁孩子们回来,我要认认真真地把《中国通史》看完,掌握一些历史知识,同时认真修改自己的书稿,力争在这一段改完。

2020年1月22日　星期三　晴　25℃　保亭

今天停水

不知道是住户用水太多还是别的原因,今天一天没有水,搞得人很急躁。早上我4点多起来看看书,写写日记。昨天就同母亲一起去幸福超市了买了近300元的厨房用品,回来做了点早餐,给母亲煮点小米粥,蒸点馒头,上午包包饺子吃一吃,下午我又去保亭家具城买了电视柜(1000元)。虽然过年了,但没个放菜的地方。昨天张七一书记来了,就感觉很寒酸了。下午又去买了点水果,回到家就晚上7点多了。一回来,腰就疼,又没有水,心里烦烦的,舌尖上全是小泡泡,正好弟弟吴勇、妹妹素萍打来电话,说说话、看看书就睡了。

想想自己也真幸福,虽然过年有点冷清,但老母亲、侄女、外甥女陪着自己,并有同学陈静,同事张七一、许建军也在保亭,觉得周围都是爱心、关心和帮助。妹夫魏华给自己蒸了馒头,王民喜给自己寄来了大米,小刘给自己寄来了苹果、木耳、香菇,李卜霞大姐寄来了百合,吴霞寄来了各种配好的牛、羊肉和特产。我呼吸着新鲜空气,享受着不冷不热的温度,观看了四周茂密成林的大山、鲜花和白云、蓝天,吃海南产的各种新鲜的水果,过着想吃什么就吃什么的生活,真是美极了。新房子住着一堆亲人,叙叙亲情,谈谈过去,夜里又陪母亲在一个床上休息。老的、小的三代人挤在一个床上又说又笑,两个孩子谈论着上海的情况,母亲说着中华人民共和国成立前的穷日子和现在的幸福感,赶上了新时代的自己真是幸福呀！感谢党给了自己这一切,自己不但为社会做点事,也一定教育下一代为社会做点事,让她们了解到社会上还有许多穷人需要帮助,培养她们同农民的感情,也让她们有社会责任感。

2020年1月23日　星期四　晴　27℃　保亭

孩子们这一代同我们不一样

本来我想做做两个孩子的工作,让她们参加扶贫工作。结果没谈好,说到别的事吵起来了。她们又哭又闹,气得我胃都是疼的。真不知道是自己错了,还是孩子们变了。

没想到这两个孩子这样敢同自己大吵大闹。真是时代不一样了,一切都变了。她们有自己的世界,我们确实有代沟啊！

2020 年 1 月 24 日　星期五　晴　27℃　保亭

大年三十

今年过年在保亭,我和两个孩子及母亲哪里也没去。孩子们连门都不出,老弟今天接女儿,又给我拿了一只鸡子、一块猪肉。我让他吃点饺子,又去给张七一送点新疆寄来的优质牛肉。

昨天晚上有几个修水管工,非常辛苦地干活。住户们还大叫大喊地发牢骚,大家应当相互理解和支持呀,基层工作人员也非常不易呀。水管坏了他们连夜修,大家还把怨气发给他们。人为什么就不能理解和支持呢?多体谅别人的困难和不易,多站在对方的角度考虑问题,这样大家就可以和平相处了。

人呀一定要有大的胸怀、大的眼光,站位要高,多看别人的长处,多看自己的不足。如昨日同两个孩子谈话本来应先考虑他们的优点,考虑他们的难处,再提出要求,可能会好一些,他们不好受,我也是心里酸酸的。

在新的一年里,我还是要千方百计地做好扶贫上的事。尽自己的努力,能做多少是多少。哪怕全世界的人都不做了,我也要坚持自己做,一直做到自己做不动为止。

2020 年 1 月 25 日　星期六　晴　27℃　保亭

大年初一

老辈人讲,初一起得早,一年身体好。所以我 5 点多就起来了,洗漱后 6 点 30 分就去外面散步了。昨天从保亭大道十字路口往南走,四面环山,山上绿树成荫,还看到路两旁的香蕉树和农民种的菜,一股乡村浓情和亲切感油然而生,偶尔见到几户养鸡养鸭的,更是备感亲切。

所以今天又沿着保亭大道十字路口往南走,顺着大路一直走到七仙岭的入口处。回到家一看走了 1.57 万步,脚有点疼,足足走了 7 公里,环境真是美极了。小区建设在山坡上,西面不到 1 公里处是七仙河,有少数民族一条街,还有七仙广场。每到夜晚都有很多人在这里活动,还有一些小吃。往东边走,宽阔笔直的大马路,东西南北四通八达。往南再往西,四周是山,山上长满了树,绿树成荫。早晨走在大路上,因为是大年初一,根本就没有人,也很少车,到快 8 点了,才有一辆清洁车。我从早上 6 点 30 分到 8 点 20 分也没看到有几辆汽车在公路上行驶,到七仙岭的路窄一些,人也更少了。一个人静静走在路上,看着蓝天,看着大山,看着绿树,看着少数民族人民种的蔬菜,露水一颗一颗地逗留在叶子上,看得手痒痒想去拔,嘴欠想去吃。我穿着一条裙子,凉爽微风一吹,浑身上下都是舒服的。此时的心情也好了,脑子也很清楚了,没有任何的烦恼和操心的事,一身的轻松,一身的愉快,想想这几年的忙碌换来了现在的一个好环境,一个好心情,真是足矣。感谢自己赶上了这个好时代,什么都可以享受到。散步中我给老领导潘庆仁打了电话,他说自己写了一首关于我的诗唱,并念给我听,对我鼓励很大,老首长都90多岁了还在写东西,真是我的学习榜样,他退休30多年了,写诗,写书法,搞篆刻,样样都很出色,他真是了不起。

又给领导顾阳忠打了电话。他说自己2019年有3件大事:一是评了个全国老干部先进个人,中组部表彰的;二是中华人民共和国成立70周年发了功勋章;三是拿到了副省级医疗待遇。他今年都84岁了,还在不停地为贫困人口做好事,真是了不起呀!

我要好好向这两位老领导学习,要活到老,学到老,工作到老。

2020年1月26日　星期日　雨　保亭

大年初二

今天是大年初二,一大早我起来看书。到早上7点30分带着母亲去外面散步,下雨了就在三楼走廊里走一走。母亲走的有两千步就回屋休息了。雨一下,气温有点凉,空气十分清爽。这场雨下得非常好,一来净化了空气,二来小麦也需要雨水。这对全中国的人民都是一件大好事。

这次受疫情影响,我们在保亭过冬。楠楠、吴琦也在这里度过,她们来给我和母亲带来了许多欢乐和幸福。

今年过年我带着母亲来海南保亭,因为范县已脱贫,心里面也静得很。什么事也没有,什么麻烦也没有,只是天天做饭、洗洗碗、看看书、写写日记、爬爬山、散散步,日子过得好极了。

生活就是这样,你越渴求的越得不到,越放下得多得到的越多。现在是对事业、家庭、人生都放下的时候,一身轻松,一身快乐,一身高兴。放下了事业,身体不那么累了;放下家庭,心里轻松了。多关心关心自己的身体、自己的生活,一切都很好。

2020年1月27日　星期一　雨　25℃　保亭

大年初三

　　早上我6点钟起床,步行了14000多步,走到了保亭植物园,大概有7公里。因为下雨,没有走到植物园内,下回还会去的。

　　回来了以后就开始做饭。因为吴琦和魏亚楠要走,就给她们准备饭,做做吃吃把她们送走,都下午1点多了。她们走后,我和母亲休息了一个下午,晚上出来走一走,并修改了我的《入滩日记》,修改了2个多小时,修改了40页左右,明天可以修改完。这几天由于疫情不能出去,就利用这段时间,安心修改自己的3本书稿,争取用两个月的时间修改完,这样等疫情结束时,我这几本书稿就修改完成了。时间老人对谁都是公平的,全世界所有的人一个样,一天都是24小时,怎样用好,就看自己了。今天电视播郎平事迹,她说今后做好3件事:一是做好目前自己喜欢的体育工作;二是做好一个妈妈;三是写好自己的自传。她说,一个人只有做自己喜欢的事才会有动力,不喜欢和没有激情是做不好的。我目前就是写作,并在实践中写作。

2020年1月28日　星期二　晴　29℃　保亭

大年初四

　　昨天刚给两个孩子送走,今天又带着母亲出来买药。买了136元钱的药,让母亲在药店坐着,我又去菜市场买了163元的蔬菜。有小葱、香菜、空心菜、青椒等。因为带着老人又提着两大包菜,累得我满身都是汗。这次疫情来势汹汹,如果不是党中央这么重视,菜价一定很高。今天的菜价和年前的差不多,大白菜2.5元,番茄6元,葱3元,菠菜7元一斤。

　　今天走了1.1万步,已超额完成了任务。今天出门感受:

　　一、社会主义实在好。发生这么大的疫情,全国人员统一指挥,重点帮助武汉,全国一盘棋,从防控到治疗都有条不紊,包括村民们都行动起来了。一个14亿人口的大国,能做到全国一盘棋,只有社会主义国家能做到。

　　二、市场非常稳定。粮价、菜价都很平稳,做到人员不慌,价格不乱,市场不乱,流通正常真是不容易呀。

　　三、保亭街上人很少,但能保持正常的生活,商店都正常开门。

　　四、一切都要建立在自力更生的基础上。

去买药时我和母亲坐幸福超市的车到七仙广场下,回来因为拿着东西,还想坐车。但一路上也没看到幸福超市的车,我们娘俩就坚持走回来了。走路既能锻炼身体,也可以提高身体抗病能力。中医上讲正气内存,邪不可干,邪之所凑,其气必虚。所以每个人必须提高自己的抗病能力。我和母亲在保亭能坚持防护,坚持吃好睡好,坚持锻炼,平平安安地度过这个疫情就是对国家的贡献,也是对自己负责。什么都没有生命重要。保护好自己是目前最大的任务。

2020 年 1 月 29 日　星期三　晴　25℃　保亭

大年初五

今年大年初五,俗称破五,过了破五。就开春进入春耕生产了,所以破五都吃饺子。饺子是很好的食品,我和母亲也吃了,母亲吃了一盘,我吃了半盘。吃了早饭,我一个人走到保亭植物园,本来快走到了,因为下雨,我又回来了。两次我都想走进植物园,但两次都没走到,都是因为下雨。

人呀不是你想达到目标就能达到目标,有些事你努力了一辈子,付出了一辈子,不但没有达到目标,而且向相反的方向去了,还落下遍体鳞伤。因为你目标选错了,例如选人,选错了人,你再努力,再善良也是没用的,自己活了 60 岁才明白这个道理。虽然目标错了,但过程中也可以磨炼意志、提升修养。因为你付出得多,付出锻炼了你的坚强,提升了你做事的能力,悲伤也使你认清了一些模糊的东西,例如一个人的人品、一个事物的本质。

上午我给母亲做了鸡汤面叶,母亲吃了一大碗,看到母亲吃饭好、休息好、身体好,我也很高兴。

2020 年 1 月 30 日　星期四　晴　25℃　保亭

大年初六

今天是我的生日,过得特殊而又高兴。所谓特殊,因为就我和母亲,身边人很少。高兴有 3 点:

一、吃得好。早晨我煮了莲子、木瓜、银耳、红枣汤,非常鲜美甜。母亲喝了一大碗,我也喝了一大碗,中午做的红烧肉炒梅豆角,非常好吃,晚上喝的西华逍遥镇胡辣汤,不但吃得好,看得也好,看了电视节目《角儿来了》。戏曲名家唱得太好了,还看了两个熟人李树建和牛得草两位艺术家,李树建是我党校的同学,是中国曲剧协会副主席。春节联欢会、曲剧联欢会、河南春节晚会都看到他,他对河南豫剧贡献极大。

二、母亲在我生日时候给我发了1000元,孩子给我发了200元,女婿也给我打了电话。人在独居时候最怕亲人忘记自己、不打电话,只有母亲和孩子记得自己的生日,实践证明,世界上只有这些人对自己好,一是生自己的爹娘,二是自己生的儿女,无论在任何时候,都是他们时时关心和想念着你。

三、又学了一项做汤的手艺,会做木瓜、莲子、百合汤,味很鲜,很美。

2020年1月31日　星期五　晴　25℃　保亭

大年初七

这几天没有出门,主要在家学做饭。我做了个多宝汤,实在味美,母亲喝得很高兴。原料是莲子、木瓜、银耳、百合、枸杞和大枣,这几件原料都是补品。我用的是新疆的大枣、宁夏的枸杞、海南的木瓜,熬出来的汤鲜美,口感好,又好消化,又适合老年人,非常适合我和母亲食用。

除了做饭,我还认真看了《中国通史》和《成为》,写写一天的日记,看看电视。

今天还带着母亲在外面活动两次,走了1万步左右,日子过得非常轻松舒畅。为了给新型冠状肺炎病毒防控工作做点贡献,前天还给范县贫困农民捐了1万元钱。虽然现在我的钱只有3万多了,但我觉得还够自己用一段时间。我们要向前线的钟南山院士及一线的医护人员学习,能为社会做点贡献就做点,这叫千里送鹅毛礼轻情意重呀!

今天我们娘俩过得充实而有意义。一个60多岁的女儿,照顾一个近90岁的母亲,我们相互照顾着、安慰着、鼓励着、关心着过日子,每天做完饭后她都对我说,你坐这儿吧,休息吧,这一句胜过千言万语,强过金银财宝,多温馨呀,多幸福呀!

2020年2月1日　星期六　晴　25℃　保亭

大年初八,为村子做一件好事

一转眼,1月份就过完了,按正常时间,大家都要正常上班了。因为今年有新型冠状病毒肺炎,有人传人的风险,所以各级各部门建议减少出门。我和母亲只能在屋里、院里走一走,今天走了3次,我走了16843步,母亲走的有5000步。

由于"新冠",我们都被隔离在家了,我用微信给范县宣传部转了一万元钱,作为村子抗击疫情的费用,现在我被隔离在保亭,不能同村干部一起抗击疫情,只能把自己省吃俭用的一点钱献给武汉,献给村,做为一点心意心情,帮助大家渡过难关。

早上我给母亲熬了六宝汤,有香合、大汤、莲子、枸杞、大枣、银耳,母亲很爱吃。早上吃了两个鸡蛋糕、半个馒头、一碗粥。中午吃了一个馒头,一碗西华胡辣汤。晚上吃了半个馒头,一碗六宝汤。早上7点起来,晚上9点休息,夜里起来两次。

除了吃吃做做,我主要是看看《中国通史》,看到唐初了。看看历史书籍,了解一下历史和改朝换代的情况及兴衰的规律,以及历史人物对社会的推动和作用。

晚上看看电视,了解一下疫情情况,这样时间就一点一点过去了。

2020年2月2日　星期日　晴　25℃　保亭

今天做猪排失败了

好友吴霞帮助我拿了猪排,已拌好的料,我不知道怎么做,就按正常的做法放到锅里炒,结果失败了。下午我请教了妹夫魏华、好友李淑霞,知道自己的做法不对,下次我还接着做。

今天突然加强了新型冠状肺炎的防治工作,说是本小区已有此病。打电话问的结果,说7号楼已有2例疑似病人,为了往后不再出门,我晚上到5号楼把放在杨仲慈家的食品(肉和馒头)拿回来。同时思想也开始紧张起来。因为这次是自己带母亲出来的,如果有什么好歹自己心里也备受自责。所以从现在开始我要高度重视,不出去,并管好母亲的生活起居,让她吃好睡好锻炼好,提高自身免疫力。

世事难料,本来以为这个地方很安全,因为保亭人少山多,又是新小区,不会出什么问题,每天还沾沾自喜说自己有远见,提前来到保亭这个保险地,也庆幸自己经常做好事,老天眷顾自己,没想到灾难恰好降落到自己小区,病魔离自己越来越近,心里也开始紧张起来。在这场疫情中,谁都不敢说过头话,谁也不敢大意。人呀,谁也不知道什么时间灾难会降临到自己的头上。

2020年2月3日　星期一　晴　25℃　保亭

克服恐惧

　　今天小区内异常重视,小区全部封闭。大门口有十几人把守,不许外出,不许进入。到下午5点多又传来坏消息,说又有疑似病例已确诊是新型冠状病毒肺炎,随后防疫单位的医生上门问情况,量体温,晚上8点多又有房管来问情况。医护人员越来越重视,而我也越来越焦虑。小侄子吴迪打来电话,我还批评他一顿,主要说我们来两个月都不见他给奶奶视频,其实是自己心烦,找个发泄的地方。

　　大难来临,每个人都是怕病的。自己老说自己坚强,为什么小区一有此病,自己心里就这样紧张,还是怕死吗?怕自己就这样死掉,更怕母亲有个好坏对不起弟妹。

　　看看那些在一线工作的医护人员,特别是84岁的钟南山院士,他们都不怕死吗?还有全国的基层干部天天奋斗在一线,那么坚强。责任和党性驱走了他们的害怕,并将生死置之度外。自己要以他们为榜样,树立好的心理素质,同疫病作斗争,战胜恐惧。冷静、平静、稳定地对待这场离自己很近的疫情。

2020年2月4日　星期二　晴　25℃　保亭

从领导干部到家庭主妇

　　我退下来有两年多了,因为还在范县当驻村第一书记,没怎么好好在家。近期因范县扶贫验收结束,我带母亲来保亭住了一段时间。由于来时没带人,我和母亲两个人就担起了家庭主妇的任务,当家庭主妇和当领导完全不一样:

　　1. 当领导需要指挥能力,当家庭主妇需要执行能力。比如说都是做饭、买菜、整理家务,如果你是领导,动动嘴就行了,而当家庭主妇要一件一件亲自干,要考虑早饭做什么,怎么做,中午做什么,怎么做,晚饭做什么,怎么做。一天三顿饭不但要搭配好,而且要考虑老年人的口味和消化能力,软硬结合,主食与汤结合,水果与每顿饭结合等等,你都得考虑,要不然吃饭就没营养。

　　2. 当领导要站得高,有战略思路,当家庭主妇要脚踏实地,只需做好小事、细事、微不足道的事。如扶贫工作,首先你管的县、乡、村有多少贫困人口,怎么解决,采取哪些措施,什么时间完成都很重要;而当家庭主妇,只要考虑油、盐、酱、醋齐不齐,买什么菜,做什么饭,什么时间做,色、香、味怎样调,锅怎么刷,地什么时间清等等。细得很,并且很占时间。

3. 当领导只抓大事,当家庭主妇只抓小事。

4. 当领导只注意整体效益,当家庭主妇考虑将每件事做细,做精,做实。

5. 当领导面大,条长,当家庭主妇面小,条短,所以思维方式不同。

相同点:

1. 做细、做精、做好的目标都是相同的。

2. 任劳任怨,只求付出,不求回报。

3. 持之以恒,精益求精。

4. 展示成果,懂得分享。

5. 怀着爱心去做。

2020年2月5日　星期三　晴　25℃　保亭

家人很挂念我们

今天是正月十二,也是小区发生疫情的第4天。保亭的各级都非常重视,工作人员来家3次:一是管家小叶来送药,二是卫生防疫员来量体温,三是公安人员和小区开发商调查问住户情况,并登记。我们及时汇报了吴琦、魏亚楠的来去情况。

今天吴琦、魏华、吴伯演也打来电话慰问。为了提升抵抗能力,我千方百计给母亲做饭吃:早上给她蒸两个鸡蛋糕;中午给她蒸了米,并做了牛肉汤,因为有点辣,我又给她做了粥;晚上给她做了她最爱吃的甜汤。我深信她吃好了,抵抗力强了,才能平安度过这次严重的疫情。我们俩在这千里之外的地方,家里人是很挂念的,我们身体好也是对他们的支持。

这次疫情来得凶猛,全国已有多人染上此病,我所住的小区也有病例。我和母亲又是易感染人群,所以要特别小心和重视。这次抗疫全国一盘棋,中央发指示,专家作指导,党员在一线,全民共防此疫,有秩序,有组织,有领导,防疫到位,基层为基础,上下一盘棋,显出党的威力、群众的强大。生活在这个时代和这个国家真好。

2020年2月6日　星期四　晴　25℃　保亭

多给亚楠一点爱

今天是正月十三,也是魏亚楠的生日。过去都记不住她的生日,今年在这特殊的情况下,专门给她打了电话,发了信息,并发了红包(500元)。她从小在吴晓家住,后来在郑州读书,得到父母的爱少。上次来我这儿过春节,提出得到的爱少。她和吴琦在上海也不容易,单枪匹马闯世界,能养活自己也实属不容易。家人应当给她们加油打气,多给她们一点爱。

今天我和母亲量了两次体温都很正常,并报防疫站。现在电视上、报纸上、网络上都是抗击新型冠状病毒肺炎情况、发病情况、治疗情况的报道,让全国人民都知道怎么防护、防疫、治疗。

从这次疫情看,什么都没身体重要,当医生十分幸福和光荣。这次疫情是一次很好的全民防传染病的知识普及,从此人们会很自觉地讲究卫生,防护好自己。大灾之后,人们会更好地保护生命。我也受到一次很好的教育。更感谢关键时刻来自亲人爱的力量。

2020年2月7日　星期五　晴　25℃　保亭

充分利用好时间

今天是正月十四,明天一过,年就过去了。因为小区全封,每个人都只能宅在家里。我是一个党员,又是易发病人群,坚持在家宅着。除了锻炼、吃饭,剩下很多时间。怎样利用好时间便是一门学问,也是每一个人对时间的态度。为了用好时间,我每天是这样安排的:早上6:30起床,走路5000步左右,随后做早饭、洗刷一个小时。上午看中央一台发布信息,写日记。随后看书2小时,散步500米左右。晚8点左右吃晚饭,并看电视节目《新世界》至12点。这样安排既充分休息了,又能保证把生活调剂得很好。做到充电,贮存知识,其中包括书本知识、生活知识(主要是厨艺)。特别是最近看了《中国通史》,了解了历朝历代的社会秩序、发展及重要历史人物对历史的推动作用。

2020年2月8日　星期六　晴　保亭

元宵节

今天是元宵节。早上5点多起来,感到喉咙有点疼。为了预防,我吃了板蓝根和黄连上清丸,体温不高,自己也怕染上,一是在外地没人,二是怕自己病了母亲没人管,所以坚持多喝水。

由于过节,早上给母亲做了鸡蛋糕,一碗汤圆。中午炒猪排,做饺子,母亲吃了一盘,我吃了7个。晚上小米粥。

下午睡了觉,现在真是怕自己病了,所以坚持锻炼,深信正气内存,邪不可干。我保持身体健康,就是对家人的支持,对社会的支持。

这些天我做了两件事,一是又拿1万元钱给贫困人员买口罩,二是资助贫困户熊海罗的孩子上学,前几天刚汇去半年资助费3000元——给西王楼贫困户熊海罗的孩子读书的费用。

国家有难,我虽是穷人,也要尽微薄之力。

2020年2月9日　星期日　晴　25℃　保亭

照顾老人的体会

今天正月十六,早上吃的饺子,中午吃的米饭,下午吃的小米粥。年是过去了,疫情也不知什么时候过去。在封闭的状态下我精神不是太好,好在昨天的元宵文艺节目,给自己带来了欢乐和信心。今年节目很好,以抗击疫情为主题,以赞颂白衣天使、科学家和基层干部为目的,以电台主持人为主角,办得很有特色,很有品位。给全国人民增加了很多信心。真好!

在这段特殊的日子里,我带着母亲,有一点体会:

一、照顾老人要有爱心。母亲一个字不认,连个名字都没,但父亲临走时给我们再三交代,让照顾好母亲,过去因为忙,照顾她很少。这次母女俩出来,全身心地照顾她。从吃、住、行都件件争取做好、做细、做实、做到位,做她最爱吃的食物,买她最爱用的东西,说她最爱听的话,让她干一些最爱干的事。如洗个衣服刷个碗,扫个地等,让她感到自己有用。每天做什么饭先问她,让她找到尊严,同她谈家常,说她在家庭的贡献等等。每次这样做,她都非常高兴和开心。爱给她带来了开心,我也高兴,我们娘儿俩快乐无比。回去以后我再办敬老院对老年人的管理就很有经验了。

二、细心。通过照顾母亲,我深刻体会到了照顾老人一定要细心。如一天三顿饭,做什么,怎么做,做多少,很有学问,也需要很细心,如昨天过十五,早上给母亲炖两个鸡蛋糕,属软食,中午就给她包了饺子,属硬食,晚上给她煮的小米粥,易消化,这样她吃得多,又舒服。又如两三天给她洗个澡,她非常不情愿,有时还骂人,我知道这是她不习惯,也怕麻烦别人,每次洗完澡我都给她讲洗澡的好处,慢慢她习惯了,每次她到洗澡时都会提醒我,并主动配合,现在还养成了用完马桶主动冲水,吐痰了直接吐到痰盂里,吃过饭用卫生纸收集垃圾等好习惯。

三、耐心。每次亲人们给她打电话。她因耳朵聋听不清,我就坐在她旁边给她解释。有时一个事、一句话她能说多遍,每次说的时候还看你听得是否认真,每次她说的时候,我都认真听。有一次我在厨房做饭,她走到厨房问我,咱们什么时候来的呀,什么时间能走呀,我知道她急了,就把火关着,给她说来的时间,并给她说现在有疫情,不能离开此地,她说知道了,知道了。如果我当时不给她耐心解释,打不开她心里的疑问,不知道她心里有多难受,也不知道她能就这个问题问多少次。

因此照顾老人我们每个做子女的都要做到用爱心对待他们,用信心和耐心照顾他们,才能让他们晚年过好。

这一段正在看付乐成先生写的《中国通史》。看到了宋代,每个朝代灭亡都是因为失去了民心,并不能在民众中进行细致耐心的工作。所以人要时时关心别人,忘我无私才能长久,才能有意义。

2020年2月10日　星期一　晴　25℃　保亭

社会主义好

年已过完,但疫情仍然严重。今天得到信息,我们小区的物业经理检测出来新型冠状病毒肺炎。听说物业的一帮人全部离开,我3天前报的菜至今没有下落,家里只有一根葱了。缺什么想什么,这个时间有人给我一根葱,我有可能会给他一块肉(因为我存的肉多),真是物以稀为贵呀!

今天上午有3个人同我通电话:一是小姨张洪英,她挂念我和母亲;二是丁玲,为女儿的事心里不高兴;三是研究生同学郝玲,她今天才到上海,给发了个视频,她问我有什么想法,我说没有想那么多,她说自己还是要找一个伴,通过这场疫情发现还是一家人在一块好,等孩子都大了,自己一个人是很孤独的。

我通过这次的疫情,更感觉共产党好,能一呼百应,上下一盘棋。如果不是党员发挥先锋模范作用,我们怎能安心在家,享受专门人员给自己量体温、送菜等优待。只有社会主义才能有这样的优越性呀,作为一个老党员,我把自己省下的1.3万元用来支持贫困人口和抗击疫情是发自内心的。今天给女儿汇报了,她也很是支持。

这次疫情对全国人民都是一次教育呀!从这次疫情中我感到身体和亲情比什么都重要。家人每天都给我打电话,周围的人也很挂念。所以我也要珍惜自己,照顾好母亲。

2020年2月11日　星期二　晴　27℃　保亭

忐忑的一天

这个月快过去一半了,封闭也10天了,封闭以后院里又有了1例病例。昨天刚买了200多元的菜,大葱花了9.76元、洋葱5.96元、包菜5.36元、大白菜5.76元、土豆6.2元、茄子5.16元、蒜头13.96元、白菜5.46元、小芹菜11.96元、木瓜5.96元、菠菜11.96元、生姜13.96元、番茄11.96元……如果是农民真是买不起呀!

除了买菜贵,心里也承受着极大的压力。家里的人从四面八方打来电话,让我千万小心。正好前几天我又有点咳嗽,心里也有点怕染上了,老母亲不知道该怎么办。有些时候就是这样,本来自己还没有什么,大家一说一说自己又紧张了,搞得一个上午都心神不宁。书也不想看,字也不想写,饭也不想吃。不知道在一线工作的同志怎样了,但愿他们没有事。

现在当官实在不易。刚刚看到湖北省卫健委主要领导被免,这么大的疫情出来,没有敏感的卫生防疫意识,真是害死人呀。

母亲这几天吃的特别多,她老是说做的饭好吃。一天得喝三大碗汤,每顿还能吃一个馒头或者一碗饭。近90岁的人了,真是能吃呀,她身体好也是我们的幸福。如果不是母亲,我封闭这么多天,真是难过呀,所以还是有亲人好呀!

2020年2月12日　星期三　晴　25℃　保亭

读史有感

不知不觉就这样过了十几天,生活很好,路也走的很多(在屋内),书也看的不少。睡不着觉,凌晨3点多就起来看书,《中国通史》已看到清朝了,康熙、雍正、乾隆时期是清朝鼎盛时期,外扩疆土,统一中国。但到后来,英、法、日、德、俄都来瓜分中国,使中国四分五裂。落后挨打,真是让人痛心。从历史上看,国家的治理要靠好的机制,机制比人更重要。

读读历史,看看历史人物,深感一个人活在世上一定要选择正确的道路,做点正事、对人民群众有利的事、推动历史进步的事,不能做有害人民的事,在什么时候都要凭着良心办事,不违背客观规律,更不能突破道德底线。像岳飞、郑和等那样,宁可站着死,不能跪着生。苟且偷生会被人唾弃的。

今天同郝玲(上海)交谈。通过这次疫情,更感身体和亲情的重要。今天我给母亲做了土鸡煮羊肚菌,加了粉条和西华逍遥胡辣汤,非常美味,我和母亲每人喝了一大碗。在这非常时期,我和母亲只要吃得好,锻炼好,休息好,不出门,防护好,不染病,就是对家人的支持。这样就能安全度过这次灾难。

2020年2月13日　星期四　晴　保亭

以史为鉴

20天过去了,年是跑远了,但疫情还比较凶猛。我们要隔离到本月26日,有些邻居们有点烦躁,已在群里发牢骚了,我发信息安慰他们。现在谁都不易,像湖北武汉的主要领导都被免职了,当个省委书记、市委书记实为不易呀。

在家没事,我认真看完了《中国通史》,有几点启发和收获:

一、弄清了历史的朝代顺序。

二、中国的历史真长,长达五千多年。

三、适者生存,优胜劣汰是历史规律。

四、社会每前进一步,都有人付出血的代价,斗争是整个历史的重点,人与人、人与自然、自然与自然充满着矛盾,充满着斗争。平衡人与人、人与社会也是一门学问。

增长了知识,了解了历史,受到了启示,对自己很有好处。

2020年2月14日　星期五　晴　28℃　保亭

同学给我的启发

今天从视频里看到高中同学贾翠兰。她原同儿子在上海住,过春节时他们一家去了泰国。那里有游泳池,大小两个。有非常宽阔的厨房、客厅、游乐场,他们老两口和两亲家、儿子、媳妇还有外甥。看着他们一家人在一起快快乐乐的,

十分感动,这件事对我特别有启发:

一、她和儿子的思想很解放和前卫。

在疫情大灾面前,她们积极应对,找到了一个既放松又能应对的解决办法,跑到国外去,躲这场疫情,思想上很放松,生活上也很幸福,行动上也没限制,真好。

二、她儿子对她说,你现在别算钱,只算时间,看看在有限的时间怎么能生活得最好,最快乐,最幸福。

三、要想过幸福生活,必须解脱身上的枷锁。我之所以过得不幸福,主要是身上的负担太多。

自己还算是幸运者,能孝顺母亲2个多月,每天想办法让她吃好,休息好,锻炼好,每顿饭都千方百计地搭配食物,这样也使自己学会了做饭的本领。

今天疫情向好的方面发展了,再过一个月可能会完全控制住,我还是要带母亲在屋里转几圈。

2020年2月15日　星期六　晴　27℃　保亭

被爱包围着

今天是正月二十二。来到海南,我的主要任务是照顾母亲,一天三顿饭千方百计地做着吃。

孩子们天天给我打电话,关心我的生活情况。弟弟妹妹们也经常给我打电话,问我这里的情况。不知不觉当中,我被爱包围着。母亲到此地已2个多月,我也来了近40天。时间过得真是快,一天一天就没有了,疫情不知道什么时间才能结束,我们也做好长期作战的准备。备好吃的、用的和药品,只要身体好好的,我们三四月份就能回郑州了。

2020年2月16日　星期日　晴　27℃　保亭

全国上下一盘棋

又是阳光明媚的一天。今天的天气很好,蓝天白云,清风拂面。虽然我隔离在屋里,但透过窗也感受到了早春的气息。人们由于疫情足不出户,但盖不住早春的生机、早春的温暖、早春的热情和早春的奔放。你看那一群一群的白衣天使从全国四面八方争先恐后地赶到武汉去救治感染新型冠状肺炎病毒的病人,你看那人民解放军火速地飞往火神山医院,你看那一群一群的爱心人士都在争先恐后地捐款,你看那中央一声令下 14 亿人全体响应隔离疫情,再看那从上到下的各级组织都在行动……关键的时候才看到人们一呼百应,全国一盘棋。人心所向,奋战在武汉疫情的第一线。早春是非常美好的,大灾面前人们的心也是非常团结的,关键时刻能看到人的心。

2020 年 2 月 17 日　星期一　晴　27℃　保亭

怎样培养孩子

今天看了武汉大学前校长刘道玉谈须着重培育和强化孩子成长的 5 个重要因素:

一、读好书,多读书。他说:我从事高等教育 60 年了,虽然我有着年深月久的经历,但有一个问题始终干扰着我:人成才究竟取决于什么?智力超常的少年,生理发育都比较超前,他们共同的特殊爱好就是酷爱读书,读书是他们生命的一部分。北宋的欧阳修 4 岁丧父,家境贫寒,母亲四处借书给他抄,他通过自学成为唐宋八大家之一,他说,立身以学习为先,立学以读书为先。

二、最好的老师是自己,自学是成才的良好途径,自学自律十分重要。

三、文理兼修,以博取胜。

四、悟性是学习的最高境界,是开启智慧的根本途径,悟性是一种感悟能力。它是在无功利、无压力、无恐惧的心境下,通过自学、自问自疑、自答、自赞、自娱一连串顿悟过程而获得的。

普通人只要具备了上面几个方面的素质,也能成为杰出人才的。总结得很好,值得借鉴。

2020 年 2 月 18 日　星期二　晴　20℃　保亭

珍惜生命

活着就是幸运。今天一位朋友发来两个信息,都是说因疫情影响,身边有人病故的事。看了以后心里很沉重,觉得一粒病菌落到一个人的头上可能就是一座大山,可以压垮你,或者压死你,这场灾难对每一个人都有一个启迪:"活着比什么都好。"比着那些这次在疫情中得病的人,死去的人,我们是多么幸运呀。特别是像常主任那样失去了 4 位亲人,多么悲惨,多么严重呀。他们原本是很幸福的家庭,仅仅12天,一个幸福的家庭就消失了。对亲人是多么大的打击,对死者来说是多么的遗憾呀。死者已去,生者要很好地活着,珍惜生命,珍惜时间,珍惜现在所有的一切。

我现在的目标就是要照顾好母亲,也照顾好自己。活着就是胜利,就是幸福,生者就是最大的胜利者,就是成功者。活着真好。

2020年2月19日　星期三　晴　25℃　保亭

读书的启发

这三天看了《人类群星闪耀时》,认真地读了其中的几篇:《不朽的逃亡者》《千年帝国的陷落》《亨德尔的复活》《一夜天才》《决定世界的一分钟》《年老与爱情》《发现黄金国》《英雄的时刻》《跨越大洋的第一句话》《向上帝逃亡》《壮志未酬》《封闭的列车》《演讲台上的头颅》《威尔逊的失败》。

这本书主题有地理发现类3篇,文学艺术类5篇,政治战争类5篇,技术发明类1篇。这4类题材的作品,都和历史上的重大事件息息相关。

启发:

一、伟大的人物和伟大的事件都经历过不同寻常的灾难、痛苦、曲折。像菲尔德推广海底电缆技术,像托尔斯泰的离家出走,像歌德与玛丽的爱情,像阿蒙林、斯科特的南极考察,都付出了巨大的代价,真是没有随便的成功,也没有突然的失败,任何事都是有缘由的。

二、做事要坚定。每一个人和每一个事,坚持下来就成为不朽,放弃了就是失败。如美国前总统威尔逊是个伟大的政治家,他的《国家和平公约》最后失败的原因是没有坚持下来。公元前43年古罗马政治家西塞罗未能挽救共和政体,并被当权者把他的头颅钉到了讲演台上,也是因为没有一直坚持共和政体的原因,而歌德之所以伟大是因为他坚持道德底线,克制住了自己在74岁时"爱"的冲动,埋头写作。托尔斯泰为了追求革命而最后离家出走,使他得了进一步的升华。所以做事要坚持到底。

三、做事要有超前的眼光,要永远团结人们。美国商人菲尔德耗费一生的财富和精力完成跨越大洋的海底电缆,花费了10年的时间使此技术用于人类,使人类永久记着他。书中14个伟大的故事,每一个成功者都是紧密团结了人民,进行探索进行创作,进行社会治理及科学技术的推广,给社会、人类、历史留下了不朽的功勋,世世代代被人们所传颂。作一个普通的个体,也要在做人做事中把握人民这一历史主流的脉搏,作为共产党员更应当为人民而生,为人民而死。

四、知识和能力是一个人立脚的根本,所以在任何时候都要坚持学习和提升本领。如生存必须学会做饭,我正在积极补好这一课。

总之,读《人类群星闪耀时》是一个很好的学习过程,了解了历史,看到了历史人物的伟大,学到了新鲜的人物故事,真是一本书可以改变一个人,有了书在这封锁的小区是真没感到无味、孤独。书给自己带来的是幸福、快乐,有了书再不害怕长夜的孤单和难熬。

2020年2月20日　星期四　晴　26℃　保亭

解封后的打算

今天没有香蕉了,报了两天也没买到。上午做的牛肉粉条汤母亲也没怎么吃,我不知为什么今天很累。早上也8点多才起来,我们也没敢出去。因为还要隔离6天时间,我们要严格遵守。午觉醒来又出了一身汗。总之今天感到什么都不好,心情不好,吃的也不好。可能是因为圈在屋里,心里有点烦躁吧。不管怎样,疫情一天比一天轻,困难已快过去了,再坚持半个月,可能就会解脱了。等到解封了,我准备到外边去转一转,初步打算到深圳、杭州、苏州、上海、安徽、范县、郑州,准备转10天,让母亲尽量多走几个地方,享受一下游玩的生活,给弟妹们带个好头。

2020年2月21日　星期五　晴　25℃　保亭

做饭也得讲方法

近20天来,一直都吃牛肉汤。虽然配料都是菌类上品,但吃得多了。母亲昨天上午基本没怎么吃,我今天就改做粉条了。这一改母亲又吃得多了,看来做饭也要天天换花样。老吃同样的饭,再好吃也不行了。做饭也像工作一样,得经常换方法。

今天干了三件事:

第一,清理屋子,把凉台上的盒子收拾下,并把屋里的地清一遍。

第二,给母亲洗一洗澡。这几天天凉,一直没给母亲洗澡,今天上午给她洗了澡,吹了头,洗了换洗衣服。

第三,看书,看米歇尔·奥巴马的自传,刚刚开始看,知道她受到了很好的教育,她是黑人,父亲是个残疾人,母亲也是一个很普通的人,但获得了很好的教育。

不知什么原因,夜里没有睡好觉,所以白天躺的时间多。虽然躺在床上看书,但得到充分的休息。现在每天还是六七点起床,一天在屋里走1万步左右。一天很规律地吃3顿饭,从不间断写日记。这20天看了《中国通史》《人类群星闪耀时》《活着》《成为》,学到了不少知识。

2020年2月22日　星期六　晴　29℃　保亭

今天做了两件事

今天是正月二十九,这个年比往年任何时候都"长"。因为疫情,我和母亲基本上都宅在屋里,不外出活动,不出去买菜,不同别人说话,更不随便出门。活动的范围只在屋里,近80平方米的屋里,就是我天天活动的场所。正月以来在屋里活动、做饭、吃饭、看书、写字,看了几本书,写了近4.5万字的日记,记录了每一天隔离的生活情况,在屋走了30多万步的路程,并照顾了母亲。

今天特别懒,什么都不想干。上午睡了一个上午,下午又睡了一个下午,傍晚才起来,喝了一杯咖啡,提点精神,做了两件事:

一、走了12409步,完成了锻炼目标。

二、做了110道填诗答题,感觉很好。基本上都能答出来,很需要动脑子想,很练脑子。

今天虽然难受,也坚持把这两件事做到满意,人在任何时候都要对自己有要求,有目标,再难受也要完成目标。上帝把最宜人的气候、最清新的空气、最和煦的阳光、最湛蓝的海水、最柔和的沙滩、最美味的海鲜,都赐给了海南这个美丽的城市和我们这些游客,我们再难受时也要充分享受这一切。

2020年2月23日　星期日　晴　29℃　保亭

今天解除了隔离

我们小区按原规定2月26日才到隔离期,今天突然宣布12点钟提前解除隔离。听到这个消息,大家都高兴极了。有的人发信息感谢为小区服务的人,有的人放鞭炮庆祝,我也包了饺子庆祝,并给保亭政府发了一条长长的信息表示感谢,并同亲戚打电话传递这个好消息。

看来自由比什么都重要。这些天来,大家太"不自由"了,每天都在家里,吃了睡,睡了吃,同外面隔离。实在没办法了,只能打打电话,开开视频,真是太考验人了。现在终于看到了曙光,看到了希望,每个人都会重返自己的生活和工作,我也准备尽快回郑州工作了。

今天母亲吃了一盘饺子,我吃了半碗剩米饭,终于把剩饭吃完了。从明天开始就可以想吃什么就做什么了,再好的剩饭也不如新饭好吃。今天看了米歇尔的《成为》,看了她从小到大的成长之路,看出家对她的重要性。

2020 年 2 月 24 日　星期一　晴　30℃　保亭

二月二,龙抬头

不知不觉正月过完了,到了二月二龙抬头的日子。我早上6点钟就起来为母亲准备早餐,做了八宝粥,放了红枣、莲子、银耳、百合、枸杞、大米、小米、花生。由于莲子生了芽,必须把里面的芽弄出来。光准备这八味食材我就用了半个小时,把八宝粥熬上,又去和面和调馅(加了粉条、韭菜、姜、葱、鸡蛋)。前后忙了2个小时才把菜馍和八宝粥做出来,母亲一直说好吃。她吃了一个馍和一碗八宝粥。吃吃刷刷就9:30了,累得我老腰有点疼,此时才深刻体会到当个家庭主妇多么不易呀。

许多事说着容易做着难,饭要做得让家人吃着可口也是不易的。所以全世界的人都应当更加重视家庭主妇,这是一个既费时又无功的职业呀!所谓伟大的母亲是否是从这个角度上说的?

今天出去一趟,一是下去倒垃圾,并在院内走一次;二是去办了出门卡。办了15天的,可以3天出去一趟,一次可出去3个小时。准备明天出去一趟,吸收一下屋外的空气。在家宅的时间太长了,一定跑出去转一转。今天看到有人走了,各自奔向东西,心里也有点急了,准备3月中上旬回郑州。

2020 年 2 月 25 日　星期二　晴　30℃　保亭

今天去看了热带植物园

刚来保亭时我就想去看一看热带植物园,上次去时下雨了没走到,这次终于实现了。

昨天发了出门卡,3天可以出去一次。今天吃过早饭拿了就去了,走到大门登了记,就直奔植物园的方向。没想到那么远,从上午9点17分走到10点45

分才走到。植物园不大,也没什么名贵的树种,半个小时就出园了。还让看大门的师傅批评了一顿,说里面不让进我怎么进去了,同人家道个歉就走了。离开植物园,才11点30分。想着到家最多1点,没想到走错方向,到家都下午1点20分了。因为回来时还买了3个芒果(3.5斤)、一串香蕉(3元钱)和5元钱的龙舌兰,越提越重,最后我用外衣兜着,到家累得大汗淋漓,衣服都湿透了。因为正是中午,脸都晒红了,回到家里一看走了46780步,足足有20公里。

由于母亲一个人在家,我脱下衣服洗了个澡,赶紧去做饭。吃完饭都快3点了,躺在床上脚底板也疼,老腰也疼,一觉睡到了5点多,看看书都晚上7点了,看看新闻和电视剧都10点多了,洗洗就休息了。

今天虽然很累,也十分高兴。一是终于看到了保亭的植物园;二是除了湖北,其他省份的疫情基本控制住了,我们很快就能回家了。

2020年2月26日　星期三　晴　30℃　保亭

赞护士

在这次疫情中,当14亿人生命受到威胁时,每一个人都会感到了护理人员的重要性。你看那些穿上白大褂、戴着护士帽的护士,她们笨重地行动(因穿防护服),忙碌在一线,危重病人每时每秒都离不开他们,他们也尽职尽责地为每一个病人提供帮助,不顾生死,不顾小家,不顾孩子,不顾一切,献上爱心,全心全意为病人、为抗疫、为社会服务。这段时间出现了百千万个感人事例,体现了世间的真善美。护理人员给14亿人上了一堂美德教育课,让人们懂得平凡而伟大的力量,解除了人们的偏见。

日常生活中有的人觉得护理人员学历低,工作技术含量不高,又有夜班,找对象也不愿找护士,因为他们值夜班。事实证明,在人命关天的大事上,没有这些医护人员舍生忘死的付出,哪能有我们今天的平安呀,哪能有千千万万个病人转危为安啊!愿我们每一个人都不要忘记这些护理人员的平凡而伟大,不显眼而高尚。我们应当记住他们,感谢他们,感恩他们。护士太伟大了。

2020年2月27日　星期四　晴　30℃　保亭

细节决定成败

看了米歇尔·奥巴马的《成为》很有启发：

一、米歇尔是美国第44位"第一夫人"。她从一个出身于黑人普通工人家庭的女孩子，一步一步成为有思想、有学识的第一夫人，是她一路自信，一路奋斗，一路努力的结果。她从小学到大学一直要求自己做到最好。

二、从实事做起。

三、十分注意建立人际关系。

四、一切为家庭、为家人着想。

五、在任何时间都以诚相待，才迎得一个又一个的胜利。

2020年2月28日　星期五　晴　30℃　保亭

我想回范县

疫情一天比一天好转，不少人也都走了。吃过早饭我带母亲到大门口看一看能否出去一趟。看门的讲，现在还是不能出去，出去也只能一个人，无奈我和母亲又回来了。回来后看看书，不知什么原因，心里很烦，就到床上睡了。起来一看股票，又是大跌。去年3月买的股票，现在都损失30%多了。一年的损失比一个月工资还多，真是太惨了。中午下了点饺子，我吃了2个，母亲也吃的不多。算算自己都来2个多月了，母亲也来3个月了，都有点急了，想回家，只是都不说而已。我得早做回家的打算，先洗洗被褥，收拾一下屋子，力争早日回去。

人呀，待在一个地方再好，也想再动一动。生活太单调了，我真是太想回家和范县了。

2020年2月29日　星期六　晴　29℃　保亭

干实业不易

今天利用三天买一次菜的机会我出去了一趟。先到菜市场看了看，还是没有卖虾的。看来吴树亮养的虾还得一段才有望卖出去，虾的行情也还要一段才能好起来。搞养殖业也是非常艰辛的。搞几个月、几年才养出成虾。一场疫情就能让人血本无归。我是搞畜牧这一行的,深知其中的利害。去年一场猪瘟,多少个养猪场倒闭。当时我在广州张胜勋的猪场待了一个月,他损失了 3 个亿。经营 20 多年的企业,一下子就快不行了。好在他后来找到了融资渠道才算挺过来了。

2020 年 3 月 1 日　星期日　晴　29℃　保亭

挂念村中生产

新的一个月又开始了。我不知道自己什么时候才能回郑,心里非常着急。不回去吧,心里惦记着到村子,回去吧又怕到郑州再隔离 14 天,所以在焦急的等待、盼望和无奈中。早上不到 5 点钟就起来了,同家人聊聊天,不到 6 点钟就去散步了。中午同几位老朋友打打电话,午餐我做了一个红烧肉,又蒸了米,母亲没吃多少,我也没吃多少。母亲她心里急也不表现出来,我心里急就去外头转圈。下午 5 点多给母亲洗洗澡,洗洗衣服,做做饭,又去大门口问一问如何办健康证,走了 1 万步。

今天通过同崔富丽、曹俊华通电话,知道他们培养的下一代都非常优秀。富丽的儿子清华大学博士毕业到上海同济大学读博士后了,32 岁了还在一门心思做生物研究,她现在跟着儿子也在上海。曹俊华的儿子在中国农业大学读博士,这真是应着了一代更比一代强的道理。他们都给孩子们培养得那么优秀,真是可喜可贺呀!

今天给村里打了电话,让他们抓紧抓好春耕生产,并抓好科技楼的建设。现在也实在想他们了,得尽快回去。

2020 年 3 月 2 日　星期一　晴　29℃　保亭

今天去了七仙岭

今天去了七仙岭,这是保亭最好的旅游景点之一。我前几天来了一次,没有走到,今天就早吃了饭,上午 8 点 40 分就出来了,走到七仙岭脚下都下午 1 点了,一看走了 17000 多步,还有 4 公里。实在太累了,就休息一会儿回来了。到家都快下午 3 点了,一看走了 35000 多步。因为母亲还没吃饭,我赶紧做点羊肉,蒸点米,洗洗澡又炒点菜,吃了饭都快下午 6 点了,躺在床上看看自己一路拍的风景,虽然累点,很是高兴。

一、去七仙岭一路风景很好。路很宽，两旁都是茂密的大树，并有花草，鲜花、草地、大树错落有致。头顶着蓝蓝的天空，一步一步走在宽阔笔直的大道上，观看着两旁的参天大树、小草、鲜花、碧绿的水塘、水鸭，时而有一群小鸟在空中飞翔。走很远也见不到一个人影，这种感觉真是太好了，太美了，太幸福了。前行带来的疲劳、饥饿和脚板疼痛都统统变成了幸福的点缀。此刻深刻感受到了前行就要用力往前走。前行才能看到这美丽的风景，才有了这幸福的感觉。所以任何幸福都是付出得来的，要想幸福首先要有付出和前行。

二、温泉、宾馆林立，形成一道风景。走在去七仙岭的大道上，有上百个大大小小的温泉酒店及宾馆。大的有希尔顿酒店，现在半价每夜699元，有一个路友是新疆人，说在该酒店住了2夜，管早餐，火锅每个人198元，在那里洗了两个热水澡很好。每个酒店都有温泉，都有花台，非常美丽，建筑物都很有特色，有少数民族的风格，走了一路拍了一路。

三、每个路口都有疫情防护人员，管得很严很严，也很负责任，也是一道特殊风景，各级真是都重视呀！

四、在路边花10元钱买了一个扇子。碰到一对夫妇65岁了，去年10月份就来了，在这已5个月了，女儿、女婿是团级干部，他们每年夏天在内蒙古，冬天在保亭，在家时间很短，看样子很幸福。

今天给村里打了电话，安排项目进展情况，高秋菊书记讲，上面又给村子批了一个项目，美丽乡村项目，很好。高书记说疫情还没结束，让我别急着回去，这下我可以安心多住几天了。

2020年3月3日　星期二　晴　28℃　保亭

一切都要学习

前几天从陈静厅长那里得知，出门可以扫健康码。我没在意，今天同张七一书记打电话才知道必须建立健康扫码群。我给张书记打了3个电话，也没有注册成功，下午5点去大门口让服务人员帮忙才扫了健康码。从今天起得扫14天回去才有用。如果从陈厅长说时就开始扫码，现在都快够14天了，所以现在什么都要学习。像自己现在这样，什么都让人去帮助，不但麻烦别人，自己也不方便，所以自己必须尽快学会，事事都能自己搞，要学会在网上买票、网上购物、炒股、看病，等等。只有这样才能跟上年轻人的步伐，才不被社会淘汰。我从1986年就开始接触电脑，到现在30多年了还没学会，真是不专心呀！

这一段在家学会了做饭，并感到了许多乐趣，所以下决心要学会上网。向张成智主任学习,他职务比我高,年龄比我大,他什么都会,就是刻苦学习得来的。钟南山84岁了还在孜孜不倦地工作和学习,他才是全国人民学习的榜样,是民族的精神支柱。

2020年3月4日　星期三　晴　29℃　保亭

我和母亲已来保亭3个月了

2019年12月4日我和母亲、妹夫魏华从郑州启程,6日就到保亭,母亲在此生活了3个月,我断断续续也在这儿住了2个多月,来这里有几大收获:

一、很好地休息和生活。通过这一段的调理,我的血糖、血压都趋于稳定,血压108/68,心律76,血糖早饭前5.2,体重60公斤,整体上都很好。

二、生活很有规律,每天早上6点起床,7点30吃饭,中午1点吃饭,晚上不吃饭,一直保持在60公斤,看了近10本书,有300万字左右,写了10万多字的日记,看了一个材料,在家隔离的日子里,也一直保持着早睡早起,一天两顿饭,母亲比来时胖多了,血压、血糖、心律也都很正常。

三、充分享受了三亚的好风景。看了五指山、七仙岭、植物园,拍了很多美景,吃了不少三亚水果。

四、搬了两次家,腰就是那个时间累的,到现在还疼。在这照顾母亲2个多月,她3个月一次都没感冒过,这也是自己的一大功劳。

五、最大的成绩是学会了做饭,并从中找到了乐趣。

2020年3月5日　星期四　晴　28℃　保亭

雷锋日

雷锋是一个平凡又伟大的战士,被毛泽东主席充分肯定,并发出了"向雷锋同志学习"的号召。他像一座丰碑,一个标杆,成为平凡人做好事不留名的榜样。今年又逢3月5日,又是人们向雷锋学习的纪念日,我感慨甚多。

一、平凡人怎样能活得不平凡。我今天带母亲去办回去的健康证,从新媒体绿都走到北城区,一问说办健康证的在卫健委,我只得牵着母亲又去了卫健委。一问还是在北城服务站,我们又回到北城区。又说在芙蓉小区,累得我和母亲精疲力尽,寸步难行。怎么也没碰到一个雷锋,只是看到街上有许许多多的普通人,打井的、修路的、买菜的、摆摊的,其间去问过看大门的保安,问个路说得差三错四,进个卫健委的大门,不让在院内打电话,找到住建局的办公人员,爱搭不理,只有北城区服务中心的40多岁的女同志,还耐心地告诉我地点在哪里。我照着她说的路一找就找到了,其间又问了一位女司机,她不但说话好,而且很热情,这样助人为乐的雷锋精神太可贵了。

二、做任何事都要遵循其科学规律。这次疫情,钟南山、李兰娟院士等医务工作者发挥了很大的作用,钟南山三代为医,很能坚持呀!

三、干什么都要亲身经历才行。我跑了一天,累得腰疼,但知道了怎样办回去的手续,并领略了城南的风景。任何事都必须亲自体验才知道怎么做。

2020年3月6日　星期五　雨　25℃　保亭

村里的事都在进行

今天给村主任胡同力打了个电话,问了一下工程的事情。他说现在还没开工,东西都贵得很,准备3月16日以后开工,电视上说的开工率达到了多少,具体到项目是很难的。我又给范县郭县长打了个电话,又给村子要了100万元的项目款,不知道到时候能落实多少。

大吴庄第一书记小杨打来个电话,说6个贫困生的资助问题。我们交换了一些意见,如办敬老院、展馆等。大吴庄几经努力,才发展到现在这样,现在想办个展览馆,不知道什么时候才能办成。

在家千日好,出外一时难,现在体会的真是深刻呀。只知道在村子里难,没想到出来也这么难,好在村子里的事都在进行着。

2020年3月7日　星期六　晴　25℃　保亭

着急回村

昨天下了一天雨,今天晴了。我早上5点多起来看看书,6点30分出去散散步,7点30分回来做做饭,陪母亲出去散散步。上午10点30分回家,什么也不想干,就看看手机,做做饭,下午看一看《黄河滩区搬迁脱贫与资源科学利用的研究》。看了4个多小时,累得眼疼,这个课题和农科院乔院长搞了两年多了,十分辛苦。但报告写得实在不怎么样,改起来很费劲。

不知道是心里有火,还是急着回家,满嘴都是泡,也不想吃饭。夜里睡得也不踏实,整天都想着村里的事、大吴庄敬老院的事和几个村的贫困孩子上学的事。今天看了一个有关陈永贵的报道,通过陈永贵的事情深感只要为人民群众真干事,人民群众一定会记着自己。这次回去一定再回大吴庄做事,把敬老院办起来。

2020年3月8日　星期日　晴　31℃　保亭

三八妇女节

今天是三八妇女节。全世界的妇女都在庆祝这个节日,倡导男女平等,改善生活和工作条件,中央已给全国妇女发了慰问信。这个三八节过得轻闲、自在,因为宅在家里看了河南卫视组织文艺界名人名家唱段,我还看到李树建、汤玉英、任宏恩、王慧等名家在台上表演,最为感动的是李树建(党校厅级班同学)在疫情期间做的3件事:一、为疫区捐款15万元;二、排练新的戏曲;三、在家干家务。特显好男儿的特色。汤玉英教孙子学戏并和任宏恩唱《老汉娶亲》,等等,艺术家的精神很值得学习。原来我不怎么看豫剧,自从河南电视台拍了《驻村第一书记》后,自己就特别喜欢看戏和听戏了,感到河南豫剧很有韵味,很有内容。

今天还洗了床单、被罩,为回郑州做准备,把屋里的用品洗一遍,并进行整理。所有的鞋子都洗了,并把该拿的东西都寄回家了。我和母亲拉着两个箱子到大门口,有圆通的人来接,女婿王天瑞下的单子,随后我和母亲又出去转了一转,人们基本上恢复了生产。

2020年3月9日　星期一　晴　31℃　保亭

出外办事真难

为了办一个健康证,我费了很大的劲儿,多次去找物业,今天上午才算把"结束留观告知书"办好。为了办这个东西,上午我就带着母亲步行到城北区,一问保安才知道进不去,他们让到市卫健委,没办法我费了千辛万苦在上午10点40分到了卫健委,结果人家不让进,说还是到城北区服务站,我牵着母亲又到城北区问保安,说确定不在他们这儿。看看时间都中午12点了,没办法我和母亲回来了,下午我问了在法院上班的亲戚魏小慧,她告诉我具体地址。我下午又去城北服务站,终于找到了地点和人,办手续的人又说必须有"结束留观告知书"才能办健康证,无奈我又回来了。从5日开始,我和母亲天天都去物业问保安,救治中心的人员什么时间能来,并同开发商陈总、徐主任及物业的龙总催问此事。费了千难万难,总算今天上午办"结束留观告知书"的人来了。因为办理此事的人很多,我和母亲等了很久才办完。还没有办到健康证,不知道什么时间才能办好,深感在家千事好,出外一事难的深刻含意。通过这件事,深知一个普通的人办事有多难。所以我为他们办事时要做到有求必应,很好地为基层服务。今后更加做细做实每一件事,给老百姓提供方便,自己多费心,尽量让群众少跑腿,减少程序。一切方便群众,服务群众,帮助群众,想群众所想,帮群众所需,尽力做到不忘初心,全心全意为群众多做事,做实事,做好事。

2020年3月10日　星期二　晴　30℃　保亭

今天去办健康证了

今天来办健康证,上午很热。我上午9点多带着母亲,因为路远天热(有3公里),我们走走歇歇,到了就快10点了。每人填了3张表,有2张填错了又重新填,办完都上午11点多了。我带着母亲回家,高温30多度,母亲走得实在辛苦,我们一路休息了几次才到家,到家都下午1点多了。回来我们就做饭,吃了饭洗澡,又洗了被子,一直忙到晚上9点多,腰有点疼,帮助母亲烧点水,洗洗脚,看看电视,就休息了。

现在等了那么长的时间,终于可以回郑州了。但没想到干家务、收拾东西那么累,那么费时间,现在才深刻地体会到,做一辈子家庭妇女真是不易呀!

跑了一天,健康证终天办下来了。

2020年3月11日　星期三　晴　30℃　保亭

今天又忙了一天

该回家了,还是比较留恋这里。所以早晨5点多就起来散步,走在院里的操场上,黎明的小院非常静,天从灰变亮,天空被薄白的云色蒙着,宁静、美丽,微风一吹,浑身都是凉爽的,舒服极了。在这么好的天气里,真是太美了,太舒服了,转到早上7点40分,8600步。回家做了早饭,随后一直忙着洗衣服、拖地和打扫卫生。

一天就这样忙忙碌碌地过去了。晚上看看电视,给母亲洗洗脚。一天下来,很累很累,腰疼得有点直不起来。就这么一个屋子,一天到晚干不完的活,好在疫情就快结束了。

回郑州要好好地放松一下,好好休息几天。

2020 年 3 月 12 日　星期四　晴　31℃　保亭

今年是全国脱贫的关键一年

昨天同驻村第一书记小任及村委会班子成员研究了村子里的工作重点。

一、科技培训大楼规划面积 3000 平方米,投资 420 万元,力争 6 月完成。大楼建成后,承担 3 项任务:一是农展品的分检工作,培训人员,使其掌握相关技术,尽快打开新局面;二是成为新品种、新技术实验示范基地;三是成为电商经营销售的网点,为该村培养一个科研基地。

二、抓好产业扶贫项目,除上级政策外,重点落实村里《发展经济若干问题的规定》,去年七一发了 16 万元进行奖励,今年再发一次,促进各项经济的发展。

三、狠抓村级精神文明建设:

1. 党员的学习培育,养成好习惯。

2. 提高干部队伍的水平,让其多干实事,在干实事中提高水平。

3. 抓好精神文明建设细节。

(1)狠抓卫生文明工作。

(2)狠抓植树造林工作。

(3)狠抓技术落实工作。

(4)带领党员外出走一走,开拓眼界和思路。

(5)抓好敬老院工作,做出特色。

2020 年 3 月 13 日　星期五　晴　保亭

遵守防疫规定,不给别人找麻烦

河南郑州的郭某某,因出国染上新型冠状病毒肺炎,使河南郑州 19 天无新增病例的情况被打破了。整个河南又紧张起来,我本来今天回去的,无奈又退票了(因为回郑州还要隔离 14 天)。这个人激怒了全河南的人。昨天以知情不报罪立案了,他的出行轨迹牵涉 6 架飞机、两趟火车和多次汽车、地铁,牵涉到近 4 万人,给社会造成多大的负面影响,给人民生命带来多大危害呀。在这个非常时期,自己被困在三亚,家人再三叮嘱,去任何地方,都要严格遵守防疫的规定,好好配合工作人员,保证在任何时间都不同工作人员发生矛盾。其实这是一个人的素质问题,平时修养好,就不会盛气凌人,平时横行霸道,一受管制,一定会同工作人员发生矛盾。因为这些人搞特权惯了,一有约束他们就受不了。自己只是一个平常的人,长期在基层工作,经常会受气,承受能力是很强的,耐受力也很强,所以不会同他们发生矛盾。

2020 年 3 月 14 日　　星期六　　晴　　郑州

今天坐飞机回郑州

今天回郑州,从保亭到郑州实在是太辛苦了。一大早起来收拾东西,锅碗瓢勺,打扫卫生,到 9 点多又从三楼往下面搬东西,随后去保亭农场看一个村的魏金兰(魏庄的老乡)。在他家吃了一个包子,休息了 1 个小时,就往凤凰机场赶。飞机场特别严格,看健康证,量体温,排队寄东西,给母亲费了很大的劲借了个轮椅。没想到轮椅帮了我和母亲很大的忙。坐了 3 个多小时的飞机,到郑州家中都晚上 9 点多了。其实晚上 7 点 10 分都下飞机了,因为各种检查,取行李,在郑州飞机场都 1 个多小时,下了高速又让登记检查,一天很累很累。

体会和启示:

1. 飞机场对老人真好。我给母亲申请个轮椅,上下飞机都有专人用车推母亲。在检查时也走特殊通道,让我们省了很多心,少走了很多路,上飞机排队也站在第一个。不是有母亲这个优待,我们还会多费劲。社会都对老年人这么好,做儿女的更应当对老年人好。现在坐公交车 60 岁以上老年人不要钱,到公园老人也不要钱,这还能不教育儿女好好尽孝吗?

2. 防疫工作在飞机上落实得非常严格,工作人员特别辛苦。

2020 年 3 月 15 日　　星期日　　晴　　15℃　　郑州

到家第一天

走了 3 个多月,到家第一天,一切都很新鲜,做了 3 件事:

第一,在周围转了一转,走了 1.7 万步,还让女婿带着我去看打边炉是否开业(还没开业)。

第二,去买了点水果和吃的。

第三,和母亲一起去剪剪头。

在门口还碰到原单位办公室主任刘建伟。有时就这么巧,多年不见,一下子就碰着了,这可能就是一种缘分。

2020 年 3 月 16 日　星期一　晴　20℃　郑州

今天在家一天

由于刚刚回来,一直在家看电视。上午自己下楼转了一圈,下午又带母亲出去转一转,共走了 1.6 万步。七里河旁边的桃花全开了,红色、粉色、白色的桃花,美极了,又是一派春天的感觉,真好。很多人都在河边散步,有的一家人在一块儿,有的人牵着狗遛弯,一家家,一对对,又形成了一道美丽的风景线。过去一直忙着工作,没有时间停下脚来看看风景,这次带着母亲在保亭住了一段,很好地看了风景。景色美不胜收,回来了又见到这么好的景色,真是好景处处有,只看自己是否有一个好的心情。现在心情好了,处处都是美景。这么多年总是觉得农村美、自然、单纯,没想到哪里都有美,只看自己怎么看。

把母亲送到妹妹家我就回村子了。到了村子,那里就更美了。我还是赶回去,看村子里的美景吧,因为村子可以干活呀!

中央电视台一套正播放谷文昌的事。他是一个种树的典型,对人很有鼓励。实践再一次证明,给人民办事,人民是不会忘记你的。

2020 年 3 月 17 日　星期二　晴　20℃　郑州

又在家宅一天

今天早上起来安排个车把母亲送到妹妹家。因为母亲跟自己 2 个多月,吃住都是我照顾,她一走我像掉了魂,什么也不想干。外出转了两次,回来还是安不下身子,六神无主,只好看个电视。广东台演了一个电视剧,说的是一个女人的二次婚姻的情况:第一次大学毕业就嫁给了同学,生了一个儿子,一直就在家相夫教子。由于自己任性,在儿子 5 岁时,丈夫和她离了婚。为了争取抚养权,她费了很大的努力。婚姻失败以后她为了生存捡起了自己的漫画专业,并从最基础做起,在餐馆打工,最后成功了,成为漫画名师,并找到了一份真爱。

这个电视剧给了我两点启发:

一、失败是成功之母。人总是在失败和灾难中获得进步,就像我在疫情中学会做饭一样。

二、做什么事必须静下心来,把基础打好。有一项能吃饭的本领,自己强大了,一切都会好起来。

2020年3月18日　星期三　晴　20℃　范县

今天回村了

1. 开了村"两委"班子会,研究了农产品分检中心的事。一是明天开工;二是成立质量监督领导小组;三是排挂工期,3个月必须完成。
2. 看了路上栽的树,安排了扶贫工厂和明天开工的事宜。
3. 准备在发改委立个项目,成立农产品分检中心。

一天忙忙碌碌,紧紧张张,忙到晚上快10点了才回住宅。打开电视没心思看,一直在想白天的工作。

县里都在忙于生产,忙于工作。晚上县发改委主任张宏孟陪我吃饭时说,他从腊月二十八到现在都没有休息了。前期忙着防疫,后期忙着恢复生产,天天开会。我同他说让县里帮助报个300万元项目,李镇长也在,张主任说尽心做。张主任这个人我还是知道的,做事非常投入,交给他我很放心,他这个人很能办实事。

情系黄河滩

2020年3月19日　星期四　晴　25℃　胡屯村

村子里今天有个大事

　　村子里的农产品分检中心动工了。忙得大家不可开交。本来想着低调一点,可是王书记说来看,大家就准备了一番,做标语,找奠基石,动土方,结果王书记来了,只是看一看,了解一下情况就走了。结果才发现,合同出现了许多问题,工又停下了。一是合同没有签日期;二是合同还是原来的老版本;三是资金支付的方式不明确。

　　第一,开了一个质量监督领导小组会。有5个人员参加,任鑫、县里的监理、胡传奎,还有一个党员代表、一个群众代表,只要质量这一头能把住关,再能把住时间这一关,就不怕房子盖不好,我要紧紧抓质量。

　　第二,研究了上报省发改委的项目,再申报一个300万元的项目。搞敬老院或者搞幼儿园,尽快把学校给利用起来,解决一老一小的问题,一定把这个事搞起来。

　　今天一天很紧张,上午又去濮阳市发改委说项目,晚上同李国报县长一起吃饭,又听了县公安局搞的"局荣我荣,局耻我耻"的演讲,一直到晚上11点多钟,倒下就休息了。

　　农产品中心建设起来,可以作为培训基地,可以分析农展品,还可以做科技示范试验中心,我要下大力气给搞起来。

2020年3月20日　星期五　晴　20℃　胡屯村

从企业家看范县的经济发展

　　今天看了几个企业。先到钟丽的农业蔬菜企业,她又搞了个4角蔬菜基地,有1000多亩,种的花菜(属西兰花类),几个大棚的菜长得绿油油的。打通了销路,同山东大商户签了1000亩的订单,2.5元一斤。她汇报说,她的打工人员,夜里3点30就跑出来给她种菜苗,搞得很好。从这个例子当中我感受到了企业家"逆行"而上的拼搏精神。又到了张国涛的园区,他把草莓园改成瓜园,种上了甜瓜。这次在疫情中他亏损了10万元钱,但他不屈不挠的精神还是值得学习的。杨集镇芍药种植企业家高彩霞年复一年坚持种中草药,既养了河,护了滩,又发展了经济,为建设生态黄河做出了贡献。范县刘集残疾人朱富庆养牛也是一个很好的例子。从这几位企业家的身上我看到了范县的希望,学到了企业家的精神。

看看企业,再看看村子,胡屯村经济发展还有很大差距,我们一定要搞出自己的亮点呀!学习和带头干好这些村子里的事。

2020 年 3 月 21 日　星期六　晴　25℃　胡屯村

在村子里忙工作

早上吃过饭就去分检中心的工地了,发现了几个问题,就去陈庄镇找高彩菊书记(同监理一起)。一是施工没有监测检报告;二是没有设计图纸;三是施工方没有技术人员。在高书记那里都一一得到了解决。回村后召开了村干部会议、电商会议,随后又去看了一个鱼塘、一家饭店。中午在敬老院吃饭,了解敬老院情况。

下午 3 点去村子等一个商人,等到 4 点多,又去县人劳局找李局长讲培训中心的事,之后去县发改委说电商的事,晚上同县扶贫办商定村子培训中心装修费的事。

工程建好培训工作一定先办起来,不然没有效益,项目办起来也没用。由于想的太多了,夜里失眠了,到夜里 3 点多还没睡着。因此,心脏又感到不好受了。

2020 年 3 月 22 日　星期日　晴　25℃　胡屯村

今天办了 3 件事

1. 请濮阳和郑州的装修公司来装修村里学校的事,下午两个公司都来了,看了一看,量了一量,并和他们说一说,明天把预算搞出来。

2. 工地又出了一点问题,没人敢说话,下一步怎么干,得请示领导,工程队只得停工。

3. 给县里写报告,说建立培训学校之事。

干一件事都非常难,尽力往前推吧,国家下这么大的劲发展经济,我们村也不能落后。

2020年3月23日　星期一　晴　25℃　胡屯村

什么事都不能急

前天我想着把村子小学校改成农业职业技术学校，就向范县人社局李局长汇报，又向扶贫办孙道军汇报。这两位领导全力资助，孙道军说给80万元钱，高兴得我夜里3点还没睡着，又找郑州的专家来设计，又请胡屯村出来的人社局副局长、商业局副局长来吃饭。结果听说学校的楼是个危楼。如果是危楼，就什么也搞不了。这个学校也暂时利用不上了。

启示：

1. 干什么事不能急，得慢慢来，要稳得住。

2. 有这两件事就够我们忙的了，不能再加新项目了，村子里没有那么多的人，事太多就搞不起来了。

可是今天一看，学校的楼不是危房，我的劲又来了，又开始写报告要钱，又找民政局长进行登记社团企业，等等。忙了一天，晚上高彩菊找我吃饭，还一直考虑这些事。

2020年3月24日　星期二　晴　25℃　胡屯村

来胡屯7天办成了3件事

1. 3月18日农产品展示中心开业（县委王书记也来看一看），忙得我一天去工地上看两次，并找了一名监理。

2. 往省发改委报个项目，我一直跟了县发改委主任张宏孟3天，由李鹏宇镇长亲自督办。

3. 成立农业培训中心，把学校改为技术培训基地，承接培训任务，为集体进行创收。

今天从胡屯村回郑州，回来后见了《驻村第一书记》创作组的负责人张颂杨、王香云导演、贺编剧，大家在一起吃个饭，交换了意见。

下午休息了一个下午，晚上7点多去七里河散步，走了1万多步。河两边桃花、梨花、樱花开放，非常美丽、自然、好看，有河水，有花，满眼春色，真是充分享受了大自然的美。

2020年3月25日　星期三　晴　25℃　郑州

回郑以后一直上火

下去几天,累得很,一直上火,舌头两旁都是泡,真是老了。中午丁玲来看我,给我做点馄饨,我吃了一小碗,下午我去看徐老师,晚上散散步。

从新闻上看境外新冠肺炎病例都35万例了。意大利有6万多人感染,美国5万多人感染。目前全世界130多个国家都有了这个病,全世界人心不安,经济更是大大下滑。什么都没有生命重要,保护生命是第一位的。

2020年3月26日　星期四　晴　20℃　郑州

寻子故事的启示

今天从电视里看了一位母亲寻子21年的故事,有几点启示:

第一,坚持就是胜利。此女坚持21年,终于找到了自己丢失的孩子。

第二,自强不息的精神。为了寻找自己的孩子,她在双目失明的情况下,自强不息,学习按摩,并办起了盲人按摩医院,用事业的人脉,再来寻找儿子。事业成功了,孩子也找到了。

实践再一次证明,只有自己强大了,才能解决自己的一切问题。自己没有能力,再容易解决的问题也解决不了,自己有能力了再难的问题也能解决。自强自立是解决问题的好办法。

2020年3月27日　星期五　晴　20℃　郑州

疫情在世界范围内扩散

这次疫情在全世界扩散,不但影响世界经济,也威胁着人们的生命安全,这进一步证明了"人类命运共同体"这个事实。我们每一个人,每一个家庭,每一个国家都不能独善其身。我们每一个活着的人都要尽力为人类做贡献,尽自己的所能为别人做贡献。父亲生前教育我:"人活着要三分为自己,七分为别人。"我要牢牢记着父亲的话,事事处处为别人着想,多做一点对别人有益的事。

昨天从电视上看到尹省长又去了省扶贫办,专门研究今年的扶贫工作。我作为一名老扶贫工作者,更应当身体力行地做好扶贫工作。

2010年3月28日　星期六　雨　大吴庄

今天回老家了

今天回老家了,做了3件事。

1. 看了娄小运(贫困户),并给她拿了1000元钱,让她孩子读书。

2. 请亲属吃了饭。两个舅一个姨,加上母亲满满一桌,又请了三哥、进财、吴海周、吴树声,共两桌,大家在一块儿说说话。

3. 给破产企业家秦玉芝拿了5000元钱。她原来是县妇女主任,退休后自己办了绣花厂,办了20多年,现在厂垮掉了,日子很难过,我给她拿了5000元的生活费,帮人所需。人在最困难的时候,一定要帮她一把,没有困难的时候你感觉不到,有困难了一定要帮一把,困难时候见真情,他们娘几个现在十分困难。虽然这一点钱解决不了问题,但在精神上一定要安慰她一下,帮她渡过难关。

晚上姑父请吃饭,我们姊妹4人,加上母亲,还有六叔的大女儿吴树英夫妇都来了,特别高兴,其乐融融。回家真好,这次回来,一个官方人员也没见到,都是自家的亲人,在一块儿说说话,叙叙亲。这两天有点冷,但心里面很热乎。

2020年3月29日　星期日　雨　大吴庄

在家过周末

今天吃了一顿久违的土锅鸡,土灶烧的鸡汤面片。有大弟吴晓、小弟吴勇、妹妹素萍、妹夫魏华和母亲,一家人围在妹妹家吃饭的桌子上,吃着饭,说着话,非常温暖。鸡汤面片也特别好吃,鸡肉很筋道,鸡汤很有味道。由于好吃,我们每个人吃了两碗,母亲不吃辣的,妹妹给她做了稀饭和馒头。

吃过饭我们在一起说说话,由于寒流,家里很冷,两个弟弟去给父亲烧纸,衣服都被雨全淋湿了。他们坐在火边烤,非常原始,但我们所有亲人在一起很温暖,很幸福。围绕母亲,我们又说了很多很多话,我还给弟妹们提了一些要求。

这次回来虽然花了上万元,但亲情更浓了,心情更好了,愿意付出更多了。

村子里的情况很好。我去看了吴文周大叔,他身体有点差,我同他在一起几年,感情很深,所以每次回来都去看他。

2020年3月30日　星期一　雨　郑州

记错事了

　　人老了丢三落四。今天老朋友田静来找我玩,我们在七里河沿线转一转,环境非常好。我们散了步,吃过饭田处长走了,我睡了一觉,起来看看电视,洗洗脚,感到舒服极了。晚上到了女儿家,女儿不在家,11点多睡觉,睡在床上突然想起洗脚盆的电还通着,越想越怕,到了夜里两点多,怎么也睡不着,心里怕极了,就让小王把我送回来了。回到家里都夜里3点了,可到家一看,洗脚盆里还剩半盆水,并没有通电,真是丢人呀!

2020年3月31日　星期二　晴　20℃　郑州

今天在家煮牛肉

　　这周本来去郏县呢,由于疫情,就只能在家了。没有事情,就在家煮点牛肉。牛肉还是春节前妹妹拿来的,煮得很好很烂。我自己做了一碗牛肉面,牛肉汤很鲜,喝着也很好。做饭是一门学问,我现在开始做饭了,什么都想试一试,什么都想干一干。

　　昨天见了亲家。她说一天将家里的地拖一遍,又用布擦一遍,所以才把家里搞得一尘不染。她说儿子学习,自己就在家做做家务。从来不出门,也不着急,真好。

2020年4月1日　星期三　阴　15℃　郑州

我要继续奉献

　　今天什么都不想干,就约着陈有富去看他在原阳恒大买的房子,去看他的房子之前我们一起去看了和顺利的房子。他在黄河南岸的森林湖,陈有富的在黄河北的平原新区,看了他们的房子十分羡慕。

　　不知道什么时候自己变得那么俗气,羡慕别人的房子,这样比来比去给自己比得干什么事都没有一点信心了,比得自己不想奉献了。今后不去看别人的房子了,多看一看怎么多做公益事业吧。工作上一定要向高标准看齐,生活上向低标准看齐。

今天还看了黄河南岸和北岸。走在黄河大堤上感觉很好,觉得胸怀也宽广了很多。人呀还是多为人类做点事才行呀,不能老想自己。

2020 年 4 月 2 日　星期四　晴　20℃　郑州

有感于人民英雄黄继光

黄继光是在朝鲜战场上牺牲的英雄,他的战友李德金讲述了当时的情况。他说:其实黄继光不是连里的通讯兵,而是营里的通讯兵。如果他不要求去前线抗美援朝,可能就派不到他,经他主动要求他就去了朝鲜战场。在战场上因为有一个山头被敌人抢占了,上级命令志愿军给夺回来。上面有一个高地,有一个碉堡、两架机枪。黄继光报了名,要到高地,先要钻过敌人的铁丝网,前两个都死了,黄是第三个,李是第四个,黄继光拖着受伤的腿上去用胸口堵住了枪眼,才使大部队占领了高地,打退了敌人,使 2000 多名战士没有受伤。所以《上甘岭》中的杨德才就是以黄继光为原型塑造的。

演杨德才的演员张亮。他演过《喜盈门》《林家铺子》《青春之歌》《革命家庭》,他说自己演杨德才时,就是按黄继光的内心人物来演的,走访了黄继光连队的许多战士。

启示:

1. 我们今天的幸福生活是英雄们用鲜血换来的,所以我们要多为祖国的建设和发展做事。

2. 英雄是一个群体,而不是一个人。再伟大的人物只有放在群众中才能显示他的光芒,所以我一定建议《驻村第一书记》多写集体,多写群众。

3. 人在任何时候都不能离开群众和社会,时时同社会及人民在一起才能同步前行。

2020 年 4 月 3 日　星期五　晴　20℃　郑州

七里河的春天

我家住在七里河旁边。过去因为忙,从来没有仔细看一看七里河。今早同亲家一起在七里河边走了走。亲家说,自己在郑州居住多年,从来没看过这么好的地方。她这么一说,我也越看越觉得七里河美丽。

长长的河道中,清水哗哗地流着,清晨凉爽的春风吹在身上,感觉好极了。

河两旁的桃花、樱花、梨花争相斗艳,黄杨、绿杨以及垂柳,一层一层,一排一排,一道一道,南岸北岸的美景映到水中,红的、绿的、黄的、青的以及朵朵鲜花形成了水中美景。亲家不时大叫起来:"这咋这么美呀,这咋这么好啊,我怎么忘带手机,拍下这些美景该有多好呀。"我安慰她,随时都可以来,这是咱们家,很方便的。

2020年4月4日　星期六　阴雨　郑州

清明节

清明节是中华民族古老的节日,既是一个扫墓祭祖的肃穆节日,也是人们亲近自然踏青游玩、享受春天乐趣的好节日。今年的清明节与往年不同,因为新冠肺炎肆虐,人们在家宅了两个多月,国家也对在抗疫战场上牺牲的医生、护士及累倒在工作岗位上的人员哀悼3分钟,并下半旗。全国各地都在为烈士哀悼,人们纪念牺牲的英雄,国家重点纪念为新冠肺炎作出贡献的死者。死者已去,生者还要继续往前走。前几天我已回老家给父亲烧了纸,今天在家纪念抗疫的英雄,用最诚挚的真心向英雄哀悼、学习、致敬。没有他们就挽救不了那么多人,没有他们中国14亿人民还在黑夜中摸索,在茫然中慌乱,在死亡中挣扎。全国哀悼,从国家主席,到工人、农民、解放军等,都在为抗疫的英雄哀悼。安息吧,英雄们,你们的牺牲换来了人们的生命,也换来了天下太平、国泰民安的大好局面。你们的功绩人民会永远记着,我们会更好地活着,更努力地为社会奉献。

2020年4月5日　星期日　晴　20℃　郑州

亲朋欢聚有"年味"

今年春节我带母亲去海南了,回来之后就去村子了,一直没顾得上同亲朋见面。今天亲家母来了,她会做饭,我就请了宋庆龄(商水县原副县长)和魏超一家人来吃饭。快开饭时,魏华又来了,我们在一起吃吃饭,饮饮酒,大家都很高兴。亲家做一大桌菜,大家都赞她做的饭好吃。并让她到桌上来吃,没想到她一高兴喝多了,还吐了我一床。我洗被单、套被子忙活了一个晚上,后来听说宋和魏华都喝多了。从他们喝得东倒西歪的情况看,我看他们都找着年味了。亲人呀就是这样,在家人和亲人面前就是那样的放松,那样没有节制,那么豪爽和无拘无束。

从小的时候，家里人过年就是这样。大家围在一起喝酒吃菜，放荡无羁，完全放松，在家人和亲人面前尽情地享受和毫无遮盖，表现出自己的真情，不做伪装和客气。年味还给人本性、豪放和真面目，真好。

2020 年 4 月 6 日　星期一　晴　19℃　郑州

修改书稿

《入滩日记》前半部书稿送到出版社几个月了，因为疫情书稿一直没有打出来。前几天打出来一小部分了，送到我这一直没顾上看。这两天有点时间，今天什么也没干，就在家改书稿。年龄大了，一字一句地修改，累得腰疼腿酸，才改完这所有的书稿。

不知道什么原因，从三亚回来，腰疼得越来越严重，四肢也疼，好像风湿病又犯了，心里头也烦得很。晚上顺着七里河走走，两边的风景很好，身子也舒服多了。

2020 年 4 月 7 日　星期二　晴　20℃　郑州

放松

昨天书稿改完了，今天出来放松一下，找了原郑州牧专的老朋友翁金昌、老朋友罗世超、老乡李永峰。

翁同他的战友开了个物业公司，里面还办了个餐厅。我们在一块儿吃吃饭，说说话。我拿了两瓶酒，大家都没喝。

吃过饭我们打打牌，玩一玩。3 年以前在罗世超家玩过一次，这一次我和李永峰一班，罗世超同翁金昌一班，打了一局，我们赢了，玩得很开心，很放松，很好。

回来时我走中州大道，买了 10 元钱玉米、3.8 元钱红薯、8 元钱草莓和 3 元钱青菜。由于路程远，越拿越沉，回来累得出一身汗，走得腰疼，洗洗澡，看一看电视就睡了。

2020年4月8日　星期三　晴　25℃　郑州

周围的人都很出色

　　这几天我接触几个人。一个是吴浩(党校同学),他今年才48岁,到江西省当副省长了。2014年我们在省委党校学习,他还是副厅级。我退休了,他成为了副省级。他为人好,群众基础牢,年龄轻,又有能力。陈有富和顺利,这两个人一个是在大学当教授,一个是在机关当干部,现在也都干出了自己的事业。翁全昌65岁时开始创业,现在搞了个物业,昨天还在他的食堂吃饭。老了有事干,身体好就是最大的幸福。吴晓是我大弟,公务员,一辈子没受什么奔波之苦,不但两个孩子都上了班,而且都成了才,一个在上海的瑞士保险分公司,每月3万多元,一个在大学当老师。

　　人呀各有所求,各有所需,又各有不同的结果。季羡林讲"不完美就是人生"。什么事情都有两面性,有所得必有所失,失的同时就是得的开始,得的开始一定会失去很多。世界上万事万物,万人万样,没有一个同样的人,没有一条道路谁都适应,走自己的路,找自己的幸福吧!我在为贫困人口多做事时,在为别人付出时找到自己的快乐——因而幸福着。

2020年4月9日　星期四　晴　23℃　郑州

什么事情都不能变来变去

　　什么事情无论大小,定下来了就不要再变了,变了就打破了规律,我总结了以下几点:
　　1. 大事小事定下来就按原定计划做,不能变来变去。
　　2. 要有高瞻的眼光和非凡的才能,否则会以失败告终。
　　3. 有勇气和把握大局。
　　总之做事要有定律,不能随意变来变去,才能不耽误时间和事情。

2020年4月10日　星期五　雨天　郑州

天气冷得反常

　　现在都4月份了,天气还这么反常。下着大雨,还下着冰雹,冷得让人伸不出手,冷得腰也疼,腿也疼,坐在被窝里一动都不想动,什么也不想干。一天给孩子打了两次电话。孩子嘱咐我不要出门,在家里打开暖气。下午4点多我出去了,还下着雨,又回来了。到6点多我又下去走一圈,把鞋都弄湿了。回来下点面条,吃后李新芋处长来了,给我拿了一把蔬菜。我们俩说说话,晚上看了两个电视剧,一是《家有一老》,讲的是余立秋为了老人,丢掉工作和家庭,老人帮助她渡过重重难关的故事。二是《一诺无海》,讲一个县委书记帮助当地发展经济,排除困难带领贫困农民脱贫的故事。两个片子都很好,很有教育意义。

启发一:作为儿女要向余立秋学习,在母亲病危时,卖房子也给母亲看病,显示着真心。

启发二:害人之心不可有,防人之心不可无。立秋被人害得走投无路,她被逼闯出一条路子。

启发三:当领导一定要倾听群众意见,一心一意为群众。

2020年4月11日　星期六　晴　18℃　郑州

家里热闹起来了

本来今天想出去看一看,刚吃完早饭,何老艺术家来家说拍电视的事,随后杜文丽一家三口来看我,还带了很多好吃的。中午丁玲又来家了,家里热闹非凡,很久没有这样的气氛了。小杜的儿子都读初三了,个子比我还高,来时还买的鱼和虾。

晚上我睡不着,就在床上看了杂志《名人名家》,了解了不少的名人,还是读书充实。

2020年4月12日　星期日　晴　18℃　郑州

观象湖

昨天住在孩子家,由于她家离象湖近,我早上又去象湖走了一圈,转了一个多小时,走了1万多步。象湖很大,水面很宽,满湖的水很清,清晨人很少,树木、花草、湖水相互衬托,相互补景,整个景象真是美极了。我从早上6点多到上午8点多一直在湖边走,一边走路锻炼身体,一边看美丽的湖面,心里很痛快,心情很舒畅。春暖花开,生机盎然,一派生机暖人间。世间一切事物中,没有比生命更珍贵的东西了,所以珍惜健康,保持好的心情是每一个人对生活的态度。昨天何老艺术家来说,疫情结束后,一定要多为人们做点事。他今年已经73岁了,比着他我还年轻,我也一定尽力为贫困人口做事,不然对不起人民,更何况自己还是一个老共产党员。

2020年4月13日　星期一　晴　25℃　郑州

黄河滩区无限美

今天约着老朋友马迨营去看好友米景忠,并在他家吃了饭。老孙嫂子做的面汤稀饭,实在好喝。我有几年没喝过面汤了,喝了这一碗面汤,真是十分美味。

吃过饭还不到12点,我、米景忠、马迨营我们3个人一起,去黄河边看牧草。牧草没看到,看到了黄河岸边的美景。

一是黄河岸边的农家乐。房子是绿色的,挂着红灯笼,被一片绿油油的麦苗围着。虽然没有进去吃饭,但感觉很好。一望无际的田野里有这么一个乡村饭馆,也算一大美景。

二是一片一片的桃花、油菜花和四周簇拥着一眼望不到边的麦苗。千亩万亩的麦苗长得齐腰深,预示着农民的丰收。

三是黄河大堤。进入到黄河大堤,原始的沙滩,原始的黄河,像一条巨龙躺在中原大地上,水静静地流淌着。黄河发源于青藏高原,流经9个省区,全长5464公里,是我国仅次于长江的第二大河。2018年年底黄河流域人口4.2亿人,占全国的30.3%,地区生产总值23.9万亿元,占全国的26.5%。黄河流域是我国重要的生态屏障,是我国重要的经济地带,是打赢脱贫攻坚战的重要地区。2019年9月18日习近平在视察黄河时讲:"黄河宁,天下平","治理黄河,重在保护,要在治理"。要建立生态黄河、绿色黄河、效益黄河。我们研究黄河滩区也有3年多了,建立生态黄河十分重要。今天在黄河滩区一站,更感到治理的重要性。我在胡屯村3年,只为黄河滩区发展打下一个基础,我一定再次出发,再次奋斗,为黄河滩区经济发展做出贡献。

四是在黄河滩区治理区我们找到一个养鸡场,买了3只鸡子(300元钱),感觉非常好。

五是回来以后同羚锐的副总吴希振谈了培训之事,觉得发展空间很大,应当好好搞一搞。

2020年4月14日　星期二　晴　25℃　郑州

人必须有一技之长

　　今天约着张七一书记、王玉玺部长一起去看老宋。他原来在商水县当过领导,现在在厂里做点事,我们去看看他。他在该厂很好,大家在一起说说话,叙叙旧,他也发发脾气。厂子里让他管理企业,发挥他的作用。人呀,一定要有一技之长,有一个吃饭的本事,靠本事吃饭。我如果能像山东阳谷县的张大夫(全国劳模)那样就不愁了,可惜自己技术不精,实现不了自己的愿望。

2020年4月15日　星期三　晴　25℃　医院

住院

　　经朋友介绍,我住在了河南省骨科医院16楼52床。这个医院是洛阳正骨医院的一个分院,有600张床,2015年开业,现在病人很多,听医保办鲁波主任讲,洛阳总院能容纳1500张床,总院的前身是白马寺骨科医院,一个小医院能发展这么大真是不易呀!主要靠传人郭维维,1926年生,2016年4月29日去世。他把一个小小的白马寺骨科医院发展成洛阳正骨医院,又在省会郑州建立河南省骨科医院,真是贡献大呀。想想人家,比比自己,一定再为社会做点事。到底做什么最有意义呢?必须利用专长,发挥特色,做出贡献。原来想做一个乡村振兴研究会,一直没有做起来。后来想专门写东西,自己的底子薄,不一定能写什么厚重的东西。现在又想回家乡建一个博物馆。到底做什么,正在思考之中。

　　真正做成一件大事,得要天时、地利和人和,难呀!

2020年4月16日　星期四　晴　20℃　医院

一天忙于检查和治疗

　　今天很忙。早上5点钟起床,洗漱一下就步行到河南省骨科医院(早上6点30到)。一到医院就抽血,抽了13管血,吃点饭,就下一楼做检查。从住的16楼到1楼,坐电梯的人很多,感到有点拥挤。还好有院医保办鲁波主任帮忙,到10点30就检查完了。回到16楼52房做电针,由于没带睡衣,做了电针又回家拿睡衣,下午1点又来医院,下午又做做药透牵引和磁共振,做完都下午6点30

了,晚上7点多才回家,一天下来感到很累很累。

1. 由于血抽得多了,一天都很乏力。

2. 一个人跑来跑去,心里很紧张。

3. 医生很负责。郭马龙主任亲自查房,拿治疗方案,曹院长特别叮嘱要照顾我。

2020年4月17日　星期五　晴　20℃　医院

有病一定要抓紧治

最近一段一直腰疼、腿疼,各个关节也疼痛。前几天吴希振总经理劝我近期不忙到医院治疗一段,我就来河南省骨科医院了。刚来时让拍片抽血,我还犹豫不想住院,住院才两天,不但病检查清楚了,治病也有效果,膝盖舒服多了,腰疼也轻多了,主任郭马龙还给了一套锻炼的正确方法,并说我的腰肌再不加强锻炼就有问题。这次住院有3点体会:

一、有病必须抓紧治疗。养病就是养虎,年龄大了决不能养病为患。

二、有个好身体才是保证晚年生活质量的根本。没有好身体,谁都指望不住。

三、选医院必须要有针对性。骨科医院专长就是治疗腰腿痛,不论是检查、治疗,针对性都很强。治什么病就要到什么医院,否则钱不少花,病也治不好。这两天我天天做酸汤水饺,很好吃的。昨天问了村子里的老人吃的好不好,他们说很好,我也就放心了。

2020年4月18日　星期六　阴　18℃　医院

再次到圆方物业参观学习

上午去了郑州圆方物业公司。该公司搞了一个抗击肺炎的展览馆。我去早了,由干部学院的王院长接待了我。我看了他们做的展板和宣传图片,自己的东西不多,大多数是国家、省、市、区的抗疫图片,但薛书记讲的话十分感人。她说:"抗疫期间,物业公司的全体员工战斗在抗疫第一线,疫情在党员在,病人在党员在,困难在党员在,危险在党员在,困难压不倒,疫情难不倒,病人不怕倒,心中有信心,一切困难都可以克服掉。"她的演讲充满感情,充满真情。真好,真是给我上了一课。

我还在该公司读了《大学》《中庸》。《大学》的宗旨在于发扬高尚的品行,在于教育感化使人们弃旧图新,使人达到善的最高心态。明确应该达到至善的目标,才能有坚定的方向,坚定了方向才能有平静的心态,心态平静才能稳坐不乱,稳坐不乱才能有周详的思虑,思虑周详才有希望得到成果。什么事都有根本和末节,什么事都有开始和结局,知道了事物间的先后次序,就接近了《大学》宗旨了。

2020 年 4 月 19 日　星期日　晴　25℃　医院

老年人一定要随和

我工作了一辈子,认真了一辈子,说话总是不随和。由于对孩子们要求严,他们都不愿同我多处。

昨天我让吴迪来给我修电脑,修完以后晚上 9 点 30 他又回他住处了。他为什么不愿同我相处,究其原因还是我要求他太严。在我家一年多,我天天督促他学习,不让他打游戏,有一段时间他要跑他二姑家去住。孩子现在也回来少了,想想孩子们都不愿与我同住的原因,可能是我要求太严,他们很有压力吧。反思自己,今后要改变一下生活态度,对孩子们要求少一点,宽容多一点;疼爱多一点,严肃少一点;指引多一点,指责少一点;身体力行多一点,口头教育少一点。

一个人要有内力,有吸引力,是应当像火一样对别人温暖,像蚕一样吐丝,像蜡烛一样燃烧自己、照亮别人,像磁场一样吸引人,像书本一样传播知识,像海洋一样容纳百川。努力去做到这几个方面,让家人愿意和我相处。很多事只有改变自己,才能改变别人。努力吧! 从现在开始。

2020 年 4 月 20 日　星期一　晴　25℃　医院

从黄文秀、廖俊波两位英雄出事中吸取教训

黄文秀是广西的一名驻村第一书记。凌晨 1 点多钟回村子遇泥石流去世,年仅 30 岁。

廖俊波是福建的一名副市长。一次冒着大雨去参加一个会议,路途中遭遇车祸去世,年仅 49 岁。

我们要一切从安全出发。一定不能违背客观规律,英雄已去,我们既要学习经验,也要总结教训。

过去不管什么事,我都是想到了就干,对人民群众有好处就干。现在想想有

不少事,正是违背了健康的规律,才导致多病缠身。现在年纪大了,首要任务是锻炼身体,走好晚年的路。

2020年4月21日　星期二　晴　23℃　医院

人生态度很重要

亲家得了乳腺癌。女婿刚同我说时,我也很紧张,赶紧帮助她找医生住院。亲家很快住了院,我也千方百计地安慰她。没想到他们娘俩像是没事的样子,亲家还乐呵呵地说:"过几天做了手术就会回家了。"一点精神负担都没有,反倒安慰我。她那乐观向上的精神实在让人佩服。在生死关头都无所谓,还有什么能难为她呢,祝她早日康复。

人生态度很重要。再难的事,带着乐观的态度去做就能做好。再小的病,整天愁眉苦脸,闷闷不乐,久而久之,也会压死人,所以人必须选择快乐。电视剧《家有一老》中余志刚说:恨与乐,我们为什么不选乐,而去选恨呢?

选乐吧,乐能使人快乐,使大家幸福。所以在任何时候我们都要乐起来,幸福起来,高兴起来,以乐知足,以乐对待一切事情。用革命的乐观主义精神对待一切困难、灾难、苦难,如在抗击新冠疫情中,应有乐观、积极向上的态度。

2020年4月22日　星期三　晴　20℃　医院

珍惜生命

今天看到全世界有数以万计的人死于新冠肺炎。科学家暂时也束手无策,科学道路上还有很多未知,需要大家去探索,此时科学很重要,生命也更重要。所以我要尽快地让身体好起来,用生命的余热多为社会做点事。

住院好几天了,腰和腿的治疗都很有效果。经过腰透、电疗、膏药治疗腰疼好多了,膝盖也能正常活动了。有病就得治疗,而且要有针对性,像治疗骨头这方面的疾病,就要到专业医院。现在郑州的医院也越分越细化了,逐步走向细化和专业化了。所以现在做什么都要从一个小点出发,做细、做好、做实、做深,做出特色。

做人也是一样。一定要细,要做出风格,这样同你走的人才多,一定要争分夺秒干好自己想干的事。现在才真正感到一寸光阴一寸金,寸金难买寸光阴呀!时间真是宝贵呀!

2020年4月23日　星期四　晴　25℃　医院

今天又找到一个爱心人士帮扶贫困生

这两天我在医院治疗腰腿，没有回村子。焦作的王国炳来看我，他是做大米生产的，有4000多亩大米种植区，他想打开郑州的市场，我给他出了几个点子，让他帮助资助两个贫困生，他同意了。胡屯村有一个贫困户，一家有3个大学生，老大学的水利水电，另外两个学医的，找到了个爱心人士资助他们，也减轻了这家人的负担，等几个孩子都大学毕业了，这家人也很快就能脱贫了。

新冠肺炎在全世界这么一闹，贫穷人更是困难。因为没钱他们不能及时检测治疗，像美国那么发达的国家，现在每天都死亡几千人，总数都达到数万人了。他们社会制度的劣势都突然显出来了，而社会主义就更显示出无比的优越性，中国共产党领导的国家十分强大，人民通过这次教育，更加热爱自己的国家、党，以及社会制度。所以党应当很好地进行一次爱国爱党爱人民的教育，让全民都受到一次教育。

2020年4月24日　星期五　晴　25℃　医院

人生了病真的很痛苦

这两天腰腿疼，心里头也很烦，想东想西的，也感到日子很难过。比比亲家，她得了癌症还天天乐呵呵的。人呀，不论遇到什么情况，都要能扛得住，都要乐观对待，这样才有利于疾病尽快好转。

女人呀，越是要强越不容易！古今中外都是这样，所以不管遇到什么样的困难都要把自己日子过好，特别是要与病魔做斗争，让自己人生过得精彩。

2020年4月25日　星期六　22℃　医院

已住院11天了

上周三住院，到今天已11天了。每天在医院做理疗，用热水泡脚，用艾疗腿，为的就是能尽快好。不知为什么这两天腰腿病又重了，可能是按摩得太重了，引起水肿而疼痛。

现在老了老了，得自己管自己。这样也好，促进自己自力更生，自强自立。

人呀在任何时间都不能依靠别人。

现在的孩子实在太忙了。他们一天到晚,不是上课,就是整理教案,或是搞科研,忙得自己连饭都吃不上。如果自己不练好身体,那受罪的只能是自己了。

2020年4月26日　星期日　晴　25℃　医院

要多找内因

今天治疗了一天,又倒走了1个多小时,晚上感到病情好多了。不管怎样治疗,关键还是坚持锻炼,恢复肌肉的力量,腰部的肌肉都松弛了,不加强锻炼会出问题的。

美国的疫情越来越严重了。一个国家,一个民族,一个单位,一个家庭没搞好,只能从自己身上找原因。不能找外因,否则事情会越搞越糟。

今天同吴琦谈在上海买房子的事。她说自己只有10万多元,如果买一套70—80平方米的房子也得400万元左右,首付100多万元,还需要近300万元的贷款,每月还要还贷2万多元,现在实在买不起。想想也是,背那么多的债,真是压力太大了。女孩子还是不能给她太大的压力,压力太大了,她会受不了。一个留学生,回来3年了,还不敢提买房子的事,可想大家的生存压力有多大呀!

2020年4月27日　星期一　晴　25℃　医院

心系胡屯

这些年身体不好,基本上每年都住一次医院。从住院效果看,这一次治疗效果最明显。

腿从去年7月25日摔着,就没好过,走路也疼,弯腰也疼,干活也疼,坐一会儿也疼。没想到这次住院碰到这么好的医生和护士,治得准,好得快,半个月就治好了我的老病。这毛病困扰我好多年了,这下治好了。医生教了我锻炼的方法,让我练好腰背,解决腰椎脊背肌萎缩的问题。我每天坚持治疗锻炼,仅仅半个月就见到了效果,再回家锻炼锻炼就能恢复了。今天把一天的理疗都做了,下午办了出院手续就回家了,十分感谢郭主任和护理人员们。医务工作者,你们真伟大。

虽然在医院里,我也天天给胡屯村打电话,了解每天的情况:一是看工程进度怎样,二是看贫困户生产和生活及就业情况,三是看敬老院老人生活怎样。驻村第一书记好似一个村的家长,要当好主心骨。今天还接到农民几个电话,有问养鱼养鸭技术的,有要项目的,还有吵了架要说法的,都是家长里短的事。扶贫无小事,每件都要做好呀。

2020 年 4 月 28 日　星期二　晴　27℃　医院

坚持把项目做好

这几天在医院住院,一天到晚治疗治疗,由于是慢性病,治了快半个月还没有好彻底。疫情对人类的生命威胁真是太大了,由于疫情的扩散蔓延,今天的股指也大降,上证指数从 2800 多点降到 2700 多点。现在看来全世界的经济都很不好,我要坚持把现有的项目完成好,保护好扶贫成果。

2020 年 4 月 29 日　星期三　晴　27℃　家

感谢医护人员

今天出院,护士长小杜还帮助我拿了药,送我到大门口,医保办的也帮助办理出院手续。这个医院我是第一次住,但明显有 4 个优点:

1. 医疗技术好。如郭马龙主任,虽然很年轻,但技术很高超,看病很准,治疗准确,推拿手法非常好,而且一心一意为病人服务,很是让人感动。
2. 以病人为中心的服务很细致,很贴心,很温暖。
3. 防疫措施很到位,对每一个入院的人员都有很严格的检验手续。
4. 医院领导很重视病人。

半个月的医院生活,让我对这个医院、这个医院的医生和护士很感激,很高看。

2020 年 4 月 30 日　星期四　晴　25℃　家

我爱祖国

这段时间,美国疫情蔓延,有些一发不可收拾。再看看我们国家,虽然是人口大国,但全国一盘棋,从中央到地方,从机关到社区,无数人奔向武汉,救人,建医院,支援钱财、物资,众志成城,抗击疫情,出现了许多可歌可泣的平凡英雄。

这样一对比,就看出社会主义制度有多好,对人民是一个极大的教育呀。今天我比任何时候都更加热爱我们的党、我们的国家、我们的社会主义制度,做中国人真好。

今天打了3个电话。一个打给在新疆干活的表妹,她自己干了一摊活,丈夫也干了一摊活,别人给她月薪1.2万元她也没有去。第二个是打给堂妹田云。她投资了1000多万元建设一个诊疗医院,准备大干。第三个是打给农民工葛岿然,他准备办一个养牛场。

范县的干部,包括我们村的干部,整天忙得一个人当几个用,任鑫、胡继发以及有的镇干部几个月都没回家了,王秋芳书记昨天又来村里看他包的5户贫困户。

现在从幼儿园的孩子到青年人、中年人、老年人都在忙着学习,锻炼身体,人人都在奋斗,都在为自己,为小家,为大家,为国家不停地努力。这么一个自强不息的民族一定能再创辉煌。

疫情正在蔓延,我要以龚自珍"落红不是无情物,化作春泥更护花"的精神支持国家建设,支持乡村振兴,帮助困难群众,尽自己所能,护好人民群众的切身利益。

后 记

从2010年6月18日到今天,我已出任驻村第一书记整整10年了,现仍在范县陈庄镇胡屯村担任驻村第一书记。驻村的10年间,我同农民同吃、同住、同劳动、同学习,共同经历了许多艰难、曲折,也分享了不计其数的欢乐、丰收,结下了深厚的友谊,建立了牢固的亲情,带领"两委"班子紧紧依靠党的领导和多方支持,为全体村民办成了一些实事、好事,得到了群众的认可和各级党组织的充分肯定。我在新蔡县孙召镇大吴庄和确山县竹沟镇西王楼村探索出了平原农业秸秆养牛和山区靠山吃山的路子。相关的工作日记《驻村日记》和《进山日记》已经出版,原稿被保存在国家级博物馆。

在范县陈庄镇胡屯村担任驻村第一书记,与上两次完全不同,这次不是上级派遣,没有分派目标任务。我已探索了平原、山区的扶贫路子,还想在黄河滩区做点探索,帮黄河滩区贫困农民走出一条搬得出、稳得住、能致富的路子。退休以后,范县县委向我发出了聘请,让我当该县的扶贫顾问,我欣然应允,并担任了胡屯村的驻村第一书记。范县县委及全县干部给我的支持和帮助、给我的感动和机会都是我终生难忘和无法用文字记录的,尤其是以王秋芳书记为代表的范县领导干部在脱贫攻坚当中的那种拼搏有为、主动进取的工作态度和千方百计、一心一意为贫困人口做事的思想高度、工作力度、改革深度以及为民谋幸福的决心,时刻激励我前进。我用近80万字的《入滩日记》记录了一个小小村庄的扶贫一角,力图展现范县干部群众干事创业的精神风范、党对贫困人口的优惠政策、扶贫战线上的动人事迹,以及自己和胡屯村干群一起干实事的经过。

胡屯村378户1418人,其中贫困37户123人,全村1780亩土地,党员(含驻村第一书记)32人,党支部委员5人。村子位于范县东北部,距山东英雄地水泊梁山只有48公里。该村村民热情豪爽、敢想敢干,有民族气节,做事大气,为人和气。我刚来的第一天,县委书记王秋芳、县长赵丽玲领着我看了住处,我感动得流下了热泪。一个小院子,三间大房子,西边是我的住室,还特意装了一个卫生间;东边是厨房,灶具、饭桌、沙发都是新的;中间有一个会议室,能容纳20多人。村里干部热情地给我介绍,这是村委会原来的会议室,在王秋芳书记亲自督办下改为了现在的住所。天哪,对我一个退休老太太,他们怎么会给予这么高的待遇、这么大的信任?!从此我的心落到了范县领导的高举中,包裹在范县人民的厚爱中,扑在了黄河洼地的研究中,并暗自下决心:黄河滩区洼地,内沙要治理,滩区变绿地,科技扶贫显威力,劣势定能变优势,荷花园里看奇迹。从此我日复一日、年复一年地在这村奋斗,并干成了4件事。

第一,打通扶贫的"最后一公里"。村子建立了老年扶贫合作社,28名60岁以上的贫困人口各交1500元的入社费,村集体拿出1万元的资本金,帮助他们创收。每年"七一"分钱时,老人都乐开了花。设立的老年工作委员会,由我担任组长,爱老帮老,发扬孝道文化,并从打扫卫生入手,建立美丽乡村。2019年该村被评为范县美丽乡村。建立了敬老院,全村60岁以上的贫困人口都进入敬老院。两个人一间,有卫生间、电视、空调、洗衣机,专门有人做饭,每周吃饭不重样。原支部书记胡传尧任敬老院院长,不但打通了"最后一公里",还使贫困老人享乐在敬老院,享福在敬老院,敬老院成了老人的乐园。

第二,科技扶贫,洼地沙丘变绿洲。范县处于黄河故道九十九道湾的最宽处、最美处。扬州八大才子之一的郑板桥在此县当过县令,刘邓大军千里跃进大别山时从此渡过黄河。我驻的村处于黄河故道东北角。驻村之初,我利用省直工作多年的优势,组织省农科院、河南农业经贸学院等8家科研单位的专家、学者及科技人员,对黄河滩区的搬迁治理发展进行了研究,课题组有6位博士、3位农业经济专家、3位厅级干部、十几名研究人员,大家对这个课题都非常认真,不论是大专家田建民、吴一平、腾永久、邱国鑫、曹献存、杜玲,还是大领导翁杰明、曹奎、乔鹏程、谷建全,以及博士侯宏伟、孟俊杰、梅星星、上官彩霞、郑广建等都能一声令下全部聚齐,认真研究课题内容并及时全部奔赴滩区第一线,一户一人地收集资料、调查情况,绘制蓝图、制定目标,扎实做好每个小项目。经过近3年的精心研究,一份完整的课题报告已经形成,全篇公开发表在核心刊物。课题得到了国家科协、农业农村部、黄委会和国家发改委、国资办等部门的认可和高度重视,得到了河南省原常务副省长翁杰明的大力支持,研究项目由省级上升到国家级。在村子开展的科技扶贫、科技脱贫等多项工作,促进了水稻、莲藕种植,泥鳅养殖等特色产业的发展,使村子变成了科技示范村、美丽乡村、科技文明振兴村。本人被评为全国先进科技工作者,2018年省科协还推荐我作为全国百名优秀科技工作者参加"中国科协成立60周年暨'双百'科技座谈会",并将我的发言刊登在国家级科技杂志上。

第三,建立了农产品分检中心。村子投资近400万元建立了一座2100平方米的一楼三用的场所(农产品分检中心、胡屯村科研基地、党员创业园)。这个分检中心分析检测农产品的质量、认证农产品等级,使农民生产出来的产品能卖个好价钱,使农民推广新品种、新技术以及承担新科技有个基地,也能引来大专院校的学生在该村实验实习。

第四,种草护滩,养畜富民。要使农民能搬得出、稳得住、护好滩、能致富,只有种草护滩、养畜致富。我们正在完善种草护滩、养畜致富的规划,不久的将来一定让大家看到养畜致富、护滩种草的美丽新农村。

写这本《入滩日记》的目的是引导黄河滩区人民脱贫致富,发展生态黄河、绿色黄河,走上利用黄河水资源发展滩区经济,同时保护好黄河的路子,更是想给广大驻村第一书记、支部书记及基层干部因地制宜找出一条发展的好路子。任何模式、任何做法只能借鉴,不能复制。村与村不一样,人与人不一样,路子走法也不一样。不论何人,只有扑下身子,干好实事,一步一个脚印地带领群众往前走,才能把条件利用到最好,把人的积极性调动到最大,把人的思想工作做到"随风潜入夜、润物细无声",把基层组织工作做坚实、做可靠,才能做到视党的事业重如泰山、视个人名利淡如水,形成一个带好班子、探好路子、建好制度的有效机制。我个人的力量十分微小,原来受孟加拉扶贫模式的启发,想到农村探索一条扶贫路子,结果陷入琐碎的事务当中,忙得两眼一睁就是劳动,根本无暇谋划高瞻远瞩的战略、做大事、提水平了。幸运的是,在范县陈庄镇胡屯村的3年多,我借助胡屯村这个平台,做成了几件实事,看到了贫困人口脸上的笑容,听到了农民的数钱声,感受到了县、乡、村干部群众家人般的温暖。我深感党太伟大了,范县各级干群太有奉献精神了,扶贫工作做得太有特色了,贫困群众得到的实惠太多了,黄河滩区、范县上下呈现出一派产业扶贫、科技扶贫、教育扶贫、健康扶贫、电商扶贫、生态扶贫、文化旅游扶贫的好景象。如今范县全县脱了贫,我们村也致了富,成为美丽乡村、科技示范村。2019年村里的贫困户人均收入超过6千元,五保户人均年收入超过1万元,村民年均人收入迈过万元大关。莲藕产业、优质水稻产业、鱼虾混养产业成为村子三大支柱产业。

在出书过程中,河南人民出版社的老朋友陈智英、张继成亲自为我审稿,给予了有益建议;河南省委宣传部谭福森副部长和河南人民出版社张存威总编亲自过问出版进度并予以关怀。此外,我从省农科院、郑州大学、河南农业大学、河南师范大学、河南牧业经济学院、省科学院、省政府发展研究中心、"三农"杂志社等科研单位、大专院校学到了大量专业知识、汲取了正能量;体会到了国家和省科协、省直工委、省文旅厅、省扶贫办老干部党支部、河南电视台新农村频道,特别是老领导马忠臣、董雷、赵地、尹晋华、杨盛道、霍好胜以及艺术界知名专家齐飞、汤玉英、王慧、任宏恩、王番云、郭可柱、李古娥、张颂杨等的大力支持。特别要感谢老领导董雷为本书题词;吴全智副主任介绍书法家杨杰主席题写书名;画家李新国,摄影家孙耀和王忠民、马见营、米景忠亲自到村为我拍书中的照片;副省长武国定,省扶贫办副主任郭奎立，濮阳市市长杨青玖、常务副市长赵建玲，以及曹奎、于忠民、张成智、王群、史献志、焦云先、和顺利等领导、朋友多次到村看我。林博作为本书作者之一，亲手润色每一篇日记，逐字逐句地修改，并参与内容创作，没有她，我们完不成这本书，她为我的扶贫事业付出的太多太多了。在我驻村时，家人多次来看我，近90岁的老母亲是一个字都不识的农民，为了支持我，她把积攒的3000元捐给了村敬老院。我深夜修改书稿时，家人都给我加餐、加衣，叮嘱我快睡吧，别累坏了身子。

记下的和没记下的人，认识的和不认识的人，都给我太多太多的关爱和支持。特别是企业家史卫东、胡胜华等，爱心人士和顺利、马豹子、焦方先、牛炳义、刘相军、张亚琳、王香云、郑凯、张水杰、季继红、毕红卫等给予我无私的帮助和支持。我永久记着他们、感谢他们，并将永远记着不忘初心、人民至上的准则，记着范县人民、濮阳人民及全省人民对我的好、对我的哺育、对我的真心和厚爱。范县陈庄镇党委，胡屯村"两委"班子及党员、群众同我一起吃苦、一起拼搏、一起扶贫，他们为我树立了一个又一个榜样，特别是两位支部书记胡全贵、胡继法，全心全意地支持我、配合我，一心一意地为群众做贡献、谋利益；两任驻村第一书记孟庆红、任鑫，年轻敢干，一心扑在事业上，有时几个月不回家一次，从无怨言，千方百计为贫困人口做事，这样的好干部是我们的希望和楷模。

我是一个养牛出身的粗人，又长期在基层工作，局限性很大，书中难免存在一些不足，务请读者朋友不吝赐教。

吴树兰

2020年6月